2024
스티마 면접
국가직 9급

스티마 편저

박영사

공무원 면접은 꿈을 이루는 마지막 관문입니다.

힘든 경쟁률을 뚫고 밤잠을 설쳐가며 한 수험준비를 통해서 이제 면접이라는 최종 관문이 남았습니다. 성적이 1배수 안이나 1배수 커트라인이건, 성적이 필기 커트라인이건 '면접은 또 하나의 시험이다.'라는 간절함을 가지고 최선을 다하는 것이 정말 중요합니다.

공무원 면접은 누군가에게는 인생이 걸려 있는 문제입니다. 스티마쌤은 24년째 공무원 면접강의를 하였습니다. 이러한 노하우를 바탕으로 하여 공무원 수험생들이 올바른 면접준비를 하는 데 도움을 드리고자 교재를 집필하였으니 꼭 도움이 되었으면 좋겠습니다.
강의가 필요하시면 공단기(공무원 단기학원)에서 오프라인 및 온라인 강의를 통해 접하실 수 있습니다.

[국가직 9급 공무원 면접에 대한 소개 및 학습전략]

1. 오직 한길, 벌써 24년째 7·9급 공무원 면접강의를 하고 있습니다. 스티마 면접강의를 듣고 현직에서 일하시는 분들이 대략 16만 명 전후가 되지 않을까 생각합니다. 오랜 기간 동안 면접강의를 하면서 느낀 점 한 가지는 공직사회에서 원하는 인재상입니다. 공무원 면접은 말 잘하고 스펙 좋은 사람을 뽑는 시험이 아니라 "함께 일하고 싶은 사람을 뽑는 시험"이라는 것입니다. 즉, 국민을 내 가족같이 생각하는 사람을 뽑는 시험이고, 최근에는 조직생활을 잘할 것 같은 인재상을 원하는 것도 꼭 기억했으면 좋겠습니다. 참고로 면접평가는 말 잘하는 사람 기준으로 평가하는 것이 아니라 합격생 그 자체로서 평가를 합니다.

2. 특히 공무원 면접에서 가장 중요한 포인트는 '면접에서 자신의 개성을 드러내는 것입니다. 즉, 자신의 이야기를 하는 것입니다.' 이 말을 반드시 기억하고 면접준비를 하셔야 합니다. 필기시험을 준비할 때의 기출문제 풀이하고는 완전히 다를 것입니다. 수험생 여러분은 필기시험 위주로 오랜 기간 동안 공부를 해 왔기 때문에 기출문제에 익숙해서 면접도 '기출문제만 보면 되지 않을까?'하는 착각을 하실 수 있습니다. 그건 바른 면접준비가 아님을 꼭 기억해야 할 것입니다.

안타깝게도 일부 학원에서는 면접후기를 모은 다음 해당 후기를 돈을 받고 제공함으로써 수험생들의 불안심리를 조장하여 강의하는 곳도 있다고 합니다. 필기시험이 아닌 면접준비가 단순히 면접후기만 보아 끝난다면 한 달 이상의 면접준비 기간을 주어야 할 이유가 없고, 결코 자신의 이야기를 할 수 없게 됩니다. 결국 실제 면접장에서는 앵무새처럼 대부분 비슷한 답변을 하게 되고, 자신의 개성을 전혀 발휘하지 못해 최종합격자 발표일까지 불안하게 결과를 기다려야 합니다.

3. 공무원 면접은 미리 결과를 예측하지 않고, 최선을 다해야 합니다. 분명한 것은 면접결과에 있어서 우수와 미흡은 있습니다. 그 대상이 바로 자신이 될 수 있다는 마음가짐을 가지고, 성적이 좋지 않다고 생각하면 우수를 받기 위해 노력을 해야 하고, 성적이 좋다고 생각하는 사람 또한 미흡을 받지 않기 위해 최선의 마무리를 해야 할 것입니다. 노력은 결코 결과를 배신하지 않는다는 점을 기억해야 합니다.

마지막으로 인생에서 오는 3번의 기회 중 한 번이라고 생각하고 끝까지 최선을 다해 좋은 결과를 얻어서 공시생활을 끝내겠다는 마음으로 면접준비를 했으면 합니다.

2024년 4월
스티마

CONTENTS
차례

CONTENTS
차례

2024
스티마 면접
국가직 9급

01

공무원 면접 일반

CHAPTER

01 2024년 공무원 면접 평가방식 변화

1 새로운 공무원 인재상의 정립

공무원이 갖추어야 할 바람직한 사고(thinking)와 태도(attitude)에 대한 길라잡이이자 방향타가 될 공무원 인재상이 정립되었다. 이를 기준으로 채용·교육·평가·승진·보상 등 인사체계 전반이 개선된다. 그동안 공무원 헌장, 면접시험 평정요소 등에 인재상 요소가 존재했으나 간결하고 기억에 남는 체계적인 공무원 인재상이 없어 채용·평가·보상 등 인사체계 운영에 있어 일관된 기준을 적용하기에 어려움이 있었기 때문에 아래와 같이 4가지 평정요소로 새롭게 기준을 정하였다.

◈ 시험의 방법(공무원임용시험령 제5조)

개정 전	개정 후
제5조(시험의 방법) ①·② (생 략) ③ 면접시험은 해당 직무 수행에 필요한 능력 및 적격성을 검정하며, 다음 각 호의 모든 평정요소를 각각 상, 중, 하로 평정한다. 〈단서 신설〉 1. 공무원으로서의 정신자세 2. 전문지식과 그 응용능력 3. 의사표현의 정확성과 논리성 4. 예의·품행 및 성실성 5. 창의력·의지력 및 발전가능성 ④·⑤ (생 략)	제5조(시험의 방법) ①·② (현행과 같음) ③ … 공무원으로서의 자세 및 태도, 해당 직무 수행에 필요한 능력 및 적격성 등 …. 다만, 시험실시기관의 장이 필요하다고 인정하는 경우 평정요소를 추가하여 평정할 수 있다. 1. 소통·공감: 국민 등과 소통하고 공감하는 능력 2. 헌신·열정: 국가에 대한 헌신과 직무에 대한 열정적인 태도 3. 창의·혁신: 창의성과 혁신을 이끄는 능력 4. 윤리·책임: 공무원으로서의 윤리의식과 책임성 5. 〈삭 제〉 ④·⑤ (현행과 같음)

✎ Check point

개정된 공무원 면접 평가방식
1. 소통·공감 항목에는 국민 등과 소통하고 공감하는 능력을 평가한다.
2. 헌신·열정 항목에는 국가에 대한 헌신과 직무에 대한 열정적인 태도를 평가한다.
3. 창의·혁신 항목에는 창의성과 혁신을 이끄는 능력을 평가한다.
4. 윤리·책임 항목에는 공무원으로서의 윤리의식과 책임성을 평가한다.
➡ 지방직의 경우에는 공무원임용시험령 제5조 제3항에 따라 필요하다고 인정되는 경우 평정요소를 추가하여 평정할 수 있다.

2 해당 개정안 정리

(1) 기존안

평정요소	위원평정		
	상	중	하
가. 공무원으로서의 정신자세			
나. 전문지식과 그 응용능력			
다. 의사표현의 정확성과 논리성			
라. 예의·품행 및 성실성			
마. 창의력·의지력 및 발전가능성			

(2) 변경안

평정요소	위원평정		
	상	중	하
가. 소통·공감			
나. 헌신·열정			
다. 창의·혁신			
라. 윤리·책임			

3 직무수행 능력평가 요소

소통·공감 ➡ 국민중심, 소통하고 공감하며 배려하는 공무원

헌신·열정 ➡ 적극적이며 국가에 헌신하는 열정적인 공무원

창의·혁신 ➡ 창의적 사고로 변화에 대응하고 혁신을 이끄는 공무원

윤리·책임 ➡ 윤리의식을 갖추고 청렴하며 책임 있게 일하는 공무원

MEMO

4 국가직 9급 면접 평가방법

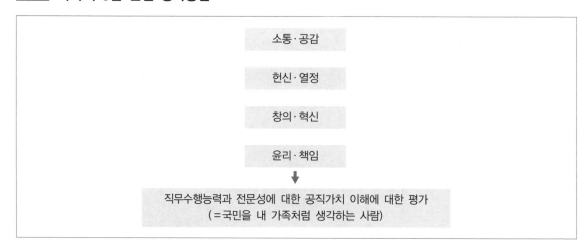

(1) 직무수행능력과 전문성에 관하여 공직가치에 대한 이해가 선행되어야 한다.

개정 전의 면접시험 평정요소는 간결하지 못하고 체계적이지 못하다는 논란이 있었고 일관된 기준을 적용하기에 어려움이 있었기 때문에 변경되는 개정안에서는 위와 같이 4가지 평정요소로 새롭게 통일하여 기준을 정하였다. 결국 이러한 새로운 개정안으로 직무수행능력과 전문성에 대한 평가를 하는 것이다.

(2) 4가지 평정요소를 평가하는 데 국가직 9급 면접에서는 방법적인 요소로 ① 5분발표, ② 경험형 과제, ③ 상황형 과제를 바탕으로 응시생들의 직무수행능력과 전문성을 평가(공무원으로서의 자질 평가)하는 것이다.

MEMO

---

5 우수와 미흡의 결정방법

(1) 우수와 미흡에 대한 조별할당제는 없다.

> **TIP** 우수나 미흡은 권고사항으로 해당 재량은 면접관들이 가지고 있다.

(2) 평정표의 '비고'란은 일종의 사유를 적는 공간이다. 우수는 상관이 없지만 미흡을 주게 되면 미흡을 준 이유를 간단히 기록으로 보관하기 위한 것이다. 이는 나중에 혹시라도 응시생이 결과에 대해 행정소송 등을 할 경우에 대비하기 위한 부분도 있다.

(3) 면접의 공정성과 객관성을 최대한 확보하기 위해 우수와 미흡을 최종 결정하기 전 면접관 2인이 각각의 평정표를 바탕으로 하여 다시 한번 논의하여 합의한 후 최종결정을 하게 된다.

◆ 6급 이하 공개경쟁채용시험 등의 면접시험 평정결과

구 분	평정결과
위원의 과반수가 평정요소 모두를 "상"으로 평정한 경우	우수
위원의 과반수가 평정요소 중 2개 항목 이상을 "하"로 평정하였거나 위원의 과반수가 어느 하나의 동일한 평정요소를 "하"로 평정한 경우	미흡
그 외의 경우	보통

MEMO

6 동점자 처리기준

조정점수의 폐지로 인해 동점자가 다수 나타나는 직렬이 많다. 이때 1배수 커트라인에 걸린 동점자 처리기준은 다음과 같다.

(1) 필기 커트라인 합격(1배수 밖 합격)의 경우, 우수를 받으면 성적에 상관없이 최종 합격이다.

(2) 필기 커트라인이 아닌 1배수 커트라인이 중요한 이유는 1배수 커트라인은 동점자 인원수에 상관없이 규정상 미흡을 받지 않고 면접결과에서 보통만 받아도 최종 합격을 하는 것이 규정이기 때문이다.

> **⊘PLUS**
> 1. 면접관의 과반수(2명 중 2명)가 모든 평정요소에 '상'을 주기는 힘들겠지만 일반적으로 면접관들은 평정표에 '하'를 남발하지 않는다. '중'과 '상'을 더 많이 주는 것이 일반적이다.
> 2. 면접관들의 합의에 의해 최종 평가는 달라질 수 있다. 예를 들어, A면접관은 '상' 4개, B면접관은 '상' 3개, '중' 1개를 주었다고 가정하면 합의에 의해 B면접관이 평정요소 중 1개를 '상'으로 변경할 수 있다.
> → 공무원 면접에서는 일반적으로 미흡을 받는 것보다 우수를 받는 것이 더 쉬울 수 있다. 즉, '미흡을 의도적으로 남발하지 않는다'는 뜻으로 기억하고 면접준비를 하면 된다.

MEMO

CHAPTER

02 면접진행 절차 및 주의사항 등

1 국가직 9급 면접의 기본 개요

공무원 면접은 철저하게 객관성과 공정성에 기반을 두고 진행한다. 그러므로 특정 영역에 치우치는 면접준비를 해서는 안 된다는 것을 명심하고 5분발표, 상황형 개별과제, 경험형 개별과제 모두 중요하게 생각하되 이 3가지 면접방식은 결국 공직가치에 대한 이해를 제대로 하고 있는지를 평가하는 시험이라는 것을 기억해야 한다.

2 면접의 중심 - 공직가치

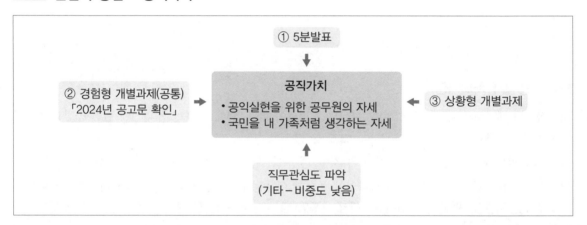

(1) 국가직 면접의 중심에는 항상 공직가치가 있다고 생각해야 한다.

(2) 국가직 9급 면접은 '5분발표 ⇨ (동일 주제) 경험형 개별과제 면접 ⇨ 상황형 개별과제 면접' 순으로 진행된다.

TIP 할당된 면접시간이 남을 경우, 2~3개 정도의 기타 직무관심도를 묻기도 한다.

3 면접진행 절차 및 주의사항

공고문을 확인해 보아야겠지만 2024년에도 2023년과 같은 방식으로 면접이 진행될 가능성이 높다. 특히, 경험형 개별과제의 경우 모든 직렬 공통주제로 출제된다고 생각해도 무방하다.

◆ 면접진행 절차

절 차	내 용	장 소
응시자 교육 및 각종 서식 작성	▶ 출석 확인 및 면접시험 응시요령 교육 ▶ 경험형 과제 및 상황형 과제 작성(20분) ▶ 면접시험 평정표(2매) 작성	응시자 대기장
5분발표 과제검토	조별 응시순서에 따라 별도 장소에서 5분발표 과제검토(10분)	발표문 검토장
신분 확인	시험감독관에게 응시표와 신분증을 제출한 후 본인 여부 확인	면접장
입 실	면접시험 평정표를 본인 기준 오른쪽 면접위원에게 제출한 뒤 착석	면접실
면 접	5분발표(10분 내외)+경험형·상황형 면접(20분 내외)=총 30분 이내	면접실

✎ Check point

1. 보통 조 편성은 오전조 4명+오후조 5명으로 편성된다. 당연히 같은 직렬끼리 조 편성이 이루어지는 것이 일반적이다.

구 분	5분발표 검토시간	면접시간
오전조 1번	09:40~09:50	10:10~10:40
오전조 2번	10:20~10:30	10:50~11:20

2. 오리엔테이션은 약 20분 전후로 진행되며, 몇 가지 주의사항을 알려준다.
   ➲ 진행요원의 주의사항을 잘 따르면 된다.
3. 경험형·상황형 면접과제는 20분 동안 동시에 2문제가 주어지므로 시간을 조절할 수 있다. ★

4 면접장소 및 면접순서

(1) 면접은 보통 ① 국가공무원 인재개발원과 ② KINTEX(경기도 고양시 일산 서구) 두 곳에서 실시한다. 그러나 면접장소와 일시는 다를 수 있으므로 추후 사이버고시센터 공고문을 꼭 확인하여야 한다.

(2) 조편성과 면접순서는 면접 당일에 문자로 알려준다.

◆ 문자발송 핵심내용

○ 성명
○ 응시번호
○ 면접일
○ 면접조 및 순서: 81조 오후 5번
  −(요약) 면접조 및 순번을 확인한 후 지정해 준 본인 좌석에 앉아주시면 됩니다.
  −오전 응시자는 08:05부터, 오후 응시자는 12:25부터 출석 확인 및 응시자 교육이 실시됩니다.

◈ 응시자 대기실(예시)

81조	1번	2번	3번	4번	5번
82조	1번	2번	3번	4번	5번
83조	1번	2번	3번	4번	5번

1. 의자에 크게 숫자로 표시된 응시 대기자 자리(면접 대기 장소)에 앉아있으면 된다. 이곳이 실제로 면접을 보는 장소는 아니다.
2. 면접 안내 시작 전까지 본인이 소지하고 있는 자료를 점검할 수 있다.
3. 면접 안내가 시작되면 자료를 가방에 넣고, 안내에 따라 전자기기(휴대폰 포함)를 제출하면 된다. ⇨ 이때 가방은 제출하지 않고, 실제 면접장까지 들고 간다.
4. 면접 시작 전 화장실을 다녀올 시간을 주지만 여자화장실은 줄이 상당히 길다. 그러나 이 시간 말고는 화장실에 갈 시간이 따로 없으므로 이 부분을 잘 고려해야 한다.

5 면접 방법 안내

면접내용	소요시간	장 소
1. 경험형·상황형 면접과제 작성	20분	응시자 대기장
2-1. 5분발표 과제 검토	10분	발표문 검토장
2-2. 5분발표＋경험형·상황형 면접	30분	면접실

(1) 경험형·상황형 면접과제의 경우 대기장소에서 안내방송에 따라 작성을 하게 된다.

(2) 평정표와 질문지가 동시에 주어지는데 질문지는 별도의 안내가 있기 전까지는 확인하면 안 된다.

(3) 내용을 작성할 때 감압지에는 힘을 주어 작성을 해야 한다는 점을 주의해야 한다.

> TIP 면접관 2인에게 각각 제공해야 하므로 내용이 잘 보이게 작성하는 것이 좋다.

(4) 실제 면접시간은 과거(2019년 이전)에는 개인별 40분으로 진행이 되었으나 2020년 이후 코로나19로 인해 개인별 순수 실제 면접시간은 30분으로 진행되었다.

> ✎ **Check point**
>
> **경험형 개별과제 공통주제 ★★★**
> 경험형 면접은 임용 이후 근무하고 싶은 부처(기관)와 담당하고 싶은 직무(정책)에 대해 기술하고, 응시분야 관련 이해도와 교과목 수강(전문도서 자기학습 등 포함), 각종 활동 등 해당 분야의 직무수행능력 및 전문성 함양을 위해 평소 준비한 노력과 경험 등을 평가하는 것이다.
> ➔ 경험형 면접과제의 주제는 전 직렬 동일한 문제가 출제되었다.

6 기타 주의사항

(1) 평정표를 제출할 때, 응시번호(수험번호)를 가릴 수 있는 스티커를 배부하므로 스티커를 받으면 앞의 응시번호(수험번호)에 붙여 이를 가리면 된다. 이 부분을 가리는 이유는 해당 숫자 4자리가 지역을 나타내는 것이기에 면접의 공정성과 객관성을 유지하고자 함이다.

(2) 5분발표는 본인이 작성한 내용을 보고 발표하지만, 경험형·상황형 과제의 경우에는 면접관만 작성지를 가지고 있으므로 응시생은 작성한 내용을 기억하고 있어야 한다.

(3) 면접위원 명단은 면접 당일까지 외부와 일체 격리된 국가고시센터에서 대외비에 준하여 관리하다가 면접 당일에 면접시험 장소로 인계되며, 무작위 추첨 후 각 면접조에 배정이 된다.

(4) 면접위원은 격리된 공간에서 면접과 관련하여 충분한 시뮬레이션을 통해 만들어진 면접 질문리스트를 참고하여 면접을 진행한다.

> **TIP** 응시생들이 어떻게 면접준비를 하는지를 예측하고, 면접관들도 준비를 한다고 생각하면 된다.

(5) 면접복장은 격식을 차린 옷차림보다는 본인의 역량을 편하게 발휘할 수 있는 단정한 '평상복차림'을 권장한다.

MEMO

🔶 좌석배치도

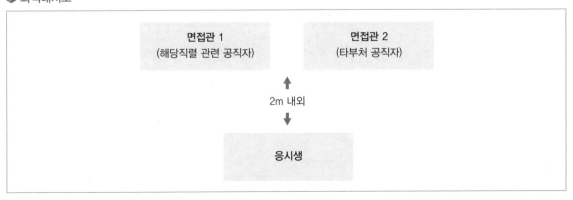

7 **작성용지 예시**(개별면접 과제)

□ 경험형 개별면접 과제

□ 상황형 개별면접 과제

8 **작성용지 예시**(5분발표)

5분발표 질문지

응시번호: **성명:**

┤ 내용 작성시 주의사항 ├

■ 발표준비시간은 10분이며 5분 이내로 발표하십시오. 발표 후 5분 정도 질문이 있게 됩니다.
■ 발표를 위해 질문지 여백에 메모는 가능하며 면접시 참조하여 발표할 수 있습니다.
■ 질문지는 면접 완료 후 반드시 반납하여 주시기 바랍니다.

다음의 제시문을 읽고 <u>유추할 수 있는 공직가치</u>를 설명하고 그 공직가치를 실천하기 위한 <u>노력</u>에 대해 자유롭게 발표해 주십시오.

국회 본회의에서 「공직자의 이해충돌 방지법」이 가결되었다. 해당 법률은 최초 발의된 후 8년 만에 제정된 것으로 공직자 약 200만 명에게 적용될 예정이며, 기존 부패방지 관련 법령이 사후 통제적 장치인데 반해 사전 예방적 성격을 지니고 있어 우리나라 <u>부패방지체계의 효율화와 투명성·공정성</u>을 강화하는 계기가 될 것으로 기대되고 있다.

MEMO

2024
스티마 면접
국가직 9급

02

공직가치에 대한 이해

CHAPTER 01 공직가치 쉽게 이해하기

1 면접의 의의

국가직 면접은 공무원으로서 갖추어야 할 직무수행능력·전문성 등을 평가하는 시험이다.

✔ **POINT** 가장 중요한 핵심키워드임을 기억하고 면접준비에 임해야 한다.

2 공직가치의 의의

공직가치는 공무원의 4가지 평정요소(소통·공감, 헌신·열정, 창의·혁신, 윤리·책임)에 나타난 공무원이 추구해야 할 목표와 기준을 말한다. 따라서 공무원은 공직가치를 준수하고 실현하기 위해 노력해야 한다.

3 공무원의 역할과 의미

(1) '국민을 내 가족처럼 생각할 줄 아는 사람'을 공무원이라고 한다.

(2) 공무원의 목적은 '공익실현'에 있다. 특히, 공익실현은 우리 사회에 있는 사회적 약자에 좀 더 관심을 가지고 배려하는 것에서부터 시작되는 것임을 꼭 기억해야 한다.

> ✔ **PLUS**
>
> **공무원이라는 직업의 의미**
>
> 공무원은 직업일까? 그럼 사기업과 다른 점은 무엇일까?
> 1. 응시생들에게 "공무원이 직업인가?"라고 묻는다면 대부분 직업이라고 대답을 할 것이다. 하지만 사기업에서의 직업의 의미와 공무원에 있어서 직업의 의미는 다르다. 일반적으로 사기업에서의 직업이란, 회사의 이윤목표가 우선이다. 이는 곧 개인의 이익(승진이나 연봉에 영향)과 직결되는 것이다. 하지만 공무원에 있어서 직업은 공익실현(국민의 삶의 질 향상)에 있다는 것을 꼭 기억해야 한다.
> 2. 공무원은 직업이 맞긴 하지만, 공무원의 일을 수행하기 위해서는 소통·공감, 헌신·열정, 창의·혁신, 윤리·책임이 반드시 갖추어져야 하며, 이를 종합하여 '공직가치'라고 생각하면 된다. 즉, 면접은 다양한 면접방식과 질의응답을 통해 응시생이 공직가치에 대해 올바른 이해를 하고 있는지를 알아보는 시험이다.
> 3. 공무원 모범사례(적극행정 우수사례집)들을 살펴보면 자신의 안위보다 국민의 삶의 질을 향상시키기 위해 희생과 헌신을 바탕으로 창의성을 발휘하고 책임감을 가지고 일하는 사람들이 대부분 모범사례로 나온다.

CHAPTER 02 공무원의 목적(공익실현)을 사례를 통해 이해하기

Case 01. 가족과 여행 중이다. 그런데 장마철 폭우 등으로 인한 자연재난이 발생하였다. 이 상황에서 본인은 어떻게 대처할 것인가?

MEMO

✅ **PLUS**

1. 개인사여도 중대사가 아닐 경우에는 당연히 업무에 최대한 복귀하고자 한다는 취지로 답변을 준비해야 한다.
   ➡ 해당 질문에 대한 답변에는 진정성이 드러나야 함을 기억해야 한다.
2. 폭우 등의 자연재난, 코로나19 등의 재난에 대하여 공무원이 제일 먼저 생각하여야 할 것은 바로 '사회적·경제적으로 피해를 입은 국민들을 위해 무엇을 할 것인가?(어떤 정책지원을 해 줄 것인가?)'이다. 이것이 바로 공무원의 자세이다.

✅ **POINT** 공익실현이 공무원의 목적인 것은 분명하지만 개인의 삶을 포기하면서까지 공익실현을 하라는 의미는 아니다.

Case 02. [딜레마 상황] 업무를 끝마친 후 집에 있는 아이를 돌보러 가야 하는 상황인데 상관이 중요한 업무이니 밤새 일을 처리할 것을 요구할 경우, 어떻게 대처할 것인가?

└**[추가 압박성 질문]** 일과 가정, 즉 아이를 돌보는 것과 상관이 지시한 일 중 하나만을 선택해야 하는 상황이라면 어떻게 할 것인가?

MEMO

✅ **PLUS**

공무원의 책임감(사명감)이란 공무만을 우선시하는 것이 아니다. 그리고 이런 경우 상관을 나쁜 사람으로 만들지 않아야 한다. 다만, 특별한 이유 없이 업무를 배제하거나 혹은 업무를 과하게 시키는 것은 갑질이라는 것을 기억해야 한다.

Case 03. [딜레마 상황] A지역에 대규모 아파트단지가 들어서면서 인구가 많이 늘어났다. 그래서 인근 B공원을 이용하는 사람들이 많아져 B공원에 화장실을 추가로 설치해야 하는 상황이다. 그런데 B공원을 이용하는 사람들은 대부분 일반인이고 장애인들은 거의 이용하지 않는다. 더욱이 예산은 한정되어 있다. 본인이 해당 주무관으로서 화장실 10개를 추가로 설치해야 한다면 어떻게 하겠는가? (단, 장애인 화장실을 설치하면 일반인 다수가 피해를 입는 문제가 발생하고, 추가로 설치할 예산은 확보하기 어려운 상황이다.)

MEMO

⫸ PLUS

1. 국가에서 실시하는 정책들을 보면 이해가 된다. 국가가 시행하는 대부분의 정책들은 사회적 약자를 배려하는 것임을 이해해야 한다.
   - 예 자연재해나 코로나19로 인한 사회적·경제적으로 피해를 입은 국민들에게 재난지원금 지급, 장애인 의무고용제도 실시, 근로장려금 지급, 소상공인 세금 감면 혜택, 중소기업 청년고용지원금 지원, 저소득층 관련 코로나19로 인한 교육격차에 대한 무상교육 지원, 농번기 외국인의 계절근로 연장, 수출입관련 중소기업 통관심사 완화, 몸이 불편한 사람들을 위한 거소투표제도 등
2. 공무원의 목적은 국민 전체의 삶의 질을 향상시키는 데 기여하는 것이다. 이에 우리는 항상 사회적 약자를 먼저 배려하고 관심을 갖는 것이 중요함을 기억해야 한다.
3. 이와 관련한 이슈들이 상황형 과제로 출제되고 있으며 비중도 높아지고 있다는 점을 기억해야 한다.
4. 사회적 약자란?
   ① 정약용 선생은 애민정신에 대해 어린아이, 노인, 장애인, 재난을 당한 사람 등 소위 사회적 약자를 먼저 배려하고 도움을 주는 것이 애민(愛民)이라고 하였다.
   ② 애민 6조
   제1조 양로 – 노인을 섬길 것
   제2조 자유 – 버려진 아이들을 잘 가르칠 것
   제3조 진궁 – 홀아비, 과부, 고아, 혼자 사는 노인은 관에서 돌볼 것
   제4조 애상 – 구덩이에 시체를 버릴 시, 관에서 장사를 지내줄 것
   제5조 관질 – 병자를 너그럽게 대할 것
   제6조 구제 – 수재나 화재가 났을 시, 관에서 도와줄 것

⫸ **POINT** 공직가치를 바로 이해했을 때 5분발표에 대한 후속질문 및 상황형 과제에 대한 해결방안에 있어서 가장 최선의 방안을 제시할 수 있다. 이것이 공무원이 갖추어야 할 전문성이자 직무수행능력인 것이다.

Case 04. 신청인은 10년 전 이혼하고 14세의 딸과 살면서 대학교 시간강사로 일하던 중 근로장려금 안내문을 받고 신청하였다. 그런데 세무서 직원은 신청인이 임대차계약서 제출을 누락한 사실을 확인해 신청인에게 연락하고자 했으나 연락이 두절되어 확인할 길이 없어 규정대로라면 근로장려금을 지급할 수 없는 상황이다. 본인이라면 이 상황에서 어떻게 대처할 것인가?

MEMO

Case 05. 당신은 검찰수사관이다. A군은 부모와 떨어져 혼자 생활하다가 B마트에서 햇반 2개, 통조림 6개 등 2만 5천원 상당의 물건을 훔치다가 적발이 되었다. 그러나 법의 공정성은 누구에게나 엄격하게 적용되어야 한다. 이 상황에서 어떻게 대처할 것인가?

MEMO

CHAPTER

03 공직가치의 중요성

1 공직가치의 역할

(1) 공무원들이 공무를 수행하는 현장에서 부딪히는 윤리적 딜레마에서 공직가치는 의사결정의 기준과 우선순위를 정해주는 지침이 된다. 그런 점에서 공직가치는 '공직자로서 바람직한 행동의 판단기준이며 공직을 수행하면서 추구해야 할 궁극적인 목표와 기준'을 말한다.

✐ Check point

1. 예산의 제약으로 효율성을 중시하면서도 서비스의 질 유지라는 효과성(유효성)도 함께 추구해야 하는 딜레마적인 업무 상황이 일상화되어 있다. ⇨ 효율성과 효과성의 충돌
2. 수직적 조직문화가 뿌리내린 경우 조직에 대한 충성심, 협력 등의 가치와 혁신성, 민주성, 효과성 등의 가치가 충돌할 수 있다.

(2) 정책을 결정할 때와 같이 사회구조적인 문제를 해결하는 데 합리적인 방안을 도출한다.

(3) 규범과 양심이 상호 충돌할 때도 올바른 사고로 최선의 판단을 할 수 있게 한다.

(4) 행정재량을 집행할 때도 공직가치는 중요하다.

✐ Check point

행정재량

행정청의 자유재량에 속하는 범위 내에서 행하여진 행정행위와 같이 법규의 엄격한 구속을 받는 행정행위가 아니라 적절한 행정청의 판단에 따라 행해질 수 있는 행위를 말한다.

예 사육 곰을 키우는 A가 웅담을 추출하여 화장품, 비누 등의 재료로 사용할 목적으로 환경청에 용도변경을 요구하였다. 규정에 따르면 농가소득 향상을 위해 멸종위기종용도변경제도가 도입되었기 때문에 용도변경 승인을 해주어야 한다. 그런데 행정청에서는 웅담 등을 약재로 사용하는 경우 외에는 용도변경을 해줄 수 없다고 규정을 해석적용하여 승인을 해주지 않았다. 이것이 곧 행정청의 재량행위이다.

(5) 건전한 조직문화를 발전시켜 나가는 데도 중요한 요소이다.

> MEMO

2 공직가치 관련 질문유형

아래 질문유형들은 실제 경험형 과제 후속질문 및 면접관의 질문리스트로 자주 출제되었거나 향후 실제 면접에서 나올만한 질문이다.

Q1 동료 중에 업무처리가 미숙하여 이에 대한 보조가 필요한 상황이다. 상사는 본인에게 이에 대한 보조를 부탁하였다. 그런데 본인의 업무도 현재 많이 밀려 있는 상태이다. 이러한 경우 어떻게 할 것인가?

> **MEMO**

Q2 권위적인 상관(꼰대같은 상관)이 일주일의 기간이 있어야 해결할 일을 3일 안에 처리하라고 지시하였다. 이러한 경우 어떻게 할 것인가?

> **MEMO**

Q3 공직에 입문하면 나중에 업무를 맡게 되고, 일을 하다 보면 능력 있는 직원에게 일을 많이 시키는 경우가 많고, 능력 없는 직원에게는 일을 시키지 않는 경우도 종종 있다. 만약 본인에게 일을 많이 주고, 다른 동료에게는 일을 많이 주지 않는다면 이러한 경우 어떻게 할 것인가?

> **MEMO**

Q4 상관이 당신에게 일을 맡겼다. 그런데 원래 그 일은 당신의 일이 아니라 함께 일하고 있는 동료가 오랫동안 추진해 왔던 일이다. 이러한 상황에서 어떻게 할 것인가?

> **MEMO**
>
>
>
>
>
>
>
>

> ❖ **PLUS**
>
> 공무원도 조직생활이며 동료를 어떻게 배려할 것인지를 함께 알아보는 질문이라고 생각하면 된다. 그러므로 이 두 가지 관점에서 답변을 준비해야 한다. <u>가장 중요한 것은 동료가 중요시하던 일이니 동료와 대화를 통해 이 문제로 생길 수 있는 갈등상황을 해소한 다음 일을 처리하는 것이 순서이다.</u> 그리고 일 처리과정에서 동료한테 도움도 받고, 나중에 그 일이 완수되면 동료의 공으로 돌린다는 마음가짐이 중요하다.

Q5 A프로젝트를 수행하는데 함께 하는 동료가 실수를 하였다. 누가 생각해도 동료의 잘못이 명백하다. 이 사실은 주위 동료들도 다 알고 있다. 그런데 상관은 함께 일한 나를 혼낸다. 이러한 상황에서 기분은 어땠을 것 같고, 어떻게 대처할 것인가?

> **MEMO**
>
>
>
>
>
>
>
>

> ❖ **PLUS**
>
> [스티마쌤의 답변 예시] 단순하게 생각하면 제 마음이 상할 수 있을 것 같습니다(진정성). <u>하지만 공직생활과 일반 사기업의 차이점에서 생각할 때 저에게 야단을 치는 것은 당연하다고 생각합니다.</u> 제가 이번에 면접준비를 하면서 공무원의 일은 혼자서 하는 것이 아니라 공익실현이 우선이기 때문에 모든 일을 개인별, 부서별, 부처별, 지자체, 민간업체와 함께 하는 것임을 알게 되었습니다. 즉, 동료가 실수를 하게 된 상황에 저의 책임도 크다고 생각을 하였습니다. 어쩌면 상관님께서는 함께 일을 함에도 동료의 일을 적극적으로 도와주지 않았기 때문에 저에게 야단을 하신 것이 아닌가 생각합니다. 곧 동료를 배려할 줄 아는 것이 공무원의 조직생활이고 책임감이 아닐까 생각을 했습니다. 그러므로 저는 기꺼이 야단을 맞고 동료가 다시는 실수를 하지 않도록 협력하며 노력하는 공무원이 될 것입니다.

Q6 공직사회에서 조직의 역량과 개인의 역량 중 무엇이 더 중요하다고 생각하는가?

MEMO

◇ PLUS

국가직 9급 면접 질문리스트 중 가장 많이 이루어지는 질문이다.

1. 면접관의 질문 의도를 살펴볼 때 스티마쌤이 생각하는 질문 의도는 개인 역량을 조직의 역량 향상으로 연결시킬 줄 아는 사람인가를 판단하고자 한 질문이라고 생각한다.
   ➡ 조직의 역량이 중요하다는 것은 지극히 뻔한 답변이기 때문이다.

2. 두 역량 모두 중요하지만, 스티마쌤은 개인의 역량에 조금 더 방점을 두고 방향을 잡을 것 같다. 그런 다음 개인의 역량 발전을 통해 조직의 발전에 기여하고 또다시 그 조직의 발전이 다른 개인에게 긍정적인 영향을 준 사례나 경험을 직렬과 연결해서 다른 경쟁자들과 차별화를 시킬 것이다.

3. 면접관에게 설득력 있는 답변은 경험이나 사례를 인용하는 것이다. 즉, 두 역량이 뗄 수 없는 관계임은 분명하므로 면접자 개인의 역량 발전을 통해 조직의 발전까지 도모하는 공직자가 되겠다는 포부 밝히기 정도로 정리할 것이다.

4. [스티마쌤의 답변 예시] 저는 개인의 역량이 더 중요하다고 생각합니다. 개인의 역량 강화가 조직의 역량 강화로 이어질 수 있기 때문입니다. 제 경험을 말씀드리자면 군 복무당시 병기계 행정업무를 맡았었습니다. 저는 문서작업을 할 줄 모르는 행정병이었기에 제 직무의 역량 강화를 위해 문서실무사 1급, 워드프로세서 1급을 취득하였습니다. 그리하여 행정병들 사이에서 가장 보고서를 잘 작성할 수 있게 되었고 이는 다른 행정병들에게도 영향을 미쳐 적극적인 업무 분위기와 자기개발을 할 수 있는 환경을 만들었습니다. 이렇게 제 경험에 비추어 보았을 때 개인의 역량 개발 노력이 조직의 역량에 크게 기여할 수 있다는 것을 느꼈기에 예비 공무원으로서 꾸준한 자기개발을 통해 조직에 긍정적인 영향을 미칠 수 있도록 노력하겠습니다.

Q7 공직사회에서 어떤 일처리(업무)를 하는데 개인(응시생)이 추구하는 방향과 조직이 추구하는 방향이 다르다면 어떻게 할 것인가?

> **MEMO**
>
>
>
>
>
>

✅PLUS

1. 공무원의 업무는 개인이건 조직이건 국민의 삶의 질 향상과 관계되어 있다. 그렇기 때문에 무조건 조직이 추구하는 방향의 답변은 면접관이 원하는 답변이 아니다. 자신의 의견이 업무처리에 있어서 성과나 효율성에 도움이 된다면 의견을 적극적으로 개진할 수 있어야 한다. 즉, 개인의 발전이 곧 조직의 발전이기 때문이며 이는 국민의 삶의 질을 윤택하게 만드는 것이기 때문이다.
2. 추구하는 방향이 다른 이들을 설득하는 방안으로는 조직 내 일부를 내 편으로 만드는 방법을 통해 함께 건의해 보는 것, 조직 내 리더를 설득하는 방법을 강구하는 것 등이 있다.

Q8 조직에서 일처리를 하는 데 법과 원칙이 있음에도 조직원 모두가 관행에 따라 일처리를 한다. 이 상황에서 본인은 어떻게 할 것인가?

> **MEMO**
>
>
>
>
>
>

✅PLUS

1. 공무원은 헌법과 법률에 의해 움직이는 조직이다. 다시 말해 법과 원칙에 입각하여 일을 처리한다는 것을 우선적으로 기억해야 한다(법령준수의 의무, 적극행정의 취지).
2. 공무원이 이처럼 법과 원칙대로 일하지 않는다면 국민은 공무원을 신뢰할 수 없을 것이며, 좋은 정책을 만드는 데 창의성을 발휘할 수 없을 것이다. 이러한 문제는 공무원 조직의 문제점이라고 할 수 있다. 공무원은 어떠한 일이 있더라도 편하고 일에 효율적이라고 해서 관행을 따르는 것이 아니라 제도의 개선을 통해 법과 원칙에 맞게 일하는 것이 옳은 것임을 기억해야 한다.

✅POINT 국가직 면접은 한번 출제된 5분발표, 상황형 과제 기출문제는 거의 출제되지 않는다. 그러므로 기출문제만 연습한다면 끼워맞추기식 답변이 되어 실제 면접에서는 누구나 똑같은 답변을 하게 됨을 기억해야 한다. 그렇기 때문에 공무원 면접은 기출만 잘 연습하면 된다는 것은 옳지 않다. 이는 누구나 비슷한 답변을 하고 응시생 개개인이 가지고 있는 '끼와 재능'을 드러낼 수 없게 되며, 국가에서 원하는 인재상이 아님을 꼭 기억하고 면접준비에 임해야 한다.

(1) 공직가치

공익을 실현하기 위해 공무원이 반드시 갖추어야 할 자세를 공직가치라고 한다.

(2) 공익실현

응시생들에게는 '국민의 삶의 질 향상'이 곧 공익실현이다. 공익실현에 있어서 기억해야 할 것은 사회적 약자에 대한 배려가 있어야 한다는 것이다. 공무원은 사회적 약자를 배려하는 데 가장 중요한 역할을 하고 있다. 실제로 국가의 정책들은 서민들을 위한 정책이고 그중에서도 사회적 약자에 대해 우선적으로 배려하는 정책들을 시행하고 있는 것을 확인할 수 있다.

✔ POINT

공직사회에서 국민의 삶의 질을 향상시킨다는 의미는 곧, 국민의 행복증진과 안전을 책임지는 것이다. 이를 다른 말로 우리는 공익실현이라고 하며, 이는 대한민국 헌법의 최고 가치이기도 하다.

(3) 사회적 약자

사회적 약자란 특정 계층을 지칭하는 것이 아니라 우리가 관심과 배려를 가지고 도움을 주어야 할 대상들을 모두 일컫는 것이며 그 범위는 상당히 넓다.

✏ Check point

공직가치를 제대로 이해하지 못할 경우(= 면접준비 기간 동안 자신의 개성을 찾지 못할 경우)

1. 5분발표에서는 핵심적인 공직가치를 찾는 데 어려움을 겪게 되고, 실천방안을 제시하지 못해 뻔하고 틀에 박힌 발표만 하게 된다. 또한 자신의 전문성이나 직무수행능력을 전혀 드러내지 못하게 되어 면접관이 '질문리스트'에서만 질문을 하게 되고, 결국 면접관한테 끌려다니는 면접을 보게 된다.
2. 경험형 과제에서는 자신의 과거 경험에 대하여 역할과 행동을 잘 드러내지 못하게 될 것이고, 면접준비 기간 동안에 재료 쌓기에 있어서 무엇을 해야할지 우왕좌왕하게 될 것이다. 또한 드러난 재료 중심으로만 준비를 하게 되어 이 역시 면접관이 가지고 있는 '질문리스트' 중심으로 면접이 진행될 것이다.
3. 상황형 과제에서는 적극적이고 구체적인 해결방안을 제시하지 못하여 한쪽으로 치우치는 답변만 하게 되며, 이 또한 면접관이 가지고 있는 '질문리스트'에서만 질문을 받게 되고, 본인이 무슨 답변을 했는지 제대로 기억하지 못하게 된다.

CHAPTER
04 공직가치의 종류

(1) 공직가치는 직무를 수행하는 데 필요한 요소 혹은 전문성이라고도 할 수 있다.

(2) 공무원 헌장에 명시되어 있는 공직가치는 애국심, 다양성, 민주성, 책임감, 투명성, 공정성, 청렴성, 도덕성, 공익성 총 9가지이다.

분 류	공직가치	행동준칙(예시)
국가관	역사의식	사회의 변화과정을 시간적으로 이해하고 국가와 사회의 발전을 위한 주인의식을 가지려는 자세
	공동체의식	공동체의 조화로운 발전을 추구하려는 자세
	자긍심	한 사회의 일원이자 공무원으로서 맡은 역할과 소임에 스스로 긍지를 가지는 마음
	헌법정신	헌법이 지향하는 가치와 이념을 실천하려는 마음가짐
	애국심	나라를 사랑하는 마음으로 국가에 충성하려는 자세
	사명감	국가와 사회로부터 부여받은 역할과 소임을 최선을 다해 수행하려는 마음
	다양성	다양한 생각과 문화를 이해하고 존중하며 차별하지 않는 자세
	헌신성	국가와 국민을 위해 몸과 마음을 바치려는 자세
	개방성	각계각층과 열린 의사소통 및 상호작용을 통해 사회의 변화를 추진하는 자세
	민주성	국민의 참여와 결정이 중요한 가치라고 여기는 자세
공직관	전문성	공직자로서 자신의 업무에 대한 높은 지식을 보유하고 투철한 직업의식을 가짐
	책임감	맡은 업무를 완수하고자 하는 의지와 노력
	효율성	시간과 예산의 낭비를 최소화하여 업무성과를 높이려는 자세
	준법의식	법과 규칙을 준수하는 자세
	봉사정신	나 자신보다는 국민을 받들어 열심히 일하려는 자세
	소명의식	공직을 천직(天職)으로 여기며 일하려는 자세
	투명성	적극적으로 정보를 개방하고 공유해 '국민의 알 권리'를 실현하려는 자세
윤리관	공정성	올바르고 공평무사하게 업무를 수행하려는 자세
	청렴성	직무와 관계가 있든 없든 금전이나 향응을 받지 않으며 사익을 추구하지 않음
	성실성	맡은 바 임무를 성심성의껏 수행함
	적극성	무사안일하지 않고 능동적이고 솔선수범하는 자세로 직무를 수행함
	도덕성	개인의 양심이나 사회적 규범을 준수하여 공직자의 본분에 충실함
	공익성	특정 개인이나 집단의 이익을 추구하는 것이 아니라 공익을 우선하여 직무를 수행함

CHAPTER 05 '직무수행능력과 전문성' 이해하기

✔POINT 순서대로 2~3번 정독하며 이해를 해야 한다.

1 공무원으로서 갖추어야 할 중요한 직무능력

【이해하기】 '본인이 합격한 직렬의 공무원으로서 갖추어야 할 가장 중요한 직무능력이 무엇일까?'라고 묻는 다고 해도 어려운 것이 아니다. 결국 직무수행능력 및 전문성이란 공무원으로서 일을 잘 해낼 수 있는 능력을 말한다. 공무원 업무를 수행하는 데 있어서 관계역량(민원업무나 업무와 이해관계가 있는 사람과의 소통)과 직무역량(정책에 대한 개선방안이나 새로운 정책을 만들어 가는 것)이 모두 포함된다고 생각하면 된다.

(1) 경청하기

일처리를 할 때 민원인을 포함하여 업무 관련성이 있는 사람들의 말을 잘 듣는 경청의 자세 또한 전문성 이라고 할 수 있다. 경청을 예로 든 이유는 응시생들이 공무원이 되었을 때 민원인과의 문제해결을 위해 서 반드시 필요한 기본적인 덕목이기 때문이다.

(2) 원칙과 규정의 중요성

① 법과 원칙을 제대로 숙지하고 이해하고 나서 일처리를 해야 한다. ⇨ 법령숙지

② **【이해하기】** 공무원이 처리하는 업무는 어떤 사람들에게 있어서는 인생이 걸려있는 것들이 많다. 그 러므로 무엇보다 원칙과 규정이 중요하다. 물론 원칙과 규정만을 가지고는 문제해결이 어려울 것이 다. 하지만 융통성을 발휘(재량권 발휘)하기 위해서라도 법과 원칙(규정 및 제도)을 먼저 이해하고 숙지를 해야 한다.

> **MEMO**
>
>

업무관련 행동요령

직무를 수행할 때 공무원은 민원인을 비롯한 업무 관련성이 있는 사람들에게 어떻게 행동해야 하는지 살펴보아야 한다. 나중에 실무를 해 보면 알겠지만 수험생활동안 공부했던 단순 지식만으로는 실무에 들어가 일처리를 하는 데 많이 부족하다. 자칫하면 보여주기식 일처리가 되어 버릴 수 있기 때문이다. 그러므로 아래 내용을 잘 정리해 두어야 한다.

✎ Check point

1. 상황형 과제 해결방안 측면에서 도움이 많이 되므로 이해가 되어 있어야 한다.
2. 아래 내용은 일처리를 잘 해낼 수 있는 방법을 알려주는 것이며, 이것이 바로 직무수행능력이며 전문성이다.

MEMO

(1) 법 조항 숙지하기

예를 들어 세무직렬은 기본적으로 「국세징수법」을 숙지하여야 한다. 또한 선관위관련 직렬은 「공직선거법」 등을 숙지하여야 하고, 검찰직렬은 「형법」 및 「형사소송법」을 숙지하여야 한다. 이처럼 내용 숙지를 잘해야 업무를 익히는 데 유리하고, 실제 업무에서도 재량권을 발휘하는 등 용이하다.

(2) 법과 관련된 예규, 해석, 판례 참고하기

관련된 내용의 해석이 어려울 경우에는 상급기관이나 다른 기관에 문의할 줄도 알아야 한다. ★

TIP 업무 특성상 문의내용이 애매한 경우 바로 해결하지 못하는 경우가 상당히 많다. 왜냐하면 법 적용을 위한 사실판단의 문제가 있기 때문이다. 실제 공무원 업무처리 관련 미담사례를 보더라도 직원들이 사실판단을 위하여 다른 기관에 전화도 해보고 직접 현장에 나가보는 등 많은 노력을 하고 있다는 것을 확인할 수 있다.

(3) 민원처리시 판단이 어려울 경우

만약 어떤 민원업무 처리에 있어 애매한 부분 때문에 당장 일처리를 하는 데 판단이 어려울 경우에는 다음의 내용을 참고하도록 한다.

① 기본적으로 민원인에게 애매한 부분이 있어 당장 판단이 어렵다는 설명을 하여 돌려보내고 나서 본인 스스로 일을 해결하기 위한 정보를 구하는 것이 핵심이다. ★

② 신입공무원이 착각하는 것이 그 자리에서 당장 민원을 해결해주지 못하면 민원인이 '저 사람 공무원 맞아?'라는 생각을 할까봐 의기소침해지는 경우가 있지만 이는 착각이다. 오히려 쉽게 답변을 해주면 그 사람에게 혹은 일처리를 하는 이에게 피해가 갈 수 있기 때문에 무엇보다 신중한 태도가 중요하며, 이런 부분은 민원인의 95% 이상이 공감하는 바임을 반드시 기억해야 한다. 즉, 민원인들에게 신뢰를 주는 것이 기본이면서도 가장 중요하다.

TIP 이러한 질문에는 일반적이고 추상적인 답변을 하면 압박을 받을 수밖에 없다. 예를 들어 '상관에게 물어보겠다. 규정에 없으니 도와주기 힘들겠다.'라는 식의 답변은 바람직하지 않다. 참고로 상관은 담당자의 일을 대신 해주는 사람이 아니고, 그 일을 해결할 사람은 담당자인 자신이라는 것을 기억해야 한다. 위계질서가 강한 공직사회에서도 상관은 상관의 역할, 실무자는 실무자로서의 역할이 각각 다르다는 것도 기억해야 한다.

> **MEMO**
>
>
>
>
>
>
>

3　직무수행능력을 강조하는 이유

(1) 인사혁신처에서 직무능력을 강조하는 이유는 단순히 전공지식에 대한 이해도가 높은 사람인가를 평가하는 것이 아니라는 것이다. 이는 응시생들이 공무원 사회에 입직하여 올바른 공직가치관 확립으로 공평하고 정당하게 일처리를 잘 할 수 있는가를 파악하는 것이라고 생각해야 한다.

(2) 정당하고 공평한 일처리를 하는 것에 있어 가장 기본적이면서도 중요한 것이 바로 '공직가치의 내재화'라는 것을 반드시 기억하고 면접준비를 해야 한다.

2024
스티마 면접
국가직 9급

03

경험형 개별과제 준비

CHAPTER

01 경험형 개별과제의 효율적인 준비방법

✔ POINT 과거 경험을 직무수행능력과 어떻게 연결할 것인지 고민하고, 직무수행능력에 있어서 부족한 점은 면접준비 기간 동안에 어떻게 채울 것인지를 고민해야 한다. 경험형 개별과제 준비는 하루 아침에 완성되는 것이 아니다.

(1) 노력과 경험 부각시키기

드러난(누구나 생각하는) 재료보다는 과거 혹은 면접준비 과정에서의 노력한 경험을 통하여 '직무수행능력 및 전문성 함양을 위해 평소 준비한 노력과 경험'을 부각시켜야 한다.

단, 드러난 재료를 바탕으로 작성시에도 자신의 강점이나 노력을 어떻게 부각시킬 것인가가 핵심이다.

㈜ 드러난 재료 ⇨ 도서 읽기, 전공 부각시키기, 누구나 했었던 평범한 대외활동 등

(2) 경험 정리

경험 정리는 스토리(역할과 행동)가 드러나야 한다. 그 이유는 면접관의 후속 질문이 구체적으로 이루어지기 때문이다.

(3) 요약식으로 작성하기

자유롭게 요약식(개조식)으로 작성하되 면접관이 관심을 가질 수 있도록 답변구성을 기재해보는 연습을 꾸준히 해야 한다.

(4) 어휘의 선택

면접관이 관심을 가질만한 어휘의 선택도 중요하다. ⇨ 면접관이 자주 하는 질문리스트를 소재로 활용하는 방안

✔ PLUS

혼자 면접준비를 하는 데 어려움이 있을 경우
1. 스티마쌤의 강의를 듣고 큰 틀 잡기 ⇨ 과거 경험 모두 정리, 면접준비 과정에서 필요한 것 정리
2. 스티마쌤이 제공하는 경험형 과제 후기 등 참고하기 ⇨ 면접관이 무엇에 관심을 갖는지? 그리고 후속질문은 어떻게 이루어지는지?
3. 온·오프라인 수강생은 스티마쌤 이메일을 통해 점검받기
   ➡ 온·오프라인 수강생은 이메일 피드백은 물론이고, 학원에서 개인별로 경험형 과제 점검
4. 면접스터디로 꾸준히 연습하고 스티마쌤과 1대1 코칭을 통해 최종적으로 마무리하기

(5) 나만의 차별성 두기

① 경험형 과제에서도 다른 응시자와 차별화시킬 수 있는 면접준비를 하여야 한다.
② 가장 먼저 가고 싶은 부처와 하고 싶은 업무에 대하여 고민을 하고 해당 직렬의 직무수행능력 및 전문성 향상을 위한 노력을 면접준비 과정에서 찾아야 한다. 이것이 가장 기본이다. ★

TIP 구체적으로 어떤 업무를 하는지 우선적으로 파악해야 하며, 자랑하고 싶은 정책(마음에 드는 정책)과 개선하고 싶은 정책은 함께 준비한 다음, 가고 싶은 부서나 하고 싶은 업무와 관련하여 면접준비 과정에서 어떤 노력을 할 것인지를 정리하는 시간을 가져야 한다. 가급적이면 과거의 경험은 물론 앞으로 해보고 싶은 것도 하고 싶은 업무와 관련된 경험에 초점을 맞추어 준비해 보길 권한다.

③ 경험형 과제를 보면서 '나는 무엇을 중점적으로 준비하면서 직무수행능력 및 전문성 함양을 위해 노력했던 점을 어떻게 부각시킬 것인가?'를 전략적으로 준비해야 한다.

TIP 응시생들에게 면접준비 기간을 주는 이유는 결국 공무원으로서 직렬에 대하여 얼마나 관심을 가지고 면접준비를 했는지를 알아보기 위함이다. 즉, 최소한 면접준비 기간 동안 합격한 직렬 혹은 공무원에 대하여 전반적으로 고민해 보는 시간을 주는 것이다. 이러한 시간을 통해 각각의 개성(끼와 재능)을 찾아보길 바란다.

MEMO

CHAPTER

02 면접준비 기간 동안 고민하고, 생각하고, 실천해야 할 일

(1) 합격한 직렬과의 적합성 여부

① 응시생 스스로 '본인이 합격한 직렬의 공무원에 왜 적합하다고 생각하는가? 그 이유는? 그리고 앞으로 직무수행능력을 어떻게 키워나갈 것인가?'를 고민해 보아야 한다.

② 기본적으로 각각의 경험이나 전공 등을 공직생활과 연결시키는 것도 필요하다.

(2) 합격한 직렬의 대표 정책

합격한 직렬에서 추진하는 대표적인 정책은 무엇이며, 본인이 제안하고 싶은 정책이나 해 보고 싶은 정책을 생각해 보는 시간을 가져야 한다.

> **✅ PLUS**
>
> **1. 차별화 전략**
> 국가직 면접은 의도적으로 어려운 질문을 하여 응시생을 곤란하게 만들지 않지만 면접준비를 잘하고 싶은 응시생들은 답변에 있어서 차별화를 시켜야 한다.
>
> **2. 정책 제안하기**
> ① 기본적으로는 합격한 직렬의 관심 있는 정책에 자신의 생각을 가미하는 방법이 있다(창의성).
> ② 스티마쌤에게 배운 내용을 이해하고, 함께하는 스터디를 통해 새로운 것을 생각해 내는 방안도 있다.
> ③ 해외 사례, 다른 직렬의 정책이나 제도의 벤치마킹 등도 필요하다.

(3) 합격한 직렬의 대표 업무

합격한 직렬에서 무슨 일을 하는지를 숙지하고, 하고 싶은 업무와 그 이유는 무엇인지 생각해 보아야 한다.

TIP 이 부분도 반드시 정리를 해야 한다. ★ 여기에 응시생 본인이 하고 싶은 업무에서 무슨 일을 하는지, 더 중요한 것은 왜 본인이 그 업무에 적합한지를 설명할 수 있어야 한다.

➡ 하고 싶은 업무에 대한 특성 파악을 해야만 본인이 그 업무에 적합한지를 찾아낼 수 있다.

(4) 합격한 직렬을 위한 노력

과거 또는 최근(면접준비 기간)에 합격한 직렬에 도움을 주기 위해 어떠한 노력을 하였고 면접준비 기간 동안 어떠한 노력들을 할 것인지를 고민하고 실천해야 한다.

MEMO

✏ Check point

최소한 기본은 하자!

1. 전문도서 및 합격한 직렬의 미담사례 읽기
2. 관공서 견학, 행사 참여, 정책 제안 해 보기
3. 공익실현의 기본인 봉사활동 해 보기 ⇐ 대외활동이 없는 응시생의 경우
4. 해당 직렬의 대표 정책 및 이슈 1~2가지를 숙지한 후 개선방안 생각하기
5. 해당 직렬 및 해당 부처의 보도자료 읽어보기

TIP 면접준비 기간 동안 얼마나 합격한 직렬 및 공무원에 관심을 가졌고, 합격한 직렬의 공무원이 되면 어떻게 자기개발을 해 나갈 것인가 정도는 준비하여야 한다. 공무원 면접은 말 잘하는 사람을 뽑는 시험이 아니라 함께 일하고 싶은 사람을 뽑는 것이다.

CHAPTER 03 경험형 개별과제 예시[실제 후속질문 포함]

1 경험형 개별과제 준비단계

(1) 과거 경험의 정리는 기본이고, 응시생 본인에게 적합한 면접준비 과정에서의 어떤 노력들을 통해 경험형 개별과제 작성란을 채울 것인지를 고민해야 한다.

(2) 면접관은 경험형 개별과제 작성내용만 보더라도 짧은 기간에 면접준비를 얼마나 열심히 했는지 알 수 있다. 이에 면접관은 예리한 후속질문을 통해 직무수행능력과 전문성을 검증한다는 것을 기억하고 답변을 준비해야 한다.

✔ POINT

1. 개인마다 다르긴 하지만 경험형 개별과제 질문시간에 상대적으로 많은 질문을 한다.
2. 경험형 개별과제에 대한 질문이 많이 이루어진다는 것은 그만큼 응시생에게 관심이 많다는 것이고, 면접준비를 잘하였다고 생각해도 된다.

2 경험형 개별과제 준비시 주의할 점

면접관은 경험형 개별과제에 대한 작성내용만 보더라도 누가 뻔한 소위 '앵무새식 답변'으로 면접을 준비하였는지 파악이 가능하다. 공무원 면접은 개성(즉, 자신이 가지고 있는 끼와 재능을 면접준비 기간 동안 찾아내야 함)을 드러내는 것임을 기억해야 하며, 작성방법도 틀에 얽매이지 말고 자연스럽고 깔끔하게 개성이 드러나게 적으면 된다.

✐ Check point

면접관의 질문리스트
면접관들이 충분한 시뮬레이션을 통해 만든 5분발표, 경험형 개별과제, 상황형 개별과제에 대한 핵심 질문리스트를 가지고 있다는 점이 무엇을 의미하는지 생각해 보아야 한다. ★
1. 응시생이 대략 어떻게 면접준비를 하는지 어느 정도 파악을 한다는 것이다.
2. 응시생들이 대부분 작성방법이나 해결방안 등에서 뻔한 이야기를 많이 한다는 것이다. 경험이 많은 면접관들은 그러한 이야기에 관심을 갖지 않는다. 그렇기 때문에 최근 면접의 질문추세는 면접관이 준비한 질문리스트를 통해 이루어진다.
3. 소위 모범답변이라는 것이 제시되는 경우가 있는데 이는 꼭 경계해야 할 요소이다. 답변의 틀을 만들어 주고 뻔한 내용을 작성하게 하는 등 단순히 면접관련 후기 및 기출만 보는 것은 뻔한 답변을 만들어 내기에 경계해야 한다.

3 경험형 개별과제의 주제 및 작성방법

(1) 경험형 개별과제 주제는 2024년에도 전 직렬 공통주제로 출제될 가능성을 염두에 두고 준비하면 된다. 이에 아래에 제시하는 참고자료를 바탕으로 본인이 할 수 있는 부분을 정리한 후, 나만의 경험형 개별과제를 작성해 보길 바란다.

(2) 작성예시들을 정독한 후, '뻔한 내용은 아닌지? 나의 이야기를 정리하였는지? 면접준비 과정에서 얼마나 노력했는지?'를 확인한 후 '나는 어떤 노력을 할 것인지'를 고민해야 한다. 그리고나서 면접 및 답변 준비의 방향성을 찾으면 된다.

(3) 답변을 작성할 때는 자신의 이야기가 잘 드러나도록 가급적이면 작성란 12줄을 모두 채우는 것이 바람직하다.

TIP┃ 실제 면접에서 드러난 재료만을 바탕으로 답변을 작성한 응시생의 경우에는 작성한 내용과 관련된 후속질문은 적고 면접관이 가지고 있는 질문리스트에서 질문이 이루어질 가능성이 상당히 높다. 그러므로 가급적이면 자신이 작성한 내용 중심으로 질문이 이루어질 수 있도록 충분한 연습이 필요하다.

4 경험형 개별과제 작성예시 – [공통주제] 2020년~2023년까지 전 직렬

過거 또는 최근(면접준비 기간 동안)에 공무원으로서 갖추어야 할 직무수행능력(관계 역량＋직무역량) 및 전문성을 키우기 위하여 노력한 경험 및 본인이 하고 싶은 업무는 무엇인지에 대해 기술하시오.

[근무하고 싶은 부처 및 하고 싶은 업무]

○

○

[과거(면접준비 이전) 직무수행능력에 도움이 될 만한 경험]

○

○

○

[면접준비 기간 동안 혹은 현재 직무수행능력을 키우기 위해 한 노력]

TIP┃ 면접준비 기간 중 해보고 싶은 것을 정리한 후 천천히 완성해 가면 된다.

○

○

○

○

경험형 개별과제(공통편)

공통주제

임용 이후 근무하고 싶은 부처(기관)와 담당하고 싶은 직무(정책)에 대해 기술하고, 해당 분야의 직무수행능력 및 전문성 함양을 위해 평소 준비한 노력과 경험에 대해 작성하시오.

[근무하고 싶은 부처 및 담당하고 싶은 업무]
○ 근무하고 싶은 부처: 통일부
○ 담당하고 싶은 업무: 북한이탈주민 정착지원
[직무수행능력 및 전문성 함양을 위한 나의 노력]
○ 약 1년간 통일부 공무직 근무(북한이탈주민 민원 응대, 업무매뉴얼 작성)
○ 통일 및 북한 관련 대외활동 십여 군데 참여(통일부 대학생 기자단, 북한인권동아리, 북한이탈 청소년 학습 멘토링, 남북 대학생 통일준비 PT 경진대회 등)
○ 네 차례의 통일부 장관상 수상
○ 대통령 직속 헌법기구 민주평화통일자문회의 자문위원 역임(종로구 협의회 최연소 자문위원 활동)
[그 외 통일부 공무원으로서 나만의 경쟁력]
○ 뛰어난 봉사정신(학창시절 300시간 이상의 봉사활동 경험) ⇨ 봉사정신, 공익성
○ 중국어 전공('제3국 출생 자녀' 등 북한이탈주민과의 의사소통이 비교적 용이) ⇨ 다양성, 민주성

실제 후속질문
1. 통일부에서 근무할 때 느낀 점과 개선하고 싶었던 정책이 있다면 무엇인가?
2. 평소에도 북한이탈주민에 대해 관심이 많았는가?
3. 통일에 관심을 가지게 된 계기가 무엇인가?
4. 통일부에서 근무할 때 어떤 업무를 하였는가?
5. 통일부 장관상을 네 차례 수상했다고 기재하였는데 정말로 네 번을 수상한 것이 맞는가? 어떻게 받았는가?
6. 왜 통일부 공무원이 되고 싶은가?
   └ [후속질문] 기존에도 그 업무를 해왔을 텐데 업무매뉴얼이 없었는가? 업무매뉴얼은 본인 혼자서 작성한 것인가?

MEMO

경험형 개별과제(공통편)

공통주제

임용 이후 근무하고 싶은 부처(기관)와 담당하고 싶은 직무(정책)에 대해 기술하고, 해당 분야의 직무수행능력 및 전문성 함양을 위해 평소 준비한 노력과 경험에 대해 작성하시오.

□ 지원부처: 보건복지부 노인지원과
□ 정책소개: 경험은 나눔 일자리는 이음(노인 일자리 및 사회활동 지원 사업)
−개선점: '노인 일자리 여기' 사이트(일방향 소통)
−정책 제안: '시니어 JOB 스마트 그리드'(쌍방향 소통)
□ 보건복지부를 알아가며
−보건복지부 노인지원과 주무관님과 인터뷰
−치매체크앱 교육 및 봉사활동 ⇨ 치매 파트너
−보건복지부 노인지원과의 포스트 코로나에 관한 대응방안 연구 ⇨ 노인 정보화 교육
□ 나의 능력
[함께의 가치] 스킨스쿠버 동아리 4년 활동 ⇨ 선배, 후배, 리더, 조직의 구성원으로서 다양한 위치에서 역할 경험
[노인에 대한 이해] 늘푸른 노인복지관 실습
[갈등해결 능력] 아버지와 '상관과 MZ세대 갈등'에 대해 논의, 행사 미참여한 신입생 학생회비 반환요구

실제 후속질문
1. 일반 행정직렬에 지원한 이유는 무엇인가?
2. 학생 때 했던 봉사활동은 무엇인가? (요양원 어르신들 말벗 해드리기 ⇨ 이와 관련된 추가질문 2개)
3. 노인지원과에 지원한 이유는 무엇인가?
4. 노인 일자리 사업에는 어떤 것이 있는가?
5. 업무를 함에 있어 필요한 전문성에는 무엇이 있겠는가?
6. 치매체크앱 교육을 받은 이유는 무엇인가?

MEMO

경험형 개별과제(공통편)

공통주제

임용 이후 근무하고 싶은 부처(기관)와 담당하고 싶은 직무(정책)에 대해 기술하고, 해당 분야의 직무수행능력 및 전문성 함양을 위해 평소 준비한 노력과 경험에 대해 작성하시오.

⬜ 지원부처: 문화체육관광부 예술정책과
⬜ 희망업무: 예술인 복지증진
⬜ 관심 정책: 예술인 고용보험 / 정책제안 ⇨ 예술인-학생 1 : 1 매칭 플랫폼
⬜ 전문성을 위한 노력: 문화콘텐츠 학과 재학 ⇨ 디지털과 문화예술 수강
- 아트홀, 미술관, 문화재단 서포터즈 활동 ⇨ 공연예술에 대한 이해, 클래식 음악 홍보방법 고안
- 문화예술교육 자원조사 우수조사원 ⇨ 문화예술 즐길 수 있는 활동지 개발
- 중국라이센스 박람회 관람 ⇨ 우리나라 라이센스 산업에 대한 자부심
- 보존수복 종사자 인터뷰 ⇨ 예술작품 보존수복의 중요성 이해
- 지방분권 서포터즈 ⇨ 지역문화격차 해소를 위해 지방분권에 대한 이해
⬜ 소통관련 경험
- 학회 활동 당시 새로운 임원 구성 방식 고안
- 아르바이트 당시 새로운 직원의 일을 도왔던 경험 ⇨ 감사선물 받음

실제 후속질문

1. 관심 정책이라고 기재한 예술인 고용보험이 무엇인가? 이 보험에 문제점이 있다면 어떤 것인가?
 └[후속질문] 이 정책에 장애요인이 있다면 무엇이며 해결방안은?
2. 서포터즈 활동을 하면서 어떤 활동이 가장 인상 깊었는가?
 └[후속질문] 여기서 어떤 문제가 있었고 어떻게 해결하였는가? 이때 본인의 역할은 무엇이었는가?
3. 교향악단 서포터즈는 어떤 활동을 하는 것인가?
4. 왜 문화예술 분야에 관심을 가지게 되었는가?
5. 만약 본인은 문화예술을 위해서 열심히 일을 하였는데 국민들의 문화수준이 그를 따라오지 못한다면 어떻게 해결할 것인가?

MEMO

경험형 개별과제(공통편)

공통주제

임용 이후 근무하고 싶은 부처(기관)와 담당하고 싶은 직무(정책)에 대해 기술하고, 해당 분야의 직무수행능력 및 전문성 함양을 위해 평소 준비한 노력과 경험에 대해 작성하시오.

☐ 근무하고 싶은 부처: 보건복지부 인구정책실 아동복지정책과
☐ 직무수행능력 함양을 위한 노력
─ 전문성 1. 아동가족학, 행정학 전공 ─ '아동권리와 복지', '보육과정', '복지정책' 등 수강
2. 지역아동센터 봉사활동(A지역 아동센터 2년, B지역 아동센터 6개월)
3. 농어촌거주 초등학생 대상 문화예술교육 봉사활동 기획 및 진행, 중학생 학습멘토링
─ 공익성, 다양성 1. 기타 다양한 봉사활동[어르신 자서전 편찬 활동, 외국인 유학생 한국어도우미, '휴데이 마을활동'(학교 밖 청소년 보호)]
2. 스웨덴 교환학생(한 학기)
─ 책임성, 민주성 1. 고등학교 때 동아리 회장, 대학교 때 동아리 부회장
2. (대학교) 국제교류처 산하 학생단체 홍보팀 활동
─ 기타: 보건복지부 블로그(따스아리), 유튜브 채널(복따리TV) 구독
☐ 추진하고 싶은 사업: 가정위탁사업의 적극적 홍보(가정위탁의 날 등을 중심으로)

실제 후속질문

1. 근무하고 싶은 부처와 그 이유는 무엇인가?
2. 봉사활동 중 기억에 남는 한 가지는 무엇인가?
3. 추진하고 싶은 사업에 가정위탁사업 홍보를 기재하였는데 이는 무엇인가?
4. 지역아동센터 봉사활동을 오래 하였는데, 어떤 계기로 하게 되었는가?
5. 면접 태도가 좋은데 이전에 경험이 있는가?
6. 원하는 부처의 공무원으로서 가져야 할 역량은 무엇이라고 생각하는가?
7. 스웨덴 교환학생을 하면서 느낀 점은 무엇인가?
8. 외국인에게 소개하고 싶은 보건복지부의 정책은 무엇인가?
9. 아동가족학을 전공하면 보육교사가 되는 것으로 알고 있는데 왜 보육교사가 아니라 공무원을 선택했는가?
10. 보건복지부 정책 중 보완 또는 개선하였으면 하는 정책은 무엇인가?
11. 동료들에게 '일 잘하는 ○○○(이름) vs 사람 좋은 ○○○(이름)' 무엇으로 불리고 싶은가?
12. 어떤 공무원이 되고 싶은가?

MEMO

경험형 개별과제(공통편)

공통주제

임용 이후 근무하고 싶은 부처(기관)와 담당하고 싶은 직무(정책)에 대해 기술하고, 해당 분야의 직무수행능력 및 전문성 함양을 위해 평소 준비한 노력과 경험에 대해 작성하시오.

□ 근무하고 싶은 부처: 법무부 법무실(국제법무과)
□ 담당하고 싶은 업무: 국제법무 협력
□ 관심 정책: 헤이그 국제아동탈취협약
□ 직무에 관련된 경험
1. 구청 법무팀 아르바이트
2. 한국가정법률상담소 봉사활동
3. 법학 전공 ⇨ 미국계약법 수강, 전자상거래법 영문 계약서 번역 실습
4. JLPT N2급 취득, 한일교류
□ 기 타
5. 법무부 홈페이지, 블로그 열람(법무뉴스, 카드뉴스)
6. 관현악 동아리 활동, 합창대회 참가(조직 내 협력)
7. 노력 예정 ⇨ 영어공부(TOEIC 점수 취득), 국제거래법 공부

실제 후속질문
1. 법무부에 지원한 계기가 무엇인가?
2. 헤이그 국제아동탈취협약이 무엇인가?
3. 관심 정책에 대해 개선하고 싶은 점이나 아쉬운 점이 있는가?
4. 법무부의 또 다른 정책을 알고 있는 것이 있는가? 그 정책은 잘 시행되고 있는가?
5. 구청 법무팀 아르바이트는 어떤 일을 했었는가?
6. 상담소 봉사활동을 통해 얻은 직무역량이 있는가?
7. 전문성을 위해 노력한 점은 무엇인가?
8. 법학과에서 공부하면서 어려웠던 점은 무엇이고 어떻게 극복하였는가?
9. 원하지 않는 부서로 배정되면 다른 직원에 비해 전문성이 떨어질 수도 있는데 어떻게 극복할 것인가?
10. 본인 성격의 장단점은 무엇인가?
11. 공무원이 되고 싶은 이유가 무엇인가?
12. 평소 자기개발은 어떻게 하는가?
13. 역량을 발휘하기 위해 무엇을 노력할 것인가?
14. JLPT 자격증이 업무에 어떤 도움이 되는가?

MEMO

경험형 개별과제(공통편)

공통주제

임용 이후 근무하고 싶은 부처(기관)와 담당하고 싶은 직무(정책)에 대해 기술하고, 해당 분야의 직무수행능력 및 전문성 함양을 위해 평소 준비한 노력과 경험에 대해 작성하시오.

☐ 근무하고 싶은 부서: 진로교육정책과-학교교육업무
☐ 전문성을 높이기 위한 노력
-드림클래스: 진로 상담 후 희망 직종 종사자 연결 ⇨ 정보제공
-모교 학과설명회: 다양한 선배들 취업사례 소개 ⇨ 어문학과 취업어려움에 대한 편견 해소
-키자니아 근무: 아이들과 함께 직업체험 ⇨ 아이들의 눈높이에서 직업을 볼 수 있는 기회
-학원 수업: 연령대별 다른 아이들의 진로고민 알 수 있는 기회
☐ 기타 노력 및 경험
-대학 입학처 아르바이트: 교육부 진로교육정책과 지원 계기
-교육부 유튜브 시청(진로직업탐험대)
-해외아동후원(교육국제화담당관-ODA정책)
-호주 단기파견+프랑스 교환학생
☐ 정책제안: 멘토가 되어 DREAM

실제 후속질문
1. 진로교육정책과에 지원하게 된 계기는 무엇인가?
2. 학교진로교육 업무는 중고등학교에서 했는가? 대학에서 했는가?
3. 고등학교는 실업계는 취업, 인문계는 대학진학을 목표로 하는데 이와 관련하여 제안하고 싶은 정책이 있는가?
4. 교육부 관련 법 공부를 많이 하였을 것 같은데 이와 관련하여 개선하고 싶은 정책이 있는가?
5. '해외아동후원 ODA'가 무엇인가?
6. 프랑스로 교환학생도 가고, 대학교 입학처 아르바이트를 하는 등 많은 경험 중 힘들었던 점이 있었는가? 있었다면 어떻게 극복하였는가?

MEMO

경험형 개별과제(공통편)

공통주제

임용 이후 근무하고 싶은 부처(기관)와 담당하고 싶은 직무(정책)에 대해 기술하고, 해당 분야의 직무수행능력 및 전문성 함양을 위해 평소 준비한 노력과 경험에 대해 작성하시오.

□ 직무수행능력 및 전문성 함양을 위한 나의 노력
<전문성> 1. 한국피해자지원협회에서 회계처리업무(세금계산서 영수증관리 및 회계처리 검토)
2. 전산회계 1급 자격증 취득, 재무관리 및 세법개론 강의 수강
3. 정책제안: '맞춤형 찾아가는 세법교실'
국세홍보관 성인 맞춤형 체험활동 – 스크린 및 QR코드를 통한 모의신고
<공익성&민주성> 1. '사회적 약자 대상 사회문제 발굴' 공모전 참가(팀원 간의 갈등 해결)
나의 제안 ⇨ 상생형 스마트공장 구축 및 상생결제 제도의 법인세감면률 확대
2. 사회적 기업방문 후 장애인분들과의 인터뷰(기부영수증 세액공제 활성화)
3. 주민센터에서 코로나19 업무관련 자원봉사(세법관련 인식조사 및 정책제안)
4. 기타(총 봉사횟수 134회): 장애가정 청소년 성장멘토링, 해외봉사 등
□ 하고 싶은 업무: 납세자담당관 납세자 현장 소통업무
공직자세 '전문성과 공익성을 바탕으로 법과 원칙에 따라 업무를 수행하는 공무원'

실제 후속질문
1. 납세자 보호담당관으로서 납세자 현장 소통 업무를 하고 싶다고 기재하였는데 정확히 어떤 업무를 말하는 것인가?
2. 이러한 업무를 하는 것에 있어 중요한 공직가치는 무엇이라고 생각하는가?
3. 주민센터에서 코로나19 업무와 관련한 봉사를 하면서 세법관련 인식조사도 하고 대안책도 제시했는데 이에 대해 구체적으로 설명해달라.
4. '맞춤형 찾아가는 세법교실'이 무엇인가?
5. 작성한 내용 외에 전문성과 관련하여 경험한 것이 있는가?
6. 국세홍보관 관련해서 제안을 하였는데 이는 무엇인가?
7. 공모전에도 참가했는데 그때 겪었던 갈등상황이 있는가?
8. 상생형 스마트 공장 구축 및 상생결제제도에 대해 제시하였는데 정확히 어떤 제안인가?
   └[후속질문] 그렇다면 이러한 상생결제제도와 관련하여 대기업들이 탈세를 하고자 할 수도 있는데 이런 경우에는 어떻게 해결할 것인가?

MEMO

경험형 개별과제(공통편)

공통주제

임용 이후 근무하고 싶은 부처(기관)와 담당하고 싶은 직무(정책)에 대해 기술하고, 해당 분야의 직무수행능력 및 전문성 함양을 위해 평소 준비한 노력과 경험에 대해 작성하시오.

−관심있는 부서: 재산세과 상속·증여세 담당
−관심있는 정책: 가업승계지원제도−사후관리 완화 모색(장기적 세수 확보)
1. 자산 20% 이상 매각 금지 ⇨ 기업 재투자시 매각 가능
2. 대분류 간 이동 불가 ⇨ 이동 허용
3. 피상속인 최대 주주 지분율 50%, 30% ⇨ 30%, 20%로 완화
−전문성 1. 세무법인 근무 4년: 기장 및 신고 대리 / 주로 외국인 납세자와 업무
2. 생산관리 팀장 4년: 일대일 면담을 통해서 직원 역량 파악하여 업무 재배치
3. 일감몰아주기, 일감떼어주기 보도자료 숙지
−적응력 및 친화력: 시간을 달리는 소녀
−주경야독의 삶: 직장생활을 하면서 영어, 경영학 학위 취득, TAT 1급 등 자격증 취득
−봉사정신 1. 난치병 아동 소원 봉사−Make A Wish
2. 조혈모세포 기증서약, 봉사동아리 참여(복지시설 등)

실제 후속질문

1. 적응력 및 친화력에 '시간을 달리는 소녀'라고 기재하였는데 무엇인가?
2. 상속·증여세를 가고 싶은 이유는 무엇인가?
3. 세무법인에서 일하면서 힘들었던 점은 무엇인가? 또한 일하면서 잘했던 점과 못했던 점은 무엇인가?
   ㄴ[후속질문] 업무를 하면서 과세자료가 애매한 경우에는 어떻게 할 것인가?
   ㄴ[후속질문] 소통이 잘되지 않는 납세자들과 어떤 식으로 이야기하였는가?
4. 직장생활을 하면서 겪은 갈등이 있다면 어떻게 해결했고 이러한 경험이 공직에 어떤 도움이 되겠는가?
5. 재산세과를 가게 되면 개선하고 싶은 방안은 무엇인가?
   ㄴ[후속질문] 일감몰아주기 규제 강화, 가업승계제도 규제 완화 방안과 관련하여 납세자들과 직장 상사의 반대가 예상되는데 이를 어떻게 해결할 것인가?
6. 'Make A Wish 난치병 아동 소원 봉사'가 무엇인가?

MEMO

경험형 개별과제(공통편)

공통주제

임용 이후 근무하고 싶은 부처(기관)와 담당하고 싶은 직무(정책)에 대해 기술하고, 해당 분야의 직무수행능력 및 전문성 함양을 위해 평소 준비한 노력과 경험에 대해 작성하시오.

□ 원하는 부처 및 업무: 납세자보호담당관, 납세자권익보호업무
□ 경험 등
1. 조별과제: 외국인 – 내국인 학생 간 갈등 중재(민주성, 다양성)
2. 군 시절: 면회 요청 뇌물 공여에 대한 방지책 건의(창의성, 책임성, 애국심)
3. 직장 시절: ① 시급 조정 건의(책임성, 민주성) ② 근무자들 근무지 순환제 도입 건의(창의성, 민주성, 책임성)
4. 전문성 발휘한 경험: ① 부모님 종합소득세 신고 도움(경비율 조정) ② 네이버 지식인 "강의가 있다면 사서 듣고 싶다."는 칭찬
5. 기타: 전산 세무 1급, 전산 회계 2급 취득, 회계 실무 준비를 위해 회계 주관식 풀이
□ 정책 제안
1. 소급시효 완성 국세환급금의 기부금 인정 제도(대손금과의 형평성)
2. 모두 채움, 미리 채움 서비스에 대한 개선(수정 버튼 확대, 중간 알림 배너)

실제 후속질문
1. 납세자보호담당관을 희망하였는데 이유가 무엇인가?
   └ [후속질문] 본인이 납세자권익보호업무를 희망한다고 해도 이를 맡을 수 없을 것 같은데 괜찮은가?
2. 모두 채움, 미리 채움 서비스에 대한 개선 방안이 있다면 무엇인가?
3. 국세청의 최근 인상 깊은 정책은 무엇인가?
4. 네이버 지식인에 "강의가 있다면 돈 주고 사서 듣고 싶다."는 무슨 내용인가?
5. 군 시절 '면회 요청 뇌물'이라고 기재하였는데 이것이 무엇인가?
6. 창의성을 발휘한 경험이 많은데 직장생활과 관련한 경험도 있는가?
7. 공직사회에서 전문성을 갖추기 위한 본인만의 노력 또는 경험이 있는가?

MEMO

경험형 개별과제(공통편)

공통주제

임용 이후 근무하고 싶은 부처(기관)와 담당하고 싶은 직무(정책)에 대해 기술하고, 해당 분야의 직무수행능력 및 전문성 함양을 위해 평소 준비한 노력과 경험에 대해 작성하시오.

1. 직무수행능력 개발 노력
(1) ~2015년: 국세공무원 희망 ⇨ 회계학 전공(세무사 등 자격증 다수 취득)
(2) 2016년: 9급 세무직 합격(세법 고득점 ⇨ 2017년 9급 시험 출제 참여) 및 연수원 수료(스터디 조장)
(3) 2017~2018년: 개인납세과 체납(맞춤형 체납처분 전략 ⇨ 체납실적 우수 직원) 및 　　　　　　　　　세적(근로장려금 등 다수 민원처리) 업무
(4) 2019~2020년: 조사과(각종 세무조사 기법 습득), 현 법인세과 재직 중
(5) 2021년~: 재산세과(양도소득세법 탐구) 전입 희망
2. 국세청 업무개선 방안
(1) 세무대리인 상시 의견 청취
국세행정에 대한 각종 불만 사항, 불법행위 제보·고발 참여
(2) 현직 동료들과 수시 토론
근로장려금 민원감소 방안, 납세자 발송 안내문 개선(세무서 - 본청 협의체 구성), 과세사각지대 　(공익법인 등) 세원 관리방안 등

실제 후속질문

1. 현재(2020년 기준)는 법인세과에 재직 중이고, 내년(2021년)에는 재산세과 근무 희망으로 기재하였는데 왜 재산세과를 선택하였는가?
2. 가장 중요하다고 생각하는 공직가치는 무엇인가?
   └[압박질문] 방금 가장 중요하다고 생각하는 공직가치가 '전문성'이라고 하였는데 그럼 '윤리성' 같은 공직가치는 필요 없어도 된다는 의미인가?
3. 국세청 업무개선 방안 중 근로장려금 개선 방안에 대해 답변해달라.

MEMO

경험형 개별과제(공통편)

공통주제

임용 이후 근무하고 싶은 부처(기관)와 담당하고 싶은 직무(정책)에 대해 기술하고, 해당 분야의 직무수행능력 및 전문성 함양을 위해 평소 준비한 노력과 경험에 대해 작성하시오.

1. 근무하고 싶은 부서: 소득세과
2. 필요한 직무역량: 창의성 팀워크
3. 전문성관련 노력
□ 세무회계학과 졸업, 세무관련 자격증 취득
□ 대학교 프로그램: 선배님 세무사 사무실에서 근무 　　　　　　　　　　(공부할 때 못 보던 자료로 인하여 당황했던 경험)
□ 2020년 국세행정포럼 시청(변칙증여, 중복조사, 영세사업자 성실신고지원에 대하여 공부)
4. 창의성 관련 경험
□ 개인소득신고를 하면서 모바일 홈택스와 관련하여 국세청에 정책제안 해보았음
5. 팀워크 관련 경험
□ 공항물류청사 아르바이트에서 열심히 하고자 빠르게 일하였으나 일이 정지되어서 오히려 　느려졌던 경험(이후 뒷작업 상황을 보면서 일하는 방식으로 개선함)

실제 후속질문

1. 세무직 공무원을 선택하게 된 이유는 무엇인가?
2. 세무직 공무원으로서 중요하다고 생각하는 직무역량은 무엇인가? 그렇게 생각하는 이유는?
　└[후속질문] 창의성이라고 답변하였는데 친구들 사이에서 '창의성이 있다'라고 했던 일화가 있는가?
3. 개인소득신고를 하였다고 했는데 불편한 점은 없었는가?
4. 공직사회에 들어오면 팀으로 일하는 상황이 많다. 이러한 경우 개인의 능력이 중요한가 아니면 팀워크가 중요한가?
5. '세무관련 자격증 취득'이라고 기재하였는데 어떤 자격증을 취득하였는가?
6. 국세청에 정책제안을 했다고 기재하였는데 어떤 내용이었는가?
7. 최근 뉴스에 탈세와 관련된 내용이 많았는데 그중 아는 내용과 개선 방안에 대하여 답변해달라.

MEMO

경험형 개별과제(공통편)

공통주제

임용 이후 근무하고 싶은 부처(기관)와 담당하고 싶은 직무(정책)에 대해 기술하고, 해당 분야의 직무수행능력 및 전문성 함양을 위해 평소 준비한 노력과 경험에 대해 작성하시오.

□ 하고 싶은 업무
- 형사부(민생침해 경제범죄)
□ 면접기간 중 노력한 경험
1) 저소득장애인 가정을 방문하여 생필품 및 식료품 전달 봉사활동 통해 민생범죄 해결의 중요성 체감
2) 유튜브 '영화 속 이런 법' 시청하며 다양한 상황에 전공지식 적용 연습
3) 법원 사이트에서 대법원 주요 판례 읽어보기
4) 도서 '정의란 무엇인가'를 읽고 검찰의 역할에 대해 생각해 보기
□ 정책제안
- 범죄피해자를 위한 온라인 민원24 제도

※ 작성내용 중 개인 신상과 관련된 내용 일부 제외

실제 후속질문

1. 형사부에서 민생침해 경제범죄 업무를 하고 싶다고 기재하였는데 이러한 업무를 맡고 싶다고 생각하게 된 이유가 무엇인가?
2. 저소득장애인 가정을 방문하여 생필품 및 식료품을 전달한 봉사활동을 통해 '민생침해범죄 해결의 중요성을 체감하였다'고 했는데 좀 더 구체적으로 답변해달라.
3. 검찰의 역할이 무엇이라고 생각하는가?
   └[후속질문] 그런데 국민들은 검찰에 대한 인식이 별로 좋지 않다. 이런 경우 어떻게 해결하는 것이 좋겠는가?
4. '범죄피해자를 위한 온라인 민원24 제도'에 대해 구체적으로 답변해달라.
5. 마지막으로 본인의 강점은 무엇이고 해당 직렬에 어떻게 도움이 될 것 같은가?

MEMO

경험형 개별과제(공통편)

공통주제

임용 이후 근무하고 싶은 부처(기관)와 담당하고 싶은 직무(정책)에 대해 기술하고, 해당 분야의 직무수행능력 및 전문성 함양을 위해 평소 준비한 노력과 경험에 대해 작성하시오.

☐ 하고 싶은 업무: 여성아동범죄조사부
☐ 노력한 경험
1. 독서 – 어쩌다 검찰수사관(진술분석관의 꿈을 갖게 됨)
– 말이 칼이 될 때(혐오표현에 대한 다양한 규제수단을 보고 형벌 보충성의 원칙에 대해 다시 생각)
2. 봉사 – 서울시 동행프로젝트 참여(초등학교 방과 후 보육)
– 교육공모전 수상(기획력, 추진력, 분쟁해결경험)
– 봉사동아리 활동 1년(벽화그리기 제안 ⇨ 학교폭력 예방효과)
3. 한국성폭력상담소 정기후원
4. 아르바이트 경험 1년(민원대처능력, 협동력)
☐ 정책제안: 검찰 인권 영화제

실제 후속질문
1. 여성아동범죄조사부가 무엇을 하는 곳인가? 왜 그런 부서에서 일하고 싶은가?
2. 피해자들의 말만 들으면 피의자는 어떻게 하나?
3. 진술분석관이라는 꿈을 갖게 되었다고 하였는데 진술분석관이 무엇인가?
4. 수사관이 되고 싶은가? 행정관이 되고 싶은가?
5. 검찰수사관으로서 자신의 성격상 장점이 있는가?
6. 요즘 오히려 남자들이 역차별이라면서 여성들을 위한 제도에 반기를 드는 경우가 많은데 이를 어떻게 해결해야 하겠는가?
7. '형벌 보충성의 원칙'에 대해 생각했다고 하였는데 이는 무엇인가?
8. 피해자와 피의자의 진술이 엇갈리는 경우 기소 여부는 정말 중요하다. 이러한 상황에서 어떻게 할 것인가?

MEMO

경험형 개별과제(공통편)

공통주제

임용 이후 근무하고 싶은 부처(기관)와 담당하고 싶은 직무(정책)에 대해 기술하고, 해당 분야의 직무수행능력 및 전문성 함양을 위해 평소 준비한 노력과 경험에 대해 작성하시오.

☐ 하고 싶은 업무: 아동·여성 관련 조사부
☐ 경 험
[1] 사이버 대학 강의 중 청각 장애인을 위한 강의 자막 제작(사회적 약자 공감 경험)
[2] 레고 카페 근무하며 아이들과의 갈등 해결(아동의 특성 파악)
[3] 공공기관 전화 상담 아르바이트(민원 해결 경험, 콜수 1등)
[4] 편의점 아르바이트하며 담배 절도 사건 해결(적극적이고 원칙적인 성격)
[5] 학창 시절 영화 제작 동아리 총무(청렴성, 문제 해결 능력)
☐ 노 력
[1] <발달장애인의 인권 보장에 관한 독일법 비교 연구>, <아동 성폭력 피해자 진술 증거 확보 방안 연구> 논문 탐독
[2] 국민참여재판 방청, 대검찰청 견학, 워드프로세서 1급 취득
☐ 관심 있는 정책: 영상 증인신문 제도
☐ 제안해 보고 싶은 정책: '힐링팜' 전국 확대 운영

실제 후속질문

1. 담배 절도 사건이 무엇인가? 사건 해결 과정에서 본인의 역할은 무엇이었고 주변인들의 반응은 어땠는가?
2. 검찰청에서 일하면서 필요한 역량은 무엇이라고 생각하는가? 해당 역량을 갖추기 위한 노력은?
3. 아동·여성범죄 수사부에 지원하겠다고 하였는데 어떤 일을 하는 부서인지 알고 있는가? ⇨ 사회적 약자를 대상으로 한 범죄 수사
   └[후속질문] 범죄 조사시 중요하며 필요한 기준은 무엇이라고 생각하는가?
4. 해당 부서에 미비한 점이나 개선해야 할 점이 있다면 무엇이라고 생각하는가?
5. '힐링팜' 운영이 무엇인가?

MEMO

경험형 개별과제(공통편)

공통주제

임용 이후 근무하고 싶은 부처(기관)와 담당하고 싶은 직무(정책)에 대해 기술하고, 해당 분야의 직무수행능력 및 전문성 함양을 위해 평소 준비한 노력과 경험에 대해 작성하시오.

TIP 관세직은 외국어능력경험활용, 해외직구를 통한 신종마약관련 내용에도 관심을 가져야 한다. 수출입중소기업 인터뷰를 통한 정책제안도 괜찮다. 예를 들어 최근 관세청에서 가장 관심을 갖는 것이 마약사범 근절대책이므로 이러한 문제해결에 전략적으로 접근하는 방법도 있을 것이다.

<직무수행능력 및 전문성 함양을 위한 나의 노력>
▢ 대학시절: ① 책임감, 민주성 함양 경험(봉사활동 2년, 조별과제, 학생회 임원)
② 한국 환경 산업 기술원 해외지원 수업 이수
▢ 면접기간: ① 중소기업 무역업체 직원과 인터뷰(정책제안 고민)
② 스마트 관세행정 R&D 공모전 제출 – 실제 수하인 변경서비스 제출
▢ 자기개발: ① 나만의 '관세직' 교재 만들기 – 무역영어 취득해 활용 예정
② 일본어 회화, 체력관리(스포츠 댄스)
③ 관세이슈 및 정책보기 – 제안 (1) 개인통관고유번호 전화번호 125
제안 (2) 마타와 함께 전하는 메시지
▢ 하고 싶은 업무
– 심사정책국 ⇨ 자발적 법규준수 지원 ⇨ 건강한 납세자
– 관세직에 필요한 공직가치 ⇨ 민주성과 다양성

실제 후속질문

1. 중소기업 무역업체 직원과 인터뷰를 하게 된 계기가 무엇인가?
  └ [후속질문] 정책제안을 고민했다고 하였는데 어떤 제안인가?
2. '스마트 관세행정 R&D 공모전'에 대하여 자세히 설명해달라.
3. 국민들은 여전히 관세직이 무슨 업무를 하는지 모르는 경우가 많다. 이와 관련한 인식개선 방안은 무엇인가?
4. 일본어로 소통은 가능한가?
5. 면접준비를 다른 사람보다 상당히 많이 한 것 같다. 언제부터 관세직 공무원이 되고 싶었고 이에 특별한 계기가 있었는가?
6. 정책제안에 '마타와 함께 전하는 메시지'가 무엇인가?
7. 관세직에 필요한 공직가치에 '민주성과 다양성' 말고 중요한 것 한 가지를 더 꼽는다면 무엇인가?

MEMO

경험형 개별과제(공통편)

공통주제

임용 이후 근무하고 싶은 부처(기관)와 담당하고 싶은 직무(정책)에 대해 기술하고, 해당 분야의 직무수행능력 및 전문성 함양을 위해 평소 준비한 노력과 경험에 대해 작성하시오.

TIP 교도소·구치소 등 수용시설의 현안문제에 대한 해결방안도 고민해 보아야 한다. 교도관들은 현장에서 4부제로 근무한다. 하지만 필요한 인원이 충분히 확보되지 못해 현장근무자들이 어려움을 많이 겪는 실정에 대한 고민을 면접준비 과정에서 해 보는 것도 좋다.

▢ 관심 있는 부서 및 하고 싶은 업무: 교정기획과
- 나만의 경쟁력: 꼼꼼한 성격과 적극성 그리고 창의성
▢ 관심 정책 및 제도
- 교정작품 쇼핑몰 / 교정작품 전시회
- 정책제안 ⇨ '청소년교도관 설치' 및 '직업체험센터 활용 관련 직업 홍보 제안'
▢ 직무수행능력 및 전문성 함양을 위한 나의 노력
- 직업훈련과 업무 관련: 교정작품 쇼핑몰 이용(개선점 고민) / 수학과외(2년)
- 교정기획과 업무 관련: 교정의 날 제75주년 기념 '호송차량 랩핑 디자인 공모전' 참가
- 체력증진 및 계호 관련 업무: 합기도 3단 승단심사 준비중(4년) / 학생방범대(2년)
- 공익성 실천 노력: 굿네이버스 '희망나눔학교' 봉사활동(2년) / 어머나운동본부 머리카락기부
- 교도소 참관
▢ 나의 다짐: 장선숙 교감님의 조언

실제 후속질문

1. 경험형 개별과제에 작성한 내용들에 대해 간략하게 설명해달라.
2. 교정의 날 '호송차량 랩핑 디자인 공모전'이 무엇인가?
   └[후속질문] (디자인 관련) 이 원고지 모양도 직접 디자인한 것인가?
3. 합기도 3단 승단심사 준비 중이면 아직 2단인가?
4. 직업훈련과 교정기획과에서 일하고 싶다고 하였는데 왜 교정이 하고 싶은가?
5. 교정작품 쇼핑몰에 대해 기재하였는데 혹시 개선해야 할 부분이 있는가?
6. 나중에 공무원 생활을 한다면 어떻게 하고 싶은가?
7. 마지막에 '장선숙 교감님의 조언'은 무엇인가?

MEMO

경험형 개별과제(공통편)

공통주제

임용 이후 근무하고 싶은 부처(기관)와 담당하고 싶은 직무(정책)에 대해 기술하고, 해당 분야의 직무수행능력 및 전문성 함양을 위해 평소 준비한 노력과 경험에 대해 작성하시오.

• 지원하고 싶은 부서-사회복귀과(+한국문화예술진흥원 "가족관계회복")
• 나의 경험-피아노 학원 강사 10년(결석 ×, 지각 ×, 재밌는 수업)
-호텔근무(기업과 조리팀 갈등해결 / 웨딩매뉴얼 / 이유식 메뉴추가)
-호주, 뉴질랜드 워킹홀리데이(함께 일하고 싶은 사람)
-봉사활동(13층 할머니 / 애육원 2년 / 새싹지원아동센터 / 자살예방캠프)
• 면접기간 중 나의 노력-출소자 수용자가족 카페 가입 및 활동
-외부음악강사 인터뷰
• 정책제안-우리가치(가족과 함께 하는 5단계 음악솔루션)
-보듬데이(수용자 스스로에게 편지쓰기)
-유기견 위탁교육
-봉사조건부 가석방
• 20년 뒤 나는?-수용자자녀 대학등록금 적금 증정식

실제 후속질문

1. 유기견 위탁교육은 무엇인가?
2. 호텔에서 근무하면서 힘들었던 점은 무엇인가?
   └[후속질문] 낙하산이라는 오해도 받았을 것 같은데 어떻게 극복하였는가?
3. 사회복귀과에 지원한 이유는 무엇인가?
   └[후속질문] 교정직 공무원에 지원한 이유는 무엇인가?
4. 음악학원에서 일하게 된 계기는 무엇인가?
5. 우리가 지원자를 뽑아야 하는 이유는 무엇인가?

MEMO

경험형 개별과제(공통편)

공통주제

임용 이후 근무하고 싶은 부처(기관)와 담당하고 싶은 직무(정책)에 대해 기술하고, 해당 분야의 직무수행능력 및 전문성 함양을 위해 평소 준비한 노력과 경험에 대해 작성하시오.

○ 희망부처: 심리치료과-피해자 고통 이해를 기반으로 수용자의 상황 경청 및 공감. 지지를 통한 심리치료
○ 정책 제안: 교도관 심리상담 교육 프로그램 개발 및 이수
○ 전문성 함양 관련 경험과 노력
1. 심리치료과 관련: 졸업논문 '사이코패스에 관한 전반적 고찰' 범죄심리학자 인터뷰(상담시 자세, 주의사항)
2. 월간교정 구독, 교정통계연보(2021), 한국교정학회 참고
3. 합기도 1단, 유도 2단, 부산시 생활체육인 유도대회 참가(금메달 3, 동메달 2)
○ 기타 경험과 노력
1. 고등학교 3년 학급 봉사상 수상, 유기견 쉼터 봉사활동
2. 서비스직 3년(교대근무, 갈등해결 경험, 일반사원으로 관리직 업무 병행)
3. 사무직 2년(회사 비품 관리, 팀 총무, 사무능력, 컴퓨터 활용능력)
○ 향후 노력: 임상심리사 공부, 유도 3단 준비

실제 후속질문

1. 유기견 쉼터 봉사활동을 하였는데 하면서 어려운 점은 무엇이었는가?
2. 심리치료과에 지원한 동기는 무엇인가?
3. 서비스직이랑 사무직에서 일하였는데 이 일들을 시작하게 된 계기가 무엇인가?
4. 좋은 정책이더라도 정책을 실현함에 있어서 인력이나 예산 등의 문제가 있을 수 있는데, 상관이 반대한다면 어떻게 할 것인가?
5. 제안한 정책이 국민의 복지증진에 어떻게 기여할 수 있는가?

MEMO

경험형 개별과제(공통편)

공통주제

임용 이후 근무하고 싶은 부처(기관)와 담당하고 싶은 직무(정책)에 대해 기술하고, 해당 분야의 직무수행능력 및 전문성 함양을 위해 평소 준비한 노력과 경험에 대해 작성하시오.

[직무수행능력 및 전문성 함양을 위한 나의 노력]
1. 학생회장 선거에서 선거운동원으로 활동 ⇨ 비방 선거, 네거티브 선거 문화 개선 필요
2. [매니페스토를 통한 정책선거 활성화 과정] 논문 읽음
정책 제안 ⇨ 후보자 공약이행률 의무 공표(공보물, 포털사이트 등)
3. [코로나, K−선거! 이렇게 관리했다] 중앙선관위 다큐멘터리 시청
정책 제안 ⇨ 투표소 혼잡도 어플 개발
4. 행정학 전공 ⇨ [ICT와 전자정부] 수업수강 후 4차 산업혁명과 선관위 업무의 연관성 고민
5. 대학교 행정실에서 1년간 근로 학생으로 근무하며 조직 생활 경험
6. 교환학생 경험 ⇨ 편견을 깬 계기, 위기상황 대처능력
7. 노래동아리에서 3년간 활동 ⇨ 스트레스 해소, 무대 경험, 갈등을 해소한 경험
[하고 싶은 업무] 지도과 선거범죄예방 및 단속

실제 후속질문

1. 하고 싶은 업무로 선거범죄예방 및 단속을 기재하였는데 특별한 계기가 있는가?
　└[후속질문] 그러면 비방 선거 문화를 없애기 위해서는 어떠한 대책이 있는가?
2. 대학교 행정실에서 1년간 근무하였는데 가장 어려웠던 점과 극복한 사례는 무엇인가?
3. 행정실 근무, 교환학생, 노래동아리 활동들을 하였는데 이러한 활동들이 선관위 업무에 있어서 어떻게 도움이 되겠는가?
　└[후속질문] 개인이 하는 일이 중요한가? 팀이 하는 일이 중요한가?
　└[후속질문] 개인적으로 업무 역량이 뛰어난 사람 혼자 일을 하는 것이 좋겠는가? 팀으로 일을 하는 것이 좋겠는가?
　└[후속질문] 그럼 개인적인 역량을 발휘하면서도 팀을 잘 이끌어가는 방법에는 무엇이 있겠는가?
4. 코로나19와 관련된 선거 다큐멘터리를 보고 투표소 혼잡도 어플 정책 제안을 했다고 하였는데 이에 대해 설명해달라.

MEMO

경험형 개별과제(공통편)

공통주제

임용 이후 근무하고 싶은 부처(기관)와 담당하고 싶은 직무(정책)에 대해 기술하고, 해당 분야의 직무수행능력 및 전문성 함양을 위해 평소 준비한 노력과 경험에 대해 작성하시오.

□ 희망부서: 선거계(편리한 투표·선거를 위한 제도연구) ⇨ 제도연구부
□ 직렬 관련 역량 및 경험
○ 전문성 – 선거 관련 수업 다수 이수('독일식 비례제의 20대 총선 적용 연구' 발표)
– 졸업논문 '준연동형 비례제의 불비례성: 위성정당과 비례의석비율 중심으로'
– 국회의원 청년보좌관(아르바이트생의 노동환경 개선 정책제안 – 휴대용 폴리스콜)
○ 책임성 – 21대 서울시장 보궐선거 개표사무원(투표지분류기 오류상황 대처)
– 다수의 아르바이트: 시급인상, 준매니저 진급(One day One more 마인드)
○ 민주성 – 총학생회 선거운동본부 활동(계단부착형 선거운동 제안)
– 학생총회 개최운동팀장(고대 아고라 직접민주주의 경험)
○ 공익성 – 학내 청소노동자분들께 카네이션 전달 행사 기획
– 학내 축제 먹거리부스 운영 기획 ⇨ 판매금 전액 기부
□ 정책제안: 지방공무원 선거지원 문제-자율성 높이고, 업무후순위 위주의 지원   ⇨ 적극행정 마일리지제 적용

실제 후속질문

1. 정치와 선거제도에 관한 공부를 많이 하였는데 공부한 것이 실무와 어떤 연관이 있겠는가? 또 어떠한 도움이 되겠는가?
2. 현재 시행되고 있는 선거제도나 법과 관련하여 개선되었으면 좋겠다고 생각한 것이 있는가?
3. 총학생회 선거운동본부에서 본인의 역할은 무엇이었는가?
4. '학생총회 개최(고대 아고라 직접민주주의)'라고 기재하였는데 이것이 무엇을 뜻하는가? 이 경험이 실무에 어떤 도움이 되겠는가?
5. 만약 실무에서 본인이 무언가 제안하였는데 조직의 방향과 맞지 않는다면 어떻게 할 것인가?

MEMO

경험형 개별과제(공통편)

공통주제

임용 이후 근무하고 싶은 부처(기관)와 담당하고 싶은 직무(정책)에 대해 기술하고, 해당 분야의 직무수행능력 및 전문성 함양을 위해 평소 준비한 노력과 경험에 대해 작성하시오.

TIP 고용노동부도 분야가 다양하기 때문에 하고 싶은 업무에 초점을 맞추고 그에 대한 경험형 개별과제에 대해 전략적으로 접근하는 것이 좋다.

1. 하고 싶은 업무
－ 고용노동부 근로개선지도과(중소기업, 건설업 지인 근무환경 인터뷰)
2. 면접준비 기간 중 나의 노력
(1) 건설업 외국인 노동자 인터뷰(조선족 / 1명): 한국어 동영상 교육의 중요성
(2) 제조업 외국인 노동자 인터뷰(인도네시아, 태국 / 4명): 불법 외국인 노동자 원인, 위생물품 의무화 중요성
3. (과거) 나의 경험
(1) 고용노동부 공무원이 되고 싶었던 계기: 지인 임금체불 문제 고용노동부 진정 넣는 과정 도움
(2) 미국 아르바이트 경험
① 태풍으로 인해 동료들 출근 불가 ⇨ 대타 출근 식당 현장 지휘(나의 책임감, 리더십)
② 흑인 미혼모 아이 돌봄 경험 ⇨ 미국의 아이돌봄 복지 시스템
(3) 국내 다수의 아르바이트 경험(슈퍼, 피자집, 컴공장, 아이스크림 가게)
(4) 공무원이 되고 싶었던 계기: 저소득층 과외(일주일 2번 / 1년)

실제 후속질문

1. 고용노동부 근로개선지도과에서 일하고 싶은 이유는 무엇인가?
2. 건설업 외국인 노동자와 인터뷰를 하게 된 계기와 내용은 무엇인가? ⇨ 추가질문 2개
3. 본인이 한 경험 중 전문성을 높이기 위해 한 경험은 무엇인가?
4. 고용노동부 정책 중 개선하고 싶은 것은 무엇인가?
5. 고용노동부 공무원으로서 가장 중요한 공직가치는 무엇인가?

MEMO

경험형 개별과제(공통편)

공통주제

임용 이후 근무하고 싶은 부처(기관)와 담당하고 싶은 직무(정책)에 대해 기술하고, 해당 분야의 직무수행능력 및 전문성 함양을 위해 평소 준비한 노력과 경험에 대해 작성하시오.

1. 근무희망 부처 및 직무: 고용복지플러스센터 취업지원과(국민취업지원제도)
2. 직무수행을 위한 노력
1) 역량과 경험적 측면
1-1. 문서 활용 및 관리 능력: (공단 인턴) 심사위원 일정 안내 및 심사수당 지출
(정부출연 연구기관 계약직) 기본, 일반 연구사업 관리 지원(발표회 개최 등)
1-2. 자료 수집 및 분석 능력: (공단 인턴) 재난 안전 대응 매뉴얼 최신화
1-3. 고용노동부 정책 참여 경험: 취업성공패키지 참여, 실업급여 수급
2) 지식적 측면: 직업상담사 2급, 컴퓨터활용능력 1급, JLPT N1 취득
3) 태도적 측면: 경계성지적장애 학생에게 1년동안 일본어를 가르친 경험(책임성)
고용센터 실업급여팀 봉사활동(적극성) / 대학생 7학기 동안 성적우수장학금 수령(성실성)
3. 정책 제안
찾아가는 노동법(근로기준법) 교육(고등학생, 대학생 대상), 상담 후 취업자대상 노동법 책자 배포

실제 후속질문
1. 취업지원과에서 국민취업지원제도와 관련된 업무를 하고 싶다고 기재하였는데 지원동기가 무엇인가?
2. 취업성공패키지에도 참여하였고 여러 경험이 있는데 그중 가장 힘들었던 경험은 무엇인가?
   └[후속질문] 해당 업무를 하면서 좋았던 점과 아쉬웠던 점은 무엇인가?
3. 개인과 조직의 의견이 부딪힌다면 어떻게 하겠는가?

➡ '실제 후속질문'은 응시생의 기억에 의한 복원이므로 기억이 나지 않는 부분은 제외되어 있는 것을 참고하길 바라며, 실제 질문은 더 이루어졌을 것이라고 생각하면 된다.

MEMO

경험형 개별과제(공통편)

공통주제

임용 이후 근무하고 싶은 부처(기관)와 담당하고 싶은 직무(정책)에 대해 기술하고, 해당 분야의 직무수행능력 및 전문성 함양을 위해 평소 준비한 노력과 경험에 대해 작성하시오.

1. 희망 부처-교육부 디지털교육 전환 담당관실
2. 희망 업무-디지털 새싹 캠프, AI 디지털 교과서
3. 과거, 면접준비 기간 중 나의 노력
(1) 컴퓨터공학, 철학 복수 전공 및 성적 우수 장학금 ⇨ 인문학적 소양과 공학적 사고 겸비
(2) 해외 결연아동 편지 영-한 번역봉사 300회 이상 ⇨ 교육에서 디지털 인프라의 필요성을 느낌
(3) 한국과학창의재단 주관 쏙쏙캠프 4회 참여 ⇨ 블록 코딩을 이용한 체육 활동, 스키테일 암호와 카이사르 암호 교육
(4) 교내 중앙 프로그래밍 동아리 운영진 ⇨ 신입생 대상 Python 교육 진행, 온라인 해커톤 운영
(5) 라즈베리파이를 이용한 공부 도움 어플 개발 팀프로젝트, 캘린더 어플 개발 경험 ⇨ RPi, 서버, 안드로이드 어플, Python, Java에 대한 이해
(6) 교육부 공식 블로그 구독 ⇨ 디지털교육 전환에 대한 이해
(7) 2023년 대한민국 SW교육 페스티벌 메타버스 참가 ⇨ 디지털 교육 체험

실제 후속질문

1. 다양한 부처 중 교육부를 선택한 이유는 무엇인가?
2. 교육부에서 필요한 역량은 무엇이고, 그 역량을 키우기 위해 가장 노력한 경험은 무엇인가?
3. 다양한 경험을 하였는데 그중 해당 업무를 수행하는 데 가장 도움이 된다고 생각하는 것은 무엇인가?
   └[후속질문] 해당 경험 중 가장 힘들었던 것은 무엇이며 어떻게 극복하였는가?
4. 동아리 운영진으로 활동을 하였는데 갈등상황이 발생했을 때 어떻게 대처하였는가?
   └[후속질문] 신입생 교육 중 적극적으로 참여하지 않은 사람도 있었을텐데 그런 경우 어떻게 하였는가?
   └[후속질문] 공직사회에 입문하여 세대차이로 인해 상관과 업무적인 갈등이 생길 경우 어떻게 하겠는가?
5. 개인의 이익과 조직의 이익이 충돌할 경우 어떻게 하겠는가?
   └[후속질문] 무조건 조직의 이익이 우선한다는 말인가?

MEMO

경험형 개별과제(공통편)

공통주제

임용 이후 근무하고 싶은 부처(기관)와 담당하고 싶은 직무(정책)에 대해 기술하고, 해당 분야의 직무수행능력 및 전문성 함양을 위해 평소 준비한 노력과 경험에 대해 작성하시오.

◇ 희망부서 – 경찰청 정보화장비계(정보통신장비 수급, 출납 관리)

◇ 이유 – 인재개발원 인터뷰에서 감명을 받고 전공과 강점을 살려 경찰을 돕는 공무원이 되고 싶어지다.

◇ 전문성 함양 – 경찰관 서면 인터뷰(순찰시 한 번도 고장 나지 않은 무전기)

　　　　　 – 경찰청 정책 추가 개선점: '실종 경보 문자 제도' ⇨ '당근마켓'과의 협업

　　　　　 – 컴퓨터 공학 전공(다양한 프로그래밍 언어 배움, 팀프로젝트 때 앱개발)

　　　　　 – 강점: 집 컴퓨터 조립, 전자기기 분해

◇ 소통능력 함양 – 어르신복지시설에서 2년간 봉사활동(대화를 위해 부족한 것을 채움)

　　　　　 – 조별 수업 때 자료 조사 갈등 해결

　　　　　 – '일 잘하는 사람은 단순하게 말합니다' 독서(모르면 모른다고 하라)

　　　　　 – 메신저 대화 소통 중재(대화에서 이중적인 의미를 파악함)

◇ 임용 전 계획 – 네트워크 관리사 자격증 취득

　　　　　 – 개인정보보호포털을 통한 개인정보 교육 수강

실제 후속질문

1. 인재개발원 인터뷰를 보고 감명을 받아 경찰청 정보화장비계에 지원을 하였다고 했는데 인터뷰가 어떤 내용이었는가?
2. 졸업 이후 아르바이트나 그 외의 일을 해 본 경험이 있는가?
3. 전산직에 지원하기 위해 노력한 것은 무엇인가?
4. '네트워크 관리사 자격증'은 무엇인가?
5. 부처에 들어와서 개선하고 싶은 점은 무엇인가?
6. 어르신복지시설에서 2년간 봉사활동을 했다고 하였는데 어떤 일을 하였는가?

MEMO

경험형 개별과제(공통편)

공통주제

임용 이후 근무하고 싶은 부처(기관)와 담당하고 싶은 직무(정책)에 대해 기술하고, 해당 분야의 직무수행능력 및 전문성 함양을 위해 평소 준비한 노력과 경험에 대해 작성하시오.

○ 하고 싶은 업무: 국토교통부 냉난방 시설 설비 업무
○ 과거 노력
1) 공군소방구조 중대 구조수−각종 화재 진압
2) 대학 공동실험 실습관 구조 / 재료 강도 실험실 연구보조 장학생 2년
3) 기계 관련 기사 4개 취득(일반기계기사, 공조냉동기계기사, 에너지관리기사, 소방설비기사)
4) 해양 플랜트 설비 설계 40시간 이수(FORAN, Auto Pipe 활용)
○ 봉 사
1) 대학 봉사 동아리 4년(월 2회 영아 재활원 고아원 방문 / 여름방학 경남 고성 '천사의 집' 방문)
2) 세이브 더 칠드런 정기 후원(2015. 4 네팔 대지진 계기~현재)
○ 면접기간 중 노력: ○○정수장 기계직 공무원 인터뷰 / ○○시청 건설행정과 기계직 공무원 전화 인터뷰
○ 정책 제안 1) 환경부＋정유사 MOU 체결에 따른 국토교통부와 전동킥보드회사 함께 2＋2
2) 수소 충전소 주입구 결빙 현상

실제 후속질문

1. 왜 국토교통부에서 해당 업무를 하고 싶고, 잘할 수 있을 것 같은가?
2. 자격증을 많이 취득한 이유가 무엇인가?
　└ [압박질문] 이것저것 시도해보다가 안되어서 해당 직무에 지원한 것이 아닌가 하는 생각이 든다. 왜 이렇게 자격증을 많이 취득한 것인가?

➡ '실제 후속질문'은 응시생의 기억에 의한 복원이므로 기억이 나지 않는 부분은 제외되어 있는 것을 참고하길 바라며, 실제 질문은 더 이루어졌을 것이라고 생각하면 된다.

MEMO

경험형 개별과제(공통편)

공통주제

임용 이후 근무하고 싶은 부처(기관)와 담당하고 싶은 직무(정책)에 대해 기술하고, 해당 분야의 직무수행능력 및 전문성 함양을 위해 평소 준비한 노력과 경험에 대해 작성하시오.

○ 희망업무: 우편지원과, 정책과 - 학습지 고객응대, 평생교육사(교육, 대민)
○ 과거: (헌법정신, 도덕성, 다양성, 책임성) - 장애인, 한부모학생 지도(학습지 교사)
장애인 캠프봉사(대학)
노숙인 존엄권(카페 아르바이트)
재혼가정학생 면학상담(독서실 총무)
(공동체의식, 공익성, 민주성) - ○○시 체벌없는 학교 제안(○○시 미래학교)
체육실, 급식실, 등하교길 개선 교육청에 제안
(전문성) - 평생학습센터에서 평생교육사 실습(컴활 2급, 토익, 한국사검정 1급)
○ 현재와 미래: 우체국이야기(한미무역협정과 보험한도 제한, 공익을 실천하라)
계리직 금융·우편상식 발췌독, 국제우편물류센터 방문, 인터넷우체국과 쇼핑
○ 기타 - 내용증명(누수해결), 고아원과 박물관 단기 후원, ○○구청 기부, 성적장학금
○ 제안 - 반송우편 큐알코드, 초등생 용돈우체국페이, 소외계층 신용보증, 머무름 공간

실제 후속질문

1. 우편지원과와 정책과를 희망한다고 하였는데 그 이유가 무엇인가?
   (추가적으로 우편지원과와 정책과에서 하는 업무에 대해 설명해주심)
2. 개인의 이익과 조직의 이익이 충돌하였을 때 대처한 경험이 있는가?
3. '○○시 체벌 없는 학교'라고 기재하였는데 단체로 시행한 일인가?
4. 전문성 함양을 위해 어떤 노력을 하였는가?
   └[후속질문] 그런 도전을 하는 과정에서 주변의 반응은 어땠는가?
5. 우정사업본부의 정책 중 개선할 점이나 보완할 점은 무엇인가?
6. 작성 내용 중 '우체국이야기'는 무엇인가?

MEMO

경험형 개별과제(공통편)

공통주제

임용 이후 근무하고 싶은 부처(기관)와 담당하고 싶은 직무(정책)에 대해 기술하고, 해당 분야의 직무수행능력 및 전문성 함양을 위해 평소 준비한 노력과 경험에 대해 작성하시오.

> □ 하고 싶은 업무: 우편 창구 업무
>
> □ 직무수행능력 및 전문성을 위한 노력 및 경험
> - 교내 영자신문사 기자 활동: 기사 및 신입 기자 교육 프로그램 기획
> - 국제 스포츠 대회 기념품 가게 아르바이트: 고객 응대 및 의류 판매
> - 교내 영자신문사 공로 장학금 평가안 마련: 회의 및 실무자의 피드백을 통해 평가 항목 및 평가방식 결정, 평가 과정 공개
> - 외국인 사진작가 촬영 지원: 통역사로서 책임감 발휘
> - 프로젝트 수행: 다양한 학과의 학생들과 협업
> - 기타: 컴퓨터활용능력 1급 취득, 영어영문학 및 행정학, 경영학, 경제학 수학
>
> □ 정책제안: 베리어 프리 무인우편창구

실제 후속질문

1. 우체국 내 많은 업무가 있는데 우편 창구 업무에 지원한 이유는 무엇인가?
2. 우정사업본부 행정직 일원으로서 중요한 공직가치가 무엇이라고 생각하는가?
3. 전남 지역에는 섬이 많아 근무 때문에 섬에 갈 수도 있다. 갈 수 있겠는가?
4. 지원자의 강점이 있는 공직가치는 무엇인가?
5. 우정사업본부의 일원으로서 개선해 보고 싶은 것이 있는가?
6. 우정사업본부는 수익성과 공익성 둘 다 포기할 수 없다. 지원자는 그중 무엇이 더 중요하다고 생각하는가?
7. 교내 영자신문사에서 활동하면서 가장 기억에 남은 일은 무엇이었는가?
8. 교내 영자신문사에서의 기자 경험이 우편 창구 업무에 어떻게 쓰일 수 있겠는가?
9. 지원자한테만 민원 불만이 계속 들어오는 상황이다. 이 경우 어떻게 대처하겠는가?
    └ [추가질문] 민원인이 팀장 나와보라며 컴플레인을 건다. 그런데 주위에 직원이 없다. 이 경우 어떻게 할 것인가?

MEMO

경험형 개별과제(공통편)

공통주제

임용 이후 근무하고 싶은 부처(기관)와 담당하고 싶은 직무(정책)에 대해 기술하고, 해당 분야의 직무수행능력 및 전문성 함양을 위해 평소 준비한 노력과 경험에 대해 작성하시오.

− 희망하는 부처: 산업통상자원부
− 희망하는 직무: 전력정책과
− 하고 싶은 업무: 신산업 육성(수소산업, 전기자동차 보급 등) 　　　　　　　　전기기술행정업무(한전이나 전기안전공사 등 관련 기업과 협업, 전기 및 에너지 감리)
− 노력과 경험
1) 전기 관련 전공, 전기 자격증(전기기사, 전기공사기사)
2) 학부시절 전기전자회로 실험 및 팀 프로젝트를 통해 회로 구현
3) 수소관련 센터에서 장기현장실습
4) 프랜차이즈 빵집 알바
5) 백화점 단기 콜센터 알바
6) 학창시절 장애인시설 봉사활동 경험
7) 산업통상자원부 블로그나 유튜브를 통해 정책 찾아보기, 전기관련 기사 찾아보기

실제 후속질문

1. 전기분야에 관심을 가지게 된 계기는 무엇인가?
2. 지원하는 부처에서 중요하다고 생각하는 역량은 무엇인가?
3. 수소산업과 전기자동차산업 중 무엇을 더 발전시키고 싶은가?
4. 다양한 아르바이트를 하면서 힘들었던 점은 무엇인가?
5. 면접 준비를 하면서 힘들었던 점은 무엇인가?
6. 지원부처의 블로그를 검색하며 본 것에는 어떠한 정책들이 있었는가?
7. 전기와 관련하여 본 정책이나 뉴스는 무엇인가?
8. 상사가 부당한 지시를 한다면 어떻게 할 것인가?
9. 조직의 의견과 개인의 의견 중 무엇을 더 우선시하는가?

MEMO

경험형 개별과제(공통편)

공통주제

임용 이후 근무하고 싶은 부처(기관)와 담당하고 싶은 직무(정책)에 대해 기술하고, 해당 분야의 직무수행능력 및 전문성 함양을 위해 평소 준비한 노력과 경험에 대해 작성하시오.

□ 하고 싶은 업무: 준법지원센터 소년보호관찰
□ 지원동기: 특별보호관찰위원-소년보호관찰 대상자 멘토링(봉사 40시간)
□ 관심정책: 전자감독생활안전서비스
□ 직무 관련 경험
-소년 형사재판 참관
-서울동부 준법지원센터 견학, 의정부 준법지원센터 견학
-유튜브 범죄예방365 구독, 범죄예방정책국 웹진 정독, 2022 범죄백서 탐독
□ 기타 경험
-공공기관 국가근로장학생(총 6개월): 민원 안내 업무-대민업무 경험
-교내 국가근로장학생: 교내 프로그램(튜터링) 참여 학생 관리-책임성 증진
-대학교 과 학생회 총무부원(1년): 월별 학생회비 사용내역 공개
-교내 피구부(약 4년), 태권도 3단, 신변보호사 자격증 취득

실제 후속질문

1. 보호직을 준비하게 된 계기는 무엇인가?
2. 보호관찰을 하고 싶다고 기재하였는데 보호관찰에 있어서 중요한 역량은 무엇이라고 생각하는가?
3. 소년보호관찰을 맡고 싶은 이유는 무엇인가?
4. 소년보호관찰 말고 성인보호관찰을 맡게 될 수도 있는데 성인보호관찰을 맡게 되었을 경우 지원자의 강점은 무엇이라고 생각하는가?
5. 교내 근로는 얼마나 하였는가?
6. 특별보호관찰위원 봉사 40시간은 대상자가 40시간을 받았다는 건가? 아니면 지원자가 봉사를 한 시간인가?
7. 신변보호사는 무엇인가? 경호와 관련된 것인가?
8. 태권도 3단에 피구부 활동도 하였는데 평소 운동을 좋아하는가?
9. 보호직렬에서 외국인 공무원에게 자랑하고 싶은 정책이 있는가?
10. 보호직렬에서 가장 중요하게 생각하는 부서는 어디인가?
11. 보호직 업무를 함에 있어서 가장 필요한 역량은 무엇이며, 그러한 역량을 펼친 경험이 있는가? 없으면 솔직하게 없다고 해도 된다.
12. 본인이 생각하는 보호관찰이란 무엇인가?
13. 보호관찰이 사회에 끼치는 영향은 무엇인가?

MEMO

경험형 개별과제(공통편)

공통주제

임용 이후 근무하고 싶은 부처(기관)와 담당하고 싶은 직무(정책)에 대해 기술하고, 해당 분야의 직무수행능력 및 전문성 함양을 위해 평소 준비한 노력과 경험에 대해 작성하시오.

□ 희망 직무 – 준법지원센터 청소년보호관찰
□ 관심 업무 – 갱생보호사업, 셉테드사업
□ 직무 관련 관심 및 노력
1. 청소년 관심: 아동센터 교육봉사, 청소년꿈키움센터 방문, 심리검사 실습
2. 장애인보호고용시설에서 사회봉사명령자와 봉사 ⇨ 범죄자 낙인, 선입견 반성
3. 소년법 개정 대학생 인식조사 실시 ⇨ 사회적 공감대 형성이 어려움을 배움
4. 유튜브 구독(범죄예방 365, 법무부TV), 범죄백서 2021 탐독
□ 업무수행 관련 소양 및 경험
1. 의사소통: 교내 입학과 근로(1년간 입학 상담), 학생교육평가단 활동
2. 리더십: 임팩트 프로젝트(지역사회 봉사단 팀장), 해외탐방(대만) 팀장
3. 사회통합: 노인유사체험 교육 진행(노인의 신체를 경험하고 이해하도록 도움)
4. 기타: 청소년교육학, 가족상담, 심리검사, 상담이론 전공

실제 후속질문

1. 지원동기는 무엇인가?
2. 본인이 보호직에 적합하다고 생각하는 장점은 무엇인가?
3. 범죄백서를 읽었다고 하였는데 이를 소년보호관찰 업무에 어떻게 활용할 수 있겠는가?
4. 촉법소년의 연령 하향과 관련하여 소년법 개정 설문조사를 진행하였는데 그 결과는 어땠으며, 본인의 생각은 어떠한가?
5. 지역아동센터에서 봉사활동을 하였을 때 어려운 점이 있었는가?
6. 지역아동센터의 문제점은 무엇인가? 이에 대한 개선 방안은?
7. 사회봉사명령 대상자와 봉사활동을 하였는데 이와 관련한 자신의 편견은 무엇이었는가? 지금도 편견을 가지고 있는가?
8. 봉사활동을 굉장히 많이 하였는데 그러한 이유가 있는가?
9. 보호직에 있어서 가장 필요한 역량은 무엇이라고 생각하는가?
10. 자신이 한 경험 중 주위로부터 칭찬을 받은 경험은 무엇인가?

MEMO

경험형 개별과제(공통편)

공통주제

임용 이후 근무하고 싶은 부처(기관)와 담당하고 싶은 직무(정책)에 대해 기술하고, 해당 분야의 직무수행능력 및 전문성 함양을 위해 평소 준비한 노력과 경험에 대해 작성하시오.

▢ 지원부처: 인천지방검찰청 강력범죄형사부 마약수사과, 현장검거 및 잠복업무
▢ 직무 관련 노력 및 경험
- 전문성 1. 마약류범죄백서 정독, KIC 연구보고서(신종텔레그램, 청소년마약)
2. 국민참여재판 그림자배심원, 대검찰청 견학
3. 꾸준한 체력관리 ⇨ 검도 2단, 주짓수, 킥복싱 배울 예정
4. 워드프로세서 1급 취득, CPR자격증 취득 예정, 관련 도서 <천국놀이>
5. 회화 중심의 외국어 공부 ⇨ 영어, 중국어
- 책임감 1. 고등학교 시절 반장 3년
2. 각종 아르바이트 경험
- 공익성 1. 박재혁의사 추모행사 진행도우미 봉사활동
2. 야구장에서 몰카범 검거
▢ 정책제안: 위장수사 법령 개정, 마약류 종류 특정완화 법령 제정, 직원들에게 마약은어 교육

실제 후속질문

1. 마약수사직이 어떤 업무를 하는지 알고 있는가?
2. 마약수사직에 지원한 동기가 무엇인가?
3. 우리 직렬은 쉬는 날에도 계속 불려 다니고 업무가 힘든데 체력적인 부분은 어떠한가?
4. [상황제시 질문] 주변에 아무도 없는 거리에서 흉기를 들고 있는 마약사범과 동료 수사관이 대치를 하고 있다가 마약사범이 동료 수사관에게 흉기를 휘두르고 있는 상황이다. 이 경우 본인은 어떻게 할 것인가?
5. 본인이 지원한 직렬에 있어서 가장 중요한 역량은 무엇이라고 생각하는가?
   └ [후속질문] 사명감은 당연하고, 그러면 본인의 장점은 무엇이라고 생각하는가?
6. 본인이 마약수사를 하겠다고 했을 때 주변 사람들의 반응은 어땠는가?
7. 마약수사는 위험한 업무라고 볼 수 있는데 부모님의 반대는 없었는가?
8. 면접준비를 하면서 가장 힘들었던 점은 무엇인가?

MEMO

경험형 개별과제(공통편)

공통주제

임용 이후 근무하고 싶은 부처(기관)와 담당하고 싶은 직무(정책)에 대해 기술하고, 해당 분야의 직무수행능력 및 전문성 함양을 위해 평소 준비한 노력과 경험에 대해 작성하시오.

[희망 부처 및 하고 싶은 업무]
－이민통합과 / 재한외국인의 사회적응 지원업무
[과거 경험]
－일본인 학생 대상 한국어 도우미 활동(다양성, 책임감)
－교내 합숙 훈련 프로그램 팀장으로서 프로젝트 진행(책임감, 민주성)
－교내 밴드 동아리 활동 중 공연 기획, 동아리 홍보(협동심, 적극성)
[면접 준비 기간 중 노력]
－다문화축제 봉사활동 참여(다양성)
－출입국관리사무소 현장투어 참여(업무 전문성의 중요성 느낌)
－출입국외국인정책본부 소식지 및 관련 정책 탐구, 조사 활동
[정책 제안]
－외국인 소통공감 프로그램(FIIP: Foreign Interaction & Identification Program)

실제 후속질문

1. 출입국관리직에서 하고 있는 업무에 대해 알고 있는가?
2. 이민통합과에 지원한 특별한 계기가 있는가?
3. 사회통합프로그램 외에 이민자를 위한 정책이나 제도에 대해 알고 있는 것이 있는가?
    └[후속질문] 법무부에서 이러한 사회통합프로그램을 운영하고 있지만 법무부에서만 하는 것이 아니라 지자체에서도 각각 운영하면 더 좋을 것 같은데 이에 대해 어떻게 생각하는가?
    └[후속질문] 본인이 법무부 직원으로서 법무부와 지자체 사이에서 프로그램 운영과 관련하여 어떤 역할을 할 수 있겠는가?
    └[후속질문] 만약 두 기관 간에 소통이 잘되지 않는다면 어떻게 하겠는가?
    └[후속질문] 구체적으로 어떤 소통의 문제가 있고 어떻게 해결할 것인가?
4. 교내 합숙 프로그램 팀장, 밴드 동아리 활동 등 다양한 경험을 하였는데 그중 혹시 갈등을 해결한 경험이 있는가? 없으면 솔직하게 없다고 해도 된다.
    └[후속질문] 만약 그러한 과정에서 팀원들의 반발은 없었는가?
5. 정책 제안에 대해 기재해 주었는데 이와 관련하여 설명해달라.
    └[후속질문] 본인이 그렇게 좋은 프로그램을 소개하였는데 주변 동료들이 반대한다면 어떻게 하겠는가?

MEMO

경험형 개별과제(공통편)

공통주제

임용 이후 근무하고 싶은 부처(기관)와 담당하고 싶은 직무(정책)에 대해 기술하고, 해당 분야의 직무수행능력 및 전문성 함양을 위해 평소 준비한 노력과 경험에 대해 작성하시오.

□ 희망하는 부처: 수사과 수사지원팀
□ 지원동기: 보이스피싱 경험
□ 봉사정신
‒취약계층 가정 어린이 교육봉사
‒점자도서 제작 타이핑 봉사
□ 직무수행능력 함양 경험
‒아르바이트시 신규알바 교육담당(전문성, 친절)
‒중국인 유학생 멘토링(다양성)
‒조별과제 조장 및 발표담당(민주성, 책임감)
□ 면접준비 중 나의 노력
‒경찰청 유튜브, 블로그 탐방(범죄피해평가제도)
‒현직 경찰행정관과의 인터뷰

실제 후속질문

1. 수사지원 업무를 하고 싶은 계기나 이유가 있는가?
2. 수사지원팀은 어떤 업무를 하는지 알고 있는가?
3. 보이스피싱 경험에 대해 구체적으로 답변해달라.
4. 교육봉사는 어떤 계기로 시작하였고 얼마 동안 하였는가?
5. 신규 아르바이트생의 교육을 담당한 이유가 무엇인가? 그 경험이 직무에 어떤 도움이 되겠는가?
6. '유학생 멘토링' 내용은 무엇인가?
7. '범죄피해평가제도'는 무엇인가?
8. 현직 경찰관에게는 어떠한 내용을 질문하였는가?
9. 행정관으로서 조직에 기여할 수 있는 점은 무엇인가?
10. 우리나라가 치안강국임에도 국민들의 인식은 좋지 않다. 무엇이 문제라고 생각하는가?
11. 경찰관들과 함께 일하다 보면 힘들 수도 있을 것 같은데 갈등이 생기면 어떻게 해결하겠는가?
12. 경찰의 고충으로는 무엇이 있겠는가? 그러한 고충을 어떻게 지원해주고 싶은가?

MEMO

경험형 개별과제(공통편)

공통주제

임용 이후 근무하고 싶은 부처(기관)와 담당하고 싶은 직무(정책)에 대해 기술하고, 해당 분야의 직무수행능력 및 전문성 함양을 위해 평소 준비한 노력과 경험에 대해 작성하시오.

□ 하고 싶은 업무 및 지원 희망 부서: 여성청소년계
□ 노력 / 경험
[적극성] 독거노인 밑반찬 배달 봉사(민원 응대)
[다양성] 교회 학생부 교사 5년 봉사(중학교 자퇴 학생 상담)
[전문성] 현직 행정관 인터뷰(적극성 조언)
현직 경찰관 인터뷰(이원화 갈등)
경찰 순례길(경찰박물관 외 2곳 방문 – 홍보방안)
독서 <나는 여경이 아니라 경찰관 입니다>
[민주성] 치어리딩 친구 도와줌
[협력의 중요성] 한국무용 보조강사(공연기획)
□ 정책제안
신규 행정관 현장 업무 체험의 날

실제 후속질문

1. 여성청소년계에 지원한 이유는 무엇인가?
2. 교회 봉사를 하며 청소년들에게 어떠한 도움을 주었는가? ⇨ 관련 질문 다수
3. 민원실 방문, 독거노인 밑반찬 배달, 치어리딩 친구 도움 등을 기재하였는데 이러한 경험을 바탕으로 경찰청에 제안하고 싶은 점이나 개선할 점은 무엇인가?
   └ [후속질문] 제시한 아이디어 홍보방안에 대해 상관이 여러가지 이유로 반대한다면 어떻게 하겠는가?
4. 협업과 개인적으로 하는 일 중 어떤 것이 본인에게 더 적합하다고 생각하는가?
5. 전문성을 갖추기 위해 지금까지 노력한 것은 무엇인가?
6. 한국무용 보조강사를 한 경험이 경찰행정직에 어떠한 도움이 되겠는가?

MEMO

경험형 개별과제(공통편)

공통주제

임용 이후 근무하고 싶은 부처(기관)와 담당하고 싶은 직무(정책)에 대해 기술하고, 해당 분야의 직무수행능력 및 전문성 함양을 위해 평소 준비한 노력과 경험에 대해 작성하시오.

□ 희망업무: 조사관리국 조사기획과(비대면 조사 기획 업무)
−비대면 조사 품질제고 방안 제시(화상조사, 실시간 채팅)
□ 과거 경험(전문성 및 직무수행능력)
1. 리서치회사 파트타임 근무(업무일지 기록)
2. 질병예측회사 정보통계파트 근무
3. 교내 통계연구소 부사수 활동
4. 학과 교환학생 멘토링 프로그램
□ 면접준비 기간 중 노력
1. '현장조사사례집' 정독
2. 통계청 신뢰도를 위한 방법 고민('언론보도설명' 활용, 조사 후 역피드백)
3. 사회조사분석사 2급, 데이터분석 준전문가 ADsP 취득, 데이터시각화 스터디 참여
4. 매일 하루 2시간씩 체력훈련

실제 후속질문

1. 멘토링 프로그램을 하면서 어려웠던 점은 무엇이며, 이루어낸 성과는 무엇인가?
2. 비대면 조사기획을 하고 싶은 이유는 무엇이며, 이를 위해 했던 노력은 무엇인가?
3. 조사기획과에서 필요로 하는 역량은 무엇인가?
4. 해당 경험 중 가장 힘들었던 경험과 가장 보람있었던 경험은 무엇인가?
5. '현장조사사례집'을 읽고 느낀 점은 무엇인가?
6. 통계청의 신뢰도에 대한 본인의 생각은 어떠한가?
    ㄴ[후속질문] 그렇다면 신뢰도를 높힐 수 있는 방안에는 무엇이 있겠는가?
7. 체력훈련은 왜 하였는가?

MEMO

경험형 개별과제(공통편)

공통주제

임용 이후 근무하고 싶은 부처(기관)와 담당하고 싶은 직무(정책)에 대해 기술하고, 해당 분야의 직무수행능력 및 전문성 함양을 위해 평소 준비한 노력과 경험에 대해 작성하시오.

□ 근무 희망부서: 조달청 토목환경과
○ 하고 싶은 업무: 예정가격 작성을 위한 원가계산, 낙찰자 결정을 위한 내역서 검토
⇨ (정책 제안) 공공기관(도로공사 등) 내역서상 공종 표준화 확대, 가격조사 편의 개종
□ 직무수행능력 및 전문성 함양을 위한 나의 노력
○ (직무역량) 시설공사 입찰참여(투찰내역서 작성 등), 공사현장 사업비 및 공사 관리
⇨ (사업비관리) 가격조사 시행(견적서 징수, 물가자료, 품셈 등을 통한 적정가격 산출)
⇨ (공사관리) 측량, 포장·구조물공사 수행, 장비 및 작업반 운영
○ (관계역량) 장교 생활: 상/하급자 연결고리로서 역할 수행 ⇨ 포대 전투력측정 1위
직장 생활: 해외현장 근무(문화 다양성 경험), 조직 내 목표달성을 위한 임무수행
□ 조달청 공무원으로서 나만의 경쟁력과 다짐
○ 담당 업무에 대한 관심과 자기개발 노력(과거 시공업무 수행을 위한 토목시공기술사 취득)
⇨ 조달청에서도 업무에 대한 관심과 전문성 향상을 위해 지속 노력(바른 조달 실현)

실제 후속질문
1. 희망하는 업무에 대해 설명해달라.
2. 업무를 수행하는 데 필요한 역량은 무엇이라고 생각하는가?
   └[후속질문] 가장 도움이 될 만한 경험은 무엇인가?
3. SOC 사업의 현실적인 문제점 발생원인은 무엇이라고 생각하며, 그것을 해결하는 데 어려운 점은 무엇인가?
4. 조달청에 가고 싶은 이유는 무엇인가?
5. 정책 제안 내용에 대해 구체적으로 설명해달라.
   └[후속질문] 제시한 정책 제안에 대한 기대효과는 무엇인가?
6. 공사현장에서의 안전사고의 원인과 해결방안은 무엇인가?
7. 국내 현장에서의 근무와 해외 현장에서의 근무 중 무엇을 더 선호하는가?
8. 우리나라 토목기술의 경쟁력은 어느 정도라고 생각하는가?

MEMO

2024
스티마 면접
국가직 9급

04

상황형 개별과제 준비

CHAPTER

01 상황형 개별과제 개요

✔POINT 응시생들이 가장 어려워하는 파트이다. 상황형 개별과제는 어떤 상황인가에 따라 해결방안이 각각 다르게 나타난다. 그렇기 때문에 이미 출제된 기출문제만 연습하면 누구나 비슷한 답변을 하게 되고, 면접관이 가지고 있는 질문리스트를 통해 질문이 이루어질 수밖에 없다는 사실을 꼭 기억해야 한다. 더욱이 국가직 면접에서는 한번 출제된 문제는 다시 출제되지 않는다. 따라서 기출문제는 대표적인 유형(응용력을 키울 수 있는 문제 중심)으로 단 한 문제를 풀더라도 정확하게 해결하는 연습이 필요하며, 다양한 예상문제를 풀면서 응용능력을 키우는 것이 중요하다.

1 상황형 개별면접의 정의와 핵심

(1) 상황형 개별면접의 정의

상황면접(Situational Interview, SI) 방식으로 응시생들에게 딜레마적인 상황이나 직무와 관련된 특정 상황을 제시하고, 답변을 통해 응시생이 균형잡힌 공직가치를 갖춘 인재인지를 평가하는 것이다.

(2) 상황형 개별면접의 핵심

상황형 개별면접은 국가직 면접에서 응시생의 직무수행능력을 평가하는 중요한 과정이다. 상황형 과제를 해결하는 데 가장 중요한 요소는 문제 상황에 대한 명확한 이해와 문제해결에 대한 합리적 대안(Solution)을 제시할 수 있느냐가 핵심이라는 점을 꼭 기억해야 할 것이다. 설령 답변 초기 작성시 방향을 잘못 잡았다고 할지라도 면접관이 해당 과제의 질문리스트를 통해 반대상황에서 질문이 이루어지는 경우가 많으니 그때 바로 잡으면 된다. 그리고 방향성이 맞더라도 구체적인 추가질문이 이루어지므로 이에 대한 준비가 되어 있어야 한다. 최근 면접에서는 이미 준비된 질문리스트에서 질문이 이루어지는 경우가 많다는 것을 상기하며 이에 대비한 충분한 연습이 필요하다.

TIP 교재에 있는 면접후기와 상황형 개별과제 해설만으로는 면접준비에 어려움을 겪을 수 있다. 그러므로 교재만을 구입한 응시생들은 반드시 '공단기 국가직 9급 오픈특강'을 수강해보길 권한다. 카카오톡 오픈단톡방을 통해서도 상황형 개별과제를 풀어주는 시간을 가지므로 '스티마 국가직 9급 오픈단톡방' 검색 후 입실하여 참고하길 바란다.

2 상황형 개별면접 연습시 주의사항

(1) 상황형 개별면접의 주제

① 상황형 개별면접의 주제는 응시한 직렬과 관계없는(혹은 다른 직렬과 연관성 있는) 것이 출제될 가능성이 높다.

   ➡ 단, 세무직 9급의 경우에는 해당 직렬 업무와 관련된 주제가 출제된다고 생각하고 연습하면 된다.

② 상황형 개별과제는 한 문제를 풀더라도 제대로 해결하는 연습을 통해 어떠한 문제가 출제되더라도 명쾌한 해결방안을 제시할 수 있도록 차별화 된 답변 연습이 필요하다. 만약 해결방안에 관해 뻔한 이야기를 한다면 면접관은 무조건 가지고 있는 질문리스트 속에서 물어보고 싶은 부분만 질문하고 면접이 종료되는 것이다.

③ 상황형 개별과제에서 똑같은 주제는 절대로 출제되지 않는다는 점에 주의해야 한다. 어떤 상황인지에 따라 해결방안이 다를 수밖에 없다는 점을 기억하고, 기출문제 위주로 연습하는 것보다는 최대한 많은 양의 예상문제를 풀어보는 것이 필요하다.

(2) 상황형 개별과제는 내용(상황)에 따라 해결방안이 다를 수밖에 없으므로 출제되지도 않는 기출문제 중심으로 준비를 하거나 다른 사람의 후기를 읽고 면접준비를 하는 것은 결코 바람직하지 않다. 더욱이 다른 사람의 면접 후기를 얻기 위해 많은 금액을 투자할 필요가 없다. 이러한 뻔한 면접준비는 누구나 똑같은 해결방안만을 이야기하도록 만들기 때문에 면접관들의 관심을 유도할 수 없으며 결국 면접관의 질문리스트만을 가지고 면접이 이루어지게 되는 것이다.

(3) 가장 좋은 면접준비 방법은 혼자서 준비해 보는 것이다. 그러나 부득이하게 면접과 관련된 스터디를 해야 한다면 면접스터디도 직렬별 스터디에 비중을 두는 것보다는 다른 직렬과 골고루 섞어서 진행하는 것이 더욱 효과적일 것이다.

(4) 면접관들은 이미 시뮬레이션을 통한 '질문리스트'를 가지고 있다. 그렇기 때문에 자신의 생각이 드러나지 않는 뻔한 답변은 면접에서 결코 좋은 평점을 기대할 수 없다는 것을 기억해야 한다.

(5) 면접에서는 응시생에게 딜레마적인 상황이나 특정 직무와 관련된 상황을 제시하고, 이러한 문제를 해결하는 과정을 통해 응시생이 해당 주무관으로서 균형 잡힌 공직가치를 갖춘 인재인지를 평가한다. 이 부분은 응시생들이 가장 어려워하는 부분이기도 하며, 이 과정을 통해 면접을 잘 준비했는지 아니면 부실하게 준비했는지가 확연하게 드러나므로 연습문제를 통해 철저한 연습을 해두는 것이 필요하다.

3 상황형 개별면접 과제의 유형

최근에는 갈등 및 딜레마형+직무상황형(특히 선택형 증가) 과제가 주로 제시된다.

(1) 님비형

수목장림 선정지역의 주민 반대, 태양광 설치지역의 주민 반대, 정신병원 신축허가 반대, 특수학교 설립 갈등 등

(2) 갈등 및 딜레마형

불법체류 외국인 단속 vs 지역농민과 중소업체 인력부족, 맹견 개물림 사고 대책관련 반려동물 소유주 vs 공동주택 주민, 상수도 요금 인상에 대한 상하류지역 갈등, 지역사무소 통폐합 갈등, 외국인 산재사고 고용 제한 등

(3) 직무상황형

직렬별로 직무와 관련된 상황을 제시 ⇨ 무인민원발급기 설치 찬반, 성과평가기준 변경요구, 자동화물 류시스템 도입 찬반, 지역센터 설립업체 선정, 공익요원 겸직문제, 치료명령 대상사 약물치료 거부, 외 국인 상습도박자 강제퇴거 등

✅ POINT 상황형 개별과제는 실제 업무에서 부딪히는 문제를 가지고 출제를 한다. 즉, 현실에서 '응시생이 담당 주무관이라면 이런 상황에 어떻게 대처할 것인가?'를 묻는 것이며 답변을 통해 응시생에게 그러한 문제해결능력이 있는지를 평가하는 것이다.

4 상황형 개별면접 후속질문의 기본 유형

(1) 제시된 상황형 개별면접 과제에 대해 응시생이 작성한 내용을 바탕으로 면접관은 후속질문을 한다.

(2) 이에 대해 압박질문이 이루어질 수도 있는데 특히 선택을 해야 하는 상황에서는 압박이 들어오는 경우 가 많다.

(3) 자주 이루어지는 기본적인 후속질문 유형은 다음과 같다.

> Q. 해당 상황을 요약해서 답변해달라.
> Q. 이러한 상황에서 이해관계자는 누구인가?
> Q. A를 선택했는데 이 경우 나타날 수 있는 문제는 무엇이며, 해결방안은 무엇인가?
> Q. 만약 B가 반발할 수 있는데 어떻게 설득할 것인가?
> Q. 이러한 상황을 해결하기 위해 필요한 것은 무엇인가? 그렇다면 그 자료들은 어떻게 구할 것인가? 해당 자료를 당장 구할 수가 없다면 어떻게 할 것인가?
> Q. 상사가 자신의 생각과 다른 견해를 제시한다면 어떻게 설득할 것인가?
> Q. (민간 또는 다른 부처) 협조가 필요하다면 어떻게 할 것인가? 그러나 만약 협조를 해주지 않는다면 어떻게 할 것인가?
> Q. 이런 상황이 발생하지 않도록 규정을 만든다면 어떤 기준을 가지고 어떻게 만들 것인가?
> Q. 언론에서 A선택에 대해 좋지 않은 비판적인 기사가 나온다면 어떻게 대응할 것인가?

TIP 상황형 개별면접 과제의 후속질문을 살펴보면 어느 정도는 정형화 되어 있는 것을 알 수 있다. 따라서 어떤 문제가 나오더라도 '위에서 제시한 후속질문의 유형＋해당 문제의 특성에 맞는 질문'이 몇 가지 추가된다고 생각하고 연습을 해야 한다. 핵심은 '현실성 있고, 효과적이며, 공감 가는 답변을 구체적으로 할 수 있는가'이다.

MEMO

✏ Check point

상황형 개별면접 과제 작성시 주의할 점★★★

1. 핵심파악

상황형 개별과제는 문제의 핵심을 파악하는 것이 가장 우선이다. 경우에 따라 문제에 제시되지 않은 배경까지 생각해 보며 문제를 구조적으로 파악해야 한다.

2. 원인분석

문제가 발생한 근본적인 원인이 무엇인지를 제시할 수 있어야 한다.

3. 해결방안

중요도와 시급성을 고려하여 해결방안을 먼저 제시하고, 자신만의 창의성 있는 해결방안을 제시하여야 좋은 평가를 받을 수 있다.

4. 대안제시

후속질문에 대비한 설득방안 즉, 상관이나 반대단체를 설득할 방안 등에 대해 미리 답변을 준비해 두는 것이 필요하다.

CHAPTER

02 기출문제 및 예상문제로 상황형 개별과제 이해하기

Sample 01	기출문제

본인은 외국인 고용 담당 주무관이다. "외국인 근로자가 늘어남에 따라 외국인 산재 사망사고가 늘어나고 있다." 는 언론보도가 나왔다. 상관은 외국인 고용 제한 검토를 지시한 상황이다. 그러나 인권단체는 산업재해 사망사고 가 발생한 사업장에 대해 외국인 고용을 제한해야 한다고 주장하고 있다. 사업주 및 ○○부처는 구인난 및 경영 악화를 이유로 반대하는 상황이다. 이러한 상황에서 어떻게 대응하겠는가?

1. 면접관의 질문리스트

✅ POINT 아래 질문들은 한 사람이 받았던 질문이 아닌 수십 여명의 후기를 바탕으로 위와 유사한 문제유형에 대해 면접 관들이 자주한 질문들을 모은 것이다. 그러므로 면접관이 어떤 질문을 통해 무엇을 알고자 하는지만 이해하면 된다.

Q. 외국인 고용을 제한하느냐, 유지하느냐의 문제를 해결하기 위해 가장 먼저 확인해야 할 문서나 자료는 무엇인가?

Q. 자료요청 기관에서 자료를 보여주지 않거나 도움을 받기 힘든 상황이면 어떻게 할 것인가?

Q. 본인의 판단 중 제일 중요한 것은 무엇인가? 또 무엇이 우선시 되어야 하는가?

Q. 이러한 상황에서 제일 먼저 해야할 일은 무엇인가?

Q. 자료조사도 하고 여러 가지를 한다고 답하였는데 그 과정에서 발생할 수 있는 어려움이 있다면 무엇인가?

⇨ (설득한다고 답변할 경우) 구체적인 설득방안은 무엇인가?

Q. 만약 사업주단체에서 제한이 너무 과도하고, 비용이 많이 든다면서 반발을 한다면 어떻게 할 것인가?

Q. 간담회를 개최한다고 하였는데 그 경우 예상되는 어려움은 무엇인가?

Q. 해당 정책에 대해 언론에 부정적인 보도가 나온다면 어떻게 하겠는가?

Q. 해당 정책은 홍보도 중요할 것 같은데 가장 효과적인 홍보방안은 무엇인가?

Q. 외국인 고용 제한을 하지 않겠다는 입장인데 만일 인권단체에서 반발하면 어떻게 할 것인가?

Q. 사업장에는 어떤 제한을 할 수 있겠는가?

2. 스티마쌤의 참조 해설

[해결방안 예시]
(1) 현황 파악
　① 관할 지역 사업장에 외국인 고용 현황 자료요청
　② 고용노동부에 산재사고 자료 접수
　③ 외국인 근로자 산재사고 유형별 분류
　④ 사업장별 위험도 및 유해/위험작업 분류 예 A~D등급
　⑤ 산재사고 발생 사업장의 대책 및 이행 결과 취합
(2) 대책안 마련(➡ 대책안은 예시용이므로 작성시에는 3~4개가 적당하다.)
　① 산재 사망사고 사업장에 대해서는 안전점검을 실시하고 조건을 개선하여 현재 외국인 고용유지(안전점검은 산업안전관리공단과 협조)
　② 산재 사망사고 미발생 고위험 사업장에 대해서도 위와 같은 조건으로 안전점검 실시
　③ 산재예방을 위한 시설투자 및 개선시 보조금 지급 또는 세금감면, 융자지원 검토
　④ 외국인 근로자 고용 사업장 전체에 대해 안전교육 실시 후 결과보고 요청(필요하다면 안전점검 교육자료나 동영상 자료 제공 ⇨ 한글/외국어 번역본)
　⑤ 산재사고 발생시 대응 매뉴얼 제공(외국인 근로자에게)
　⑥ 외국인 고용 업무기관과 산재예방 업무기관 간 정보공유 시스템 구축
　⑦ 5년 연속 무재해 외국인 고용 사업장에 대해 외국인력 채용시 가점 부여, 외국인 고용 사업주가 안전 보건교육을 이수하는 경우 외국인력 배정 평가점수에 가점 부여
　⑧ 각국의 인기 유튜버나 유명인이 참여하는 산업안전보건 홍보 추진
(3) 공청회 개최
　① 기업담당자, 인권단체, 외국인 근로자 대표, 고용노동부 담당 주무관, 산업안전관리공단 담당자 등 참석
　② 대책안에 대한 발제 및 공유
　③ 산재예방을 위한 기업의 노력 대표 사례 발표
　④ 인권단체의 요구사항 발표
(4) 공청회에서의 의견을 취합하여 개선 대책안 마련 후 상관 보고
　① 기업에는 산재예방이 일자리 공백을 채워주고 경영에 더 도움이 될 수 있음을 설득
　② 인권단체에도 지속적인 모니터링 요구

⚘ PLUS

1. 문제의 구조적 이해: 핵심 쟁점이나 갈등의 원인이 무엇인지 정확히 파악해야 한다.
   ➜ 위 문제에서는 '기업고충과 산재예방'이다.
2. 배경상황 유추: 배경상황은 제시가 되지 않기 때문에 어느 정도 상상력을 발휘하여 합리적 추론을 해야 한다.
   ➜ 위 문제의 경우 외국인 근로자들의 열악한 근무환경 속 산재사고가 늘어나고 있어 인권단체에서 문제를 제기하고 있다.
3. 합리적 해결방안 제시: 구체성, 실현가능성, 효과성, 공감성 등을 바탕으로 문제를 해결할 수 있는 방안을 제시하는 것이 좋다.
   ➜ 위 문제의 경우 '어떻게 산재 사망사고를 줄여가면서 중소기업의 구인난과 경영악화를 막을 수 있을 것인가'에 대한 해결책을 구체적으로 제시해야 한다.
4. 후속질문 대비: 후속질문 유형을 먼저 살펴보고 압박에 대응하는 연습, 합리적인 해결방안 제시, 해결방안을 논리적으로 표현하는 연습이 필요하다.
5. 공직가치 담아내기: 책임 있는 자세, 창의성 있는 대안 제시 등을 통해 공직가치를 표현해야 한다.

MEMO

Sample 02   기출문제

본인은 A부처 국고보조금.예산 담당 주무관이다. 청년고용증진을 위해 중소기업에 10억의 보조금을 지급하려고 한다. 엄격한 평가기준을 적용한 결과 A, B 두 기업이 동일한 점수를 획득한 상황이다. 한쪽의 기업에만 국고보조금을 지급할 경우에는 전체 고용률 20%의 달성 효과가 생기고, 두 기업에 똑같이 국고보조금을 나누어 지급할 경우에는 전체 고용률 17%의 달성 효과가 발생하는 상황이다. 이러한 상황에서 어떻게 대응하겠는가?

1. 면접관의 질문리스트

Q. 이 상황에서 충돌되는 공직가치는 무엇인가?

Q. 응시생은 이 상황에서 어떤 선택을 할 것인가? 그 이유는 무엇인가?

ㄴ[후속질문] 그러한 선택으로 생길 수 있는 문제점은 무엇이 있겠는가?

Q. (한쪽 기업에만 보조금을 지급한다고 답변한 경우) 한쪽 기업에 보조금을 몰아주거나 더 준다면 당연히 다른 한쪽이 반발할텐데 이러한 문제는 어떻게 해결할 것인가?

Q. (반대로) 똑같이 보조금을 나눠준다면 3%의 고용률을 무시한다는 것인데, 고용률은 중요하지 않은가?

Q. 본인의 의견으로 팀장님(상관님)을 설득해야 하는데 어떻게 설득할 것인가? 이는 청년지원금이니 그 취지를 생각하며 설득하면 될 것 같은데 설득할 수 있는 자료를 모은다면 어떤 것이 있겠는가?

Q. 여기서 핵심은 공정성을 훼손하지 않고 효율성을 높힐수 있는 방안을 마련하는 것인데 이러한 방법에는 어떤 것이 있겠는가?

Q. 이처럼 지원금을 심사할 때는 정말 중요하다. 이는 곧 '심사의 공정성'을 의미하는 것이다. 본인이 실무자로서 심사의 공정성을 위해 가장 중요하게 생각하는 것은 무엇인가?

ㄴ[추가질문] 본인은 심사를 공정하게 했다. 그런데 탈락한 업체가 언론에 고발했고, 그 언론은 사실 여부도 확인하지 않고 보도를 했다. 이런 경우 어떻게 할 것인가?

2. 스티마쌤의 참조 해설

TIP 응시생들의 이해를 돕기 위해 서술형으로 자세하게 설명하려고 노력하였으니 2~3번 정독하면 면접관이 알고자 하는 것이 무엇인지를 충분히 이해할 수 있을 것이다.

> ### 1. 문제해결에 앞서 반드시 알아야 할 사항
> (1) 기업 선정에서 탈락한 업체의 반발에 대비하는 주무관으로서의 자세가 필요하다.
> ① 평가지표를 공개하는 방법이 있는데 평가지표의 경우 「정보공개법」상 비공개 정보(내부 검토자료)를 제외하고 공개하면 반발이 줄어들 수 있다. 이는 선정에 탈락한 기업의 반발을 무마하기 위한 수단도 되지만 하나의 선례로 남는다면 다음 사업을 실시할 경우 평가기준으로 활용할 수 있기 때문이다.
> ② 추후 발생할 수 있는 반발업체의 신문고를 비롯하여 행정심판 및 소송에 대비하는 차원에서 절차상 하자를 없애기 위해 대외적으로 평가지표를 공개하는 쪽으로 일처리를 하는 것이 바람직하다.
> (2) 담당 주무관으로서 기업 선정의 근거 설정은 팀장을 비롯한 상관들을 설득하기 위함이므로 이에 대한 자료를 정리하는 것이 중요하다. 단순히 '설득을 하겠다'가 아니라 '어떤 방법으로 설득하겠다'가 핵심이다.
> ① (위와 같이) 청년고용증진을 위한 지원금이라면 고용의 질에 대한 평가가 더 필요하다고 판단되므로 임금체불이나 부당해고, 직장 내 괴롭힘이 있는지 여부는 물론 타 지원금 부정수급이력조회(지원금 유용가능성 차단), 이직률(잦은 이직 – 지원금 지원기간만 고용하는 일시적 고용만 하는 경우 차단), 복리후생(인건비 등의 지원을 받은 기업이 고용된 청년에게 어떤 혜택을 주는지 여부) 등 다른 평가 기준을 재량적으로 판단할 수 있는 범위 내에서 차별을 두는 것이 좋다.
> ② 청년고용증진의 궁극적인 목적이 중소기업에 대한 청년들의 취업기피를 해소하는 것이기에 지원금을 받는 중소기업이 얼마나 매력적인 기업인지를 선별하는 것이 중요하다. 이러한 자료를 바탕으로 설득한다면 상관과 의견 충돌이 발생하더라도 충분히 설득할 수 있을 것이다.
> (3) 담당 주무관으로서 심사의 공정성이 중요함을 꼭 기억해야 한다.
> ① 지원금 지급 심사시 가장 중요한 것은 공정성이다. 예를 들어, 실무자로서의 평가기준으로 보고서를 작성한 후 심사위원회를 개최(외부인사포함 – 객관성담보 차원)하여 선발의 공정성을 기할 필요가 있다.

② 정부가 진행하는 사업의 경우 지속적으로 시행되는 만큼 탈락한 업체에는 탈락한 사유를 상세히 설명하여 다음 기회에 해당 부분을 보완하여 재도전할 것을 안내해 준다면 반발이 줄어들 것이다.

2. 문제 해결방안

(1) 이 사례를 보면 충돌하는 공직가치가 '공정성과 효율성'이다. 한쪽의 기업에만 국고보조금을 지급할 경우 전체 고용률 20%의 달성 효과가 생기지만 문제는 공정성의 문제에 휘말리게 된다. 분명 평가기준으로는 두 기업 모두 똑같은 평가를 받았고 더욱이 국고보조금이므로 지원받지 못하는 기업의 반발이 생길 것이기 때문이다.

(2) 스티마쌤의 의견으로는 물론 이 문제는 어려운 문제이고 사실 정답이 있는 것도 아니라고 생각한다. 면접은 응시생들의 공무원으로서의 자세나 역할에 대해 면접준비 기간에 얼마나 노력했는지를 알아보는 것이라고 생각한다.

(3) 실제로 실무를 맡게 되면 업무들이 굉장히 예측 불가능하기 때문에 응시생들에게 원하는 것은 결국 '창의적인 사고가 필요하다'는 것을 알려주고자 이러한 문제를 제시한 것으로 생각하였다.

3. 스티마쌤의 답변 예시

(1) 보조금 지급은 A, B 두 기업 모두에 하되(공정성 문제) 지급 비율을 서로 조정하는 것도 하나의 방법이 되지 않을까 생각하였다(효율성 문제). 이에 공정성을 지키는 방향으로 가되 3%의 고용률도 무시할 수 없는 입장이므로 두 기업 모두에 지원을 하겠지만 지급 비율을 조정하면서 효율성(3% 고용률)을 재고해 달라고 약속을 받는 것이다. 그럼 두 기업은 지원금을 받기 위해서라도 고용률을 높이기 위해 많은 노력을 할 것으로 판단된다.

(2) 좀 더 구체적으로 설명하면 보조금을 한 번에 주지 않고 고용률을 보면서 추후 지급 비율을 다르게 하면 고용률을 높이기 위하여 A, B기업이 모두 노력할 것이고, 성과에 따라 4:6 또는 3:7의 비율로 조정하여 지급한다면 고용효과의 극대화도 노릴 수 있을 것으로 판단하였다. 이러한 방식으로 보조금을 지급한다면 3%의 효과까지는 되지 않더라도 그 수치에 근접한 효과를 거둘 수 있지 않을까 생각한다. 즉, 비율 조정에 대한 근거를 검토하여 보고한 후 결정을 하는 것이 하나의 방법이 되는 것이다.

4. 스티마쌤의 마무리 조언

이 문제에서 우선적으로 고려해야 하는 사항은 '공정성'이다. 효율만을 추구할 경우 자칫 소외의 문제가 발생할 수 있고 공정성에 있어서도 문제제기가 될 수 있기 때문이다. 행정이 추구하는 가장 중요한 사항은 공익실현이므로 공익이 저해되고 효율만 추구할 수는 없다. 공정성의 바탕 위에 효율성을 추구하는 것이 우리 행정이 지향해야 할 기본적인 방향이다. 따라서 기본적으로 공정성을 확보한 후 효율성을 극대화하는 방안을 검토해 보아야 한다.

MEMO

본인은 A부처의 통계 담당 주무관이다. B부처에서 50인 이상 사업자 관련 정책을 마련하기 위해 본인에게 식별 자료(사업자 상호, 대표자 명의 등)를 요청하였다. 하지만 규정에 개인식별자료를 제공하는 것은 원칙적으로 금지되어 있다. 다만, 상황에 따라 매우 예외적으로만 허용되는데 위의 자료가 예외 대상에 해당하는지 명확하게 판단하기가 어렵다. B부처의 통계는 공익을 목적으로 한 조사이다. 만약 자료요청에 응할 경우 식별정보를 처리해야 해서 업무량이 늘어날 것으로 예상되는데 과거 다른 부처에서 이와 유사한 경우 제공을 거절한 선례가 있다. 이러한 상황에서 어떻게 대처하겠는가?

1. 면접관의 질문리스트

Q. 본인은 B부처에 정보를 제공하겠는가, 하지 않겠는가? 그렇게 선택한 이유는 무엇인가?

  ㄴ [추가질문] (제공한다면) 개인식별자료는 「개인정보보호법」이나 「통계법」에 저촉되며 이런 경우 자칫하면 처벌을 받을 수도 있다는 것을 알고 있는가?

  ㄴ [추가질문] 문제에서는 예외적 허용 대상인지 판단하기 어렵다고 하였는데 단순히 공익이 목적이기 때문에 제공한다는 것인가? 대통령이 요구하더라도 예외 대상인지 판단하기 어려우면 제공하면 안되는 것이다. 알겠는가?

Q. 제공해야 한다면 법령을 위반하지 않고 B부처를 도울 수 있는 방안을 고민하는 것이 중요할 것 같다.

  ㄴ [추가질문] 「개인정보보호법」이나 「통계법」에 위반하지 않고 B부처를 돕는 방안에는 무엇이 있겠는가?

  ㄴ [추가질문] 정책 관련 수립 과정이니 사업자 상호를 블록처리 하거나 대표자 명의를 비식별화해서 제공하는 것은 어떻겠는가?

Q. 담당 주무관으로서 이 일을 해결하기 위해 가장 우선적으로 해야 할 일은 무엇이라고 생각하는가?

Q. 추후 이러한 문제가 발생하지 않도록 하기 위해서는 무엇을 해야겠는가?
   └[추가질문] 법령을 정비한다고 하였는데 법령이 바로 만들어지는 것도 아니며, 법령이 모든 사항을 전부 규율할 수는 없을 것 같은데 이 문제는 어떻게 해결할 것인가?
Q. 과거 다른 부처에서 비슷한 경우 거절을 하였는데 그 해당 부처가 형평성의 문제를 제기한다면 어떻게 할 것인가?
Q. (전공관련 질문) 정책 수립 과정에 있어 통계청에서 제공되는 정보가 왜 중요한가?
Q. 통계청 공무원으로서 가장 중요한 역량은 무엇이라고 생각하는가?

2. 스티마쌤의 참조 해설

TIP 응시생들의 이해를 돕기 위해 서술형으로 자세하게 설명하려고 노력하였으니 2~3번 정독하면 면접관이 알고자 하는 것이 무엇인지를 충분히 이해할 수 있을 것이다.

1. B부처가 요구한 개인식별자료는 「개인정보보호법」, 「통계법」에 저촉되기 때문에 기본적으로 제공하면 안 되는 것이 규정이다. 더욱이 통계청은 개인정보보호에 매우 예민하며 이를 중요하게 생각하고 있다. 특히 데이터 홍수인 4차 산업혁명 시대에는 더더욱 개인정보유출 위험성이 증가하기 때문에 이에 유의해야 한다.
2. 위 상황에서도 원칙적 금지, 예외적 허용이면 기본적으로 '금지'에 초점을 맞춰 해석해야 하며, 예외 대상인지 명확하지 않기 때문에 소극적으로 해석하여 식별자료를 제공하는 것은 절대 안 된다.
3. 하지만 정책이 국민들에게 도움이 되는 것이기 때문에 무조건 제공 불가로 처리할 것이 아니라 다른 형태로 제공하는 것을 고려할 필요가 있다.
  (1) 통상 사업자 관련 정책을 수립할 때 사업자 상호(*** 블러처리)나 대표자 명의(홍길동 등 가명 사용)를 비식별화하여 제공하더라도 정책 수립에 큰 지장은 없다고 생각한다.
     이에 먼저 B부처에서 진행하고자 하는 정책이 어떤 것인지 또 어떠한 통계가 필요한지를 담당 주무관에게 문의한 후 자료를 비식별화해서 제공하면 될 것이다.
  (2) 예외 대상인지 명확하지 않기 때문에 관련 조항의 법령을 보완할 필요가 있다. 통상적으로 법령은 모든 사항을 규율할 수 없기 때문에 시행규칙 등 하위규범의 조항을 보완하여 좀 더 명확하게 예외 사유를 구분할 수 있도록 건의하는 것이 필요하다.
4. 많은 시간과 노력이 들어가더라도 국민들에게 도움이 되는 정책 수립에 기반이 되는 통계를 제공하는 것이 통계청 공무원의 역할이기 때문에 최선을 다해 제공하려는 자세를 보여주어야 한다.
5. 과거 다른 부처에서 비슷한 요청을 거절한 사례가 있는데 만약 그 부처에서 항의를 한다면 양해를 구하고 같은 방식으로 비식별화 처리하여 개인정보가 유출되지 않도록 제공하는 것을 검토하면 될 것이다.

MEMO

본인은 세무서의 징세과 소속 체납업무 담당 주무관이다. 현재 납세자 A에 대하여 세금체납에 대한 독촉을 할 수밖에 없는 상황이다. 그런데 납세자 A는 그동안 성실납세자로 지정되어 세금을 성실하게 납부하여 왔으나 최근 경영환경이 악화되어 체납이 발생하였고, A의 재산에 압류가 들어갈 수밖에 없는 상황에 처해있다. 압류할 재산을 확인해 본 결과 압류가 가능한 것은 B업체와의 매출채권(B업체로부터 받을 돈) 밖에 없는 상황이다. A의 매출채권을 압류하면 B업체의 기업운영에 막대한 피해를 줄 수 있는 상황이며, A 또한 B업체와의 신용문제 악화로 인해 거래가 끊길 수 있는 상황이다. 이러한 상황에서 어떻게 대처하겠는가?

1. 면접관의 질문리스트

Q. 담당 주무관으로서 본인은 A의 매출채권을 압류할 것인가, 하지 않을 것인가?

Q. 압류할 경우 생길 수 있는 문제점은 무엇이고, 어떻게 해결할 것인가?

Q. 압류를 하지 않는다면 그 이유는 무엇이고, 만약 그것이 법과 원칙에 위배된다면 어떻게 할 것인가?

Q. A는 체납을 한 상태이고 이를 규정대로 처리하면 되는데 왜 매출채권 압류를 자제해야 한다고 생각하는가?

Q. 다른 사람들의 반발도 있지 않겠는가?

Q. 성실납세자 여부는 어떻게 확인할 것인가?

Q. 만약 상습적으로 체납을 하거나 고의적으로 체납을 한 사람이 이러한 상황에 처한다면 어떻게 할 것인가?

2. 스티마쌤의 참조 해설

1. 미수채권을 압류하는 것은 영업상 신뢰에 치명적인 지장을 초래하여 체납자에게 미치는 영향이 상당히 크다. 그러므로 체납자가 사업을 계속 영위하면서 체납액을 낼 수 있는 방안이 있는지를 우선적으로 고민하는 자세가 필요하다.
   (1) 매출채권에 대한 압류 자제 방안이 있는데 이는 성실납세자에 대해서는 매출채권 압류를 자제하고, 압류를 하더라도 최후순위로 압류하며 또한 압류 과정에서 사전 예고를 한 후에 압류하도록 하고, 체납액에 대해 분할 납부 방안을 마련하는 방법이다.
   (2) 징수행정은 세심한 대응이 필요하며 법규대로만 강행하기보다는 중소사업자, 영세서민을 좀 더 배려하고 완급을 조절하는 세정운영이 필요하다. 물론 이 과정에서 제도를 악용하는 사례가 발생할 수 있으므로 매출채권 압류 유예 조건 및 분할 납부 조건에 대해서는 악용되지 않도록 여러 방면으로 고려해야 한다는 점도 기억해야 한다.
2. 상습적으로 체납하거나 고의적으로 체납하는 사람에 대해서는 가택수색 및 동산압류, 명단공개, 출국금지, 신용정보등록, 재산압류, 상습 체납 차량 번호판 영치 등 강력한 체납처분을 추진할 수 있다. 하지만 이보다 더 중요한 것은 체납자 스스로가 자진 납부할 수 있도록 납부 홍보가 중요함을 잊어서는 안 된다. 여러분은 세금을 걷는 사람이 아니다.
3. 생계형 체납자는 분납이나 체납 처분 유예를 해주어 회생의 기회를 주고 무재산, 행방불명 등 징수가 불가능한 사람에 대한 체납액은 결손 처분해야 한다.
4. 해당 상황형 과제에 대한 핵심포인트는 다음과 같다.
   (1) A사업자가 성실납세자라는 것은 어떻게 판단할 것인가?
   최소한 최근 5년 정도 A가 운영하는 기업의 납세실적을 파악하여 세금을 잘 내다가 갑자기 최근 1년 정도 내지 않은 것이므로 현장방문 등을 통해 왜 그런지 알아보도록 할 것이다.
   (2) A사업자가 과거 성실납세자로 확인이 되었으나 상관이 원칙대로 체납처분절차를 진행하라고 지시한다면 어떻게 할 것인가?
   당장의 체납처분절차를 통해 어느 정도 세금 충당은 되겠지만 장기적으로 보아 그 기업에 법적허용 범위에서 체납처분유예를 해줌으로써 그 기업을 도와 경제적 자립이 가능해졌을 때 더 많은 세금충당이 될 것이라고 말씀드려 최대한 설득을 해보는 것이 중요하겠다.
   (3) 참고로 부동산은 무조건 압류를 해야하지만 매출채권 압류는 필수는 아니고 재량을 발휘할 수 있다. 스티마쌤이 담당 주무관이라면 A사업자에게 세무서 방문을 요청한 후, "현재 B업체와의 매출채권을 압류하라는 지시가 내려왔지만 A사업자가 성실납세자였기 때문에 제가 이를 유예하도록 조치하였다. 사업운영이 어렵다는 것은 알지만 그래도 최대한 성실하게 꾸준히 소액이라도 분납해주셨으면 한다. 그렇지 않으면 부득이하게 B업체와의 매출채권을 압류할 수밖에 없다."라고 설명하여 분납을 하도록 유도해 볼 것이다. 이러한 상황을 설명했음에도 불구하고 무조건 압류를 하라고 지시하는 관리자는 없을 것이다.

MEMO

본인은 B지역에 위치한 A세무서에서 근로장려금 심사 담당 업무를 하는 조사관이다. 전년도 기준으로 일정한 근로소득이 있는 인원에게 근로장려금 신청 안내문이 나가고, 그 신청자 중 추가적으로 심사를 거쳐 근로장려금 이 지급된다. 그런데 최근 근로소득이 전혀 없는 것으로 조회됨에도 A세무서를 찾아와 "작년에 B시청에서 모집한 공공근로에 뽑혀 일한 이력이 있는데 왜 나는 근로장려금 신청대상자가 아니냐?"며 항의하는 민원인들이 생겨났다. 본인이 B시청 담당자에게 문의한 결과 B시청에서 공공근로 채용을 한 사실이 있음에도 원천징수(일용 근로소득 지급명세서 미제출) 신고 의무이행을 하지 않아 해당 인원들의 근로소득이 누락된 사실을 알게 되었다. 이 경우 본인은 어떻게 대응할 것인가?

PLUS

1. 위의 문제를 직접 풀어보고 해설 내용은 참조하는 방법으로 면접준비를 하길 권장한다.
2. 작성내용을 바탕으로 면접스터디 등을 통해 후속질문에 관해 점검해 보면 된다.
3. 국가직 9급 중 세무직 면접에서는 국세업무와 관련된 주제가 출제된다고 생각하면 된다.

1. 스티마쌤의 참조 해설 – 개조식 작성 예시 포함

[1] 문제 상황 파악: 핵심은 근로소득 내역 확인 후 지급하는 쪽으로 할 것
① 근로장려금은 근로소득 내역이 있어야 신청 및 수령 가능함
② B시청 담당자의 원천징수신고 누락으로 인해 해당 공공근로자들의 근로장려금 신청 불가
[2] 나의 해결방안 ① 해당 유사사례 검토 필요 / 해당하는 공공근로자 숫자, 명단 파악하여(상부 보고) 해결
② B시청의 협조 ⇨ B시청의 공공근로자 명단 근로소득금액 등 파악 후 해결
(A) B시청 담당자의 협조시
− 근로장려금 심사가 촉박한 경우 일단 근로자별 근로소득내역 확인서 등을 받아 근로장려금 선지급 후 원천징수 신고를 받음 ➡ 이 내용은 세무직 외 직렬은 어려울 수 있다.
(B) B시청 담당자의 비협조시
− B시청 담당자 설득 노력(B시청 담당자의 협조 없이 근로장려금 지급 불가하고, 이 경우 민원이 B시청에도 미칠 가능성 언급)
− 설득 노력에도 비협조시 정식 공문 발송을 통해 해결
[3] 사후 방안
− 앞으로 유사사례 재발 방지 차원에서 B시청 담당자에게 원천징수 신고 안내하기

Sample 06   예상문제(연습문제)

본인은 과태료 담당 주무관이다. 최근 쓰레기를 불법으로 투기하는 할머니가 목격되었다. 그런데 규정상으로는 과태료를 부과해야 하는데 이 할머니는 과태료를 내기 어려운 형편이다. 더욱이 집에는 암에 걸려 투병 중에 있는 손자가 있다. 이 상황에서 어떻게 대응할 것인가?

TIP 응시생들이 답변을 어떻게 작성하더라도 후속질문을 통한 압박면접은 상당히 심할 것이므로 이에 대비하여 다양한 후속질문에 대한 연습이 필요하다. 또한 문제의 핵심을 파악하여 면접관이 무엇을 알고자 하는지에 대해 충분한 연습이 필요하다.

✅ PLUS

1. 법과 양심의 딜레마적 충돌상황에서 가장 합리적인 해결방안을 고민해야 한다.
2. 공무원은 법을 준수하면서 일을 집행해야 한다. 그러나 법도 중요하지만 공무원에게 재량권을 주는 이유도 알아야 한다. 원래 법이라는 것은 국민을 위해 만들어졌지만 그러한 법이 사회적 약자에게 오히려 짐이 된다면 결코 좋은 법이라고 할 수 없을 것이다. 물론 법을 지키면서 사회적 약자에게 도움을 줄 수 있으면 가장 좋겠지만 지금과 같은 상황에서는 규정대로 처리할 경우 할머니의 생계가 곤란에 처할 수 있는 상황임을 알아야 한다.

MEMO

Sample 07 | **기출문제**

본인은 국립휴양림 A지역 담당자이다. A지역 휴양림에 숙박업소와 편의시설이 부족하여 증설을 해야하는 상황이다. 그러나 증설을 진행할 경우 환경파괴로 인한 주민들과 환경단체들의 반발이 심하게 일어날 수 있다. 이 상황에서 어떻게 대응할 것인가?

◈PLUS

1. 님비형과 관련한 상황형 개별과제는 한 쪽으로 치우치는 답변을 조심해야 한다.
2. 이 문제의 핵심은 '숙박업소나 휴양림 시설 증설 원칙'으로 방향을 설정하고, 주민들과 환경단체의 요구를 최대한 수용하면서 일처리를 해 나가는 것이다.

MEMO

Sample 08 | **기출문제**

본인은 검찰수사관이다. ○○주식회사의 대표이사인 A가 현재 100억대의 사기 및 횡령 등으로 수사를 받고 있는 와중에 A의 범죄사실이 언론에 보도되었다. 이때 본인은 A가 국외도주를 하려는 정황까지 포착하였다. 본인은 A에 대한 구속수사 계획을 검사에게 보고하였지만 검사는 피의자의 인권보호와 절차의 신중성을 이유로 구속수사에 대하여 회의적인 입장이다. 하지만 언론 및 시민단체는 범죄의 중대성과 피해자의 수 등을 문제로 신속한 구속수사를 촉구하고 있는 상황이다. 이 상황에서 어떻게 대응할 것인가?

✅ **PLUS**

1. 이 문제에서는 '범죄가 중대하다'는 것을 확인할 수 있으므로 우선 구속수사를 하는 방향으로 생각할 수 있어야 한다.
2. 다만, 검사는 '피의자의 인권보호와 절차의 신중성'을 이유로 구속수사에 대하여 회의적인 입장이다. 그러므로 이 문제를 해결한다면 검사도 주무관인 본인의 편을 들어줄 것이라고 생각하며 답변을 준비해야 한다.

MEMO

Sample 09 | **기출문제**

본인은 수입통관 담당 주무관이다. 최근 관세당국과 검역당국의 협업이 중요하게 이루어지고 있다. 수입업체인 K사의 B물품에 대해 통관절차를 진행하려고 하는데 검역당국이 현재 유행 중인 전염병과 관련하여 의심이 된다며 수입허가 유무를 조사하기 위해 잠시 보류해 줄 것을 요청하였다. 하지만 B물품에 대한 통관절차 지체시에는 부패 등으로 인해 손해가 발생하게 된다. 더욱이 K사는 법적으로는 허가가 난 물품이므로 통관절차를 원칙대로 진행해 줄 것을 요구하고 있다. 이러한 상황에서 어떻게 할 것인가?

| |
| |
| |
| |
| |
| |
| |
| |
| |
| |
| |
| |

✅ PLUS

1. 관세 공무원의 핵심 업무는 국민의 안전에 위협이 되는 물품을 사전에 차단하는 것이다. 그러므로 통관을 보류하는 쪽으로 방향을 설정하고 면접관의 압박성 질문에 대비를 해야 한다.
2. 통관보류시 생길 수 있는 문제는 기업의 손실 부분이다. 이는 제도적 장치인 손실보상제도를 안내하여 보상을 받게 만드는 방법밖에 없다. 다만 신속한 검역을 실시하여 기업의 피해를 최소화 시킬 수 있도록 하는 것이 중요하다.

MEMO

| Sample 10 | 기출문제 |

본인은 지원금 시스템 운영 담당 주무관이다. 민원인 K가 정부지원금 신청 시스템 오류로 인하여 신청마감일에 지원금을 신청하지 못한 상황이다. 이에 민원인 K가 다음 날 시스템 접속 허용 요청을 요구하고 있다. 그런데 실제로 오류가 있었는지 확인이 전혀 되지 않는 상황이라 만일 추가 접속을 허용할 경우에는 해킹방지 및 보안문제 때문에 복잡해지고 인적·물적 자원에 대한 추가 비용이 발생한다. 이러한 상황에서 어떻게 할 것인가?

⊘PLUS

1. 민원응대에 있어서 가장 중요한 것은 '경청과 공감'이다. 그러므로 가장 먼저 실의에 빠진 민원인을 위로하는 것이 중요하다.
2. 실제 시스템 오류가 불특정 다수의 다른 민원인에게도 발생했는지 파악한 후 사실이 드러나면 본청에 보고한 후 전국적인 오류 현황 등을 조사하여 신청을 하지 못한 민원인들의 추가접수를 받는 방향으로 방안을 제시하는 것이 중요하겠다.
3. 실제 시스템 오류가 없었다고 할지라도 민원인 K가 접속한 사실 등이 파악된다면 다른 방안의 예를 들면서 서면신청제도 등을 활용하여 최대한 도움을 줄 수 있는 방법을 강구해야 한다.
4. 면접관은 응시생에게 정답을 요구하기보다는 나중에 공직에 입직하였을 때 국민을 내 가족처럼 생각하며 일을 잘 해낼 수 있는 사람인가를 평가한다는 것을 기억해야 한다.

MEMO

Sample 11 | **기출문제**

본인은 설비 담당 주무관이다. 긴급복구 설비사업을 진행하는 데 있어 서류심사 등을 통해 B업체를 선정하였는데 C업체가 B업체의 긴급복구 설비사업의 자격에 있어 선정방법에 문제가 있다고 하면서 재검토를 요구하고 있는 상황이다. 만약 재검토를 하게 되면 시간이 지연되어 해당 사업을 진행할 수 없게 된다. 이러한 상황에서 어떻게 할 것인가?

✅ PLUS

1. 국가직 상황형 개별면접 과제를 해결하는 데 있어서 담당 주무관은 응시생 본인이므로 상관에게 물어보고 해결한다는 답변은 최악임을 기억해야 한다. 면접은 본인이 주무관으로서 어떻게 문제를 해결할 것인지를 알아보고자 함을 기억해야 한다.
2. 가장 먼저 반발하는 업체가 선정방법의 어떤 면을 가지고 재검토를 요구하는지를 파악하는 것이 중요하다.
3. 확인해 본 결과 문제가 없다면 반대하는 업체에 업체선정시 다른 업체들의 서류에 대하여 필요하다면 B업체의 동의를 구하고 선정과정의 서류를 공개하고 객관적으로 선정이 이루어졌다는 것을 확인시켜야 한다.
4. 그럼에도 불구하고 서류상의 내용으로 다른 업체가 반발을 하더라도 긴급복구 설비사업이므로 공사를 중단하는 것은 현실적으로 어렵다. 그러므로 이와 관련한 유사사례를 찾아보고 필요하면 상급기관 등에 문의하여 해결하는 방법도 있다.

MEMO

Sample 12 기출문제

본인은 A지역 주민들을 위한 공원을 건립 중인 담당 주무관이다. 이미 A지역 주민을 위한 공원조성 계획에 대한 설계가 끝난 상황이다. 그런데 최근 환경단체에서 공원설계가 이루어진 A지역에 멸종위기 야생생물이 살고 있기에 이를 보호해야 한다며 공원건립을 반대하고 있다. 이와 반대로 A지역 주민들은 공원이 꼭 필요하다며 예정대로 공원을 조성해달라고 강력하게 요구하고 있다. 만약 환경단체의 요구대로 설계변경이 이루어질 경우에는 비용과 시간이 많이 든다. 이러한 상황에서 어떻게 대처할 것인가?

✅ PLUS

1. 이 문제 핵심은 '둘 중 하나를 선택하는 것이 아니라 두 입장 모두를 포용하는 상생 방안을 생각해 내는 것'이다. 응시생이 한쪽을 선택하여 답변을 작성하더라도 면접관은 반대의 입장에서 후속질문을 할 것이다. 즉, 반드시 창의적이고 완벽한 방안이 아니더라도 두 입장 모두를 고려하는 상생 방안을 떠올리고자 했음을 드러내는 것이 더 좋은 방안일 것이다.
2. 대응 방향은 주민의 편의성과 정책의 신뢰성을 유지하면서도 야생동물을 보호할 방안을 모색하여 답변을 작성하고 후속질문에 대비를 하면 된다.
3. 이러한 사례는 반드시 재발 방지 대책이 중요하므로 이 부분까지 염두에 두고 있어야 한다.

MEMO

Sample 13　예상문제(연습문제)

본인은 우정사업본부 예금업무 담당 주무관이다. 우정사업본부는 최근 은행 점포가 줄어드는 추세에 맞춰 우체국 금융 창구를 통해 시중은행 통합서비스를 제공하려고 한다. 이는 국민의 저축 의욕을 고취시키고 보편적 금융서비스 제공을 통한 국민경제생활의 안정 도모, 공공복리의 증진에 기여하고자 함이다. 지역주민과 노령층 등에서는 이용 편의성을 이유로 이에 적극 찬성하고 있는 입장이다. 반면 지역 우정청에서는 우체국의 업무과중에 대한 우려와 함께 주요 시중은행과의 협업에 어려움을 호소하고 있고, 주요 시중은행에서도 이 정책에 대해 부정적인 입장을 취하며 집단 반발 움직임을 보이고 있다. 이러한 상황에서 담당 주무관으로서 어떻게 대처할 것인가?

⊘ PLUS

1. 은행권의 점포 축소는 필연적인 사항이다. 이에 따른 금융소외계층(고령자, 농어민, 장애인 등) 보호를 위해 어떤 노력을 할 것인가를 드러내야 한다.
2. 점포 축소의 영향과 대응 방안
   ① 우체국 점포망을 활용해 우체국에 여러 은행의 점포를 입점시키는 형태의 공동점포를 운영하는 방안
   ② 지방은행들이 협약을 체결해 공동점포를 운영하는 방안
   ③ 지방 소도시에서 커뮤니티파트너(약국, 관광기구, 구의회 등)를 통해 공간과 인력을 지원받아 공동 ATM을 운영해보는 방안 등

MEMO

Sample 14　　**기출문제**

본인은 행사주관 A부처 담당 주무관이다. A부처는 대규모 포럼 행사를 매년 시행 중인데 포럼 행사 업체를 결정함에 있어 B와 C 두 업체 중에서 한 업체를 선정해야 되는 상황이다. 그런데 올해 갑자기 예산이 대폭 삭감되었다. 그동안 B업체가 행사를 담당해왔기 때문에 행사진행면에서는 원활하지만 부서장은 예산이 대폭 감소되어 단가가 낮은 신생기업 C업체를 선정하여 진행을 하자고 한다. 부서장의 의견을 따라 C업체를 선정할 경우에는 행사진행에 있어서 어려움을 겪을 수 있는 상황이다. 이러한 경우 담당자로서 어떻게 대응할 것인가?

✅PLUS

1. 최근 상황형 개별면접 과제에는 선택형 정책형 이슈가 많이 등장하는 추세이다. 그러므로 다양한 예상문제를 가지고 충분히 연습해두는 것이 필요하다.
2. 양자택일형 상황형 과제의 경우
   ① 시간 내 간단하게라도 양쪽 선택지에 대한 답안을 구상하는 연습을 해 보는 것이 좋다.
   ② 만약 한쪽으로 치우친 상태에서 답변을 작성했다고 할지라도 반드시 자신이 작성한 답변의 반대편에 해당하는 선택지에 대해서도 면접관의 질문리스트가 있다는 것을 꼭 기억해야 한다. 그래야 후속질문 방어가 가능하다.

1. 스티마쌤의 참조 해설 – 개조식 작성 예시 포함

✅POINT 2~3번 정독한 후 이해를 하길 바란다.

(1) B업체 선정시 작성예시

[상황] 요약 생략
[대응 방안]
1. 대규모 행사임을 감안
-대규모 행사에 진행이 원활하지 못한 업체 선정시 행사 목적 상실, 심한 경우 안전사고
우려 역시 존재함을 들어 B업체로 진행할 것을 설득
-설득시 타 부처나 지자체 혹은 민간기업 선례까지 폭넓게 검토하여 필요한 경우
부서장 역시 다른 주체에게 설득이 용이하도록 자료 준비
2. 예산 절감 방안
-'대규모 행사'이기 때문에 업체 말고도 예산 감축할 수 있는 분야가 존재할 것
-필수적이지 않은 사항(예 축하공연, 기념품)에서 예산 줄일 방안 찾아볼 것
-'매년 시행 중'이므로 B업체에 일정 기간 확정계약을 하고 단가 낮추는 방안 강구
3. 진행은 B업체로 선정하되 균형 발전 고려하여 필요물품 등을 신생업체에서 조달

(2) C업체 선정시 작성예시

[상황] 요약생략
[대응 방안]
1. 예산 상황 변경을 고려하여 C업체로 진행
-예산 부서 혹은 부처에 예산 변경에 대한 문의 ⇨ 일시적인 감축인지 여부 등 확인하여
매년 진행 예정인 포럼 개최에 대한 중장기 대처 방안 모색
2. C업체 선정시의 어려움에 대비
-C업체 선정 시기를 앞당기고 준비 기간을 충분히 부여할 수 있도록 부서 내 조정
-해당 업체에 그동안 진행해 온 포럼 행사에 관한 정보 및 자료 전달(대외비 유의)
-부서 내 혹은 부처 내 해당 행사 또는 유사 포럼 담당 유경험 인력에 협조 요청
3. 추가적인 예산 절감 방안
-'대규모 행사'이기 때문에 업체 말고도 예산 감축할 수 있는 분야가 존재할 것
-필수적이지 않은 사항(예 축하공연, 기념품)에서 예산 줄일 방안 찾아볼 것

Sample 15   **기출문제**

본인은 FTA관련 업무 담당 주무관이다. 외국작물 수입으로 피해를 본 A작물 재배자에게 보상금을 지급하려고 한다. 이에 B작물 재배자도 유사작물이며 피해를 보았다고 보상금 지급을 요청하는 상황이다. 본인은 B작물은 외국작물 수입과 직접적인 연관성이 떨어지는 작물이며 또한 이와 유사한 또 다른 작물 재배자가 피해를 입었다고 보상금을 요구할 것으로 보이기 때문에 거절하고 싶다. 그런데 부서장은 형평성 등을 이유로 B작물 재배자에게도 보상금을 지급하라고 지시한 상황이다. 담당 주무관으로서 이 상황에서 어떻게 대처할 것인가?

⚡PLUS

1. 해당 문제에 대한 대응방향은 최대한 지원하는 방향으로 추진하되 형평성 및 예산제약을 고려해야 한다는 것이다.
2. 가장 먼저 통계청, 농림축산식품부 등의 부처에 전문적인 도움 요청 및 협업이 필요할 것이다.
3. 농가 입장에서 직접 통계치 확인 등이 어려울 것이므로 신규 작물 지원금 신청시 미리 작성해 놓은 데이터를 통해 직접 피해 작물과 간접 피해 작물 간 보상 비율 차등을 논의하는 것이 필요하겠다. 보상의 범위는 넓히되 직접적인 피해종과 그렇지 않은 종 사이에 보상 비율 차등을 통해 정책의 목적을 실현해야 할 것이다.

MEMO

2024
스티마 면접
국가직 9급

05

5분발표 면접가이드

CHAPTER

01 5분발표의 중요 포인트 및 주의사항

1 5분발표의 중요 포인트

(1) 발표 내용은 반드시 형식보다는 내용적인 측면에 신경을 써야 한다. 응시생에게 주어지는 5분발표 참고 자료는 A4용지 크기 1/3 분량이다. 참고 자료를 바탕으로 대표적인 공직가치를 파악하거나 충돌되는 공직가치를 파악한 후 면접준비 기간 중 준비했던 것을 바탕으로 5분동안 해당 공직가치에 대한 실천방안을 발표해야 한다.

(2) 5분발표는 응시생 대부분이 틀에 박힌 발표를 하기 때문에 면접관은 발표내용을 바탕으로 하여 후속질문을 하는 것보다는 사전에 준비된 '질문리스트' 중심으로 후속질문이 이루어지는 비율이 훨씬 높다.

(3) 5분발표에서 압박질문을 많이 받는다는 것은 참고 자료에서 공직가치를 제대로 파악하지 못했거나 실천방안이 부실한 경우이므로 이러한 경우 압박성 질문을 받을 것을 대비하여 면접준비를 잘 해두어야 한다.

> **✔POINT** 5분발표시 가장 중요한 요소는 발표 내용이 부실할 경우 응시생의 발표 내용을 전혀 신경쓰지 않고 면접관들이 준비한 질문리스트 중심으로 후속질문이 이루어진다는 것을 명심하고 평소 공직가치에 대해 정확한 이해를 해두어야 함을 꼭 기억해야 한다.

(4) 5분발표는 어떠한 주제가 주어지더라도 응시생이 열심히 면접준비를 했다면(최소한 스티마쌤이 강조한 내용만 충실하게 준비해도) 충분히 응용하여 응시생의 끼와 재능이 드러나게 발표를 할 수 있을 것이므로 긴장만 하지 말고, 자신감을 가지고 준비를 했으면 한다.

MEMO

2 5분발표의 주의사항 등

TIP 5분발표는 충분히 생각할 시간과 함께 메모란을 활용하여 발표할 내용을 키워드 중심으로 정리한 후 내용을 보고 발표를 해도 되기 때문에 발표에 대한 두려움은 가질 필요가 없다.

(1) 꼭 5분을 채울 필요는 없다. 내용적인 측면에 신경을 쓴다면 충분히 4분 내외로 임팩트 있게 답변할 수 있다. 특히 면접순서가 후반부인 수험생은 조금 더 짧게 발표를 해도 상관 없다. 다만, 지나치게 짧게 발표 시간을 갖는 것은 성의가 없어 보일 수 있으므로 이 점만 주의하면 된다.

(2) 평소 대표적인 공직가치를 본인의 경험 혹은 국가의 정책 등과 연결시키는 연습을 자연스럽게 해두면 이것이 곧 5분발표 준비가 된다.

MEMO

CHAPTER

02 5분발표의 취지 및 문제유형

1 5분발표의 취지

(1) 5분발표는 공직가치에 대한 이해와 의사 발표의 정확성 및 논리성 등을 종합적으로 평가하기 위해 도입되었다.

(2) 진행절차는 '과제검토(10분) ⇨ 5분발표(5분 내외) ⇨ 후속질의·응답' 순으로 진행된다.

(3) 주어진 과제의 제시문에서 다양한 공직가치를 찾아내고 그중 대표적인 공직가치가 무엇인지 파악하는 연습이 필요하다.

2 5분발표의 문제유형

(1) 2020~2022년 5분발표 문제유형

TIP 가볍게 흐름만 파악해 두는 것을 요한다.

① **적극행정 사례형:** 적극행정 사례로부터 공직가치를 찾고 공직자세 발표

  예 외국인 근로자 증가로 인한 민원업무 해결을 위해 언어지원, 장애인 등 전자접수시스템을 사용하기 어려운 계층에 대해 다른 인증 수단 도입

② **현재 시행 중인 제도:** 각종 제도나 정책에서 공직가치를 찾고 공직자세 발표

  예 정책실명제, 이해충돌방지법, 교원상피제, 행정실수 피해보상제도, 프랑스 인권선언, 보호관찰위원제도, 구직사이트 내 임금에 관한 가이드라인 대응, 교통안전 정책참여단, 개인방송 공무원에 대한 복무지침 마련

③ **고전 발췌:** 고전이나 책에서 발췌한 제시문에서 공직가치를 찾고 공직자세 발표

  예 자송(스스로 뉘우치고 자신을 책망), 격물치지 성의정심 수신제가치국평천하, 사불삼거(四不三拒), 사위라고 잘못을 변호해 줄 수 없음(조선 심연원 이야기)

④ **사회이슈형(님비):** 사회현상이나 갈등상황에 대처하는 공직자세 발표

  예 갑질 사례, 세대갈등, 외국인 체류자 증가에 따른 사회갈등

⑤ **직무 사례형:** 공직사회 직무상황에서 발생할 수 있는 사례에 대한 공직자세 발표

  예 뇌물수수 공무원 언론공개, 근무수당 부정수령, 드론 활용 산불 진화, 보조금 부정사용 개선, 연구 부정방지와 연구 품질개선을 위한 편람과정 개정

POINT 5분발표 주제는 이처럼 다양하게 출제가 되고 있다. 이렇게 다양한 유형들 속에서 '공직가치를 찾고 그에 대한 실천방안(공무원의 자세)를 제시하는 것'이 핵심이다. 결국 이러한 주제들이 공직가치와 바로 귀결된다는 점을 꼭 머릿속에 기억하고 면접준비를 해야 한다.

> **MEMO**
>
>

(2) 2023년 5분발표 주제와 제시문 분석

[1일차] 직무사례형

5분발표 질문지

응시번호:　　　　　　　　　　　　**성명:**

───────────────┤ 검토시 주의사항 ├───────────────

- 발표준비시간은 10분이며 5분 이내로 발표하십시오. 발표 후 5분 정도 질문이 있게 됩니다.
- 발표를 위해 질문지 여백에 메모는 가능하며 면접시 참조하여 발표할 수 있습니다.
- 질문지는 면접 완료 후 반드시 반납하여 주시기 바랍니다.

아래의 제시문을 읽고 유추할 수 있는 공직가치를 설명하고 그 공직가치를 실천하기 위한 방안에 대해 자유롭게 발표해 주십시오.

TIP '공직가치를 실천하기 위한 방안 = 공직자로서의 자세'라고 이해하면 된다.

> 노숙인을 담당하는 A기관과 주취자를 담당하는 B기관이 서로 업무를 떠넘기다 '직무유기'로 맞고발하는 볼썽사나운 일이 벌어졌다. A기관에서는 주취자는 B기관 담당이라고 하고 B기관은 노숙인은 A기관 담당이라며 서로 실랑이를 벌였다. 주취자와 노숙인을 구분할 기준은 마땅치 않고 정해진 가이드라인이 없어서 어려움을 겪고 있다.

MEMO

5분발표 질문지

응시번호: **성명:**

┤ 검토시 주의사항 ├

- 발표준비시간은 10분이며 5분 이내로 발표하십시오. 발표 후 5분 정도 질문이 있게 됩니다.
- 발표를 위해 질문지 여백에 메모는 가능하며 면접시 참조하여 발표할 수 있습니다.
- 질문지는 면접 완료 후 반드시 반납하여 주시기 바랍니다.

아래의 제시문을 읽고 유추할 수 있는 공직가치를 설명하고 그 공직가치를 실천하기 위한 방안에 대해 자유롭게 발표해 주십시오.

TIP '공직가치를 실천하기 위한 방안 = 공직자로서의 자세'라고 이해하면 된다.

부정부패 신고 등 공익을 위해 내부고발자를 보호하는 제도가 있다.
내부고발 신고제도는 내부고발 신고를 외부에 공개함으로써 공익을 증진하는 제도이다.
내부고발자 보호제도는 「부패방지법」과 「공익신고자 보호법」에 규정되어 있다.

MEMO

5분발표 질문지

응시번호: **성명:**

┤ 검토시 주의사항 ├

- 발표준비시간은 10분이며 5분 이내로 발표하십시오. 발표 후 5분 정도 질문이 있게 됩니다.
- 발표를 위해 질문지 여백에 메모는 가능하며 면접시 참조하여 발표할 수 있습니다.
- 질문지는 면접 완료 후 반드시 반납하여 주시기 바랍니다.

아래의 제시문을 읽고 유추할 수 있는 공직가치를 설명하고 그 공직가치를 실천하기 위한 방안에 대해 자유롭게 발표해 주십시오.

TIP '공직가치를 실천하기 위한 방안 = 공직자로서의 자세'라고 이해하면 된다.

A부서에서는 역지사지 소통의 날을 지정하고 칸막이가 있는 공간에서 음성변조 마이크로 목소리를 변조하여 성별, 나이 등에 상관없이 아이디어를 공유하는 자리를 마련하는 등 부서에서 수립한 정책에 대해 다양한 관점에서 의견을 공유하였다.

MEMO

5분발표 질문지

응시번호: **성명:**

┤ 검토시 주의사항 ├

- ■ 발표준비시간은 10분이며 5분 이내로 발표하십시오. 발표 후 5분 정도 질문이 있게 됩니다.
- ■ 발표를 위해 질문지 여백에 메모는 가능하며 면접시 참조하여 발표할 수 있습니다.
- ■ 질문지는 면접 완료 후 반드시 반납하여 주시기 바랍니다.

아래의 제시문을 읽고 유추할 수 있는 공직가치를 설명하고 그 공직가치를 실천하기 위한 방안에 대해 자유롭게 발표해 주십시오.

TIP '공직가치를 실천하기 위한 방안 = 공직자로서의 자세'라고 이해하면 된다.

정부는 세계화 추세에 따라 국제사회의 발전에 이바지하고 우리나라 내부의 문제를 해결하기 위해 국가지속가능발전목표(K-SDGs: Korean Sustainable Development Goals)를 수립하였다. 또한 K-SDGs 달성에 필요한 세부 목표와 세부 지표를 제시하였다. 아울러 성과지표 기준으로는 'A. 국민의견 취합 및 정보공개, B. 사회적 약자 관련 정책수립'을 제시하였다.

MEMO

5분발표 질문지

응시번호: **성명:**

─┤ 검토시 주의사항 ├─

- 발표준비시간은 10분이며 5분 이내로 발표하십시오. 발표 후 5분 정도 질문이 있게 됩니다.
- 발표를 위해 질문지 여백에 메모는 가능하며 면접시 참조하여 발표할 수 있습니다.
- 질문지는 면접 완료 후 반드시 반납하여 주시기 바랍니다.

아래의 제시문을 읽고 유추할 수 있는 공직가치를 설명하고 그 공직가치를 실천하기 위한 방안에 대해 자유롭게 발표해 주십시오.

TIP '공직가치를 실천하기 위한 방안 = 공직자로서의 자세'라고 이해하면 된다.

「보호소년법」 제2조(처우의 기본원칙) ① 소년원장 또는 소년분류심사원장(이하 "원장"이라 한다)은 보호소년 등을 처우할 때에 인권보호를 우선적으로 고려하여야 하며, 그들의 심신 발달 과정에 알맞은 환경을 조성하고 안정되고 규율있는 생활 속에서 보호소년 등의 성장 가능성을 최대한으로 신장시킴으로써 사회적응력을 길러 건전한 청소년으로서 사회에 복귀할 수 있도록 하여야 한다.

MEMO

5분발표 질문지

응시번호: **성명:**

┤ 검토시 주의사항 ├

- 발표준비시간은 10분이며 5분 이내로 발표하십시오. 발표 후 5분 정도 질문이 있게 됩니다.
- 발표를 위해 질문지 여백에 메모는 가능하며 면접시 참조하여 발표할 수 있습니다.
- 질문지는 면접 완료 후 반드시 반납하여 주시기 바랍니다.

아래의 제시문을 읽고 유추할 수 있는 공직가치를 설명하고 그 공직가치를 실천하기 위한 방안에 대해 자유롭게 발표해 주십시오.

TIP '공직가치를 실천하기 위한 방안 = 공직자로서의 자세'라고 이해하면 된다.

외국인 노동자 A가 화재가 발생한 상황에서 소화설비를 이용하여 진압하였다. 그런데 그 소화설비에는 안내문이 한국어로만 되어 있어 외국인이 사용하기에 제약이 있었다. 따라서 B부서에서는 안내문을 5개 국어로 바꾸도록 하고 또한 QR코드도 부착하여 쉽게 안내받을 수 있도록 하였다.

MEMO

CHAPTER

03 5분발표 준비 Tip

1 공직자로서의 자세 이해하기

제시문의 실천방안은 곧 '공직자로서의 자세'로 이해하고 준비를 해야 한다.

2 대표 공직가치와 연관한 경험 정리하기

대표적인 공직가치 9가지와 그와 관련된 경험 및 공직사례(제도 혹은 정책) 1~2가지 정도는 정리해 둘 필요가 있다. 이는 5분발표 재료로 활용하기 위함이다.

✎ Check point

관련사례 정리 후 공직가치와 연결하기
2024년부터 새로운 면접 평정요소인 아래 4가지와 공직가치를 연결할 수 있어야 한다.

평정요소	내 용	연계 능력
소통·공감	국민중심, 소통하고 공감하며 배려하는 공무원	민주성, 다양성
헌신·열정	적극적이며 국가에 헌신하는 열정적인 공무원	애국심, 적극성, 봉사정신
창의·혁신	창의적 사고로 변화에 대응하고 혁신을 이끄는 공무원	창의성, 효율성, 개방성
윤리·책임	윤리의식을 갖추고 청렴하며 책임감 있게 일하는 공무원	청렴성, 도덕성, 준법의식, 책임성

3 메모란의 활용

5분발표는 메모란에 작성한 내용을 보고 발표해도 되므로 키워드를 적고 이에 살을 붙여 발표해도 된다. 이를 위해 평소 면접스터디 또는 혼자서라도 연습문제를 통해 실전에 적응하는 훈련이 되어 있어야 한다.

4 공직가치 찾기

제시문을 잘 읽고 핵심 공직가치를 찾아서 제시할 수 있어야 한다.

(1) 경험 및 사례와 연결

핵심 공직가치를 자신의 경험이나 알고 있는 사례, 직렬의 대표적인 정책과 연결하여 활용해야 한다.

(2) 창의력 내용 추가

주제 내용에 따라 자신이 새롭게 생각한 해결방안(창의력)을 제시('나라면 이 상황에서 어떻게 했을까?'를 고민)하는 것이 좋은 평가를 받을 수 있다.

(3) 아이디어 정리

① 공직가치에 대해 이해와 정리를 하는 과정에서 떠오르는 아이디어를 정리해 보는 것도 좋다.

② 책임성에 대해 공부하는 과정에서는 적극행정을 위해 어떤 방향으로 하면 더 활성화 될 것 같다는 것을 정리해 보도록 한다.

③ 선배 공무원과 신입 공무원이 팀을 이뤄 적극행정 과제를 추진하고 성과를 내면 인센티브를 준다는 것에 대해 고민했다면 이러한 내용을 정리해두거나 다양성과 관련하여 공부하면서 우리 사회의 주요 키워드 중 하나인 혐오와 차별을 극복하기 위해 어떻게 했으면 좋겠는지 이런 내용이 추가되면 좋은 평가를 받을 수 있다. 혐오와 차별을 극복해야 다양성이 존중받는 사회가 되며 갈등해결을 통해 사회통합을 이루어 낼 수 있기 때문이다.

(4) 마무리(결론)

'단순히 어떤 공무원이 되겠다.'라는 평범함보다는 그동안 공부했던 내용을 추가하여 합격한 직렬에 대한 애정을 드러내는 것도 방법 중 하나이다.

(5) 후속질문(면접관 질문리스트) 대비

기출 면접후기를 참고하여 후속질문이 어떻게 이루어지는지 파악한 다음 기본적으로 '발표한 공직가치가 지원부서에 왜 중요한지? 해당 공직가치와 관련된 경험이 있는지? 해당 공직가치 실천을 위해 평소에 어떤 노력을 하였는지? 혹은 할 것인지?'를 고민해 보길 바란다.

MEMO

MEMO

2024
스티마 면접
국가직 9급

06

직무관련 개별면접

CHAPTER

01 직무관련 개별면접의 준비

✓ POINT 직무관련 개별면접을 통해 직무 전문성 및 발전가능성을 평가한다. 그러나 비중은 현저히 적은 편이다. '5분발표 - 경험형 개별과제 - 상황형 개별과제' 순으로 면접이 진행되고 시간적인 여유가 있을 시 1~3개의 질문이 이루어질 수 있다. 최근에는 경험형 개별과제를 통해서도 간혹 직무와 관련한 질문이 이루어지기도 하므로 경험형 개별과제에서 함께 준비해 보는 것이 좋다.

1 직무관련 개별면접의 개요

(1) 응시생들의 지원 직렬에 대한 관심도를 알아보기 위해 기본적인 용어나 직렬 이슈에 대한 질문이 이루어진다.

(2) 기본적인 용어나 직무관련 이슈는 직렬별 자료에 정리되어 있으므로 그 정도 수준에서 준비하면 된다.

TIP 면접에서의 비중은 낮은 편이며, 1~2문항 정도 출제된다고 생각하면 된다.

(3) 직무관련 기출 질문 위주로 정리하면 되고, 추가적으로 전공강의를 들을 필요는 없다. 이미 응시생들은 필기시험 과정에서 전공지식에 대한 검증을 받았기 때문이다. 인사혁신처에서도 실제 면접과정에서 전공지식에 대한 질문은 지양하라고 교육한다.

(4) 간혹 사회이슈를 물어보기도 하므로 우리 사회의 대표적인 사회이슈 몇 가지는 정리해 둘 필요가 있다.
예 저출산, 고령화, 청년실업, 세대 간의 갈등 등

MEMO

2 **직무관련 개별면접 유의사항**

(1) 국가직 면접은 직렬에 대한 전문지식을 묻는 면접이 아니라 5분발표, 상황형 개별면접, 경험형 개별면접을 마친 후 시간적인 여유가 발생할 경우 간단하게 질문하는 것이다.

(2) 응시생들에게 전문성을 외치면서 불안심리를 조장하는 각종 내용에 현혹되지 말고 최소한 스티마쌤의 강의나 교재를 접한 이들이라면 절대로 이 부분에 비중을 높게 두고 가서는 안 된다는 것을 상기하며 많은 시간을 할애하지 않도록 해야 한다.

(3) 일에 대한 전문성이라는 것은 단순지식형 질문을 공부하고 관련된 정책을 암기하는 것이 아니다. 응시생이 직렬 공부를 하는 이유는 서두에서 언급하였지만 5분발표 때 재료로 활용하거나 정책형 상황 과제가 출제될 경우 좀 더 이해하기가 수월하기 때문이다.

(4) 전문성이라는 것은 곧 직무수행능력을 말하는 것이며, 직무수행능력은 '관계역량＋직무역량'을 의미하는 것이다. 전공지식이나 정책을 많이 알고 가는 것이 전문성이 아니라는 사실을 꼭 기억하고 면접준비를 하여야 한다. 응시생에게 전문성에 대한 개별질문은 바로 합격한 직렬에 대한 관심도라고 생각해도 무방하다.

MEMO

---

3 **직무관련 개별면접 사례**

✔ POINT 최근에는 경험형 개별과제 내에서 질문화 되기도 한다.

Q. 관심 있는 정책과 개선해야 할 점은 무엇인가? 제안하고 싶은 정책이 있다면?

Q. 본인이 가지고 있는 강점을 지원한 직렬에 어떻게 활용할 것인가?

Q. 지원한 직렬에 가장 필요한 자질 또는 역량은 무엇이라고 생각하는가? 그 자질 또는 역량을 키우기 위해 어떤 노력을 하였는가?

Q. 공직사회에 대해 개선하고 싶은 것이 있는가?

Q. 지원한 직렬에서 이슈가 되고 있는 것은 무엇인가? 그 원인과 해결방안은?

● 지원한 직렬의 전문성에 관한 질문(직렬에 대한 관심도)

직렬 구분	관련 주제
일반행정직	청년실업, 고령화 문제, 비혼문제, 연공서열 문제점과 해결방안, 정보격차 문제 해결방안, 지방소멸 문제 해결방안, MZ세대의 조직생활과 개인생활 간 조화 방안, 인구감소 문제 등
우정직	집배원 과로사 문제, 수탁서비스, 우체국특별회계, 우체국의 공익사업, 우편사업 적자 해결방안, 국제 우편을 통한 마약류 유입 차단 방법, 우체국 이용 개선방안, 예금이나 보험서비스 외 새롭게 추진하고 싶은 사업 등
고용노동	정년연장, 청년실업문제, 최저임금 문제, 실업의 원인, 실업급여 부정수급 방지대책, 취업규칙 필수 항목 등
전산직	인공지능 기술 활용시 발생할 수 있는 문제점과 해결방안, 신기술 도입시 민간보다 공공기관이 더딘 이유, AR & VR에 관한 설명, 한국의 디지털 정부 위상 정도와 홍보방안, 블록체인 기술 활용방안 등
검찰직	불기소처분에 대한 불복방법, 불기소 종류, 영장주의, 영장주의의 예외, 함정수사, 증거능력 및 증명력의 구분, 공동정범 종류, 공동피고인 증인적격, 고소나 고발이 들어왔을 때 진행절차, 고소와 고발의 차이, 체포영장이 발부된 경우 영장과 관련 없는 범죄증거 발견시 대처 등
경찰행정직	경찰의 청렴도 향상 방안, 기성세대와 MZ세대의 갈등, 어린이 교통사고의 해결방안, 경찰협의회 및 노조 등의 단체에 관한 생각 등
보호직	사회봉사명령제도, 형사처벌과 보호처분의 차이 등
통계직	평균값과 중위값 등
교정직	비사법적 구제수단 및 사법적 구제수단, 교정시설에 노인분들이 많은데 지원하고 싶은 교육이나 프로그램, MZ세대 갈등 등
세무직	사업소득과 근로소득의 차이점, 원천징수, 실질과세의 원칙, 국세와 지방세의 차이점, 간이과세자와 일반 과세자의 차이점, 간이과세자가 받을 수 있는 공제혜택 등

TIP 직렬별 이슈와 관련된 부분을 따로 공부하고 싶다면 의도적으로 시간을 투자하지 말고 각종 포털사이트에 뜨는 뉴스기사를 통해 본인의 직렬과 관계된 이슈 정도를 참고하면 된다.

MEMO

CHAPTER

02 면접에 임하는 태도와 자세

(1) 공익(公益, public interest)에 대해 이해하기

① 공익이란 '공공의 이익, 공공의 번영'을 가리키는 말이다. ⇨ 사전적 의미

② 공무원에게 있어 공익실현이란, 공익이 다수나 사회 전체를 위하는 것이라 할지라도 소수나 개인의 자유와 권익을 희생시켜서는 안 되는 것이다. 오히려 정부의 행정(공공행정) 혹은 지방의 행정은 불리한 입장에 놓인 계층이나 소수의 복지를 우선적으로 배려해야 진정한 공익을 실현하는 것이며 이를 통해 정의로운 사회가 이루어질 수 있다는 것을 마음속 깊이 새겨야 할 것이다.

    ➡ 이것이 공무원이 사기업에 다니는 사람보다 균형 잡힌 공직가치가 필요한 이유이다.

③ 최근 정부에서는 '사회적 가치'라는 개념이 대두되고 있다. 사회적 가치란 사회, 경제, 환경, 문화 등 모든 영역에서 공공의 이익과 공동체의 발전에 기여하는 가치를 말한다. 이는 결국 모두 함께 잘사는 나라를 추구하는 것이며, 사회적 가치의 추구가 결국 공익이라고 이해하면 된다.

✎ PLUS

사회적 가치

1. 국민소득은 올라가는데 대한민국의 삶의 질은 계속해서 하락하고 있다. 때문에 저출산-고령화, OECD 자살률 1위, 노인빈곤율 1위, 어린이 및 청소년 행복지수 최하 수준, OECD 국가 중 노동시간 최고 수준 등 우리 사회의 구조적인 문제를 해결하고 더불어 잘사는 공동체를 회복해야 한다.

2. 사회적 가치 실현을 위해 인권보호, 재난과 사고로부터 안전한 근로생활 환경 마련, 복지의 확대, 노동권의 보장과 근로조건 향상, 사회적 약자에 대한 기회 제공과 사회통합, 대기업·중소기업 간의 상생과 협력, 민주적 의사결정, 지속가능한 개발 등이 필요하다. 즉, 공무원들이 공익실현을 위해 이러한 목표를 추구하고 이를 달성하기 위해 노력해야 한다는 의미이다.

3. 사회적 가치 중 예를 들어 '대형마트 의무휴업'의 적용대상을 복합쇼핑몰까지로 확대하는 것도 대기업과 중소기업 간의 상생과 협력을 통해 다같이 잘사는 사회를 만드는 것이 될 것이다.

MEMO

(2) 과거 공무원 면접 경험 및 현직 경험

① 면접 탈락 경험이 있는 경우: 면접에서 탈락한 경험이 있는 응시생이라면 직접적인 질문이 이루어지기 전에는 스스로 밝힐 필요는 없다.

② 현직에 종사하고 있거나 과거 현직 경험이 있는 경우

　㉠ 면접 때 현직의 경험에 대한 이야기를 하는 것이 블라인드 면접 위반은 아니다. 그러므로 현직 경험이 있다면 상대적으로 해당 경험에 대해 면접관이 관심을 가지고 질문을 할 수 있으므로 응시생 스스로 가장 답변을 잘할 수 있는 이야기(자신의 강점이 드러나는 이야기)를 하는 것이 중요하다.

　㉡ 다만, 근무경력이 아주 짧은 기간일 경우에는 상대적으로 어필할 만한 경험이 부족하므로 언급을 하지 않는 것이 좋다.

　㉢ 근무경력이 길고 다양한 경험들로 어필을 할 것이 많다고 생각하는 경우에는 이를 통해 응시생이 업무를 잘하였다는 것을 이야기하면 편안한 분위기 속에서 면접이 진행될 것이다. 또한 경력이 오래된 응시생은 본인은 느끼지 못하겠지만 공직생활을 오랫동안 했기 때문에 질의응답 과정에서 은연중에 이러한 사실이 드러날 수 있기 때문에 항상 진정성 있게 이야기하는 것이 좋을 수 있다.

　　TIP 이 부분에 대해 추가적으로 고민이 있다면 스티마쌤에게 문의하길 바란다.

(3) 수험생활과 가족사에 관련된 부분

① 개별질문에서 힘들었던 경험 등과 관련된 질문이 이루어질 때 응시생 입장에서는 충분히 가족사나 수험생활에 대한 경험을 어필할 수 있다. 하지만 면접관이 직접적인 질문을 하기 전까지는 가급적이면 수험생활이나 가족사 등에 관한 이야기는 하지 않는 것이 좋다.

② 힘들었던 일이나 고난을 극복했던 일에 대해 어쩔 수 없이 가족사를 이야기해야 하는 상황이라면 "면접관님, 개인적인 일인데 말씀드려도 될까요?" 혹은 "지금 떠오르는 답변이 가족사와 관련된 것밖에 없는데 말씀드려도 될까요?"라고 먼저 면접관에게 양해를 구하고 나서 이야기를 풀어가는 것이 좋다. 여기서 주의할 점은 면접관이 어느 정도 공감할 수 있는 답변(고개를 끄덕일 수 있는 답변, 질문과 연관성이 있는 답변)을 해야 한다는 것이다. 단순히 동정을 얻기 위한 느낌을 주는 것은 적합하지 않다.

③ 기혼자의 경우 면접에서 자연스럽게 언급되어지는 것은 괜찮다.

(4) 답변시 지양해야 할 것

① 자기주장이 강해 보이는 것, 이기적인 느낌이 드는 답변은 반드시 경계해야 할 요소이다. 또한 지나치게 소극적이며 내성적인 면이 부각되는 것도 좋지 않다.

② 앵무새처럼 기계적인 느낌을 주는 답변은 지양해야 한다. 즉, 외워서 답변을 하고 있다는 느낌을 주는 형식적이고 진정성이 없는 답변은 면접관에게 좋은 평가를 받지 못한다.

MEMO

(5) 면접은 응시생이 주도할 것

실제 면접은 응시생이 주도해야 한다. 이 의미는 면접관이 응시생에게 관심을 가지고 질문을 하거나 흥미롭게 이야기를 들어주면서 응시생의 이야기가 중심이 되도록 해야 한다는 것이다. 그러나 면접관이 훨씬 더 많은 이야기를 하고 있다는 느낌이 들거나 면접관이 하고 싶은 질문만 하는 경우는 응시생의 경험이 잘 드러나지 않고 있음을 뜻하는 것이다.

TIP 보통 위와 같은 일이 면접에서 발생하는 경우는 응시생이 질문에 대한 답을 잘 못하거나 질문의 요지를 잘 파악하지 못하는 경우이다. 여기서 핵심은 내용이나 답변의 구체성이 없다는 것이다. 결국 이는 면접관에게 기회를 주는 것이므로 구체성이 있는 답변을 하는 연습을 꼭 해야 한다. 오히려 정말 모르는 질문이 나왔을 때는 솔직하게 "정말 열심히 준비했는데 이 질문에 대한 준비는 못했습니다. 죄송합니다."라고 말하고 다음 질문을 받을 준비를 하는 것이 좋다. 어물쩍거리거나 전혀 엉뚱한 답변을 하는 것은 면접관들이 가장 싫어하는 유형임을 상기하고 면접준비를 해야 한다.

> MEMO

(6) 정확히 표현하기

이것은 여러 가지를 내포하고 있지만 면접관의 질문의도에 맞게 답변하는 것이 중요하다는 의미이다.

TIP 예를 들어 면접관이 "모르는 업무가 발생할 경우 어떻게 할 것인가?"라고 질문하면 일반적으로 응시생은 "자칫 제가 임의로 처리하면 안 되기 때문에 상관에게 여쭤보고 처리하겠습니다."라고 답변한다. 하지만 이는 좋은 답변이 아니다. 즉, 면접관이 원하는 답변이 아니라는 것이다. 공직에서의 업무는 주어진 역할마다 다르며, 상관이 응시생들의 업무를 대신 해주지 않는다는 뜻이다. 담당 주무관으로서 본인에게 주어진 업무는 '스스로 처리하려는 마음가짐'으로 답변을 해야한다.

> MEMO

(7) 성심성의껏 답변하기

간단하고 사소한 질문일지라도 '성심껏 답변하고 있다'는 모습을 보이는 것이 좋다. 면접에서는 한 가지 답변만으로도 전체적인 분위기가 바뀔 수 있기 때문이다.

TIP 예를 들어 면접관이 시작 전에 "긴장되시나요?"라고 물을 경우, 스티마쌤이라면 "제가 긴장은 되지만 오랫동안 기다 렸던 순간이었기 때문에 기분 좋은 떨림이라고 생각합니다." 또는 "긴장되고 떨리지만 오랫동안 간직하고 싶은 긴장감이라 그동안 준비했던 것들을 모두 보여드리지 못할까봐 그것이 더 긴장됩니다."라고 성심껏 답변하는 모습을 보일 것이다.

(8) 긍정적으로 답변하기

국가 혹은 지자체에서 추진하는 정책이나 제도에 대한 질문에는 비록 언론 등 외부에서 비판을 받고 있거나 부정적으로 회자가 되더라도 함께 비판하고 부정적인 내용을 부각시켜 답변하는 것은 바람직하지 않다.

(9) 본인의 상황에 맞게 진실된 답변하기

면접준비는 응시생 개개인의 주어진 상황이나 처지, 경험 등에 따라 달라지기 마련이므로 자신의 상황과 경험에 맞게 진술하게 준비를 해야 한다. 즉, 연령대가 낮은 응시생(재학생 포함), 연령대가 높은 응시생, 직장경험이 있는 응시생, 주부 응시생 등 각각의 상황과 처지에 맞는 면접준비를 해야 한다.

(10) 면접시 상기해야 할 것

① 처음부터 끝까지 미소 잃지 않기: 실제 면접을 보면 면접관마다 성향이 다르다. 면접관이 포근하고 편안하게 미소를 지으면서 질문하면 응시생도 당연히 미소가 나올 수밖에 없다. 하지만 면접관의 표정이 굳었을 때는 응시생이 미소를 짓기가 쉬운 일이 아니다. 그러므로 항상 '미소'라는 단어를 염두에 두고 면접에 임하여야 한다. 특히 남자들도 너무 굳은 표정보다는 부드럽게 보이려고 노력하는 연습이 필요하다.

② 아이컨택과 자신감 갖기

　㉠ 짧은 시간동안 면접이 이루어지기 때문에 면접관과 대화를 하면서 시선을 마주치는 것은 예의 있는 행동이다. 그러므로 시선을 피하는 것은 정직하지 못하다는 느낌을 줄 수 있다. 따라서 올바는 시선처리는 상당히 중요하다.

　㉡ 질문을 하는 면접관을 쳐다보며 '경청하고 있다'는 느낌을 주는 것이 좋다. 질문에 대한 답변이 살짝 길어지면 다른 면접관에게도 시선을 한 번씩 주는 것도 배려이다.

MEMO

③ **자기최면 걸기:** 면접준비 기간 동안 스스로에게 '나는 봉사할 준비가 되어 있는 사람이다.'라고 자기최면을 거는 것이 필요하다. 또한 면접준비를 할 때 '지금부터는 수험생이 아닌 공무원이다.'라는 생각을 가지고 준비를 해야 한다.

④ **파생질문까지 준비하기:** 개인적으로 면접준비를 하건 면접스터디에 비중을 두고 준비를 하건 스티마쌤의 강의를 통해 준비를 하건 항상 자신이 준비한 답변에 추가적으로 파생될 수 있는 질문까지 생각하고 면접준비를 해야 한다.

➔ 상당히 중요한 요소이므로 충분한 연습과 대비가 필요하다.

MEMO

2024
스티마 면접
국가직 9급

07

국가관 · 공직관 · 윤리관

CHAPTER

01 국가관

1 헌법의 가치 – 헌법전문

유구한 역사와 전통에 빛나는 우리 대한국민은 3·1운동으로 건립된 대한민국임시정부의 법통과 불의에 항거한 4·19민주이념을 계승하고, 조국의 민주개혁과 평화적 통일의 사명에 입각하여 정의·인도와 동포애로써 민족의 단결을 공고히 하고, 모든 사회적 폐습과 불의를 타파하며, 자율과 조화를 바탕으로 자유민주적 기본질서를 더욱 확고히 하여 정치·경제·사회·문화의 모든 영역에 있어서 각인의 기회를 균등히 하고, 능력을 최고도로 발휘하게 하며, 자유와 권리에 따르는 책임과 의무를 완수하게 하여, 안으로는 국민생활의 균등한 향상을 기하고 밖으로는 항구적인 세계평화와 인류공영에 이바지함으로써 우리들과 우리들의 자손의 안전과 자유와 행복을 영원히 확보할 것을 다짐하면서 1948년 7월 12일에 제정되고 8차에 걸쳐 개정된 헌법을 이제 국회의 의결을 거쳐 국민투표에 의하여 개정한다.

✅ **POINT** 헌법전문은 2017년 5분발표 제시문으로 주어진 바 있다. 그러나 최근 국가직 면접에서는 국가관과 관련한 질문은 거의 사라지는 추세이며 지방직 면접에서는 헌법의 가치에 대한 질문이 간혹 이루어진다.

(1) 헌법전문에서 찾을 수 있는 헌법가치

① **자유민주주의**: 민주성이 핵심가치이다. 민주성의 대표적인 사례로는 선거제도, 언론의 자유, 국민제안제도 등이 있다.

② **평화적 통일**

③ **기회균등**: 공정성이 핵심가치이다.

　　예 최근 기아자동차 등의 고용세습제를 문제로 들 수 있다. 이는 재직자의 자녀를 우선 채용한다는 단체협약으로 균등한 취업기회를 보장한 헌법에 위배되는 것이기에 해당 조항을 폐지하라고 시정명령을 내린 상황이다.

④ **자유와 권리 및 책임과 의무**: 책임감을 핵심가치로 꼽을 수 있다.

⑤ **세계평화 인류공영(국제평화주의)**: 공익성과 다양성이 핵심가치이다.

⑥ **(우리들과 자손의) 안전, 자유, 행복의 확보**: 헌법의 최우선 가치라고 할 수 있다.

(2) 헌법의 기본원리

① 정치: 자유민주주의

② 시장경제주의: 사례를 통한 이해 ⇨ 2023년 4월 21일 기사에 의하면 검찰이 2조 3000억원 규모의 빌트인가구(특판가구) 입찰담합을 적발, 한샘 등 8개 법인과 최고책임자 등 14명을 재판에 넘겼다. 검찰은 9년간 이뤄진 담합행위가 아파트 분양가 상승에 영향을 미친 요인이 됐다고 지적했다. 검찰 수사결과 8개 법인들은 2014년 1월부터 지난해 12월까지 건설사 24개가 발주한 전국 아파트 신축 현장 관련 약 783건의 특판가구 입찰담합을 한 것으로 나타났다. 담합규모는 2조 3261억원에 달한 다. 특판가구는 싱크대, 붙박이장과 같이 신축아파트에 빌트인 형태로 들어가는 가구를 말한다. 가 구입찰 담합이 결국 아파트 분양가 상승으로 이어지고 서민들이 피해를 보았다. 즉, 검찰뿐만 아니 라 공정거래위원회에서 일하게 될 경우 이런 불법행위를 차단하고 밝혀냄으로써 공익을 실현해야 한다.

③ 문화: 문화주의 ⇨ 문화적 자율성 보장, 문화의 보호·육성·진흥, 문화활동 참여기회 보장

④ 국제: 평화주의 ⇨ 남북간 평화적 통일지향, 국제법질서 존중

2 헌법 제1조

✔️**POINT** 자세하게 공부할 필요는 없고, 헌법 제1조가 의미하는 것만 이해하면 된다. 그러나 지방직 면접에서는 가끔씩 질문이 이루어진다.

(1) 대한민국은 민주공화국이다.

① 공화국의 의미

㉠ 공화제(republic)를 채택한 국가를 공화국(共和國)이라고 한다. 공화제란 공화국의 정치 체제를 가리키며, 형식적으로 또는 실제로 주권이 그 구성원에게 있는 정치 체제이다. 기본적으로 입헌 제를 뜻하고 이에 따라 법을 기반으로 모든 구성원이 정치적 의사 결정에 참여하는 정치 체제이 다. 그러므로 군주제와는 달리 공화제에는 군주가 존재하지 않는다. 또한 공화제를 주장하거나 실현하려고 하는 정치적인 태도나 이념을 공화주의라 한다.

㉡ 보통 공화국이라 하면 세습군주를 가지고 있지 않은 국가를 말한다. 또한 20세기 초기에 이르기 까지는 공화국과 민주국은 동의어로 사용되었으며 각 민주국가는 '공화국'의 명칭만을 사용하 는 것이 보통이었다.

② 제헌헌법에 담긴 민주공화국의 의미: 제헌헌법을 기초했던 제헌국회의원 유진오는 헌법 제1조의 의 미를 이렇게 해설하고 있다. "공화국의 정치 형태가 동일하지 않으므로 본 조에 있어서 우리나라는 공화국이라는 명칭만을 사용하지 않고, 권력분립을 기본으로 하는 공화국임을 명시하기 위하여 특 히 '민주공화국'이라는 명칭을 사용한 것이다." 즉, 해방 직후의 상황에서 사회주의자들이 주장하던 '인민공화국'의 경우 권력분립이 아닌 권력집중을 특징으로 하고 있었기 때문에 이와 구분하기 위하 여 '민주공화국'이라고 표현했다는 의미이다.

③ 민주공화국의 의미

　ⓐ 공화국을 뜻하는 'republic'은 '공공의 것', '공공의 일'이라는 뜻으로도 번역된다. 곧 민주공화국이란 '법과 공공성에 기반을 두고 주권자인 시민들이 만들어낸 정치공동체'라고 정의할 수 있는 것이다.

　ⓑ 제헌헌법에서 지향한 공화국은 개인의 이익보다는 '공공의 이익'을 우선하는 국가였다고 강조한다. 제헌헌법은 자유민주주의와 사회민주주의적 요소를 함께 갖고 있으면서 양자의 대립적 측면을 공화주의로써 조화시키고자 했다는 것이다.

(2) 대한민국의 주권은 국민에게 있고, 모든 권력은 국민으로부터 나온다.

① 제헌헌법에 담긴 국민주권의 의미: 제헌헌법 제1조를 뒷받침하는 조항인 제헌헌법 제2조는 "대한민국의 주권은 국민에게 있고, 모든 권력은 국민으로부터 나온다."고 선언한다. 국가의 의사를 최종적으로 결정하는 최고의 권력인 주권이 국민에게 있다는 '국민주권론'을 제시한 것이다. 이는 곧 주권이 군주나 자본가 혹은 노동자와 같은 특정한 계급에 있지 않다는 의미를 담고 있는 것이다.

② 국민주권의 의미

　ⓐ 국가의 정치 형태와 구조를 최종적으로 결정하는 권력이 국민에게 있다는 원리이며 주권의 소재는 국민에게 있다는 원리이다.

　ⓑ 좁은 의미로는 인민주권과 대비하여 개별적 국민이 아닌 추상적 국민에게 주권이 있다는 원리로 사용하기도 한다.

3　헌법 제7조

✔ **POINT**　헌법 제7조는 공무원의 역할과 의무를 규정하고 있으므로 그 의미를 잘 이해해야 한다. 공무원은 국민 전체에 대한 봉사자로서 국민에 대해 책임을 져야 하는 위치에 있기 때문에 공공의 이익을 위하여 창의성과 전문성을 바탕으로 적극적으로 업무를 처리하는 적극행정을 해야 한다. 추상적인 질문이고 정답이 정해진 것은 아니지만 '공무원이 무엇이라고 생각하는가? 공무원의 역할에 대해 말해보라.'는 질문에 대해서도 헌법 제7조가 의미하는 내용을 정리하여 답변하면 좋은 답변이 될 수 있다.

(1) 공무원은 국민 전체에 대한 봉사자이며, 국민에 대하여 책임을 진다.

① 공공성의 의미

　ⓐ 국민 전체에 대한 봉사자로서 국민에 대해 책임을 진다는 것은 '공공성'을 의미한다.

　ⓑ 공공성이란 직무를 수행함에 있어 특정인이나 특정집단이 아니라 일반 사회 구성원 전체의 이익을 우선하는 공익지향성을 의미한다.

② 적극행정과의 연결

　ⓐ 적극행정이란 공무원이 불합리한 규제의 개선 등 공공의 이익을 위하여 창의성과 전문성을 바탕으로 적극적으로 업무를 처리하는 행위를 말한다.

　ⓑ 적극행정이야 말로 국민 전체에 대한 봉사자로서 책임을 지는 모습이라고 할 수 있다.

③ 소명의식: 헌법과 법률을 준수하고 오직 국민을 바라보며 양심과 소신에 따라 일을 하고 자기 능력을 전부 발휘해야 한다는 의미이다.

✅ PLUS

1. '공공성'이란 쉽게 말해 바람직한 사회 형성의 길라잡이 역할을 의미한다.
   ① 전체 사회를 위해 돈벌이가 되지 않는 일을 감당하는 것
   ② 사회적 약자의 편이 되어 주는 것
   ③ 장래의 이익을 위해 현재의 이익을 희생하는 것
2. 공공성과 관련된 제도는 다음과 같다.
   ① 공직자윤리법(퇴직공직자의 취업제한, 공직자의 재산 등록 및 공개제도, 주식백지신탁제도, 이해충돌방지 등)이 대표적이다.
   ② 적극행정면책제도 또한 '공익을 위해 능동적으로 업무를 처리하는 과정에서 발생하는 부분적인 하자는 면책을 해주겠다.'는 의미이다.
3. 헌법 제7조에서는 공무원의 공익실현 의무, 신분보장 및 정치적 중립성을 천명하고 있다.

TIP 공공성에 대해 사례로 이해 ⇨ 이미 관련 제도들은 5분발표 제시문으로 출제가 되었고, 적극행정 사례는 현재 면접에서도 진행 중이다.

(2) 공무원의 신분과 정치적 중립성은 법률이 정하는 바에 의하여 보장된다.

① 직업공무원제도

ㄱ 직업공무원제도가 국민주권원리에 바탕을 둔 민주적이고 법치주의적인 공직제도임을 천명하고 정권담당자에 따라 영향받지 않는 것은 물론 같은 정권하에서도 정당한 이유 없이 해임당하지 않는 것을 불가결의 요건으로 하는 직업공무원제도의 확립을 내용으로 하는 입법 원리를 지시하고 있다.

ㄴ 그렇기 때문에 공무원에 대한 기본법인 「국가공무원법」이나 「지방공무원법」에서도 이 원리를 받들어 공무원은 형의 선고, 징계 또는 위 공무원법이 정하는 사유에 의하지 아니하고는 그 의사에 반하여 휴직, 강임 또는 면직당하지 아니하도록 하고(국가공무원법 제68조, 지방공무원법 제60조), 직권에 의한 면직사유를 제한적으로 열거하여(국가공무원법 제70조, 지방공무원법 제62조) 직제와 정원의 개폐 또는 예산의 감소 등에 의하여 폐직 또는 과원이 되었을 때를 제외하고는 공무원의 귀책사유 없이 인사상 불이익을 받는 일이 없도록 규정하고 있는 것이다.

ㄷ 이는 조직의 운영 및 개편상 불가피한 경우 외에는 임명권자의 자의적 판단에 의하여 직업공무원에게 면직 등의 불리한 인사조치를 함부로 할 수 없음을 의미하는 것으로서 이에 어긋나는 것일 때에는 직업공무원제도의 본질적 내용을 침해하는 것이 되기 때문이다(헌법재판소 1989.12.18, 89헌마32등, 판례집 1, 343, 353-354).

TIP 대한민국이 직업공무원제도를 실시하는 목적은 공직자 개개인의 자율성과 창의성 및 혁신성을 보장해 줌으로써 공직자들이 책임감을 가지고 국민이 삶의 질 향상에 헌신과 열정을 가지고 임해야 한다는 뜻을 내포하고 있다고 생각하면 된다. 이는 곧 공무원들에게 <u>신분보장을 해주는 이유</u>라고 이해를 하면 된다.

② 공무원의 정치적 중립

ㄱ 공무원의 정치적 중립성 요청은 정권교체로 인한 행정의 일관성과 계속성이 상실되지 않도록 하고 공무원의 정치적 신조에 따라 행정이 좌우되지 않도록 함으로써 공무집행에서의 혼란의 초래를 예방하고 국민의 신뢰를 확보하기 위함이다.

ⓛ 헌법재판소는 공무원에 대한 정치적 중립성의 필요성에 관하여 "공무원은 국민 전체에 대한 봉사자이므로 중립적 위치에서 공익을 추구하고(국민 전체의 봉사자설), 행정에 대한 정치의 개입을 방지함으로써 행정의 전문성과 민주성을 제고하고 정책적 계속성과 안정성을 유지하며(정치와 행정의 분리설), 정권의 변동에도 불구하고 공무원의 신분적 안정을 기하고 엽관제로 인한 부패·비능률 등의 폐해를 방지하며(공무원의 이익보호설), 자본주의의 발달에 따르는 사회경제적 대립의 중재자·조정자로서의 기능을 적극적으로 담당하기 위하여 요구되는 것(공적 중재자설)"이라고 하면서 공무원의 정치적 중립성 요청은 결국 위 각 근거를 종합적으로 고려하여 "공무원의 직무의 성질상 그 직무집행의 중립성을 유지하기 위하여 필요한 것"이라고 판시한 바 있다(헌법재판소 1995.5.25, 91헌마67, 판례집 7-1, 722, 759).

ⓒ 직업공무원제도에 있어서 … 공무원의 정치적 중립과 신분보장은 그 중추적 요소라고 할 수 있다. 그러한 보장이 있음으로 해서 공무원은 어떤 특정정당이나 특정상급자를 위하여 충성하는 것이 아니고 국민 전체에 대한 공복으로서 법에 따라 그 소임을 다할 수 있게 되는 것으로서 이는 당해 공무원의 권리나 이익의 보호에 그치지 않고 국가통치 차원에서의 정치적 안정의 유지와 공무원으로 하여금 상급자의 불법부당한 지시나 정실(情實)에 속박되지 않고 오직 법과 정의에 따라 공직을 수행하게 하는 법치주의의 이념과 고도의 합리성, 전문성, 연속성이 요구되는 공무의 차질없는 수행을 보장하기 위한 것이다(헌법재판소 1989.12.18, 89헌마32 등).

CHAPTER 02 공직관

1 공무원의 의무

✔POINT 과거 5분발표의 주제로 출제된 바가 있긴 하지만 현재 국가직 면접에서는 공무원의 의무에 대해 이해만 하면 된다. 다만, 지방직 면접에서는 기본적으로 질문이 이루어진다고 생각하면 된다.

1. 「국가공무원법」 제7장 복무규정

(1) 공무원의 6대 의무

공무원의 6대 의무란 '성실의무, 복종의무, 친절공정의무, 비밀엄수의무, 청렴의무, 품위유지의무'를 말한다.

공무원의 의무	내 용	관련 규정 (국가공무원법)
① 선서의무	공무원은 취임할 때 소속 기관장 앞에서 선서를 해야할 의무를 진다. ➡ (선서문) 나는 대한민국 공무원으로서 헌법과 법령을 준수하고, 국가를 수호하며, 국민에 대한 봉사자로서의 임무를 성실히 수행할 것을 엄숙히 선서합니다.	제55조
② 성실의무	공무원은 주권자인 국민 전체에 대한 봉사자로서 공공이익을 위해 성실히 근무해야 할 성실의무를 진다.	제56조
③ 법령준수의무	공무원은 성실히 법령을 준수해야 할 의무를 진다. 공무원의 법령 위반행위는 위법행위로 행정처분 등의 취소·무효사유, 손해배상, 처벌, 징계사유가 된다.	제56조
④ 복종의무	공무원은 소속 상관의 직무상 명령에 복종해야 할 의무를 진다. 복종의무 위반은 징계사유가 되나 상관의 명령은 적법한 명령만을 뜻하며 고문 지시와 같은 위법한 명령에 대해선 복종의무가 없다.	제57조
⑤ 직장이탈 금지의무	공무원은 소속 상관의 허가 또는 정당한 이유 없이 직장을 이탈하지 못한다.	제58조
⑥ 영리금지 및 겸직금지의무	공무원은 공무 이외의 영리를 목적으로 하는 업무에 종사하지 못하며, 소속 기관장의 허가 없이 다른 직무를 겸하지 못한다. 금지되는 업무로는 직무능률의 저해, 공무에의 부당한 영향, 국가이익침해, 정부에 불명예 등을 초래할 염려가 있는 업무 등이 해당된다. 또한 공무원은 대통령의 허가 없이 외국 정부로부터 영예 또는 증여를 받지 못한다.	국가공무원법 제62조, 제64조 공무원복무규정 제25조
⑦ 정치운동금지의무	공무원은 정치적 중립성을 지켜야 하기 때문에 정당 기타 정치단체에의 가입 또는 그 조직 등 일정한 정치적 목적을 가진 행위가 금지된다.	제65조

⑧ 집단행동금지의무	공무원의 노동운동과 기타 공무 이외의 일을 위한 집단행동은 금지되어 있다. 다만 사실상 노무에 종사하는 공무원(정보통신부 및 철도청 소속의 현업기관과 국립의료원의 작업 현장에서 노무에 종사하는 기능직과 고용직 공무원)에 대해서만 예외가 인정되고 있다.	제66조
⑨ 친절·공정의무	공무원은 국민 전체에 대한 봉사자로서 인권을 존중하며 친절·공정히 집무해야 할 의무를 진다. 이 의무의 위반은 징계사유가 된다.	제59조
⑩ 비밀엄수의무	공무원은 재직 중은 물론 퇴직 후에도 직무상 비밀을 엄수해야 할 의무를 진다.	제60조
⑪ 품위유지의무	공무원은 직무의 내외를 불문하고 그 품위를 손상하는 행위를 해서는 안 된다.	제63조
⑫ 청렴의무	공무원은 직무와 관련하여 직접 또는 간접을 불문하고 사례·증여·향응 또는 증여를 받을 수 없다. 공무원은 직무상의 관계가 있든 없든 그 소속 상관에게 증여하거나 소속 공무원으로부터 증여를 받아서는 아니 된다. 청렴의무에 위반하면 징계사유가 되고 형법상의 수뢰죄로 처벌된다.	제61조
⑬ 종교중립의무	공무원은 종교에 따른 차별 없이 직무를 수행하여야 한다. 공무원은 소속 상관이 이에 위배되는 직무상 명령을 한 경우에는 따르지 아니할 수 있다.	제59조의2

(2) 5분발표 기출사례(2018년, 2022년 출제)

5분발표 주제로 겸직금지와 영리금지 규정이 제시되었다.

> 다음의 제시문을 읽고 유추할 수 있는 공직가치를 설명하고 그 공직가치를 실천하기 위한 노력에 대해 자유롭게 발표해 주십시오.
>
> "공무원은 공무 외에 영리를 목적으로 하는 업무에 종사하지 못하며 소속 기관장의 허가 없이 다른 직무를 겸할 수 없다. 공무원은 직무능률을 떨어뜨리거나 공무에 대하여 부당한 영향을 끼치거나 국가의 이익과 상반되는 이익을 취득하거나 정부에 불명예스러운 영향을 끼칠 우려가 있는 경우에는 그 업무에 종사할 수 없다."

➲ 2022년 5분발표의 주제로는 '공무원의 개인방송으로 인한 겸직위반 논란'과 상황형 개별과제의 주제로 '공익요원의 겸직위반' 문제가 출제되었다.

(3) 성실의무

TIP 개념이 추상적이므로 이해를 돕기 위해 정리하였다.
① 모든 공무원은 법령을 준수하며 성실히 직무를 수행하여야 한다(국가공무원법 제56조).
② 공무원은 국민 전체에 대한 봉사자로서 주어진 직무와 관련하여 국민 전체의 이익을 도모하는 법적 의무를 지며, 성실의무는 공무원에게 부과된 가장 기본적인 중대한 의무로 최대한으로 공공의 이익을 도모하고 그 불이익을 방지하기 위하여 전인격과 양심을 바쳐서 성실히 직무를 수행하여야 하는 것을 내용으로 한다.

③ 준수해야 할 '법령'은 공무원 재직 중 적용받는 「국가공무원법」 등 공무원 신분관계 법령뿐만 아니라 자기 직무에 관련된 소관 규정을 비롯한 모든 법령으로 법치행정의 원칙상 그 법령에 규정한 대로 직무를 성실히 수행해야 함을 의미한다.

④ '직무'는 법령에 규정된 의무, 상관으로부터 지시받은 업무 내용, 사무분장 규정상의 소관 업무 등을 말하며 감독자의 경우 부하직원에 대한 상사로서의 감독의무를 게을리 하지 않음으로써 부하직원의 비위행위를 사전에 방지하는 노력도 성실의무에 포함된다고 할 것이다.

⑤ 「국가공무원법」상 공무원의 성실의무는 경우에 따라 근무시간 외에 근무지 밖에까지 미칠 수 있다.

> 경찰·소방공무원의 경우 직무에 관하여 거짓으로 보고나 통보를 하여서는 아니 되고, 직무를 게을리하거나 유기(遺棄)해서는 아니 된다고 명시하여 구체적으로 성실의무를 규정하고 있다(경찰공무원법 제24조, 소방공무원법 제21조).

✅PLUS

성실의무 위반 사례

모든 공무원은 법령을 준수하며 성실히 직무를 수행해야 할 의무가 있다. 그렇기 때문에 어떤 상황에서도 최선을 다해 맡은 바 임무를 다하고 찰나의 나태한 행동들이 심각한 문제들을 일으키지 않도록 매사에 각별한 주의를 기울이는 태도가 필요하다.

1. 세관의 과세평가 전담반원이 관세청장의 지시 공문을 숙지하지 못하고 그 지시에 배치되는 업무처리를 한 경우(대법원 1987.3.24, 86누585)
2. ○○시 주택과장이 동사무소 건설 담당 직원들이 조사 보고한 내용에 대한 확인 및 동인들의 업무감독을 소홀히 하여 무허가철거 보조금을 부당지급케 하고 시건립 공동주택을 부당 배정케 한 경우(대법원 1986.7.22, 86누344)
3. 여권에 6~7회 입국사실이 나타나 있는 중국인의 여구(旅具)검사를 소홀히 하여 다수의 밀수품이 국내에 반입되게 한 세관공무원의 행위(대법원 1984.12.11, 83누110)

> 허위의 보고 혹은 통보를 하거나 직무를 태만히 하는 경우도 성실의무 위반이라 할 수 있다.

(4) 품위유지의무

① 공무원은 직무의 내외를 불문하고 그 품위를 손상하는 행위를 하여서는 아니 된다(국가공무원법 제63조).

② '품위'라 함은 주권자인 국민의 수임자로서의 직책을 맡아 수행해 나가기에 손색이 없는 인품을 말하는 것이며, 공무원으로서 갖추어야 할 품위에는 사적인 행위까지 포함하나 그것이 손상되기 위해서는 공개성을 필요로 한다.

例 품위손상 유형 ⇨ 도박, 강도·절도, 사기, 폭행, 성추행, 성매매, 음주운전, 마약류 소지 및 투여 등

③ 일반적으로 국가가 공무원에 대하여 징계권을 행사할 수 있는 것은 공직을 원활하게 수행하는 데 필요한 범위 내에서 규율과 질서를 유지하기 위함에 그 근거가 있으므로 공무원의 사생활에서의 비행은 공직수행에 직접 관련이 있거나 공직의 사회적 평가를 훼손할 염려가 있는 경우에 한하여 정당한 징계사유가 될 수 있다.

④ '직무의 내외'를 불문하므로 음주운전·성매매·불건전한 이성교제·도박·폭행·마약투여 등과 같이 비위사실이 공무집행과 관련된 것이 아니더라도 공무원으로서의 체면 또는 위신을 손상한 때에는 징계사유에 해당된다.

✅ PLUS

성실의무 및 품위유지의무 위반 사례

1. 감사원 공무원이 허위의 사실을 기자회견을 통하여 공표한 것은 감사원의 명예를 실추시키고 공무원으로서 품위를 손상한 행위로서 「국가공무원법」이 정하는 징계사유에 해당된다(대법원 2002.9.27, 2000두2969).
2. 공무원이 외부에 자신의 상사 등을 비판하는 의견을 발표하는 행위는 그것이 비록 행정조직의 개선과 발전에 도움이 되고, 궁극적으로 행정청의 권한 행사의 적정화에 기여하는 면이 있다고 할지라도 국민들에게는 그 내용의 진위나 당부와는 상관없이 그 자체로 행정청 내부의 갈등으로 비춰져 행정에 대한 국민의 신뢰를 실추시키는 요인으로 작용할 수 있고, 특히 발표 내용 중에 진위에 의심이 가는 부분이 있거나 표현이 개인적인 감정에 휩쓸려 지나치게 단정적이고 과장된 부분이 있는 경우에는 그 자체로 국민들로 하여금 공무원 본인은 물론 행정조직 전체의 공정성, 중립성, 신중성 등에 대하여 의문을 갖게 하여 행정에 대한 국민의 신뢰를 실추시킬 위험성이 더욱 크므로 그러한 발표행위는 공무원으로서의 체면이나 위신을 손상시키는 행위에 해당한다(대법원 2017.4.13, 2014두8469).

✅ **POINT** 품위유지의무의 대표적인 공직가치는 도덕성, 책임감이라고 할 수 있으며 이는 새로운 평가요소인 <u>윤리·책임과 가장 밀접하므로</u> 관련 사례가 5분발표 제시문으로 주어질 경우 응용하면 된다.

MEMO

2. 공무원의 3대 비위

(1) 최근 공직사회에서는 공무원의 3대 비위인 '음주운전, 성폭력, 금품수수 및 향응'에 대한 처벌이 강화되고 있다. 이에 공무원 3대 비위에 대한 내용은 5분발표 및 개별질문으로 언제든 질문화 될 수 있으므로 정리가 필요하다.

(2) 공직의 신뢰를 저하시키는 주요 비위에 대해서는 '무관용 원칙'으로 처벌한다.

① 성폭력·음주운전 등 주요 비위 공무원에 대해서는 징계기준을 강화하고, ★ 각급기관 징계위원회의 객관성을 제고하기 위해 퇴직공무원의 징계위원 위촉도 제한할 계획이다.

➡ 성희롱도 성폭력 수준으로 징계, 음주운전 적발시 공무원 신분을 감춘 경우 처벌 강화 등

② 성범죄에 대해서는 '무관용 원칙'을 적용한다(「국가공무원법」 개정으로 2019년 4월부터 시행).

㉠ 성범죄로 100만원 이상의 벌금형을 받은 자는 3년간 공직에 임용될 수 없다.

㉡ 미성년자 대상 성범죄자는 공직에서 영구적으로 배제된다.

MEMO

3. 공무원 징계의 종류와 효력

(1) 공무원 징계의 종류

① **파면**: 공무원을 강제로 퇴직시키는 중징계 처분으로 파면된 공무원은 일정 기간 다시 공직에 임용될 수 없고 연금의 전부 또는 일부를 받지 못할 수도 있다.

② **해임**: 공무원을 강제로 퇴직시키는 중징계 처분으로 해임된 사람은 3년 동안 공무원으로 임용될 수 없다. 다만, 파면과는 달리 해임의 경우에는 연금법상의 불이익이 없다.

③ **강등**: 강등은 1계급 아래로 직급을 내리고(고위 공무원단에 속하는 공무원은 3급으로 임용하고, 연구관 및 지도관은 연구사 및 지도사로 한다), 공무원 신분은 보유하나 3개월간 직무에 종사하지 못하며 그 기간 중 보수는 전액을 감한다. 다만, 계급을 구분하지 않는 공무원과 임기제 공무원에 대해서는 강등을 적용하지 않는다.

④ **정직**: 정직은 1개월 이상 3개월 이하의 기간으로 하고, 정직 처분을 받은 자는 그 기간 중 공무원의 신분은 보유하나 직무에 종사하지 못하며 보수는 전액을 감한다.

⑤ **감봉**: 1개월 이상 3개월 이하의 기간 동안 보수의 3분의 1을 감한다.

⑥ **견책**: 전과(前過)에 대하여 훈계하고 회개하게 한다. 시말서를 제출하는 것으로 징계하는 방법을 말하며, 견책을 받고 6개월이 지나지 않으면 시험승진과 심사승진의 대상에서 제외된다.

(2) 공무원 징계의 효력

공무원으로서 징계처분을 받은 자는 그 처분을 받은 날 또는 그 집행이 끝난 날부터 대통령령 등으로 정하는 기간 동안 승진 임용 또는 승급할 수 없다. 다만, 징계처분을 받은 후 직무수행의 공적으로 포상 등을 받은 공무원에 대하여는 대통령령 등으로 정하는 바에 따라 승진 임용이나 승급을 제한하는 기간을 단축하거나 면제할 수 있다.

> 🖉 **Check point**
>
> 1. 파면·해임은 공무원 신분을 완전히 해제함을 내용으로 하는 배제징계이고, 강등·정직·감봉·견책은 공무원의 신분을 보유하면서 신분상·보수상 이익의 일부를 제한함을 내용으로 하는 교정징계이다.
> 2. 징계의결 요구권자는 중징계(파면·해임·강등·정직) 또는 경징계(감봉·견책)로 구분하여 관할 징계위원회에 제출하여야 한다(「공무원 징계령」 제7조 제6항).
> 3. 견책(譴責)은 전과(前過)에 대해 훈계하고 회계하는 처분으로 이와 유사한 명칭의 훈계·경고·계고·주의 등은 문책의 성격을 가진 교정 수단이라는 점에서는 견책과 유사하나 징계의 종류는 아니다.

2 적극행정

✅ POINT 적극행정에 대한 내용을 잘 이해하면 공무원 면접의 절반은 준비를 끝냈다고 생각해도 된다. 그러므로 아래 내용을 2~3번 정독하며 암기하기 보다는 이해를 하여야 한다.

1. 적극행정의 정의

✅ POINT 적극행정에는 모든 공직가치가 내포되어 있으며, 그중 가장 대표적인 공직가치는 '책임감, 창의성, 공익성'임을 기억해 두어야 한다.

(1) 적극행정은 공무원이 불합리한 규제의 개선 등 공공의 이익을 위하여 창의성과 전문성을 바탕으로 적극적으로 업무를 처리하는 행위를 의미한다.

(2) 근거 규정은 다음과 같다.

> 헌법 제7조 ① 공무원은 국민 전체에 대한 봉사자이며, 국민에 대하여 책임을 진다.
>
> 국가공무원법 제56조 【성실의무】 모든 공무원은 법령을 준수하며 성실히 직무를 수행하여야 한다.
>
> 적극행정 운영규정 제2조 【정의】 이 영에서 사용하는 용어의 뜻은 다음과 같다.
>   1. "적극행정"이란 공무원이 불합리한 규제를 개선하는 등 공공의 이익을 위해 창의성과 전문성을 바탕으로 적극적으로 업무를 처리하는 행위를 말한다.

2. 적극행정이 필요한 이유

(1) 시대의 변화와 발전이 거듭되면서 우리 사회에는 기존의 법·제도와 정책만으로는 해결하기 어려운 복잡다단한 문제가 생겨나고 있다. 또한 행정환경이 급변하면서 법·제도와 현장이 동떨어지고 어긋나는 경우가 생기고 있다.

(2) 공직사회는 현장의 문제를 해결함에 있어 가장 앞에 서 있는 조직이다. 2009년 감사원은 공직사회에 적극행정 면책제도를 최초로 도입했다.

(3) 하지만 여전히 감사·징계에 대한 두려움, 기관장의 관심 부족, 경직된 조직문화, 합당한 보상체계 미흡 등 공무원 개인이 책임져야 할 부담과 불이익 때문에 소극적으로 대응하는 경우가 많았다. 때문에 공무원을 '소극적 집행자'에서 현장의 문제점을 인식하고 '적극적 문제 해결자'로 거듭나게 하기 위한 조치가 바로 적극행정이다.

> **MEMO**

3. 적극행정의 유형(예시)

✔️POINT 지원부처의 홈페이지에서 적극행정의 사례를 찾아 1~2개 정도는 정리해 둘 필요가 있다. 핵심 내용이라도 간단하게 정리해 두면 5분발표에서 활용할 수 있다.

(1) 통상적으로 요구되는 정도의 노력이나 주의의무 이상을 기울여 맡은 바 임무에 대해 최선을 다해 수행하는 행위 등★

(2) 업무의 관행을 반복하지 않고 가능한 최선의 방법을 찾아 업무를 처리하는 행위 등

(3) 새로운 행정수요나 행정환경 변화에 선제적으로 대응하여 새로운 정책을 발굴·추진하는 행위 등

(4) 이해 충돌이 있는 상황에서 적극적인 이해조정 등을 통해 업무를 처리하는 행위 등

(5) 불합리한 규정과 절차 및 관행을 스스로 개선하는 행위 등

(6) 신기술 발전 등 환경변화에 맞게 규정을 적극적으로 해석·적용하는 행위 등

(7) 규정과 절차가 마련되어 있지 않지만 가능한 해결방안을 모색하여 업무를 추진하는 행위 등

TIP 첫 번째 의미는 규정이나 절차를 지키지 말라는 의미가 아니라 불합리한 규정과 절차를 개선하기 위해 노력하고 가능한 최선의 해결방안을 찾기 위한 적극적인 업무처리를 요구하는 것이다. 이러한 적극적인 업무를 처리하기 위해서는 가장 기본인 법령숙지를 제대로 해야 한다. 법령숙지를 제대로 하지 못하면, 도움을 주고 싶어도 그러지 못하여 나중에 더 큰 문제가 발생할 수 있기 때문이다. 두 번째 의미는 규정과 절차가 없더라도 반드시 도움이 필요한 부분이 있다면 적극적인 일처리를 통해 도움을 주어야 한다는 것으로 이해하면 된다.

MEMO

---

4. 소극행정의 정의

✔️POINT 한마디로 정의하면 '공직사회의 문제점'이라고 생각하고, 이 문제가 출제되면 반드시 해결해야 한다는 뜻으로 이해하면 된다.

(1) '소극행정'은 공무원의 부작위 또는 직무태만 등으로 국민의 권익을 침해하거나 국가 재정상 손실을 발생하게 하는 행위를 말한다. 참고로 부작위란 일을 할 수 있음에도 하지 않는 소극적인 태도를 의미한다.

(2) 근거 규정은 다음과 같다.

> **적극행정 운영규정 제2조 【정의】** 이 영에서 사용하는 용어의 뜻은 다음과 같다.
> 2. "소극행정"이란 공무원이 부작위 또는 직무태만 등 소극적 업무행태로 국민의 권익을 침해하거나 국가 재정상 손실을 발생하게 하는 행위를 말한다.

5. 소극행정의 유형

✔**POINT** '소극행정'의 유형 중 대표적으로는 인·허가 신청을 하였는데 처리기간이 지났음에도 처리를 해주지 않는 경우 등이 있다.

(1) 적당편의

문제해결을 위해 노력하지 않고, 적당히 형식만 갖추어 부실하게 처리하는 행태이다.

(2) 업무해태

합리적인 이유 없이 주어진 업무를 게을리하거나 불이행하는 행태이다.

(3) 탁상행정

법령이나 지침 등의 변화에도 불구하고 과거 규정에 따라 업무를 처리하거나 기존의 불합리한 업무 관행을 그대로 답습하는 행태이다.

(4) 관중심 행정

직무권한을 이용하여 부당하게 업무를 처리하거나 국민의 편익을 위해서가 아닌 자신의 조직이나 이익만을 중시하여 자의적으로 처리하는 행태이다.

> 예 개별 사이트의 정보·서비스를 연계·통합해 국민은 하나의 사이트에서 모든 서비스를 신청 및 이용하도록 하는 방법과 자격을 갖추고도 몰라서 수혜서비스를 받지 못하는 일이 없도록 신청 없이도 선제적으로 복지서비스를 제공하는 방식이다.

6. 적극행정의 추진 및 활용

(1) 적극행정의 추진방안(국무조정실 보도자료)

✔**POINT** 적극행정의 추진방안은 중요한 내용이므로 숙지하기 바란다. 또한 적극행정을 활성화하기 위해 어떤 지원이나 제도가 필요한지에 대해서도 생각해 보아야 한다.

Ⅰ. 그간의 성과
1. (면책) 법령이 불명확한 경우 등 적극적 의사결정이 어려운 경우를 지원하고, 면책을 보장하기 위해 적극행정위원회, 사전컨설팅, 법령의견제시 제도를 도입·운영
   ○ (적극행정위원회)
   − 국민편익 증진을 위해 적극행정이 필요한 현안을 심의하고, 다양한 해결방안을 신속하게 제시
   − 위원의 절반 이상을 민간위원으로 구성하여 국민의 눈높이에서 바라보고, 의사결정 과정의 투명성과 전문성 등을 제고
   − 각 기관별로 위원장 1명을 포함한 9명 이상 45명 이하 인원으로 구성
   − 여러 기관이 관련된 현안은 기관 간 합동 위원회를 개최하여 쟁점 사항을 논의하고 합의할 수 있도록 근거를 마련
   ○ (사전컨설팅)
   − 사전컨설팅은 공무원이 인가·허가·등록·신고 등과 관련한 규제나 불명확한 법령 등으로 인해 업무를 적극적으로 추진하기 곤란한 경우 해당 기관이 감사기관에 해당 업무의 처리 방향 등에 관한 의견의 제시를 요청하고 감사기관이 이에 대해 의견을 제시하는 제도

　　　　－중앙행정기관은 소속기관·부서가 사전컨설팅을 신청하면 자체 감사기구에서 직접 처리하거나 자체적 판단이 어려운 경우 감사원에 사전컨설팅을 신청할 수 있음
　　　　－감사원 또는 자체 감사기구의 컨설팅을 받고 컨설팅 의견대로 업무를 처리하면 특별한 사정이 없는 한 적극행정 면책기준을 충족한 것으로 추정
　　　○ (법령의견제시)
　　　　－법제처는 신속한 판단으로 적극적 의사결정에 도움이 되는 법령의견제시 제도를 지자체까지 폭넓게 이용할 수 있도록 조치하고 4개 권역별(수도권, 강원·충청, 전라·제주, 경상) 전담지원체계를 마련하는 등 적극행정을 밀착 지원
　2. (우대·보호) 적극행정 우수공무원 총 6,400여 명을 선발하고, 이 중 50% 이상에게 파격적 인센티브*를 부여하는 한편, 적극행정 유공 포상을 신설
　　* 인센티브 ⇨ 특별승진, 특별승급, 성과급 최고등급, 국외훈련/승진가점 등
　　　○ 공무원 책임보험 제도를 도입하여 공무수행으로 소송을 당한 경우 변호사 선임비용, 소송비용 등을 지원
　3. (국민 참여) 국민 참여 방식을 다양하게 확대하고, 국민 체감도를 높이기 위한 제도를 마련
　　　○ 국민이 적극행정 제도*를 통해 문제를 해결해줄 것을 요청하는 적극행정 국민신청제를 새롭게 도입
　　　　－공익성 민원이나 국민제안이 법령의 불명확 등을 이유로 제대로 처리되지 않을 경우, 신청할 수 있습니다.
　　　　－국민신문고로 적극행정 신고 ⇨ 국민권익위원회 검토·심사 후 배정 및 의견제시 ⇨ 중앙행정기관·지방자치단체(적극행정 지원제도 적극 활용) ⇨ 결과: 국민
　　　○ 국민신문고 홈페이지에 소극행정 신고센터를 개설하고, 소극행정 재신고제도 도입
　　　　－소극행정을 신고하고, 처리 결과에 만족하지 못하면 재신고할 수 있습니다.
　　　　－(1차 신고 불수용) 국민신문고로 재신고 ⇨ 국민권익위원회 조치 권고 및 의견제시 ⇨ 결과: 국민, 중앙행정기관, 지방자치단체
　4. (성과확산) 적극행정 우수사례 경진대회를 매년 개최

II. 추진방안

　1. 면책, 법령의견제시 등 적극행정 지원제도를 내실화
　　　○ (법령의견제시 확대) 법령의견제시 신청자격을 기존 중앙부처·광역지자체에서 226개 기초지자체까지 확대
　　　　－이를 통해 지자체 일선 현장 공무원들도 업무 추진과정에서 발생하는 법적 쟁점에 대해 간편하고 신속하게 자문받을 수 있어 민생 현안의 신속한 해결이 가능
　　　○ (국민신청제 확산) 적극행정 국민신청제 이행실적을 권익위 청렴도 종합평가 지표에 반영하고, 제도 관련 기관 순회 교육을 확대
　　　○ (면책 고도화) 적극행정위원회, 사전컨설팅 등을 활용한 면책 사례를 지속적으로 공유·확산하고, 면책 제도 교육 및 컨설팅을 강화하는 한편, 제도 활용성과는 기관평가에 반영
　　　○ (소극행정 관리 강화) 소극적 업무행태를 유형별로 구분하고, 세부 처리기준을 마련하여 조치하되 구체적인 지침과 사례를 공직사회 내에 전파
　2. 적극행정이 일선 현장까지 확산되도록 하겠습니다.
　　　○ (지자체 적극행정 활성화) 지자체 공무원의 적극적 의사결정 지원을 위해 사전컨설팅, 적극행정위원회 등 면책 제도를 확대
　　　　－지자체 사전컨설팅 전담조직 설치를 장려하고, 전담인력 배치를 의무화하여 적극행정 추진 기반을 강화
　　　　－적극행정위원회 의견제시에 대한 면책 범위를 기존 자체감사에서 정부합동감사(중앙부처 ⇨ 지자체) 등까지 확대
　　　　－243개 지자체 대상으로 '적극행정 종합평가'를 도입, 국민평가단이 주민체감 성과를 평가하도록 하고 우수기관에 대해서는 재정 인센티브를 부여
　　　○ (공공기관 적극행정 유도) 공공기관의 적극행정 성과를 공공기관 경영실적 평가에 반영하여 공공기관의 참여를 유도하고, 공공기관에 대한 소관부처의 적극행정 활성화 지원 실적을 부처평가에 반영

ㅇ (교육 현장 적극행정 확대) 시·도 교육청에도 적극행정 전담인력을 확보하여 역량을 강화하고, 우수사례 공유 등 적극행정 확산을 위해 노력
3. 적극행정이 공직사회의 문화로 정착되도록 노력
　ㅇ (문화 확산) 적극행정 인정시 마일리지를 부여하고, 일정 점수 도달시 특별휴가 등으로 즉시 보상하는 '적극행정 적립은행제'를 올해 시범적으로 운영
　　－부서장이 부서원의 적극행정 실천 노력에 대해 업무추진 단계별로 마일리지를 부여하고, 적극행정 전담부서에서 승인하고 관리하는 형태
　ㅇ (인센티브 강화) 적극행정 평가 결과 최우수 부처 등을 '적극행정 선도부처'로 지정하여 국외훈련 인원 확대 등 인센티브를 부여하고, 적극행정 협업부서에 대한 보상도 함께 실시하여 적극행정 실천 문화 조성
　ㅇ (소통 확대) 적극행정 우수사례 선정시 국민이 직접 적극행정 현장을 방문하여 성과를 평가하는 '적극행정 국민심사제'를 도입하고, 공모전 개최, 소통 게시판 운영

(2) 적극행정 적립(마일리지)제도(2022. 6. 28 인사혁신처 보도자료)

- 공무원의 적극행정 실천 노력과 성과들에 대한 즉각적인 보상을 제공하는 '적극행정 적립(마일리지)제도' 시행
- 인사혁신처는 기획·집행·성과 창출 등 정책의 전(全) 과정에서 공무원의 적극행정 노력에 대한 보상을 수시로 제공하기 위해 '적극행정 적립(마일리지)제도'를 7월부터 시범 실시
- 기존의 적극행정이 특별승진 등 결과에 대한 일회적인 큰 보상을 중심으로 추진됐다면 이번에는 즉각적인 수시 보상을 통해 적극행정 마음가짐을 공직사회 저변으로 확산시키고자 하기 위함
- 부처별 상황과 개인의 선호가 반영된 각종 모바일상품권(기프티콘), 당직 1회 면제권, 포상휴가, 도서 구입 등 자기개발 지원 등이 수시로 부여될 예정
- 이는 작더라도 체감할 수 있는 보상을 선호하는 새천년(밀레니얼)세대 공무원의 특성을 반영한 것으로 최근 공직 내 연령 비율*을 고려할 때 이러한 보상이 일상행정에서 적극행정 의지 제고에 기여할 것으로 기대
- (중장기) 시범 운영 후 결과를 보아 국외훈련 선발시 가점, 특별승급, 희망보직 전보, 대우공무원 선발 및 성과관리 직접 반영 등 검토
- 공무원이 적극행정 과정에서 보호받을 수 있도록 위험도·난이도가 높은 업무에 대해 책임보험의 보장 범위를 확대 (2022. 8. 17 보도자료)

(3) 적극행정위원회 활용 사례 1(코로나19 피해 소상공인 손실보전금 지원)

① **현황 및 문제점:** 손실보전금 온라인 지급시스템 개발과 콜센터 운영을 수행할 사업체를 선정하는 데 일반 경쟁입찰 방식으로는 최소 40일이 소요되는 등 신속한 지급을 추진하는 데 어려움이 있었다.

② **해결노력:** 이러한 문제를 해결하기 위해 적극행정위원회 의결을 통해 계약예규 등 관련 법령을 적극적으로 해석하여 기존 방역지원금 지급업무를 수행하던 업체에 과업을 추가하는 내용으로 계약을 변경하여 절차를 단축했다.

③ **결과:** 2차 추가경정예산이 통과된 다음 날부터 손실보전금 집행을 즉시 개시하여 4일 만에 325만 매출 감소 소상공인 등에게 19.8조원을 지급했다.

(4) 적극행정위원회 활용 사례 2(여름철 해상·해안 국립공원 내 야영장 설치 허용)

① **현황 및 문제점:** 현행법상 국립공원에 속한 해안 및 섬 지역은 여름철 한시적으로 음식점, 탈의시설 등 여행객 편의시설 설치가 가능하나 야영장은 제외되어 있다. 일부 지역에서는 미등록 야영장 운영으로 지역사회에 갈등이 일어나고, 탐방객들의 안전사고 위험도 있었다.

② **해결노력**: 이에 따라 환경부는 자연공원 내 행위 제한 등 국민 불편을 야기하는 규제를 개선하고자 '자연공원법' 시행령 개정을 추진하고 있다. 그러나 '자연공원법' 시행령이 개정·공포되기까지 일정 기간이 소요됨에 따라 적극행정위원회 의결을 통해 올해 여름철 성수기부터 여름철 해상·해안 국립공원 내 야영장 설치를 허용하기로 했다.

> ● 다만, 야영장 운영에 따른 환경오염 방지·안전사고 예방을 위해 국립공원공단·지자체 합동 정기점검을 실시하고, 원상복구 미이행자에 대해서는 향후 3년간 야영장 등록을 불허하는 등 제재조치도 시행할 계획이다.

③ **결과**: 이번 적극적 조치로 국내 여행 수요 충족은 물론 불법행위 단속에 따른 지역사회와의 갈등 해소, 위생·안전기준 확보로 국민안전 도모, 주민 생계유지 등 지역경제 활성화에 큰 도움이 될 것으로 기대된다.

✏ Check point

1. 이와 같이 공익을 위한 업무를 추진하는 과정에서 기존 법령을 해석하는 데 문제가 있을 경우에는 적극행정위원회라는 공식적인 절차를 통해 문제를 적극적으로 돌파해 나가는 추진력이 필요하다.
2. 앞으로 적극행정과 관련해서 적극행정위원회의 역할이 매우 중요해졌다. 적극행정 국민신청제도가 도입되어 적극행정위원회에서 법령해석 및 규제개선방안 등을 검토하고 있다.
3. 중요한 것은 책임감 있게 일을 하되 절차를 준수하는 것이다. 먼저 담당 주무관으로서 해야 할 일을 찾아 기본적인 현황과 문제점을 파악하고 해결방안까지 검토한 다음 적극행정위원회에 상정하여 절차적인 정당성을 확보받는 것이다.
4. 감사원의 사전컨설팅이나 법제처의 법령의견제시 제도를 활용하는 방안도 문제를 적극적으로 풀어가는 좋은 방법이다.

---

7. 적극행정의 사례

✔ **POINT** 아래에 제시한 적극행정 사례는 예시용이므로 지원하는 직렬의 적극행정 사례에 대해 조사하여 1~2개 정도는 정리를 해 보는 것이 좋다.

Case 01. 재생자전거 온라인 판매지원(서울시)

---

1. **추진배경**
   ① 서울시는 매년 1.5만대 이상 방치자전거가 발생하고 있으며 구청에서 수거된 방치자전거는 고철로 처리되어 큰 자원 낭비
   ② 자활센터는 방치자전거를 수거해 재생자전거로 생산하나 월평균 판매량은 10대 수준
2. **추진내용**
   ① 전국 최초, 자전거 중고거래 플랫폼을 구축하여 지역자활센터와 협업하여 온라인 시범판매 개시
   ② 재생자전거 기증 추진 ⇨ 저소득층 및 고아원에 전달
   ③ 롯데마트와 협업하여 ESG 경영의 일환으로 팝업매장 조성해 시민 접근성 제고
3. **추진성과**
   ① 자활센터에서 127백만원 소득 발생
   ② 방치자전거 4,600여 대 중 1,500여 대가 재생자전거로 생산되어 자원재활용 효과 발생

Case 02. 흩어진 카드 포인트, 한번에 조회하고 현금으로도 받는다(금융위원회)

1. 추진배경
   소비자가 여러 카드에 분산된 포인트를 현금화하기 위해서는 개별 카드사의 앱을 모두 설치하고 일일이 계좌이체·출금을 해야 하는 등 불편을 초래
2. 추진내용
   금융위원회는 여신금융협회·금융결제원·카드업권과 함께 모바일 앱 하나로 모든 카드사의 포인트를 한 번에 지정한 계좌로 이체·출금 가능한 서비스를 추진
3. 추진성과
   ① 금융소비자는 하나의 앱만 설치하고 본인인증절차를 거치면 미사용 포인트를 간편하게 계좌입금 받을 수 있으므로 거래 편의성이 증가할 뿐 아니라 잊고 있던 자투리 포인트를 전부 현금화해 소비에도 활용할 수 있을 것으로 기대
   ② 카드포인트 현금화 서비스를 시작한 지 한 달 만에 소비자가 현금 약 1천697억 원을 찾아감

Case 03. 대지급금 지급 절차 간소화(고용노동부)

1. 추진배경
   ① 매년 30여만 명, 1조 3천여억 원의 임금과 퇴직금을 못 받는 등 근로자 체불 문제가 심각
   ② 체불 근로자의 실질적인 생계보장 강화를 위해 대지급금 지급대상 확대 및 지급절차 간소화 필요(지급 대상을 기존 퇴직자에서 퇴직자 및 재직자로 확대)
2. 추진내용
   ① 대지급금 지급 절차 간소화(관련 법령 개정)를 통해 체불임금을 대지급금을 통해 받을 수 있는 소요 기간을 획기적으로 단축(최대 7개월 ⇨ 2개월)
   ② 기존: (노동청에) 진정제기 ⇨ 체불금품 확인원 ⇨ (법원) 판결 ⇨ (근로복지공단에) 청구
   ③ 개선: 법원 확정판결이 없어도 지방노동관서가 발급하는 '체불임금 등 사업주 확인서'에 의해 소액대지급금을 지급할 수 있도록 절차를 간소화
3. 추진성과
   '2022년 10월까지 11,274개소 78천명(3,914억 원)이 제도개선의 혜택을 적용받는 등 체불 근로자의 폭넓은 생활 안정을 도모한 사례로 인정

8. 소극행정의 사례

Case 01. 사전 통지 없이 민원처리 지연(업무해태)

1. 사실관계
   ① ○○시 주택과에 상가분양 관련 피해에 대한 민원을 신청하였으나 처리기한이 지났음에도 연장 통보도 없이 아무런 답변이 없음.
   ② 현재도 분양받은 상가의 공실로 인해 재산적 피해를 보고 있는 상황임.
2. 조 치
   ① 「민원처리법」상 민원처리 담당자는 신속·적법하게 처리할 의무가 있고 부득이한 사유로 처리기간 내에 민원을 처리하기 어려울 경우에는 처리기간을 연장하고 그 사유와 처리완료 예정일을 민원인에게 통보하여야 함에도 조치 없음.
   ② 담당자의 업무처리 소홀이 확인되어 담당 공무원에 '주의' 처분, 담당자에 대해 관련 법 안내 및 신속히 답변완료 조치

Case 02. 긴급한 상황에서 업무지시 미이행

1. 사실관계
   ① 특정법 위반에 대한 신고가 ○○기관으로 접수되었으나 ○○기관에는 이 업무를 담당하는 부서가 없었음.
   ② 이에 ○○기관의 장은 관련 부서 간 협의를 거쳐 A부서에서 해당 사건을 담당하도록 했고, ○○기관의 장과 A부서의 장은 공무원 B에게 사안의 긴급성을 감안하여 1차적으로 관련 사건에 대한 조사를 하도록 직접 지시하였음.
   ③ 그러나 공무원 B는 본인의 고유 업무가 아니라는 이유로 이를 상당 기간 처리하지 않았음.
2. 조 치
   공무원 B는 현재도 배정받은 업무가 많고 해당 법 위반 사건이 본인의 업무분장표에서 정한 고유 업무가 아니라는 등 합리적인 이유 없이 지시를 불이행하였고, 이에 따라 신고된 업체가 법 위반사실을 은폐하거나 해외로 도피할 수도 있었던 점을 감안하여 소극행정으로 판단

Case 03. 환경관리원 채용기준 비공개(탁상행정)

1. 사실관계
   ① ○○시 환경관리원 채용에 응시하였으나 시험 기준이 명확히 공개되어 있지 않음. 타 지자체의 경우 서류시험·체력시험·면접시험 순으로 진행되며 그에 대한 점수가 명확히 나와 있음.
   ② 담당자는 전례가 없다는 이유로 채용공고문에 세부 선발방법 및 심사기준을 명시하지 않음. 담당자에게 채용 기준점수 등을 고시공고란에 올려줄 것을 요청하였으나 내부회의 중이니 기다리라고만 하니 채용 과정에 의심이 듦.
2. 조 치
   ① 당해 시험뿐 아니라 향후 환경관리원 채용시 세부 선발방법, 심사기준, 동점자 처리기준 등을 채용공고에 반드시 명시하여 채용과정을 투명하게 공개하도록 개선
   ② 채용업무 수행 및 민원인 응대 부적절 등을 사유로 담당자 문책 조치

9. 적극행정 관련 Q&A

▼POINT 적극행정에 관한 질문이 어떻게 이루어지는지 질문내용과 답변을 참고해 보길 바란다.

Case 01. 적극행정 질문 및 답변사례

Q. 적극행정을 강조하는 데 공무원분들이 꺼리는 이유는 뭐라고 생각하나요?

A. 저는 공무원분들께서 꺼리시는 이유가 본인이 맡게 되는 일의 양이 많아짐에 대한 두려움과 면책에 대한 두려움 때문인 것 같습니다. 제가 비록 공무원은 아니지만 면책요건을 볼 때 상당히 어려웠습니다. 예를 들어 공공의 이익을 위한 것이어야 한다, 절차가 타당해야 한다 등 어려운 점이 있어 이것이 적극행정이 맞는 것인지에 대한 판단의 어려움이 적극행정을 꺼리게 만들지 않나 생각해 보았습니다.

Q. 그렇다면 해결방안에는 어떤 것이 있을까요?

A. 저는 이러한 면책요건이 어렵다고 느꼈기에 면책요건을 좀 더 간결히 한다던가 그 요건들에 대한 구체적인 가이드라인이 있으면 어떨까 생각했습니다.

Q. 적극행정 활성화 방안에는 무엇이 있을까요?

A. 기사를 보았을 때 '면책규정이 공무원에게 와닿지 않는다'는 의견이 있었습니다. 더 와닿게 하는 방안으로 지속적인 교육이나 면책에 대한 안내문이나 안내책자 등을 마련하는 것입니다. 또 다른 점으로 '사전 컨설팅이 너무 오래 걸린다'는 것입니다. 각 부처의 적극행정위원회를 적극 활용하는 방안입니다. 또한 하면 안 되는 규정으로 되어 있어 네거티브 규제방안으로 해도 되는 방안을 적어두는 방안입니다.

Case 02. 적극행정 질문 및 답변사례

Q. 적극행정을 말씀하셨는데 왜 이런 적극행정을 하는 것 같나요?

A. 현대사회의 문제가 복잡하고 다양해짐에 따라 국민들이 공공부문에 기대하는 역할과 기대수준은 높아지고 있습니다. 특히 최근에는 4차 산업혁명 시대의 도래, 혁신성장 등 행정환경의 급격한 변화로 법·제도와 현장 간의 괴리가 심화되는 가운데 법령해석 운영 등 현장의 문제점을 분명히 인식하고 적극적으로 이를 해결하려는 공직자의 마음가짐과 역할은 그 어느 때보다 중요하게 부각되고 있습니다. 이러한 측면을 고려해볼 때, 적극행정의 필요성과 중요성은 지속적으로 증가할 수밖에 없는 상황으로 생각합니다.

Q. 그럼 그런 문제를 어떻게 해결하면 좋겠나요?

A. 적극행정에 대한 동기부여를 위해 교육이수를 필수적으로 실시하고 또한 적극행정 사례 전파를 위해 적극행정 수상자들이 적극행정 과정을 강연형식으로 녹화하여 제공함으로써 적극행정에 대한 동기부여와 긍정적인 인식을 높여가는 것이 매우 중요하다고 생각됩니다.

그 다음 조직 내에서 적극행정에 대해 긍정적인 분위기를 조성하는 것이 필요하다고 봅니다. 일부러 일을 사서한다 또는 힘든 업무 회피 경향, 조직의 혁신 부족 등 소극적 문화를 개선할 필요가 있으며 이를 위해 적극행정에 대한 부서 전체의 포상을 강화한다면 조직원들이 적극행정활성화에 더 나서게 될 것으로 생각합니다.

마지막으로 적극행정이 개인근무평가의 핵심이 되도록 비중을 높이는 것도 좋은 방안이라 생각합니다.

Case 03. 적극행정 질문 및 답변사례

Q. 적극행정이 잘 이루어지지 않는 이유는 무엇이라고 생각하나요?

A. 여러 가지가 있겠지만 기관장의 관심 부족, 소극행정에 대한 처벌이 잘 이루어지지 않는 점, 적극행정에 대한 인센티브제도 부족, 공무원 개개인의 인식 부족 등이 있을 수 있다고 생각합니다.

Q. 적극행정을 장려하기 위해 정부에서 시행 중인 정책 중 알고 있는 것이 있나요?

A. 네, 적극행정을 했을 때 고의나 중과실이 없다면 징계를 면책해주는 제도와 사전컨설팅 제도 등이 있는 것으로 알고 있습니다.

Q. 적극행정을 하려고 하는데 상관이 반대하면 어떻게 할 것인가요?

A. 상관분께서 오랜 경험과 노하우가 있을 것이기 때문에 분명히 반대하시는 이유가 있을 것이라고 생각하여 상관분의 말씀을 잘 들어보겠습니다. 그래도 저의 생각이 맞다는 생각이 들고 제가 적극행정을 했을 때 그것이 사회적으로 좋은 영향을 미치고 국민들에게 도움이 되는 또 하나의 좋은 선례가 될 수 있다는 판단이 든다면 제가 적극행정을 해야 한다고 생각했던 근거와 검토자료를 정리하여 보고서 형식으로 상관분께 제출하여 정중하게 검토해 주실 수 있냐고 부탁드리겠습니다.

Case 04. 적극행정 질문 및 답변사례

Q. 아까 적극행정 사례에 대해 말씀해주셨는데 본인이 생각하는 적극행정이란 무엇인가요?

A. 공무원으로서 법과 규범을 지키며 책임감 있게 일을 수행하는 것뿐만 아니라 규정이 없는 경우에는 창의적 해결방안을 생각해서 상사분께 상의드린 후 실효성 있는 방안으로 만들어서 일을 수행하는 것이라고 생각합니다.

Q. 적극행정이 잘 안되는 이유는 무엇이라고 생각하나요?

A. 시키는 대로만 일을 처리하면 좋지 않은 결과가 있더라도 책임을 지지 않는데 굳이 열심히 일해서 좋지 않은 결과가 발생하면 책임을 지게 되는 것에 대한 두려움인 것 같습니다. 그래서 정부에서는 적극행정의 경우 일정 요건을 충족하면 적극행정면책제도를 시행하고 있는 것으로 알고 있습니다. 최근 적극행정 활성화 방안에 대한 자료를 읽은 적이 있었는데 현재 협소하게 면책제도가 시행되고 있는데 그 부분을 확대하면 좋은 결과가 있을 것 같습니다.

✎ Check point

1. 적극행정의 의미와 적극행정이 왜 필요한지에 대해 면접에서 답변할 수 있도록 준비해야 한다.
2. 적극행정에 대해 일선 현장에서는 어떤 어려움이 있을 것 같은지 생각해 보아야 한다.
   예 감사와 처벌에 대한 두려움, 위험회피, 소극적 조직문화, 보상미흡, 조직 간 협력부족, 예상치 못한 민원발생 등
3. 적극행정 활성화를 위한 방안에는 무엇이 있는지 생각해 보아야 한다.
   ① 적극행정에 대한 교육 확대로 긍정적 인식을 확산해야 한다.
   ② 포상에 대한 파격 확대 ⇨ 개인보상과 조직보상을 병행해야 조직의 문화를 바꿀 수 있다. 개인보상에서는 승진최소연한을 단축시켜주거나 개인근무평가에 적극 반영하는 것도 방법이다. 조직보상으로는 부서평가 및 부서장의 인사고과평가 반영 등이 해당된다.

③ 마일리지제 확대 및 공정한 평가 ➾ 일정 마일리지 도달시 특별휴가, 연수 등 혜택을 가시적으로 보여줘야 다른 동료들에게 동기부여가 된다.

④ 처벌보호 ➾ 적극행정 징계 면책기준 완화, 징계의결시 적극행정 면책 검토제 도입, 적극행정 직무관련 사건 소송비용 전액 지원 등이 해당된다.

4. 지원직렬 및 직무분야에서의 적극행정 사례를 1~2개 정도 찾아 활용할 수 있어야 한다.

3 적극행정 징계면제제도

1. 적극행정 징계면제제도의 의의

적극행정 징계면제제도는 공무원이 공공의 이익을 위하여 성실하고 적극적으로 업무를 처리한 결과에 대하여 고의나 중과실이 없는 이상 징계를 면제해 주는 제도를 말한다.

2. 적극행정 징계면책요건

(1) 공공의 이익증진을 위한 행위

징계 대상이 된 사람이 담당한 업무 및 해당 업무를 처리한 방법 등이 국민 편익 증진, 국민 불편 해소, 경제 활성화, 행정효율 향상 등 공공의 이익을 증진하기 위한 행위여야 한다.

(2) 업무의 적극적 처리

공공의 이익을 위해 새로운 업무처리 방식을 시도하거나 문제점 해소를 위해 신속히 필요한 조치를 하는 등 평균적인 공무원에게 통상적으로 요구되는 정도의 노력이나 주의 의무 이상을 기울여 업무를 처리하는 행위를 의미한다.

(3) 고의 또는 중과실이 없을 것

① 고의 또는 중과실이 없음을 추정하는 요건은 「공무원 징계령 시행규칙」 제3조의2 제2항에서 징계 등 혐의자와 비위 관련 직무 사이에 사적인 이해관계가 없을 것, 대상 업무를 처리하면서 중대한 절차상의 하자가 없었을 것으로 규정하고 있다.

② 사적 이해관계와 관련하여 「공무원 행동강령」 등에 의해 금지되는 이권개입, 알선·청탁, 금품·향응수수 등의 행위가 연관된 경우에는 사적 이해관계가 있다고 판단될 수 있다.

③ 법령상 업무처리시 준수하도록 되어 있는 중대한 절차를 누락하거나 결재권자의 의사결정이나 판단에 영향을 미치는 중요 사항에 대한 보고를 누락한 경우 등에는 중대한 절차상 하자가 있는 것으로 판단될 수 있다.

3. 적극행정 징계면책사례

Case 01. 폐기물처리 대행용역 계약

(1) 상황 및 배경

○○시는 타 시와 마찬가지로 폐기물처리 대행업체와 입찰을 통해 대행계약을 맺고 있다. 음식물 쓰레기 분리수거 제도가 시행된 이후 지금까지 연 단위로 대행계약을 맺어왔고, 작년에는 A업체와 계약을 맺었다. 그런데 갑자기 A업체가 ○○시와 체결한 계약의 용역단가에 불만을 품고 계약 해지를 요구한 상태였다. 그 후 ○○시 ○○동 2만 여 세대의 음식물 쓰레기 수거가 되지 않아 민원이 제기되었다. 주민들은 음식물 쓰레기에서 나온 악취가 온 동네를 뒤덮고 있어서 빨리 음식물 쓰레기를 수거할 것을 요구했고 민원이 해결되지 않을 경우 시장실로 찾아오겠다며 빠른 해결을 요청했다.

A 주무관은 타 지역 음식물 쓰레기 수거업체 및 관련 업체에 직접 전화를 걸어봤지만 거리가 멀다는 이유로 또 수거차량과 인력이 부족하여 계약을 할 수 없다는 대답을 들었다. 그러던 중 같은 팀의 동료가 재작년 계약업체인 'B업체'는 어떻겠냐며 제안했다. 'B업체'는 ○○시와 계약 당시에는 문제가 없었으나 작년에 급여문제로 고용노동부에 신고를 당해 '부정당업체'로 분류되어 1년간 입찰이 금지된 상태였다. B업체는 업무를 원활하게 수행할 수 있는 상황이었지만 그렇다고 그 업체와 계약을 하는 것은 규정을 위반하는 것이었다. 결국 깊은 고민 끝에 B업체와 계약을 맺어 문제가 해결되었고 그로 인해 징계를 받게 되었으나 적극행정으로 인정되어 면책되었다.

⊙ 본 사례는 운용요령 위반으로 '징계' 선고를 받았다가 감사원의 '적극행정 면책'으로 인해 '주의'로 감경된 실제 사례를 기반으로 각색되었다.

(2) 인정 여부

당시 계약을 체결하지 않으면 심한 악취로 인해 주민 불편이 예상되고 관내에 쓰레기 처리를 대행할 수 있는 업체가 해당 업체 밖에 없었다. 또한 이웃 지역의 업체는 거리 등을 이유로 계약을 기피하는 상황이어서 해당 업체와의 계약이 불가피했고, 무엇보다 해당 시 주민들의 편의를 최우선으로 고려하여 의사결정을 내렸기 때문에 징계가 감경될 수 있었다. 본 사례를 공직가치 관점에서 본다면 '공정성'은 어긋났다고 볼 수 있으나 문제를 해결하기 위해 공익을 우선하여 직무를 수행한 점에서 '공익성'이라는 공직가치 실천을 확인할 수 있다.

⊙ 적극행정 면책요건은 공익성, 타당성, 투명성이다.

Case 02. 그늘막 분할 수의계약

(1) 상황 및 배경

A시는 2019년 8,530만 원 상당의 그늘막을 수의계약으로 구매하였다. 「지방자치단체 입찰 및 계약집행기준」 등에 따르면 수의계약으로 체결(추정가격 5천만 원 이하)하기 위해 단일사업을 부당하게 분할하지 못하도록 되어 있는데도 A시는 수의계약이 가능한 금액(2백만 원 ~ 1천7백만 원) 22건으로 분할하여 B와 수의계약을 체결하였다.

(2) 인정 여부

「지방자치단체 입찰 및 계약집행기준」 등을 위반하여 분할하여 수의계약을 체결한 사실이 있으나 그늘막 예산은 혹서기 횡단보도 등에서 더위를 피하기 위한 재해예방 장비로 편성된 것으로 그늘막이 필요한 지역 등의 수요가 수시로 변하는 등 그늘막 설치장소 및 기준을 일괄적으로 정할 수 없고 수요가 발생할 때마다 분할하여 계약을 할 수밖에 없는 상황 등 공익적인 목적을 고려한 것으로 고의 또는 중대한 과실이 없어 면책하였다.

4 **사전컨설팅 제도**

✔ POINT 국가직 9급에서 5분발표 제시문으로 출제된 바 있다. 이에 사전컨설팅 제도의 의미와 이를 어떻게 활용할 수 있는지에 대해 알고 있어야 하며, 이는 업무를 문제없이 잘할 수 있는 방법 중 하나이다.

(1) 공무원 등이 사무처리 근거 법령의 불명확한 유권해석, 법령과 현실과의 괴리 등으로 인하여 능동적인 업무추진을 하지 못하고 있는 경우 적극행정을 할 수 있도록 사전에 그 업무의 적법성과 타당성을 검토하여 컨설팅하는 것을 말한다.

(2) 감사기관에 신청해서 컨설팅을 받는 방식으로 운영된다. ⇨ 자체 감사기구에서 직접 처리하거나 자체적 판단이 어려운 경우 감사원에 사전컨설팅을 신청할 수 있다.

(3) 그러나 행정기관의 책임회피 수단으로 악용될 소지가 있고, 감사원에 업무부담 가중 또는 지나친 업무개입이 될 수 있어 운영의 묘가 필요하다.

(4) 감사원에서는 일선 행정현장의 적극행정을 지원하기 위하여 감사원의 컨설팅 의견대로 업무를 처리한 경우 특별한 사정(예 사적 이해관계 존재)이 없으면 면책기준을 충족한 것으로 추정하여 징계·주의 등 책임을 묻지 않는 규정을 신설하였다.

Case 01. 사전컨설팅 사례(핀테크 박람회 개최사업 변경)

감사원에서 공익을 위해 법령의 적극적인 해석방향을 제시한 사례이다. 이 사례를 통해 사전컨설팅의 과정과 의미를 이해해 보자.

1. 컨설팅 요청 내용
   ① A위원회는 사단법인 B를 핀테크 지원사업의 보조사업자로 선정하고, 사단법인 B는 핀테크 지원사업의 세부사업인 "핀테크 박람회 개최사업"을 C플라자에서 개최하는 오프라인 기반의 박람회 개최계획 수립
   ② 그런데 코로나19의 확산으로 오프라인 기반의 박람회 개최가 어려워지자 사단법인 B는 "핀테크 박람회 개최사업"을 온라인 기반의 박람회로 전환할 계획

2. 쟁점사항
   당초 오프라인 기반인 "핀테크 박람회 개최사업"의 개최방식을 온라인 방식으로 전환하여 보조금을 집행할 경우 목적 외 사용에 해당되는지

3. 컨설팅 감사결과
   ① 이 건 감염병인 코로나19의 확산으로 오프라인 기반의 핀테크 박람회를 개최하기 어려운 등의 사정이 발생하여 "핀테크 박람회 운영 대행 계약"에 따라 보조사업의 내용 등을 변경할 필요가 있는 사안임
   ② 변경된 사업계획 및 예산집행계획의 타당성 등이 인정될 경우 A위원회는 관련 법에 따라 변경 승인할 수 있음
   ③ 보조사업자가 「보조금 관리에 관한 법률」 제22조의 규정에 따라 A위원회가 변경 승인한 내용대로 보조금을 집행하는 경우에는 보조금의 목적외 사용에 해당하지 않을 것임

Case 02. 사전컨설팅 사례(제설 자재 수의계약)

부서 간 규정을 둘러싼 갈등을 감사원에서 사전컨설팅을 통해 해결한 사례이다.

1. 컨설팅 요청내용

△△시 시설공단은 폭 20m 이상 주요 도로의 제설을 전담하는 기관이며 해당 지역의 경우 동절기 제설작업이 필요할 정도의 강설이 자주 발생하지 않아 비축량을 결정하기가 매우 어렵고, 동절기 제설에 사용하는 제설제는 당해 연도에 사용되지 않을 경우 차년도 사용을 위한 보관 및 관리가 곤란한 특성이 있다. 또한 제설을 위해 2~3일 분의 제설제를 비축하고 있으며, 눈이 연속적으로 와서 비축물량이 소진되는 경우 긴급하게 구매를 하여 다음 강설에 대비해야 하는 경우도 발생한다. 이때 긴급입찰을 하더라도 1주일 이상이 소요되어 눈이 더 오는 경우 대비가 어려우므로 사업부서에서는 기간 단축을 위해 수의계약을 요청하고 있다. 그런데 계약부서에서는 감사 등을 이유로 수의계약에 난색을 표하는 상황이 매년 되풀이되고 있어 근본적인 해결을 위해 사전컨설팅 감사를 신청하게 되었다.

2. 쟁점사항

① 사업부서에서는 겨울철 강설의 연속으로 보유 중인 제설제가 모두 사용된 경우 천재지변으로 보아 수의계약으로 구매기간을 단축하여 물량을 확보하자는 의견이다.

② 반면 계약부서에서는 천재지변의 경우 수의계약이 가능한 것은 맞지만 겨울철 강설은 당연한 자연현상인데 매번 천재지변으로 인정하여 수의계약 하는 것은 곤란하며, 어느 정도 눈이 왔을 때를 천재지변으로 보아야 하는 지도 모호하다는 입장이다.

3. 컨설팅 감사결과

① 이 건의 경우 수의계약의 범위를 탄력적으로 적용하면 충분히 현행 규정 내에서 대응이 가능하나 계약부서와 사업부서 간의 입장차이로 규정을 소극적으로 적용하는 경우가 빈번하게 일어나고 있는 실정이므로 매년 되풀이되는 논란의 해소에 초점을 맞추고 검토하였다.

② 「지방계약법 시행령」 제25조 제1항에 천재지변의 경우 수의계약이 가능하다고 명시되어 있으며, 지역의 평년 기후와 달리 제설이 필요한 수준의 강설이 연속되어 비축된 물량이 전부 소진된 경우 추가적인 강설이 온다면 대응이 불가능한 사태가 발생하게 되고, 이러한 잦은 강설은 제설 자재의 품귀 현상을 유발하여 자재 확보의 어려움과 동시에 가격의 상승 또한 동반하게 된다.

③ 사전컨설팅 감사에서는 신청된 경우와 같이 강설이 연속되어 보유물량이 모두 사용되었을 때 계약의 절차나 납기보다는 물량의 확보가 최우선으로 고려되어야 하고, 이러한 목적에는 경쟁입찰에 의한 방법보다 기존 거래 업체와의 수의계약이 가장 현실적인 방법이라는 데에 착안하여 이러한 경우 천재지변의 경우로 보아 수의계약이 가능하다는 사전컨설팅 감사 의견을 제시하였다.

④ 아울러 예산의 범위 내에서 단가계약을 체결하면 안정적인 물량확보가 될 뿐 아니라 사용수량으로 정산하여 재고도 발생하지 않으므로 대안으로 검토하도록 권고 의견을 함께 제시하였다.

MEMO

CHAPTER

03 윤리관

1 공무원 행동강령(대통령령)

✔**POINT** 공무원 행동강령은 공무원으로서 지켜야 하는 윤리적 기준이자 행동규범이라 할 수 있다. 5분발표 및 상황형 개별과제에서 다양하게 응용하여 출제되기도 한다. 지금까지 영리행위 금지, 퇴직자 사전 접촉 금지, 갑질 등의 주제가 다양하게 출제되었다. 또한 직접적인 질문보다는 응용하여 출제되기 때문에 5분발표 예상주제로 지금까지 응용되지 않았던 내용 중 출제가능성이 높은 문제로 제공하도록 할 것이다.

1. 의 미

(1) 공무원 행동강령은 국가공무원(국회, 법원, 헌법재판소 및 선거관리위원회 소속의 국가공무원은 제외)과 지방공무원에 적용된다.

(2) 행동강령은 공직자가 직무수행과정에서 준수해야 할 윤리적 판단기준을 구체적으로 제시해 자율적인 실천을 통해 외부로부터 불법적이고 부당한 유혹을 극복하기 위한 행위준칙이라고 할 수 있다.

2. 내 용

(1) **공정한 직무수행**

조 문	내 용
제4조	공정한 직무수행을 해치는 지시에 대한 처리
제6조	특혜의 배제
제7조	예산의 목적 외 사용 금지
제8조	정치인 등의 부당한 요구에 대한 처리
제9조	인사 청탁 등의 금지

(2) **부당이익의 수수금지 등**

조 문	내 용
제10조	이권 개입 등의 금지
제10조의2	직위의 사적 이용 금지
제11조	알선·청탁 등의 금지
제12조	직무 관련 정보를 이용한 거래 등의 제한
제13조의2	사적 노무 요구 금지
제13조의3	직무권한 등을 행사한 부당행위의 금지
제14조	금품 등의 수수 금지
제14조의2	감독기관의 부당한 요구 금지

(3) 건전한 공직풍토의 조성

조 문	내 용
제15조	외부강의 등의 사례금 수수 제한
제17조	경조사의 통지 제한

(4) 위반시의 조치

조 문	내 용
제18조	위반 여부에 대한 상담
제19조	위반행위의 신고 및 확인
제20조	징계 등
제21조	수수 금지 금품 등의 신고 및 처리

2 갑질 근절 및 직장 내 괴롭힘 금지

✔**POINT** 갑질은 일반사회는 물론 공직사회에서도 여전히 문제가 되고 있다. 그러므로 이는 경험형 개별과제에서도 면접관의 질문리스트 속에 포함되어 있다고 생각하고 철저히 준비를 해야 한다.

1. 갑질 관련 주요 규정

(1) 국가공무원법, 지방공무원법
① 성실의무: 모든 공무원은 법령을 준수하며 성실히 직무를 수행하여야 한다.
② 친절·공정의무: 공무원은 국민 전체의 봉사자로서 친절하고 공정하게 직무를 수행하여야 한다.
③ 청렴의무: 공무원은 직무와 관련하여 직접적이든 간접적이든 사례·증여 또는 향응을 주거나 받을 수 없으며, 공무원은 직무상 관계가 있든 없든 그 소속 상관에게 증여하거나 소속 공무원으로부터 증여를 받아서는 아니 된다.
④ 품위유지의무: 공무원은 직무의 내외를 불문하고 그 품위가 손상되는 행위를 하여서는 아니 된다.

(2) 공무원 행동강령
✔**POINT** 공무원 행동강령에도 갑질에 대한 규정이 명시되어 있다. 면접준비시에서는 공직사회에서 발생할 수 있는 갑질이 무엇일지를 고민하고 그에 대한 해결방안을 정리한 후 과거 경험 속에서 비슷한 사례가 있었을 경우 응시생이 어떻게 대처했는지에 대해 정리를 해두는 것이 필요하다.

> **공무원 행동강령**
> 제4조【공정한 직무수행을 해치는 지시에 대한 처리】 ① 공무원은 상급자가 자기 또는 타인의 부당한 이익을 위하여 공정한 직무수행을 현저하게 해치는 지시를 하였을 때에는 그 사유를 그 상급자에게 소명하고 지시에 따르지 아니하거나 제23조에 따라 지정된 공무원 행동강령에 관한 업무를 담당하는 공무원(이하 "행동강령책임관"이라 한다)과 상담할 수 있다.

제13조의3【직무권한 등을 행사한 부당 행위의 금지】공무원은 자신의 직무권한을 행사하거나 지위·직책 등에서 유래되는 사실상 영향력을 행사하여 다음 각 호의 어느 하나에 해당하는 부당한 행위를 해서는 안 된다.

1. 인가·허가 등을 담당하는 공무원이 그 신청인에게 불이익을 주거나 제3자에게 이익 또는 불이익을 주기 위하여 부당하게 그 신청의 접수를 지연하거나 거부하는 행위
2. 직무관련공무원에게 직무와 관련이 없거나 직무의 범위를 벗어나 부당한 지시·요구를 하는 행위
3. 공무원 자신이 소속된 기관이 체결하는 물품·용역·공사 등 계약에 관하여 직무관련자에게 자신이 소속된 기관의 의무 또는 부담의 이행을 부당하게 전가(轉嫁)하거나 자신이 소속된 기관이 집행해야 할 업무를 부당하게 지연하는 행위
4. 다음 각 목의 어느 하나에 해당하는 기관 또는 단체에 공무원 자신이 소속된 기관의 업무를 부당하게 전가하거나 그 업무에 관한 비용·인력을 부담하도록 부당하게 전가하는 행위
   가. 공무원 자신이 소속된 기관의 소속기관
   나.「공공기관의 운영에 관한 법률」제4조 제1항에 따른 공공기관 중 공무원 자신이 소속된 기관이 관계 법령에 따라 업무를 관장하는 공공기관
   다.「공직자윤리법」제3조의2 제1항에 따른 공직유관단체 중 공무원 자신이 소속된 기관이 관계 법령에 따라 업무를 관장하는 공직유관단체
5. 그 밖에 직무관련자, 직무관련공무원, 제4호 각 목의 기관 또는 단체의 권리·권한을 부당하게 제한하거나 의무가 없는 일을 부당하게 요구하는 행위

제14조의2【감독기관의 부당한 요구 금지】① 감독·감사·조사·평가를 하는 기관(이하 이 조에서 "감독기관"이라 한다)에 소속된 공무원은 자신이 소속된 기관의 출장·행사·연수 등과 관련하여 감독·감사·조사·평가를 받는 기관(이하 이 조에서 "피감기관"이라 한다)에 다음 각 호의 어느 하나에 해당하는 부당한 요구를 해서는 안 된다.

1. 법령에 근거가 없거나 예산의 목적·용도에 부합하지 않는 금품 등의 제공 요구
2. 감독기관 소속 공무원에 대하여 정상적인 관행을 벗어난 예우·의전의 요구
② 제1항에 따른 부당한 요구를 받은 피감기관 소속 공직자는 그 이행을 거부해야 하며, 거부했음에도 불구하고 감독기관 소속 공무원으로부터 같은 요구를 다시 받은 때에는 그 사실을 피감기관의 행동강령책임관(피감기관이「공직자윤리법」제3조의2 제1항에 따른 공직유관단체인 경우에는 행동강령에 관한 업무를 담당하는 직원을 말한다. 이하 이 조에서 같다)에게 알려야 한다. 이 경우 행동강령책임관은 그 요구가 제1항 각 호의 어느 하나에 해당하는 경우에는 지체 없이 피감기관의 장에게 보고해야 한다.

2. 갑질의 개념

✅ POINT 갑질에 대해 간단하게 정리를 한다면 '우월적 지위, 권한남용, 부당한 요구나 처우'가 핵심 요건이다.

(1) '갑질'은 사회·경제적 관계에서 우월적 지위에 있는 사람이 권한을 남용하거나 우월적 지위에서 비롯되는 사실상의 영향력을 행사하여 상대방에게 행하는 부당한 요구나 처우를 의미한다.

(2) 우월적 지위 등을 이용하여 다른 공무원 등에게 신체적·정신적 고통을 주는 등의 부당행위를 한 경우에는 징계를 감경할 수 없다. ⇨ 공무원 징계령 시행규칙

3. 갑질의 판단기준

TIP 갑질은 직권남용이라고 이해하면 되는데 여기에 부당한 지시나 부당한 처우까지 포함된다고 생각하면 된다. 특히 공직사회에서 갑질 유형은 위계질서에 따른 상하 간의 갑질, 부처별−부서별 갑질, 민원인과의 갑질 등이 대표적이다. 그러므로 이에 대한 문제점과 해결방안은 반드시 정리를 해 둘 필요가 있다.

(1) 법령 등 위반

법령, 규칙, 조례 등을 위반하여 자기 또는 타인의 부당한 이익을 추구하거나 불이익을 주었는지 여부

(2) 사적이익 요구

우월적 지위를 이용하여 금품 또는 향응제공 등을 강요·유도하는지 여부, 사적으로 이익을 추구하였는지 여부

(3) 부당한 인사

특정인의 채용·승진·인사 등을 배려하기 위해 유·불리한 업무지시 여부

(4) 비인격적 대우

외모와 신체를 비하하는 발언, 욕설·폭언·폭행 등 비인격적인 언행 여부

(5) 기관 이기주의

발주기관 부담비용을 시공사에게 부담시키는 등 부당하게 기관의 이익을 추구하였는지 여부

(6) 업무 불이익

정당한 사유 없이 불필요한 휴일근무·근무시간 외 업무지시, 부당한 업무배제 등을 하였는지 여부

(7) 부당한 민원응대

정당한 사유 없이 민원접수를 거부하거나 고의로 지연처리 등을 하였는지 여부

(8) 기 타

의사에 반한 모임 참여를 강요하였는지 부당한 차별행위를 하였는지 여부 등

✅ PLUS

1. **갑질 사례** ⇨ 부당한 인사 및 비인격적 대우
   부서장 A는 직원을 상대로 공개적인 장소에서 "지방으로 보내버린다."는 등 인사와 관련한 발언을 수시로 하고 사소한 이유로 사유서나 각오의 글을 작성하게 하거나 직원들 앞에서 사과문을 낭독하게 하였으며 연가 사용시 심리적 압박감을 주었다.

2. **직권남용 사례**
   ○○시청의 B 팀장은 법적 근거도 없는 사유를 들어 건축허가가 불가하도록 했다. 건축법 제11조에 따르면 건축허가는 '소유권을 확보하지 못하여도 사용할 수 있는 권원이 있는 경우'에는 가능한 것으로 되어 있다. 하지만 당시 B 팀장은 "토지를 소유하지 않으면 건축허가를 내줄 수 없다."며 불가처분을 했다. 이는 법령에 의해 허가가 가능한 사항인데도 담당 공무원이 자의적으로 해석하여 허가를 내주지 않은 경우이다. 심지어 그 자리를 떠난 이후에도 후임에게 전화하여 "절대 허가를 내어주지 말라."고 지시했다고 한다.

B 팀장은 고등검찰청에서 직권남용 여부에 대하여 조사 중인 것으로 알려져 있다. 고소인 C 이사는 "○○시청 B 팀장 등 공무원들은 직권을 남용하여 고소인으로 하여금 의무 없는 일을 하게 하여 막대한 재산상 손해를 입게 한 자이니 철저히 조사하여 엄벌해 줄 것"을 요청했다.

MEMO

4. 갑질의 유형

(1) 법령 위반

기관의 장 또는 소속 직원은 인·허가, 계약 등과 관련하여 관계 법령 등에 위반되는 조건이나 기준을 적용하는 등 특정인 또는 특정 사업자에게 유·불리하게 작용하도록 하여서는 아니 된다.

> 예 「건설산업기본법」에 따라 도장공사 하자담보기간은 1년임에도 하자담보기간을 10년으로 설정하여 특정 기업에게 불리하게 적용하는 행위

(2) 기관 이기주의 유형

발주기관이 부담하여야 할 비용을 시공사가 부담하게 하는 등 기관의 이익을 부당하게 추구하는 유형이다.

> 예 1. 발주자가 부담해야 하는 비용(예산부족, 사업계획 변경 등)을 시공자가 부담하게 하는 행위
> 2. 인·허가, 민원해결 등을 포함한 모든 법적 행정절차 및 민원해결에 관한 비용을 계약 상대자가 부당하게 부담하도록 특약을 설정하는 행위

5. 갑질 행위에 대한 대응방안

> **POINT** '본인이 갑질을 당했거나 동료가 갑질을 당하는 것을 목격했다면 어떻게 대응할 것인가?'하는 질문을 받는다면 신고를 하기 전에 먼저 갑질을 한 가해자와 편한 상황에서 면담을 해보는 것이 우선임을 기억해야 한다. 면담을 한 후에도 갑질이 지속된다면 그때는 동료들과 상의도 해보고 도움도 요청해 본 후 최후의 방법으로 신고를 하는 절차를 밟는 것이 바람직하다. 무작정 먼저 신고를 한다고 하면 자신의 오해로 문제가 될 수도 있기 때문에 바람직하지 않다. 즉, 어떤 업무를 지시했는데 그 업무가 자신의 업무가 아니라는 이유로 갑질로 생각하고 신고를 한다면 문제가 될 수 있다.

(1) 갑질근절 조직운영

① 갑질근절 전담 직원 지정
② 갑질피해신고·지원센터 운영

(2) 갑질발생시 처리 요령

① 갑질신고
② 사실관계 조사: 전담 직원은 기관의 장에게 보고하고 신고자 등에게 입증 자료요구
③ 조사결과 조치: 갑질 가해자에 대한 징계 등 조치, 필요한 경우 수사의뢰조치
④ 피해자 대처 요령: 갑질행위 중지 요구, 피해신고, 심리치료 요청, 분리요청(가해자와 격리되어 업무수행 요청), 법률지원 요청
⑤ 갑질 피해자 보호대책: 불이익 처우 금지, 2차 피해 방지, 피해자 적응지원, 분리조치, 조력인 지정 등

6. 직장 내 괴롭힘 금지

(1) 「근로기준법」

> 제76조의2 【직장 내 괴롭힘의 금지】 사용자 또는 근로자는 직장에서의 지위 또는 관계 등의 우위를 이용하여 업무상 적정범위를 넘어 다른 근로자에게 신체적·정신적 고통을 주거나 근무환경을 악화시키는 행위(이하 "직장 내 괴롭힘"이라 한다)를 하여서는 아니 된다.

(2) 직장 내 괴롭힘의 종류

① 정당한 이유 없이 업무 능력이나 성과를 인정하지 않거나 조롱함
② 정당한 이유 없이 훈련, 승진, 보상, 일상적인 대우 등에서 차별함
③ 다른 근로자들과는 달리 특정 근로자에 대하여만 근로계약서 등에 명시되어 있지 않는 모두가 꺼리는 힘든 업무를 반복적으로 부여함
④ 근로계약서 등에 명시되어 있지 않는 허드렛일만 시키거나 일을 거의 주지 않음
⑤ 정당한 이유 없이 업무와 관련된 중요한 정보제공이나 의사결정 과정에서 배제시킴
⑥ 정당한 이유 없이 휴가나 병가, 각종 복지혜택 등을 쓰지 못하도록 압력 행사
⑦ 다른 근로자들과는 달리 특정 근로자의 일하거나 휴식하는 모습만을 지나치게 감시
⑧ 사적 심부름 등 개인적인 일상생활과 관련된 일을 하도록 지속적, 반복적으로 지시
⑨ 정당한 이유 없이 부서 이동 또는 퇴사를 강요함
⑩ 개인사에 대한 뒷담화나 소문을 퍼뜨림
⑪ 신체적인 위협이나 폭력을 가함
⑫ 욕설이나 위협적인 말을 함
⑬ 다른 사람들 앞이나 온라인상에서 나에게 모욕감을 주는 언행을 함
⑭ 의사와 상관없이 음주·흡연·회식 참여를 강요함
⑮ 집단 따돌림
⑯ 업무에 필요한 주요 비품(컴퓨터, 전화 등)을 주지 않거나 인터넷·사내 네트워크 접속을 차단함

MEMO

3 부당한 지시(공정한 직무수행을 해치는 지시에 대한 처리)

✔POINT 부당한 지시에 대한 질문 또한 면접관의 질문리스트 속에 있다고 생각하고 답변을 준비해야 한다. 그리고 과거 경험 속에서 이와 비슷한 사례가 있는지 정리하고 그 상황에서 어떻게 대처했는지도 정리가 되어 있어야 한다. 그보다 우선 부당한 지시에 대한 사례를 이해하는 것이 선행되어야 한다.

1. 공무원 행동강령 제4조(공정한 직무수행을 해치는 지시에 대한 처리)

> 제4조【공정한 직무수행을 해치는 지시에 대한 처리】① 공무원은 상급자가 자기 또는 타인의 부당한 이익을 위하여 공정한 직무수행을 현저하게 해치는 지시를 하였을 때에는 그 사유를 그 상급자에게 소명하고 지시에 따르지 아니하거나 제23조에 따라 지정된 공무원 행동강령에 관한 업무를 담당하는 공무원(이하 "행동강령책임관"이라 한다)과 상담할 수 있다.
> ② 제1항에 따라 지시를 이행하지 아니하였는데도 같은 지시가 반복될 때에는 즉시 행동강령책임관과 상담하여야 한다.
> ③ 제1항이나 제2항에 따라 상담 요청을 받은 행동강령책임관은 지시 내용을 확인하여 지시를 취소하거나 변경할 필요가 있다고 인정되면 소속 기관의 장에게 보고하여야 한다. 다만, 지시 내용을 확인하는 과정에서 부당한 지시를 한 상급자가 스스로 그 지시를 취소하거나 변경하였을 때에는 소속 기관의 장에게 보고하지 아니할 수 있다.
> ④ 제3항에 따른 보고를 받은 소속 기관의 장은 필요하다고 인정되면 지시를 취소·변경하는 등 적절한 조치를 하여야 한다. 이 경우 공정한 직무수행을 해치는 지시를 제1항에 따라 이행하지 아니하였는데도 같은 지시를 반복한 상급자에게는 징계 등 필요한 조치를 할 수 있다.

2. 부당한 지시 관련 사례

> A는 B 군청 사회복지과에서 유아청소년용 시설 관리 업무를 맡고 있었다. 담당계장으로 근무하던 1997년 9월 C 업체에서 청소년 수련시설 설치 및 운영허가 신청서가 접수됐다. 실사 결과 다중이용시설 중에서도 청소년 대상이므로 철저히 안전대책이 마련되어야 함에도 콘크리트 1층 건물 위에 52개의 컨테이너를 얹어 2, 3층 객실을 만든 가건물 형태로 화재에 매우 취약한 형태였다. 이에 A는 신청서를 반려했다. 그때부터 온갖 종류의 압력과 협박이 가해졌다.
> 직계 상사인 사회복지과장으로부터는 빨리 허가를 내주라는 지시가 내려왔고 나중에는 폭력배들까지 찾아와 그와 가족들을 몰살시키겠다는 협박을 하기도 했다.
> 그가 끝끝내 허가를 내주지 않자 1998년 B군(郡)은 그를 민원계로 전보발령했다. 이후 C 업체의 민원은 후임자에 의해 일사천리로 진행됐다. 하지만 1년도 채 되지 않은 1999년 6월 30일 C 업체에서 화재가 발생하여 유치원생 19명 등 23명의 생명을 앗아가는 사고가 일어났다. 화재경보기와 비상벨도 울리지 않았고, 비치된 소화기 15개 중 9개가 속 빈 먹통 소화기였다.
> ➡ 1999년 유치원생 23명의 목숨을 앗아간 씨랜드 화재사건이 발생했다. 참사가 벌어진 건물은 소방시설 부재 등 불법건축 요소가 많아 운영 허가를 내 줄 수 없는 상태였다. 상급자의 압력과 회유에 못 이겨 이 회사의 건축을 허가 했다가 그만 돌이킬 수 없는 일이 발생한 것이다.

🖉 **Check point**

부당한 지시에 대한 이해

1. 직급에 억눌려 어쩔 수 없이 부당한 지시에 따랐다가는 상급자와 같이 책임을 지게 된다. 판례에서도 "만일 상사의 명령이라 하더라도 위법성을 알면서 행한 행위는 행위자 자신이 책임을 벗어날 수 없고, 상사의 명령에 순종하였다는 것만으로 변명이 되거나 그 책임을 면할 수 없을 것이다"라고 적시하고 있다.
2. 공무원에게는 복종의 의무가 있다. 하지만 무조건적인 복종은 아니다. 공무원은 직무를 수행할 때 소속 상사의 직무상 명령에 복종하여야 하지만 이에 대한 의견을 진술할 수 있다고 규정하고 있다. 그런데 직무상 명령에는 몇 가지 조건이 있다. 첫째, 정당한 권한을 가진 자에 의해 / 둘째, 직무에 관한 명령이어야 하며 / 셋째, 그 내용이 법률상 실현가능하고 적법해야 한다.

3. 부당한 지시 관련 판례

① 상급자의 종용과 결재에 따라 허위 공문서 작성 및 동 행사에 책임이 있는 이상 징계해임 처분은 적법하다 (대법원 1991.10.22, 91누3598).
② 상사의 명령이라 하더라도 위법성을 알면서 행한 행위는 행위자 자신의 책임을 벗어날 수 없고 따라서 상사의 명령에 순종하였다는 식으로 변명이 되거나 그 책임을 면할 수 없다(대법원 1967.2.7, 66누68).
③ 상관의 명령이 명백히 위법이나 불법일 때에는 이는 이미 직무상의 지시명령이라고 할 수 없으므로 이에 따라야 할 의무가 없다(대법원 1999.4.23, 99도636).

4. 부당한 지시 관련 대응전략 ★★★

✔**POINT** 아래 내용을 바탕으로 본인만의 답변을 정리해 보길 바란다. 그리고 지시 내용을 검토 해보지 않고, '무작정 상관에게 물어보겠다.'라는 답변은 면접관이 가장 싫어하는 답변유형임을 기억해야 한다.

단계 구분	대응전략
1단계 (대응하기 전)	① 그 자리에서 부당함을 주장하지 말고 "검토해 보겠다"며 일단 물러난다.
2단계 (생각해 보기)	관련 법령을 분석하여 지시받은 사항이 ② 불법·부당한지를 재검토한다. 또한 불법·부당한 지시를 이행하였을 경우 받게 되는 ③ 공익침해 또는 불이익에 대하여 검토한다.
3단계 (상관에 대한 설득)	④ 일정한 시간이 경과한 후 상급자에게 관련 법령 검토내용과 공익침해 검토내용을 말씀드리고 지시가 철회되도록 상관을 설득한다. ➲ 자신의 다른 의견을 제시하여 그 지시가 부당하지 않도록 다른 방안이나 의견을 제시해 보는 것도 방법이다.
4단계 (상관에 대한 설득 후에도 동일지시 반복시)	⑤ 부당한 지시를 한 상급자에게 서면 또는 이메일 등 이에 상응하는 방법으로 나의 인적사항, 지시받은 내용, 지시에 따르지 않는 이유 등을 기재한 소명서를 제출하고 지시에 따르지 않거나 행동강령책임관과 상담할 수 있다.
5단계 (소명 후 부당한 지시가 계속되는 경우)	행동강령책임관과 상담하고 이에 대해 보고 받은 소속 기관장은 부당한 지시의 취소·변경 등 적절한 조치를 취하여야 한다. 부당한 지시를 재차 반복하는 상급자는 징계처벌이 가능하다.

➲ 소명내용은 징계 등 불이익처분에 대한 권익구제의 증빙자료로 활용되므로 구두소명은 지양하고 서면·전자우편 등의 방법으로 소명하도록 한다. ⇨ 소명서가 중요한 이유

5. 공무원 행동강령 관련 부당한 지시의 판단기준 및 유형

(1) 판단기준

① 법령, 행정규칙(훈령·예규·고시·지침 등)에 위반되는 지시인지 여부
② 업무의 본래 취지에 맞지 않는 지시인지 여부
③ 공공기관에 재산상 손해를 입힐 수 있는 지시인지 여부
④ 공적이익이 아닌 사적이익을 추구하는 지시인지 여부
⑤ 지위 또는 권한을 남용하는 지시인지 여부
⑥ 그 밖에 현저히 불합리한 행위를 강제하는 지시인지 여부

(2) 부당지시에 해당될 수 있는 유형

TIP 내용을 외울 필요는 전혀 없고, 한번 읽어보면 된다.

① 규정 위반 내용 또는 본래의 취지에 맞지 않는 방향으로 지시
② 인·허가 등 민원처리 등에 개입하여 부당하게 처리하도록 지시
③ 조사·점검, 심사 등 계획수립시 합리적인 이유 없이 특정기관(인) 등을 포함 또는 제외토록 지시
④ 각종 단체 지원(지자체 포함), 위임·위탁 등 권한 부여 업무에 개입하여 부당하게 처리하도록 지시
⑤ 관용차 등 공용물을 사적용도로 사용하기 위한 지시
⑥ 물품구매 등 각종 계약시 정당한 이유 없이 특정업체 선정, 계약조건 및 방식을 변경하도록 지시
⑦ 업무추진비 등 예산을 해당 지침에 어긋나게 집행토록 지시
⑧ 특정직원 채용, 승진, 전보 등 인사에 부당한 영향을 미치는 지시
⑨ 상급자의 직위 등을 이용하여 사적인 업무를 처리하도록 지시
⑩ 직무관련자에게 청탁·알선 또는 편의제공을 요구하도록 지시
⑪ 개인적 경조사를 직무관련자에게 알리도록 지시

4 공직윤리

📝 Check point

공직윤리

1. 공직가치와의 연관성

공직윤리는 공직가치 중에서 도덕성, 청렴성과 연결해서 생각해 볼 수 있다.

2. 정 의

공직이라는 특수한 직업분야에 요구되는 특수윤리를 공직윤리라 한다. 즉, 공직윤리란 국민 전체에 대한 봉사자로서 공무원의 신분에서 지켜야 할 규범적 기준을 말한다.

3. 공직윤리의 중요성

정부는 행정에 적합한 공무원을 필요로 하고 있으며, 부과된 업무를 수행하고 공무원으로서의 품위를 유지하기 위하여 높은 수준의 윤리적 행동을 기대한다. 이것은 공직의 특성으로 현대 민주국가에서는 공무원의 윤리적 기준을 법제화하고 있다.

① 법적 규제: 공무원의 13대 의무, 공무원 행동강령, 이해충돌방지법

② 자율적 규제: 공무원 윤리헌장, 청백리상의 제정 등

MEMO

---

1. 일반윤리와 공직윤리의 차이점

(1) 일반윤리

인간이 지켜야 할 행위규범을 말한다.

(2) 공직윤리

공직에 종사하는 자에게 요구되는 도리 즉, 공무원으로서 해서는 안 되는 일 혹은 공무원으로서 꼭 필요한 자세를 말한다. 공적 조직에 근무하는 공직자에게는 일반국민이 지켜야 하는 윤리와 함께 공무원으로서 직업윤리도 요구된다.

● 실제질문 ⇨ '자신이 생각하는 올바른 공직윤리란?'

2. 공직윤리(소극적 의미 및 적극적 의미)

구 분	내 용	위반시
좁은(소극적) 의미의 공직윤리	국가공무원법, 형법, 공무원윤리법, 부패방지법 등 법률에서 규정한 공직자에 요구되는 성실의무, 청렴의무, 법령준수의무 등	직권남용, 직무유기, 수뢰, 증뢰, 재산등록 등의 불이행, 공물횡령, 예산남용 등을 했을 경우
넓은(적극적) 의미의 공직윤리	• 법적규정과 함께 복무규정, 내부지침, 사회적으로 요구되는 공직자의 행위규범 • 수동적인 법규준수를 포함해 공무원의 올바른 역할 수행을 위한 도덕적 마인드와 역할수행능력개발을 포함	법적 제재를 받지는 않지만 사회적 비판을 받을 수 있음

3. 공직윤리(소극적 청렴의 의무 및 적극적 청렴의 의무)

구 분	내 용	조직적 정의
소극적 청렴의 의무	청렴성	• 직위를 이용한 사익추구 및 부정부패 정도 • 타인 및 조직의 부패 관행의 용인 정도
	합법성	• 업무수행시 적법절차의 준수 정도 • 업무의 자의적 처리 정도
	공정성	• 업무처리의 공정성 정도 • 상급자의 불법 및 부당한 지시·간섭에 대한 저항 정도
적극적 청렴의 의무	책임성	• 업무수행에 있어서 공직자의 자발성과 능동성의 정도 • 국민 위주로 적극적으로 반응하고 업무를 수행하려는 정도
	사명감	• 공직에 대한 긍지와 자부심을 가지고 근면, 성실, 정직하게 일하는 정도 • 공익지향 정도 및 국민을 위해 봉사하고 헌신하려는 정도

4. 공직윤리가 엄격한 이유

(1) 공직자의 재량적 결정권과 행정이 담당하는 업무범위가 확대되고 있으며, 전문가 집단인 공무원의 사회적 영향력이 커지고 있기 때문이다.

(2) 현대사회에서 행정이 담당하는 업무는 복잡해지고 전문화되고 있으며, 공직자에게 부여된 재량권도 커지고 있기 때문에 비윤리적 일탈행위가 미치는 폐해도 크다. 일탈행위에는 "부정행위, 비윤리적 행위, 법규의 경시, 입법 의도의 편향적 해석, 불공정한 인사, 무능, 실책의 은폐, 무사안일" 등이 포함된다.

(3) 공직자가 사익을 지향하고 공직기관이 조직이기주의에 빠질 경우 조직적 부패가 나타날 수 있다.

(4) 공직자의 비윤리적 행위는 공직사회 전체로 확대 해석되고 국민의 정부 신뢰성에도 영향을 미치기 때문이다.

5. 노블레스 오블리주(Noblesse Oblige)

✔ **POINT** 이 용어에 대해서는 5분발표에서 충분히 문제로 출제될 수 있다. 또한 도덕적 해이 일명 '모럴해저드'에 대해서도 문제로 출제될 수 있다. 도덕적 해이의 사례로는 '경찰공무원의 음주운전'이 있다. 국민의 생명과 안전을 지켜야 하는 공무원이 되려 음주운전을 했다는 것은 매우 심각한 도덕적 해이의 사례이다. 또한 퇴직공무원(과거 직장 선배)에게 수의계약을 체결하고 뒷돈을 챙기는 사례도 여기에 해당된다.

(1) 노블레스 오블리주는 초기 로마시대에 왕과 귀족들이 보여주었던 투철한 도덕의식과 솔선수범하는 공공정신에서 비롯된 것으로 높은 사회적 신분에 상응하는 도덕적 의무를 가리키는 말이다.

(2) 고귀한 신분에 따르는 도덕적 의무와 책임을 뜻하는 것인데 지배층의 도덕적 의무를 뜻하는 격언으로 정당히 대접받기 위해서는 '명예(노블레스)만큼 의무(오블리주)를 다해야 한다'는 것이다.

(3) 초기의 로마사회에서는 사회고위층의 공공봉사와 기부, 헌납 등의 전통이 강했는데 이런 행위는 의무이기도 하지만 명예로 인식이 되면서 자발적이고 경쟁적으로 이루어졌다.

(4) 특히 귀족 등의 고위층이 전쟁에 참여하는 전통은 더욱 확고해졌는데, 이러한 귀족층의 솔선수범과 희생에 힘입어 로마는 고대 세계의 맹주로 자리를 할 수 있었다.

(5) 현대사회에서 이와 같은 도덕의식은 계층 간의 대립을 해결하고 사회통합을 위한 최고의 수단으로 여겨지고 있다.

(6) 공무원에게 보다 높은 도덕성, 청렴성을 요구하는 것도 이와 비슷한 의미로 이해하면 될듯하다.

2024
스티마 면접
국가직 9급

08

공직가치의 유형별 이해

CHAPTER

01 공직가치의 세부적 이해

1 공직가치의 이해

공무원으로서 공직가치를 바로 이해하지 못하면 좋은 면접을 볼 수 없을 뿐만 아니라 훌륭한 공무원이 될 수 없다는 것을 꼭 기억해야 한다.

✎ Check point

개념정리

1. 공직가치
공익을 실현하기 위해 공무원이 반드시 갖추어야 할 자세를 말한다.

2. 공 익
'공익'이란 '국민의 행복, 국민의 삶의 질 향상'을 뜻하며, 특히 사회적 약자에 대한 배려가 우선시 되어야 한다는 점을 꼭 기억해야 한다. 어쩌면 공무원은 사회적 약자에 대한 배려를 하는 데 있어 산소와 같은 존재라고 할 수 있다. 실제로 국가의 모든 제도나 정책을 보면 서민들을 위한 정책이 대부분이고 그중에서도 사회적 약자에 대해 우선 배려하는 정책들이 많다는 것을 확인할 수 있다.

3. 사회적 약자
우리가 관심과 배려를 가지고 도움을 주어야 할 대상을 모두 일컫는 것이며 그 범위는 상당히 넓다. 즉, 사회적 약자는 경제적 약자만이 아니라 여성, 아동, 노인, 장애인 등 우리 사회에서 자신의 권리를 확보하지 못하고 불평등한 삶을 살아가는 사람들을 포함한다.

TIP 면접준비를 잘하는 방법 중 한 가지는 응시생이 합격한 직렬에 있어서 사회적 약자의 대상을 파악하고 그 대상에 관한 정책제안 등을 고민해 보는 것이다.

MEMO

2 공직가치의 개념

(1) 공직가치(Public Service Value)란 '애국심, 책임성, 청렴성 등 공무원이 추구해야 할 목표와 기준'이며, 공무원은 공직가치를 준수하고 실현하기 위해 노력해야 한다.

(2) 공직가치란 '공공의 이익에 봉사하기 위해 공적 영역에서 추구해야 하는 바람직한 신념체계와 태도'를 의미한다.

(3) 공무원들이 공무를 수행하는 현장에서 부딪히는 <u>윤리적 딜레마에서 공직가치는 의사결정의 기준과 우선순위를 정해주는 지침</u>이 된다. 그런 점에서 공직가치는 '공직자로서 바람직한 행동의 판단기준이며 공직을 수행하면서 추구해야 할 궁극적인 목표와 기준'이다.

> **⟡PLUS**
>
> 1. '공직가치'의 개념이 추상적이라 쉽게 와 닿지 않을 것이다. 쉽게 예를 들면 세월호 사건의 경우 상부에의 보고(복종의 의무)와 현장에서 생명을 구해야 하는(헌신성 – 국민의 생명과 안전보장) 딜레마적 상황에서 공직가치가 내재되어 있었다면 당연히 국민의 생명을 구하기 위해 필요한 모든 조치를 즉각 취했을 것이다. 즉, 무엇이 더 우선해야 하는가를 결정짓는 판단기준이 공직가치인 것이다.
> 2. 위와 같이 비상상황에 처한다면 누구라도 곤혹스러울 것이다. 상부에서는 '빨리 보고를 하라'고 재촉하고, 현장에서의 상황은 다급하다. 이때 무엇을 위해 그리고 왜 고민하고 있는지를 자신에게 설명할 수 있어야 한다. '<u>보고를 늦게 함으로써 상부로부터 질책이 두려워 고민하고 있는가? 보고 후 조치를 취하는 것이 더 효율적인가? 나의 임무는 무엇인가?</u>'를 생각해야 한다. 이때 공직가치는 공공의 이익을 위해 무엇을 우선할 것인지 그리고 공직자로서 어떻게 행동할 것인가에 대한 기본적인 지침을 제공하는 것이다.

3 공직가치의 역할 등

1. 공직가치의 역할

(1) 공직가치의 중요성

입법부에 비해 행정 우위 현상이 심해질수록 공직가치는 그 중요성이 더 커진다. 정책 의제 설정, 목표 및 대안 선택 등의 정책과정에서 공무원이 주도적인 역할을 하기 때문이다.

(2) 공직가치가 중요한 역할을 하는 상황

> ① 정책을 결정할 때 ⇨ 사회구조적인 문제해결에 있어서도 핵심
> ② 입법안 준비 및 준입법안(규제, 지침 등)을 작성할 때
> ③ 법과 준입법을 해석할 때
> ④ 행정재량을 집행할 때
> ⑤ 입법, 준입법 및 관례가 없을 때
> ⑥ 애매한 회색지대(명확하게 옳고 정당한 경우와 부당하고 옳지 않은 경우 사이에 있는 애매한 영역)에서 업무를 처리할 때
> ⑦ 도덕적으로 정당한 가치, 규범 또는 양심이 상호 충돌할 때(도덕적 딜레마)
> ⑧ 우선순위를 설정할 때(입법적 수요나 요구들이 부족한 자원 때문에 모두 충족될 수 없을 때)
> ⑨ 양심이 불복을 요구할 때

(3) 공직가치의 구체적 역할

① 공직가치는 공직자들이 국가의 사회현실을 어떻게 바라보고, 공공의 이익을 위해 무엇을 할 것인지 그리고 공직자로서 어떻게 행동할 것인가에 대한 기본적인 지침을 제공한다.

② 공무원의 업무태도와 마음가짐에 영향을 미치고 공무수행의 동기를 부여하며, 공적인 목표를 향한 구성원의 협동적 노력을 유도하는 등 행태변화에 영향을 미친다.

③ 공무원의 부패를 줄여 신뢰받는 정부를 구현하고, 공직자가 보여주어야 하는 도덕성과 솔선수범은 사회전체의 조화와 발전을 불러온다.

(4) 공직가치와 국가경쟁력

① 공직가치는 공직에 종사하는 공무원들의 전반적인 근무형태에 영향을 미치고 공직사회의 문화를 바꿀 수 있으며, 이를 통해서 공공부문의 경쟁력을 제고시킬 수 있다는 점에서 OECD 국가를 중심으로 강조되고 있다.

② OECD 보고서에 따르면 공직가치의 정립은 공무원의 업무관행 합리화와 국민들의 정책수용성에 긍정적인 영향을 미치고, 이를 바탕으로 행정거래비용을 줄여서 정부경쟁력을 높일 수 있다. 또한 종국적으로 국가경쟁력이 상승하는 효과를 가져오게 된다.

> **POINT** 공무원 면접평가는 면접준비 기간에 응시생들이 공직가치에 대한 이해를 잘했는지 그리고 앞으로 공직자가 되면 공직가치를 내재화시켜 국민을 내 가족처럼 생각할 줄 알 것인지를 평가하여 그에 부합하는 인재를 뽑는 시험이라는 것을 명심해야 한다. 앞으로 면접준비 과정에서 5분발표, 경험형·상황형 과제, 사회이슈, 정책 등 모든 관점을 '공직가치'에 기준을 두고 바라보아야 한다. 면접준비 과정에서부터 응시생 여러분은 이미 공직자이다.

> **⊘ PLUS**
>
> **단계별 면접 방식에서의 공직가치평가**
>
> **1. 5분발표**
> 공직가치에 대한 이해, 의사표현의 정확성과 논리성 등을 종합적으로 평가하기 위해 도입된 방식이다.
>
> **2. 경험형 면접**
> 수험생들의 실제 경험을 토대로 하는 BEI(Behavior Event Interview, 역량중심행동면접)방식을 채택하고 있다. 즉, 과거 경험을 바탕으로 '어떠한 행동을 취했는지? 왜 그러한 행동을 취했는지?' 등의 질답을 통해 수험생의 공직 적합성, 공직가치를 평가하는 것이다.
>
> **3. 상황형 면접**
> 상황형 면접(Situational Interview, SI) 방식으로 수험생들에게 딜레마적 상황이나 직무관련 상황을 제시하고 그 과정에서 수험생이 균형 잡힌 공직가치를 갖춘 인재인지를 평가하는 것이다.
>
> **4. 개별질문**
> 사회이슈(정책이슈)는 물론 직무에 대한 전문성, 조직 적응력과 함께 전반적인 공직가치를 평가한다.

2. 공직가치 중요도

(1) 공직가치는 모든 공직자(공직후보자 포함)가 갖추어야 하는 것이지만 모두에게 동일한 수준으로 중요시될 필요는 없다. 즉, 상황과 수행하는 직무에 따라서 우선시되는 공직가치가 다를 수 있다. 예를 들어 책임성, 청렴성, 전문성, 성실성 등의 가치는 모든 공직자에게 공통적으로 요구될 수 있다. 하지만 법의 집행을 담당하는 공안직렬(검찰, 출관, 교정, 보호 등)의 경우에는 적법성이 좀 더 중요한 공직가치가 될 수 있다. 따라서 공안직렬은 적법성에 대한 공직가치를 더 비중있게 준비해야 하는 것이다.

(2) 정책을 만들고 제도화하는 공무원의 경우에는 집행을 담당하는 공무원에 비해 상대적으로 창의적인 문제해결이 더 요구될 수 있다. 정책을 만들고 제도화하는 분야에 관심이 많다면 공직가치 중에서 창의성에 좀 더 비중을 두고 면접준비를 해 보기 바란다. 글로벌시대의 급속한 환경변화와 미래의 경쟁에 대비하여 국가경쟁력 제고와 새로운 문제해결을 위해서 점차 창의성이 요구되고 있는 것은 사실이다.

(3) 모든 공직가치의 중요도는 환경의 변화에 따라 달라져야 하고 시대와 국민의 요구에 맞추어 발전해 나가야 한다. 이는 상당히 중요한 의미를 내포하고 있고, 이러한 변화에 맞추어 면접의 방향성도 조금씩 변화하고 있다는 사실을 기억해야 할 것이다.

✔ POINT 올바른 공직가치를 갖춘 사람은 사회이슈에 대한 해결방법(5분발표)도 쉽게 찾아낼 것이다. 또한 경험과 관련한 이야기를 할 때도(경험형 과제) 공직가치가 담긴 답변을 할 수 있게 될 것이고, 딜레마적 상황(상황형 과제)에서도 올바른 판단기준을 제시하게 될 것이다. 응시생 여러분이 단 1%의 미흡도 받지 않고, 커트라인에 걸친 응시생들이 우수를 받을 수 있는 기회를 잡으려면 결국 올바른 공직가치를 이해하고 있어야 함을 꼭 기억하길 바란다.

(4) 대표적인 공직가치 찾기

대표 공직가치	내 용
창의성, 혁신성	미래의 자원부족, 글로벌 경쟁심화, 불확실성, 지식기반사회 등의 시대적 환경을 고려할 때
사회적 형평성, 공정성, 정의, 다양성, 소통 및 공감	빈부격차, 갈등, 다문화 등 시대적 문제와 국민의 특권 해소에 대한 요구를 감안할 때
복지, 봉사성	저출산, 고령화, 국민 수요와 기대
청렴성, 도덕성	국민의 부패 혐오, 깨끗한 공직자 요구
책임성, 공익성, 헌신 및 열정	공무원들이 스스로 봉사하도록 동기부여

MEMO

4 공직가치와 관련된 직무수행능력의 평가 및 전문성

(1) 입법부에 비해 행정 우위 현상이 심해질수록 공직가치는 그 중요성이 더 커진다. 정책 의제 설정, 목표 및 대안의 선택 등의 정책과정에서 공무원이 주도적인 역할을 하기 때문이다.

(2) 직무능력과 공직가치의 연관성은 다음과 같다.

① 지금까지의 내용을 잘 이해했다면 직무수행능력 및 전문성이란 공무원의 목적인 공익실현(국민의 삶의 질 향상)을 위해 필요한 능력이라고 이해하였을 것이다.

② 결국 직무능력평가는 9급 국가직에서는 5분발표, 경험형·상황형 면접과제를 통하여 합격생의 공무원으로서의 자질을 파악하는 것이다.

(3) 공직사회에서 직무수행능력은 '직무역량 + 관계역량'이라고 다시 정의할 수 있다.

🖊 Check point

직무역량과 관계역량 이해하기

1. 역량
조직 구성원이 지식과 기술, 행동양식, 가치관, 성격 등 다양한 요소들을 종합적으로 활용하여 높은 성과를 낼 때 나타나는 측정 가능한 행동 특성이다.

2. 직무역량
담당하고 있는 직무를 효과적으로 수행하기 위해 필요한 지식이나 기술, 업무활동을 수행하려는 개인의 의지를 포함하는 것으로 해당 직무를 수행하는 데 필요로 하는 성격 또는 태도를 포함한다.
➡ 대부분 합격생들은 실무능력이 없으므로 자기개발이나 해당 분야의 직무수행능력 및 전문성 함양을 위해 평소 준비한 노력이나 경험 측면에서 고민해보는 것도 한 방법이다.

3. 관계역량
조직 구성원들과 원활하게 의사소통하고 협업을 통해 문제를 해결할 수 있는 능력을 의미한다. 이는 4차산업혁명 시대에 사회가 요구하는 창의융합형 인재가 갖추어야 할 역량과 맞닿는다. 이타성, 공감능력, 자발성 등을 끌어내는 것도 관계역량의 역할이다.

⌄ PLUS

갖추어야 할 다양한 능력

① **지적능력**: 문제해결능력, 종합적 판단력, 전략적 사고력, 기획력, 창의력, 인문학적 소양, 문장력
② **직무상 전문성**: 전문지식과 기술, 정책결정 및 개발 능력, 정보수집 및 분석력
③ **조직관리 능력**: 직원에 대한 동기부여, 직원의 능력개발지원, 팀워크, 자원동원 능력, 의욕과 추진력, 재정·인력·지원 관리 능력, 의사소통능력
④ **대외관계 조정능력**: 합의도출 및 갈등조정능력, 대외지지 획득능력, 협상능력, 포용력, 소통능력
⑤ **비전제시 능력**: 혁신성, 기회포착능력, 변화에 능동적 대처능력

✔ POINT 직무수행능력 및 전문성을 직·간접적으로 표현하는 가장 좋은 방법은 경험형 과제에서 문제해결 경험, 기획 경험, 창의력 경험, 갈등 해결 경험 등을 작성하고 면접관의 후속질문에 대비하는 것이다.

CHAPTER
02 공직가치의 유형

1 대표적 공직가치

(1) 「국가공무원법」 개정안(2016년)

분 류	공직가치	행동준칙(예시)
국가관 (국가·사회에 대한 가치기준)	애국심	대한민국의 헌법과 법률을 준수하고 국가와 국기에 담긴 정신과 의미를 수호한다.
	민주성	국민이 자유롭게 참여하고 의견을 이야기할 수 있도록 하여 공개행정을 실천한다.
	다양성	글로벌 시대의 다양한 생각과 문화를 존중하고 인류의 평화와 공영(共榮)에 기여한다.
공직관 (올바른 직무수행 자세)	책임성	맡은 업무에 대하여 높은 수준의 전문성을 유지하며 어떠한 압력에도 굴하지 않고 소신있게 처리한다.
	투명성	국민의 알 권리를 존중하며, 공공정보를 적극적으로 개방하고 공유한다.
	공정성	모든 업무는 신중히 검토하고 행정절차에 따라 공정하게 처리한다.
윤리관 (공직자가 갖춰야 할 개인윤리)	청렴성	공직자의 청렴이 국민신뢰의 기본임을 이해한다.
	도덕성	준법정신을 생활화하고 공중도덕을 준수한다.
	공익성	봉사활동과 기부 등을 통해 생활 속에서 국민에 대한 봉사자로서의 역할을 다한다.

(2) 새로운 인재상과 공직가치

2024년부터 적용되는 공무원 인재상과 위의 대표적 공직가치를 연결할 수 있어야 한다.

① 소통·공감은 민주성, 다양성과 연계된다.

② 헌신·열정은 애국심, 적극성, 봉사정신과 연결시킬 수 있다.

③ 창의·혁신은 창의성, 효율성, 개방성과 연결된다.

④ 윤리·책임은 청렴성, 도덕성, 준법의식, 책임성과 연결해 생각할 수 있다.

(3) 우리나라 헌법과 법률 등에 나타난 공직가치

법률	조항	공직가치
헌 법	제7조 ① 공무원은 국민 전체에 대한 봉사자이며, 국민에 대하여 책임을 진다. ② 공무원의 신분과 정치적 중립성은 법률이 정하는 바에 의하여 보장된다.	국민에 봉사 정치적 중립
국가공무원법	제1조(목적) 이 법은 각급 기관에서 근무하는 모든 국가공무원에게 적용할 인사행정의 근본 기준을 확립하여 그 공정을 기함과 아울러 국가공무원에게 국민 전체의 봉사자로서 행정의 민주적이며 능률적인 운영을 기하게 하는 것을 목적으로 한다.	국민에 봉사 민주성 능률성
	제53조(제안 제도) ① 행정 운영의 능률화와 경제화를 위한 공무원의 창의적인 의견이나 고안(考案)을 계발하고 이를 채택하여 행정 운영의 개선에 반영하도록 하기 위하여 제안 제도를 둔다.	능률성 창의성 혁신성
	제56조(성실 의무) 모든 공무원은 법령을 준수하며 성실히 직무를 수행하여야 한다.	적법성 성실성
	제59조(친절·공정의 의무) 공무원은 국민 전체의 봉사자로서 친절하고 공정하게 직무를 수행하여야 한다.	친절성 공정성
	제59조의2(종교중립의 의무) ① 공무원은 종교에 따른 차별 없이 직무를 수행하여야 한다.	형평성
	제61조(청렴의 의무) ① 공무원은 직무와 관련하여 직접적이든 간접적이든 사례·증여 또는 향응을 주거나 받을 수 없다. ② 공무원은 직무상의 관계가 있든 없든 그 소속 상관에게 증여하거나 소속 공무원으로부터 증여를 받아서는 아니 된다.	청렴성
공직자윤리법	제1조(목적) 이 법은 공직자 및 공직후보자의 재산등록, 등록재산 공개 및 재산형성과정 소명과 공직을 이용한 재산취득의 규제, 공직자의 선물신고 및 주식백지신탁, 퇴직공직자의 취업제한 및 행위제한 등을 규정함으로써 공직자의 부정한 재산 증식을 방지하고, 공무집행의 공정성을 확보하는 등 공익과 사익의 이해충돌을 방지하여 국민에 대한 봉사자로서 가져야 할 공직자의 윤리를 확립함을 목적으로 한다.	청렴성 공정성 봉사 공직윤리
	제2조의2(이해충돌 방지 의무) ② 공직자는 자신이 수행하는 직무가 자신의 재산상 이해와 관련되어 공정한 직무수행이 어려운 상황이 일어나지 아니하도록 직무수행의 적정성을 확보하여 공익을 우선으로 성실하게 직무를 수행하여야 한다.	공정성 공익우선
공무원행동강령	제2장 공정한 직무수행 제4조부터 제9조	공정성 청렴성

2 국가에의 헌신에 대한 실천방안(공무원의 자세 및 역할)

✔POINT 앞으로 국가직 면접에서는 아래와 같은 대한민국 사회구조적인 문제에 대한 내용들이 5분발표 및 상황형 과제로 응용되어 출제되는 비중이 높아질 것으로 보인다. 이에 응시생들은 합격한 직렬에서 '대한민국의 아래와 같은 구조적 사회문제를 해결하기 위해 어떤 역할을 할 수 있을까?'에 대해 면접준비 과정에서 고민해 보아야 한다.

(1) 대한민국의 사회구조적인 문제

① 구조적인 사회문제

ㄱ 저출산 고령화: 복지예산 증가, 재정건전성 악화, 노인빈곤, 잠재성장률 하락

ㄴ 저성장 구조화: 글로벌 트렌드, 청년실업, 대·중소기업의 양극화, 제조업 위주 산업구조

ㄷ 사회갈등의 심화: 소득·계층 간 양극화, 정규직·비정규직 격차, 세대갈등, 노사갈등, 님비현상

ㄹ 국민안전: 코로나19, 세월호, 메르스, 가습기 살균제 사태를 겪으면서 안전욕구 증대

ㅁ 개인의 삶의 질 저하: 국민의 행복지수는 매우 낮은 수준

ㅂ 외교안보문제: 북핵문제, 사드문제를 비롯한 한반도 주변 외교안보 상황

② 구조적인 사회문제 해결을 위한 노력

대한민국 사회의 구조적인 문제에 대해 고민을 해보아야 한다. 이러한 문제는 현재 진행형이며 국민 개개인에게 직접적인 영향을 미치고 있기 때문이다. 미래의 공직자로서 사회의 구조적인 문제에 대해 깊이 생각해 보고 합리적이고 효율적인 해결방안을 찾아 정책 수립에 활용함으로써 국가에 헌신하고 국민행복에 기여할 수 있다.

ㄱ 지원 및 관심 분야에 해당하는 문제해결방안 마련 필요: 예를 들어 고용노동부 지원 수험생은 청년실업 문제해결을 위해 어떻게 해야할지 개인적인 의견 정리가 필요하다.

ㄴ 노인빈곤문제와 관련해서 고독사 문제해결방안 예시: 민간의 배달 서비스와 정부의 복지서비스가 협업하여 문제를 해결할 수 있다. 예를 들어 독거노인 무료 우유배달서비스와 연계하여 문 앞에 우유가 2개 이상 쌓이면 복지담당자에게 연락하여 확인하는 것이다. 이러한 현실적인 문제를 합리적으로 해결하는 노력이 국가에 헌신하는 것이다.

(2) 국민에 대한 봉사 실천방안(예시)

① 책임성, 전문성 확보   ② 공정성 유지   ③ 의견수렴, 갈등조정
④ 친절, 소통   ⑤ 창의행정, 적극행정

TIP 이러한 능력들을 갖추어야 하기 때문에 면접에서는 '해당 역량'을 집중적으로 검증하고자 한다.

(3) 국가에의 헌신 관련 기출 및 예상질문

Q1. 우리나라의 국가잠재력을 향상시키기 위해 공무원으로서 가져야 할 자세는 무엇이라고 생각하는가?
A1. 제가 '제4차 산업혁명'이라는 글을 본 적이 있습니다. 정보기술융합을 통한 산업을 말하는 것인데 현재 이슈화 되고 있는 인공지능이나 드론 등이 그 예입니다. 세계는 변화하고 있고 공무원은 이러한 정보 등을 발 빠르게 수집하고 변화에 맞는 직업을 창출한다던가 다가오는 미래로 인한 문제점을 예견해서 사전에 방지하는 등의 전문성이 필요하다고 생각합니다.

Q2. 공직자에게 헌신이란 무엇이라고 생각하는가?
A1. [경험을 활용한 사례] 제가 얼마 전 ○○국유림관리소에 다녀온 적이 있습니다. 사실 그곳에 들어갈 때는 좀 무섭기도하고 딱딱하지 않을까 걱정했습니다. 그런데 안내해 주신 팀장님께서 너무 친절하시고 자세하게 업무에 대해 알려주셔서 너무 감사했습니다. 이런 자신의 위치에서 주어진 일을 잘 해내고 친절하고 모범적인 모습을 보이는 것도 헌신하는 일이라고 생각합니다.

A2. [너무 포괄적이고 추상적인 답변 사례] 저출산 고령화, 양극화, 삶의 질 저하 등 우리나라가 당면한 많은 문제를 효과적으로 극복하기 위해 사명감을 가지고 국가와 국민을 위한 따뜻하고 유능한 공무원이 되도록 노력하는 것이 공직자로서의 헌신이라고 생각합니다.

3 공익실현에 대한 실천방안(공무원의 자세 및 역할)

✔ POINT 공무원의 목적은 '공익실현'에 있다. 그러므로 모든 공직가치는 공익실현에 포함된다고 이해하면 된다.

(1) 공익의 정의

① 사전적 의미: 공익(公益)은 '사회 전체의 이익'을 의미한다. 헌법 제7조에는 '공무원은 국민 전체에 대한 봉사자이며, 국민에 대하여 책임을 진다'고 명시되어 있다. 모든 공무원은 국민 전체에 대한 봉사자로서 국민 전체의 이익 실현을 위해 직무에 충실해야 한다. 또한 헌법은 전체의 이익을 실현하기 위해 공무원에게 권한과 책임을 부여하고 있다.

➡ 공무원헌장 본문 첫 문장에 '공무원은 공익을 가장 중요한 가치로 고려해야 하는 점'을 명시하고 있다. 공직자로서 갖추어야 할 공익추구란 특정 개인이나 집단의 이익이 아닌 공공의 이익을 위한 의사결정과 행위를 의미한다.

② 이론적 의미: 공무원은 여러 행정가치가 충돌하는 현장에서 의사결정을 내려야 한다. 예를 들어 소요되는 비용과 산출을 고민하여 가장 경제적인 대안을 선택해야 하는 경우가 있고, 이와 반대로 경제성은 부족하지만 최대한 많은 국민에게 혜택을 분배하는 선택을 해야 하는 경우도 있다. 공익은 이렇게 가치충돌의 상황에서 균형적인 사고와 판단을 유도하는 중요한 역할을 수행한다.

(2) 사례로 이해하기

① 사례 1: 주차장 부족에 따른 인근 학교와 협의하여 학교주차장 야간 무료 개방
② 사례 2: 공용차량 무상공유 ➡ 공공자산인 공용차량을 업무에 사용하지 않는 시간에 시민에게 무상 공유
③ 사례 3: 나눔 냉장고(독일 푸드쉐어링) ➡ 혼자서 먹지 못하는 음식 재료를 여러 이웃에게 나누어주는 실천운동으로 음식물 쓰레기를 줄이기 위해 독일에 100군데 이상 있다는 '거리의 냉장고'이다. '재료만 두고 꺼내서 공용으로 사용하는 냉장고'에서 착안한 것이다. 그 결과 이웃 간의 정을 느낄 수 있고 음식물 쓰레기 양도 절감하였다.
④ 사례 4: 세종대왕의 한글 창제

> **🖉 Check point**
>
> 세종대왕 관련 사례는 5분발표로 자주 출제된다. 공익성, 전문성, 창의성, 책임감, 다양성, 민주성 등 수많은 공직가치가 나올 수 있다. 이에 현재 시점에서 논쟁의 여지가 거의 없는 공익적인 정책의 예로는 '세종의 한글 창제' 같은 것을 들 수 있다. 하지만 이 경우에도 당대에는 지독한 논쟁을 뚫고 세종의 의지로 강행되어야만 했고, 훈민정음은 반포된 후에도 400여 년 동안 공익성을 크게 인정받지는 못했다. 19세기 말 이후 사회가 평등해지고 민중의 이익이 중요하게 고려되면서 한글의 가치가 부각되고 세종의 정책으로써 실현된 공익이 밝은 빛을 보게 되었다.

⑤ 사례 5: 경부고속도로 건설

1970년대 우리나라 경제 성장의 이면에는 우리 경제성장의 핏줄로서 그 역할을 감당해 온 고속도로
가 있었다. 경부고속도로는 1968년 2월 1일 착공하여 총공사비 4백 29억 원을 투입하여 만 2년
5개월 만인 1970년 6월 30일에 완공하여 7월 7일에 개통하였다. 제2차 경제개발 5개년 계획기간
에 준공된 경부고속도로는 경제성장 초기에 생산 물자를 원활히 공급함으로써 한국 경제성장을 촉
진시켰던 대동맥의 역할을 담당해 왔다. 당시 재정상태나 기술력 그리고 차량수 10만 대의 여건 등
을 이유로 많은 반대가 있었지만 우리 나라 국민경제의 발전과 산업 근대화에 여러 가지 큰 공헌을
할 것이라는 미래의 가능성을 보고 사전에 치밀한 계획과 여러 가지 구체적인 데이터를 갖고 있었고
또 과학적인 검토와 분석에 의해서 충분히 할 수 있다는 자신을 가졌기 때문에 정책을 착수할 수
있었다. 결과적으로 경부고속도로는 우리나라 근대화의 상징이 되었고 국민들에게 경제발전이라는
공익을 실현시켜 주었다.

(3) 민주화 시대의 공익

현대사회에서 공공정책이란 거의 모두 위임된 제도와 기관에 의해서 입안되고 결정된다. 그러나 배후에
는 언제나 주권적 국민의 재가가 암시적인 형태로 깔려있다. 이미 결정된 어떤 정책에 대해서도 국민들
은 주권적 의사의 표현으로서 반대할 수 있고, 아직 채택되지 않은 어떤 정책이라도 입안하여 시행하도
록 요구할 수 있다. 국민의 다양한 의사표현을 인정하고 수렴하면서 대의민주주의와 법치주의에 의해
절차적 정당성을 지키면서 정책을 수립하고 시행하는 것이 공익적인 것이라 생각된다. 아무리 위임된
권력이라도 헌법과 법률을 위반할 때에는 국민은 그 위임된 권력을 회수할 수 있음을 탄핵사태를 통해
확인하였다. 즉, 정보화 개방화 시대의 공익은 아무리 좋은 정책이라도 국민을 설득하고 공감을 이끌어
내야 하는 것이다.

그러나 합리설도 일정한 비판을 받는다. 첫째, 공익의 근원이 되는 민심이나 국민의 의사가 과연 무엇
인가를 찾는 것은 매우 어렵다. 국민의 의사라는 것은 조작될 수도 있고 강자의 이익이 국민의 의사인
양 왜곡될 수도 있기 때문이다. 둘째, 정책결정과정이 국민의 의사를 최적으로 실현하기 위한 가치중립
적이며 기술적인 과정이라고 하는 것은 고도의 재량권을 가진 행정의 현실에 비추어 볼 때 대단히 비현
실적이라는 점이다.

➲ 공익에 대한 합리설 참조

(4) 공익 우선의 개념

아래의 사례는 감염병과 같이 공익을 심대하게 침해하는 경우 정보공개를 통해 국민의 알권리를 추구하
는 방향이 옳다는 판단을 보여주는 내용이다.

1. 2015년 메르스 사태 초기 메르스 발생 지역과 환자, 병원에 대한 정보공개 논란이 있었다. 정보공개에
찬성하는 시민단체 입장은 정보공개를 통해 국민들의 불안을 해소해야 한다고 주장했다. 반면 보건당국
에서는 정보를 공개하면 자칫 주민들 불안과 동요를 키우고 해당 병원에 불필요한 낙인을 찍어 피해를
줄 수 있다는 이유를 들어 정보공개에 반대했다. 어느 쪽의 주장이 더 공익에 부합하다고 생각하는가?

⇨ 당시에는 결과적으로 비공개 원칙 고수로 인해 사회적 불안은 더 커졌고 병원에는 메르스 감염 환자가 더 많이 발생하면서 정부에서는 결국 공개로 전환하였다. 그러나 복지부가 병원정보 공개에 대한 명확한 원칙을 세우지 못한 동안 메르스 확산에 대한 국민 불안이 가중됐다는 점이 복지부가 발간한 '메르스 백서'를 통해 확인됐다.

2. 메르스 사태를 계기로 '감염병 예방법'이 아래와 같이 개정되었다.

> 제34조의2(감염병위기시 정보공개) ① 질병관리청장, 시·도지사 및 시장·군수·구청장은 국민의 건강에 위해가 되는 감염병 확산으로 인하여 「재난 및 안전관리 기본법」 제38조 제2항에 따른 주의 이상의 위기경보가 발령되면 감염병 환자의 이동경로, 이동수단, 진료의료기관 및 접촉자 현황, 감염병의 지역별·연령대별 발생 및 검사 현황 등 국민들이 감염병 예방을 위하여 알아야 하는 정보를 정보통신망 게재 또는 보도자료 배포 등의 방법으로 신속히 공개하여야 한다. 다만, 성별, 나이, 그 밖에 감염병 예방과 관계없다고 판단되는 정보로서 대통령령으로 정하는 정보는 제외하여야 한다.

(5) 스스로 정리해보기

아래의 참고자료를 바탕으로 '응시생이라면 어떻게 할 것인지' 정리해보기 바란다.

> 당신은 건물 준공검사 담당 공무원이다. A상가 건물 리모델링 준공 허가신청 민원이 들어왔다. 이 건은 다음과 같은 이해관계가 걸려있다. 담당 주무관으로서 어떻게 해결할 것인가?
>
> 1. A상가 건물은 규정상 안전 보완이 필요하다.
> 2. 리모델링시 김밥가게 주인은 쫓겨날 위기에 처했다.
> 3. 준공허가 지연시 건물주는 손해를 보게 될 상황이다.

❤PLUS

생각해보기
1. 공익을 기준으로 판단할 때 선택의 근거는 무엇일까?
2. 이유가 무엇이든 법이 정한 일은 지켜야 하지 않을까?
3. 한 가족의 생계를 지키기 위해서는 규정을 어겨도 되지 않을까?
4. 규정을 어기면 징계를 받지 않을까?
5. 규정을 지키는 것이 공직자로서 국민을 위하는 데 오히려 방해가 되지 않을까?
6. 건물을 사서 리모델링하는 주인의 입장도 중요하지 않을까?

(6) 공익 우선의 실천방안(예시)

① 공공성
 ㉠ 직무를 수행함에 있어 특정인이나 특정집단이 아니라 일반 사회 구성원 전체의 이익을 우선하는 공익지향성
 ㉡ 공익실현을 위한 제도적 장치 구축 노력
 ㉢ 개인의 자유와 권익 보호(사익을 보호하는 것도 전체적 의미에서 공익)
 ㉣ 시민의 참여에 의한 거버넌스 행정 실현
 ㉤ 사회적 약자 보호 ⇨ 헌법 가치에서 제시된 복지국가주의는 사회적 약자를 배려하는 것이 공익임을 의미한다.
 ㉥ 민주적 의견수렴 ⇨ 국민이 무엇을 원하는가를 파악(변화하는 시대에 부응하여 결정)
 ㉦ 효율성(국민이 진정 바라는 서비스를 제공)과 효과성(국민의 세금을 아껴 서비스를 제공)
 ㉧ 합법성과 합리성 ⇨ 행정은 합법적으로 집행되어야 절차적 정당성을 확보할 수 있다.
 ㉨ 투명성 ⇨ 투명한 정보공개를 통해 국민을 위해 봉사하는 유능한 정부를 실현할 수 있다.

② 공정성
 ㉠ 거래의 공정성 확보 ⇨ 자유시장 경제질서 유지, 갑질 등 불공정 거래 규제, 징벌적 손해보상제 확대
 ㉡ 견제와 균형 ⇨ 민주주의의 작동원리

(7) 공익관련 기출 및 예상질문

TIP 자신의 이야기를 해야 한다.

Q. 본인이 생각하기에 공익은 뭐에요? 정답이 있는 건 아니니 편하게 얘기하세요.
A. 제가 교과서에서 배울 때는 학자들마다도 공익을 정의하기 어렵다고 배웠습니다. 공익이라는 게 더 많은 사람의 행복 약간 공리주의적인 시각이 좋을 수도 있지만 제가 생각하는 공익은 사회적 약자를 배려해 주는 것입니다. 제가 정약용 선생님을 존경하는데 정약용 선생님이 말하는 애민은 어린아이, 노인, 장애인, 재난을 당한 사람 등 사회적인 약자를 먼저 구하라고 하셨습니다. 저는 사회적 약자를 먼저 구하는 게 공익이라고 생각합니다.

Q. 그럼 제가 한번 물어볼게요. 본인이 법을 집행하는 공무원인데 법이 항상 좋은 것만은 아니잖아요. 허점이 있어요. 아까 어려운 사람을 배려하는 게 공익이라고 했는데 법의 테두리 밖에 있는 어려운 사람을 만났을 때 법을 지키실 거에요? 아니면 법을 어기고라도 도와주실 거에요?

A. 네, 법이 항상 좋은 것만은 아니고 허점이 있는 게 맞습니다. 얼마 전 송파구 세 모녀 사건도 복지 사각지대에 있었습니다. 그런데 법의 테두리 밖에서 어려운 사람을 보면 솔직히 안타깝고 도와주고 싶지만 제가 어려운 사람을 만났다고 해서 제가 마음대로 법을 자의적으로 해석하거나 제 마음대로 결정해서 도와주겠다고 하는 건 아닌 것 같습니다. 안타깝지만 법대로 집행하고 현행법의 불합리한 점이 있다면 법 개정을 제가 건의해보거나 규정을 개선하려고 노력할 것이고 당장 그 어려운 사람은 가능한 민간단체에 연계시켜 도와줄 방법을 찾아보겠습니다. 그것이 공무원으로서 공익을 위해 책임을 지는 자세라고 생각합니다.

Q. 공무원은 공익을 위해 일을 합니다. 그럼 공익의 범위가 어디까지라고 생각하나요?

A. 제가 생각하는 공익은 사회 취약계층에 대한 배려가 가장 우선이라고 생각하는데 사회 취약계층은 확정지을 수 있는 것이 아니라 상황마다 다를 수 있겠다는 생각이 들었습니다. 면접을 준비하면서 본 제시문이 있습니다. 'A산업은 원래 영세업자들의 오프라인 판매만 가능했는데 일자리 창출을 위해 온라인 판매가 가능하도록 규제를 완화하자 영세업자들이 반대하는 상황이었는데 어떻게 대처할 것인가?'라는 제시문이 있었는데 저는 처음에는 영세업자분들이 보통 취약계층에 해당하니 그분들을 배려하는 것이 공익이 아닐까라는 생각을 했지만 생각해보니 요즘 같은 코로나19 상황에서 일자리를 창출하기 위해 규제를 완화하는 것 또한 더 큰 공익이 아닐까라는 생각이 들었습니다. 이렇듯 공익은 상황에 따라 얼마든지 달라질 수 있고 제가 상황에 맞추어 어떤 것이 더 중요할지 판단하는 것이 중요하다고 생각했습니다.

⟡ PLUS

1. 공무원은 공익의 달성뿐만 아니라 공익의 장기적인 침해에 대응할 수 있도록 다각적인 사전경보시스템과 조기 예방대책을 마련해야 한다. 예를 들어 국토관리청의 부실공사로 침수피해가 발생할 경우 피해지역 주민들은 인재라는 주장과 100% 침수피해 보상을 요구할 것이다. 공익실현을 목적으로 하는 공무원에게 각종 상황에 대한 고도의 전문화된 지식과 관리를 요청하고 있다. 공무원의 공익실천은 각종 현실문제에 대한 심도있는 분석과 예측과 함께 돌발적인 상황에 대한 대응능력까지 요구하고 있다.

2. 2017년 청주지역 물난리의 경우에도 우수저류시설이 설치되어 있었지만 제대로 작동하지 않음으로써 주민들에게 엄청난 피해가 발생했다. 미리 대비하고 전문성을 발휘하여 사전에 준비가 되어 있었다면 그런 피해를 막을 수 있었을 것이다. 이처럼 공무원은 국가를 대신해서 국민의 생명과 재산을 지키고 주민행복을 위해 봉사자로서 공익을 위해 일을 해야 하는 것이다. 공익을 위해 일하는 공무원에게 필요한 것은 책임성과 전문성, 헌신성 등이다.

MEMO

✏ **Check point**

사회적 가치와 공익과의 관계

1. 사회적 가치의 개념

사회·경제·환경·문화 등 모든 영역에서 공공의 이익과 공동체의 발전에 기여할 수 있는 가치이다.

2. 세부 분류별 의미

사회적 가치	주요 의미
인간의 존엄성을 유지하는 기본 권리로서 인권의 보호	행복추구권, 평등권, 알권리, 직업의 자유, 안정적 주거생활 보장 등 헌법상 보장되는 기본권 보장
재난과 사고로부터 안전한 근로, 생활환경의 유지	시장에서 해결할 수 없는 국민의 안전을 지키기 위한 공공의 적극적 조치 필요
건강한 생활이 가능한 보건복지의 제공	인간다운 생활의 기본조건으로서 건강한 생활을 영위할 수 있는 보건·의료서비스를 국가에 요구하고 국가는 이를 제공
노동권의 보장과 근로조건의 향상	생계를 유지하기 위해 일할 수 있는 권리보장, 노동3권, 안정적인 근로조건 유지, 최저임금인상, 고용안정 등
사회적 약자에 대한 기회제공과 사회통합	여성, 노인, 청소년, 신체장애자, 기타 생활능력이 없는 국민도 인간으로서의 존엄과 가치를 보장받을 수 있는 사회보장 정책 추진
대기업·중소기업 간의 상생과 협력	시장의 지배와 경제력의 남용을 방지하고, 경제주체 간의 조화를 통한 경제의 민주화를 위하여 필요한 규제·조정
윤리적 생산과 유통을 포함한 기업의 자발적인 사회적 책임 이행	사회적 존재로서 기업의 사회적 책임 이행. 인권, 노동권, 환경, 소비자 보호, 지역사회 공헌, 좋은 지배구조 형성
환경의 지속가능성 보전	국민이 쾌적한 환경에서 생활할 권리를 보장하기 위한 국가의 의무

3. 사회적 가치 구현을 위한 정책 예시

① 교육소외계층을 위한 평생교육바우처 제공

② 취약계층을 위한 에너지 복지 확대(하·동절기 에너지 바우처 지급 등)

③ 중소규모 사업주 대상, 장애인 인식개선 교육 지원(고용부)

④ 공공시설 개방 확대 ⇨ 공공시설·자원 개방 참여기관을 지자체 중심에서 전 공공부문(중앙부처·공공기관·학교 등)으로 확대

⑤ 선제적·예방적 공공서비스 확대 ⇨ 정부24 원스톱서비스 확대 등

⑥ 인권보호 ⇨ 범죄피해자 대상 신변보호 확대, 아동·장애인의 진술조력인 배치, 외국인 인권보호

MEMO

4 **애국심**

(1) 5분발표 예시를 통해 애국심에 대한 공직가치와 실천방안 이해하기

5분발표 질문지

응시번호: **성명:**

┤ 검토시 주의사항 ├

- 발표준비시간은 10분이며 5분 이내로 발표하십시오. 발표 후 5분 정도 질문이 있게 됩니다.
- 발표를 위해 질문지 여백에 메모는 가능하며 면접시 참조하여 발표할 수 있습니다.
- 질문지는 면접 완료 후 반드시 반납하여 주시기 바랍니다.

아래의 제시문을 읽고 유추할 수 있는 공직가치를 설명하고 그 공직가치를 실천하기 위한 방안에 대해 자유롭게 발표해 주십시오.

TIP '공직가치를 실천하기 위한 방안=공직자로서의 자세'라고 이해하면 된다.

- 미국 대부분의 스포츠 이벤트에서는 국제경기와 국내경기에 상관없이 경기 시작 전에 국기를 향해 국가를 제창한다.
- 독립기념일과 퇴역군인의 날에는 가족과 함께 국립묘지 참배나 퇴역군인 퍼레이드에 참가함으로써 애국심을 고취한다.
- 미국에서는 국가공동체를 위해 특별한 희생이나 공헌을 한 사람은 당연히 그에 상응한 보상을 받을 권리가 있고 국가와 국민들로부터 존경과 예우를 받을 수 있다는 보훈의식과 보훈문화가 자리잡고 있다.

MEMO

✔ POINT 위의 5분발표 참고자료에 따른 실천방안(공무원의 자세) 예시 ⇨ 그들의 숭고한 희생정신을 기억하며 독립운동 투사들이 겪었던 고초나 전쟁같은 콘텐츠를 ict 장치들에 녹여 실감나게 만들어서 가상체험을 할 수 있게 하기

MEMO

(2) 애국심 실천방안 예시

① 우리 역사를 이해하고 전통과 문화를 창조적으로 발전시킨다.

> 예 한류의 세계화, 역사인물 탐구, 역사탐험 등

② 우리의 말과 글을 사랑하고 갈고 닦아 나간다.

③ 한국어와 한국문화를 전파한다.

> 예 외국인 친구에게 한국어 가르쳐주기, 한국문화 알려주기 등

④ 대한민국과 국민의 명예를 훼손하는 언행을 하지 않는다.

✔ POINT 애국심이란 나라를 사랑하는 마음인데 꼭 태극기를 보고 경례를 하거나 애국가를 불러야 애국하는 것은 아니다. 충성(忠誠)도 전쟁터에 나가 목숨을 바쳐야 충성하는 것은 아니다. 성실히 자신의 임무를 수행하는 것 그것이 바로 애국심이요 국가에 헌신이다. 이를 통해 국민들의 행복과 나라발전에 기여하는 것 이것이 바로 현실적으로 여러분들이 헌신하는 것이고 애국하는 것이다.

(3) 애국심 관련 기출 및 예상질문

> Q1. 애국심이란 무엇이라고 생각하는가?
>
> A1. [작지만 자신의 생각을 표현한 사례] 저는 애국심이 거창한 게 아니라 외국인에게 바가지를 씌우지 않고 쓰레기를 길거리에 함부로 버리지 않는 것도 다 애국심이라고 생각합니다. 그런 것들이 국격을 높이는 일이라고 생각하기 때문입니다.
>
> A2. [자신의 경험을 바탕으로 한 사례] 제가 생각하는 애국심은 우리나라 국토를 사랑하고, 역사·문화를 사랑하는 것 또한 애국심이라 생각합니다. 그래서 저는 국토대장정을 완주하였고 평소에 문화재 답사를 자주하고 있습니다.
>
> A3. [추상적이지만 이해하기 쉽게 설명한 사례] 공기가 없으면 못살지 않습니까? 국가도 그런 존재라고 생각합니다. 오늘날에 있어서 개인은 더더욱 생존하기 힘들다고 생각합니다. 공기와 같이 소중한 우리 국가인데 당연히 애국심은 필연적으로 갖춰야 할 요소라고 생각합니다. 헌법적 가치에도 나와 있습니다. 멀리 있지 않고 우리에게 가까이 있는 것이고 특히 공무원에게 애국심은 국가 국민을 위해 봉사하고 헌신할 수 있는 자세라고 생각합니다.

(4) 한류와 애국심

1. 한류가 가지는 의미
   한류는 한국에 대한 관심과 매력도를 고양시키고 이를 한국에 대한 종합적인 호감으로 연결시킴으로써
   우리 국민과 기업이 세계에서 환영받는 환경을 조성하고 국가이미지를 제고하며, 우리나라 국민의 문화
   적 자긍심을 고취한다(애국심과 연결됨).
2. 한국에 대한 지지여론 확보
   ① 외국인들의 마음을 얻고 한국에 대한 지지 여론을 확보하여 우리나라의 국익 달성에 매우 중요한 역
      할을 한다.
   ② 예를 들어 역사문제/독도문제/북핵문제/외교문제/통상문제 등의 경우 우리나라를 지지하게 한다. ⇨
      한반도 평화와 비핵화 나아가 통일에 대한 국제적 지지 확보
   ③ 우호적 대외 환경조성이 우리나라의 생존과 번영에 필수이다.
3. 우리나라 기업가치 및 상품가치 상승
   ① 한류로 인한 우리나라 문화 및 콘텐츠에 대한 인지도와 호감 상승은 기업가치와 상품가치의 제고로
      연결되고 국익과 직결된다.
   ② 한류와 관련된 문화콘텐츠, 소프트웨어(게임/웹툰/케릭터), 관광 등 상품 가치 제고
4. 문화교류 활성화 기여
   ① 한류로 인한 세계화로 상대국과의 문화적 교류 확대로 문화적 공감대 형성 및 상호이해 교류증진에
      기여
   ② 문화적 다양성 확보를 통한 새로운 가치 창출 기회 제공
   ③ 문화예술 공헌 활동을 통해 한국에 대한 호감도 증진
   ④ 한글 및 한국문화에 대한 세계화
5. 한류에 대한 인터뷰 사례
   외국기자: K라는 수식어가 지겹지 않은가?
   BTS(방탄소년단): 우리는 모두 K-POP이라고 부르는 것에 대해 질릴 수 있다. 하지만 그건 프리미엄
   라벨이라고 생각하며 조상들이 싸워 쟁취하려고 노력한 품질보증이나 마찬가지로 생각한다.

5 민주성

✔ POINT

1. '국민의, 국민에 의한, 국민을 위한' 미국 16대 대통령인 링컨의 연설에서 찾아볼 수 있다.
2. 민주성과 관련된 경험형 과제정리는 꼭 해 두어야 한다.

(1) 정의와 이해

① 국가의 결정은 누군가에 의해 일방적으로 이루어지거나 소수를 위한 것이 아니라 국민 모두의 의견
   을 듣고 존중하며 소통을 통해 합의로 나아가야 한다는 것이다.
② 국민에게 정보를 투명하게 공개하고 그 의견을 수렴하여 사회적 갈등을 줄이고 신뢰받는 행정을 하
   는 것이다.

(2) 사례로 이해하기

① 사례 1: (미국) 사회문제 해결에 공모전 방식을 도입한 챌린지 프로젝트

    ㉠ 정부 현안을 국민에게 공개하고 공모를 통해 해결방안을 제안받아 최적의 안을 채택하자는 취지의 정책현안 솔루션 공모

    ㉡ 채택된 아이디어에 대해서는 포상 실시

    ㉢ 민간의 창의적 아이디어를 활용함으로써 정부의 좁은 시야에서 탈피하고 국민의 정책결정과정에 대한 참여를 높일 수 있는 방식으로 평가

② 사례 2: (미국) 뉴욕시가 처한 문제를 기술로 해결하는 크라우드 소싱 경진대회

    ㉠ 뉴욕시는 공공정보 공개를 통해 지역에 특화된 어플리케이션을 개발하고자 경진대회 기획

    ㉡ 시가 보유하고 있는 빅데이터와 기술을 시민에게 공개, 시민의 참여에 의한 시민에게 유용한 기술 자산으로 개발

③ 사례 3: 예산편성에서의 민주성 사례

> 매년도 「예산안 편성지침」은 합리적이고 투명·공정한 재원배분이라는 이상을 가지고 출발한다. 이를 위해 정부는 사업의 타당성, 시급성, 지원규모 등을 영점기준(Zero-base)에서 판단해야 한다. 국가가 반드시 수행해야 할 사업인지, 민간에 맡겨야 할 사업인지 또한 당장 해야 할 시급한 사업인지, 시간을 두고 추진해도 되는 사업인지 등 사업 간 우선순위를 정하여 예산지원 여부를 결정해야 한다. 또한, 국민들의 요구가 민주적 절차를 통해 예산에 반영되어야 하며 예산이 실제 집행되는 과정에서 행정 서비스가 국민의 기대에 부응할 수 있어야 한다. 이를 위해 정부는 예산편성의 방향을 정하는 단계에서부터 정부 예산안을 확정하는 단계에 이르기까지 각 부처, 시·도, 그리고 각계 직능·시민단체 대표, 학계·언론계 등으로부터 다양한 의견을 수렴하여 예산에 반영하여야 한다.
>
> 최근 지자체에서는 주민참여예산제도를 시행하고 있다. 이 제도는 예산의 일정 규모를 주민참여예산으로 편성하여 주민이 지역에 필요한 사업의 제안부터 심사, 선정까지 전 과정을 주도적으로 참여하고 예산을 편성하는 제도로 민관협력적 거버넌스의 대표적 사례라 할 수 있다.

④ 사례 4: 안전분야에서의 민관거버넌스 행정 사례

> 서울시 은평구에서는 「우리동네 안전감시단」을 운영하고 있다. 단원들이 매월 안전 위해요인 발굴·제보, 캠페인 등 안전활동을 전개하여 국민안전처에서 실시한 재난관리실태 평가에서 은평구가 최우수 기관으로 선정되는 데 큰 역할을 했다.
>
> 은평구는 자원봉사 형태로 활동이 가능하고 재난안전분야에 전문적 지식을 보유하고 있는 시민, 재난 및 안전관련 단체 회원 중 예방활동에 역량있는 사람을 대상으로 안전감시단원을 모집했다. 또한 은평구에서는 위촉장, 활동모자와 조끼 등을 전달해 단원들의 활동을 지원하고 있다.
>
> 정부예산의 한계, 주민들의 이해와 욕구를 파악하여 효율적인 행정서비스의 제공, 민주적 의견 수렴, 갈등해결 등을 위해 최근에는 민관협력적 거버넌스 행정이 안전, 복지, 주거, 환경분쟁 등 많은 분야에서 유용하게 활용되고 있다.
>
> 민관거버넌스에서 행정은 정책수립, 예산지원, 모니터링을 통해 실질적인 민간참여를 유도하도록 지원 체계를 만들어가고 안정성, 지속성을 갖도록 제도적 성격을 부여하기도 하며 예산낭비 및 남용이 되지 않도록 관리·감독적 성격을 갖는다.

(3) 민주성 실천방안 예시(민주성을 정책에 반영할 수 있는 방법)

① 주민의 이해와 욕구를 파악하기 위해서는 기업 및 민간과의 소통이 중요
② 투명한 정보공개와 정부정책에 대한 홍보도 쌍방향 소통을 위해 중요한 요소
③ 주민참여예산 확대
④ 정부의 서비스 공급과정과 정책수립, 반부패전략에 시민사회의 참여 확대
⑤ 정부-기업-시민사회 네트워크 강화(대표적으로 ESG)
⑥ 독점과 진입장벽을 허물고 거래의 공정성 확보
⑦ 언론과 NGO의 역할 강화
⑧ 국민참여재판(국민의 사법 참여 확대)
⑨ 국민청원
⑩ 선거 참여
⑪ 직접민주주의(국민소환제, 국민발안제 등)
⑫ 지방자치(지방분권을 통한 지방자치 권한 확대)
⑬ SNS 행정/홍보/의견수렴

(4) 민주성 관련 기출 및 예상질문 예시

> Q. 민주성을 답변해주었는데 해당 직렬에서 왜 중요한가요?
> A. 고용노동부에서는 다양한 연령의 국민들이 문의를 주시고 있어서 이러한 부분에서 소통이 중요하기에 민주성이 중요하다고 생각합니다. 또한 나중에 근로감독관을 하게 되면 사업주와 근로자의 중간적인 입장에서 편견에 치우치지 않고 소통하는 공정성 있는 업무를 처리해야 하는 것으로 알고 있습니다. 저는 소통을 통해 공정한 일처리를 할 수 있도록 노력하겠습니다. 또 적극행정으로 국민들의 불편한 점을 해결해 주어야 하는 것이 중요하다고 생각합니다.
>
> Q. 그렇다면 민주성을 기르기 위한 노력에는 무엇이 있나요?
> A. 사실 거창하게 민주성을 기르기 위한 노력을 따로 하고 있지는 않지만 다른 사람과 대화를 할 때, 나와 다른 생각을 가진 사람의 의견을 무시하지 않고, 그 사람이 왜 그런 생각을 하는지 다시 한번 생각해 보는 것을 습관화하고 있습니다.

> Q. [5분발표 예시] 국민소통강화를 위한 공무원의 자세에는 어떤 것이 있을까요?
> A. 정책 자원에는 여러 가지가 있습니다. 예산, 기획력, 분석력, 추진력 등이 있지만 그중에서도 국민의 지지와 신뢰는 정책을 수행하는 데 가장 중요한 기반이 된다고 생각합니다. 이를 높이기 위해서는 다음과 같은 자세가 필요합니다.
> 첫째, 열린 자세입니다. 정책 수행 중 수시로 수정·보완할 수 있어야 합니다. 현장의 목소리가 반영될 수 있도록 하는 것입니다. 실제로 청년실업 문제해결을 위해 정부에서 청년과 회의를 개최하고 있는 것을 보았는데 이것이 좋다고 여겨 이 아이디어를 떠올려 보았습니다.
> 둘째, 소통하려는 자세입니다. 잘 들어주는 경청이 그 시작이라고 생각합니다. 저는 대학 시절 대형마트 캐셔로 아르바이트를 했습니다. 어떤 고객님께서 이상한 쿠폰을 가져오셔서 적용해 달라고 하셨습니다.

저는 딱 봐도 아닌 것을 알았지만 하나하나 봐드리며 설명을 해 드렸습니다. 그렇게 하니 생각보다 빨리 고객님이 수긍을 하셨습니다. 이렇게 당장 부당해 보이거나 정책에 반영될 수 없는 것이라도 일단 잘 들어 주는, 그에 응답하는 자세가 필요합니다. 그렇게 하면 국민들은 이야기가 통한다, 대화가 된다는 느낌이 들 것이고 국민의 정책 관심도가 증가할 것입니다. 이를 통해 국민의 지지를 확보할 수 있습니다.

마지막 셋째, 정보공개입니다. 정부가 공개하는 데이터를 국민이 활용하면서 현실성 있는 정책이 나올 수 있을 것입니다. 만약 누군가 창업을 할 때 공공정보를 이용한다면 정부 정책이 현실과 호흡하는 살아 있는 정책이 될 것입니다. 정리하면 이러한 점을 통해 소통하면 현실에서 국민과 함께 호흡하는 정책이 되어 실제 정책과 국민의 정책만족도의 괴리를 좁힐 수 있으며 국민 신뢰를 확보할 수 있을 거라 기대할 수 있습니다.

MEMO

6 　다양성

✔**POINT**　다양성은 열린자세와 포용능력이 핵심이다.

(1) 정의와 이해

① 우리 사회는 성별부터 성격, 지역, 종교 등 서로 다른 사람들로 구성되어 있고, 각기 다른 사람들이 서로 이해하고 함께 살아가는 장소이다. 그러므로 다름을 인정할 줄 아는 자세가 중요하다.

② 정부도 다양한 사회 구성원들의 목소리에 귀 기울이고, 존중하며 함께 발전해 나갈 수 있어야 한다.

(2) 사례로 이해하기

① 서울 외국인 전용 주민센터(글로벌 빌리지 센터)도입: 계좌 개설, 과태료 납부, 기차 예매 등 사소하지만 외국인은 어려울 수 있는 부분까지 세세하게 도움을 주고 있다.

② 버지니아 공대 NGT(이웃동반성장) 프로그램: 아동과 노인을 대상으로 전문적인 연구를 수행하던 두 기관의 통합에 바탕을 두어 매 학기 버지니아 공대 학부생과 대학원생들이 프로그램의 운영자, 연구자, 인턴, 자원봉사자로 참여한다.

　예 노인과 3~5세 유아를 팀으로 구성하여 동물 이름 목록을 작성하고 동물의 이름을 알아맞히기 등 ⇨ 노인(치매 완화, 활기 증진)과 아동(노인과의 교류, 이해력 상승) 모두 긍정적 효과를 거두고 있다.

③ 이탈리아 Orto in Condotta 프로그램: 초등교육과정에서 다루는 농작물 재배활동을 통한 세대 간 연계를 도모하는 프로그램이다. 교사, 부모, 조부모, 관계자 및 노인 원예전문가가 참여하며, 3년 동안 프로그램 진행, 학년 말이 되면 그간의 성과를 공유하기 위해 학부모와 지역사회 주민들을 초청하는 행사를 마련한다.

④ 프랑스 사례

　㉠ 공교육기관 다문화 교육 강화: 프랑스는 주류집단의 소수문화에 대한 수용성을 높이기 위해 공교육기관에서 다문화교육을 강화한다.

　㉡ 기회균등법 제정: 대중매체, 특히 방송에서의 문화다양성 확보를 위한 조치들을 지속적으로 취하고 있다. '기회균등법'을 제정하여 대중매체에서 문화다양성 확보, 차별금지, 사회통합 등의 조치를 취할 것을 규정한다.

　㉢ 이주민 자녀의 모국어 교육 및 지방 고유 언어교육: 문화다양성의 이념에 따라 다언어주의 수용도 점차 확대하며 이주민 자녀의 모국어 교육과 아울러 지방의 고유 언어교육이 이루어지고 있다.

　㉣ 통합과 차별퇴치 지원기금: 정부는 공공, 민간, 기관들과 인종차별 퇴치 협정을 체결하여 각 기관 내에 이를 전담하는 부서를 만들고, 인종 차별 퇴치 전문가를 양성하여 지원한다.

　㉤ 차별퇴치평등고용청: 대통령 산하 인종차별 금지를 위한 차별퇴치평등고용청을 설치하였다.

⑤ 문화체육관광부: 아름다운 이야기 할머니(유아교육기관) ⇨ 문화로 공공일자리 창출 및 책 읽어주는 문화 봉사단(문화소외시설) ⇨ 실버세대의 재능기부

⑥ 움직이는 예술정거장: 평소 문화예술을 접하기 어려운 농산어촌 지역에 예술가가 직접 방문해 지역 주민과 아동, 노인들을 위해 다양한 형태의 문화예술교육 프로그램을 진행하는 사업이다.

⑦ 문화누리카드: 기초생활보장 수급자와 차상위 계층을 대상으로 발급하며, 문화예술, 한국 여행, 스포츠 관람을 자유롭게 이용할 수 있는 카드이다.

MEMO

---

⑧ 다문화가족 지원정책: 글로벌화 시대 다양성 실현의 대표적인 정책으로 여성가족부에서는 다문화가족지원을 위한 다양한 정책을 시행 중이다.

　㉠ 다문화가족지원센터 운영 ⇨ 한국어교육, 통역·번역, 상담 및 사례관리, 결혼이민자 사회적응교육, 가족교육, 다문화가족 자녀 언어발달 지원, 방문교육 등

　㉡ 국제결혼피해상담 및 구조

　㉢ 다누리콜센터(1577-1366) 운영

　㉣ 다문화가족 프로그램 개발 지원

　㉤ 결혼이민여성 일자리정보 제공

　㉥ 다문화가족지원포털(다누리) 운영

⑨ 균형인사제도: 지식정보화사회에서 글로벌 경쟁력을 확보하기 위해서는 다양한 인적자본(Human Capital)을 효율적으로 활용하는 것이 중요하다. 정부의 인사운영에 있어서도 효율성 위주의 실적주의 인사원칙에서 한걸음 더 나아가 공직 구성의 다양성과 대표성, 형평성 등을 제고하는 균형인사(Balanced-Personnel)가 시행 중이다.

ㄱ 여성, 장애인, 과학기술인력, 지방인재 등의 공직진출을 확대

ㄴ 국가직 지역인재 7급 추천채용제도 ⇨ 지역 우수인재의 공직진출 확대로 공직구성의 지역대표성 강화, 공직 충원 경로를 다양화하여 우수 인재의 공직유치 확대

(3) 다양성 실천방안 예시

① 국민의 입장이 서로 다름을 이해하고 소통과 협력으로 갈등해소 노력(공익성, 민주성과 유사)
② 국적·인종·성별·연령 등 어떠한 이유로도 차별하지 않기
③ 장애인 고용 우대 정책, 지역균형발전
④ 자본시장법 개정으로 여성의 사외이사 확대
⑤ 이민 확대 정책
⑥ 문화 콘텐츠 다양성 확대 지원(독립·예술영화, 다원예술, 인디게임, 독립출판 지원 등)
⑦ 기후변화 위기에서의 다양한 삶의 가치 존중(산업화의 위기를 넘어 다양한 가치의 공존)

TIP 본인의 경험에서 충분히 다양성 사례를 찾을 수 있다. 공직자가 되면 다양한 계층의 의견을 반영하여 정책을 만들어 내는 것이 중요하기에 각각의 계층에게 필요한 공직가치들은 무엇인지 고민해야 한다.

(4) 다양성 관련 기출 및 예상질문

> Q. 다양성 확보가 왜 중요한가?
> A. 서로간의 차이를 인정하지 못해 사회적 갈등을 유발할 수 있기 때문입니다. 극단적인 경우 배타성과 공격성을 보이기도 합니다. 다양성을 인정하지 않으면 사회적 차별이 나타날 수 있으며 인종차별, 임금차별, 집단따돌림 등의 문제가 발생할 수 있습니다. 이로인해 구성원 간의 불신이 깊어져 사회통합을 저해할 수 있습니다.

✎ Check point

다양성 관련 정리하기

1. 예를 들어 소셜믹스(아파트단지 내에 분양과 임대를 함께 조성하여 계층 혼화를 위한 제도)는 여전히 갈등이 반복되고 뿌리내리지 못하고 있다. 하지만 이를 분리할 경우는 더 큰 차별과 계층 분리의 문제가 발생할 수도 있다. 이와 같은 다양성의 문제를 해결하는 것이 공무원의 역할이다.
2. 생태계, 환경, 사회, 문화도 다양성을 갖춰야 생존력이 높아지고 창의성을 발휘할 수 있어 안정과 생존에 다양성은 필수적이다. ⇨ 다양해야 강하다.
3. 다양성 확보를 위해서는 계층적, 문화적 다양성을 이해하고 소통을 통해 자기문화와 다른 문화적 차이를 인정하는 관용의 자세를 가져야 한다.
4. 사회적 차원에서는 제도나 법적인 기반을 마련하여 차별을 금지하고 다양한 계층과 문화가 공존할 수 있도록 해야 한다.

5. 다양성 확보에 실패할 경우 각종 장애인 차별, 여성차별, 외국인 차별, 사회적 약자 차별 등 사회문제가 발생할 수 있다. 이로인해 갈등이 증폭되고 불신과 사회양극화 현상이 발생하여 엄청난 사회적 비용을 초래할 수 있기 때문이다.
6. 다양성 확보를 위해 다양한 구성원의 요구를 들어야 한다는 측면에서 시민참여 확대로 대표되는 민주성, 공익성, 공정성과 그 의미가 상통한다.
   ● 여러 공직가치는 서로 연결되어 있어 바라보는 관점에 따라 때로는 동일하게 해석될 수 있고 또한 독립적으로 존재할 수 있다.
7. 다만, 다양성을 강조할 경우 역차별 문제와 사회갈등을 초래할 수 있어 적절할 균형이 필요하다. ➪ 공직가치 충돌편 참고

7 책임감(사명감)

(1) 정의와 이해
① 공무원은 국민 전체에 대한 봉사자이며, 국민에 대하여 책임을 진다(헌법 제7조).
② 공무원은 국민 전체의 일을 수행하는 것으로서 자신이 맡은 일의 중요성을 알고, 진지한 자세로 임무를 끝까지 최선을 다해 수행해야 한다. 어렵거나 곤란한 일이라고 해서 피하는 것이 아니라 문제의 원인을 찾고 적극적으로 일을 해결하려는 자세를 가져야 한다.

(2) 사례로 이해하기
① 충남 서천군 희망택시(오지마을 100원 택시): 버스 적자 운영의 어려움, 노인 승객의 불편, 일시적 수요 변화 대응 × ➪ 주민대상 방문 조사를 통해 주 이용층이 노인이며, 이동 장소는 병원과 시장임을 발견 ➪ 택시운행에 대한 군 예산 지원이 공직선거법과 여객자동차 운수사업법에 저촉됨을 발견 ➪ 주민의 복지증진에 관한 사무로 조례 제정하여 관련 기관에 도입 문의 후 시행
   ● 위의 사례를 바탕으로 유추할 수 있는 공직가치는 '융통성, 창의성, 준법정신, 적극성, 전문성, 효율성'이다.
② 법제처 '수리' 관련 법령 정비: '수리를 요하는 신고'와 '수리를 요하지 않는 신고'의 구분 어려움 ➪ 1,300여 개의 신고제도 구분, 신고 처리 기간 명확히 규정
   ● 위의 사례를 바탕으로 유추할 수 있는 공직가치는 '소통성, 책임성, 전문성, 효율성'이다.
③ 어두운 골목에 벽화 제작: 범죄율 하락, 분위기 쇄신
   ● 부작용 ➪ 갑작스러운 관광객 방문으로 인한 소음 등으로 갈등이 발생한 이화마을
④ 해외직구 세금 환급 대상 확대: 반복된 민원 ➪ 단순 변심으로 인한 환불의 경우까지 확대하기로 결정
   ● 신속 도입을 위해 내부 규정으로 적용 후 관세법 개정
⑤ 공공누리마크 표시: 전통문양 등 공공저작물 이용을 위해서는 해당 공공기관의 허락 필요 ➪ 공공누리마크 표시가 있는 경우 별도의 절차 없이 자유롭게 이용 가능

MEMO

⑥ 책임감을 가지고 적극행정을 추진한 사례

시애틀 총영사관에서는 워싱턴주 등 5개 주를 관할하면서 정무 및 경제 외교 업무를 수행하는 한편, 민원 및 재외국민 보호와 재외동포단체 활동 지원 업무 등을 수행하고 있다.

위 영사관에서는 우리 정부가 실시하는 한국어능력검정시험(TOPIK)이 정규학점 취득으로 인정될 경우 학생들에게는 한국어 수학에 대한 커다란 인센티브가 될 뿐만 아니라 우리나라 교육부가 추진하는 TOPIK 확산에도 큰 도움을 줄 수 있다고 판단하고 TOPIK 점수를 한국어 정규학과 이수와 동일한 효력을 갖는 학점으로 인정하는 제도 도입을 취진하기 위해 공청회, 토론회, 간담회를 개최하는 등 다각적인 노력으로 TOPIK 점수를 한국어 정규 학점으로 인정받도록 구체적인 방안을 마련하였다.

그 후 해당 지역 교육청과 TOPIK 시험성적을 정규학과 학점으로 인정하기로 하는 MOU를 맺음으로써 해당 지역 고등학교에서 한국어를 정규 과목으로 채택하였고, TOPIK을 연 2회(통상 연1회) 실시하는 등 TOPIK 시험 확산에 기여하였다. 그 결과 한국어능력검정시험이 미국교육청에 의해 외국어능력검정시험으로 인정된 세계 최초의 사례로서 교민 자제들이 쉽게 학점을 취득할 수 있게 되었을 뿐만 아니라 미국 내의 한국어 보급 및 확산에 크게 기여하는 성과를 거두게 되었다.

㉠ 외무영사직의 기본 업무는 정무 및 경제 외교 업무를 수행하는 한편, 민원 및 재외국민 보호와 재외동포단체 활동 지원 업무 등이다. 그런데 정부에서 추진하는 TOPIK 확산업무에까지 확장하여 책임감을 가지고 추진한 적극행정의 대표적 모범사례이다.

㉡ 이처럼 공직자는 자기에게 주어진 업무를 한정하여 생각하면 안 되고 관련성이 있으면 현장에서 답을 구하는 등의 그 책임범위를 넓게 생각해 보아야 한다. 수많은 공청회, 간담회, 협의회 등을 개최하고 TOPIK 위원회와 협력하여 난관을 극복하면서 책임감을 가지고 추진한 결과 결국 성과를 이끌어 낼 수 있었다.

㉢ 실제 여러분들이 주어진 책임을 확장하여 시키지 않은 일을 만들어 적극적으로 행한 경험이 있다면 연관시켜 생각하면 된다.

㉣ 예를 들어 과학 동아리 활동을 하면서 범위를 학내에 머물지 않고 주변 단체나 학교를 찾아 재능기부형식으로 활동영역을 넓혀 봉사활동을 했다거나 인권 동아리 활동을 하면서 교내에서만 머물지 않고 위안부할머니를 방문하여 함께 고민을 들어주고 해결책을 찾아보도록 노력했던 경험을 활용할 수 있겠다.

㉤ 그러면 면접관은 '어떤 계기로 영역을 확장할 생각을 하게 되었는지? 그 과정에서 갈등은 없었는지? 동아리 회원들을 어떻게 설득했는지? 책임 확장을 통해 느낀 점은 무엇인지?' 등을 묻게 된다. 이것이 자연스럽게 공직가치를 확인하는 면접과정인 것이다.

(3) 책임감 실천방안 예시

① 사소한 민원이라도 성심껏 처리한다.

② 조직의 목적과 목표 달성에 대해 책임을 진다.

③ 상관의 정당한 직무상의 명령에 복종한다. ⇨ 복종의 의무

④ 스스로 문제를 진단하고 해결할 수 있는 전문성을 함양한다.

⑤ 조직의 고객(상사, 부하, 시민)을 만족시키려고 노력한다.

　➲ 조직의 고객들이 무엇을 원하는지 신속하고 정확하게 파악한다.

⑥ 자신의 실책에 대해 책임을 진다.

(4) 책임감 관련 기출 및 예상질문

> **Q1.** 공무원에게 책임감이란 무엇인가?
>
> **A1.** [자신이 생각하는 책임감의 정의와 경험사례를 제시] 우선 기본적으로는 자신이 맡고 있는 일을 잘 해 내는 것입니다. 그리고 전문성을 갖춰서 국민들에게 좀 더 실질적인 정책을 펴기 위해 노력하는 것이 책임입니다. 영어 강사로 일한 경험을 말씀드리겠습니다. 주 업무인 영어 강의를 위해 전문성을 기르고 싶어서 인터넷 강의, 주변의 조언, 모의 수업 등을 통해 수업을 발전시켜 나갔습니다. 부업무인 상담에 대해서는 학부모님, 학생들과 상담을 통해 요구를 파악하고 제가 드릴 수 있는 도움을 드리려고 노력했습니다. 이러한 성실함과 책임감은 어느 부서에 가더라도 도움이 될 것으로 생각합니다.
>
> **A2.** [자신이 책임감이 있음을 과거 경험을 통해 제시] 제가 학교 행정실 근무를 하면서 공무원으로서 꼭 필요한 책임감에 대해 배웠었습니다. 작년에 학교에서 기간제 근무를 하면서 코로나19 재유행으로 긴급재난지원금을 지급해야 했습니다. 근무했던 학교는 1,500명이 넘는 학생수로 시간이 많이 부족하여서 다른 선생님들과 일을 나누어서 꼬박 야근을 해야 했습니다. 실장님께서는 근무하자마자 힘든 일을 시키고 계약직인 저까지 야근을 하게 해서 미안하다고 하셨지만 저는 절대 그렇게 생각하지 않았습니다. 제가 계약직이든 정규직이든 그 자리에 있는 동안은 맡은 업무를 완수하는 것이 당연하다고 생각했습니다. 세무직 공무원으로서도 저에게 앞으로 주어질 업무에 대해 회피하거나 주저하는 것이 아닌 책임감을 가지고 끝까지 수행하는 공직자가 되겠습니다.
>
> **A3.** [자신이 생각하는 책임감에 대한 명확한 인식을 표현] 제가 생각하는 책임감에는 두 가지가 있습니다. 첫 번째는 자신이 맡은 일에 헌신하는 태도입니다. 그리고 두 번째는 전문성을 지니는 것도 책임감을 가지는 것이라고 생각합니다. 여기서 말하는 전문성은 그저 영어나 중국어를 잘하는 것을 뛰어넘어 창의적이고 융통성 있는 행정을 하는 것이라고 생각합니다. 대법원장님께서 "공직자가 가장 경계해야 할 일은 그저 내려오는 관례대로 일을 처리하는 것이다."라고 하셨습니다. 저도 이 말에 굉장히 공감합니다. 그렇기 때문에 항상 창의적이고 융통적인 사고를 지니고 전문성을 발휘할 수 있는 공무원이 되고 싶습니다.

> **Q2.** 공무원으로서 민주성이라던지 청렴이라던지 가져야 할 가치가 많은데 그중 가장 중요하다고 생각하는 가치는 무엇인가?
>
> **A1.** [자신이 직간접적으로 보고 들은 내용을 각오와 함께 진정성 있게 표현] 저는 사명감이라고 생각합니다. 공무원은 국민에 대한 봉사자로 일하는 만큼 업무에 책임감을 가지고 일해야 합니다. 좁게는 제 주위 사람들, 넓게는 국민 전체에 도움이 되는 공무원이 되기 위해 사명감을 가지고 일하고 싶습니다. 또 조금 다른 관점에서도 사명감을 가지고 일하는 것이 중요하다고 생각하는데 가끔 매체나 뉴스 댓글에 공무원에 대한 부정적인 인식을 보았습니다. 그런데 실제로 현직에서 근무 중이신 선배님께 여쭤보면 맡은 업무를 책임지기 위해 야근을 하는 경우도 많고 (여기서부터 면접관 끄덕끄덕) 사무실이 아닌 현장에서 발로 뛰는 경우도 많다고 들었습니다. 저 개인의 실수나 부족함이지만 국민의 입장에서는 공무원 전체의 실수로 비춰질 수 있기 때문에 열심히 일하는 동료들을 위해서라도 사명감을 가지고 일하는 것이 가장 중요하다고 생각합니다.

Q3. 해당 직렬에서 책임성이 중요한 이유는 무엇인가?

A1. [검찰직렬] 검찰은 국가의 대표적인 사정기관으로서 공무원의 사실판단으로 인해 국민에게 유무형의 불리한 판단을 강제할 수 있다는 점에서 높은 수준의 책임감이 요구된다고 생각합니다.

A2. [보호직렬] 먼저 책임성에 대해서 말씀드리겠습니다. 범죄예방을 통해 공공의 안전을 지키는 보호직 공무원은 대상자와 오랜 기간 같이 교감하며 대상자의 교화를 도와야 합니다. 또한 대상자가 교화 의지를 보이지 않더라도 끝까지 인내와 열정을 가지고 옆에서 도와주어야 합니다. 이 과정에서 책임성이 수반되는 것이 필수적이라 생각합니다.

다음으로 청렴성에 대하여 말씀드리겠습니다. 5분발표에서 말씀드렸듯이 청렴성의 부족은 곧 국민의 국가 신뢰도 감소로 이어지며 이 경우 정책 집행에서 상당한 사회적 비용이 발생할 수 있습니다. 보호직 공무원으로 근무를 하게 되면 대상자나 지인이 보호관찰 도중 잘 좀 봐달라고 청탁을 하는 경우도 있을 것이라 생각합니다. 따라서 청렴성을 지니고 공정하고 청렴한 일처리를 하는 것이 중요하다고 생각합니다.

Q4. 책임감과 관련된 경험이 있는가?

A1. 인턴실습 동안 점심시간 전화업무를 하였습니다. 그때 함께 수퍼바이저 선생님께 그리고 동료들에게 책임감이 있다는 칭찬을 들었습니다. 왜 그런가 곰곰이 생각해보니 전화가 왔을 때 제가 성함과 연락처뿐만 아니라 전화를 하게 된 이유와 요구사항까지 함께 기록해 업무 담당자께 드려서 다시 전화해야 하는 수고와 시간을 아꼈기 때문이라고 하셨습니다. 저는 책임감이란 제게 주어진 일 이상을 하는 것이라고 생각합니다. 그리고 앞으로도 이런 책임감을 발휘해 지역주민들의 행복에 이바지하고 싶습니다.

TIP 위 답변은 "아, 이 사람은 책임감이 있구나."라고 느껴질 정도로 편안하고 자연스러운 스토리텔링을 보여주고 있다. 책임감에 대한 의미 전달 능력이 뛰어나다는 것이다. 이와 같이 경험을 이야기할 때에는 눈에 보이듯이 표현함으로써 이야기를 듣는 사람과 공감이 이루어지도록 해야 한다.

8 창의성과 혁신성

✎ Check point

혁신성에 대한 핵심

아래 두 가지 질문은 면접준비를 하면서 고민하고 생각해보며 자신만의 답변을 준비해두길 바란다.

Q1. 하루가 다르게 급변하는 현대사회에서 발 빠르게 변화하지 않으면 살아남기 힘들다. 더불어 공무원 사회에서의 행정에서도 혁신적 사고를 통한 고객과 시민서비스 제공이 중요한 요소로 자리잡고 있다. 이에 행정에서 혁신이 필요한 부분은 무엇일까?

Q2. 공직사회에서는 조직 내 현실에 안주하면서 사회적 태만에 빠지는 경우가 발생한다. 그 이유는 무엇이고 조직생활에 혁신이 필요한 부분은 무엇일까?

MEMO

(1) 정의와 이해

① **창의성**: 창의성이란 '새로운 것을 생각해 내는 특성'을 의미하며, 독창성, 가치, 실현성을 포함하는 개념이다. 즉, 독창적인 새로운 가치를 창출하면서 실현가능할 때 비로소 창의성이 발현되었다고 할 수 있다. 공무원의 창의성이란 어떤 문제에 대해 기존과 다른 아이디어를 생각하고, 이를 실행하기 위해 정책화하는 과정을 의미한다.

② **혁신성**: 혁신성이란 '새로운 상품이나 새로운 서비스를 통해 가치 있는 새로운 고객 경험'을 만들어 내는 활동을 의미한다. 새롭다고 무조건 혁신이라고 이야기할 수는 없다. 새로움이 가치와 연결되어 있을 때 비로소 우리는 혁신이라는 이름을 붙일 수 있다.

> **⊘PLUS**
>
> 1. 창의성 및 혁신성은 어떤 사회나 조직의 흥망성쇠를 결정하는 중요한 요소라 할 수 있다. 공무원의 창의성 및 혁신성이 자유롭게 발휘될 때 공직사회의 경쟁력 또한 높아질 수 있다. 공무원은 창의적인 생각과 혁신을 통한 공익가치 창출 활동을 존중하고 새로운 아이디어를 공유하기 위해 노력해야 한다.
> 2. 조직이 성장하기 위해서는 기존의 틀 안에서 움직이는 것이 아니라 지금까지의 일과 일하는 방식을 돌아보고 새로운 방식으로 성과를 창출하는 혁신을 통해서 가능하다.

(2) 사례로 이해하기

① 실패를 또다른 성공으로 만든 사례

> 1970년 3M의 연구원이었던 스펜서 실버는 강력한 접착제를 연구하던 중, 잘 붙기는 하지만 쉽게 떨어져 버리는 접착제를 만들었다. 접착제 본래의 기능만 고려하면 이 발명품은 실패작이었다. 하지만 이 실패작은 실버의 동료인 아트 프라이에 의해 멋지게 거듭났다. 찬송가 책갈피에 표시용으로 끼워둔 종이가 쉽게 빠지는 데 불평하던 프라이는 실버가 발명한 접착제에 착안, 책에 자국을 남기지 않으면서 접착성이 있는 메모지를 탄생시켰다. 이것이 포스트잇이다. 이 사례는 창의성이자 혁신성이라고 할 수 있다.

② 소년원을 교육기관으로 바꿔 새로운 가치를 창출한 사례

> 안양소년원은 비행청소년을 올바르게 지도·육성하고 재범을 방지하기 위하여 특성화 교육체제로 개편하고 개방적 인성교육을 실시하는 등 완전한 사회복귀가 될 수 있도록 노력하고 있다.
> 특성화 학교체제인 정보산업학교로 개편하여 모든 학생에게 실용외국어와 컴퓨터교육을 마련해 주고 취업전망을 고려하여 컴퓨터 산업디자인, 피부미용 등 신직종을 신설하여 지식기반사회에 적합한 직업능력개발훈련을 실시하였다. 그리고 특성화 교육과 더불어 인성교육도 체험학습위주의 개방교육체제로 개편하여 모든 학생들이 사회복지시설 방문봉사활동을 실천하고 있고, 지역주민 정보화교육과정을 개설하여 소년원에서 교육을 받은 학생들이 강사가 되어 저소득층, 장애인 등을 대상으로 컴퓨터 교육을 실시하는 등 체계적인 봉사활동을 전개하고 있다.
> 그 결과 단순한 '수용기관'에서 진정한 '교육기관'으로 탈바꿈하게 되어 18명이 상급학교에 진학하고 148명이 취업하였으며 진학 및 기능자격 취득을 위하여 29명이 스스로 퇴원을 연기하고 퇴원생의 재범률이 1/2까지 감소하는 등의 성과를 거두어 NHK-TV, TV도쿄 등 외국 언론들까지 안양소년원의 교육혁신성과를 특집으로 다루는 등 깊은 관심과 벤치마킹의 대상이 되고 있다.

(3) 창의성 및 혁신성 실천방안 예시

TIP 개인적인 경험 정리는 물론, 정책제안 1~2가지는 반드시 정리해두어야 한다.

① 행정환경 및 사회이슈에 대해 관심을 가진다. ⇨ 만물은 변한다. 시간, 환경, 과학기술 등 변하지 않는 것은 없다. 변화에 대응하려면 변화의 흐름을 알 수 있도록 다양한 분야에 관심이 필요하다.
　➡ 얼리어답터도 변화에 빨리 적응할 수 있는 방법이다. 본인의 업무뿐만 아니라 <u>다른 사람의 담당업무에도 관심을 가지고 통합적 사고를 기르는 것도 창의성 및 혁신성을 위한 방법</u>이다.

② 주어진 문제에 대해 다양한 접근방식으로 생각하는 융통성 있는 사고를 가진다.

③ 관점을 바꿔야 한다. ⇨ 관점을 바꿈으로써 항상 그 자리에 있었지만 인식하지 못했던 것을 발견할 수 있다.
　➡ 익숙해서 있는 줄도 모르는 것을 새롭게 느끼게 만드는 것, 남들과 다른 방식으로 보는 것이 창의성 및 혁신성이다.

④ 다양한 정책이나 지자체 우수사례, 해외 우수사례 등을 연관시켜 아이디어를 만든다.
　➡ 벤치마킹이 대표적인 활용 방법이다.

⑤ <u>연관성은 창의성을 발휘할 수 있는 가장 쉬운 방법이다. 전혀 연관 없는 것들을 서로 연결시켜 생각하다 보면 기존에 생각지도 못한 새로운 가치를 만들어 낼 가능성이 높아진다.</u> 예를 들어 디자인과 범죄예방을 연결시킨 셉테드(도시환경 디자인을 바꿔 범죄를 사전에 예방할 수 있도록 설계하는 기법), 도시텃밭과 노인문제 해결[국유지, 사유지 등을 도시텃밭으로 조성하여 시민들의 접근성을 높여 노인고충(질병, 소외감, 경제적 어려움, 고독감 등)문제 해결] 등과 같이 문제해결을 위해 새로운 접근, 새로운 생각을 요구하는 경우가 매우 많다.

⑥ 창의성 및 혁신성은 새로운 것을 만들어 내는 창조가 아니다. 실제로 여러분들이 살아오면서 창의성 및 혁신성을 발휘할 경험이 분명히 있을 것이다. <u>기존에 해왔던 방식 대신 새로운 방식을 적용하여 문제를 해결한 경험, 연관성을 찾아 연결시켜 새로운 아이디어를 만들어 낸 경험 등을 찾으면 된다.</u>

TIP 상황형 면접에서는 문제해결을 위해 창의성을 요구하는 질문이 많다는 것을 꼭 기억하고 창의성 및 혁신성의 개념을 명확히 이해해야 한다.

(4) 창의성 및 혁신성 관련 기출 및 예상질문

Q1. 공무원에게 창의성이란 무엇인가?

A1. [부족한 답변] 공익 추구시 이해관계가 많으므로 이를 중재하는 데 힘이 듭니다. 따라서 많은 고민을 해야 하므로 이런 관점에서 창의성 필요하다고 생각합니다.

A2. [사례＋자신만의 생각 정리＝좋은 답변] 제가 한 가지 사례를 들어보도록 하겠습니다. 3년 전쯤 서천시에서 한 공무원의 아이디어로 100원 택시라는 정책을 시행했습니다. 100원 택시는 재정적자였던 마을버스 대신에 주민들은 100원을 내고 택시를 이용하는 것이었습니다. 나머지 금액은 지자체가 부담하는 것이었는데 이것 덕분에 지자체의 예산절감에도 큰 효과가 있었다고 합니다. 이처럼 공무원 한 명의 창의성이 국민에게 큰 만족을 줄 수 있다는 점에서 창의성 역시 중요하다는 생각이 듭니다.

A3. 급변하는 행정환경에서 현장과 법규정 간에는 괴리가 생길 수밖에 없습니다. 이런 상황에서 과거의 관행을 반복해서는 국민들의 불편함과 문제를 해결할 수 없습니다. 이것이 공직자에게 창의적이고 적극적으로 일하는 태도가 필요한 이유입니다. **TIP** 여기에 경험을 추가하면 아주 좋은 답변이 된다.

Q2. 창의성 및 혁신성을 발휘한 경험이 있는가?

A1. 네, 제가 강사일 때의 일입니다.

[본인의 경험 ①] 교재에 있는 실험수업을 하는데 너무 간단해서 학생들이 별로 좋아하지 않는 실험이었고 다른 강사들도 넘어가라고 하였습니다. 이는 빨대와 컵, 물 조금으로 분무기를 만드는 실험이었습니다.

[창의성 – 본인의 생각 ②] 저는 계속 고민하던 중 편의점에서 다양한 굵기와 길이의 빨대를 보았고, 수업 때 학생들에게 여러 종류를 준 후 가장 멀리 나가는 분무기를 만들어 보라고 과제를 주었습니다.

[결과물 ③] 학생들은 자발적으로 예상하고 필기하는 모습을 보였습니다. 학부모들에게도 좋은 평을 얻어서 실험수업 정규과정으로 편성되었습니다.

A2. 1년 정도 카페에서 아르바이트를 하면서 그동안 고수해오던 물품 정리 방식보다 더 효율적인 방법이 있지 않을까 나름대로 고민하여 사장님께 제안했던 적이 있습니다. 비록 지나치기 쉬운 사소한 의견이었지만 사장님께서는 흔쾌히 수용해 주셨고, 그 결과 직원들의 일의 능률도 오르고 낭비되는 재료도 줄일 수 있었습니다. 익숙해진 환경에 안주하지 않고 보다 나은 방법을 생각하고 고민하는 모습을 인정받아 포상금과 함께 점장직을 제안받기도 하였습니다. 이와 같이 열린 마음과 열린 생각으로 지역에 관심을 가지고 다양한 관점으로 바라보려는 자세가 지역 발전과 공무원 업무에 많은 도움이 될 것이라고 생각합니다.

A3. 카페 매니저 당시, 시즌 상품의 판매율이 다른 지점보다 낮은 상황에서 진열 방식을 변경하여 매출의 약 20%를 상승시킨 경험이 있습니다. 유기농 상품이고 좋은 상품이기에 어떻게 하면 좀 더 판매율을 상승시킬 수 있을지 고민하였고 기존에는 색깔별로 진열하였지만 이를 변화시켜 색 조화를 사용하여 피라미드 형식으로 진열하였고 이에 위와 같은 성과를 달성할 수 있었습니다.

Q3. 해당 직렬에서 창의성 및 혁신성이 중요한 이유는 무엇인가?

A1. 지방중소벤처기업청에 방문하여 현직자와 인터뷰를 한 적이 있습니다. 현직자분께서 중소벤처기업부는 다른 부처와 달리 현장방문을 많이 나가서 소상공인, 중소기업의 어려움을 직접 듣고 창의적인 지원정책을 만드는 것이라고 하였습니다. 이러한 이유로 창의성을 뽑았습니다.

A2. 1년 정도 카페에서 아르바이트를 하면서 그동안 고수해오던 물품 정리 방식보다 더 효율적인 방법이 있지 않을까 나름대로 고민하여 사장님께 제안했던 적이 있습니다. 비록 지나치기 쉬운 사소한 의견이었지만 사장님께서는 흔쾌히 수용해 주셨고, 그 결과 직원들의 일의 능률도 오르고 낭비되는 재료도 줄일 수 있었습니다. 익숙해진 환경에 안주하지 않고 보다 나은 방법을 생각하고 고민하는 모습을 인정받아 포상금과 함께 점장직을 제안받기도 하였습니다. 이와 같이 열린 마음과 열린 생각으로 지역에 관심을 가지고 다양한 관점으로 바라보려는 자세가 지역 발전과 공무원 업무에 많은 도움이 될 것이라고 생각합니다.

A3. [검찰직] 검찰직렬에서 창의성이 중요한 이유는 범죄자들은 늘 수사관의 감시를 피해 불법적인 일을 저지르는 데 창의성을 발휘합니다. 게다가 4차 산업혁명으로 비트코인과 같은 수법으로 불법자금을 융통하는 예와 같이 우리가 범죄자보다 창의적이지 못하다면 법질서 수호와 범죄예방에 취약해질 것이라 생각했습니다.

9 전문성

(1) 정의와 이해

① 전문성이란 지식과 경험을 바탕으로 자신이 맡은 분야의 일을 잘 수행해 나가는 것을 의미한다. 공무원의 사회적인 책임을 고려했을 때, 공무원에게 요구되는 전문성은 보다 넓은 의미로 해석될 필요가 있다. 즉, 공무원은 직무수행을 위해 필요한 지식과 기술 외에도 문제해결능력, 의사소통능력, 조정·통합능력, 자원확보능력, 업무추진력, 홍보능력 등 정책성과를 제고할 수 있는 전문적 역량을 키우기 위해 노력해야 한다.

② 전문성은 공무원이 행정업무를 안정적으로 운영하고 보다 나은 대안을 마련하는 것과 직접적으로 연결된다. 축적된 지식과 경험을 바탕으로 한 정책 개발·관리능력과 이를 뒷받침하기 위한 각종 직무수행능력은 정책성과를 제고하는 데 기여할 수 있다. 특히 오늘날 행정업무가 다양하고 복잡해지면서 이해관계의 충돌이 점점 잦아지고 있는데 사회적 갈등관리에 대해서도 공무원에게 상당한 전문성이 요구되고 있다.

(2) 사례로 이해하기

① 직무 관련 전문성 사례

> 국립과학수사연구원 ○○○과장은 법영상분석 프로그램, 코덱 기반 동영상복원 프로그램 등의 연구개발로 범죄예방에 기여하였으며 기존 외산에 의존하던 관련 프로그램을 국산화하여 예산절감에도 기여하였다. 또한 유관기관·중소기업·개도국 대상 기술지원에도 많은 노력을 기울였다. ○○○과장은 입직 후 독학으로 프로그램언어를 배워 영상분석 알고리즘을 개발하였으며, 총 42건의 특허를 출원·등록하였다.

② 문제해결 전문성 사례

> "매출채권 압류를 유예해 줄 수 없는가? 매출채권을 돌려 어음을 막아야 하는데 그러지 못하면 회사 문을 닫아야 하는 상황이다."
> 이러한 상황에서 국세 징수업무를 담당하는 ○○○사무관은 체납된 세금을 징수하는 것도 중요하지만 세금을 납부할 수 있도록 기업의 계속성을 유지시키는 것도 필요하다고 생각했다.
> 이에 '국가와 기업 모두에게 도움이 되는 체납처분제도를 만들어 보자.'고 생각하여 ○○○사무관은 성실한 중소기업에 대해서는 압류를 유예해 주고 체납액을 분할납부할 수 있도록 체납처분제도를 탄력적으로 운영하는 방안을 마련하였고, 중소기업에는 위 방안을 적극 활용할 수 있도록 안내하였다.

(3) 전문성(＝직무수행능력) 실천방안 예시

TIP 경험형 과제 작성시 활용할 수 있는 내용이니 관련된 경험을 잘 정리한 후 경험형 과제에 녹여보길 바란다.

① 효과적 업무수행을 위한 새로운 방식 추구

　➔ 공직자로서의 일은 혼자서 처리를 하는 것이 아니라는 점을 기억해야 한다.

② 자신의 업무가 아니더라도 동료의 업무를 대신할 준비

③ 변화 지향적 조직문화 추구

④ 조직 내 건전한 경쟁 추구

　➡ 협업의 단점(무임승차 등)이 무엇이 있을까도 고민해서 정리해야 한다.

⑤ 법과 규정, 절차에 대한 숙지

　➡ 경청과 더불어 일처리에 있어서 가장 기본이면서 중요한 사항이다.

⑥ 전문적 지식 습득 노력 및 해당 분야 전문가와 교류 확대

⑦ 각종 대안제도 도전

　➡ 합격한 직렬에 대한 정책제안을 면접준비 기간 동안 해보길 권한다.

⑧ 다양한 영역에서 경험쌓기(리더십, 갈등조정, 기획력, 성과창출, 도전정신 등)

⑨ 독서(사고의 영역확대 및 간접 경험 쌓기)

(4) 전문성(=직무수행능력)관련 기출 및 예상질문

TIP 반드시 관련된 경험을 정리해 보아야 한다.

Q1. 공무원에게 전문성이란 무엇인가?

A1. 저는 협상의 능력이 필요하다고 생각합니다. 그 이유는 제가 이번에 노인일자리를 공부하면서 정부부처만으로는 일자리를 만들어 내기 어려우며 지자체와 기업이 협력하여 일자리를 만드는 것이 필요함을 느꼈습니다. 그러나 협력하기 위해서는 해당 지자체와 기업이 어떤 이해관계를 가지고 있는지 어떤 이득을 얻을 수 있는지를 아는 것이 필요하며 이를 활용한 협상을 할 줄 아는 것이 필요하기 때문입니다.

A2. 세계화, 개방화 시대에 국가경쟁력을 갖추기 위해 공무원에게 전문성이 필요한 가치라고 생각합니다. 세계 여러 나라들과 무한경쟁을 하기 위해서는 전략적 사고, 협상 능력, 정책개발능력 등 전문성이 뒷받침되어야 국민을 위한 공익을 실현할 수 있을 것입니다.

A3. 국민들에게 양질의 서비스를 신속하게 제공하기 위해 공무원에게 필요한 자질이라고 생각합니다.
　➡ 위 답변은 구체성이 부족하므로 이를 보완해야 할 것이다.

Q2. 전문성을 갖추기 위해 어떤 노력을 하였는가?

A1. [교정직] 저는 군대에서 병영생활 상담병으로 근무한 경력이 있고 전역을 하고도 사회복지자격증을 위해 공부하고 있습니다. 다가오는 다양한 문화와 생각에 대비하여 각자 이러한 자기 분야에 대한 철저한 준비가 필요하다고 생각합니다. 교정조직에서 하는 집중인성교육도 전문적인 능력을 많이 필요로 하는 제도로 알고 있습니다. 사회복지나 상담 같은 자격증을 취득하면서 제가 맡은 분야에서 최선을 다하는 마음을 가져야 할 거 같습니다.

A2. [일행직] 제가 아름다운 가게에서 봉사를 했던 경험입니다. 처음에는 계산대 그러니까 포스기 사용이 미숙하여 계산하다가 문제가 생기면 매니저님을 부르는 경우가 잦았습니다. 그래서 계산이 지연되니 손님들이 불편을 겪기도 하였습니다. 저는 이를 개선하기 위해 포스기 사용 방법을 선배님들께 물어보고, 사용 매뉴얼을 집에서 따로 숙지하였습니다. 그 결과 기기를 잘 다루게 되었고, 매니저님이 안 계실 때도 가게를 볼 수 있을 정도로 업무 능력이 향상되었습니다.

A3. [검찰직] 검찰직 관련 전문성을 키우기 위해 국민참여재판 참관, 공개공판 참관을 하고 지방검찰청 내 해양범죄연구회 논문을 읽으면서 전문성을 함양하도록 노력했습니다.

MEMO

10 투명성과 공정성

✔️**POINT** 투명성과 공정성이 서로 밀접한 관련이 있는 이유는 공무원으로서 공정하게 처리한 모든 일들이 투명하게 공개될 때 비로소 국민이 생각하는 공정한 행정과 투명한 정부가 완성되기 때문이다. 정부에 대한 국민의 신뢰를 높이고 정책에 대한 국민의 수용성을 제고하기 위해 이들 가치는 매우 중요하다. 소수에 의한 정책결정과 그 내용조차 제대로 공개되지 않으면 국민은 그 정책에 반감을 갖게 되고 공직사회 전체를 불신할 수 있기 때문이다.

MEMO

(1) 정의와 이해

① 투명성은 국민의 알권리를 존중하고, 국민의 관점에서 정부의 정책결정과 집행과정을 공개하는 한편 국민들이 제공된 정보를 쉽게 이해하고 예측할 수 있도록 노력하는 것이다.

② 공정성은 '공평하고 올바름'을 의미하며, 공무원으로서 공정하게 업무를 처리한다는 것은 균형감각을 가지고 모든 국민을 법과 규정에 따라 동일하게 대하는 것을 의미한다. 또한 공무원은 결과는 물론 그 절차의 공정성을 확보하기 위해 노력해야 한다.

③ 투명성은 일의 과정과 결과를 숨기지 않고, 국민이 쉽게 이해할 수 있도록 정보를 제공하는 것이다. 이에 정보의 요청과 요청한 후의 과정이 복잡하지 않아 국민이 쉽게 원하는 정보를 얻을 수 있어야 한다.

④ 공정성은 일을 처리할 때, 개인적인 사정이나 관계에 영향을 받지 않고 객관적이고 공평하게 수행하는 것이다. 일을 한 사람에 따라 결과가 달라지는 것이 아니라 주어진 법에 따라 동일하게 이루어져야 함을 의미한다. 그러나 사회적 약자에 대한 배려 또한 공정성을 위해 필요하다고 생각한다.

(2) 사례로 이해하기

① 핀란드의 세금 기록 공개사례

㉠ 핀란드 국민은 누구나 국세청에 알고 싶은 사람의 소득, 재산, 납세내역에 대한 정보공개를 신청할 수 있다.

㉡ 그러나 세금, 주식거래, 인허가 관련 정보, 학교 운영 정보 등 부정과 비리의 여지가 있는 정보에 대해서는 비공개를 허용하지 않는다.

② 직무 관련 투명성 사례

> 식품의약품안전처는 각 부처 및 기관별로 관리·운영되고 있는 식품안전정보를 연계·통합해 공유·활용하고, 국민에게 신뢰성 있는 정보를 제공하기 위한 '통합식품안전정보망 구축' 사업을 추진하였다. 동 사업은 4단계로 나누어 추진되었다. 첫 번째는 식품안전정보의 연계·통합 및 정보의 공동활용을 위한 식품안전정보 표준 체계 마련, 두 번째는 식약처와 지자체 정보를 전국 단위로 연계·통합 관리하기 위한 행정업무통합 시스템 구축, 세 번째는 각 부처별로 산재되어 있는 159종의 식품안전정보를 통합·연계한 정보공동활용 시스템 구축이었다. 마지막으로 국민이 식품안전정보를 쉽게 찾아볼 수 있도록 식품안전정보 대국민 포털을 구축하였다. 이를 통해 행정업무 효율화 및 식품안전관련 정책수립의 효율성 제고, 식품안전에 대한 국민 만족도 향상 등의 효과가 있을 것으로 기대하고 있다.

③ 공정성 위반 사례

> 공무원 A는 '공무원 승진 역량평가'의 평가위원으로 참여하면서 과거 부하 직원이었던 B를 승진시키기 위해 B가 개별면접을 보기 전에 본인의 휴대전화 문자메시지로 예상 질문을 B에게 전송해 시험문제를 유출하였고, B의 개별면접 당시 A는 B에게 간단한 질문을 하고 답변이 끝나자 '역량평가 평정표'에 평정요소별 평정을 모두 '탁월'로 체크한 후 총점 기재시 개별면접 전체 응시자 25명 중 최고점인 '89점'을 부여했다는 비위첩보가 접수되었다. 해당기관의 자체조사 결과 관련 내용이 사실로 밝혀짐에 따라 A는 정직 1개월의 징계처분을 받았다.

(3) 투명성과 공정성 실천방안 예시

① 투명성 실천방안 예시

   ⊙ 행정의 투명성은 개방성, 정직성, 공개성을 내포하고 있다.

   ⓒ 공공정보를 적극적으로 개방하고 공유한다. ⇨ 정보공개청구제도

   ⓒ 어떠한 목적으로라도 정보와 통계자료를 가공하거나 조작하지 않는다.

   ⓔ 시민의 참여를 확대한다. ⇨ 민주성과 연관

   ⓜ 언론의 비판적 접근을 수용하는 자세를 가진다. ⇨ 언론과 적극적 상호작용 필요

   ⓗ 자신의 실책에 대해 책임을 지는 자세를 가진다. ⇨ 잘못을 밝히고 시인할 때 국민은 행정을 신뢰

   ⓢ 비밀유지의 의무를 지킨다. ⇨ 대외비나 기밀 유지가 필요한 정보에 대해서는 비밀을 유지한다. 정보를 유출하여 개인적인 이득 또는 제3자의 이득을 취하게 하는 특권을 배제한다.

      예 신도시 예정지 사전정보유출

② 공정성 실천방안 예시

   ⊙ 법과 규정, 행정절차에 따른 공정한 일처리 ⇨ 절차적 공정성 확보

   ⓒ 합리적 기준(공직가치)에 의한 일처리 ⇨ 공공기관 채용비리 문제, 특정인에 대한 특혜의 배제 등

   ⓒ 상사의 부당한 압력에 소명 자세

   ⓔ 정치적 중립 자세

   ⓜ 업무처리에 따른 노력과 능력의 정도에 따른 공정한 보상

   ⓗ 수평적 공정성 ⇨ 법 앞의 만인 평등 실현(법치주의), 국민의 기본권 보장(평등주의)

   ⓢ 수직적 공정성 ⇨ 형평성으로 사회적 약자에 대한 보호 필요

ⓔ 공정한 경쟁 및 실질적인 기회의 보장, 분배시스템의 합리화

ⓩ 불편부당성 ⇨ 공무원은 공평하게 행동해야 하며, 어떠한 사적단체나 개인에게 특혜를 주어서는 안 된다는 것

(4) 투명성 및 공정성 관련 기출 및 예상질문

Q1. 공무원에게 투명성이 왜 중요한가?

A1. 민주성 가치를 실현시키기 위해 투명성 가치의 확보가 먼저 선행되어야 합니다. 정부와 국민 간에는 정보가 불균형한 상태라고 알고 있습니다. 정보가 불균형한 상황에서 국민들이 국정운영에 참여하더라도 비효율적일 수 있습니다. 따라서 공무원들은 투명성의 가치를 먼저 확보하여 공공 정보를 널리 공개하여 국민들에게 활용할 수 있게 해야 국민들의 참여가 보다 효과적이고 효율적일 수 있게 된다고 생각합니다.

A2. 정부는 투명성을 추구함으로써 정보를 공개하고 국민으로부터 신뢰를 얻기 위해 힘쓰고 있습니다. 통계청은 적극적으로 공공데이터를 개방하고 그중에서도 마이크로데이터라고 하여 조사를 통해 수집된 정보를 개인정보를 제외하고 각 응답을 있는 그대로 공개하고 있습니다. 또한 통계청은 물가통계를 산정하는 과정에서 각 경제주체, 노동단체, 언론사, 물가전문가 등의 의견을 모아 투명성과 신뢰성을 도모하고 있습니다. 앞서 말씀드린 바와 같이 투명성을 위해서는 여러 주체의 의견을 적극 수용하려는 자세가 필요하다고 생각합니다. 의견을 통해서 국민이 어떤 도움이 필요하고 공직자로서 무엇을 할 수 있을지 고민할 수 있기 때문입니다.

Q2. 해당 직렬에서 투명성이 왜 중요한가?

A1. [통계직] 통계청은 자료를 조사하여 정보를 공개하는 기관이고, 가공하여 이용자가 활용할 수 있게 해줍니다. 정보공개를 하는 것이 통계청의 역할이고 또한 조사 과정, 기한, 방법 등도 공개하여 결과에 대한 신뢰도와 정확성도 제고시켜주는 것이 중요하다고 생각하기 때문에 통계청은 더욱 투명성이 중요하다고 생각합니다.

A2. [관세직] 무역이라는 특성상 거액의 돈과 물품이 거래되기 때문에 이 부분에서 투명하게 업무를 처리해야 국가경제의 피해를 막을 수 있습니다. 또한 그 안전성을 바탕으로 우리나라와 거래하는 기업들에게 신뢰를 줄 수 있기 때문에 투명성이 중요합니다.

Q3. 투명성과 관련된 경험이 있는가?

A1. 투명성에 관한 저의 경험을 말씀드리겠습니다. 저는 대학시절 학생회 총무 업무를 맡아 학생회비를 관리하였는데 영수증을 모아서 파일로 철하고, 지출내역 등을 투명하게 공개하여 누구나 볼 수 있도록 학생회실에 비치하였습니다. 또한 전년도 남은 이월 금액에 대해서 공개하고, 투표를 통해 이월금액 처리에 대해서 의논한 후, 남은 금액은 다시 되돌려 주고 학생회비가 허투루 쓰여지지 않고 있다는 것을 알리기 위해 노력했습니다.

Q4. 투명성과 관련된 정책사례에 대해 알고 있는 것이 있는가?

A1. 정책 중 투명성을 잘 살린 대표적인 것에는 '공공데이터 포털'이 있습니다. 행정안전부에서 운영하는 사이트로 공공정보를 개방·공유하는 웹사이트입니다. 자신이 원하는 자료는 신청할 수도 있습니다. 사이트에 들어가 보면 활용사례가 있는데 버스 노선 정보를 이용해 국민이 만든 버스 알림앱, 반려동물 구조 정보를 통한 앱 등이 있었습니다. 저는 모든 공공서비스를 정부가 제공하는 것이 아니라 투명성을 통해 정보를 공유하면 국민들이 가공하여 또 다른 서비스를 만들어 내는 것을 보며 창의성으로 이어진다는 생각을 하였습니다.

Q5. 공무원에게 공정성이 왜 중요한가?

A1. 업무를 처리할 때 공정성이 무너지면 그것은 일의 기준이 무너지는 것이고 이는 다음에 업무를 처리할 때 그에 대한 기준이 사라지는 것이라고 생각합니다. 때문에 공정성은 일을 처리할 때 가장 중요시해야 한다고 생각합니다.

A2. 비용절감, 업무효율성도 중요하지만 공정성이 무너지면 국민의 신뢰를 잃어버릴 수 있으므로 공정성을 확보하는 것이 무엇보다 중요하다고 생각합니다.

A3. [공정성이란 무엇이라고 생각하는가에 대한 답변] 공정성은 누구에게나 같은 절차와 같은 기준으로 공평하게 대하는 것이라고 생각합니다. 저는 고용노동부에 지원을 하였습니다. 그렇기 때문에 업무수행 시 사용자와 근로자의 의견을 듣다 보면 서로 충돌하는 부분이 생길 것입니다. 이때 어느 한쪽에 치우치지 않는 것이 중요하다고 생각합니다. 민원인을 상대하며 민원 접수를 할 때도 한쪽 말만 듣고 해서는 안 된다고 생각합니다.

Q6. '공정한 직무'란 무엇인가?

A1. [검찰직] 제가 생각한 검찰에서의 공정한 직무란 피해자와 피의자 양쪽을 둘 다 생각하는 것입니다. (면접관 두분 다 고개 끄덕이심) 검찰은 형벌권에 기초한 국가 법 집행기관입니다. 여기서 가장 중요한 전제조건이 '인권보호'입니다. 피의자에게는 자신의 범죄혐의에 대해 충분히 소명할 수 있는 환경이 마련되어야 하고, 피해자에게는 검찰을 신뢰하고 기댈 수 있는 환경이 있어야 한다고 생각합니다. 따라서 이러한 환경을 마련하는 것이 바로 검찰에서의 공정한 직무라고 생각합니다.

A2. [검찰직] 저는 법과 원칙을 지키는 것이 기준이라고 생각합니다. 하지만 제가 생각하는 진정한 공정성은 사회적 약자에게도 똑같이 법과 원칙을 적용하는 것이 아니라 현재 검찰에서 하고 있듯이 사회적 약자에게 지원을 하고 도움을 드린 후 어느 정도 균형이 맞춰질 때 법과 원칙을 적용하는 것이 진정한 공정성이라고 생각하며 기준이 된다고 생각합니다.

Q7. 공정성과 관련된 경험이 있는가?

A1. 제가 대학생 때 외국인 두 명과 조별과제를 한 적이 있습니다. 그런데 외국인 분들이 아무래도 한국어가 뛰어나지 않다 보니 참여하는 데 어려움을 겪었고 조원들 사이에서는 '이 두 명을 배제하고 우리끼리만 한 다음 점수만 주자.'는 의견이 있었습니다. 그러나 저는 이 두 명도 한국학생들과 함께 하고 싶을 것이며 저렇게 하는 것은 공정하지도 않다고 생각해 방안을 생각해봤고, 그 결과 파트너 제도를 제안했습니다. 파트너를 맡은 학생은 외국인 학생과 함께 자료조사를 하되 발표나 PPT 등은 맡지 않는 방향으로 진행하였습니다. 다행히 다들 저의 의견에 동의해 주었고 저희는 만족스럽고 공정하게 과제를 마무리할 수 있었으며 이러한 내용은 제가 교수님께 따로 보고를 드려 A 학점을 받을 수 있었습니다.

A2. 군 시절 외출, 외박을 나갈 때에는 성적과 체력 등 여러 가지 요건이 충족되는 것이 필요했습니다. 당시 선임들은 제가 후임병이기 때문에 성적이 충족된 것처럼 속여달라는 제안을 했습니다. 하지만 저는 인사행정병으로서 공정하게 업무를 수행해야 한다고 생각했기 때문에 그러한 제안을 수락하지 않았고, 오히려 제가 더 모범을 보여서 제 체력 요건을 맞춰놓음으로써 선임들이 그런 반발을 할 수 없도록 모범을 보였습니다. 이는 인사행정병으로서 중심을 지켜야 한다고 생각했기 때문입니다.

MEMO

11 청렴성

✔**POINT** 〈논어〉에는 '예가 아니면 보지 말고, 듣지 말며, 말하지 말고, 행하지 말아야 한다.'는 구절이 나온다. 이는 곧 '청렴성'을 의미하는 것이 아닌가 싶다. 그렇다면 '예가 무엇인가'란 물음이 남는데 이에 스티마쌤은 '공직가치를 내재화하고 실천하는 것'이라고 생각한다.

(1) 정의와 이해

① 공무원의 부정부패는 개인의 문제로 끝나지 않고 국가와 국민 전체의 문제로 확산된다는 점에서 그 심각성이 크다. 때문에 예로부터 공직자가 가져야 할 덕목 중에서 가장 기본적인 가치이자 반드시 지켜야 할 가치로 청렴을 꼽고 있다.

② 공직자의 부패는 국가경쟁력에도 상당한 영향을 미친다. 즉, 공직부패는 사회 모든 분야에서 불필요한 거래비용을 증대시켜 국가경쟁력에 악영향을 미친다. 공무원의 부패에 대한 인식 그 자체만으로도 국가와 정부에 대한 국민의 신뢰를 떨어뜨리고 사회통합을 저해할 수 있다.

③ 청렴한 공직자란 부패하지 않음은 물론, 직무 외의 상황에서도 품행이 바르며 능력이 있는 공무원을 말한다. 공무원이 청렴하지 않으면 국민의 신뢰가 떨어져 궁극적으로 국가 전체에 악영향을 미친다. 이는 국가의 신뢰도 하락에 가장 큰 요인이다.

(2) 사례로 이해하기

① 스웨덴 사례: 공직비리에 대한 엄격한 처벌과 무관용 ⇨ 전 스웨덴 부총리 모나 살린은 한 대형 슈퍼마켓에서 조카에게 줄 기저귀와 초콜릿, 식료품 등 생필품 2,000크로나(약 34만원) 어치를 공공카드로 구입한 사실이 정보공개 과정에서 밝혀졌다. 그는 이후 자기 돈으로 카드대금을 메워 넣었음을 항변하였으나 "정부와 국민의 돈과 개인 돈을 구별하지 못한다."라는 여론의 강한 질타로 결국 부총리직에서 낙마하였다.

② 핀란드 사례 1: 청렴이 습관이 된 나라 ⇨ 수입정도에 따라 범칙금을 부과하는 데이파인 시스템(dayfine system)에 따라 노키아 간부 안사 반조키는 고속도로에서의 속도위반 혐의로 직전년도 수입의 1/14인 8만 4,000유로(약 1억 4,000만원)를 납부하였다.

③ 핀란드 사례 2: 누구든 정보공개청구가 가능하나 세금, 주식거래 등 부정과 비리의 여지가 있는 정보에 대해서는 비공개를 허용하지 않았다. 그리고 소득공개를 바탕으로 각종 범칙금을 월 소득에 비례하여 부과하였다.

④ 홍콩 사례: 염정공서(廉政公署). 지역사회 관계처에서는 부패방지 시민의식 교육을 실시하여, 시민의 지지기반을 확보하였다. 집행처에서는 부패공무원을 수사하였다.

⑤ 청렴 위반 사례 1

> 공무원 A는 '통합정보시스템 3단계 구축사업'에 대한 감독·검사 업무를 담당하면서, 기업 직원으로부터 375,000원 상당의 접대를 받는 등 총 6회에 걸쳐 2,124,000원의 향응 등을 수수한 사실이 있다. 이러한 사실이 적발되어 A는 정직 3개월 및 징계부과금 2배의 징계처분을 받았다.

⑥ 청렴 위반 사례 2

> 공무원 A는 회의시간에 직원 단합대회를 위한 야구경기 관람을 제안하고, 며칠 후 직무관련자인 모 회사 지원팀장 B에게 전화하여 "사무소 직원 단합대회에 사용할 치킨과 피자를 구입하려고 하는데 직원을 보내면 바로 찾을 수 있도록 조치해 달라"고 부탁하여 치킨 3~4마리, 피자 3판 등 70,000원 상당의 간식을 수령해 직원들과 함께 야구경기를 관람하면서 위 간식을 나누어 먹어 "경징계" 의결을 요구받았다.

(3) 청렴관련 법규

> **「국가공무원법」**
> 제61조(청렴의 의무) ① 공무원은 직무와 관련하여 직접적이든 간접적이든 사례·증여 또는 향응을 주거나 받을 수 없다.
> ② 공무원은 직무상의 관계가 있든 없든 그 소속 상관에게 증여하거나 소속 공무원으로부터 증여를 받아서는 아니 된다.
>
> **「부패방지 및 국민권익위원회의 설치와 운영에 관한 법률」**(부패방지권익위법)
> 제2조(정의) 이 법에서 사용하는 용어의 뜻은 다음과 같다.
> 4. "부패행위"란 다음 각 목의 어느 하나에 해당하는 행위를 말한다.
> 　가. 공직자가 직무와 관련하여 그 지위 또는 권한을 남용하거나 법령을 위반하여 자기 또는 제3자의 이익을 도모하는 행위

나. 공공기관의 예산사용, 공공기관 재산의 취득·관리·처분 또는 공공기관을 당사자로 하는 계약의 체결 및 그 이행에 있어서 법령에 위반하여 공공기관에 대하여 재산상 손해를 가하는 행위

다. 가목과 나목에 따른 행위나 그 은폐를 강요, 권고, 제의, 유인하는 행위

제7조(공직자의 청렴의무) 공직자는 법령을 준수하고 친절하고 공정하게 집무하여야 하며 일체의 부패행위와 품위를 손상하는 행위를 하여서는 아니 된다.

(4) 청렴성 실천방안 예시

① 공무원 행동강령 준수 ⇨ 공정한 직무수행, 부당이득의 수수 금지, 건전한 공직풍토 조성 등
② 상사의 부당한 지시에 소명 자세
③ 특혜의 배제, 알선 및 청탁금지, 금품수수 금지, 이해관계 직무의 회피
④ 법·규정·절차 준수
⑤ 행정의 투명성 유지 ⇨ 투명해야 부패가 자리잡을 수 없음
⑥ 김영란법 정착 ⇨ 온정주의, 연고주의, 접대, 촌지 등 부패유발적 사회관행 퇴치
⑦ 이해충돌방지법 준수 ⇨ 직무수행과 관련한 사적 이익 추구 금지

(5) 청렴성 관련 기출 및 예상질문

Q1. 공무원에게 청렴성이란 무엇인가?

A1. 솔직히 말씀드리면 이번 면접을 위해 목민심서를 읽었는데 거기에 이런 말이 있었습니다. '욕심이 많으면 청렴하고, 욕심이 적으면 부패한다.'였는데 처음에는 이게 무슨 말인지 전혀 말이 되지 않는다고 생각했었는데 밑에 설명을 보니 단순히 재물욕이 아닌 백성에게 사랑받고 싶은 마음, 나라에 인정받고 싶은 마음 등의 큰 욕심이 많으면 청렴하게 될 수밖에 없고 그렇지 않고 재물욕과 같은 작은 욕심만 챙긴다면 청렴하지 않게 될 수 있다는 뜻이었습니다. 이에 저는 욕심이 많은 공무원이 되고 싶습니다. 곧 욕심을 많이 내어서 청렴한 공무원이 되고 싶습니다.

A2. [공무원에게는 높은 청렴성이 요구되는데 어떻게 생각하는지에 대한 답변] 공무원에게는 많은 재량권이 있습니다. 이를 자신에게 유리하게 쓰이게 하기 위해 많은 부패나 비리 로비가 있을 수 있습니다. 이 때문에 공무원 자신이 높은 청렴성을 지켜야 한다고 생각합니다.

A3. [청렴을 실천한 경험] 제가 예전에 대학교에서 조교를 할 때 외부장학금이 들어오는 상황에서 친구들이 자신들에게 먼저 장학금을 달라고 했지만 성적순으로 해야 한다고 거절하며 장학금을 지인들에게 주지 않았습니다.

A4. [청렴을 실천한 경험] 제 사례를 말씀드리겠습니다. 대학시절 학생회 임원으로 활동했었는데 학생회에는 학생회비를 학생회 임원 몇몇의 식사비로 대체하는 불합리한 관행이 있었습니다. 이에 저는 이러한 관행을 설득을 통해서 고쳤던 경험이 있습니다.

Q2. 청렴을 위해 실천해야 하는 방안에는 무엇이 있는가?

A1. [자신만의 생각으로 답변] 저는 공무원은 국가가 국민들과 오랜 시간 소통하고 고민하며 만든 정책과 법을 원활하게 시행되도록 돕는 사람들이라고 생각합니다. 그런 공무원이 청렴하지 않으면 국민들의 신뢰를 잃고 그것은 국가에 대한 불신으로 이어진다고 생각합니다. 이런 불신은 국가가 새로운 정책을 시행할 때 큰 방해요소가 될 수밖에 없기 때문에 공직사회에서 청렴은 무엇보다도 중요한 가치가 되어야 합니다. 저는 여기에 대해 교육적 측면, 제도적 측면에서 방법을 생각해보았습니다.

먼저 교육적 측면으로는 최근 LH사건이 발생하면서 이해충돌방지법이 통과한 것으로 알고 있습니다. 이해충돌방지법은 김영란법과 다르게 가족에게까지 처벌범위가 확대되었지만 이러한 내용에 대해 가족들이 정확히 이해하고 있지는 않는 것 같습니다. (면접관 세 분 모두 끄덕끄덕하셨음) 따라서 저는 청렴캠프를 주기적으로 열어 공무원과 가족분들을 초대해 어떤 행동을 하면 안 되고 어떤 처벌을 받게 되는지 연극이나 영화같이 이해하기 쉬운 형태로 교육하고 청렴관련 프로그램을 운영한다면 가족 간에 화합을 도모할 시간도 갖게 되고 청렴의식도 높일 수 있을 것이라고 생각합니다.

A2. [경험을 활용한 답변] 제가 대검찰청 견학에 갔을 때 장기미제사건을 과학수사를 통해 어떻게 해결했는지에 대한 동영상을 흥미롭게 보았습니다. 이렇게 '청렴'을 지켜서 수사를 하는 과정을 동영상으로 재밌게 찍어 SNS나 검찰청 사이트에 올리면 좋을 것 같습니다. 그리고 다른 방법으로는 요즘 웹툰을 많이들 보는데 '명탐정 코난' 만화처럼 재밌는 웹툰을 만들어 검찰에서 어떻게 청렴하게 수사하고 있는지를 알릴 수 있다면 국민들의 인식이 좋아질 수 있다고 생각합니다.

MEMO

---

12 도덕성

✔ **POINT** 도덕성은 청렴과 윤리를 모두 포함되는 포괄적인 개념이라는 사실을 꼭 기억하고 면접준비에 임해야 할 것이다.

(1) 정의와 이해

① 규범은 '인간이 사회생활을 하는 데 있어 구성원으로서 지켜야 할 행동 규칙'을 의미한다. 그 강제의 정도에 따라 관습, 도덕, 법의 3가지 단계로 나눠 진다. 따라서 규범에 근거한 행동을 한다는 것은 사회적 관습과 규칙에 어긋나지 않아야 한다는 의미이다. 한편, 건전한 상식은 '사회적으로 널리 사용되는 개념'으로 해석될 수 있다.

② 공무원이 사회 대다수 구성원들이 공유하는 규칙과 개념을 지키지 않으면 위법적인 상황이 발생하고, 그 정도가 그리 심하지 않더라도 국민으로부터 비웃음과 반감을 유발하여 공무원의 명예와 품위에 나쁜 영향을 미칠 수 있다.

③ 공무원은 공인(公人)이라는 신분적 특수성이 있는 만큼 규범을 준수하고 건전한 상식에 따라 행동한다는 것이 사회적 책임의 영역까지도 확정되어야 한다. 즉, 공무원의 책임은 안정적인 업무수행, 명예를 지키는 일상생활뿐만 아니라 사회기여 활동까지도 포함한다. 다시 말해 공무원이 적극적인 자세로 나눔과 봉사활동을 수행할 때 비로소 그 사회적 책임을 다한다고 볼 수 있으며 국민들에게도 귀감이 될 수 있는 것이다.

(2) 사례로 이해하기

① 미국의 교육제도: 인성교육과 시민교육 프로그램을 통해 인류가 추구하는 보편적인 공공성을 중심으로 글로벌 가치와 덕목을 전 세계 사람들과 공유하려는 노력을 한다. 미국의 경우 도덕성 교육에서 정부의 역할은 프로그램이나 재정에 대한 지원이다. 실제로 도덕성 교육을 실시하는 것은 학교나 지역사회의 비영리단체들이다. 즉, 이론보다는 실천을 통해 도덕성을 배양하고 있다.

② 품위관련 헌법재판소의 판결

공무원에게 직무에 속하는 행위인지 여부를 불문하고 품위유지의무를 부과하고, 이를 어길 경우 징계하도록 하는 것이 헌법에 어긋나지 않는다는 헌법재판소 결정이 나왔다.

경찰관 A는 경찰소방공무원들의 처우개선 등을 목적으로 설립된 경찰·소방공상자후원연합회 사무실에서 사무실 이전을 막기 위해 출입문에 경고문을 부착하고, 사무실 출입을 못하게 하는 등 업무집행을 방해한 혐의로 벌금 50만원의 약식명령을 받았다. 소속 경찰서는 품위유지의무 위반을 이유로 감봉 2개월 징계를 내렸다. 소청심사위원회에서 견책으로 감경받은 A는 이를 취소해달라는 행정소송을 냈다. 또한 국가공무원법의 품위유지의무 조항이 징계사유를 지나치게 광범위하게 정하고 있어 헌법의 명확성 원칙과 과잉금지원칙에 위반된다며 직접 헌법재판소에 헌법소원도 냈다.

A는 '품위'의 뜻이 명확하지 않다고 주장했다. 그러나 헌법재판소는 "품위손상 행위는 주권자인 국민으로부터 수임받은 공무를 수행하기에 어울리지 않는 행위를 함으로써 공무원과 공직 전반에 대한 국민 신뢰를 떨어뜨릴 우려가 있는 경우"라며 "공무원은 높은 수준의 도덕적·윤리적 소양이 요구되므로 평균적인 공무원은 품위손상 행위가 무엇인지 충분히 예측할 수 있다"고 지적했다.

헌법재판소는 "국민 전체에 대한 봉사자라는 공무원 지위의 특성상 일반 국민에 비해 넓고 강한 기본권 제한이 가능하다"며 "공무원의 불이익보다 공직에 대한 국민 신뢰를 보호하고 공무원의 높은 도덕성을 확보한다는 공익이 현저히 크다"고 합헌 이유를 제시했다.

품위의 의미를 헌재에서 규정하고 있는데 품위의 해당범위는 매우 광범위하게 적용됨을 알 수 있다. 즉, 국민의 신뢰를 떨어뜨릴 우려가 있는 경우 모두를 품위위반으로 볼 수 있다는 것이다.

③ 품위 위반 사례 1

공무원 A는 자택에서 처와 딸을 폭행하고, 처가 현관출입문을 열어주지 않자 복도 유리창을 파손하였다. A는 공무원의 품위유지의무 위반을 이유로 감봉 1개월의 징계처분을 받았다.

→ 공무원으로서의 명예와 품위유지 의무는 일상생활까지 연결된다.

④ 품위 위반 사례 2

> 인사혁신처는 "민중은 개, 돼지"라고 말해 물의를 일으킨 교육부 전 국장에 대해 파면을 확정했다. 중앙
> 징계위는 "이번 사건이 공직사회 전반에 대한 국민 신뢰를 실추시킨 점, 고위 공직자로서 지켜야 할
> 품위를 크게 손상시킨 점 등을 고려해 가장 무거운 징계처분을 내린다"며 파면을 의결하였다.

⑤ 품위 위반 사례 3

> 공무원 A는 음주 후 교통사고를 일으키고 경찰관의 음주측정을 거부하여 공무집행방해 및 타인의 생명
> 과 재산에 피해를 일으킨 위법행위로 대외적으로 공무원의 품위를 크게 손상시킴으로써 최초 음주운전
> 으로 적발되었을 경우 가장 무거운 "감봉3월" 징계처분을 받았다.

⑥ 품위 위반 사례 4

> 공무원 A는 부하직원에게 "사랑한다"라는 문자메시지 발송하고, 회식자리에서 술시중을 들게 하고, 노
> 래방에서 신체접촉을 하고, 밤늦은 시간 전화 또는 문자메시지 발송 등을 하여 성적 수치심을 유발하게
> 한 사실로 국가공무원법상 품위유지의 의무를 위반한 행위로 "감봉1월" 처분을 받았다.

(3) 도덕성 실천방안 예시

① 준법정신을 생활화하고 공중도덕 준수 ⇨ 개인적으로 공중도덕을 지킨 사례 활용
② 공무원으로서 명예를 훼손하거나 품위가 손상되는 행위를 하지 않음
③ 공무원의 의무 이행 ⇨ 선서의무, 성실의무, 법령준수 의무, 복종의무 등
④ 공무원으로서의 윤리의식 ⇨ 공무원은 높은 수준의 도덕적·윤리적 소양이 요구됨
⑤ 노블레스 오블리주 실천 ⇨ 높은 수준의 도덕적 마인드
⑥ 공무원은 비공개정보를 사용하여 금융거래를 해서는 안 되며, 사적 이익을 위해 그러한 정보를 부적
   절하게 사용해서는 안 됨
⑦ 갑질금지 및 직장 내 괴롭힘 금지
⑧ 음주운전하지 않기

(4) 도덕성 관련 기출 및 예상질문

> "공무원에게 도덕성이란 무엇인가?"
> Q. 공무원은 제약받는 게 많다. 사기업, 공기업, 공무원에게 요구되는 것이 모두 다르다. 예를 들어 노동3권처
>   럼 공무원은 유독 제약이 많은데 이것에 대해 부당하다고 생각하진 않는가?
> A. [스티마쌤의 답변] 네, 저는 공직윤리와 일반윤리가 다르다고 생각합니다. 일반윤리는 일반 상식선의 도
>   덕적 문제이고 공직윤리는 조금 더 엄격하게 적용될 필요가 있다고 생각합니다. 왜냐하면 공직자가 하
>   는 하나의 정책은 곧바로 국민에게 득이 될 수도 해가 될 수도 있기 때문입니다. 따라서 일반 사기업과
>   공직자에게 요구되는 윤리는 다를 수밖에 없고 달라야 한다고 생각합니다.

Q. 왜 공직자에게 더 도덕성을 요구하는가?

A. [스티마쌤의 답변] 행정이 담당하는 업무분야가 넓어지고 재량권도 커져 공무원의 영향력이 커지고 있는 상황에서 공무원은 법규준수는 당연하고 사회적 관습과 규칙을 준수하는 모습을 보여야 국민으로부터 신뢰를 얻을 수 있기 때문입니다.

Q. 요즘 공직자의 음주운전에 관해 엄한 처벌을 하는 것에 대한 생각은 무엇인가?

A. [스티마쌤의 답변] 저는 공직자의 윤리 도덕성이 중요하다고 생각합니다. 이에 공직자로서 준법정신이 중요하고 국민들보다 엄중한 처벌이 필요하다고 생각합니다.

Q. 그럼 일반국민이랑 공무원이 똑같이 음주운전을 해도 국민은 벌금 100만원, 공무원은 징역형에 해당하는데 이것은 형평성에 어긋나지 않는가? 어떻게 생각하는가?

A. [스티마쌤의 답변] 형평성에는 같은 것을 같게 적용하는 것도 있지만 다른 위치에 있는 사람에게 다르게 적용되는 것도 형평성이라고 생각합니다. 공무원은 국민을 위해 봉사를 해야 하는 자리이기 때문에 보다 높은 도덕성이 필요합니다.

Q. 공무원에게 왜 품위유지를 강조하는가?

A. 아무리 전문성 등 다른 역량을 갖추었더라도 공직자로서의 자세와 품위를 갖추지 못하면 다른 역량의 의미가 퇴색될 수 있습니다. 또한 한 사람의 평소 행동거지, 품위 등이 올바르면 그 사람에 대한 신뢰도가 높아질 수 있습니다. 따라서 공직자는 단정한 자세와 품위 그 자체도 하나의 역량임을 인지하고 이 부분에 대해 노력해야 한다고 생각합니다.

Q. [후속질문] 구체적으로 어떻게 하면 단정한 자세와 품위를 유지할 수 있는가?

A. 좁게는 공직자로서 일상에서 행동 하나하나에 유의하는 것을 들 수 있습니다. 공직자는 모든 부분에 있어서 국민의 모범이 되어야 합니다. 또 국민들의 행동 기준이 될 수 있기 때문에 자신의 행동에 대해 조심해야 한다고 생각합니다. 좀 더 넓게 보아서는 공직자윤리법(국가공무원법인데 법명을 잘못 말함.) 상의 '품위유지의 의무'에 위반되지 않도록 하는 것이 필요합니다.

◈ PLUS

노블레스 오블리주(Noblesse Oblige)

1. 노블레스 오블리주는 초기 로마시대에 왕과 귀족들이 보여주었던 투철한 도덕의식과 솔선수범하는 공공정신에서 비롯된 것으로 높은 사회적 신분에 상응하는 도덕적 의무를 가리키는 말이다.

2. 이는 고귀한 신분에 따르는 도덕적 의무와 책임을 뜻하는 것인데 지배층의 도덕적 의무를 뜻하는 격언으로 정당히 대접받기 위해서는 명예(노블레스)만큼 의무(오블리주)를 다해야 한다는 것이다.

3. 초기의 로마사회에서는 사회고위층의 공공봉사와 기부, 헌납 등의 전통이 강했는데 이런 행위는 의무이기도 하지만 명예로 인식이 되면서 자발적이고 경쟁적으로 이루어졌다.

4. 특히 귀족 등의 고위층이 전쟁에 참여하는 전통은 더욱 확고해졌는데 이러한 귀족층의 솔선수범과 희생에 힘입어 로마는 고대 세계의 맹주로 자리를 할 수 있었다.

5. 현대사회에서 이와 같은 도덕의식은 계층 간 대립을 해결하고 사회통합을 위한 최고의 수단으로 여겨지고 있다.

6. 공무원에게 보다 높은 도덕성, 청렴성을 요구하는 것도 이와 비슷한 의미로 이해하면 될듯하다.

13 충돌되는 공직가치에 대한 이해

1. 5분발표 혹은 상황형 과제 주제에 따라 면접관이 가지고 있는 질문리스트가 있으므로 이러한 부분은 암기를 하는 것이 아니라 이해를 해두어야 한다. 어떤 내용에 초점을 맞추는가에 따라 충돌되는 공직가치는 달라질 수 있다.
2. 공직가치가 충돌되는 경우는 실제 업무를 하다보면 아주 빈번하게 발생한다. 여러 가지 공직가치 중에서 어떤 공직가치를 더 우선시 할 것인가에 따라 정책의 방향도 달라진다. 그렇더라도 공무원은 국민 전체에 대한 봉사자로서 공직가치의 조화를 항상 생각하고 덜 우선시 되는 공직가치에 대해서도 보완하면서 정책을 실행시켜 나가야 한다. 이는 상황형 과제에서도 적용할 수 있는 개념이다.

(1) 공직가치 충돌의 개요

① 하나의 공직가치가 지나치게 강조되면 다른 공직가치가 희생되는 모순된 상황이 발생할 수 있다. 즉, 특정 가치를 추구할 시 다른 가치를 추구할 수 없거나 손상하게 되는 경우가 발생한다. 이를 공직가치의 충돌이라고 표현한다.

② 공직가치 간 충돌은 해당 가치들의 본래 성격에서 비롯되는 경우가 많다. 비용감축과 양질의 공공서비스 제공이 동시에 요구되는 현실에서 발생하는 효율성과 형평성 간 충돌이나 공공부문 조직들이 민간부문을 모방하여 상호 경쟁하면서도 필요시 긴밀히 협력해야 하는 모순된 상황에서 발생하는 경쟁과 협력 간 가치 상충 등이 그러한 예이다.

③ 현실에서 공무원들은 공직가치를 준수함에 있어 보완적 혹은 충돌적 관계에 놓인 다수 가치를 조정하거나 그중 일부를 선택해야 할 윤리적 딜레마 상황에 종종 처한다.

> **TIP** 이는 상황형 과제에서 많이 제시된다.

④ 예컨대 고위직 공무원들은 정무직 공직자에 순응해야 할 민주적 가치와 직업공무원으로서 쌓아 온 지식과 경험에 비추어 독자적인 판단과 행동을 해야 할 전문직업적인 가치가 상충하는 딜레마 상황을 겪을 수 있다. ⇨ 민주성과 전문성의 충돌

⑤ 일선 관료들에게는 예산의 제약으로 효율성을 중시하면서도 서비스 질 유지라는 효과성도 함께 추구해야 하는 딜레마적 업무 상황이 일상화되어 있다. ⇨ 효율성과 효과성의 충돌

⑥ 수직적 조직문화가 뿌리내린 경우 조직에 대한 충성심, 협력 등의 가치와 혁신성과 민주성, 효과성이 충돌할 수 있다.

⑦ 이와 같이 공직가치가 충돌하는 상황에서도 공무원은 관련 가치 간 최적의 배합을 하거나 합리적 선택을 통해 공직사회와 사회 공동체가 수용할 수 있는 수준의 합리적인 의사결정을 해야 한다.

> **TIP** 쉽지 않겠지만 이것이 공무원에게 요구되는 직업윤리이자 역량이며, 이를 면접에서 검증하고자 한다.

MEMO

(2) 공직가치 충돌 사례

충돌하는 공직가치	내 용	조화 방안
민주성 vs 효율성	민주적 의견수렴과 예산 및 시간의 제약으로 인한 효율적 행정이 충돌하는 상황이 많이 발생한다.	시간과 예산이 많이 들어 비효율적이라고 생각할 수도 있지만, 이해관계자들의 참여를 통해 결국 합리적인 의사결정이 이루어지고 국민이 만족하는 정책을 만들어 냄으로써 효율성도 높아질 수 있다. ➡ 이것이 민주주의의 작동원리이다.
	[사례] Q. 국민의 의견을 반영하여 정책을 시행하면 충돌되는 공직가치가 생길 것 같은데 이는 무엇이라고 생각하나요? A. 국민의 의견을 수렴하다 보면 정책을 시행하는 데 더 많은 시간이 필요하고 그로 인해 비용이 발생되는 문제점이 있어 민주성과 효율성이 충돌된다고 생각합니다. Q. 그러한 문제를 해결하는 방법은 무엇이라고 생각하나요? A. 국민의 의견을 수렴하는 민주성을 추구하면서도 효율성을 고려하는 이 두 가지를 동시에 추구하는 방법으로 문제를 해결해야 한다고 생각합니다. Q. 그럼 국민의 의견을 수렴하는 데 효율성을 높이는 방안이 뭐라고 생각하나요? A. 의견수렴의 시간을 줄이기 위해 온라인을 통해 의견을 수렴하거나 방송 매체를 통해 공청회를 개최하여 국민 모두가 해당 정책에 대해 잘 알 수 있도록 문제를 해결하면 좋을 것 같습니다.	
민주성 (다양성) vs 전문성	민주적(다양성) 가치와 직업공무원으로서 쌓아온 지식과 경험에 비추어 독자적인 판단과 행동을 해야 할 전문직업적인 가치가 충돌하는 딜레마 상황이다.	전문성을 강조할 경우 즉각적인 시행이 공익에 부합할 것이나 민주성(다양성)이 훼손되어 반발과 부작용이 발생할 수 있어 설득과 의견수렴을 통해 정당성을 확보함으로써 더 큰 진전을 이뤄낼 수 있다.
	[사례] 대표적으로 세종대왕의 공법(전분6등법, 연분9등법) 시행과정에서의 설문조사를 예로 들 수 있다. 세종대왕은 관료들과 함께 공법을 전문성을 발휘하여 만들었지만 이를 바로 시행하지 않고 백성들의 뜻을 묻고 의견을 수렴하여 시범적으로 공법을 적용한 후 부작용을 찾고 점차 전국적으로 확대하는 방법을 선택함으로써 제도의 안착에 성공했다.	
청렴성·도덕성 vs 공정성·책임성	청렴성과 도덕성을 지나치게 강조할 경우 규제로 인해 공직사회뿐만 아니라 사회 전체가 위축되는 현상이 발생하기도 한다.	즉, 모든 규범은 보편적이어야 실천가능성을 높일 수 있다.
	[사례] 1. 김영란법을 들 수 있다. 최근 김영란법에 규정된 식사비 한도를 3만원에서 5만원으로 올리는 방안이 논의되고 있다. 내수경기 활성화와 물가상승 영향을 반영하여 합리적으로 조정해야 한다는 주장이다. 2. 사회관심계층 병적별도관리제도의 경우에도 고위층, 연예인, 운동선수의 병역이행과정을 모니터링함으로써 도덕성, 청렴성을 확보하고자 하나 이에 대한 부작용으로 공정성과 개인정보보호의 문제가 제기되기도 한다. 따라서 청렴성 및 도덕성과 함께 프라이버시 보호 간의 균형점을 찾는 노력이 필요하다.	

공정성 vs 형평성·다양성	공정성은 법과 규정이 국민 모두에 똑같이 적용되는 것을 의미한다. 그러나 현실에서는 예외 규정을 두거나 사회적 약자에 대한 배려가 필요한 경우가 있다. 따라서 공정성은 형평성 및 다양성과 충돌하는 경우가 많이 발생한다.	일반적인 경우 공정성의 원칙을 지켜야 한다. 하지만 형평성, 다양성을 확보할 필요가 있는지를 항상 생각해서 정책을 만들고 집행해야 건전한 사회발전과 통합을 이뤄나갈 수 있다.
	[참고] 공평 vs 형평 1. 공평은 절차상의 정확한 평등을 뜻한다. 한 가지 예로 달리기를 하는데 누구는 앞에 서고 누구는 뒤에 서서는 안 되고, 같은 선상에서 출발을 해야 한다는 것이다. 이에 반해 형평이라는 것은 실질적 평등을 뜻하는데 예를 들어 아이하고 어른하고 달리기 시합을 하는데 공평하게 같은 출발선에서 달리면 게임이 안 된다. 즉, 아이를 앞에서 달리게 하는 것이 형평성에 맞는 것이다. 2. 형평성, 다양성 확보의 대표적인 사례로는 지역인재 채용 확대, 여성이사 의무화, 지역균형발전, 대입에서의 농어촌특별전형 등이 있다. 3. 다양성 확보(서로 간의 차이를 인정하고 존중해 주는 것)는 민주주의의 건전한 발전과 사회통합, 역동적인 사회를 위해 꼭 필요하다. 4. 다만, 다양성을 너무 강조할 경우 역차별 논란이 많이 발생한다. 　　예 소수자의 채용우선, 특별전형, 다문화갈등, 이민갈등 등	
창의성·전문성 vs 책임성· 준법정신	공무원이 창의성을 발휘해서 새로운 시도를 하려고 하더라도 법과 규정 준수 또는 조직 내에서의 책임부담으로 인해 충돌하는 경우가 발생한다.	이를 해결하기 위한 방안으로 겸직허가 또는 적극행정이 있다. 즉, 적극행정위원회, 사전컨설팅제도, 적극행정면책제도 등을 활용하여 절차적 정당성을 확보하면서 창의성을 발휘할 수 있다.
	[참고] 공무원이 개인방송과 같은 새로운 시도를 하려고 할 경우 겸직 허가를 득한 후 허용되는 범위 내에서 창의성을 발휘할 수 있다.	
적극성·공익성 vs 공정성· 준법정신	생활이 어려운 가정을 도와주고 싶지만 규정에 맞지 않아 지원을 해줄 수 없는 경우가 많이 발생한다. 또한 공익을 위해 꼭 필요하다고 생각하여 적극행정을 할 경우 규정의 적극적 해석과 적용을 해야 하는 경우가 발생하므로 공정성과 충돌할 수 있다.	법 규정대로 처리하면 어려운 이웃을 외면하는 결과가 발생하므로 책임감이 있다면 그 어려운 이웃을 위해 자신이 할 수 있는 최선의 대안을 찾아주어야 한다. 적극행정에 대해서는 적극행정편 내용을 참고해서 절차적 정당성을 확보하면 된다. 예 사전컨설팅, 적극행정위원회, 적극행정면책제도 등
	[사례] 불법체류 외국인이 화재현장에서 할머니를 구한 사례의 경우 공정한 법집행을 위해서는 강제 추방해야 하나 의사상자로 지정된 점과 국민의 생명과 재산보호에 기여한 점 등 공익을 위해 희생한 상황을 고려하여 절차를 거쳐 영주권을 부여하였다. 즉, 의사상자로 지정된 점과 절차적 정당성을 확보하여 공정성 논란을 극복한 경우이다. ➡ 공익을 위해 규제개선이 꼭 필요하다고 생각되면 적극행정을 활용하여 공정성의 문제를 극복할 수도 있다.	
투명성 vs 책임성· 공익성· 공정성	투명한 정보공개는 필요하지만 과도한 정보공개를 통해 공정한 경쟁을 해치기도 하고 개인정보 침해 및 사회적 혼란을 야기하기도 하며 공익과 사익이 충돌하기도 한다.	정보공개는 공식적인 절차와 루트를 통해 확정된 사실에 대해 진행되어야 혼란이 없다. 조율되지 않은 말과 출처불명의 정책정보들이 우리 사회에 그대로 유통될 경우 사회적 갈등과 가짜뉴스 양산, 정책혼선으로 공익을 해할 우려가 있다.
	[사례] 1. 심사위원의 신상 공개는 개인정보 침해 우려와 함께 청탁의 부작용이 발생할 수 있다. 2. 신도시 개발에 대한 사전정보가 유출되어 비밀 정보를 이용한 공정성 위반 사례가 발생할 수 있다.	

(3) 공직가치 충돌 관련 기출 및 예상질문

TIP 다양한 방식으로 질문화되고 있으므로 철저한 대비가 필요하다.

Q. 적극성과 적법성이 충돌한다면 어떻게 하겠는가?

Q. 투명성이나 공정성과 충돌되는 공직가치는 무엇이고, 충돌되는 공직가치를 조화롭게 하기 위한 방안은 무엇인가?

Q. 민주성과 상충되는 공직가치는 무엇인가?

Q. 공정성과 충돌되는 공직가치는 무엇인가?
  ㄴ[후속질문] 공정성에 집중하다 보면 어떤 문제가 발생하겠는가?

Q. 다양성과 충돌하는 공직가치는 무엇이며, 어떻게 해결할 것인가?

Q. 적극성, 공익성과 충돌하는 공직가치는 무엇이며 조화방안은 무엇인가?

MEMO

2024
스티마 면접
국가직 9급

09

경험형 과제 면접후기

CHAPTER

01 경험형 과제란?

(1) 경험형 과제는 수험생들의 실제 경험을 토대로 하는 BEI(Behavior Event Interview, 역량중심행동 면접) 방식을 채택하고 있다. 즉, 과거 경험을 바탕으로 '어떠한 행동을 취했는지? 왜 그러한 행동을 취했는지?' 등의 질답을 통해 수험생의 공직적합성, 공직가치를 평가하는 것이다. 그리고 현재는 과거 경험 뿐만 아니라 면접준비 과정에서의 공무원의 자세에 대해 어떠한 노력을 했는지도 깊이있게 평가하고 있다는 것도 꼭 기억해야 할 부분이다.

(2) 국가직 면접에서 중요한 평가과정이다. 즉, 국가직 면접을 잘 보는 방법은 경험형·상황형 면접과제에 대해 '얼마나 흥미있는 재료(공직가치에 부합하면서 면접관이 공감하고 호응할 수 있는 내용)를 활용하여 답변하는가'가 중요하다.

MEMO

CHAPTER
02 경험형 과제 기출 후기로 면접 흐름 파악하기

1 2020년~2023년 경험형 과제 문제

직 렬	주 제
전직렬 공통	임용 이후 근무하고 싶은 부처(기관)와 담당하고 싶은 직무(정책)에 대해 기술하고, 해당분야의 직무수행 능력 및 전문성 함양을 위해 평소 준비한 노력과 경험에 대해 작성하시오.

(1) 2020년~2023년 면접공고문에서는 미리 경험형 면접과제를 제시해주었다. 이를 바탕으로 직렬별 후기사례를 참고하여 자신만의 역량을 표현할 수 있는 소재로 준비해야 한다.

(2) 2024년에도 경험형 면접과제는 전직렬 공통으로 제시될 가능성이 높다(공고문 확인 요망).

✏️ Check point

1. 2019년까지는 조직이나 단체생활과 관련된 다양한 경험 주제(동료의 실수를 바로 잡고 도와준 경험 등)가 제시되었으나 2020년부터는 하고 싶은 업무와 직무전문성 함양을 위해 평소 준비한 노력과 경험이라는 동일한 주제가 제시되고 있다.
2. 미리 경험형 주제가 제시되므로 면접준비 기간 동안 하고 싶은 업무에 대한 고민해보고 해당 부처의 조직도 및 업무분장 등에 대해 조사해 둘 필요가 있다.
3. 직무수행능력 및 전문성 함양을 위한 노력은 공직가치편의 직무역량과 관계역량 내용을 참고하여 자신의 역량을 표현할 수 있는 내용으로 준비해야 한다.
4. 후기사례를 참고하여 후속질문이 어떻게 이루어지는지 살펴보고 후속질문에 대한 답변을 시나리오로 정리해 둘 필요가 있다.

2 경험형 과제 후기 활용

(1) 경험형 면접후기는 다른 직렬의 후기를 틈틈이 보되, 기본적으로 '일행직+본인 지원 직렬' 후기를 읽어보아야 한다.

(2) 후기를 읽어보면서 '면접관이 어떤 질문을 하는지? 그 질문을 통해 체크하고자 하는 것이 무엇인지?'를 생각해봐야 한다.

> ✅ POINT 이는 바로 공직자로서의 인성, 직무능력, 공직자세, 조직적합성 등을 알아보기 위함이다.

(3) 그동안 배운 공직가치를 생각하면서 본인이라면 '그 질문에 어떻게 답변할 것인가'를 생각해 보아야 한다.

✎ Check point

경험형 과제 준비시 참고할 점

1. 경험형 면접과제는 공직역량을 검증하고자 함이다. 공직사회에서는 직무역량과 관계역량이 모두 필요하다. 따라서 직무를 효과적으로 수행하기 위해 필요한 지식, 기술, 업무활동 등에 대해 기술해야 하며 또한 아르바이트, 동아리 등 조직활동을 하면서 의사소통, 협업, 공감능력 등 관계역량을 나타낼 수 있는 경험도 간단히 기술해야 한다.

2. 우선 근무하고 싶은 부처(기관, 조직)와 담당하고 싶은 직무에 대해 준비가 필요하다. 하고 싶은 업무가 무엇이고 그 업무를 어느 부처의 어떤 부서에서 하는지 조사가 되어있어야 한다. 홈페이지에 들어가서 조직도를 살펴보면 업무분장이 잘되어 있으므로 이를 참고하면 된다.

3. 교과목 수강, 전문도서 자기학습, 각종 활동 등 해당 분야의 직무수행능력 및 전문성 함양을 위해 평소 준비한 노력이 있다면 간략히 정리해야 한다. 평소에 준비가 부족한 수험생은 면접준비기간 동안 독서나 학습, 홈페이지 방문, 기관방문 등 노력에 대해 기술해도 괜찮다.

4. 경험과제 작성시에는 개조식으로 한 눈에 파악이 가능하게 작성하는 것이 좋다.
   ① 근무하고 싶은 부처(기관) 및 담당하고 싶은 직무(정책)
   ② 직무수행능력 및 전문성 함양을 위한 노력
      ㉠ 먼저 담당하고 싶은 직무와 관련된 활동이나 경험을 기술하는 것이 좋다.
         예 자신의 직무 전문성이나 역량을 가장 잘 표현할 수 있는 활동 및 경험을 선정
      ㉡ 독서나 학습, 보고서 탐독, 홈페이지 방문, 기관방문, 인터뷰, 봉사활동, 아르바이트 등 내용을 작성한다.
         ➲ 정책제안을 추가하는 것도 좋다.

5. 후속질문은 작성내용 및 답변내용에 따라 다르며 또한 면접관의 성향에 따라 편차가 있다.
   ➲ 어떤 면접관은 작성내용 중에서 궁금한 내용을 묻기도 하고, 어떤 면접관은 소지하고 있는 질문리스트에서 묻기도 한다.

6. 경험형 과제는 (올해도 동일한 문제가 제시될 경우) 면접준비 기간 동안 계속 내용을 업데이트 해 나가야 한다.
   ➲ 희망부처 및 업무는 순전히 면접용이며 실제 발령과는 무관하다.

✦ PLUS

면접기출 질문리스트(경험형 과제 후속질문)

Q. ~직무를 하고 싶은 동기나 특별한 계기가 있는가?

Q. ~활동을 했다고 했는데 구체적으로 이야기해달라.

Q. ~활동이 직무수행에 어떤 도움이 될 것 같은가?

Q. ~활동을 하면서 어려운 점은 없었는가?
   └[추가질문] 본인은 그러한 어려움을 극복하기 위해 어떤 노력을 했는가?

Q. ~업무를 하고 싶다고 했는데 그 이유가 무엇인가?
   └[추가질문] 혹시 지원하는 부서에서 하는 일을 알고 있는가? 어느 부서에서 그 일을 하는지 아는가?

Q. 본인의 강점은 무엇이고 직렬에 어떤 도움이 될 것 같은가?

Q. ~책을 읽었다고 했는데 기억에 남는 내용이 무엇인가? 느낀 점은?

Q. ~사례를 찾아보았다고 했는데 구체적으로 무엇을 알게 되었는가?

Q. ~업무를 하는데 어떤 역량이 필요할 것 같은가?
   └[추가질문] 본인은 그 역량을 갖추기 위해 어떤 노력을 했는가?

Q. ~기관을 방문했다고 했는데 인상 깊었던 것은 무엇인가? 느낀 점은?

Q. 희망부처에서 개선하고 싶은 정책이 있는가? 반대로 잘하고 있는 정책은 무엇인가?

Q. 경험이 이것저것 많은데 무엇이 제일 중요한 경험이었는가?

Q. 경험형에서 쓴 내용 외에 면접준비과정에서 추가적으로 노력한 것은 없는가?

Q. 어떤 활동이 가장 인상깊었고 여기서 어떤 문제가 있었으며 어떻게 해결해서 어떤 결과를 얻었다라는 식으로 이야기 해주실 수 있는가?

Q. 전문성 이야기를 했는데 향후 전문성을 키울 방안이나 계획은 무엇인가?

Q. 지원부처에서 외국인에게 자랑하고 싶은 정책이 있다면 무엇인가?

Q. 면접준비 과정에서 느낀 부족한 점과 이를 개선하기 위해 어떤 노력을 하였는가?

Q. 다양한 아르바이트 등을 하면서 얻은 것을 직무와 관련하여 이야기해달라.

Q. 경험 중 가장 뿌듯했던 경험과 아쉬웠던 경험 두 가지를 이야기해달라.

Q. 국가나 공직에 대해 개선하고 싶은 제도가 있다면 어떤 것인가?
　└[추가질문] 많은 경험을 했는데 그걸 토대로 공직에서 개선했으면 좋겠다고 생각하는 것이 있는가?
　└[추가질문] 조직과 관련해서 개선하고 싶은 점은 무엇인가?
　└[추가질문] 그러면 관행이나 관습과 관련해서 바꿔본 적이 있는가?

Q. 직무에 가장 도움이 될 것 같은 경험이 무엇인가?

Q. ~경험에 대해 주위의 반응은 어땠는가?

Q. 자신의 경험 중 주위로부터 칭찬받은 경험이 있는가?

Q. 행정직 공무원이 되기 위한 본인의 역량 중에 가장 좋다고 생각하는 것과 부족하다고 생각하는 것은 무엇인가?

Q. 공무원이 되고 싶다고 했을 때 주위의 반응은 어땠는가?

Q. (세무직 관련) 세무서에서 개선해야 할 점은 무엇이 있겠는가?

MEMO

3 **사례로 보는 면접후기**

✅**POINT** 아래 면접후기는 응시생의 기억에 의한 복원이므로 실제와는 약간 차이가 있을 수 있으니 이 점 참고하여 정독해두길 바란다.

Case 01. 면접후기 사례(일반행정 1)

> 1. 지원부처: 문화체육관광부 예술정책과
> 2. 희망업부: 예술인 복지증진
> 3. 관심정책: 예술인 고용보험 ⇨ 정책제안 '예술인-학생 1 : 1 매칭 플랫폼'
> 4. 전문성을 위한 노력
>   (1) 문화콘텐츠 학과 재학-디지털과 문화예술 수강
>   (2) 아트홀, 미술관, 문화재단 서포터즈 활동-공연예술에 대한 이해, 클래식 음악 홍보방법 고안
>   (3) 문화예술교육 자원조사 우수조사원-문화예술 즐길 수 있는 활동지 개발
>   (4) 중국라이센스 박람회 관람-우리나라 라이센스 산업에 대한 자부심
>   (5) 보존수복 종사자 인터뷰-예술작품 보존수복의 중요성 이해
>   (6) 지방분권 서포터즈-지역문화격차 해소를 위해 지방분권에 대한 이해
> 5. 소통 관련 경험
>   (1) 학회 활동 당시 새로운 임원 구성 방식 고안
>   (2) 아르바이트 당시 새로운 직원의 일을 도왔던 경험-감사선물 받음

면접관 경험형에 문체부 관련 경험을 많이 써주셨는데 여기 관심정책이라고 쓰신 예술인 고용보험이 무엇인가요? 이 보험에 문제점이 있다면 어떤 것인가요?

응시생 네, 제가 쓴 예술인 고용보험은 작년부터 시행되고 있는데요. 다른 직장과 다르게 예술인의 수입은 시간으로 계산이 불가능하기 때문에 일정 수익이 넘어가면 보험으로 보장을 해주는 제도입니다. 일단 홍보 문제가 있어서 예술인 분들이 이런 보험이 있는지 잘 모르신다는 문제점이 있고 예술공연의 특성 상 예술공연시간에 비해 예술공연을 준비하는 시간이 매우 많이 소요된다는 것으로 알고 있습니다. 그래서 그런 부분에 대한 개선이 필요하다고 생각합니다.

면접관 답변 아주 좋게 들었습니다. 그런데 혹시 이 정책에 장애요인이 있다면 무엇이고 어떻게 해결할 수 있을까요?

응시생 장애요인은 국민들의 공감, 합의인 것 같습니다. 예술인분들의 특수한 보험 형태를 국민분들이 이해해 주셔야 하는 부분이 필요한 것 같습니다. 왜 예술인만 이런 특별한 보험 형태라는 특혜를 받아야 하는 지에 대해 국민들을 이해시키는 과정이 필요할 것 같습니다. 이를 해결하기 위해서 공청회를 열거나 TV프로그램 등을 통해서 예술인 분들의 실상을 보여주어 공감을 얻는다면 좋을 것 같습니다.

면접관 서포터즈 활동을 해주셨다고 쓰셨는데 어떤 활동이 가장 인상깊었고 여기서 어떤 문제가 있었으며 어떻게 해결해서 어떤 결과를 얻었다라는 식으로 이야기 해주실 수 있나요?

응시생 제가 가장 인상깊었던 활동은 아트홀 서포터즈 활동을 했던 것입니다. 이 활동을 통해서 예술공연계 실무를 배울 수 있었고 아티스트분들도 가까이에서 뵐 수 있었습니다. 여기서 어려웠던 점은 제가 홍보 영상을 만들었을 때 저는 아티스트분들을 친근하게 소개하기 위해서 예능 형식으로 재미있게 풀고 싶었는데 아트홀 직원분들은 선을 지켰으면 좋겠다는 의견을 주셨습니다. 이에 대화를 통해 예능형식으로 만드는 것으로 설득을 했고 그렇게 영상을 제작해서 높은 조회 수를 기록하였습니다.

면접관 서포터즈 활동 중 어떤 것이 가장 어려웠고 어떻게 해결했나요?

응시생 저는 미술관 서포터즈 활동이 가장 어려웠습니다. 디지털 형식으로 작품이 제작되어서 그에 대한 정보도 없었고 코로나19 상황이라 관객들을 받지 못해서 전시 방식을 바꿔야 하는 상황이 힘들었습니다. 이때 제가 학교에서 '디지털시대의 문화예술'이라는 과목을 수강 중이어서 디지털 작품에 대해 이해할 수 있었고 그 내용을 바탕으로 카드뉴스를 제작해서 SNS에 게시하였습니다. 코로나19로 인해서 효과는 미미했지만 디지털 예술작품에 대해서 이해할 수 있는 시간이었습니다.

면접관 교향악단 서포터즈 활동은 어떤 활동을 하는 건가요?

응시생 교향악단은 지휘자님이 따로 계시기 때문에 지휘자님에 대한 소개나 그때도 코로나19 상황이어서 문화포털을 활용해서 라이브 공연을 하였는데 그것을 홍보하는 활동을 했습니다. 그리고 라이브 공연에 참여해서 타악기 등을 함께 연주하는 활동을 하기도 했습니다.

면접관 이런 서포터즈 활동을 몇 개 정도 하셨나요?

응시생 3~4개 정도 했습니다.

면접관 서포터즈는 어떻게 선발이 되는 건가요?

응시생 제가 이 분야에 관심이 있었기 때문에 검색을 하거나 SNS에 올라온 서포터즈 모집공고를 보고 직접 지원을 해서 면접을 본 후 활동을 하였습니다.

면접관 왜 문화예술쪽에 관심을 가지게 되었나요?

응시생 저는 어린시절부터 많은 악기를 배웠습니다. 그리고 계속 문화예술에 관심이 많아서 문화콘텐츠학과에 재학하여 공부를 하였고 여러 활동을 하게 되었습니다.

면접관 만약 본인은 문화예술을 위해서 열심히 일했어요. 그런데 국민들의 문화수준이 그를 따라오지 못한다면 어떻게 해결하실 건가요?

응시생 저는 지금 전시 쪽은 국민분들이 많은 관심을 가져주신다고 생각합니다. 그런데 공연예술이나 국악 부분에 대한 관심은 부족한 것 같습니다. 그런 분야가 더 성행하기를 바라는 마음으로 예술인분들의 복지를 증진해서 근무 환경이 나아지면 새로운 인재들이 탄생하고 신인들이 등장하고 예술산업분야가 괜찮은 분야라는 인식이 생겨 문화예술계가 풍부해져서 예술을 알아주실 것 같습니다.

MEMO

Case 02. 면접후기 사례(일반행정 2)

> 1. 근무하고 싶은 부처: 보건복지부 인구정책실 아동복지정책과
> 2. 직무수행능력 함양을 위한 노력
> 3. 전문성
>   (1) 아동가족학, 행정학 전공 – '아동권리와 복지', '보육과정', '복지정책' 등 수강
>   (2) 지역아동센터 봉사활동(A지역아동센터 2년, B지역아동센터 6개월)
>   (3) 농어촌 거주 초등학생 대상 문화예술교육 봉사활동 기획 및 진행, 중학생 학습멘토링
> 4. 공익성, 다양성
>   (1) 기타 다양한 봉사활동[어르신 자서전 편찬 활동, '휴데이 마을 활동(학교 밖 청소년 보호)', 외국인 유학생 한국어도우미]
>   (2) 스웨덴 교환학생(한 학기)
> 5. 책임성, 민주성
>   (1) 고등학교 때 동아리 회장, 대학교 때 동아리 부회장
>   (2) 대학교 국제교류처 산하 학생단체 홍보팀 활동
> 6. 기타: 보건복지부 블로그(따스아리), 유튜브 채널(복따리TV) 구독
> 7. 추진하고 싶은 사업: 가정위탁사업의 적극적 홍보(가정위탁의 날 등을 중심으로)

면접관 근무하고 싶은 부처와 그 이유는 무엇인가요?

응시생 저는 보건복지부 인구정책실 아동복지정책과에서 근무하고 싶습니다. 저는 아동에 대한 관심이 많아 아동 관련 봉사활동도 많이 했고, 전공도 아동 관련한 학과로 진학했습니다. 결정적 계기는 지역아동센터에서 봉사활동을 하면서 생겼는데 제가 다문화가정 아이의 한글 교육을 한 적이 있었습니다. 처음에는 한국말과 한글이 서툴러서 그 아이가 친구들 사이에서도 잘 나서지 않고 소극적인 모습이었는데, 한글을 배우고 한국말을 잘하게 되고 나서는 주도적으로 나서고 적극적인 모습이었습니다. 이를 보면서 아동이 건전하게 성장하고 발달하는 데 있어서 주위 환경이나 경험이 중요하다는 걸 느꼈고, 아동의 건전한 성장발달에 발판이 되는 환경을 만드는 사람이 되고 싶었습니다.

면접관 봉사활동을 많이 하셨는데 한 가지 얘기해주실 수 있나요?

응시생 어르신 자서전 편찬 활동이 가장 기억에 남습니다. 어르신과 제가 1대1 매칭이 되어 제가 어르신의 인생 이야기를 듣고, 그것을 글로 남겨서 하나의 책이 출판이 되고, 그 후 출판기념회도 하고 하는 활동인데 저는 처음에 이것이 어르신에게만 좋은 활동이라고 생각했었습니다. 그러나 어르신의 인생 이야기를 들으면서 경험, 삶의 지혜를 느낄 수 있어서 저에게도 값진 경험이었습니다.

면접관 추진하고 싶은 사업에 가정위탁사업 홍보를 적었는데 이에 대해 설명 부탁드릴게요.

응시생 많은 분들께서 입양이나 아동복지시설에서의 케어에 관해서는 많이 알고 계신 것 같은데 가정위탁사업은 그에 비해 많이 알려지지 않은 것 같습니다. 그렇지만 가정위탁사업이 정말 좋은 제도라고 생각해서 홍보하고 싶다고 생각했습니다. 가정위탁사업은 요보호아동을 가정위탁신청자의 가정에서 집과 같은 환경에서 돌보게 됩니다. 가정위탁부모가 되는 것은 신청자의 자발적 신청에 의해 이루어지고, 또 가정위탁부모가 되기 위해서 필요한 요건이나 절차적 심사 또한 철저하게 이루어지기 때문에 아동을 보호하고 돌보기 좋은 제도라고 생각했습니다. 가정위탁사업 홍보는 가정위탁의 날을 중심으로 이루어지면 좋겠다고 생각했습니다. 5월 22일이 가정위탁의 날인데 이때를 기점으로 가정위탁의 경험

이 있는 이제는 성인이 된 사람들이라던지 가정위탁부모, 가정위탁 관련 업무 종사자, 혹은 일반 국민을 대상으로 가정위탁사업에 대한 사례도 좋고 관련 내용을 담은 영상 공모전을 개최하여 우수작은 시상을 하고 보건복지부 공식 유튜브 채널에 업로드하는 방법을 떠올려 보았습니다.

면접관 지역아동센터 봉사활동을 오래 했는데 어떤 계기로 하게 되었나요?

응시생 어머니께서 먼저 하셨어서 저도 자연스럽게 하게 되었습니다.

면접관 말씀을 잘하시는데 혹시 면접 경험이 있나요?

응시생 아닙니다. 대학 입학 이후로 처음입니다. ㅎㅎ (감사하다는 말씀을 드렸어야 하는데, 떨려서 그러지 못했어요. 이제 와서 후회가 많이 되네요. ㅜㅜ)

면접관 원하는 부처의 공무원으로서 가져야 할 역량은 무엇이라고 생각하나요?

응시생 다양한 역량이 필요하겠지만 저는 창의성을 말씀드리고 싶습니다. 현재 보건복지부에서 시행되고 있는 복지정책들이 굉장히 잘 되어있는 게 많은데 이외에도 새로운 걸 생각하려면 창의성이 필요하다고 생각합니다. 또한 창의성을 발휘하여 혁신적인 정책을 생각해 내면 국민으로부터 칭찬도 받고 좋은 평가를 받을 수 있지 않을까 생각합니다.

면접관 스웨덴에서 교환학생을 하면서 느낀 점은 무엇인가요?

응시생 제가 스웨덴에서 요양원을 견학할 기회가 있었는데 거기서 느낀 점이 몇 가지 있었습니다. 먼저, 스웨덴 요양원에서는 어르신들의 바깥 활동을 자유롭게 보장해 주었습니다. 신체적인 질병이 있으신 분들은 물론, 치매와 같은 정신적 질환이 있으신 분들도 산책같이 외출을 나가는 것에 대해 전혀 제약이 없었고 오히려 이를 '절대 제약할 수 없다'라고 생각하고 있었습니다. 이렇게 자유롭게 하면 요양보호사분들의 일이 더 많아질 것인데도 이를 당연하게 생각하는 마음에 감동을 받았습니다. 그리고 요양원에 대한 인식이 굉장히 긍정적이라는 것을 느꼈습니다. 이는 요양원 환경과도 관련이 있는 것 같은데 한 어르신마다 하나의 방을 쓰시고 그 방을 젊었을 때의 사진이나 가족사진 등으로 꾸며 놓아서 집 같은 아늑한 느낌이 들게 했습니다. 그래서 그런지 스웨덴에서는 어르신을 가족이나 친척이 요양원에 모신다가 아니라 어르신께서 직접 간다 이렇게 선택하신다고 합니다. 이러한 점을 보면서 우리나라도 요양원에 대한 인식이나 내부 환경이 차츰차츰 개선된다면 좋겠다고 생각했습니다.

면접관 교환학생도 다녀오고 국제교류처 단체 활동도 하고 해외 경험이 많은데, 외국인에게 소개하고 싶은 보건복지부의 정책은 무엇인가요?

응시생 저는 앞서 5분발표에서도 말씀드렸던 우리나라의 코로나19 관련 정책을 소개하고 싶습니다. 코로나 백신 및 치료제 개발을 위해 노력하는 모습, 전화처방과 대리처방을 가능하게 하여 많은 기저질환자, 노약자 그리고 의료인들의 감염을 막으려는 모습 등 이런 정책들이 외국에 소개할 만하지 않을까 생각합니다. 그리고 우리나라의 코로나19 방역이 K-방역이라는 말도 있을 만큼 잘 되어있는데 철저한 방역을 통해 많은 사람들이 코로나19 방역을 막은 점 또한 자랑하고 싶습니다.

면접관 보건복지부 정책 중에 보완 또는 개선되었으면 하는 것은 무엇인가요?

응시생 정책이라기보다는 보건복지부에서 블로그를 운영하고 있는데, 블로그 운영에 대한 보완 방법을 생각해 보았습니다. 현재 보건복지부 블로그가 굉장히 정리가 잘 되어 있지만 저는 블로그라는 매체 자체의 특성을 살리는 방법을 생각해 보았습니다. 많은 사람들이 블로그를 일상기록용으로 사용하는 만큼 보건복지부에서도 다양한 사람의 하루를 '오늘은 이런 복지혜택을 받으러 가는 날', '내가 몰랐던 복지' 이런 식으로 일기 형식으로 올린다면 국민들 입장에서 좀 더 와닿고, 생활밀착형 정보가 될 수 있을 것이라고 생각했습니다. 비슷하게 2020년까지 보건복지부에 '따스아리 기자단'이 있었는데요, 아마 코로나19 때문에 현재 활동을 중단한 것 같지만 국민들이 기자단이 되어 복지혜택에 대해 소개하고 정책을 취재하는 활동이었습니다. 현실적인 제약으로 지금은 할 수 없더라도 이런 우리 생활과 근접한 내용들을 올린다면 좋을 것이라고 생각했습니다.

면접관 동료들에게 '일 잘하는 ○○○(이름)' VS '사람 좋은 ○○○' 무엇으로 불리고 싶은가요?

응시생 저는 '사람 좋은 ○○○'으로 불리고 싶습니다. 사기업이었다면 '일 잘하는 ○○○'으로 더 불리고 싶었을 수도 있지만 공무원은 동료나 상사 등 다른 공직자들과의 협업도 중요하고 또 국민을 상대해야 하는 직업이기 때문입니다. (국민께도 신뢰할 수 있는 좋은 공무원이 되고 싶다. 이런식으로 얘기했던 것 같습니다. 너무 예상치 못했던 질문이라 정말 아무말 했어요. ㅎㅎㅠㅠ)

면접관 어떤 공무원이 되고 싶은가요?

응시생 저는 '가족 같은 공무원'이 되고 싶습니다. 가족의 일처럼 국민의 일을 신경쓰다 보면 정말 그 일에 대해서 생각하고 고민하는 것을 멈출 수 없으니 자다가도 생각이 난다고 하는 것처럼..(이 얘기는 왜 했는지 ㅠㅠ;;) 제가 맡은 일에 대해서 '그냥 해야 하는 일이니까' 하는 기계적으로 무미건조하게 하는 게 아니라 성심성의껏 내 일처럼 맡아 하는 그런 공무원이 되고 싶습니다. 그렇게 하면 국민의 입장에서도 저를 신뢰하고 일을 맡기시는 데 있어 더 안심하실 수 있지 않을까 생각합니다.

MEMO

Case 03. 면접후기 사례(관세직)

1. 관심있는 부서: 조사국
2. 본인이 해당 부서에 적합한 이유
   (1) 전문성 함양을 위한 노력
      - 조사원 활동 및 지역 단체 인터뷰 경험: 피의자 상대를 위한 기본적 자질 함양
      - 관세청 유튜브, 블로그 구독 및 관세청 마약 밀수 웹드라마 시청: 조사관 업무 간접 경험
      - 세관 견학을 통해 현직 분들과 대화: 국경 수호의 사명감을 느낌
      - 경제통상학 복수전공으로 무역학(무역학원론, 무역상무론)수업 이수: 무역 분야 관심 계기
   (2) 직무수행능력 함양
      - 아르바이트: 조직원 간 업무 능력 결합의 중요성 절감(협력)
      - 조사원 활동: 실수를 바로잡고, 원칙 및 절차를 준수함으로써 맡은바 수행(책임성)
      - 전공 실습 수업: 협업을 통한 프로젝트 수행으로 성과 달성(적극성)
      - 아동센터 봉사 후 정책의 방향성 고민(공익성)
3. 향후노력: 빅데이터분석기사 자격증 취득 예정

면접관 조사국에 지원한 이유가 무엇인가요?

응시생 (조사국 일이 힘든데 패기 있게 지원하고 싶다고 하니까 관세직 면접관님이 웃으셨어요..ㅋㅋ) 제가 조사국에 지원하고 싶은 이유는 관세직 지원동기와도 연결되는데요. 고등학교 시절 경찰이 되신 고등 학교 선배분이 직업 설명차 학교를 방문하신 적이 있는데 그분의 이야기를 들으면서 수사기관에서 범 죄 정보를 수집하고 분석하여 피의자를 검거함으로써 사회 안전에 기여할 수 있다는 점이 너무 멋있어 보여 학생때 부터 수사관이 되고 싶었습니다. 그런데 대학 시절 무역상무론이나 무역학원론과 같은 무역 전공 수업을 들으면서 무역 분야에도 흥미가 생겼고, 무역 관련 일과 수사관의 일을 같이 할 수는 없을까를 찾아보다가 미디어를 통해 부산세관 조사관의 인터뷰를 보게 되었습니다. 그때 처음 관세직 공무원이 되어 조사관이 되면, 특별사법경찰관으로서 관세범과 무역사범에 대한 수사 업무를 할 수 있다는 것을 알게 되었고 무역 분야의 전문성을 활용하여 수사 활동을 한다는 점이 마음에 들어 지원 하게 되었습니다.

면접관 내 의견에 반대하는 사람들이 생기면 어떻게 설득할 건가요?

응시생 제 정책의 취지에 대해 먼저 설명드리겠습니다. 또한 그분들 의견도 최대한 반영해야 한다고 생각합니 다. 그 반영 방식으로는 제가 A라는 정책 선택했다면 그것으로 인해 발생하는 문제점이나 예상치 못한 상황에 대비하여 대응방안을 구축해야 할 것입니다. 그것을 구축하는 과정에서 반대 의견을 가진 사람 들의 의견을 반영할 수 있다고 생각합니다. (고개끄덕이며 메모하심) 그 이후 그분들을 다른 방안으로 지원할 수 있는 제도가 있는지 검토하고 메뉴얼과 가이드라인을 구축하겠습니다.

면접관 관세행정 관련하여 개선점은 무엇이라고 생각하나요?

응시생 현재 경찰청에서는 우리 주변에서 일어나는 각종 사건, 사고에 대해 누구나 간편하게 제보할 수 있는 경찰청 국민제보 앱인 스마트국민제보를 시행하고 있습니다. 이를 벤치마킹하여 관세청에서도 국민분들이 제보할 수 있는 어플리케이션을 만들면 좋겠다고 생각합니다. 전자상거래가 확대되면서 비대면 위조상품 거래가 증가하고, 중고 거래 사이트를 통한 해외 직구 되팔이가 증가함에 따라 온라인 모니터링이 중시되고 있습니다. 또한 다크웹이나 SNS를 통한 비대면 마약거래도 증가하고 있는 추세입니다. 그러나 단속 효과를 높이기 위해서는 국민들의 관심과 협조가 중요하기에 이러한 위법행위를 제보할 수 있는 앱을 만들어 사진이나 동영상으로 각종 관세법 위법행위에 대한 제보 및 신고를 할 수 있도록 하고, 제보 내용은 세관이나 관세청으로 정보가 제공되도록 하여 사건 해결에 참고 또는 중요한 단서가 될 수 있도록 한다면 국민들의 적극적이고 자발적인 참여를 통해 협력적 사회안전망을 구축할 수 있다고 생각합니다.

면접관 조사국 업무를 위해 본인이 노력한 점은 무엇인가요?

응시생 세관 견학시 조사관분께서 마약조사의 경우 특수범이라 언제 어떻게 위급상황이 발생할지 모르므로 항상 대비하고 있어야 하고, 또 조사국은 출장 업무가 많다고 들었습니다. 그래서 체력적인 부분에서 조금 힘든 면이 있다고 하셨습니다. 그래서 체력적으로 보완하는 게 중요하다고 생각했습니다. 저는 초등학교 때부터 고등학교 졸업 때까지 저녁에 한 시간씩 걷기운동을 꾸준히 하여 기초체력을 다졌습니다. 그 덕분에 공무원 시험공부를 할 때도 매일 지치지 않고 공부할 수 있었습니다. 이러한 저의 기초체력을 바탕으로 입직하고 나서도 헬스를 시작하여 전문적으로 운동해서 체력을 보완하겠습니다.

면접관 개인 성과와 팀 성과 중 무엇이 더 중요한가요?

응시생 저는 팀 성과가 더 중요하다고 생각합니다. 개인이 아무리 노력해도 보완할 점은 있고, 그것을 다른 사람들의 강점으로 보완해 가는 과정이 협력이라고 생각합니다. 최근 부산세관 필로폰 최대량 적발 사례를 보았는데 해당 주문관님께서 그렇게 적발할 수 있었던 것도 지방검찰청과 국가정보원, 외국 세관과의 공조가 있었기 때문에 가능한 것이라고 말씀하셨습니다. 이처럼 유관부처와 협력하여 공익에 부합하는 그러한 결과를 도출하는 것이 중요한 것 같습니다.

MEMO

Case 04. 면접후기 사례(통계직)

1. 희망부처: 조사행정팀
2. 희망업무: 기간제조사원 교육 및 관리, 홍보 업무
3. 직무수행능력을 위한 노력과 경험
   (1) 2021 통계청 경제총조사 & 경제통계통합조사 조사원 활동(6/14~7/30): 전화, 인터넷, 방문조사 경험,
      응답률 80%
      건의사항 ⇨ 현장조사원 맞춤 지도어플 제작, 통계조사기관 간 소통창구 마련
   (2) (대학과제) 성평등 인식조사: 인터뷰 및 발표경험
4. 다양성, 책임감, 공익성 함양 경험: 교육봉사 동아리(고3 입시코칭), 관악대 밴드 활동, 서비스직 알바 4년
5. 응답률 향상을 위한 아이디어
   (1) (헌혈의집 벤치마킹) 답례품 다양화, (학생)봉사시간 부여, 성실응답자 표창
   (2) 통계조사 사전 희망자 신청제도

면접관 희망 직무를 희망하게 된 이유가 있나요?

응시생 네, 저는 아까도 말씀드렸듯이 올해 통계청 조사원 활동을 했습니다. 저는 처음 경험해보는 것이었고 응답자에게 연락하는 상황, 방문했을 때 행동 등 어떻게 해야할지 고민과 애로사항들도 많았습니다. 지금 조사원 대상으로 전체교육만 받고 있는데 이에 대해 세밀하게 교육과 지도를 해주면 더욱 응답률 도 높아질 것이라고 생각했습니다. 그리고 이미 경험해 본 입장에서 조사원분들의 입장을 더 공감하며 좀 더 관심을 갖고 할 수 있겠다고 생각되어서 조사행정팀에서 조사원 교육 및 관리 업무를 하고 싶었 습니다.

면접관 조사원 활동관련하여 어려웠던 점이 있나요?

응시생 제가 맡은 경제총조사 조사표 항목에 어려운 부분이 많았습니다. 사업 실적 부분에 재료비, 연료비 등과 같은 항목 그리고 유형자산 무형자산 같은 것도 있었는데 응답자분들이 답변하기 어려워한 경우가 많았 습니다. 저는 그 부분에 대해 저의 담당자님께 말씀드렸고, 금융감독원에서 전자공시 시스템에서 회사가 공개한 재무제표를 볼 수 있는 것을 알게 되었습니다. 그래서 그 정보를 조사표에 입력할 수 있는 것은 제가 적고, 나머지는 해당 회사에 연락해서 연결된 회계사무소가 있다면 그 경로를 통해 재무제표를 부 탁드려도 되겠는지 허락을 받은 후 자료를 받아 작성하였습니다. (질문 까먹어서 다시 여쭤봄) 그래서 조사표 항목이 어려웠어서 이런 행정자료와 조사표를 더욱 연계해서 만들면 좋겠다고 생각했습니다.

면접관 동아리, 아르바이트 등 여러 활동을 하셨는데 그로 인해 직무수행하는 데 있어서 도움될 수 있는 것이 있었나요?

응시생 저는 동아리, 아르바이트, 조사원 활동 같은 다양한 일을 해보면서 배려심과 책임감을 길렀다고 생각 합니다. 그리고 저는 제 입장보다 상대방의 입장을 고려했을 때 더 원활하고 기분 좋은 소통이 이뤄진 다는 것을 느꼈습니다.
하나의 사례를 말씀드리자면 조사원으로서 응답자님께서 적어 주신 조사표를 보니 사업실적 부분에 일괄적으로 1111.. 이렇게 같은 수치가 나열되어 있는 것을 보고 응답자님이 성의 없게 작성하신 것이 아닌가 생각하였습니다. 그 응답자님께 연락을 드려서 저희 쪽의 당황스러운 입장을 전하기보다도 먼 저 응답자님께서 이렇게 작성하신 이유가 있으신지 바쁘셨는지 혹은 조사표 작성하기 어려우셨는지 여쭤보았습니다. 그런데 알고 보니 인터넷 조사표 작성하고 마지막에 빨간 글씨로 계산이 안 맞은 경

우 오류가 뜨는데 그 오류를 수정해도 오류가 반복되어서 그냥 일괄적으로 같은 숫자를 입력하고 마무리한 것이라고 하셨습니다. 그 이야기를 듣고 다시 조사표를 제대로 작성할 수 있도록 도와드렸습니다. 이렇게 우리 쪽에서 해야 할 말보다도 상대방이 그렇게 행동한 입장과 이유를 먼저 들어보아야 우리의 목적도 더 잘 이룰 수 있음을 느꼈습니다. 이제껏 저는 다양한 활동을 하면서 배려와 역지사지의 자세를 길렀다고 생각합니다.

`면접관` 통계공무원으로서 가져야 하는 중요한 자세가 무엇일까요?

`응시생` 저는 책임감, 적극성, 소통능력이라고 생각합니다. 부서 내에서 상관, 동료와 소통하는 것이 중요하다고 생각합니다. 또한 조사원으로서 응답자가 어떠한 상황이신지에 대한 파악이 되어 원활한 소통이 이루어져야 조사도 잘 이루어질 수 있다고 생각합니다.

`면접관` 책임감을 발휘한 경험이 있나요?

`응시생` 제가 아르바이트를 했을 때 경험을 말씀드리겠습니다. 저는 아이스크림 가게에서 아르바이트를 했습니다. 그런데 아르바이트 날 이틀 전부터 목감기가 걸려서 목소리가 안 나오는 상황이었습니다. 대신 해줄 사람을 찾아봤지만 없었고, 사장님도 그냥 나오라고 하셨습니다. 저는 손님에게 불편함 없이 응대를 해야겠다는 책임감이 들었습니다. 그래서 손님을 대할 때 목소리는 나오지 않았지만 숨소리와 바람소리를 내며 (이때 면접관님 살짝 웃으심) 큰 입모양과 제스처와 아이컨택으로 응대했습니다. 그리고 함께 일하는 분에게 주로 주문을 받아줄 수 있냐고 하며 부탁하였고 저는 주문 들어온 제품을 준비하고 제공해드리는 일을 하였습니다. 공직사회에서도 이렇게 제가 맡은 일에 대한 책임감을 가지고 동료와 협업해야겠다 다짐하였습니다.

`면접관` 통계청 공무원으로서 본인은 어떤 자세(또는 능력)를 갖고 있다고 할 수 있나요?

`응시생` 저는 배우고자 하는 자세를 갖고 있다고 생각합니다. 조사원으로 활동할 때도 조사표 이해가 어렵고 생소한 부분이 많았는데 관련된 지식, 회계공부도 함께 하면서 응답자분께 좀 더 편하고 쉬운 작성을 도와드리고자 노력하였습니다. 지금도 통계직 공무원이 되기 위해 부족한 부분과 배워야 할 부분이 많다고 생각합니다. 그래서 통계교육원 이러닝 교육도 몇가지 듣고 있습니다. 앞으로도 계속 들으며 배우고 자격증 준비 등 제가 할 수 있는 노력을 하려고 합니다.

MEMO

Case 05. 면접후기 사례(보호직)

> - 희망 직무: 준법지원센터 청소년보호관찰
> - 관심 업무: 갱생보호사업, 셉테드사업
> - 직무 관련 관심 및 노력
>   1. 청소년 관심 ⇨ 아동센터 교육봉사, 청소년꿈키움센터 방문, 심리검사 실습
>   2. 장애인보호고용시설에서 사회봉사명령자와 봉사 ⇨ 범죄자 낙인, 선입견 반성
>   3. 소년법 개정 대학생 인식조사 실시 ⇨ 사회적 공감대 형성이 어려움을 배움
>   4. 유튜브 구독(범죄예방365, 법무부TV), 범죄백서2021 탐독
> - 업무수행 관련 소양 및 경험
>   1. 의사소통: 교내 입학과 근로(1년간 입학 상담), 학생교육평가단 활동
>   2. 리더십: 임팩트 프로젝트(지역사회 봉사단 팀장), 해외탐방(대만) 팀장
>   3. 사회통합: 노인유사체험 교육 진행(노인의 신체를 경험하고 이해하도록 도움)
> - 기타: 청소년교육학, 가족상담, 심리검사, 상담이론 전공

면접관 지원동기에 대해 말씀해 보시겠어요?

응시생 지역아동센터에서 청소년을 대상으로 교육 봉사활동을 진행했습니다. 그때 처음으로 청소년을 대상으로 일해보고 싶다고 생각했고 이후 청소년교육학을 수강하면서 동기들과 함께 청소년꿈키움센터를 방문했습니다. 그때 처음으로 보호직 공무원에 대해 알게 되었고 보호직 공무원으로서 일을 한다면 다른 어떤 일을 할 때보다 보람되겠다고 생각하여 보호직 공무원에 지원했습니다.

면접관 자신의 보호직에 맞는 장점은 무엇인가요?

응시생 사회복지와 상담학을 전공했다는 점입니다. 대상자를 다룰 때 환경을 고려하고 인력이 적기에 지역사회의 자원을 활용한 개입이 필요한데 여기서 저의 능력을 활용할 수 있다고 생각합니다.

면접관 범죄백서를 읽었는데 소년보호관찰 업무에 어떻게 활용할까요?

응시생 청소년의 범죄 유형이 절도가 1위 폭력이 2위인데 이 부분에 중점을 두고 업무에 임할 수 있다고 생각합니다.

면접관 촉법소년 연령 하향관련 소년법 개정 설문조사를 진행했는데 그 결과와 본인의 생각은 어떤가요?

응시생 제가 청소년기 토론에 참여할 때 사전에 소년법 개정에 약 90%가 찬성한다는 설문조사를 보고 갔었습니다. 근데 비록 대학생들을 대상으로 설문조사를 진행했었지만 개정에 찬성 절반, 개정에 반대 절반이 있었습니다. 개정 찬성의 의견으로는 피해자의 나이도 어리고 범죄에는 자비가 없어야 한다. 반대의 의견으로는 처벌이 문제가 아니라 예방이 중요하다는 의견이 있었습니다. 저의 의견으로는 소년법이 1953년에 제정된 이후로 촉법소년 연령이 단 한 번도 개정되지 않았습니다. 피해자의 나이도 어려지고 있고 가해자의 교육 수준과 삶은 질은 높은 편이기 때문에 개정은 필요하다고 생각합니다. 그렇지만 기회를 줄 필요가 있다고 생각해서 범죄 유형별로 달리 적용할 필요가 있다고 생각합니다. (이런 취지로 답을 했는데 전달이 되었을지는 모르겠습니다.)

면접관 지역아동센터에서 봉사활동 할 때 어려운 점이 있었나요?

응시생 아이들이 제 지도사항을 듣지 않았습니다. 제가 자리를 잠깐 비우면 답지를 베끼거나 센터의 다른 곳으로 숨어서 교육봉사를 진행하기 어려웠습니다.

면접관 지역아동센터의 문제점은 무엇이라고 생각하나요? (이런 취지의 질문)

응시생 사회의 인식이 지역아동센터는 가난한 학생이 다닌다는 인식이 있습니다.

면접관 이에 대한 개선방법은요?

응시생 가난한 학생만 다니는 것이 아니라 모든 학생이 다닐 수 있는 곳임을 홍보할 필요가 있다고 생각합니다.

면접관 사회봉사명령 대상자와 봉사활동을 하셨는데 자신의 편견이 무엇이었나요?

응시생 봉사를 처음 시작할 때 그분들이 모두 자원봉사자 분들이신 줄 알았습니다. 그러나 봉사를 하다가 그분이 몇시간 받고 오셨냐고 물어보셨고 제가 너무 당황했습니다. 그러다가 그분이 사회봉사명령 받고 오신 줄 알았다고 말씀하셔서 사회봉사명령 대상자 분들이라는 것을 알았습니다. 편견으로는 아무래도 그분들이 범죄자라는 인식 때문에 무서웠고 일을 열심히 안 할 것이라고 생각했습니다. 그렇지만 처음인 저를 너무 잘 도와주셨고 장애인분들과 함께 적극적으로 활동에 임해 이것이 편견임을 깨달았습니다.

면접관 지금도 그런 편견을 가지고 있나요?

응시생 봉사활동을 하기 전에는 편견이 있었지만 봉사활동 이후에는 그들도 평범한 사람이라고 생각했습니다.

면접관 보호직에 가장 필요한 역량은 무엇인가요?

응시생 다양성이라고 생각합니다. 대상자마다 차이에 따른 다른 지도와 감독이 요구되는데 이를 고려하는 것 없이 일률적인 보호관찰만으로는 대상자의 재범을 막기 어렵습니다. 보호관찰법 제32조 특별준수사항이 다양성을 가장 잘 반영한다고 생각합니다.

면접관 자신의 경험 중 주위로부터 칭찬받은 경험이 있나요?

응시생 사회복지를 전공한 학생 중에 상담학까지 전공한 친구는 드물었습니다. 처음에는 왜 그렇게 하냐고 했는데 지금은 많이 응원받았습니다. (이 질문 끝나고 서로 그냥 뭐 주고 받으면서 아직 대학을 졸업하지 않았다고 말씀드리고 4학년이라고 말씀드렸습니다.)

면접관 봉사활동을 굉장히 많이 하셨는데 그렇게 한 이유가 있을까요?

응시생 학과 특성상 봉사활동을 장려하기도 하고 봉사활동 과정에서 배울 점이 있다고 생각하기에 자진해서 진행했습니다.

MEMO

Case 06. 면접후기 사례(검찰직)

□ 하고 싶은 업무: 아동·여성 관련 조사부
□ 경 험
   [1] 사이버 대학 강의 중 청각 장애인을 위한 강의 자막 제작(사회적 약자 공감 경험)
   [2] 레고 카페 근무하며 아이들과의 갈등 해결(아동의 특성 파악)
   [3] 공공기관 전화 상담 아르바이트(민원 해결 경험, 콜수 1등)
   [4] 편의점 아르바이트하며 담배 절도 사건 해결(적극적이고 원칙적인 성격)
   [5] 학창 시절 영화 제작 동아리 총무(청렴성, 문제 해결 능력)
□ 노 력
   [1] 〈발달장애인의 인권 보장에 관한 독일법 비교 연구〉, 〈아동 성폭력 피해자 진술 증거 확보 방안 연구〉 논문
       탐독
   [2] 국민참여재판 방청, 대검찰청 견학, 워드프로세서 1급 취득
□ 관심 있는 정책: 영상 증인신문 제도
□ 제안해 보고 싶은 정책: '힐링팜' 전국 확대 운영

면접관 아까 담배 절도 사건에 대해 이야기 하셨죠? 구체적으로 어떻게 된 것인지 해결은 어떻게 한 것인지 다시 얘기해 주실 수 있으세요?

응시생 네, 답변드리겠습니다. 그 당시에 담배 재고를 원칙적으로 모두 세어야 하는데 근무자들이 어차피 재고를 세도 항상 같고 팔린 것만 세어도 된다는 식으로 얘기하는 관행이 있었습니다. 저는 그래도 항상 다 세었고 그러던 중 8개 정도 재고가 없어진 것을 확인하였습니다. (너무 반복하는 것 같아서 좀 생략하고) 이후 점장님께 보고를 드렸고 CCTV 확인은 같이 해드리고 범인을 잡았는데 범인이 같은 아르바이트생이었습니다. 그래서 그 뒤엔 점장님이 해결을 하셨습니다.

면접관 점장님이 어떻게 했나요? 본인은 해결 과정에서 무엇을 하였죠?

응시생 제가 듣기로는 점장님이 그 뒤에 들어오는 신규자들을 교육하실 때 제 사건을 예시로 들으시면서 담배 재고를 꼭 세어야 한다고 하셨다고 알고 있습니다.

면접관 본인 주변에서는 뭐라고 이야기했나요?

응시생 친구들에게 이야기했더니 그냥 잘했다고 칭찬받았습니다. (웃음)

면접관 검찰청에서 일하면서 필요한 역량은 무엇이라고 생각하나요?

응시생 저는 적극적인 성격과(여기서 역량이라면 능력을 얘기하시는 것 같은 느낌이라 한 가지 더 추가하였습니다.) 조서 작성 능력이라고 생각합니다. 제가 면접 준비 기간 중에 국민참여재판을 방청한 적이 있는데 거기서 신문이 조서 위주로 돌아가는 것을 보고 '조서가 중요하구나. 보기 쉽고 꼼꼼하게 작성해야겠다.' 이런 생각을 했기 때문입니다. 더군다나 제가 지원한 부서가 여성아동범죄 수사부인 만큼 진술이 중요하다고 생각하기 때문입니다.

면접관 그럼 관련된 노력이나 경험이 있나요?

응시생 네, 저는 사실 글쓰기를 잘하는 편이라 친구들의 대학 입학 자소서나 입사 자소서 첨삭도 항상 의뢰가 들어왔고 적극적으로 도왔습니다. 또한 학창 시절에 글쓰기 부문에서 다수 입상한 경력도 있습니다.

면접관 하고 싶은 업무에 여성아동범죄 수사부에 지원하시겠다고 쓰셨는데 뭐하는 곳인지 알고 있나요?

응시생 네, 제가 아는 대로 답변드리겠습니다. 2011년에 처음 서울중앙지방검찰청에 창설한 뒤로 여성이나 아동, 장애인 등 사회적 약자에 대한 성폭력, 가정폭력, 아동 학대 그리고 학교 폭력 등에 대한 범죄를 수사한다고 알고 있습니다. 또한 범죄의 예방에 관한 일도 하고 있다고 알고 있습니다.

면접관 그럼 조사할 때 가장 중요하고 필요한 기준이 있나요?

응시생 '공정성'을 잃지 않는 것이 가장 중요할 것 같습니다. 제가 지원한 부서의 범죄 피해자들을 조사할 때 자칫하면 피해자 입장에서 생각하고 피의자를 나쁘게 몰아가면서 생각한다든지 그런 일이 많이 발생할 수도 있을 것 같기 때문입니다. 그러나 실체적 진실을 발견하려면 최대한 색안경을 끼지 않고 공정하게 사건을 바라봐야 할 것 같습니다.

면접관 이 부서에서 미비한 점이거나 개선해야 할 점이 있으면 무엇이라고 생각하세요?

응시생 제가 사실 부서의 실무적인 부분은 잘 알지 못하여서 혹시 관련된 제도 중에 조금 미비한 점 말씀드려도 되겠습니까? (네, 그렇게 하세요.) 사실 제가 면접을 준비하면서 〈발달장애인에 인권보호에 대한 독일법 비교 연구〉라는 논문을 읽었습니다. 독일법에서는 장애인 피해자뿐만 아니라 피고인이나 증인도 모두 진술조력인 제도를 사용할 수 있다고 명시되어 있는데 우리나라 법에는 아직 장애인 피해자만 제도를 이용할 수 있다는 것을 알게 되었습니다. 그 부분에서 살짝 개선되어서 장애인의 권리를 보호하기 위해 제도를 사회적 약자가 적극적으로 이용할 수 있도록 하는 것이 어떨까라는 생각을 했습니다. (정말 여성아동범죄수사부의 개선점을 잘 모르겠어서 대답 안하는 것보다 이렇게라도 대답을 하는 게 나을 것 같아서 하였습니다.)

면접관 여기 제안하고 싶은 제도 중에 힐링팜 운영? 이게 무엇인지 자세히 말씀해 주실래요?

응시생 네, 답변드리겠습니다. 제가 기사에서 보았던 것인데 2016년인가(여기서 약간 버벅)부터 안양지청에서 운영하는 사업입니다. 범죄의 피해자와 검찰 관계자들이 함께 텃밭도 가꾸고 공원도 조성하는 사업입니다. 이 사업을 전국의 지방검찰청과 지청으로 확대시키면 어떨까 생각해봤습니다. 검찰의 인식도 개선할 수 있고 피해자에게는 요즘 '식물테라피'라는 것도 있는데 그러한 것들을 통해 심신의 안정도 도모하고 따뜻한 검찰을 느낄 수 있을 것 같기 때문입니다.

MEMO

Case 07. 면접후기 사례(마약수사직)

◉ 희망 부처 및 업무
  강력부 마약수사과 / 마약사범 추적 및 현장업무
◉ 과거 경험 및 준비과정 노력
  − 한국마약퇴치운동본부 본부장님과 인터뷰를 통한 마약사범 치료, 재활 등에 대한 정보 습득
  − 군 시절 수문(水門) 관련 규정 제안을 통한 사후 민원처리
  − 대학생 시절 2년간의 교육봉사 활동 및 기획부장으로서 지역아동센터 협력활동
  − 마약류범죄백서, 월간 마약범죄동향을 정독하며 관련 지식 습득
  − 공공의료원 코로나19 선별진료소 봉사활동
  − 꾸준한 체력관리(헬스, 러닝 및 운동으로 스트레스 해소, 자전거 국토대장정)
◉ 정책 제안
  − 공안직렬에 마약 관련 은어 교육
  − 지역 약국과 협력하여 포스터, 약봉투 등에 마약 예방 홍보

면접관 마약의 종류에 대해 말해보세요.

응시생 마약은 크게 천연마약, 합성마약, 향정신성의약품, 대마가 있습니다. 천연마약은 양귀비, 아편, 헤로인, 코카인, 모르핀 합성마약은 메사돈, 펜타닐, 염산페치딘 향정신의약품은 흔히 필로폰, 히로뽕이라고 부르는 메스암페타민, GHB물뽕, LSD, 야바, 졸피뎀, 프로포폴이 있습니다.

면접관 세계적으로 제일 많이 유통되는 마약은 무엇인가요?

응시생 (답변하지 못하여 면접관님께서 대마초라고 말씀해주셨습니다.)

면접관 한국마약퇴치운동본부 본부장님이 만나주시던가요? 왜 만났었나요?

응시생 만나 뵙고 싶었지만 코로나19로 인해 거절하셨고 전화로 인터뷰를 했습니다. 인터뷰를 한 이유는 면접 준비를 하면서 마약사범을 처벌하기 보다는 치료, 재활을 우선시한다는 정책을 보았습니다. 저는 범죄자는 당연히 처벌해야 한다고 생각했는데 왜 치료 및 재활이 우선되는지 궁금해서 인터뷰를 요청했습니다.

면접관 왜 치료 및 재활을 해야하나요?

응시생 마약사범의 경우는 교도소에서 분리수감되어 (이 부분에서 면접관님 끄덕) 그곳에서도 배우고 재범률도 약 36%로 굉장히 높습니다. 그렇기때문에 치료 및 재활을 우선해야한다고 하셨습니다.

면접관 유도, 태권도, 복싱 같은 것 해본 적이 있나요?

응시생 중학교 때 태권도 2단을 땄습니다.

면접관 마약수사관은 해외업무를 많이 하는데 언어능력이 있나요?

응시생 저는 할 수 있는 언어는 없지만 앞으로 토익이나 영어를 꾸준히 공부할 예정입니다.

면접관 정책제안에서 공안직렬대상 은어교육은 뭐 크리스탈, 아이스 이런 것을 말하는 건가요?

응시생 네, 맞습니다.

면접관 어떻게 교육할 건가요?

응시생 마약수사는 관세청, 경찰, 검찰이 모두 수사를 하기 때문에 그분들 대상으로 주기적으로 돌아가면서 교육을 한다면 SNS, 인터넷에서 쉽게 알아볼 수 있을 것 같아 제안했습니다.

면접관 지역약국과 협력하여 예방활동한다는 것은 약봉투 등에 마약 관련하여 적는다는 것인가요?

응시생 네, 맞습니다.

면접관 괜찮은 정책 같네요.

응시생 감사합니다.

면접관 지역아동센터와 협력을 하셨다는데 어떻게 협력했다는 건가요?

응시생 센터에서 요구하는 봉사인원을 제가 분배했고 1년마다 협약을 맺었기 때문에 협약이 끝나면 다른 센터를 찾는 일을 했습니다. (이 질문에서 살짝 버벅대고 면접관님이 "협력이 아니라 계약아닌가요?"라고 말씀하셨습니다.)

MEMO

Case 08. 면접후기 사례(출입국관리직)

---

1. 하고싶은 부서와 업무: 이민통합과, 결혼이민자 지원 정책
2. 과거 경험: 리얼관광 해외탐방단 조장(책임감, 적극성, 성실성) – 싱가포르 관광산업 벤치마킹
   - 풍등축제 길 잃은 외국인 도와줌(적극성)
   - 내일로 사업 방안 개선(창의성, 책임감)
   - 기타: 중국 교환학생(다양성/2학기 반장), 중국 교류활동 지원, 대구미술관 182시간 봉사
3. 면접 준비 기간 경험
   - 출입국·외국인정책본부와 다른 부처·공공기관 간 대표 협업 조사 및 관련 역할 정리
     ① 외국인 비자연장 전 세금·건강보험료 체납 확인 제도(국세청 등)
     ② 외국인 계절근로제도(농림축산식품부)
     ③ 자동출입국심사서비스(경찰청)
     ④ 관광산업 활성화를 위한 법무부 – 한국관광공사 MOU 체결
   - 제1회 세계인이 함께 하는 희망 걷기 대회 참여(총 3회)
   - 「여성결혼이민자의 한국 사회 적응 지원을 위한 취업환경 개선 방안 연구」 논문 읽음
4. 정책 제안
   - 민원실 내 다언어 민원단말기(키오스크) 도입
   - 결혼이민자작품쇼핑몰[가칭 'Uri몰(우리몰)'] 제작

면접관 출입국관리직에 지원하게 된 이유가 있나요?

응시생 저는 공무원이 되고 싶어서 출입국관리직을 준비한 것이 아니고, 출입국관리직에서 일을 하고 싶어서 공무원을 준비하게 되었습니다. 이전 회사 대리님께서 제게 "너는 관광마케팅 업무보다 꼼꼼함을 더욱 발휘할 수 있는 '출입국관리'같은 일을 하면 더 보람을 느낄 것 같다."라고 조언해주셨습니다. 제가 일을 하면서 느꼈던 것을 말해주시니 스스로 업무 적성을 고민해 보게 되었고 그때부터 출입국관리직에 관심을 가지게 되었습니다. 실제로 이 직렬을 조사하다 보니 출입국심사뿐만 아니라 외국인정책 수립, 체류 관리, 재외동포 정책 수립·시행, 귀화, 다문화가정, 난민 등 외국인에 대한 대부분을 담당하고 있다는 것을 알았습니다. 그때부터는 단순히 제 적성과 적합할 것 같기 때문이 아니라 출입국관리직 자체에 흥미를 느꼈고 그것이 공무원 지원의 이유가 되었습니다.

면접관 리얼관광 해외탐방단 조장을 맡으셨네요. 구체적으로 말씀해 주시겠어요?

응시생 그 대외활동의 목적 자체가 싱가포르 관광산업에서 우리나라 관광산업에 벤치마킹하였으면 좋겠는 것을 구상하는 것이었습니다. 싱가포르 내에는 차이나타운, 리틀인디아, 홀랜드빌리지, 아랍스트리트 등 각국 사람들이 모여 사는 동네가 있습니다. 저희 조는 이 공간들이 하나의 테마파크 같다고 생각하였습니다. 그래서 각 공간의 장점을 취합해 북촌 한옥마을에 적용하는 것을 주제로 정하였습니다. 예를 들어 리틀인디아 건물을 보고 거주지역과 상권 분리의 필요성을 느꼈습니다. 그래서 게스트하우스를 한 골목(계동길)으로 몰아서 그 골목 위주로 개발하고 상점을 배치하여 거주민들의 불편함을 줄여줄 수 있는 아이디어를 생각해 냈습니다.

면접관 세계인이 함께 하는 희망 걷기 대회에 참여하셨네요. 무슨 활동인지 말씀해 주시겠어요?

응시생 이민통합과에서 담당하는 업무 중에 '세계인의 날' 관련 행사가 있습니다. 세계인의 날은 5월 20일인데 국민과 외국인이 서로 존중하며 더불어 살아가는 사회를 만들고자 지정된 법정기념일입니다. 그 대회는 세계인의 날 행사 중 서울 출입국외국인청과 유엔난민기구가 함께 개최한 대회입니다. 목적은 우리 모두의 지구를 지키는 플로깅을 통해 세계인은 하나라는 메시지를 전달하는 것이었습니다. 언제 어디서나 걸으며 쓰레기를 줍는 플로깅 인증 사진과 5,200걸음 수 달성 인증 사진만 워크온이라는 어플에 업로드하면 되는 활동이었습니다.

면접관 정책 제안을 적어주셨네요. 민원실 내 다언어 민원단말기 도입과 결혼이민자작품쇼핑몰에 대해서 구체적으로 말씀해주시겠어요?

응시생 교정직의 수용자작품쇼핑몰인 보라미몰을 벤치마킹한 것입니다. 여성 결혼이민자 중 2·30대가 출산, 육아 등의 이유로 고용률이 가장 낮은 것을 논문에서 보았습니다. 그리고 여성가족부 산하이긴 하지만 다문화가족지원센터에서 가죽공예, 비즈공예 등의 수업을 진행하고 있습니다. 일회성 수업이 아닌 자격증반이나 취업교육반을 통해 직접 수공예품을 만들어 팔 수 있는 기술을 교육하고, 해당 센터에서 별도의 인증을 받은 결혼이민자에게 본 쇼핑몰에서 물건을 팔 수 있는 자격을 부여하는 것입니다. 그리고 리뷰 수나 평점을 높게 받은 결혼이민자를 매년 우수작가로 선정하여 고국 왕복 비행기 티켓 등을 주어서 더욱 질 좋은 상품을 만들 수 있게 동기 부여하는 방법 또한 생각해보았습니다.

면접관 수험 기간에 들었던 것 중에 가장 인상 깊었던 얘기가 있나요?

응시생 "넌 잘해왔으니까 이번에도 잘할 거야."라는 저에 대한 믿음을 보여주는 이야기들이 자신감을 키우는 데 도움이 되었고 가장 인상 깊었던 이야기입니다.

MEMO

Case 09. 면접후기 사례(경찰행정직)

> 1. 하고 싶은 업무 및 지원 희망 부서: 여성 청소년계
> 2. 노력/경험
>   〈적극성〉 독거노인 밑반찬 배달 봉사(민원 응대)
>   〈다양성〉 교회 학생부 교사 5년 봉사(중학교 자퇴 학생 상담)
>   〈전문성〉 현직 행정관 인터뷰(적극성 조언)
>   현직 경찰관 인터뷰(이원화 갈등)
>   경찰 순례길(경찰박물관 외 2곳 방문 - 홍보방안)
>   독서 〈나는 여경이 아니라 경찰관입니다〉
>   〈민주성〉 치어리딩 친구 도와줌
>   〈협력의 중요성〉 한국무용 보조강사(공연기획)
> 3. 정책제안: 신규 행정관 현장 업무 체험의 날

면접관 여성청소년계에 지원하고 싶다고 하셨네요. 왜 이곳에 지원하고 싶으신가요?

응시생 저는 경험형 과제에 적은 것처럼 봉사활동으로 교회 학생부 교사를 5년 정도 하였습니다. 그 때 학생들과 대화하고 상담할 수 있는 기회가 많았는데 그중에 부모님과의 불화 등의 이유로 방황하는 친구들도 많이 보았고 왕따 등의 이유로 자퇴를 했던 학생도 있었습니다. 저는 청소년들과 상담을 하며 '이 학생들을 보호해 줄 어른이 필요하겠구나'라고 생각했고 이를 도와주고 싶어서 여성청소년계에 지원하고 싶다고 적었습니다.

면접관 교회 봉사를 하며 청소년들에게 어떤 도움을 주셨나요?

응시생 저는 중학교를 자퇴한 학생을 상담하였는데 이유를 들어보니 그 학생이 왕따는 아니었지만 친구들에게 소외감을 느꼈고 그만두고 싶다는 마음이 확고하여 부모님께도 말씀드린 상황이었습니다. 저도 학생이 확고하기 때문에 이후에 어떻게 하면 좋을지 고민하다가 저희 지역에 있는 열린학교를 소개해주었고 그곳에서 그 학생도 거기 다니는 소수의 친구들과 어울리며 검정고시를 준비해서 고등학교는 다행히 진학했습니다.

면접관 열린 학교를 직접 소개해 준거에요?

응시생 네. 열린 학교도 소개해주고 그 외 시간에 너무 집에만 있으면 좋지 않을 것 같아서 교회에 와서 프로그램이나 데코 등을 도와달라고 자주 불렀습니다.

면접관 그 학생은 검정고시 붙었나요?

응시생 네, 붙어서 고등학교는 무사히 진학했습니다. ("오~ 그렇군요."라고 하셨습니다.)

면접관 (쭉 경험과제 읊으시며) 민원실 방문, 독거노인 밑반찬 배달, 치어리딩 친구 도움 등을 했다고 적어주셨는데 경찰청에 제안하고 싶은 거나 개선할 것이 있을까요? (정확한 질문은 기억이 안납니다.)

응시생 네, 저는 경찰청 홈페이지를 들어가서 적극행정 등을 찾아보려고 했는데 소극행정, 자유게시판 등은 있었지만 적극행정 게시판은 게시물이 없었습니다. 그래서 인사혁신처 적극행정 온이라는 사이트에 가서 확인할 수 있었는데 저는 경찰청 사이트에 적극행정을 게시해서 국민분들이 확인하시면 좋을 것 같다고 생각하고 경찰분들도 보시며 적극행정을 장려하는 분위기를 만들면 좋을 것 같다고 생각했습

니다. 그리고 제가 경찰박물관에 방문을 했었는데 혹시 홍보방안에 대해 한가지 말씀드려도 될까요? (네~) 네, 저는 경찰박물관에 방문했을 때 여러 가지 체험들이 많아 좋았고 아이들이 좋아할 만한 공간도 많다고 생각했습니다. 그래서 한가지 홍보방안으로 서울시 시티투어 버스를 벤치마킹하여 2층으로 된 버스로 하여 시민분들의 눈길을 끌고, 또 버스에 랩핑을 하여 경찰박물관에 대해 홍보하는 글과 프로그램 등을 적어서 서울시민 분들도 경찰박물관이라는 곳이 있다라는 것을 인지시켜드리고 버스를 이용하기 위해서는 유치원이나 학교에서 선생님들이 버스 신청을 하시면 견학할 때 사용하게 할 수 있도록 하는 것으로 생각해보았습니다.

면접관 (살짝 웃으시며) 만약 그 좋은 아이디어에 대한 홍보방안을 상관이 여러 이유로 반대한다면 어떻게 하실 건가요?

응시생 저는 상관분이 반대하시는 이유가 분명히 있을 것이라고 생각합니다. 어떤 일을 하든지 보완할 점은 있기 때문에 우선은 어떤 이유인지를 여쭤보고 그 부분을 보완하기 위해 생각해 보고서로 다시 작성하여 상관분을 설득해 볼 것 같습니다.

면접관 (웃으시며) 말씀을 잘하시는데 협업과 개인이 하는 일 중 어떤 것이 더 낫다고 생각하시나요?

응시생 저는 협업에도 장단점이 있다고 생각합니다. 개인이 해서 더 효율적으로 할 수 있는 쉬운 업무는 개인이 하는 것이 나을 수도 있고, (필기하심) 협업을 하여 더 많은 아이디어를 들어야 하고 기한이 넉넉한 경우에는 협업을 하는 것이 더 좋다고 생각합니다.

면접관 전문성을 갖추기 위해 지금까지 노력한 것이 있나요?

응시생 공무원으로서의 준비 외에 지금까지의 노력을 말씀하시는 걸까요?

면접관 네, 예를 들면 자격증 같은 것이 있을까요?

응시생 저는 한국무용 보조 강사로 일한 적이 있는데 원래 전공자가 아니었고 어렸을 때 무용을 했었고 성인이 되어서 다시 학원을 다니던 중 원장님이 제안을 해주셔서 초등학생들이나 취미반 보조강사를 하게 되었습니다. 그래서 저는 가르치는 입장이라 실력을 갖추기 위해서 더 열심히 연습했었던 적이 있습니다.

면접관 한국무용 보조강사가 경찰행정직에 어떤 도움이 될까요?

응시생 저는 보조강사를 하며 학생들을 가르치는 일을 했는데 제가 지원희망한 여성 청소년계에서는 학교폭력 피해자 학생 등을 상담하는 업무가 있는 것으로 알고 있습니다. 제가 만약에 여성청소년계에서 일하게 된다면 학생들을 상담하는 것이 도움이 될 수 있을 것 같습니다.

MEMO

Case 10. 면접후기 사례(경찰행정직)

1. **희망 부서와 업무:** 경무계 홍보기획업무 또는 경찰 후생, 복지업무
2. **관심있는 정책/제도**
   1) 회복적 경찰활동: 수사 패러다임의 전환(인권)
   2) 경찰복지제도(경찰 복지법 일부 개정): 부서별 맞춤 복지 제도 고민함(블루라이트안경)
   3) 바디캠(논문탐독,인터뷰): 도입절차 고민함
3. **면접기간 중 나의 노력**
   1) 경찰역사순례길 중 7곳 견학: (홍보방안) 패스포트 활성화, '경찰 역사 예술 공모전'
   2) 현직 경찰관(이전 홍보 담당) 인터뷰 / 종합 민원실 견학
   3) 경찰 홍보방안 고민(미디어플랫폼 활용, 라디오 활용, 지역별 on-air 밴드, VR AR 활용 등)
4. **직무 관련 경험 노력**
   1) 책임감: 카페 매니저-진열방식 변경으로 매출 상승 성과, 독서실-학원과의 제휴로 회원유치, 품질사원으로서 도면숙지, 원칙 및 절차 준수로 품질 안정화에 기여
   2) 의사소통, 협업: 타부서와의 측정루틴 공유 절차 도입함으로써 불량률 감소 성과 달성
   3) 민원응대력, 친절성: 다양한 아르바이트(패밀리 레스토랑, 쌀국수집, 카페, 물류센터 등)
   4) 공익성: 봉사활동(장애인 관광 동행 활동, 어르신 도시락 배달 활동)

면접관 왜 공무원이 되고 싶으신 건가요?

응시생 제 삶의 가치관은 제 역량을 공공의 이익을 위해 베푸는 것입니다. 이를 실현하기 위해 학창시절부터 봉사활동을 이어 왔습니다. 복지관에서 장애인 돌봄 활동과 지역 내 어르신들께 도시락 배달활동을 하면서 사회공헌활동의 필요성과 중요성에 더욱 큰 동기부여를 받았습니다. 개인의 공헌에 한계를 두기보다는 사회 전체 이익을 위해 제 역량을 기여하고 싶다는 직업적 가치관을 형성하게 되었습니다. 특히 (개인적으로 경찰과 관련된 일화) 이를 통해 경찰의 존재와 역할에 대해 진지하게 성찰하게 되었습니다. 경찰청 조직의 한 일원으로 국민들의 생명과 재산을 보호하고 안전한 대한민국 그리고 모든 국민들 삶의 안전망 구축에 힘을 보태고 싶어서 지원하게 되었습니다.

면접관 왜 이 업무를 희망하신거죠?

응시생 경찰청 일반행정직에 지원하기로 결심하고 공부하면서 경찰청에 국민들의 안전을 위한 좋은 정책과 제도들이 많은데 더 알려졌으면 좋겠다는 생각이 들었습니다. 그것도 경찰의 의무라고도 생각합니다. 범죄를 사전에 예방할 수 있고 혹여나 사건, 사고 등이 발생하더라도 신속하고 안전하게 대처할 수 있도록 알려드리는 것 또한 경찰의 의무이기 때문입니다. 그리고 그것이 국민들의 알 권리이기도 하다고 생각합니다. 그리고 인터폴 총재님이 김종양 총재님으로 우리나라 분이십니다. 우리나라의 치안력이 세계적으로 인정받아 치안한류라는 말이 생기고 국제협력형사기구의 총재님까지 배출할 만큼 경찰 역량이 우수합니다. 이를 더 많이 알려 안전한 대한민국에 살고 계시다는 것을 자랑스럽게 생각하실 수 있게 해드리고 싶다는 생각이 들었고 그래서 희망하였습니다.

또한 후생 복지과는 올해 경찰 복지법이 일부 개정되었습니다. 특수건강검진, 역학 검사 등 맞춤형의료지원 조항이 신설되었습니다. 저는 당연히 있을 줄 알았던 조항이 최근에 신설되었다는 것을 알고 놀랐습니다. 그래서 경찰관분들이 좀 더 안전하고 건강한 환경에서 근무하실 수 있도록 제도적으로도 보완하고 싶다는 생각이 들어서 해당 업무도 희망하게 되었습니다.

면접관 필요하다면 현장에도 가실 수 있으신가요?

응시생 네, 저는 그 부분도 꼭 해야 하는 일이라고 생각합니다. 국민분들과 경찰관분들의 연결고리가 되어야 하기에 현장 업무의 이해가 높아야 한다고 생각합니다. 그렇게 하기 위해서는 함께 현장에서 직접 업무를 진행해 보아야 한다고 생각합니다. 그래야 시행착오도 최대한 줄이고 체감도 좋은 행정을 할 수 있기 때문입니다.

면접관 다양한 사회 경험이 많네요. 카페 매니저도 했네요?

응시생 네, 처음에는 아르바이트로 시작하였습니다. 동료, 직원들, 사장님과도 좋은 유대관계를 형성하게 되고 전문성을 함양하면서 직원, 매니저까지 맡게 되어 근무하였습니다. 매니저로서 발주, 스케줄 관리, 고객응대 등의 전반적인 매장 관리를 담당하였습니다. 경찰청 일반행정직에 입직하여 배치되는 업무에 필요한 전문성을 발휘하고 성장하기 위해 노력하겠습니다.

면접관 공무원은 아시다시피 급여가 적은데 그래도 원하시는 이유가 무엇인가요?

응시생 네, 저도 성인이 되고나서 부터 아르바이트를 하며 경제적 생활을 시작하였습니다. 다양한 사회경험을 통해서 경제적 활동을 지속해 왔지만 저에게 중요한 것은 제가 소속한 곳에 대한 소속감과 업무의 영향력을 통한 보람이었음을 점차 깨닫게 되었습니다. 그래서 저의 삶의 가치관과 직업적 가치관의 접점이 공직자라는 생각을 하였고 이렇게 지원하게 되었습니다.

면접관 경찰 업무에 관심을 갖게 된 이유가 무엇이죠?

응시생 아까 말씀드린 것과 같이 (개인적인 일화)로 경찰에 대해 진지하게 생각하게 되었습니다. 그리고 제가 관심이 갔던 제도는 '회복적 경찰활동'이었습니다. 회복적 경찰활동이란 기존의 처벌에 중심을 둔 응보적 정의에서 피해자 회복에 중점을 둔 회복적 정의로 관점을 바꾼 경찰 활동입니다. 이는 학교 폭력, 층간소음 등의 공동체적 범죄에서 시행되는 활동입니다. 이를 통해 피해자는 진정한 사과를 받고 더 건강하게 회복을 할 수 있게 되고 가해자 또한 진지한 성찰을 하여 근본적인 재발 방지까지 가능하게 하는 활동입니다. 이러한 활동을 더 확산시켜 최근 코로나19로 인해 공동체 활동이 많이 부족해진 지금 공동체 의식 회복에도 기여를 하고 싶다는 생각을 하게 되었습니다.

면접관 봉사활동은 언제 한 거예요?

응시생 고등학교부터 봉사 동아리를 시작하여 대학교 때까지 지속하였습니다. 토요일에 학교 수업이 끝나고 활동을 하였습니다. (최근에는 토요일에 학교를 가지 않는다는 생각이 떠올라) 저는 나이가 30대라서 제가 학교 다닐 때는 토요일에도 등교를 하였습니다.

MEMO

Case 11. 면접후기 사례(고용노동부)

□ 근무하고 싶은 부처, 업무: 취업지원과, 국민취업지원제도 업무
□ 정책 제안
　○ 너와 나의 일기(U&I Diary)
　○ 고노포 데이(GNP DAY)
□ 과거 나의 경험, 노력
　○ (다양성) 다양한 직업 분야에서의 구직 노력(시간강사, 바리스타, 사진작가 등)
　○ (민주성) 열정 vs. 흥미, 관심 ⇨ 다 같이 해결!
　○ (공정성) 이것은? 저것은? ⇨ 아이디어 제안
□ 현재(면접 준비 기간 포함) 나의 경험, 노력
　○ 고용노동부 SNS 및 블로그 구독(개선방안 모색: 월, 화, 수, 목, 금)
　○ 고용노동부 공모전 작품 고민(청년 지원 정책 관심, 개선방안 모색)
　○ 자기개발을 위한 첫 걸음: 영어 회화, 나만의 실전 노동법

면접관 고용노동부에 지원한 동기가 있다면 무엇인가요?

응시생 저는 경험형에도 기재되어 있듯이 (공통질문이어서 그냥 질문하셨다가 이때부터 경험형 과제를 자세히 봐주셨습니다.) 다양한 직업 분야에서 구직활동을 했던 경험이 있습니다. 당시 저는 구직활동에 소요되는 경비에서부터 구직활동에 필요한 정보를 수집하는 것에 이르기까지 모두 혼자서 감당을 해야해서 힘들었는데요. 면접 준비를 하면서 고용노동부에는 구직자들을 위한 주옥같은 정책들이 많이 있음을 알게 되었습니다. 저는 고용노동부 공무원이 되어 이러한 다양한 정책을 소개해드림으로써 구직자분들이 저처럼 혼자서 외롭고 힘들게 구직활동을 하시는 것이 아니라 고용노동부가 옆에서 함께 하고 있음을 (끄덕끄덕) 느끼실 수 있도록 하기 위해 지원하였습니다.

면접관 근무하고 싶은 부처가 취업지원과, 업무가 국민취업지원제도 업무네요. 그러면 국민취업지원제도 업무를 맡고 싶은 특별한 이유가 있을까요?

응시생 저는 수험생활이 다소 길었습니다. 자연스레 경제적인 부담이 있었는데요. 그때 우연히 저희 지역의 '청년구직활동수당' 제도를 알게 되었고 이를 통해 많은 도움을 받아 성적이 굉장히 많이 향상되었습니다. (끄덕끄덕) 당시 고용노동부에도 해당 제도가 있음을 알고 있었지만 '졸업, 중퇴 후 2년'이라는 조건이 맞지 않아 지원을 하지 못했었는데요. 면접 준비를 하면서 이것이 국민취업지원제도로 통합이 되면서 (끄덕끄덕) 조건이 많이 완화되었음을 알게 되었습니다. 그래서 보다 많은 분들이 해당 제도로부터 도움을 받아 원하는 일자리에서 역량을 발휘하실 수 있도록 국민취업지원제도 업무를 맡고 싶습니다.

면접관 정책 제안을 해주셨는데 너와 나의 일기와 고노포 데이, 둘 중에 하나만 골라서 어떤 것인지 말씀해주시겠어요?

응시생 그렇다면 고노포 데이에 대해 말씀드리겠습니다. 고노포 데이는 '고용노동 포인트 데이'의 줄임말입니다. 세무직의 '세금 포인트'에서 착안한 정책인데요. 현재 세무직에서는 세금 포인트를 활용하여 온라인 쇼핑 등을 할 수 있다고 합니다. 그래서 고용노동부에도 이것이 도입되면 좋을 것 같다고 생각하였고 제안하게 되었습니다. 먼저 부서별로 관련 정책과 노동법 퀴즈 리스트를 만듭니다. 그리고 매일 1~3문제씩 QR코드로 변환하여 QR코드를 인식하면 퀴즈를 풀 수 있게 하는 방법인데요. 이를 통해 정책홍보, 민원인 분들의 권리 보호의 효과뿐만 아니라 퀴즈를 통해 적립한 포인트를 지역화폐나 지역 상품권으로 교환하여 사용하실 수 있게 한다면 지역 경제 활성화에도 (끄덕끄덕) 도움이 될 수 있을 것이라 생각하여 제안해보았습니다.

면접관 공모전 작품 고민(개선방안 모색)이라고 적어주셨는데, 공모전 작품을 제출하면서 개선방안을 모색하셨다는 것인지 공모전 작품이 개선방안 모색과 관련된 것인지 제가 이해를 제대로 하고 있는지 모르겠어요. 관련하여 말씀해주시겠어요?

응시생 네. 지난 4월 15일까지 고용노동부에서는 '청년 지원 정책 통합 로고 만들기' 공모전이 있었습니다. (두 분 모두 처음 알게 되었다는 반응) 아쉽게도 제출 기간이 지나 제출은 하지 못했지만 '작품을 제출한다면?'이라는 가정하에 작품을 고민했던 경험이 있었습니다.

면접관 아, 그러면 제출은 못하셨네요?

응시생 (아쉬움 한가득 담아) 네.

면접관 네, 계속해주세요.

응시생 정부에서는 이처럼 국민들의 참신하고 다양한 아이디어를 얻기 위해 공모전을 많이 활용하고 있는데요. 이제는 제출되는 작품의 수 만큼이나 작품의 질 또한 높아질 필요가 있다고 생각했습니다. 이때 제가 작품을 고민했던 공모전을 포함하여 대부분의 공모전은 '디자인 역량'을 요구하고 있는 바 그 개선방안으로 고용노동부 내 혹은 위탁을 통해 디자인 역량과 관련된 교육을 제공하는 방법을 생각해 보았습니다. 이를 통해 질 높은 작품이 제출될 수 있다고 생각합니다. 그리고 해당 역량을 필요로 하는 기업과의 취업 연계를 도와드릴 수 있다는 측면에서 일자리 창출에도 이바지할 수 있다고 생각합니다.

면접관 끝으로 직무 전문성 향상을 위해 어떤 노력을 하실 건지 말씀해주세요.

응시생 우선 영어 회화 공부를 할 것입니다. 외국인 근로자분들도 근로기준법상 근로자로서 얼마든지 고용노동부를 찾아주실 분들일 텐데요. 그렇기 때문에 영어 회화 공부를 통해 이분들과 원활한 의사소통을 통하여 도움을 드릴 수 있도록 노력할 것입니다. 그리고 업무와 관련하여서는 정책과 관련 노동법을 확실하게 알고 있는 것이 중요하다고 생각했습니다. 그렇기 때문에 저는 저만의 실전 노동법 책을 만들어 관련 노동법과 사례를 정리하여 민원인분들께 보다 전문적인 도움을 드릴 수 있도록 노력할 것이며 이는 후배 공무원 분들에게 인수인계 측면에서 도움을 드릴 수 있다고 생각합니다.

MEMO

Case 12. 면접후기 사례(고용노동부)

1. 지원 부서 및 담당하고 싶은 업무
   - 고용센터 국민취업지원팀(국민취업지원제도 담당)
2. 제안 정책
   - 미래로(路) 청년 디지털 사업: (1) IT 채용분야 / (2) 디지털 평등 분야
3. 전문성 함양을 위한 과거 경험
   - [다양성]: 러시아 고아원 한국어교육 봉사, 고려인 정착촌 노인복지센터 문화봉사(아리랑의 번짐 실현)
   - [적극성, 책임성]: 은행 보안요원 아르바이트로 대민업무 숙련(코로나 긴급지원금 업무혼란 방지)
   - [전문성]: 행정학과 전공으로 정책학, 조직론, 헌법 등 수강, 직업상담사 자격증 취득
4. 직무이해를 위한 노력
   - 고용센터 취업지원팀, 실업급여팀 봉사활동
   - 고용노동부 유튜브 시청: (1) 청년 일자리 도약 장려금 / (2) 근로감독관 브이로그
   - 〈월간내일〉기관지 구독: 올해 채용트렌드 파악, 국민취업지원제도 달라진 점 공부

면접관 국민취업지원팀에 왜 지원하셨나요?

응시생 저는 최근에 청년들을 N포세대라고 부를 만큼 심각한 청년 일자리 문제를 해결하고 싶어서 지원하였습니다. 저는 이 문제를 국민취업지원제도를 통해 해결할 수 있을 거라고 생각합니다. 왜냐하면 국민취업지원제도는 최소한의 생계지원과 함께 취업알선을 함께 제공하기 때문에 생애 처음 일자리를 구하려는 청년에게 적합하기 때문입니다. 따라서 저는 저의 소통능력이라는 강점을 살려서 업무를 담당하여 청년 취업의 발판을 놓아주고 싶습니다.

면접관 소통능력과 관련한 경험이 있나요?

응시생 네, 저는 해외봉사 과정에서 소통능력을 발휘하여 문제를 해결했던 경험이 있습니다. 문화 봉사를 앞두고 남녀 팀이 단체 춤 연습을 했었는데 남자팀에서 연습을 열심히 하지 않아서 여자팀의 불만이 있었습니다. 이때 저는 남자팀을 찾아가 이유를 들어보니 남자팀은 춤을 춰 본적이 없어서 연습하는 것이 어렵고 힘들다고 했습니다. 저는 이러한 사실을 알리고 남녀 간 2:1로 팀을 매칭 하여 문제를 해결했던 경험이 있습니다.

면접관 그래서 결과는 어땠나요? (웃으시면서 가볍게 던지시는 듯한 질문)

응시생 아, 네! 춤 연습 속도가 맞춰져서 효율이 붙었고 성공적으로 문화 봉사를 수행했습니다.

면접관 보안요원 아르바이트를 하셨는데 어떻게 얼마나 하신 거예요?

응시생 1달하고 2주 정도 했습니다. 당시에 청원경찰분이 다리를 다치셔서 제가 대체인력으로 들어갔는데 운 좋게 선발이 되어서 아르바이트를 했습니다.

면접관 보안요원 뽑힐 때 채용기준이 뭐였나요?

응시생 (예상 못해서 조금 당황) 단기적으로 하는 일이어서 지식적인 측면은 요구되지 않았습니다만, 간단한 신체검사와 그리고 범죄사실조회를 진행했습니다.

면접관 고용노동부에서 일할 때 필요한 역량은 무엇인가요?

응시생 적극성과 책임감입니다. 고용노동부에서는 생계와 직접적으로 관련된 정책을 많이 시행하고 있어서 복지 사각지대에 놓인 분들께 도움이 되도록 책임감을 가지고 적극적으로 제도를 안내해드릴 필요가 있습니다.

면접관 전문성 향상을 위해 노력하시면서 가장 힘들었던 점은 무엇인가요?

응시생 저는 직업상담사 자격증 취득이 힘들었습니다. 왜냐하면 주관식 시험이라 모든 걸 외워야 했고 계산문제, 심리학 등 까다로운 문제가 많았기 때문입니다. 하지만 모르는 부분을 체크하고 계속 반복 학습하여서 이를 극복했습니다.

면접관 직업상담사 자격증을 취득한 것이 직무에 어떤 도움이 되나요? 활용할 수 있는 부분이 있나요?

응시생 사실 상담사 자격증을 딴다고 제 상담능력이 향상되었다고는 말씀 못 드리겠습니다. (끄덕끄덕해주심) 그러나 저는 심리학 공부를 하면서 직업적성검사에 홀랜드의 6각형 모형이라는 이론을 공부했는데요. 그것을 활용해서 국민취업지원제도에서 형식적인 구직 활동자를 관리하는 데에 사용하면 좋을 것 같습니다. 예를 들어 취업활동의 구체성, 일관성, 역량개발노력 등을 지표로 개발하여 6각형 모형으로 만들고 참가자들을 유형화해서 시스템적으로 관리하면 좋겠다고 생각해 보았습니다.

MEMO

Case 13. 면접후기 사례(직업상담직)

1. 근무희망 부처 및 직무: 고용복지플러스센터 취업지원과(국민취업지원제도)
2. 직무수행을 위한 노력
   (1) 역량과 경험적 측면
      1-1. 문서 활용 및 관리 능력: (공단 인턴) 심사위원 일정 안내 및 심사수당 지출
      (정부출연 연구기관 계약직) 기본, 일반 연구사업 관리 지원(발표회 개최 등)
      1-2. 자료 수집 및 분석 능력: (공단 인턴) 재난 안전 대응 매뉴얼 최신화
      1-3. 고용노동부 정책 참여 경험: 취업성공패키지 참여, 실업급여 수급
   (2) 지식적 측면: 직업상담사 2급, 컴퓨터활용능력 1급, JLPT N1 취득
   (3) 태도적 측면: 경계성지적장애 학생에게 1년동안 일본어를 가르친 경험(책임성)
      고용센터 실업급여팀 봉사활동(적극성)/대학생 7학기동안 성적우수장학금 수령(성실성)
3. 정책 제안
   찾아가는 노동법(근로기준법) 교육(고등학생,대학생 대상), 상담 후 취업자 대상 노동법 책자 배포

면접관 취업지원과에서 국민취업지원제도를 하고 싶다고 지원해주셨는데 지원동기가 어떻게 되나요?

응시생 저는 제가 받았던 도움을 더 많은 분들과 나누고 싶은 마음에 지원하게 되었습니다. 저는 지난 2017년도에 취업성공패키지사업에 참여했었는데요. 그때 직업상담사 선생님의 도움으로 취업에 성공한 경험이 있습니다. 당시 저는 취업준비 과정에서 자기소개서 쓰는 게 가장 어려웠는데 직업상담사 선생님께서 제 자기소개서도 계속 고쳐주시고 면접코칭이나 직업심리검사 등을 통해서 제가 취업할 수 있도록 적극적으로 도와주셔서 정말 감사했습니다. 또 당시 취업준비를 하면서 심리적으로 힘든 부분도 있었는데 이런 부분에서 심리적인 지지까지 해주셨던 점이 저에게는 큰 힘이 되었습니다. 앞으로 직업상담직 공무원이 된다면 직무수행과정에서 더 많은 분들을 도와드리고 발전하는 공무원이 되겠습니다.

면접관 취업성공패키지도 참여하셨고 여러 경험이 있는데 그중에서 가장 힘들었던 경험은 무엇인가요?

응시생 취업준비 과정에서 말씀하시는 걸까요?

면접관 취업준비 과정도 좋고 경험 중에서도 있으면 말씀해주세요.

응시생 네, 저는 공단에서 인턴으로 근무했을 때 한정된 시간에 많은 데이터를 입력해야 하는 업무가 힘들었습니다. 저는 주로 회계지출 업무를 했었는데 100명 이상의 심사위원 수당 지출을 처리하는 과정에서 가장 오래 걸리는 업무가 여비를 정산하는 업무였습니다. 그래서 이를 효율적으로 수행하기 위해서 먼저 기준표를 만들었습니다. KTX 홈페이지나 고속버스 어플, 네이버 지도 등을 활용해서 여비 기준표를 만들고 이를 먼저 시스템에 입력한 후에 나머지 수당 등은 금액이 거의 동일했기 때문에 복사 붙여넣기 기능을 활용해서 빠르게 업무를 처리할 수 있었습니다.

면접관 그 전에는 기준 자료가 없어서 직접 만드신 것 같네요. 이 자료 만드는 데 얼마나 걸렸나요?

응시생 이틀 정도 소요되었습니다.

면접관 왜 기준표를 만드는 것이 더 좋았을까요?

응시생 기준표를 만들기 전에는 일일이 한 명 한 명 각각 다른 여비를 찾아서 하나하나 입력했습니다. 그랬더니 너무 시간이 오래 걸렸습니다. 왜냐하면 저는 두 달의 인턴기간 내에 이 업무를 끝냈어야 했는데 이렇게 했다가는 제 인턴기간 내에 제 업무를 끝낼 수 없었기 때문입니다. 그래서 기준표를 만들어서 효율적으로 업무를 처리하려고 했습니다.

면접관 그렇군요. 그 업무를 하면서 좋았던 점이랑 아쉬웠던 점이 있나요?

응시생 네, 좋았던 점은 역량도 기르고 업무도 제 인턴 기간 내에 마친 것입니다. 특히 돈과 관련된 회계업무를 하면서 정확하게 업무를 처리하는 역량을 길렀습니다. 이런 부분은 절대 오차가 발생해서는 안 되기 때문에 3번 이상 검토하는 습관을 길렀습니다. 또한 효율적으로 인턴기간 내에 업무를 처리해서 뿌듯한 경험으로 남았습니다. (아쉬웠던 점은 뭐라고 답했는지 기억이 안납니다ㅠㅠ) 그래서 책임감의 자세가 중요하다고 생각했습니다. (책임감을 더욱 함양하겠다는 결말로 말씀드렸습니다.)

면접관 개인과 조직의 의견이 부딪힌다면 어떻게 하시겠어요?

응시생 네, 저는 우선 조직의 의견에 따르겠습니다. 앞서 말씀드린 내용과 조금 비슷하지만 상관님께서 더 저보다 경험이 많으시기 때문에 조직의 의견에 우선 따르고 나중에 제 생각을 말씀드려볼 수 있도록 하겠습니다.

MEMO

Case 14. 면접후기 사례(교육행정직)

1. 근무하고 싶은 부서: 진로교육정책과－학교교육업무
2. 전문성을 높이기 위한 노력
   - 드림클래스: 진로 상담 후 희망 직종 종사자 연결 ⇨ 정보제공
   - 모교 학과설명회: 다양한 선배들 취업사례 소개 ⇨ 어문학과 취업어려움에 대한 편견 해소
   - 키자니아 근무: 아이들과 함께 직업체험 ⇨ 아이들의 눈높이에서 직업을 볼 수 있는 기회
   - 학원 수업: 연령대별 다른 아이들의 진로고민 알 수 있는 기회
3. 기타 노력 및 경험
   - 대학 입학처 아르바이트: 교육부 진로교육정책과 지원 계기
   - 교육부 유튜브 시청(진로직업탐험대)
   - 해외아동후원(교육국제화담당관－ODA정책)
   - 호주 단기파견＋프랑스 교환학생
4. 정책제안: 멘토가 되어 DREAM

면접관 진로교육정책과에 지원한 계기가 무엇인가요?

응시생 대학교 입학처 아르바이트를 하면서 많은 아이들 생활기록부를 보게 되었고 중학교 때 정한 꿈이 고등학교를 거쳐서 대학 학과 선택까지 이어지는 것을 알 수 있었습니다. 그때 물론 자신의 꿈을 이루는 것도 좋지만 추후 꿈을 바꾸고 싶을 때 자신이 선택할 수 있는 직업이 많다는 것을 알려주어 힘든 시간을 보내지 않게 해주고 싶은 마음이 들었습니다. 그래서 그때 옆에 선생님께 말씀드렸더니 "그런 거 하려면 교육부에 가야지."라는 말씀을 해주셔서 교육행정직 공무원에 관심을 가지고 이 과에 지원하게 되었습니다. (이때 오른쪽 분이 오~해주시고 왼쪽 분이 힘든 시간 보내지 않게 해주고 싶다할 때 조금 끄덕임을 세계하신 느낌)

면접관 학교진로교육업무는 중고등학교와 관련된 건가요? 대학인가요?

응시생 저는 중학생들이 다양한 직업을 알게 되면 좋겠다는 생각에 정한 것이라 중고등에 중점을 두고 생각했습니다.

면접관 고등학교는 실업계는 취업, 인문계는 대학진학을 목표로 하는데 이와 관련된하여 제안하고 싶은 정책이 있나요?

응시생 이것에 대해서는 생각해 본 적이 없어 죄송합니다. (생각해보겠다고 하지 않고 바로 생각해본 적이 없다고 해서 조금 걸립니다ㅜㅜ)

면접관 교육부 관련 법 공부를 많이 하셨을 것 같은데 개선하고 싶은 것이 있었나요? (질문을 받는데 "제가 개선하고 싶은 정책 말해도 될까요?"해서 하라고 하셨습니다.)

응시생 저는 장애인 진로멘토단이라는 정책에 대해 말씀드리고 싶습니다. 장애인 진로멘토단은 다양한 장애인 근로자들을 멘토단으로 하여 학생들의 진로탐색을 도와주는 교육부에서 적극행정 우수사례로도 뽑혔던 제도입니다. 2020년에 시작해서 2021년까지 참여율도 많이 높아지고 있지만 아무래도 코로나19 시기와 함께 시작해서 아직까지 원격으로만 운영되고 있다고 알고 있습니다. 그래서 코로나19가 조금 잠잠해지면 진로 체험이나 대면 강연회 등을 통해 장애인 학생들의 진로선택의 폭을 더 넓혀줄 수 있다면 좋겠다고 생각했습니다.

면접관 해외 아동 후원 ODA가 무엇인가요? 자세히 설명해주세요.

응시생 교육부 ODA는 개발도상국의 우수한 학생들을 우리나라 대학에서 교육받을 수 있도록 지원해주는 제도입니다. 제가 베트남에 있는 아이를 후원하고 있는데 아기 때부터 시작해서 올해 초등학교에 입학을 하였습니다. 제 눈에 콩깍지가 씌었을 수 있지만 일 년에 한 번 받아보는 편지를 받으면 아이가 좀 똑똑한 것 같다는 생각이 들었습니다. 그래서 저는 대학교에 갈 때까지 제가 후원하겠지만 대학교에 가서 우리나라의 이러한 정책적 지원을 받고 우리나라에서 공부를 할 수 있게 된다면 뿌듯할 것 같다는 생각이 들었습니다.

면접관 아까 어느 나라라고 했죠?

응시생 베트남입니다.

면접관 교육국제화담당관이라고 쓴 건 이 부서에 가고 싶어서 쓴 것인가요?

응시생 ODA업무를 담당하는 곳이라 써놓은 것입니다.

면접관 프랑스어 전공이라 그런지 프랑스 교환학생도 가셨고 대학교 입학처에서 아르바이트도 하셨고 경험을 많이 하셨는데 경험 중 힘들었을 때와 어떻게 극복했는지 말씀해주세요.

응시생 드림클래스 수업 중 성적 차이가 많이 나는데 같은 진로를 희망하는 친구들을 담당한 적이 있습니다. 그때 성적이 낮은 친구가 성적이 높은 친구와 자신을 비교하며 스트레스를 많이 받아 했었는데요. 하루는 시험성적이 나온 날 "저 친구는 100점인데 왜 저는 이 점수예요."하고 운 적이 있었습니다. 그래서 저는 이 친구 편만 들어주기에는 다른 친구도 제 학생이기 때문에 공정한 수업을 못할 것 같아서 그날 수업은 중단하고 학생의 이야기를 들어주었습니다. 알고 보니 두 친구는 어릴 때부터 부모님끼리 친했고 부모님께서 그 친구와 비교를 많이 했다고 했습니다. 그래서 우선 그 친구를 달래주고 담당자분을 통해 부모님 연락처를 받아 상황 설명과 이 친구는 이러한 점을 잘하고 이러한 발전이 있으니 칭찬을 많이 부탁드린다고 연락을 드린 적이 있습니다.

MEMO

Case 15. 면접후기 사례(선거행정직)

□ 희망부서: 선거계(편리한 투표·선거를 위한 제도연구) ⇨ 제도연구부
□ 직렬 관련 역량 및 경험
  ○ 전문성－선거 관련 수업 다수 이수('독일식 비례제의 20대 총선 적용 연구' 발표)
      －졸업논문 '준연동형 비례제의 불비례성: 위성정당과 비례의석비율 중심으로'
      －국회의원 청년보좌관(아르바이트생의 노동환경 개선 정책제안－휴대용 폴리스콜)
  ○ 책임성－21대 서울시장 보궐선거 개표사무원(투표지분류기 오류상황 대처)
      －다수의 아르바이트: 시급인상, 준매니저 진급(One day One more 마인드)
  ○ 민주성－총학생회 선거운동본부 활동(계단부착형 선거운동 제안)
      －학생총회 개최운동팀장(고대 아고라 직접민주주의 경험)
  ○ 공익성－학내 청소노동자분들께 카네이션 전달 행사 기획
      －학내 축제 먹거리부스 운영 기획 ⇨ 판매금 전액 기부
□ 정책제안: 지방공무원 선거지원 문제 ⇨ 자율성 높이고, 업무후순위 위주의 지원 ⇨ 적극행정 마일리지제 적용

면접관 (작성한 것을 한번 쭉 보시고는) 정치를 공부하신 거 같은데 그중 선거제도를 많이 공부하셨네요?

응시생 네, 맞습니다.

면접관 거시적인 제도를 많이 공부하셨는데 실무랑은 또 다를 수 있어요. 공부한 게 실무와 어떤 연관이 있을까요? 또 어떤 도움이 될까요?

응시생 네, 맞습니다. 대학시절에 선거제도에 관심이 많아서 관련된 논문이나 책을 많이 읽었습니다. 이런 부분이 실무 행정에 직접적인 도움이 될지는 모르겠지만 제가 선거계를 지원한 것과 연관이 있는 거 같습니다. 제가 2021년 서울시장 보궐선거 개표사무원으로 일한 적이 있습니다. 그 전까지는 제도연구 자체에 관심이 있었지만 그때 현장 실무를 보면서 제도를 연구하기 전, 그러니까 제도의 개선점들이 뭔지 알고 이를 좋은 방향으로 연구하기 위해서는 현장을 먼저 많이 배우는 것이 중요하다고 생각하여 선거계를 지원하였습니다.

면접관 (작성한 거 보시더니) 아, 그래서 선거계에서 이후에 제도연구부에서 일하고 싶다는 거군요?

응시생 네, 맞습니다.

면접관 그러면 선거제도 관련해서 많이 공부하셨으면 지금 하고 있는 제도나 법 관련해서 고쳤으면 하거나 바꿨으면 좋겠다는 부분이 있나요?

응시생 귀국투표 관련하여 말씀드리고 싶습니다. 제 경험에서 생각해 본 지점인데요. 코로나19가 처음 터지고 선거가 치러진 게 지난 총선이었습니다. 당시 저는 해외에 있었는데요. 당시에 국외부재자투표 신청을 하고 해외에서 투표를 할 생각이었지만 코로나19 상황이 급격히 안 좋아지는 바람에 급하게 귀국을 하게 되었습니다. 귀국해서 자가격리를 하고 있는데 자가격리자들도 투표를 할 수 있었지만 저는 못한다고 전달받았습니다. 왜냐면 제가 재외선거기간이 시작된 후에 귀국을 했기 때문이라고 전달받았습니다. (*현행 공직선거법상 재외선거기간 시작 전에 귀국해야 귀국투표를 할 수 있음) 당시에는 공직선거법을 공부하기 전이라 많이 아쉬웠고 이해가 되지 않았습니다만, 공부를 하면서 재외선거기간 전에 귀국해야 귀국투표를 할 수 있다는 걸 알았습니다. 그때 제 투표권을 행사하지 못한 게 굉장히 아쉬워서 또 코로나19 같은 긴급 상황이 발생했을 때의 귀국투표를 할 방안을 고민해보았습니다. 사전

투표가 시작되면서 통합선거인명부를 활용하게 되었고, 이는 사전투표와 본투표가 통합된 선거인명부를 사용하면서 본투표 때도 누가 사전투표를 했는지 누가 안했는지를 알 수 있게 된 획기적인 제도라고 생각합니다. 제가 생각하기에 재외투표 관련하여서도 통합선거인명부를 활용을 한다면 재외선거기간 중에 귀국하더라도 누가 해외에서 투표했는지 안했는지를 확인할 수 있고, 그렇다면 저처럼 긴급하게 귀국한 경우라도 본투표를 할 수 있지 않을까 생각합니다.

`면접관` 총학생회 선거운동, 총학생회 활동을 했었네요?

`응시생` 아, 총학생회 자체를 한 게 아니라 총학생회가 되기 위한 선거운동을 했습니다.

`면접관` 아, 그러네요. 선거운동본부 여기서 본인은 어떤 역할을 했죠?

`응시생` 제가 당시에 1학년이라 큰 역할은 아니었으나 선거운동 피켓을 만들고, 명함을 전달하고 제가 적어놓았듯이 또 다른 선거운동 방법이 뭐가 없을까 생각하여 계단부착형 선거운동을 제안해 보았습니다. 계단에 보시면 몇 계단 오르면 몇 칼로리 소모라는 등 그런 것들이 쓰여있지 않습니까? 그런 것처럼 계단 앞에 정책이나 공약들을 써서 붙이는 그런 선거운동 방법을 제안했습니다.

`면접관` '학생총회 개최 고대 아고라 직접민주주의'라고 쓰셨는데 이게 무슨 직접 민주주의를 말하는 건가요? 이 경험이 실무에 어떤 도움이 될까요?

`응시생` 학생총회라는 것이 당시 학교 재학생 중 7분의 1 정도의 (정확히 기억이 안나서 살짝 버벅) 일정한 정족수를 채워야 개최가 가능한 행사였습니다. 저는 그 개최가 이뤄지도록 홍보를 하는 등의 일을 하던 팀장이었습니다. 다행히 정족수를 넘겨서 재학생들이 광장에 모여 예전 아고라 민주주의처럼 종이에 한쪽은 찬성, 한쪽은 반대(5분발표지 활용해서 설명)라 적혀있는 거를 들어서 의견을 모으는 그런 행사였습니다. 이 경험이 선거실무에 직접적인 도움이 된다기 보다는 제가 민주성 파트에 적은 이유는 직접 민주주의가 이뤄지는 그 현장을 목격하고 이끌었다는 점에서 민주주의라는 의미를 크게 되새길 수 있었던 경험이었기 때문입니다. 그 점이 도움이 될 것 같습니다.

`면접관` 선거제도 관련하여 하고 싶은 게 많은 것 같은데 만약 실무에서 본인이 무언가 하고자 하는 걸 제안했는데 조직의 방향과 맞지 않는다면 어떻게 할 건가요? (질문리스트인 듯 했습니다.)

`응시생` 일단 제가 그 정책을 왜 제안하려고 했는지, 어떤 방향성인지 그리고 그 근거와 법률조항들을 정리해서 동료와 상관분들의 의견을 수렴할 것 같습니다. 그 후에 동료들과 상관을 설득하려고 하겠지만 (뭔가 이 대답을 원하시는 느낌이 아니라는 생각이 들어서) 그럼에도 불구하고 제가 하고자 하는 것이 조직의 방향에 아주 맞지 않는다면 저 개인의 의견을 무조건 주장하는 것보다는 조직의 방향과 어울리는 게 조직생활이 원활하게 이루어지고 또 조직이 나아가는 것이라 생각합니다. 제가 제안했던 정책이 시기상조일 수 있으니 일단은 조직의 의견을 따르고 추후 다시 제안을 해보도록 하겠습니다.

MEMO

Case 16. 면접후기 사례(전기직)

1. 희망부처: 산업통상자원부 에너지혁신정책관 전력시장과
   희망업무: 전기사용자 보호, 전기요금 부담금 축소 및 활성화 대책
   (2번째 희망부처: 산업통상자원부 신재생에너지정책단 신재생에너지 정책과 / 2번째 희망업무: 신에너지 및 재생에너지 개발·이용·보급 촉진)
2. 노력과 경험
   ① 기초지식함양
     −공학전문프로그램 통해 관련 교과목 이수
     −전자회로실험 및 프로젝트를 통해 기본 회로 구현(실전능력 함양)
     −전기(공사)기사 취득
   ② 대외활동
     −차세대전력인양성반(전력거래소에서 시행) 과정 수료
     −하동화력발전소 견학, 한빛원자력발전소 견학
     −전력계통반(온라인) 수강
   ③ 신재생에너지의 현재 상황 인식
     −2021 SWEET(Solar Wind Earth Energy Trade fair) 신재생에너지 박람회 견학
     −서울시 에너지 드림센터 방문 (예정)
     −탄소 포인트제 참여
   ④ 직무 이해
     −현직자와의 인터뷰
     −산업통상자원부 홈페이지, 블로그, 유튜브 등으로 최신뉴스 탐색

✅PLUS

해당 사례에 대한 답변 내용은 개인신상 관련 부분이 드러나서 생략하였다. 면접후기를 파악하는 목적은 면접관이 작성한 내용 중 어느 부분에 관심을 가지고 있는지 그리고 작성하지 않은 질문은 무엇들이 있는지 파악하고자 함이니 답변 내용은 중요하지 않다.

아래는 실제 후속질문리스트이니 참고하여 준비를 하는 것이 좋겠다.

Q. 산업통상자원부에 지원한 이유는 무엇인가요?
Q. 전력시장과 업무를 하고 싶다고 했는데 왜 그 직무에 관심을 갖게 됐나요?
  ㄴ[추가질문] 이 업무에 필요한 전문성은 무엇일까요?
  ㄴ[추가질문] 이런 전문성을 달성하기 위해서 현재 하고 있는 노력은 무엇인가요?
  ㄴ[추가질문] 이 업무를 하는데 있어 본인만의 강점은 무엇일까요?
Q. 대외활동을 하면서 또는 살면서 겪은 어려움은 무엇인지 구체적으로 설명해주세요. 그 어려움을 극복하는 데 있어서 본인이 어떤 역량을 발휘하였나요?
Q. 산업통상자원부의 관심 있는 정책이 있나요?
Q. 신재생에너지의 현재 상황을 구체적으로 얘기한다면?
Q. 현직자와 무슨 인터뷰를 하였나요?
Q. 전기기사는 언제 취득한 것인가요?
Q. 제안해 보고 싶은 정책이 있나요?

MEMO

Case 17. 면접후기 사례(건축직)

1. 근무하고 싶은 부처: 행정중심복합도시건설청
2. 담당하고 싶은 직무(정책): 공공시설건축과(복합커뮤니티센터 건립)
   −관련 정책: 디지털 기반의 스마트시티
3. 응시분야 관련 이해도: 건축학과 재학, 건축기사 취득
4. 해당 분야 직무수행능력 및 전문성 함양을 위해 평소 준비한 노력과 경험
   −행정복합도시 세종시 직접 방문하여 학교 설계: 대지 조사를 통한 세종시 도시계획, 교통 연계
   −대학생 문화복합시설 설계: 공익성을 가진 공공시설로서 청소년 미디어 문화센터, 명상센터 등 다양한 공간 구성 설계
   −도시의 노인분들 효드림 봉사활동: 공익성, 봉사정신 함양
   −연구생들과 조별 수련원 공모전 수상(청사에서 주최하여 공공도서관 방문)
   −설계사무소 인턴 경험: 전문 프로그램 사용하여 작업

⊘PLUS

아래는 실제 후속질문리스트이니 참고하여 준비를 하는 것이 좋겠다.
Q. 행정중심복합도시건설청에 지원한 이유는 무엇인가요?
Q. 공공시설건축과 업무를 하고 싶다고 했는데 왜 그 직무에 관심을 갖게 됐나요?
   ㄴ[추가질문] 이 업무에 필요한 전문성(역량)은 무엇일까요?
   ㄴ[추가질문] 이런 전문성을 달성하기 위해서 현재 하고 있는 노력은 무엇인가요?
   ㄴ[추가질문] 이 업무를 하는데 있어 본인만의 강점 내지 역량은 무엇일까요?
Q. 건축관련정책 아는 것이 있다면 말씀해보세요. 개선하고 싶은 점이 있나요?
Q. 공무원을 하고 싶은 이유는 무엇인지 솔직하게 말씀해주세요.
Q. 혹시 여기에 적은 노력 중에 힘들었던 경험과 그걸 어떻게 극복해냈는지 말씀해주시겠어요?
Q. 제안해 보고 싶은 정책이 있나요?

MEMO

Case 18. 면접후기 사례(조경직)

1. 근무하고 싶은 부처와 업무: 국토교통부 녹색도시과 / 개발제한구역 주민지원사업 업무
   • 관심있는 정책 ⇨ 도시자연공원구역 내 도시숲 설치 허용
   • 정책 제안 ⇨ Eco 울림(林) 프로젝트
2. 직무수행능력을 위한 과거 나의 경험
   • 다양성, 창의성: 구리정원박람회 출품(정원이 건네는 인사, 안녕하신가요?)
     학과 내 공모전 출품(학교 근처 노후 옥상 활성화 제안, 옥상정원)
     느낀 점 ⇨ 녹지 공간에 대한 사람들의 목마름 확인. 주민지원사업 여가 공간 조성 방식의 다양화 고민해봄
   • 조직생활 경험: 아르바이트 업무 배정 방식의 관행 타파(적극성 발휘), 학원 아르바이트(맞춤형 소통 전략)
3. 면접 준비 과정 속 나의 노력: 국토교통부 협업 사례 조사-성공적인 협력 조건
   예 취약계층 주거환경개선 사업(환경부), 철도어린이집 사업(보건복지부)

면접관 (질문이 기억이 안 나는데 왜 이 정책에 관심이 생겼나 이런 뉘앙스였습니다.)

응시생 최근 기후변화는 우리 삶을 위협하고 있습니다. 저는 사실 이러한 기후변화에 대응하는 데에 있어서 기술적인 방법이 효율적이고 효과적일 것이라고 생각했습니다. 그런데 기술적인 방법은 기후변화의 속도에 비례하여 매우 천천히 발달하고 있고, 그 효과도 낙관적이지 않다고 합니다. 그런데 오히려 자연을 바탕으로 하는 탄소 흡수원이 그 잠재력이 대단하고 매우 효율적이라는 것을 알게 되었습니다. 그래서 이러한 이슈와 관련해서 녹색도시과는 어떤 일을 하고 있는지 찾아보다가 이 개정안을 보게 되었습니다.

면접관 그럼 이와 관련하여 현재 본인이 하고 있는 노력은 무엇인가요?

응시생 (탄소중립에 관한 노력 말씀드렸습니다.) 탄소중립을 위해서는 탄소 배출 저감에 도움이 되는 행동을 삶 속에서 실천해야 한다고 생각했습니다. 그래서 저도 일단 일반 시민 중 한 사람으로서 그런 행동을 하려고 노력을 했습니다. 저는 그린피스의 하루 자봉 봉사활동을 했습니다. 이게 무엇이냐면 산책을 자주 나가는 편인데 산책을 하며 쓰레기를 줍는 '플로깅' 활동도 했고 플라스틱 재활용 등의 활동을 하며 노력했습니다. (두서 없고 어떻게 말했는지 기억이 안나는데 이런 내용으로 말했던 것 같습니다.)

면접관 전문성 함양을 위해 어떤 노력을 했나요?

응시생 저는 뚜렷한 현직 경험도 없고 스스로 전문성이 부족하다고 생각했습니다. 사실 대학생 때도 비슷한 역량의 한계를 느꼈던 적이 있었는데 그때 저는 월간 환경과 조경이라는 잡지를 구독하며 다양한 칼럼과 사례를 접하려고 노력했습니다. 그래서 이번 면접 준비 과정 속에서도 국토교통부 홈페이지도 자주 방문하고 기사도 많이 읽으려고 했습니다. 저는 아직 많이 부족하지만 이 부족한 부분을 채우기 위해 항상 노력할 것이고 앞으로 전문성을 기르기 위해 필요한 것이라면 열심히 도전하고 배워나가겠습니다.

면접관 협업하는 것이랑 혼자 일하는 것의 장단점은 무엇이며 뭐가 더 나은가요?

응시생 일단 혼자 일하는 것에 있어서는 시간과 장소에 구애받지 않기 때문에 일의 진행에 있어서 효율이 높다는 장점이 있습니다. 하지만 협업은 다양한 사람들이 모여서 일하는 것이기 때문에 다양하고 창의적인 생각을 통해 최선의 결과를 도출할 수 있다고 생각합니다. 사실 저는 공직사회는 공익을 목적으로 하는 사람들로 구성된 조직이기 때문에 처음에는 팀의 역량이 더 중요할 것이라고 생각했습니다. 하지만 각 개인들이 자기의 자리에서 각각의 역량에 최선을 다한다면 이는 또다시 팀의 역량으로 자연스럽

게 이어질 수 있습니다. 그래서 저는 이러란 긍정적인 선순환을 이루기 위해서는 개인의 역량을 뒷받침으로 한 팀의 역량이 중요하다고 말씀드리고 싶습니다.

면접관 팀이 추구하는 방향과 내가 추구하는 방향이 다를 때 어떻게 할 건가요?

응시생 일단 저는 모든 것을 처음 접하는 신입이고 상관분과 동료들은 오랜 경험과 노하우가 있으실 것이기 때문에 반대하시는 이유가 있을 것이라고 생각합니다. 그래서 저는 상관분의 말씀을 잘 들어보고 배우는 자세로 임하겠습니다. 그리고 제 생각을 무작정 요구하기보단 "이러한 일의 이 부분에 있어서 제 생각은 어떨까요?"라고 여쭤보며 차근차근 접점을 찾아가겠습니다.

면접관 상관과 나의 의견이 충돌할 때 어떻게 할 건가요?

응시생 저는 먼저 상관분의 의견과 저의 의견을 비교하겠습니다. 그리고 만약에 제 의견이 조금 더 효과적이라고 생각이 들면 제 의견에 대한 자료를 만들어서 상관분께 말씀드려보겠습니다.

면접관 공직사회에 개선하고 싶은 점이 있나요?

응시생 인터넷이나 유튜브에서 본 것인데 실제 현직에서 인수인계가 잘 이뤄지지 않고 있다는 것을 보았습니다. 인수인계가 잘 이뤄지지 않으면 업무를 하는 데 있어서 효율성의 문제도 생길 것이고 신규 공무원분들께서 이러한 일로 면직하시는 경우도 많다는 것을 보았습니다. 그래서 제가 만약 합격을 해서 공직자가 되고 후임이 생기게 된다면 책임감을 가지고 열심히 업무를 알려드리겠습니다.

면접관 사기업에 비해 공공기관에서 기술 도입이 늦은 이유는 무엇일까요?

응시생 4차 산업 혁명 기술은 우리 사회에서 새로운 변화와 흐름이지 않습니까? 그러다 보니 이러한 흐름에 맞춰 요구하는 전문지식이 필요하곤 한데 공무원분들은 국민과 국가를 위한 일을 하다 보니 일이 정말 많다고 알고 있습니다. 그러다 보니 이러한 새로운 전문지식을 습득하기에 어려움이 있지 않나 생각합니다.

면접관 창의성이 어떻게 현직에서 사용될까요?

응시생 그럼 혹시 제가 정책 제안에 쓴 내용 말씀드려도 될까요? (네~ 간단하게 말씀해주세요~) 먼저 이름에 대해서 설명을 드리자면 Eco는 환경 상태와 관련된 접두사 그리고 울림을 의미하는 중의적 단어입니다. 녹지 공간이 탄소 흡수원으로서 역할을 다할 수 있다는 것을 시민들에게 효과적으로 알릴 수 있음과 동시에 가로 숲길을 선사해줄 수 있는 프로젝트입니다. 일상 속에서 탄소 절감에 도움이 되는 작은 행동을 하는 사진을 SNS에 게시하고 이러한 포스팅의 개수가 목표치에 달성되면 도시숲과 공원 녹지를 잇는 축에 수목이나 태양광 핸드폰 충전장치가 달린 스마트 벤치 등의 조경시설물이 조성되는 방식입니다. 이러한 선형의 공간에 탄소중립에 대한 시민들의 이해가 울려 퍼진다면 가로 숲길, 즉 색다른 형태의 시민 주도 도시林이 탄생될 수 있습니다.

MEMO

Case 19. 면접후기 사례(전산직)

☐ 희망부처: 행정안전부
☐ 업무: 디지털정부국 모바일/온라인 전자정부 실현
☐ 노력과 경험
  - 객체지향 수업에서 도서 대출 프로그램 개발 경험
  - 데이터베이스 수업에서 수강신청과 소개팅 프로그램 개발 경험
  - 컴퓨터 그래픽 수업에서 모형 구현 경험(추가적인 기능도 개발)
  - 매 학기 교내 코딩 대회 참가(최고 4위 기록)
  - 과 내 스터디 소모임 가입하여 신입생 때는 프로그래밍 언어 배우고 나중엔 후배들에게 가르친 경험
  - 리눅스와 유닉스 실습 경험(Virtual Box, Ubuntu 프로그램 이용)
  - 소프트웨어 공학, 운영체제, 자료구조, 파일처리 등 전공수업 이수(3, 4학년엔 성적장학금 받음)
  - 청소년 봉사단체 '청로회'에서 2년간 봉사활동 하며 봉사상 수상하고 봉사정신 배움
  - 장애인직업재활시설에서 사회복무하며 봉사정신과 책임감 함양
  - KISA에서 기술안내서 가이드 읽음. 행안부 홈페이지 업무나 정책 찾아봄

면접관 지원동기가 무엇인가요?

응시생 제가 대학에서 컴퓨터공학을 전공하게 되었습니다. 처음 코딩을 배우면서 그것이 재밌다고 느꼈고 또 팀을 이루어 무언가를 개발하는 것이 굉장히 즐겁고 만족스러웠습니다. 그런 마음이 들던 차에 정부 사이트를 이용한 경험이 있습니다. 학교 다닐 때 재학증명서 같은 서류를 발급받아야 할 일이 있었는데 그럴 때마다 학교에 직접 가야 받을 수 있는 줄 알았습니다. 그러다가 우연히 정부 민원 사이트에서 온라인으로 신청할 수 있다는 것을 알게 되어서 이용을 하게 되었는데 물론 지금이야 많이 개선되었지만 그때 당시에는 불편한 점이 많았습니다. 저는 그때 '내가 이런 불편함을 개선하고 개발하는 일을 하면 어떨까? 내 개발 경험을 이렇게 살려야겠다.' 그런 생각을 했습니다. 또 제가 기업으로 가지 않고 공무원을 지원한 것은 더 많은 사람들이 제가 만들고 개선한 프로그램을 쓰길 바라서입니다. 공무원이 되면 국민 전체를 대상으로 서비스를 하니 제가 생각한 직업에 딱 맞았습니다. 국민의 입장에서 생각해서 국민분들이 편하고 효율적으로 사용할 수 있는 그런 시스템들을 개발하고 싶어서 지원하게 되었습니다.

면접관 여기 데이터베이스 소개팅 프로그램 개발 경험이 있다고 하는데 어떤 프로그램인가요? 시간이 많이 없으니 간단하게 말해주세요.

응시생 일단 오전 10시라고 치고 매일 같은 시간에 16명의 이성을 소개받습니다. 그리고 총 4단계로 이루어져 있습니다. 1단계에는 16명의 이성을 소개받습니다. 그리고 둘 중에 1명을 선택해야 합니다. 그렇게 8명을 고르고 2단계로 넘어갑니다. 2단계에선 1단계에서 선택받았던 이성이 다시 고릅니다. 그렇게 선택을 하면 4명이 되고 또 3단계로 넘어갑니다. 3단계에선 다시 자신이 고릅니다. 그럼 마지막 단계 선택시엔 2명이 남게 됩니다. 그렇게 마지막 단계에서 최후 1명을 고르면 그 사람과 쪽지를 주고 받을 수 있습니다.

면접관 그럼 본인은 어떤 것을 했나요?

응시생 저는 이 소개팅 프로그램 아이디어를 팀원들에게 제공하고 개발시에는 쪽지를 주고 받는 기능을 맡아서 하였습니다.

면접관 본인이 팀장 같은 총괄을 한 거에요?

응시생 총괄이라기보다는 저는 제 아이디어가 아주 좋은 아이디어라고 생각해서 팀원들을 적극 설득했고 개발은 모두가 분담해서 다 같이 하였습니다.

면접관 개발 경험이 많은 것 같은데 가장 기억에 남는 일은 무엇인가요?

응시생 제가 컴퓨터그래픽스라는 수업을 들었는데 그 과목이 팀프로젝트 과제가 기말고사 시험을 대체하는 과목이었습니다. 그런데 팀을 교수님께서 랜덤으로 짜주셔가지고 평소에 공부를 안하기로 유명한 후배 2명과 팀이 되었습니다. 과제 시작 전부터 '우리는 이런거 못하는데 어떻게 하냐'고 해서 '많은거 바라지는 않겠다. 다만 약속 잡은 날은 꼭 모이자'하고 모여서 제가 최대한 알려주고 모르는 것이 있으면 교과서에서 페이지를 찾아서 알려주고 하면서 끌고 간 경험이 있습니다. 그것이 가장 기억에 남습니다.

면접관 전산직이면 프로그래밍 언어나 뭐 그런 것도 영어고 이외에도 영어 같은 것이 많이 나오고 쓰고 그러는데 혹시 영어에 대해서 본인이 어떻게 공부했다거나 역량을 끌어올렸다는 게 있을까요?

응시생 제가 사실 고등학교 때까지는 영어를 잘 못했습니다. 그래서 대학교에서 영어 동아리에 가입을 했습니다. 영어 동아리에서 모의 토익 시험도 보고 외국인이 운영하는 카페가 있는데 그곳에선 영어로만 대화를 해야 합니다. 그 카페에 일주일에 한 번 가는 것으로 약속을 정해서 스피킹도 많이 하고 그랬습니다. 또 제가 부족하나마 영어 동아리 회장을 맡기도 했습니다.

면접관 본인이 나중에 전산직 공무원을 하게 되면 어떤 것이 강점이라고 생각하나요?

응시생 제가 종이에는 적지 않았지만 아르바이트 경험이 굉장히 많습니다. 20살 성인이 되고서부터 여태까지 알바를 쉬지 않고 해왔는데 저는 알바를 많이 하면서 책임감을 길렀으며 일을 할 때 어떻게 일을 해야 효율적으로 처리할 수 있는지, 어떻게 해야 조직원들과 화목하게 지내고 소통할 수 있는지 그런 부분을 많이 배웠고 잘 알고 있습니다. 또 제가 개발경험이 많기 때문에 그런 부분에 있어서 잘 할 수 있을 것이라고 생각합니다.

MEMO

Case 20. 면접후기 사례(전산직)

◇ 근무하고 싶은 부처: 행정안전부 디지털정부국
◇ 하고싶은 업무: 제2차 전자정부 기본계획 中 "디지털 정부서비스에 일관성있는 UX 적용"
◇ 직무 관련 노력 및 경험
〈민주성〉 1. 기업 근무: 이동식저장장치(USB) 보안 규정 도입 관련 설명회 개최
          2. 기업 근무: 현장 애로사항을 반영한 MES(제조관리시스템) 유지보수
〈다양성〉 3. 기업 근무: 연말정산 관련 민간인증서 도입 첫해, PC 사용에 익숙하지 않은 현장 작업자들을 위해
             매뉴얼 작성
          4. 대학 공모전: 지체 장애인을 위한 단축키 키보드 개발(과학기술정보통신부 장관상 수상)
〈창의성〉 5. 기업 근무: 랜섬웨어 감염 피해 최소화 방안
          6. 대학 프로젝트: 층간소음 해결을 위한 전공 프로젝트 진행
〈도덕성〉 7. 갑질 목격 및 경계심을 가짐
◇ 정책 개선 제안
8. 고령층을 위해 화면별 튜토리얼 모드 추가
9. 정부 통합APP "문을 여시오"

면접관 전산직 공무원은 전문직이라고 할 수 있죠?

응시생 네, 그렇습니다.

면접관 전문직으로서 중요한 직무 역량은 뭐라고 생각하세요? 어떤 노력을 하고 있나요?

응시생 빅데이터 관련 역량이 중요하다고 생각합니다. 제가 졸업한 학교에서 미취업자를 대상으로 빅데이터 관련 교육을 하고 있는데 그 교육에 지금 참여하고 있습니다.

면접관 교육은 어떤 것을 하는 건가요?

응시생 PC본체를 여러개 엮어서 하둡을 직접 설치하고 맵리듀스를 다운로드 받아서 직접 예제 데이터를 넣어보면서 실습해보고 있습니다.

면접관 왜 전산직에 지원했나요?

응시생 그냥 컴퓨터공학과 졸업해서 전산직에 지원했습니다. (두 분 다 웃으심ㅜㅜ)

면접관 왜 행정안전부를 지망하나요?

응시생 저는 국민들이 편하게 전자정부를 사용하는 데에 기여하고 싶고, 그 모습을 통해 제가 큰 보람을 느끼며 일할 수 있을 것 같아서 행정안전부 디지털정부국에서 근무하고 싶습니다. (답변이 개운한 눈치는 아니었습니다.)

면접관 지체장애인을 위한 단축키 키보드를 개발하셨다고 하셨는데 이게 혹시 전산직에 지원하신 계기이신가요?

응시생 아니요. 동종업계로 취업 준비를 하지 않았던 이유는 제 직업관에 변화가 생겼다고 생각해서입니다. 이전에는 돈, 높은 급여가 제일 중요하다고 생각했었는데 지금은 돈보다 보람이 더 중요해졌습니다. 사기업에서는 아무래도 성과를 정량적인 수치로 나타내야 하는데 프로그램을 쓰는 사람들의 만족감이나 편리성은 당장에 정량적으로 나타낼 수 없는 부분입니다. 그 기업에 있을 때 어떤 걸 개발하고자

할 때 '그래서 그걸 만들고 나면 수율이 얼마나 좋아질지, 비가동시간은 얼마나 감소될지'가 우선적으로 고려되어야 했었고, 저는 다음번 취업하는 곳에서는 사람들의 만족도나 편의성을 위해서 일할 수 있는 직업을 가지고 싶었습니다. 그래서 공무원에 지원하게 되었습니다.

면접관 이동식저장장치 규정을 만드셨나요?

응시생 저 혼자 한 건 아닌데 제가 주도적으로 하긴 했습니다.

면접관 이동식저장장치 규정 관련 설명회를 개최하였다고 적어주셨는데 ~한(기억이 나지 않아서 생략) 내용인 것 같은데 반대하신 분들이 있었을 것 같아요. 어떻게 설득하셨나요?

응시생 왜 반대하시는지 원인을 생각해봤는데 회의실에 와이파이가 안되거나 저장 용량이 부족해서 반대하셨습니다. 그래서 규정을 시행하기 전에 AP를 추가 설치하고 각 팀별로 할당된 공유폴더 용량을 늘려드리는 등 업무에 지장이 없도록 지원해드리겠다고 말씀드렸습니다.

면접관 이동식저장장치 규정이 어떤 내용이었어요?

응시생 팀장을 각 팀의 보안책임자로 지정하여 팀장만 USB 사용 가능, 나머지 팀원들은 이동식저장장치 포트 인식을 차단하는 것입니다.

면접관 MES시스템 유지보수를 하셨다고 하셨는데 어떤 것을 하셨어요?

응시생 제가 회사에서 근무할 때, MES시스템 유지보수를 맡았었습니다. 비록 제게는 작은 부분을 고치고 작은 기능을 추가하는 일이 주어졌지만 어떻게 하면 현장 작업자들이 좀 더 편하게 일할 수 있을지를 많이 고민했었고 불편해하시던 부분들을 개선하려고 노력했습니다. 예를 들면, 납품처별 담당자가 변경될 때는 현업에서 IT로 직접 수정요청을 해야 했었는데 현업에서 담당자가 직접 수정할 수 있도록 과정을 간소화시켜 기능을 추가했었습니다.

면접관 지체장애인을 위한 키보드를 만드셨다고 하셨는데 어쩌다가 만드신 건가요?

응시생 대학교 때 공모전을 준비하며 제가 예전에 팔에 깁스를 했을 때 단축키 사용이 좀 불편했던 경험을 활용했었습니다. 예를 들면, ctrl+shift+delete 같은 단축키는 두 손으로만 누를 수 있어서 이 경험을 활용해 봤었습니다.

면접관 디지털 취약층에 대해서 말씀하시는 것 같은데 그들을 위해서 어떤 정책 개선이 필요할까요?

응시생 고령층들을 위해 고령층이 왜 무인발급기나 스마트폰 사용을 어려워하는지 고민해봤습니다. 명절이나 가족 모임 때, 친척 어르신들께서는 저에게 스마트폰이나 특정 어플리케이션의 사용 방법을 물어보실 때가 많은데 어르신들께서 공통적으로 스마트폰 사용을 어려워하는 이유는 어플리케이션의 기능 실행 방법을 항상 외우려고 하시기 때문이라는 것을 알게 되었습니다. 예를 들면, 처음에는 이 버튼 누르고, 입력하고, 다음에는 저 밑에 있는 버튼 누르고 하는 과정들을 다 외우려고 하시는 것 같습니다. 그래서 페이지마다 튜토리얼 기능을 추가하여 수행 방법을 항상 안내하면 디지털 취약계층들이 더욱 쉽게 정부24를 사용할 수 있을 것 같습니다. 예를 들어, 다음에 누를 버튼을 빨간색 테두리로 PPT 애니메이션처럼 표시를 해준다거나 페이지별로 해당 페이지에 대한 시연 동영상을 먼저 띄우면 더 쉽게 정부24를 사용할 수 있을 것 같습니다.

면접관 갑질 목격 및 경계심을 가짐이라고 써주신 것은 무슨 내용인가요?

응시생 기업에서 근무할 때 갑질을 목격한 경험이 있습니다. 제가 다녔던 회사에서는 IT자원 관리는 통합 유지보수 업체와 계약하여 외주화하고, 그 통합 유지보수 업체는 일부는 자기들이 담당하고, 일부는 다른 업체로 재하청 넘겼습니다. 예를 들면 네트워크 유지보수는 네트워크 전문업체에 재하청으로 넘기는 구조였습니다. 어느 날 중국 지사로부터 메일 수신이 안되는 문제점이 있었고, 그와 관련해서 재하청 업체로부터 전화가 와서 받아보니 그 문제는 통합유지보수 업체가 담당하는 부분인데 본인들 회사로 떠넘기고 해결하라며 갑질한다고 억울함을 호소했습니다. 그래서 통합유지보수업체 담당자분께 이런 전화가 왔었는데 주의를 부탁드렸고, 이후로 그 재하청 담당자분께 혹시 이후로 같은 일이 있었냐고 여쭤봤었고 또 그런 적은 없었다고 말씀해 주셨습니다. 저는 이 사례를 목격한 뒤, 업무 떠넘기기도 일종의 갑질이라는 것을 알게 되었고 원청의 책임감과 무게감을 느꼈습니다. 전산직 공무원이 되면 민간업체에 외주로 맡기는 부분도 분명히 있을 것입니다. 저는 전산직 공무원이 되면 외주업체에 부당한 요구를 하거나 책임 전가를 하지 않는 공무원이 되겠습니다.

면접관 이렇게 재주가 많으신데 공직에서 뜻을 다 펼칠 수 있으시겠나요?

응시생 네? (완전 화들짝 놀랬어요ㅜㅜ) 저 재주 없습니다! (두분다 웃으셨어요ㅜㅜ)

면접관 정책 개선 제안에 '문을 여시오'라고 적어주셨는데 이거는 원래 있는 건가요? 본인이 만들고 싶다고 하시는 거죠? 어떤 내용인가요?

응시생 정부에서 배포하는 앱을 모두 하나의 앱으로 합치는 게 어떨까 싶습니다. 면접과정에서 정부에서 만든 앱들을 찾아봤었는데 개수가 너무 많았습니다. 행정안전부 주체로 배포한 앱이 18개, 보건복지부 13개 등이었고, 각 지자체별로도 기본 10개는 다 되는 것 같았습니다. 이렇게 많으면 문제점이 사람들이 어떤 앱이 있는지 잘 모르고 좋은 기능이 있어도 잘 모르는 것 같습니다. 그래서 정부에서 배포하는 앱을 모두 하나의 앱으로 합치는 게 어떨까 싶습니다. 단계적으로 우선은 페이지를 합쳐서 서비스하는 게 어렵다면 최소한 앱별로 어떤 서비스를 제공하는 앱인지 소개해주고 다운로드 링크나 실행 링크를 제공해주면 국민들의 편익이 더 높아질 것 같습니다.

MEMO

Case 21. 면접후기 사례(방송통신직)

1. 근무하고 싶은 부처: 과학기술정보통신부(중앙전파관리소)
2. 담당하고 싶은 직무: 국제 교류 협력 업무
3. 직무 수행 능력 및 전문성 함양을 위한 노력
   - 전문성
     - 방송통신전공(수석 졸업, 무선설비산업기사)
     - 국제 협력 업무 위한 외국어 능력(토익 930점)
   - 다양성
     - 2년의 해외 인턴 경험(하와이 방송사, LA 신문사)
     - 신문사 인턴으로서 다양한 분야 취재 및 인터뷰
   - 소통과 협업 능력
     - 영상 제작 동아리 활동(교내외 행사 영상 제작 및 HD중계)
     - 영화관 아르바이트(우수미소지기)
4. 앞으로의 노력: 비즈니스 영어 회화 공부

✅PLUS

실제 후속질문리스트

Q. 방송통신직에 지원한 동기가 무엇인가요?

Q. 국제교류협력업무를 하고 싶은 이유가 무엇인가요?

Q. 해외 인턴하면서 배운 점이 있다면?

Q. 여기에 적은 노력 중에 힘들었던 경험과 그걸 어떻게 극복해냈는지 말씀해주시겠어요?

Q. 동아리 활동을 하면서 갈등이나 그런 건 없었나요? 갈등을 어떻게 해결했죠?

Q. 방송통신직에 필요한 역량은 어떤 게 있을까요?

Q. 그 역량을 위해 준비하거나 노력한 사항이 있나요?

MEMO

Case 22. 면접후기 사례(우정사업본부)

〈하고 싶은 직무〉창구 업무
〈직무를 위한 노력〉
 －우체국 방문: '사전접수' 이용 경험
 －우정사업본부 관련 기사, 논문 정독: 우정사업본부의 역할과 방향성
 －정책제안: 카페×우체국
 －사회복지시설 봉사: 도시락 전달
〈기타 경험〉
 －대학교 조별 과제: '스케치업' 활용 경험(창의성)
 －잡지사 아르바이트: 분실물 해결 경험(책임성)
                     잡지에 실린 경험(나의 장점: 성실, 끈기)
 －협찬사 재직 경험: 나만의 리스트 작성(적극성)
〈앞으로의 노력〉보험, 금융 관련 공부 예정

면접관 직무를 지원하게 된 특별한 경험이 있나요?

응시생 (지원동기가 아니라 경험을 통해 말하라고 하셔서 좀 놀랐습니다.) 경험이라고 하시면 제가 택배 등을 이용하기 위해 우체국을 정말 많이 방문해 봤는데 기억에 남는 직원분이 계셨습니다. 제가 택배를 접수했는데 창구 직원분께서 제 전화번호를 잘못 기재하셔서 다시 우체국으로 연락을 해서 수정을 한 적이 있습니다. 수정도 제대로 되고 접수 알림도 왔는데 그 직원분께서 저에게 직접 다시 전화를 주셔서 접수 알림은 제대로 갔는지 등을 다시 한번 확인해 주셨습니다. 사소한 경험일 수도 있지만 그때 직원분의 책임감과 우체국의 신뢰성에 대해 다시 한번 생각해 보게 되었고, 이로인해 우체국과 특히 창구업무에 관심이 생기게 된 것 같습니다.

면접관 경험했던 일 중에 생각나는 주변의 반응은 무엇인가요?

응시생 경험형에 적힌 내용인데 제가 잡지사에서 아르바이트를 한 적이 있습니다. 첫 아르바이트다 보니 초반에 크고 작은 실수를 많이 했었는데 확실히 제가 일을 빨리 배우는 편은 아니었던 것 같습니다. 하지만 제가 맡은 일은 정말 끝까지 성실하고 끈기 있게 열심히 하려고 노력했고 그 결과 시간이 조금 흐른 뒤에는 사수분께 칭찬을 들을 만큼 능력이 많이 향상되었습니다. 그래서 제가 아르바이트를 그만두는 달에 잡지사다 보니까 저희 사수분께서 기자님이셨는데, 잡지 기사에 제 이야기를 짧게 실어 주시면서 '사회생활에 필요한 건 하나를 가르치면 열을 아는 속도보다 이런 식의 끈기인 것 같다'고 적어주셔서 굉장히 뿌듯했던 기억이 있습니다. (약간 당황스러운 질문이었고 면접관님이 의도하신 맥락이 제 대답과 일치하는지 잘 모르겠습니다. ㅎㅎ 다만 '반응'이라고 하셔서 이 대답과 좀 통하지 않을까 해서 이렇게 답을 했습니다.)

면접관 개인의 역량과 조직의 역량 중 어떤 것이 성과에 도움이 된다고 생각하나요?

응시생 (개인역량 VS 조직역량은 준비해 갔는데 성과와 엮여서 많이 당황했습니다. ㅠㅎㅎ) 아무래도 조직의 역량이 성과에 도움이 될 것 같습니다. 저도 조별과제나 사기업에서도 팀별 업무를 많이 했는데 팀 업무를 하다 보면 제가 부족한 점도 팀원에게 채워지는 부분이 있다고 생각해서 조직의 역량을 뽑았습니다. 하지만 이런 조직의 역량도 개인의 역량이 뒷받침되어야 한다고 생각하기는 합니다.

면접관 그러면 창구 업무에 필요한 역량은 무엇인가요?

응시생 소통 능력이라고 생각합니다. 아무래도 국민을 직접 대하고 특히 민원인들을 상대하는 직무이다 보니 소통 능력이 중요하다고 생각합니다.

면접관 귀하가 소통 능력을 위해 한 노력은 무엇인가요?

응시생 저의 경험과 관련지어서 말씀을 드리자면 제가 협찬사에서 재직을 한 경험이 있습니다. (면접관 중 한 분이 협찬사에 대해 물으셔서 협찬사에 대한 설명 후) 업무를 하는 방식이 독특했던 게 저희 사무실에 협찬을 해야 하는 제품들이 있고 연예인들의 기획사라던지 직원분들이 직접 오셔서 물건을 보시고 가져가는 형태로 업무가 진행됐습니다. 그래서 사람을 항상 많이 마주 대하며 일을 했고, 또 적극적으로 먼저 다가가서 소통을 해야 하는 부분이 있었기 때문에 이런 커뮤니케이션 능력에 장점이 있다고 생각했고 또 이런 점이 대민 업무에도 강점으로 작용할 수 있다고 생각했습니다.

면접관 우체국에서 가장 중요한 공직가치는 무엇이며 이를 위한 노력을 한 것이 있나요?

응시생 공익성이라고 생각합니다. 저도 예전에는 잘 몰랐지만 우체국에 대해 공부를 하다 보니 우체국이 정말 많은 공적 활동을 하고 있다는 것을 알게 됐습니다. 저희 지역에서는 '소원 우체통'이라고 해서 생활이 어려운 학생들에게 필요한 물건들을 제공해주는 그런 사업을 했던 것으로 알고 있고, 이외에도 많은 지원금 등을 전달하고 있는 것으로 알고 있습니다. (그래서 공익성이 중요하다. 이런 식으로 말씀드렸습니다. 이후 뭐라고 덧붙였는데 정확히 기억이 안나요ㅠㅠ) 또 이를 위해서는 제가 지금 사회복지시설에서 봉사를 하고 있는데 이는 생활이 어려운 어르신 분들에게 도시락을 직접 배달해 드리는 봉사입니다. 주기적으로 나가다 보니 저를 기억해 주시는 분들도 있고 또 간단한 대화도 오가게 되는데 이런 봉사를 통해서 국민들의 어려운 점이나 생활을 가까이서 느끼고 이해할 수 있다고 생각합니다. 공익성을 위해서는 이런 부분을 잘 알아야 할 필요가 있다고 생각합니다. (이런식으로 답변했습니다.)

면접관 개선하고 싶은 정책을 귀하의 역량 및 경험과 엮어서 제시해 보세요.

응시생 제가 사기업에 다닐 때도 직원들의 스트레스 해소 등을 위해 많이 노력했었습니다. 당시에 저희 회사에 문화의 날이 있었는데 이런 날을 적극 활용해서 문화 활동을 많이 제시했었습니다. 최근에 공직 사회에도 직원들의 스트레스가 상당한 것으로 알고 있습니다. 따라서 이런 스트레스를 조금 개선할 수 있는 방안을 마련하면 좋을 것 같다고 생각했습니다. 예를 들어 스트레스 해소를 위한 문화 활동을 조금 지원해 준다던지 아니면 스트레스가 심한 사원에게 상담을 제공해 준다던지 하는 방안을 생각해 봤습니다.

MEMO

Case 23. 면접후기 사례(우정사업본부)

□ 하고 싶은 업무: 우편 창구 업무
□ 직무수행능력 및 전문성을 위한 노력 및 경험
    －교내 영자신문사 기자 활동: 기사 및 신입 기자 교육 프로그램 기획
    －국제 스포츠 대회 기념품 가게 아르바이트: 고객 응대 및 의류 판매
    －교내 영자신문사 공로 장학금 평가안 마련: 회의 및 실무자의 피드백을 통해 평가 항목 및 평가방식 결정,
      평가 과정 공개
    －외국인 사진작가 촬영 지원: 통역사로서 책임감 발휘
    －프로젝트 수행: 다양한 학과의 학생들과 협업
    －기타: 컴퓨터활용능력 1급 취득, 영어영문학 및 행정학, 경영학, 경제학 수학
□ 정책제안: 베리어 프리 무인우편창구

[면접관] 우체국에 많은 업무가 있는데 우편 창구업무에 지원한 이유가 있나요?

[응시생] 면접관님, 제 개인적인 게 나올 수 있는데 괜찮을까요? (괜찮습니다). 제가 어렸을 때 우체국에서 행복했던 기억이 있었기 때문입니다. 어린 시절 제가 좋아하는 외국 배우한테 편지를 써서 보냈습니다. 그때 우체국을 통해 보냈는데 국제 우편에 잘 몰랐던 시절 그 편지가 잘 갈까 걱정했습니다. 하지만 걱정과 달리 2주 만에 싸인이 구겨지지 않고 온전한 상태로 우체국을 통해 받을 수 있었습니다. 이러한 행복한 경험을 바탕으로 우정 서비스를 통해 국민께 행복을 전해드리고 싶어 지원했습니다.

[면접관] 우정사업본부 행정직 일원으로서 중요한 공직가치가 무엇이라고 생각하나요?

[응시생] 저는 책임감이라고 생각합니다. 우체국은 예금을 통해 국민의 재산을 보호하고 국민의 물품을 받아 전달합니다. 이러한 업무에 공무원의 책임감 결여로 사소한 실수가 생긴다면 피해는 국민에게 돌아갑니다. 책임성에 관한 저의 경험을 말씀드리겠습니다. 통역사로서 책임감을 다한 경험이 있습니다. 해외 사진가의 촬영을 돕는 업무였습니다. 일하기 전에 에이전시 담당자한테 사진가의 업무 성향, 원하는 사진콘셉트, 유의사항을 물어봤습니다. 고객이 물을 많이 마신다고 해서 미리 생수를 샀고, 즉석에서 시민들을 섭외해 원활한 사진 촬영을 도왔습니다. 이러한 노력의 결과 원활하게 촬영을 진행할 수 있었고 그 사진작가를 통해 다음 통역 업무를 맡을 수 있었습니다.

[면접관] 특히 전남 지역에는 섬이 많아서 근무 때문에 섬에 갈 수 있습니다. 갈 수 있나요?

[응시생] 네, 갈 수 있습니다. 저는 사람들로부터 어디 가든 잘 적응할 거라는 이야기를 듣습니다. 섬으로 가게 되면 섬 지역 고객만의 특성이 있고 원하는 우편 서비스가 있을 거라 생각합니다. 이러한 부분을 고민해 보고 사업 구상을 해서 상위 기관에 제안해보도록 하겠습니다.

[면접관] 지원자의 강점이 있는 공직가치가 무엇이라고 생각하나요? (이건 잘못 대답했네요. ㅠㅠ)

[응시생] 저는 외국어 능력이라고 생각합니다. 이러한 능력이 우편 업무에 주된 것이라고 볼 수는 없습니다. 하지만 외국인 고객분이 적어도 있고 한 번씩 업무를 보기 어려운 경우가 있다고 들었습니다. 저는 영어영문학을 전공했고 아티스트 케어 등을 통해 소통 능력을 키워왔습니다. 이러한 능력이 외국인 고객을 응대할 때 도움이 될거라 생각합니다.

면접관 교내 영자신문사에서 오래 근무했네요. 활동하면서 가장 기억에 남은 일이 있나요?

응시생 제가 정식 기자로 전환되면서 썼던 기사가 생각이 납니다. 기사를 무엇을 쓸지 고민하다가 학교 홈페이지를 들어갔는데 글로벌 셀프 첼린저에 대한 글이 있었습니다. 이 프로그램은 학생들이 자신의 전공을 기반으로 외국에서 할 활동 보고서를 작성하고 학교측에서 비용을 지원해주는 것입니다. (저는 이 프로그램이 새로 도입되는 거라서 다른 학생에게 도움이 될 거라 생각했습니다.) 저는 이 프로그램에 참여한 학생을 찾는 게 어려웠지만 SNS를 통해 연락이 닿았고 인터뷰를 진행했습니다. 다음 호 잡지에서 이러한 프로그램에 대한 팁을 얻을 수 있어서 좋았다는 피드백을 받을 수 있었습니다.

면접관 우정사업본부의 일원으로서 개선해 보고 싶은 게 있나요?

응시생 사전접수 서비스입니다. 이 서비스는 우체국 어플(줄여서 썼어요.)이나 홈페이지를 통해 주소 등을 작성하면 우체국에 가서 바코드나 전화번호를 보여주면 접수가 완료되는 것입니다. 저는 이러한 서비스를 카카오톡 페이의 제휴 서비스의 배송이나 네이버 예약에 이런 서비스를 이용할 수 있게 수단에 추가하면 고객님들의 편의가 증대될 거 같습니다.

면접관 우정사업본부는 수익성과 공익성 둘 다 포기할 수 없습니다. 지원자는 무엇이 더 중요하다고 생각하나요?

응시생 (답변 잘 못함) 우정사업본부 입장에서는 둘 다 우열을 가리기 힘듭니다. 하지만 저는 공익성을 추구함으로써 수익성으로 이어질 수 있다고 생각합니다. 최근 우체국 직원이 다량의 현금 출금하는 고객을 보고 보이스피싱 범죄임을 판단해 경찰에 신고하고 추가적인 피해를 막은 바 있습니다. 이렇게 우체국 개인의 업무에 대한 책임성이 사회에 기여하고 조직 전체의 역량을 고조함으로써 외부에 이미지 개선이 가능해지고 이는 고객 유치로 이루어질 수 있다고 생각합니다.

면접관 교내 영자신문사에서의 기자 경험이 우편 창구 업무에 어떻게 쓰일 수 있나요?

응시생 우선 우편 창구 업무쪽에서는 대민 능력이라고 생각합니다. 제가 대학부 기자로 활동하면서 학생, 교직원 등 다양한 사람들을 만나면서 의사소통능력을 키울 수 있었습니다. 이러한 능력은 고객을 대할 때 잘 쓰일 것 같습니다. 장기적으로 우편 기획쪽으로도 가능할 거 같습니다. 저는 기자 생활을 하면서 사실관계를 파악하는 능력과 현상을 분석하는 능력을 키웠습니다. 우편 기획은 국내외 환경을 분석하여 우편 정책을 수립하는 일이라고 들었습니다. 이러한 능력을 바탕으로 고객님께 도움이 되는 우편 서비스를 상위기관에 건의해 볼 수 있다고 생각합니다.

MEMO

Case 24. 면접후기 사례(교정직)

- 지원하고 싶은 부서: 사회복귀과(+한국문화예술진흥원 "가족관계회복")
- 나의 경험
  - 피아노 학원 강사(결석×, 지각×, 재밌는수업)
  - 호텔근무(기업과 조리팀 갈등해결 / 웨딩메뉴얼 / 이유식 메뉴 추가)
  - 호주, 뉴질랜드 워킹홀리데이(함께 일하고 싶은 사람)
  - 봉사활동(13층 할머니 / 애육원 2년 / 새싹지원아동센터 / 자살예방캠프)
- 면접기간 중 나의 노력
  - 출소자 수용자가족 카페 가입 및 활동
  - 외부음악강사 인터뷰
- 정책제안
  - 우리가치(가족과 함께하는 5단계 음악솔루션)
  - 보듬데이(수용자 스스로에게 편지쓰기)
  - 유기견위탁교육
  - 봉사조건부가석방
- 20년 뒤 나는?: 수용자자녀 대학등록금 적금 증정식

면접관 면접준비기간 동안 너무 많은 노력을 하셨네요. 외부음악강사도 만나고, 그중 유기견 위탁교육은 무엇인가요?

응시생 단기적으로 할 수 있는 봉사활동을 생각하다가 평소 관심 있었던 유기견 봉사활동을 생각했습니다. 현재 유기견에 대한 문제가 많이 발생하고 있기 때문에 우리 수용자분들이 이 문제를 해결할 수 있게 도울 수 있다면 좋겠다고 생각하였고, 검색해 본 결과 미국에서는 이미 실시하고 있었습니다. 유기견과 수용자가 매칭되어 유기견을 교육하는 프로그램인데 교육을 시키는 과정에서 수용자는 참을성과 인내심을 기를 수 있고 유기견이 변화하는 모습을 보며 수용자 스스로도 변할 수 있다는 자신감을 얻을 수 있었다고 합니다. 여기서 저는 더 나아가 유기견에게는 모범견 상을 주어 입양되는 데에 도움을 줄 수 있게 하고, 수용자 또한 프로그램 이수 자격증 등을 주어 출소하여서도 유기견과 관련한 직업에 취업할 수 있게 도울 수 있을 것이라 생각하였습니다.

면접관 그럼 그 프로그램을 실시하기 위해서 뭐부터 해야 하나요?

응시생 유기견이 지낼 장소, 사료 등 재정적인 문제가 발생할 것 같은데 지방자치제나 동물보호단체 등에서 기부를 받을 수 있을 것 같습니다. [원래 준비한 답변은 어느 소(개방교도소)에 할지, 대상자(폭력전과 없는 사람 등)는 누구로 할지 등 준비했는데 까먹었습니다.]

면접관 일단 재정적인 면부터 검토하겠단 말씀이시죠?

응시생 네, 그렇습니다.

면접관 호텔에서 근무하셨네요. 힘들었던 경험은 무엇인가요?

응시생 네, 호텔에 면접을 보고 입사하게 되었는데 호텔에 대해 아무것도 모르는 저에게 총지배인님께서 판촉지배인이라는 엄청난 직함을 주셔서 부담이 많이 되었습니다. 그만큼 일을 빨리 배우기 위해 노력하였습니다.

면접관 낙하산이냐는 오해도 많이 받았을 것 같은데 어떻게 극복했나요?

응시생 처음 입사했을 당시 저를 못 미더워하시는 분들이 많았습니다. 저의 역할은 행사를 계약하고 각 부서를 조율하는 일이었습니다. 하나라도 빨리 배우려고 노력하였습니다. 회사에 도움이 되기 위해 모르는 것이 있으면 다른 지역에 있는 지점에 가서 일을 배워 오기도 했습니다. 바쁜 와중에도 시간이 나면 조리팀에 가서는 양파나 파도 다듬고, 식품음료팀에 가서는 테이블이나 의자 세팅하는 것도 도와드렸습니다. 그 결과 직원분들이 수고가 많다고 밥도 사주시고 제 사무실이 들려 간식도 주시고 가셨습니다.

면접관 아, 감정적으로요?

응시생 (2차 멘붕) 네, 제가 맡은 일도 열심히 했습니다.

면접관 사회복귀과에 지원하는 이유는 무엇인가요?

응시생 저는 면접 준비를 하면서 가장 많이 고민했던 부분이 '첫 번째로 내가 수용자라면? 두 번째로 어떻게 하면 재범률을 낮출 수 있을까?'였습니다. 두 가지 모두의 답은 가족관계 회복이라고 생각했습니다. 현재 저희 교정본부에서는 한국문화예술진흥원과 협업하여 음악치료 미술치료 집단상담 등을 하고 있는 것으로 알고 있습니다. 제가 생각한 프로그램이 있는데 시설 안에서는 수용자가 심리상담을 받고 악기를 정하여 배우고 시설 밖에서는 가족이 심리상담을 받고 악기를 배워 가족사랑캠프 등에서 합주를 하고 느낀 점을 자유롭게 적은 뒤 그것을 토대로 또 심리상담을 하면 가족관계 회복에 도움이 되고 수용자분들에게 또 가족분들에게도 안정감을 줄 수 있지 않을까 생각하였고 제가 도움이 될 수 있을 것이라고 생각하여 지원하고 싶습니다.

면접관 그럼 교정직 공무원에 지원한 이유는 무엇인가요?

응시생 조금 어두운 이야기인데 제가 애육원에 봉사활동을 다닐 때 한 아이가 아빠가 동생을 죽이는 것을 보았다고 말했습니다. 아무렇지 않게 말하는 아이를 보며 걱정이 많이 되었고, 근본적인 문제를 해결해야겠다는 생각을 하게 되어 교정직 공무원이 되어야겠다고 생각하였습니다.

면접관 음악학원에서 일하게 된 계기는 무엇인가요?

응시생 대학전공이라서 자연스럽게 근무하게 되었습니다.

면접관 마지막으로 우리가 지원자를 뽑아야 하는 이유는 무엇인가요?

응시생 저는 사람을 아주 좋아하고 따뜻한 사람입니다. 저는 저보다 남을 위한 일을 할 때 행복감을 느끼는 사람입니다. 이에 수용자분들이 사회로 나와 적응할 수 있게 돕는 교도관이 되고 싶습니다.

MEMO

Case 25. 면접후기 사례(교정직)

1. 근무하고 싶은 부서: 심리치료과
2. 과거의 경험
   - 연예기획사 매니지먼트 다인원 관리 업무(공익성, 책임성, 민주성)
   - 초등생 교육 재능기부, 지역아동센터 학습지도 봉사, 꾸준한 정기 기부(공익성, 다양성)
   - 고등학교 댄스동아리 창단 및 연습실 문제 해결(적극성, 민주성, 문제해결능력)
   - 길에서 넘어진 할머니 119 응급신고, 지하철 하차승객 고꾸라짐 문자신고(공익성, 책임성)
   - 꾸준한 체력관리: 태권도 2단, 주 6일 런닝, 근력운동 등
3. 면접기간 중 노력
   - 현직자 인터뷰(심리치료업무) / KACPR 인증 심폐소생술 심화과정 수료
   - 교정본부 보도자료, 관련 논문(회복적 사법), 해외 교정정책 공부 / 웹진 '월간 교정' 구독
   - 교정기관 인식 및 접근성 개선 방안 연구(지속가능한 교정-채식의 날, VR참관, OTT 컨텐츠 제작)
   - 도서 〈왜 하필 교도관이야?〉, 〈교도소에서의 회복적 사법〉 완독. 교정 관련 다큐, 영상 시청.
4. 정책제안
   - 심리치료 도우미견 도입 ⇨ 여러 방면으로 긍정적 효과 기대
   - 피해수용자 외상 후 스트레스 장애 집단 심리치료 프로그램

면접관 심리치료과에 지원하고 싶다고 하셨는데 지원동기가 무엇인가요?

응시생 교정학을 공부하면서 회복적 사법에 대해 관심을 가졌습니다. 회복적 사법에서는 가해자의 본인의 죄에 대한 뉘우침과 반성이 중요합니다. 이런 뉘우침과 반성을 위해서는 기본적으로 수용자의 정서적 안정적인 상태가 필요하다고 생각하였고, 그러기 위해서 심리치료가 필요하다고 생각하였습니다. 저는 그런 가장 기본적인 부분에서 단단하게 지원해주고 싶었습니다.

면접관 경험형 쭉 보니까 여러가지 많이 준비하셨어요. 태권도 2단이고, 여러 가지 많이 하셨는데 길에서 할머니 도와준 경험이랑 지하철 승객 이 것은 어떤 상황이었나요?

응시생 네, 아까 5분발표에서도 말씀드렸지만 저녁시간이었고 길에 할머니께서 엎드려서 얼굴에 피를 흘리고 계셨습니다. 당시에 아무도 없었고 저는 당연히 제가 도와드려야 한다고 생각해서 119에 신고를 하고, 바로 자리를 뜬 것이 아니라 할머니를 부축해서 옆에 앉혀드렸습니다. 그리고 구급차가 다른 곳으로 가서 달려가서 직접 안내했고, 할머니를 구급대원에게 인계하고 자리를 떠났습니다. 지하철 승객도 당시에 열차 안에서부터 승객이 의자에 고꾸라져서 상태가 좋지 않아 보였는데 하차 후에 승강장에 벤치에 그대로 고꾸라지는 것을 보고 제가 내려서 도울 수 없는 상황이라 문자로 신고를 했었습니다.

면접관 정책제안에 심리치료 도우미견 도입이라고 했는데 이걸 했을 때 어려울 수 있는 부분이나 기대되는 것에 어떤 것이 있나요?

응시생 네, 동물매개치료가 실제로 우울증이나 사고, 폭력으로 인한 트라우마, 스트레스 완화에도 효과가 있다고 합니다. 그래서 저는 수용자들뿐만 아니라 시설에 직원들이 업무상 스트레스가 심하다고 하는데 직원들의 스트레스 완화에도 도움이 될 것이라고 생각했습니다. 그리고 가능하다면 유기견 센터에서 강아지를 입양하여 동물매개치료견 협회와 협력하여 교육하고 입양한다면 국민들의 인식개선에도 도움이 되고, 좀 더 나아가 요즘에 개별 SNS를 통해서 홍보를 하게 된다면 이미지를 개선하는데 좋을 것이라고 생각하였습니다. (뒤에 완전 버벅댔습니다.ㅜㅜ)

면접관 여러 가지 해외논문이나 여러 개 많이 공부했는데 공부하면서 어려웠던 점은 무엇인가요?

응시생 일단 심리치료과가 개설된지 얼마 되지 않아서 현재 하고 있는 정책들을 찾는 것이 조금 어려웠습니다. 그리고 아무래도 전공자가 아니다 보니 내용을 이해하는 게 조금 어려웠습니다. (어려웠던 점은 준비 안하고 있어서 또 버벅댔습니다. ㅠㅠ)

면접관 입직하게 되면 어떻게 하고 싶다는 포부같은 것이 있나요?

응시생 저는 수용자를 편견 없이 바라보는 것이 중요하다고 생각합니다. 제가 월간교정에서 '선배에게 말하다' 코너에서 선배님들께서 해주시는 조언들을 들을 수 있어서 좋아하는데 거기서 공통적으로 하시는 말씀이 수용자를 편견을 갖지 말고 교정교화의 대상으로 바라보아야 한다고 말씀하셨습니다. 김경섭 교감님께서 청진기 같은 교도관이 되라고 말씀하셨는데 청진기는 편견을 가지고 진찰하지 않습니다. 저도 그리고 교정직공무원은 편견 없이 수용자를 진찰할 줄 알아야 한다고 생각합니다. (완전 동문서답으로 대답했네요. ㅠㅠ)

면접관 전문성을 기르기 위해 어떻게 노력할 건가요?

응시생 일단 심리치료 관련 학사를 취득하고, 관련 자격증을 취득하려고 하겠습니다. 상담 멘토링 봉사를 통해 실제 업무에 도움이 될 수 있습니다. (준비한 답변이었는데 멘토링 봉사부분은 답변을 드렸는지 못 드렸는지 기억이 흐릿합니다.)

면접관 아까 이런 정책제안을 했는데 만약에 상사가 안 된다고 하면 어떻게 할 건가요?

응시생 일단 상사님께 안되는 이유를 정중하게 여쭙고, 그 이유가 타당하다면 제안을 철회하는게 맞다고 생각합니다. 하지만 타당한 이유가 아니라면 저의 제안에 뒷받침될수 있는 자료를 찾고, 또 반대하시는 이유에 제가 보완할 수 있는 점들을 생각하여 다른 대안을 같이 제안하여 한번 더 설득할 것 같습니다.

MEMO

Case 26. 면접후기 사례(철도경찰직)

〈하고싶은 업무〉센터업무 ⇨ 질서유지 및 방범활동
〈정책제안〉
1. KTX, ITX 등 열차 내 안전수칙방송 변경 제안
2. '지하철 노선도 앱' 상에 '철도범죄신고 앱' 탑재 제안
  ① 소통 능력: 전동킥보드 안전수칙 시민 홍보 / 담임교사로서 학교폭력예방
  ② 다양성: 영어통역봉사로 '표창장' 받음 / 길 잃은 치매노인 경찰에 인계 / 분노조절 장애 및 자폐증상 학생
    ⇨ 건강한 사회인으로!
  ③ 책임감: 담당변호사로부터 인정받은 꼼꼼함 / 퇴학위기에 있던 여학생 구출!

면접관 경험형 과제로 들어가겠습니다. 정책제안을 두 가지 해 주셨는데 열차 내 안전수칙방송 변경에 대해 자세히 말씀해 보세요.

응시생 네, 제가 마침 며칠 전에 용산역에서 춘천역으로 itx를 타고 간 적이 있습니다. 당시 itx 열차 내부에서 안전수칙 영상이 나오는 것을 유심히 보았습니다. 아이들에게 인기가 많은 '뽀로로' 캐릭터로 안전관련 시뮬레이션을 보여주는 영상이었습니다. 하지만, 이러한 영상이 아이들에게는 안전수칙 전달에 효과적일 수 있지만 저와 같은 어른들에게는 큰 효과가 없을 수도 있겠다는 생각이 들었습니다. 그래서 예를 들어, 인기 연예인들이 나오는 영상으로 만드는 것은 어떨까 합니다. 실제로 불법촬영 관련 디지털 성범죄 예방을 위해 배우 곽도원씨가 출연한 공익광고 유튜브 영상 조회수가 850만회 이상이 되면서 큰 인기를 끌었습니다. 이러한 방법으로 영상을 만드는 것은 어떨까 생각합니다.

면접관 두 번째는 '철도범죄신고 앱'을 지하철 노선도에 탑재한다고 하셨는데 이것도 자세히 말씀해 보세요.

응시생 네, 우리 철도경찰은 '철도범죄신고 앱'을 통해 국민들께서 범죄 신고를 할 수 있도록 하고 있습니다. 이 앱을 별도로 운영하기보다 '지하철 노선도 앱' 상에 탑재해 놓는다면 많은 국민들이 평소 스마트폰을 이용하여 '지하철 노선도'를 자주 살펴보기 때문에 좀 더 쉽고 편리하게 범죄신고를 할 수 있지 않을까 하는 생각이 들었습니다.

면접관 준비하시면서 철도범죄신고 앱 자세하게 알아보신 것 같은데, 혹시 신고전화번호 알고 있나요?

응시생 네, 1588-7722번입니다.

면접관 전화 해 보셨나요?

응시생 (당황하여 침묵...)

면접관 여기 번호로 전화해보셨나요?

응시생 제가 범죄를 겪지는 않아서 직접 전화해보진 않았습니다.

면접관 센터업무 말고도 다른 부서도 혹시 알고 있나요?

응시생 운영지원과, 홍보과 등 다양한 부서들이 있는 것으로 알고 있습니다.

면접관 체력관리나 운동하는 게 있을까요?

응시생 저는 매일 2시간씩 헬스장에서 운동을 하며 체력을 관리하고 있습니다.

`면접관` 본인 장점은 뭐가 있을까요?

`응시생` 저는 다른 사람들과 대화하고 어울리는 것을 매우 좋아합니다. 그러다보니 감사하게도 주변에서 '분위기 메이커'라는 별명을 붙여주기도 하였습니다. 이러한 제 성격적인 면이 저의 장점인 것 같습니다.

`면접관` 힘들었던 경험에 대해 얘기해주세요.

`응시생` (준비도 안 되어 있었고 기억도 안나서 당황함)

`면접관` 예를 들어 수험기간 중이라든지 힘들었던 경험 있었을 거 아니에요?

`응시생` (면접관님의 '수험기간'이란 말씀에 최근 수험기간이 너무 힘들었었다는 생각이 들면서) 네, 사실 저는 4월에 있던 필기시험 전 몇 개월이 무척 힘들었습니다. 생각보다 길어진 수험기간 때문인지 몸이 많이 안 좋아져서 병원에 가도 별다른 방도가 없었고 공부에 집중하기가 많이 힘들었습니다.(순간 아, 나 '철도경찰'인데...ㅠㅠ) 하지만 필기시험 이후로 지금은 몸이 정상적으로 돌아왔습니다. 필기시험 전에는 무척 힘들어서 필기시험 합격 기대도 하지 못했고, 시험을 포기할까 하는 생각도 문득 들었지만 저는 이미 철도경찰의 매력에 빠져있었기 때문에 '끝까지 버텨보자'는 생각으로 버텨내어 좋은 성적을 받을 수 있었고 이 자리까지 올 수 있었습니다. (눈물은 안 났지만 정말 진심으로 힘들었던 경험이어서 제 스스로에게는 눈물날 만한 얘기였습니다.)

MEMO

Case 27. 면접후기 사례(세무직)

- 관심있는 부서: 재산세과 상속증여세담당
- 관심있는 정책: 가업승계지원제도-사후관리 완화 모색(장기적 세수확보)
  1. 자산 20% 이상 매각 금지 ➾ 기업 재투자시 매각 가능
  2. 대분류간 이동 불가 ➾ 이동 허용
  3. 피상속인 최대주주 지분율 50%, 30% ➾ 30%, 20%로 완화
- 전문성
  1. 세무법인 근무 4년: 기장 및 신고 대리 / 주로 외국인 납세자와 업무
  2. 생산관리 팀장 4년: 일대일 면담을 통해서 직원 역량 파악하여 업무재배치
  3. 일감몰아주기, 일감떼어주기 보도자료 숙지
- 적응력 및 친화력: 시간을 달리는 소녀
- 주경야독의 삶: 직장생활을 하면서 영어, 경영학 학위 취득, TAT 1급 등 자격증 취득
- 봉사정신
  1. 난치병 아동 소원 봉사-Make A Wish
  2. 조혈모세포 기증서약, 봉사동아리 참여(복지시설 등)

면접관 적응력 및 친화력에 시간을 달리는 소녀라고 했는데 혹시 무엇인가요?

응시생 저는 어느 조직이든 융화가 잘되고 쉽게 친해집니다. 그래서 입사한지 일주일 정도 밖에 되지 않아도 다들 일 년은 지낸 직원 같다고 많이 말씀해 주셔서 그렇게 작성하게 되었습니다.

면접관 상속, 증여세과를 가고 싶은 이유는 무엇인가요?

응시생 최근 편법 증여가 이슈사항이고 일감몰아주기 증여세 신고 기간으로 알고 있습니다. 그래서 자연스럽게 관심이 가게 되었고 또 제가 세무법인에서 일하면서 여러 세금에 대해서는 다루어 본 경험이 있으나 상속세와 증여세는 다루어 본적이 없어서 국세청에 들어가게 된다면 열심히 해보고 싶고 배우고 싶은 마음이 들어서 지원하게 되었습니다.

면접관 세무법인에서 일하면서 힘들었던 점은 무엇인가요?

응시생 아무래도 세금을 적게 내고 싶어하시다 보니 가공경비를 요구하는 경우가 더러 있었습니다. (이때 국세청분이 어이없는 웃음을 하셨습니다.) 그러나 저는 그것은 탈세이며 추후 적발시 세무조사 및 가산세를 내야 하기 때문에 문제가 크다고 생각해서 절세할 수 있는 방안을 많이 제시해드렸습니다. 개인사업자분들에게는 노란우산공제를 위해서 가입을 권유하기도 하고 외국인 기술자분들은 5년간 50% 세액감면이 적용되나 보험료나 신용카드와 같은 공제는 적용되지 않습니다. 그래서 각 개인에 따라서 50% 감면이 적합하신 분들이 있고 신용카드 공제 등 기타 공제를 받는 게 유리하신 분들이 있습니다. 그런 점 비교하면서 세금 신고해드렸고 맞벌이 부부이신 경우에는 어떤 분이 자녀분들 인적공제 하는 게 유리한지 그런 점에 대해서 많이 고민했었습니다.

면접관 일하면서 잘했던 점과 못했던 점은 무엇인가요?

응시생 (잘했던 점은 기억이 안나요. 그래도 제 이야기 잘 하지 않았을까 싶어요. 잘했던 것을 말하는 거라서) 못했던 점은 부가가치세 신고를 할 때 면세 자료를 착각하여서 안분계산을 안하고 신고한 적이 있었습니다. 나중에 발견하고 수정신고하여 제대로 신고하였지만 '아직 부족한 부분이 있구나'하고 느낀 경험이 있습니다.

면접관 과세자료가 애매한 경우가 있을 텐데 그럴 때는 어떻게 할 건가요?

응시생 법에 따라 처리하는 게 맞지만 가끔 법령에도 애매한 경우가 있습니다. 저는 그럴 때 납세자 분과 충분히 이야기를 통해서 그 상황에 대해서 제가 정확히 파악하고 있어야 한다고 생각합니다. 대화를 통해서 그 자료가 과세가 맞는지 아닌지 판단하겠습니다.

면접관 소통이 되지 않는 납세자들과 어떤 식으로 이야기했나요?

응시생 물론 다들 세금을 잘 아는 것이 아니기 때문에 잘 모르는 부분들도 많으십니다. 그러나 대부분 제가 천천히 설명을 하고 이야기를 하면 이해를 많이 해주셨습니다.

면접관 갈등경험이 있나요?

응시생 제가 사람들과 모두 잘 지내지만 직장생활을 하다보면 그렇지 못할 때도 있었습니다. 가끔 오해가 생길 때도 있는데요. 예전에 한 선배와 조금 오해가 있었습니다. 저는 오해가 생기면 그 즉시 해결을 해야 한다고 생각합니다. 시간이 지나면 오해가 더 쌓일 가능성이 높기 때문입니다. 그래서 바로 선배님에게 찾아가서 이러한 점은 오해가 있었다 말씀드리고 진심으로 사과드렸었습니다.

면접관 이런 경험들이 공직에서 어떻게 도움이 될까요?

응시생 저는 납세자 입장에서 일을 해본 경험이 있기 때문에 납세자 보호 담당과나 민원봉사실에서 근무하게 되면 그들의 입장을 잘 이해하고 친절하고 자세하게 설명하고 그 마음을 잘 헤아려 드릴 것 같습니다. 그리고 실무 경험이 있기 때문에 어느 정도 세금에 대한 프로세스를 이해하고 있다고 생각합니다.

면접관 재산세과를 가게 되면 개선하고 싶은 방안은 무엇인가요?

응시생 제가 아직 실무를 잘 모르고 내부적으로 분위기를 잘 모르기 때문에 어떤 식으로 개선을 해야할지는 모르겠으나 나름 생각한 게 정책제안이었습니다. 저는 일감몰아주기는 규제를 강화하고 가업승계제도는 규제를 완화하는 방안에 대해서 생각해보았습니다. (정책제안이 핵심이었는데 안 물어봐주셔셔... 기회는 이때다 싶어서 한번 짚어서 말씀드렸습니다.)

면접관 이게 지금 내부적으로도 문제가 많습니다. 납세자들이 반감을 가지거나 (이런 식으로 조금 어렵다는 식으로 말씀하셨습니다.) 뜻대로 개선이 되지 않으면 어떻게 할 건가요? 또 상사가 반대한다면요?

응시생 저도 급진적인 변화를 원하지는 않습니다. 변화하되 점진적으로 변화해야 한다고 생각합니다. 그리고 상사분이 반대를 하신다면 그 분은 저보다 현직 경험이 더 많고 현장에서 얻는 어려움에 대해서 더 잘 아시기 때문에 반대를 하신다고 생각합니다. 그래서 뜻대로 개선이 안되더라도 상황을 받아들일 수 있습니다.

`면접관` Make a Wish 난치병 아동 소원봉사가 무엇인가요?

`응시생` 난치병 아동들에게 삶의 의미를 깨워주고자 '가고 싶어요. 하고 싶어요. 갖고 싶어요.' 등 소원을 들어
주는 봉사활동입니다.

`면접관` **구체적으로 자세히 말씀해주세요.**

`응시생` 그때 당시 저는 7세 심장병 수술 후 완치 과정에 있는 아이를 만나게 되었고 그 친구와 자주 만나면서
친밀감을 높이도록 노력하였습니다. 같이 게임도 하고 맛있는 것도 먹고 또 이 친구가 무엇을 좋아하
는지 뭐에 관심 있는지 알아보기 위해서 그림도 그리고 스티커도 붙이고 여러 활동을 했습니다. 그러
면서 이 친구가 진정으로 원하는 게 무엇인지 소원을 알아내었습니다.

MEMO

Case 28. 면접후기 사례(세무직)

1. 가고 싶은 부서/맡고 싶은 업무/관심 있는 정책: 소득세과/근려장려세제업무/모두채움서비스, 근로, 자녀 장려금 대량 송금 시스템
2. 내가 한 노력
   (1) 책임감
      - 회사에서 2년간 c/s업무를 진행하며 고객에게 직접 품절 상품 및 대체 상품 등 여러 특이사항 고객께 직접 전화 안내
      - 작전병으로 복무하며 야근 후에도 야간 초소 근무 수행(비번 편성 거절)
      - 작년에 뇌출혈로 쓰러지신 아버지 2주동안 직접 간병해드리며 수족이 되어드림
   (2) 전문성
      - 5월 한 달 간 종합소득세 신고도우미 아르바이트 근무
      - 기준경비율과 단순경비율의 차이점에 대해 설명
      - 인적공제에 대해 설명
      - 국세청 블로그, 유튜브 구독
      - 국세홍보관 견학

[면접관] 5월 한달 간 종합소득세 신고도우미 하면서 어려웠던 점 있으세요?

[응시생] 네, 아무래도 세금이 남들보다 조금 많이 나오신 분들이 언성을 높이셨었던 점이 가장 어려웠었던 것 같습니다.

[면접관] 그럴 땐 어떻게 대처하셨었나요?

[응시생] 일단 최대한 차분히 경청해드리려고 많이 노력했었습니다. 그 민원인분께서 정확히 어떤 불만이 있으시고 고충이 있으신지 차분히 들어드리고 해결해드릴 수 있는 부분은 해결해드리려고 많이 했었습니다. 그 결과 화가 많이 누그러뜨려지시는 상황이 많았었습니다. (면접관님 끄덕끄덕)

[면접관] 기준경비율과 단순경비율의 차이점에 대해 어떻게 설명해주셨었나요?

[응시생] 일단 기준경비율에 대해서 말씀드리겠습니다. 기준경비율은 재작년 소득 기준으로 업종마다 다른데 소득이 2,400만원 또는 3,600만원이 넘어가면 그 다음 다음 해에 기준경비율로 자동으로 전환이 되는 것으로 알고 있습니다. 이렇게 구체적으로 설명드렸었습니다.

[면접관] 기준경비율에 대해 설명하니까 납세자들이 많이 이해하던가요?

[응시생] 네, 차분히 설명드리니까 감사하게도 많은 분들이 잘 납득해주셨습니다.

[면접관] 기준경비율에 대해 설명할 때 어려운 점 있었어요?

[응시생] 네, 개인적으로 어려웠던 것은 생각보다 많은 납세자분들이 본인의 재작년 소득이 얼마였는지를 모르셨었습니다. 그래서 옆직원께 그 납세자분의 재작년 소득을 확인 요청드리고 그 소득을 납세자분께 인지시켜드리는 점이 조금 어려웠습니다.

면접관 여기 경험형 과제에 C/S 업무, 작전병 업무, 종합소득세 신고도우미 등 여러 가지 적어주셨는데 본인은 개인적인 성과와 협업에서 이뤄내는 성과 이 두 가지 중에서 뭐가 더 중요하다고 생각하시나요?

응시생 저는 물론 둘 다 엄청나게 중요하다고 생각하지만 저는 그래도 협업이 조금 더 중요하다고 생각합니다. 제가 작전병으로 근무할 때 같은 행정계원들과 많은 협업 경험이 있었습니다. 상황판 제작, 단대호 제작 등 같이 협업하는 일이 잦았었고 이 과정에서 저는 팀플레이에서 오는 뿌듯함과 보람이 있었습니다. 일단 협업에서 오는 성과가 먼저 우선시 된다면 그에 맞춰 개인적으로도 더 신바람나게 일을 할 수 있다고 생각합니다. (이 부분에서 국세청 면접관님 살짝 웃으심) 따라서 협업이 되면 개인적인 성취감이나 성과도 자연스레 따라올 수 있다고 생각합니다.

면접관 국세청 블로그, 유튜브도 구독하고 국세홍보관도 견학하셨는데 개인적으로 느끼시기에 미진했던 부분이나 좋았던 점이 있었나요?

응시생 저는 개인적으로 미진했던 부분은 2021년 성실납세… 아니 2022년 모범납세자 대표 연예인으로 아직 최신화가 안 되어있었던 부분이 개인적으로 다 좋았는데 살짝 미진했다고 생각합니다. 제가 국세홍보관에 갔을 때 가장 인상에 깊었던 멘트가 있었습니다. "세금은 시민권의 연회비"라는 멘트가 있었는데 이 멘트의 의미는 세금은 누구나 다 공평하게 나누어 내는 것이라는 의미입니다. 이 멘트가 개인적으로 가장 인상에 깊었습니다. (이 부분에서 국세청 면접관님 살짝 웃으셨습니다.)

면접관 관심 있는 정책에 모두채움서비스하고 근로, 자녀장려금 대량 송금 시스템 적어주셨는데 왜 관심 있으신가요?

응시생 네, 모두채움서비스란 ARS 전화로 납세자가 이미 작성돼 있는 신고서에 OK 버튼 하나로 ARS 전화한 통으로 신고에 납부까지 한 번에 되는 시스템으로 알고 있습니다. 엄청 효율적인 정책이라고 느꼈었습니다. 그리고 근로, 자녀장려금 대량 송금 시스템에 대해 말씀드리겠습니다. 제가 종합소득세 신고도우미를 하면서 근로장려금 업무도 같이 봤었습니다. 근데 생각보다도 납세자분들이 언제 장려금이 지급되는지, 언제 심사되는지 등 잘 모르셨었습니다. 근로, 자녀장려금 대량 송금 시스템은 효율적인 행정시스템을 이용해 한꺼번에 일괄지급 한다는 점에서 엄청 효율적이라고 생각합니다. (끝마무리가 이상했었습니다.)

면접관 외국 친구가 한국에 놀러온다면 국세청 관련해서 어떤 점을 자랑하시고 싶으신가요?

응시생 일단 지구촌에서 우리나라가 최초로 현금영수증제도를 시행한 것으로 알고 있습니다. 이 점을 그 외국인 분께 자랑스럽게 설명할 수 있을 것 같고 또 한 가지는 죄송한데 잠시 생각할 시간을… (또 말끝 흐렸습니다. 면접관님께선 "네, 천천히 생각하세요."라고 하셨고 "네, 감사합니다."라고 했습니다.) 한 가지는 전자 기부금 영수증 제도가 있습니다. 전자 기부금 영수증 제도는 납세자분들 뿐만 아니라 일하시는 직원분들한테도 효율적으로 기부금 세액 공제를 해드릴 수 있는 제도입니다. 이 전자 기부금 영수증 제도도 말해드릴 것 같습니다.

면접관 제안하고 싶은 정책 있으세요?

응시생 네, 제가 국세청 블로그도 유튜브도 구독하고 있지만 국세청 인스타그램만 유독 없다는 걸 확인했었습니다. 많은 분들이 세금에 대해 그저 딱딱하고 복잡하고 어려운 것으로만 생각하시는 것 같은데 많은 분들이 인스타그램을 애용하시는 만큼 국세청에서도 인스타그램 계정을 만들어 간단한 기초 세금 관련 퀴즈라던가 그림 연상 퀴즈라던가 게시물을 올리며 납세자분들께 보다 친근하고 따뜻하게 다가갈 수 있을거라고 생각합니다. (두분 끄덕끄덕)

CHAPTER

03 경험일기 만들어 보기

1 **경험 떠올리기**(5분발표 활용 및 경험형 과제 작성 대비)

(1) 경험을 정리할 때 자기주도성이 나타나고, 긍정적인 결과를 만들어 낸 경험을 떠올리는 것이 좋다.
- 경험은 개성이 잘 드러나야 한다.

(2) 새로운 방식을 시도한 경험은 어떻게든 활용하는 것이 좋다.
- 도전정신, 창의성, 혁신성에서 좋은 평가를 받을 수 있다.

(3) 봉사활동 경험도 충분히 활용하는 것이 좋다.
- 책임감, 헌신, 배려, 소통 등 긍정적 평가요소가 반영된다.

2 **공직가치가 잘 표현된 경험 3가지 정리하기**

(1) 학창시절(아르바이트, 동아리활동, 축제참여 등), 대학졸업 후(군대, 직장생활, 봉사활동 등), 특별한 경험 3가지 정도를 먼저 정리해보자. 당연히 직장 경험이 있는 응시생은 직장 경험 위주로의 경험을 정리해 보는 것이 좋다.

(2) 응시생 개개인은 지금까지 살아오면서 다양한 경험들을 가지고 있을 것이다. 그 경험들 중 자신을 가장 잘 어필할 수 있는 경험 3가지 정도만 잘 정리하면 5분발표/경험형/개별질문 등에 요긴하게 활용할 수 있다.

(3) 거창한 경험이 아닌 소소한 경험일지라도 공직가치가 잘 나타나는 경험이면 최고의 면접으로 이어질 것이다.

MEMO

3   자주 묻는 경험 정리하기

구 분	관련 역량
갈등을 해결한 경험	관계역량과 연결
문제해결 경험	문제해결역량과 연결
새로운 시도 경험	도전, 창의성, 혁신성과 연결
성과를 낸 경험	직무역량, 의지력과 연결
소통, 공감 경험	
헌신, 열정 경험	책임성과 연결
봉사활동 경험	봉사정신, 희생정신, 애민정신과 연결
윤리, 책임	청렴, 도덕성과 연결

MEMO

2024
스티마 면접
국가직 9급

CHAPTER
01 상황형 과제 작성시 주의할 점

(1) 접근방법

가장 중요한 핵심은 내가 담당 주무관이라는 것이다. 담당 주무관으로서 문제를 주도적이고 책임감을 가지고 해결하려는 자세로 접근해야 한다.

(2) 핵심 파악하기

상황형 과제는 문제의 핵심을 파악하는 것이 우선이다. 문제를 단어 하나하나 신경써서 읽어보면서 상황에 대해 이해해야 하고, 때로는 문제에서 제시되지 않은 배경까지 생각해보며 문제를 구조적으로 파악해야 한다.

(3) 원인분석

문제가 발생한 근본원인이 무엇인지를 제시할 수 있어야 한다. 그래야 해결책을 제시할 수 있다.

(4) 해결방안

해결방안은 중요도와 시급성을 고려하여 먼저 제시하고, 자신만의 합리적이고 창의성있는 해결방안을 제시해야 좋은 평가를 받을 수 있다.

(5) 대안제시

후속질문에 대비하여 설득방안 및 반대할 경우의 대안 등에 대해서 미리 준비하는 것이 필요하다.
⇨ 상관이나 반대단체 설득방안

(6) 공직가치

문제를 바라보고 해결책을 제시하는 기준은 공직가치이다.

MEMO

02 상황형 과제 작성을 위한 공직가치 이해하기

아래 제시한 공직가치가 중요한 역할을 하는 상황은 이제부터 설명하는 기출 상황 면접과제를 이해하기 위해 매우 중요한 의미를 담고 있으며, 앞으로 응시생 여러분들이 현업에서 업무를 하는 과정에서 부딪히는 여러 예기치 못한 상황에서 어떻게 행동해야 할지를 판단하는 기준을 제시해 줄 것이다.

① 정책을 결정할 때
② 입법안 준비 및 준입법안(규제, 지침 등)을 작성할 때
③ 법과 준입법을 해석할 때
④ 행정재량을 집행할 때
⑤ 입법, 준입법 및 관례가 없을 때
⑥ 애매한 회색지대(명확하게 옳고 정당한 경우와 부당하고 옳지 않은 경우의 사이에 있는 애매한 영역)에서 업무를 처리할 때
⑦ 도덕적 딜레마나 상충이 발행할 때 ⇨ 도덕적으로 정당한 가치, 규범 또는 양심이 상호 충돌할 때
⑧ 우선순위를 설정할 때 ⇨ 입법적 수요나 요구들이 부족한 자원 때문에 모두 충족될 수 없을 때
⑨ 양심이 불복을 요구할 때

MEMO

CHAPTER

03 상황형 과제의 유형별 분류와 이해

1. 의무 준수형 ⇨ 공무원으로서 의무나 행동강령과 관련된 상황제시

✅ **POINT** 최근에는 출제되지 않는 유형이며, 답이 정해져있기 때문에 압박성 질문에만 대비를 하면 된다.

(1) 공무원의 의무와 관련된 유형으로 성실, 법령준수, 비밀엄수, 친절·공정, 품위유지 등 공무원의 의무를 준수할 수 있을 것인가를 평가하기 위한 문제이다.

(2) 공무원 행동강령(국가관, 공직관, 윤리관 편 참조)과 관련된 유형으로 공직자가 직무수행과정에서 준수해야 할 윤리적 판단기준과 행위 준칙을 잘 지킬 수 있을 것인가를 평가하기 위한 문제이다.

　📋 인사 청탁 상황제시, 인허가 청탁 상황제시, 부당한 지시상황, 권한남용 상황, 특혜 상황, 뇌물수수 상황, 공용물의 사적 사용 상황 등

2. 문제해결형

✅ **POINT** 최근의 상황제시 문제는 거의 대부분 문제해결형이다.

(1) 님비형

혐오시설을 설치하거나 위해시설 설치 또는 법적으로는 문제가 없으나 분진, 소음과 같은 민원이 제기된 상황에서 갈등을 어떻게 해결할 것인가를 평가하기 위한 문제이다.

(2) 갈등 및 딜레마형

정책이나 사업으로 인하여 영향을 받는 이해관계자 상호간 또는 이해관계자와 해당기관 간의 이해관계 충돌 상황에서 어떻게 갈등을 해결할 것인지 또는 보통 두 가지의 공직가치가 충돌하는 상황에서 어떤 바람직한 판단을 하는가를 평가하기 위한 문제이다.

　📋 효율성과 공정성의 충돌, 업무처리 우선순위 충돌, 규정과 현실고려 충돌 등

(3) 직무상황형

일반적인 해당 직렬과 관련된 업무 상황에서 일어날 수 있는 다양한 사례를 제시하면서 어떻게 대처할 것인가를 평가하기 위한 문제이며 최근 출제빈도가 가장 높다.

MEMO

3. 상황형 과제의 문제해결

✔**POINT** 아래 내용은 외우는 것이 아니라 이해를 하는 것이다. 앞서 배운 공직가치에 대한 이해를 먼저 한 다음 2~3번 정독한다면 상황형 과제를 해결하는 데 많은 도움이 될 것이다.

(1) 문제해결능력이란 문제가 일어난 후에 그것을 해결하는 능력뿐만 아니라 문제의 발생을 미리 막기 위해 갖추어야 할 능력이기도 하다.

(2) 현대사회는 불확실성이 증가하여 과거에 겪어보지 못한 다양한 문제가 발생한다. 공무원으로서 요즘처럼 문제해결 역량이 절실히 필요한 적은 없었다.

(3) 목표, 방침, 전략, 전술, 기회, 위험 등 평소 많이 쓰는 말들이 문제해결과 관련이 있다.

(4) 문제해결능력은 지식이라기보다 일종의 지혜이다.

(5) 문제가 생기면 문제의 구조를 논리적으로 파악하고 더 이상의 해결책을 찾을 수 없을 때까지 최대한 폭넓게 대책을 고민해 다른 이들을 설득해 함께 문제 해결에 나서야 한다.

> ✔**PLUS**
>
> **문제란 무엇인가?**
> 1. 문제란 '좋지 않은 상태', '해결해야 할 일' 등 다양한 답이 있을 수 있다. 문제해결에서 문제란 목표(To be : 바람 직한 상태)와 현 상황(As is)의 차이(Gap, 갭)라 할 수 있다.
> 2. 특히 문제해결형에서는 문제해결 방안을 요구하는 문제가 출제된다. 따라서 바람직한 상태(목표)와 현상황에 대한 명확한 인식이 필요하다.
> 3. 문제에는 눈에 보이는 문제와 눈에 보이지 않는 문제가 있다. 예컨대 공사현장에서 추락사고가 발생했다고 하자. 사고가 난 것은 보이는 문제이다. 보이지 않는 문제는 왜 추락사고가 발생했는가? 부주의 때문인가? 안전장치 문제인가? 등이다. 문제를 인식할 때는 보이는 문제 뿐만 아니라 보이지 않는 문제까지 추론할 수 있어야 한다.
> 4. [예시] 수목장 선정지역 주민 반대, 다른 지역으로 바꿀 때 기간지연 및 추가비용발생 이 경우 어떻게 할 것인가?
>   (1) 눈에 보이는 문제: 선정지역 주민 반대, 지역변경시 기간지연 및 추가비용발생
>   (2) 눈에 보이지 않는 문제: 수목장림을 혐오시설로 인식, 땅값하락 및 환경오염 우려로 반대
>   (3) 바람직한 상태(목표): 수목장을 조기에 조성하여 장묘문화를 개선하고 자연훼손 최소화
>   (4) 현상황: 선정지역 주민반대로 난관에 봉착한 상황

4. 문제해결 단계

✔**POINT** 단순히 읽고 이해하는 데 다소 어려움을 겪을 수 있다. 실제 상황형 과제 중요기출 및 예상문제를 실습하는 과정 (실전코칭)을 통해 스티마쌤과 문제를 푸는 연습을 해 보면 상황형 과제가 어렵지 않다고 느낄 것이라 생각한다.

(1) 기본단계

① 문제의 정의 ⇨ ② 정보의 수집 및 분석 ⇨ ③ 원인의 규명 ⇨ ④ 대안 설정 ⇨ ⑤ 최선안 선정 ⇨ ⑥ 실시계획 수립

(2) 다른 방법

간략히 문제파악 ⇨ 원인분석 ⇨ 해결방안 제시 ⇨ 대안 검토(반대할 경우 설득방안이나 대안 등)

✎ **Check point**

문제해결형 개별면접 과제를 잘 풀어가기 위해서는 다음과 같은 내용이 중요하다. ★★★

1. 문제 파악

상황에 대한 이해, 제시문에서의 정보 분석, 목표가 무엇인지?, 문제에서 제시되지 않은 배경 생각해보기 등 문제를 구조화하여 이해해야 한다.

2. 원인분석

문제의 근본 원인이 무엇인지를 제시할 수 있어야 한다.

3. 해결방안 제시

해결방안은 원인과 매칭하여 구체적 대안을 제시해야 하며, 중요도와 시급성을 고려해서 중요하고 시급한 해결방안을 먼저 제시해야 한다.

4. 설득방안 및 반대할 경우

상관이나 반대단체 등을 설득할 대안 등에 대해 생각해 보아야 한다.

5. 후속질문과 면접관의 질문리스트

(1) 상황형 질문에 어떻게 답변하느냐에 따라 후속질문은 개인별로 다양하게 이루어진다.

(2) 문제의 핵심을 파악하는 것이 매우 중요하다. 핵심 쟁점이나 갈등의 접점이 무엇인지를 명확히 해야 한다.

(3) 가능하면 문제의 배경상황도 그려볼 필요가 있다. 배경상황은 제시되지 않기 때문에 어느 정도 유추할 필요가 있다.

예 님비시설 갈등의 경우 집값 및 재산가치 하락으로 반대하는 배경 이해

(4) 후속질문에 대한 답변시 반드시 그 근거를 조직생활에서의 유연함과 공직가치를 통해 찾아야 한다. 또한 진정성 있는 답변을 할 때 면접관으로부터 좋은 점수를 받을 수 있다.

TIP 예를 들어 '일이 먼저인가? 건강이 먼저인가?'라는 질문에 당연히 "일이 먼저다."라고 하면 진정성이 없다. 자신의 건강을 챙기는 것도 공무원으로서 일을 더 잘하고 공익에 기여하기 위한 조건이다. 그렇다고 무조건 건강을 위해 자신의 책임을 회피하는 것도 문제는 있다. 따라서 급한 업무 등 자신이 마무리 할 수 있는 일은 처리하고, 업무분장을 재조정하거나 동료에게 일처리를 부탁하고, 건강이 회복된 후 복귀해서 자신의 역할을 더 잘 수행하면 되는 것이다.

(5) 직무상황형 문제의 경우 여러 가지 발생 가능한 상황을 예측하면서 우선순위를 정하고 합리적이고 종합적인 대책을 제시하는 것이 좋다. 단편적인 대책만을 고집할 경우 심한 압박을 받을 수 있다. 또한 대책 수립 후 보고절차를 준수하는 것이 매우 중요하다.

TIP 일의 우선순위는 급하고 중요한 것부터 처리하는 것이다. 따라서 상황에서 제시된 사안 중 무엇이 급하고 중요한가를 뽑아내는 것이 우선이다. 급하고 중요한 일을 먼저 처리한 후 근본적인 해결책(규정의 개정 또는 관행의 개선 등)은 중장기 과제로 처리해 나가야 한다.

CHAPTER 04 상황형 과제의 유형별 면접후기와 해설

1 의무준수형

Check point

1. 의무준수 상황형은 어렵지 않다. 공무원으로서의 의무를 다하고 있는지를 생각하면 된다.
2. 공무원으로서의 의무 중 대표적인 것이 성실의 의무, 복종의 의무, 친절·공정의 의무, 비밀엄수, 청렴, 품위유지의 의무이다.
3. 공무원으로서의 의무, 행동강령, 법에 따른 명령, 직무태만, 직권남용, 품위를 손상하는 경우는 징계사유에 해당한다.

Case 1. 면접후기 – 상황형 과제

당신은 공익요원 관리담당자이다. 평소 성실하고 책임감이 있다고 인정받은 A 공익요원이 허락받지 않은 아르바이트를 하다 적발되어 처벌을 받아야 하는 상황이다. A 공익요원은 생계가 어려워서 했다고 주장하고 있다. 실제로 조사를 해보니 생계가 아주 곤란한 상황은 아니지만 어려움은 있는 것으로 조사되었다. 담당자로서 어떻게 대응할 것인가?

■ **상황**: 공익근무요원 A가 경제적 어려움으로 아르바이트를 하였으나 선처 기준에는 맞지 않음
■ **나의 대처방안**
  ① A의 경제적 상황 조사: 증거자료(대출내역, 부양가족 등) & 선례 조사
  ② 공익근무요원 ≠ 공무원. 동일한 수준의 징계는 불가
  ③ 공익근무: 국가에 봉사하는 국민(∴ 국가의 책임 있음)
  ④ 경제적 도움 줄 수 있는 다른 방안 모색
  ⑤ 상관에게 상황 보고 후, 선처 요청 건의
■ **사후방안**
  ① A의 생계 지원: 주거비, 대출(대출이자 지원), 부양가족(공공근로 우선 알선, 긴급생계비 지원)
  ② 경제적 어려움에 대한 기준 세분화 필요 예 기초수급, 차상위계층
  ③ 사례 매뉴얼화: 공익근무요원 근무하는 타 기관들과 논의

[면접관] 대처방안으로 여러 가지를 적었는데 가장 먼저 해야 할 일은 무엇이라고 생각하나요?

[응시생] 상황조사라고 생각합니다. 빚이 3천만원이 있다는 사람도 실제로 조사해보면 3억인 경우도 있습니다. 이처럼 증거자료들을 제출하게 하여 명확하고 객관적으로 A의 경제적 상황이 어떤지 어떤 경로로 아르바이트를 하게 된 것인지 확인하겠습니다.

면접관 조사했는데 처벌해야 하는 경우입니다. 이에 면책사유가 없다면 어떻게 할 것인가요?

응시생 형평성과 공정성의 문제가 있으니 기준대로 처벌해야 한다고 생각합니다. 다만, 공익근무는 비자발적으로 국가를 위해 국민이 봉사하는 것입니다. 따라서 국가가 생계유지를 위한 최소한의 노력은 해야 한다고 생각합니다. 그렇기 때문에 징계절차와 별도로 생계지원을 해야 할 것입니다. A의 경제적 상황의 원인이 빚 때문이라면 금융이자 지원을 해줄 수 있을 것이고, 집 때문이라면 주거비 지원, 부양가족이 있어서 그렇다고 한다면 긴급생계비 지원이나 공공일자리 우선 알선 등을 통해 A가 아르바이트를 하지 않을 수 있도록 도와야 할 것입니다.

면접관 그러한 결정에 대해 동료들이 뭐라고 한다면 어떻게 할 건가요?

응시생 동료들의 의견은 물론 귀담아 듣겠지만 제가 주무관이기 때문에 동료들 의견은 참고하되 숙고해서 결정을 내렸다면 제 주관대로 갈 것입니다.

면접관 지원자의 처벌에 대해 동료들이 처벌이 약하다거나 강하다거나 의견이 많을 텐데 그런 상황에서는 어떻게 대처하실 건가요?

응시생 기준대로 처리했으니 처벌이 약하다는 동료에게는 "기준에 맞다"고 방어하고, 처벌이 강하다는 동료에게는 징계와 별도로 "A의 상황이 좋지 않은 어려움이 있으니 앞서 말씀드린 별도의 지원책을 알아보는 중이다. 이것을 도와달라"고 도움을 요청할 것입니다.

면접관 A에게 징계를 준 이후, 이러한 상황의 방지를 위한 후속처리 조치를 듣고 싶습니다.

응시생 공익근무요원의 생계문제는 일반적이고 지속적으로 발생할 수 있는 문제입니다. 저는 A의 상황을 공익근무요원이 근무하는 다른 기관의 담당자들과 공유하며 해당 기관에는 어떤 사례들이 있는지 자리를 만들어 이야기를 나눠보고, 매뉴얼을 만들어 보고 싶습니다. 또한 A처럼 기준의 경계에 있는 사람들이 있을 것이기 때문에 경제적 어려움에 대한 기준을 세분화하여 기준과 혜택을 나눠 정리하여 차등적용할 수 있도록 의견을 낼 것입니다.

해설과 이해

(1) 문제의 핵심을 파악하는 것이 우선이다.
　① 나는 공익요원 관리담당자
　② A 공익요원이 겸직의무 위반(허락받지 않은 아르바이트)
　③ A 공익요원은 생계곤란 주장 / 실제로는 아주 곤란은 아니지만 어려운 상황
　　➡ 근본 원인 및 중요 포인트는 겸직 규정 및 절차에 대해 이해가 충분하지 않아 임의적 판단으로 인해 발생한 문제로 공익요원 전체에 대해 교육 및 사례관리가 되어야 해결될 수 있다.

(2) 해결방안 예시
　① 사회복무요원 겸직의무를 위반하였으므로 규정에 따라 처리하는 것이 원칙(경고 – 5일 연장 복무)
　　➡ 병역의무 이행으로서 의무복무를 하는 사회복무요원의 특수한 지위를 감안할 때, 사회복무요원이 허가 없이 겸직행위를 한 경우 경고처분 및 복무기간 연장의 불이익을 부과하는 것이 과도한 제재라고 보기 어렵다(판례).
　② 다만, 담당자로서 A 공익요원이 처한 상황 및 겸직허가 대상인지 여부 등에 대해 조사하고, 생계가 어려운 상황이므로 규정에 따라 겸직허가 신청을 도와주어야 한다.
　③ 또한 사회복지 및 긴급복지 제도와 연계하여 지원 가능 여부를 검토하여야 한다.

④ 전체 공익요원을 대상으로 전수조사 실시 및 관련규정 교육을 실시한다(정상적인 절차를 거쳐 문제를 해결할 수 있음을 안내).
⑤ 해당 사항 조치 후 상관에게 보고한다.
⑥ 사후관리방안으로 겸직의무 위반 사례 및 관련 절차 안내 매뉴얼 제작 배포, 상시 상담시스템 등을 마련한다.

⊘ PLUS

사회복무요원의 금지행위 및 벌칙 등 규정
1. **기준**: 복무와 관련하여 영리행위를 하거나 복무기관장 허가 없이 다른 직무를 겸하는 행위를 한 때(다른 직무를 겸직하고자 할 경우 복무기관장에게 겸직허가 신청서를 제출하여 사전허가를 얻은 후 겸직 가능)
2. **3회 이내 경고**: 1회 경고시마다 5일 연장복무
3. **4회 이상 경고**: 고발(1년 이하의 징역)

기출과제 질문유형 모음(질문리스트 포함)

Q. 왜 이런 문제가 발생했다고 생각하며 어떻게 해결할 것인가?
Q. 가장 먼저 해야 할 일은 무엇이라고 생각하는가?
Q. 처벌을 할 것인가?
 └[후속질문] 동료들이 처벌 부당을 주장한다면?
 └[후속질문] 동료들이 공익근무요원에 대한 처분이 너무 심하다고 반발이 일어나면 어떻게 대처할 것인가?
 └[후속질문] 타부처 직원들이 왜 처벌하냐고 반발한다면?
 └[후속질문] 동료들을 설득하는 데 스트레스를 받을 경우 어떻게 할 것인가?
 └[후속질문] 본인과 일했던 동료를 어떻게 처벌할 것이며, 어떻게 하면 처벌을 잘 이해하겠는가?
 └[후속질문] 그럼에도 불구하고 B 공익근무요원에게 똑같은 처벌을 하게 된다면 B와 평소 친분 관계가 있었음에도 불구하고 갈등이 생길 수도 있을 텐데 이를 어떻게 해결할 것인가?
 └[후속질문] B와 친분이 있는 다른 공익요원이 본인에게 와서 B의 평소 성품을 들어 B에게 내린 처분이 너무 가혹하지 않냐며 이야기 한다. 이때 어떻게 할 것인가?
Q. 처벌을 하지 않는 경우 B, C 공익근무요원이 반발하면 어떻게 할 것인가?
Q. 경감을 하려면 어떻게 할 것인가? 규정에 경감 내용이 있다면 그것이 경감하는 것인가?
Q. 해당 문제를 해결하는 데 가장 중요한 것은 무엇인가?
Q. 상관에게 보고할 때 보고서를 만든다면 어떻게 만들 것인가?
Q. 사후관리방안을 제시해본다면?
Q. 전체 공익근무요원 대상으로 재발을 방지할 수 있는 방법이 있다면?
Q. 공익근무 고충수리시 구체적으로 어떻게 시행할 것인가?
Q. 그 이후에 계속 조직 내 의견 vs 내 의견, 동료의견 vs 내 의견, 상사의견 vs 내 의견 이렇게 충돌할 경우 어떻게 할 것인가?
Q. 이와 같은 사례에 있어서 중요한 가치는 무엇이라고 생각하는가?
Q. 그렇다면 생계곤란 관련 자료 조사는 어떻게 할 것인가?
Q. 이런 겸직과 같은 문제를 어떻게 해결할 것인가?

Case 2. 면접후기-상황형 과제

당신은 감사담당 주무관이다. 법령에 위반한 계약절차에 대해 징계를 요구해야 하는 상황이다. 계약담당자 C는 법령에 위반된다고 판단해서 계약을 거부했는데 부서장 A의 강요에 의해 어쩔 수 없이 따랐다고 억울함을 주장하고 있다. 본인은 이 상황에서 어떻게 대처할 것인가?

면접관 ○○씨가 감사원인데 그 부하직원은 상사가 위법인걸 알면서도 강요하셔서 어쩔수 없이 따랐다고 하는데 어떻게 해결하실 건가요?

응시생 저는 공무원의 의무에 복종의 의무가 있어서 상사의 말을 따라야 하는 건 맞지만 조건이 있습니다. 적합한 명령일 때만 복종의 의무가 있지 부당하거나 위법만 명령일 때는 따르면 징계대상이 된다고 들었습니다.

면접관 그럼 처벌의 경중에 대해 그렇게 지시한 상사 A랑 그걸 알면서도 따른 부하 C 중 누가 더 잘못이 클까요? 누가 징계를 더 받아야 할까요?

응시생 저는 개개인의 잘못를 따지지 못합니다. 팀워크가 중요하다고 생각합니다. 개개인들이 잘못하면 조직도 피해가 될 수 있습니다. (무슨 말인지 두서없이 대답했습니다.ㅠㅠ) 경중을 따진다면 저는 솔직히 말하면 상사분과 부하가 누가 더 잘못했는지 따질 수 없다고 생각합니다.

면접관 그래도 누가 더 경중이 클까요?

응시생 정말로 둘 다 경중을 따질 수 없이 똑같이 잘못했다고 생각하지만 최종결정은 보통 일반적으로 상사분이 하시는 경우가 크기 때문에 굳이 경중을 따지려고 한다고 윗사람부터 잘못된 부분을 고쳐야 한다고 생각합니다. 그렇지 않으면 공무원들이 하는 잘못된 행동으로 국민들이 간접적이든 직접적이든 피해를 보기 때문입니다.

면접관 경중을 똑같이 따진다고 하면 부하가 억울하지 않겠어요? 본인도 상사분이 위법한 줄 알지만 어쨌든 상사 말을 따를 수밖에 없다고 생각할 수 있잖아요.

응시생 그래도 일단은 공무원의 위법한 행동은… 사기업의 경우 본인의 잘못이 당장은 그 기업의 피해일 뿐이지만 공무원은 국가를 위해 국민을 위해 일하는 사람이기 때문에 본인의 잘못된 행동은 바로 국민들에게 피해를 줄 수 있습니다. 그래서 일단은 상사가 강요하더라고 위법한 행동을 하지 않아야 하는 게 기본인 거 같습니다.

면접관 그럼 그 억울해하는 부하한테 어떻게 위로할 건가요?

응시생 위법한 행동은 기본적으로 하지 말아야 하기 때문에 징계는 받아야 하고 다음번에 또다시 이런 일이 있을 수도 있기에 잘 대비하라고 할 것입니다.

면접관 그럼 ○○씨가 그 부하이고 상사가 부당한 지시를 했을 때 어떻게 하시겠나요?

응시생 저는 상사분이 한 지시가 위법일지라도 일단 확실하지 않고 상사분이 저보다 더 경험도 많고 더 똑똑하다고 생각합니다. 의심하기 전에 먼저 제가 위법한지 여부를 자세히 알아보고 또 제가 잘못되었을 수도 있기 때문에 다른 동료와 다른 상사분께도 위법 여부를 부탁드리고 같이 상의해서 동료나 다른 상사분 판단도 제 의견과 같으면 그때서야 부당한 지시를 시킨 상사분께 위법 이유를 들면서 설득할 것입니다. 그 다음에 몇 번 설득을 하고 안 된다면 그때 행동강령 책임자분께 도움을 부탁드리겠습니다.

면접관 그럼 만약 안 따른다면 어떻게 할 건가요?

응시생 공무원들이 하는 행동은 바로 국민들에게 간접적이든 직접적이든 피해를 주게 되는걸 설명하고 지금은 그냥 넘어가고 나중에 들키게 되면 상사님이나 저나 더 크게는 조직에 안 좋은 일이 있을 수도 있다고 설득하겠습니다.

면접관 ○○씨가 감사원이에요. 근데 부당한 지시를 한 상사분도 그걸 따른 분도 다 자기 잘못을 부정해요. 어떻게 누가 위법한지 판단하실 건가요? 그런 기준은 무엇인가요?

응시생 일단 저는 감사원이라 그 부서를 잘 모를 수도 있기 때문에 그 부서에 속해있는 동료나 그 부서에 또 다른 상사분에게 도움을 부탁해서 위법 여부를 확실히 한 다음에 해결해 나가겠습니다.

해설과 이해

(1) 부당한 지시에 대한 내용은 제7편 윤리관의 부당한 지시 내용을 참고하면 된다.

(2) 상사의 명령이라 하더라도 위법성을 알면서 행한 행위는 행위자 자신의 책임을 벗어날 수 없고, 따라서 상사의 명령에 순종하였다는 식으로 변명이 되거나 그 책임을 면할 수 없다(대법원 1967.2.7, 66누68).

(3) 상관의 명령이 명백히 위법이나 불법일 때에는 이는 이미 직무상의 지시명령이라고 할 수 없으므로 이에 따라야 할 의무가 없다(대법원 1999.4.23, 99도636).

(4) 따라서 감사 담당자로서 공무원 행동강령이나 관련 판례 등을 조사하여 규정대로 처리하는 것이 합당할 것이다. 억울함을 주장하는 계약담당자에게는 판례나 관련규정을 제시하면서 어떤 것이 문제였는지를 명확히 설명해 주는 것이 필요하다.

MEMO

1. 님비형은 갈등해결을 어떻게 했는지에 대한 몇 가지 사례를 알고 나면 그리 어렵지 않다.
2. 투명한 정보공개와 주민대표와의 소통, 합리적인 대안제시(기피시설과 선호시설의 결합 및 주민혜택 부여)가 반드시 고려되어야 한다.

Case 1. 면접후기 – 상황형 과제

본인은 장애인학교(특수학교) 설립 담당 주무관이다. 장애학생을 위한 학교가 대부분 도심에서 멀리 떨어져 있어 도심에 사는 학생들의 통학이 불편하다. 해결을 위해 도심 B지역에 부지를 확보하려고 추진 중이나 B지역 주민들이 부동산 가격하락을 우려하며 반발하고 있다. 이 상황에서 담당 주무관으로서 어떻게 할 것인가?

□ 현 상황: 도심 내 특수학교 설립 필요 vs 부동산 가격 하락을 우려하여 반발하는 B지역 주민들
□ 나의 대처: B지역에 특수학교 설립
□ 해결 방안
  ① 유사 사례 분석하여 부동산 가격 하락 사실 여부 확인
  ② B지역 설립 근거 분석하여 시청각 자료 준비(전문가 인터뷰, 도표 및 그래프 등)
  ③ B지역 주민대표, 특수아동 보호자 및 특수학교 종사자, 관련 공무원 등 공청회 개최하여 의견공유
  ④ 실제로 부동산 가격 하락시 경제적 활성화 방안 제시(유동인구 확대 고려한 카페거리 / 푸드코트 조성, 특수학교 지역민 우선채용 등)
□ 장기적 방안
  ① B지역 주민대표와 교외 특수학교 및 우수사례 지역 방문하여 공감 유도
  ② 평등한 교육단지 조성(일반학교 다양한 지원) 통한 긍정적 이미지 구축 및 지속적 모니터링

면접관 부동산 가격 하락으로 인해 반발하시는 주민분들을 어떻게 설득할 건가요?

응시생 우선 기재한 것과 같이 부동산 가격하락을 대체할 만한 경제적 활성화 방안을 마련할 것입니다. 특수학교가 설립된다면 그에 따른 교직원이나 이사를 오시는 학부모님 분들 등 유동인구가 증가하게 될 것이라 생각합니다. 그렇기 때문에 그분들을 위한 카페거리나 푸드코트를 조성하여 지역 주민분들께 직접적인 수익이 돌아가게 하고 지역경제가 활성화될 것이라는 긍정적인 측면을 들어 설득할 것 같습니다. 그리고 우선적으로 특수학교와 같이 혐오시설로 인식되는 시설에 대한 기피 현상은 심리적인 개선이 필요하다고 생각합니다. 그렇기 때문에 교외에 있는 특수학교를 주민대표분과 함께 방문하며 특수아동의 힘듦을 직접 체험한다면 도움이 될 것 같습니다.

면접관 뭔가 공감을 할 수는 있지만 모든 분들을 그렇게 설득하기는 어려울 것 같은데 그리고 장애인들이 집 앞에 많아지고 부동산 가격이 하락하는 것은 싫다고 하며, 왜 하필 우리 지역이냐고 하시면 어떻게 하실 건가요?

응시생 B지역으로 선정된 근거가 이미 있을 것이라고 생각합니다. 그렇기 때문에 B지역과 타 지역의 인프라를 비교하여 도표로 만들거나 지역별 특수학교 설립 현황 등의 자료를 도표로 비교 분석하여 한눈에 들어오게 시각 자료로 제공하여 설득할 것 같습니다. (면접관님들 끄덕끄덕 하셨습니다.)

면접관 여기 장기화 방안에 평등한 교육단지 조성을 위해 일반학교에 지원을 한다고 하셨는데 무슨 관련이 있을까요?

응시생 부동산 가격에 큰 영향을 미치는 것 중 하나가 바로 학군이라고 생각합니다. 그렇기 때문에 B지역의 일반 학교에 시설정비나 멘토링 프로그램, 일경험 프로그램 등 다양한 지원을 하게 된다면 타 지역의 학부모님들도 학군을 보고 이사를 오실 수도 있고 이로 인해 부동산 가격 하락 문제가 해결될 수 있을 것이라고 생각합니다.

면접관 너무 추상적인 이야기 아닌가요? (약간 의아하게 생각하시면서 말씀하신 것 같습니다ㅠㅠ)

응시생 아, 제가 아직 부동산 가격에 대한 지식이 부족하여 모호하게 답변을 적은 것 같아 저도 아쉽습니다.

면접관 현실적인지는 모르겠지만 평등한 교육단지 조성이라는 방안은 좋은 것 같네요.

응시생 감사합니다.

면접관 그렇다면 끝까지 설득이 안되면 어떻게 하실건가요? (가벼운 질문식으로 하셨습니다.)

응시생 그렇다면 사실 면접관님의 말씀만 들으면 정말 포기할까? 싶은 마음이 들지만 (셋 다 하하호호 분위기였습니다.) 담당 주무관으로서 그렇게 하면 안 된다고 생각합니다. 특수학교는 공익실현을 위해서도 필수적인 시설이기 때문에 끝까지 제가 할 수 있는 최선을 다해 설득해보도록 노력할 것 같습니다.

MEMO

Case 1-1. 면접후기-상황형 과제

> ■ 상 황
> A부처에서 장애인특수학교 설립에 대해 B지역 부지 추진 예정
> B지역 주민들은 부동산 가격 하락을 우려하며 반대
> ■ 나의 행동
> ① 협의체 구성을 통한 의견 수렴 및 조율 ⇨ 사회적 공감대 형성 및 상생 방안 마련
>   ∟ 구성: 담당 주무관, 지역주민 대표, 장애인단체 대표, 장애인인식개선 지도사, 보건복지부 등
> ② B지역 외곽으로 부지 선정 우선 고려 ⇨ 부동산 가격 하락에 대한 우려 해소
> ③ 장애인특수학교 내 시설물 개방 및 문화활동 지원
>   ∟ 특수학교 내 체육 시설, 산책로 개방을 통해 주민이 이용할 수 있도록 함
>   ∟ 장애인문화예술단체와 협업하여 장애인, 비장애인이 함께하는 예술제 시행 ⇨ 사회적 인식 개선
> ④ 주민이 요구하는 바를 확인하고 예산 범위 내에서 지원 고려
> ■ **사후방안**: 장애인과 상생한 사례 작성 및 타 부처 공유, 지속적인 갈등관리 모니터링

면접관 본인이 어떻게 해야 하는 상황인가요?

응시생 현재 장애인 특수학교 설립 부지 선정에 있어 B지역 주민들이 반대하고 있으며, 이에 담당 주무관으로서 주민들을 설득하고 상생할 수 있는 방안을 마련해야 합니다.

면접관 준비해야 할 설득 자료에 어떠한 것들이 있나요?

응시생 먼저 협의체 구성을 진행하고 그들을 설득할 자료가 필요합니다. 해당 자료에는 기존 특수학교 설립 위치 현황, 부동산 가격 하락에 대한 정보, 해당 사안과 비슷한 선례 등을 확인하여 자료를 마련해야 한다고 생각합니다.

면접관 설득을 했음에도 반대한다면 어떻게 할 건가요?

응시생 제가 생각한 방안으로 지원금이나 시설물 지원도 방법이 될 수 있지만 저는 문화적 지원을 생각했습니다. 특수학교 내 여러 시설물들을 개방하거나 현재 장애인이 예술분야에서 각광받고 있는 점을 활용하여 주민들을 초청한 행사나 장애인과 비장애인이 함께 콜라보한 예술제 등을 시행하여 문화도시로 만드는 것에 대해서 생각해보았습니다.

면접관 B부지 외곽 고려라고 작성했는데 정확히 어떤 의미인가요?

응시생 B지역 도심 중심에는 장애인특수학교가 설립될 부지가 없을 것이라 판단했습니다. 제가 과거에 특수학교 봉사활동을 갔을 당시 특수학교 내 시설물 등이 많다 보니 넓은 부지가 필요하는 점을 인지하여 그렇게 판단을 하게 되었습니다. 또한 지역 주민들의 부동산 가격 하락 우려에 대한 해결방안을 찾음에 있어 B부지 외곽을 고려했던 것 같습니다.

면접관 B지역 말고 다른 외곽 지역을 말씀하신건가요? 아니면 B지역 내 외곽을 말하신건가요?

응시생 B지역 내 외곽지역을 말씀드린 것입니다.

면접관 언론에서 악의적인 보도를 한다면 어떻게 할 것인가요?

응시생 먼저 사실관계를 파악하겠습니다. 옳은 정보와 옳지 않은 정보를 구별하고 그들에게 명확한 정보를 제시하고 해당 언론사에 정정보도를 요청하겠습니다. 그럼에도 지속적으로 악의적 보도를 한다면 언론중재위원회를 통한 중재, 조정을 해보겠습니다. 이러한 상황이 계속된다면 언론사에 절차적으로 대응할 수 있다는 점을 경고하며 소송절차를 고려해보겠습니다.

면접관 절차를 다 밟았음에도 악의적 보도를 한다면 어떻게 할 것인가요?

응시생 모든 절차를 다 밟았음에도 계속적으로 악의적 보도를 한다면 상급자나 부서장에게 먼저 확인을 받고 해당 기자를 직접 찾아가서 이야기 나눠보겠습니다. 이렇게 하는 이유 등을 물어보고 해결해 나가겠습니다.

면접관 주민들이 과도한 보상을 요구한다면 어떻게 할 것인가요?

응시생 주민들이 이러한 기피시설에 대해 반대급부를 요구할 수 있다고 생각합니다. 주민들이 과도한 보상을 요구한다면 예산이 한정되어 있고 모든 부분을 충족시킬 수 없기 때문에 주민이 A를 요구한다면 그것을 온전히 충족해 줄 순 없다는 것을 알리고 대체방안을 제공해 설득해보겠습니다.

해설과 이해

(1) 문제의 핵심을 파악하는 것이 우선이다.
1) 나는 장애인학교 설립 담당주무관
2) 장애인학교를 도심 B지역에 설립 추진 중
3) B지역 주민들은 부동산 가격하락을 이유로 반대
4) 내재적 반대 이유는 특수학교를 혐오시설로 인식하며 지역 이미지가 나빠질 것이라는 우려와 장애에 대한 편견과 부정적 태도 때문
➡ 중요 포인트는 반대하는 주민들을 어떻게 설득하고 장애인학교 설립과정에서 갈등을 최소화하며 특수학교가 지역사회와 상생할 수 있는 방안을 찾는 해결책을 제시할 수 있어야 한다.

(2) 해결방안 예시
1) 특수학교 설립을 위한 민관협의체 구성
   −B지역 대표자, 교육청 담당자, 장애인 학부모 대표자 등으로 구성
   −주민들의 요구사항 파악
   −필요하다면 타지역 사례 견학 실시
2) 주민설명회 개최(주민 설득을 위해 필요한 자료 준비)
   −타지역, 해외 등의 특수학교 설립 전후 부동산 가격변화
   −특수학교 필요성 검증 자료: 장애인 학생수, 교육환경, 통학거리 및 시간 등
   −예산 확보 현황
   −학교 내 공동시설 허용 범위
3) 특수학교와 지역사회 상생방안 마련
   −교류 확대 방안: 학생과 지역주민들에게 특수학교에서의 자원봉사 기회 확대
   −운동장, 체육시설 개방
   −야간에 지하주차장 활용방안 마련

－평생교육 프로그램 제공: 요리, 레포츠, 도예, 예술, 코딩 교육 등

－사후 모니터링 계획

4) 지속적인 공청회개최, 주민의견수렴, 설명회를 개최하면서 지역주민과 장애인 학부모, 장애학생의 의견을 청취하여 갈등 해결 및 상생방안 마련 노력

(3) 해결방안을 제시할 때에는 어떤 근거와 자료를 바탕으로 판단할 것인가와 문제점을 어떤 방식으로 해결할 것인가에 대해 합리적인 대안(방법)을 구체적으로 명시해야 한다. 그래야 지역주민 및 상관을 설득할 수 있다. 프로세스에 대해 제시한 후에는 구체적으로 어떤 실효성 있는 대안을 제시하느냐가 창의와 혁신 역량을 보여주는 방법이다.

(4) 지역주민이 반대가 심할 경우 타지역을 검토한다고 하는 케이스도 있었지만 지문에서 이미 대부분의 장애인 학교가 도심 외곽에 위치해 있어 많은 어려움이 있다고 했고 도심지역에 설립을 검토중이므로 가능하면 타지역 검토는 언급하지 않는 것이 좋다. 대신 어떻게 B지역 주민들을 설득할 것인가에 치중해서 문제해결책을 제시해야 한다.

기출과제 질문유형 모음(질문리스트 포함)

Q. 판단을 위해 조사할 것은 무엇인가?

Q. B지역 주민이 부동산 가격하락 이외에 반대하는 이유가 무엇이라 생각하는가?
　└[후속질문] 집값 하락 말고 해당 지역 주민들이 어떤 걸 우려하는 걸까?

Q. 부동산 가격 하락 때문에 주민이 반대를 하는데 주민들의 의견을 수렴할 때 무엇을 해야 할까?
　└[후속질문] 주민들의 의견 모으는 방법에 대하여 SNS라던가 문자 방법을 얘기해주셨는데, 이와는 다른 방법이 또 있겠는가?

Q. 그렇다면 이 문제를 어떻게 해결할 수 있겠는가?
　└[후속질문] 그럼 그 장애인에 대한 사회적 인식을 어떻게 해결할 것인가?
　└[후속질문] 인식개선 말고 다른 것은?
　└[후속질문] 그 방안 말고 문제를 해결할 수 있는 다른 방안이 있는가?
　└[후속질문] 지역이미지를 살릴 수 있는 방안은?
　└[후속질문] 하지만 이런 예산적인 부분은 사실 확보하기가 어렵다. 그런 부분은 어떻게 생각하는가?
　└[후속질문] 주민을 위해 도시이미지 향상, 편의시설 확보를 하겠다고 했는데 구체적으로 어떻게 할 것인가?
　└[후속질문] 다른 부지를 선정하겠다고 했는데 그러면 해당 부지를 선정하는 데 있어서 장애학생 인원수라던가 주변 시설이라던가 이미 선정관련 기준을 조사하고 있는 상황에서 다른 부지를 선정하는 것은 어려울 것 같은데 어떤가?
　└[후속질문] 만약에 주민들이 보상 대책에 대해 원하는 것을 말했는데 이게 너무 과도한 요구라면 어떻게 할 건지?

Q. 해결방안에 협의체를 통해 주민 의견을 모은다고 했는데 국민들은 이게 너무 형식적으로만 진행하는 절차라 의미가 없다라고 많이들 하는데 왜 이런 상황이 발생했는가?

Q. 언론에서 정부가 지역주민들의 반발을 무시하고 장애인학교설립을 강행한다고 부정적 보도를 한다면?
　└[후속질문] 언론에서 정정기사 자료를 안내주겠다면?
　└[후속질문] 그래도 정정기사를 쓰지 않고 계속 같은 기사를 쓰면 어떻게 할 것인가?

Case 2. 면접후기 – 상황형 과제

본인은 A부처 수목장림 담당 주무관이다. 기존 장례문화의 문제점으로 산림훼손이 우려되어 수목장림 확대를 실시하려고 한다. 최근 B지역을 수목장으로 선정을 하려고 하는데 B지역 주민들이 반대하는 상황이다. 다른 지역으로 선정지역을 바꿀 시에는 기간이 지연되고 추가비용이 발생한다. 이 상황에서는 어떻게 할 것인가?

■ **상황**: 국토손실, 산림훼손으로 인한 수목장림 확대 실시 vs B지역 주민들의 반발
■ **나의 행동**
　① B지역을 수목장으로 선정한 이유, 근거 조사
　② 주민들이 수목장림을 반대하는 구체적인 이유 조사
　③ 수목장림을 다른 지역으로 선정할 경우 지연, 추가 예산 비용 피해 조사
　　예산비용 多 ⇨ 주민들 설득함 少 ⇨ 최대한 다른 방안 조사
　④ 주민들 반발이 계속되는 상황 ⇨ 주민들 요구사항, 편의시설 등 조사
■ **결과**: 계획대로 B지역에 수목장림 확대 가능, 주민들의 의견 최대로 수렴(간담회 개최)
　주민들의 반발 ⇨ 편의시설 계획시 B지역 최우선 고려할 것으로 설득함
　이러한 상황을 매뉴얼로 작성, 사후 비슷한 상황 발생할 경우 대비할 수 있을 것

면접관 이거 (개별 면접질문지) 언제 작성한 건가요?

응시생 (무슨 질문인지 순간 당황했습니다.) 아, 오늘 적었습니다. 12시 반쯤 적어서 여기로 온 것 같습니다.

면접관 여기 예산 비용이 많이 들면 설득하고 적게 들면 다른 방안 조사한다고 하는데 어떻게 설득할 건가요?

응시생 우선 주민분들이 반대하시는 이유를 구체적으로 알아야 할 것 같습니다. 그리고 수목장림 계획을 투명하게 알려드리는 것이 우선이라고 생각합니다. B지역을 선정한 이유가 있을 텐데 그런 부분을 말씀드리고 만약 주민분들이 원하시는 편의시설이 있다면 최대한으로 설치하는 것을 고려하고 만약 그런 편의시설 설립 계획이 있다면 이 지역을 최우선적으로 고려하겠다고 말씀드리고 설득할 것 같습니다. 그리고 예산 비용이 적게 든다면 다른 방안을 조사하는데 그중에서 다른 지역으로 옮기는 것은 최대한으로 피할 것 같습니다. 왜냐하면 사실 이 지역에서 주민반발이 있었던 것처럼 다른 지역에서도 똑같은 반발이 있을 확률이 높기 때문에 그러다보면 계획이 더 지연될 수 있기 때문에 최대한 이곳 주민들의 의견을 수렴하면서 진행해야 할 것 같습니다.

면접관 주민들이 반발하는 이유가 뭐라고 생각하나요?

응시생 만약 그렇게 설치가 되었을 때 발생하는 교통 혼잡문제와 같은 것도 있을 것이고 가장 큰 문제는 역시 집값 하락이라고 생각됩니다. 그 문제는 아무래도 복잡하고 예민한 부분이기 때문에 주민분들이 원하시는 편의시설이 있다면 최우선적으로 고려해서 설치하는 것도 방법이라고 생각합니다.

면접관 그럼 주민들이 요구하는 편의시설을 설치하는데 100억이 들고 다른 지역으로 옮기게 되면 10억만 든다면 어떻게 할 건가요?

응시생 (머리를 한대 맞은 것처럼 너무 당황했던 질문이었습니다.) 사실 국가예산을 사용해서 진행하는 것이기 때문에 막대한 비용을 사용하는 것에 무리가 있다는 것을 국민, 주민분들도 다 아실 것이라고 생각합니다. 만약 이처럼 무리한 부탁을 하신다고 하면 그렇게 진행할 수 없을 것 같습니다. 이 또한 설득으로 해결해야 하는 부분이라고 생각합니다.

면접관 설득이라고 하는게 잘 되지 않을 경우에는요?

응시생 계획하고 있는 것을 주민분들께 투명하게 공개하고 주민분들이 계획에 대해 자세히 알고 계시는 것이 우선일 것 같습니다. 그렇게 하기 위해선 서면으로 계획을 작성해서 배포하는 방법도 있을 것 같습니다.

면접관 상관이 시키는 일이 주민요구와 부딪힐 경우 어떻게 대처할 건가요?

응시생 상관님께서 지시하시는 내용은 이미 위에서 어느 정도 결정된 사항일 것이라고 생각됩니다. 그렇기 때문에 우선적으로 상관님의 명령에 복종해야 한다고 생각합니다. 또한 불법적인 명령이 아니라면 복종의 의무로 상관님을 따르는 것이 맞다고 생각됩니다. 만약 주민들의 요구와 제가 마찰이 생긴다면 주민분들의 요구사항들을 취합해 상관님께 보고를 드리고 변경할 수 있다면 그렇게 할 것 같습니다.

해설과 이해

(1) 문제의 핵심을 파악하는 것이 우선이다.
  1) 장례문화 개선을 위해 수목장 확대 계획. B지역을 수목장림으로 선정하려는 데 주민 반대
  2) 다른 지역으로 바꿀 경우 기간 지연 및 추가비용 발생

(2) 해결방안 예시
  1) 반대 원인 파악: 수목장림을 혐오시설로 인식하고 있고, 땅값하락 및 환경오염 우려
  2) 주민설득을 위한 구체적 방안 마련
    −수목장에 대한 선입견 제거: 기존 설치하여 운영중인 수목장림 방문 및 견학 방안 마련, 기존 수목장 시설 주변 지역 주민과의 간담회 실시
    −수목장림 주변의 환경영향분석과 토지가격 및 주변 여건 변동사항을 분석하여 자료 제공
    −수목장림 조성에 따른 발전기금 운영계획 제공
    −지역주민의 장례시설 활용시 무료 혜택 부여
    −수목장림 관리에 필요한 인력 고용으로 지역주민의 일자리 약속
  3) 지역의견이 찬성과 반대로 대립할 경우 주민들이 마을 총회를 거쳐 결정하도록 중재
  4) 장기적으로는 국민 인식개선 홍보 및 캠페인 진행: 산림청과 협조하여 신뢰할 수 있는 수목장림 인프라 확충
  5) B지역 주민을 설득한 경우 그 과정을 백서화하여 타 지역에서 참고자료로 활용하도록 문서화

➔ (수목장의 필요성) 국토의 1%인 998km^{2}가 묘지로 잠식되고 매년 여의도 면적 1.2배인 9km^{2}의 묘지가 생겨나고 있다. 이는 전국 주택면적 2,177km^{2}의 절반에 해당하는 면적으로 서울시 면적의 1.6배에 해당한다. 이로 인해 귀중한 산림이 훼손되는 것은 물론 호화분묘로 국민적 위화감마저 조성되고 있는 실정이다. 수목과 함께 영생하며 자연회귀 사상에 기초한 수목장은 장묘문화 개선을 통해 자연훼손을 최소화함으로써 후손에게 아름다운 자연을 물려주기 위해 꼭 필요한 장묘제도이다.

3 갈등 및 딜레마형★★★

✔ **POINT** 아래 내용은 반드시 여러 번 정독한 후 상황형 대처능력을 키워야 한다. 최근 상황형 과제는 갈등 및 딜레마형 문제의 비중도가 높아지고 있기 때문이다.

(1) 문제의 핵심파악이 중요하다.
① 맨 먼저 갈등 및 딜레마 상황의 핵심을 요약할 수 있어야 한다.
② 갈등 및 딜레마의 근본원인을 생각해 보아야 한다.

(2) 구체적 해결방안을 제시해야 압박을 피할 수 있다.
① 누구나 생각할 수 있는 평범하고 추상적인 대안은 지양해야 한다.
　　예 공청회 개최, 매뉴얼 제작 등
② 구체적인 대안을 고민해서 제시할 수 있어야 좋은 평가를 받는다.
　　➡ 공청회를 개최하더라도 누구를 대상으로 할 것인지와 어떤 자료를 준비하여 진행할 것인가에 대한 구체성 필요

(3) 갈등 및 딜레마형 상황제시 대처방안

TIP 무슨 말인지 처음에는 이해하지 못하겠지만 갈등 및 딜레마형 사례를 읽어본 후 다시 한번 읽어보기 바란다.

① 근거마련: 법 / 규정 / 절차를 지켜야 하되 공직가치를 판단의 기준으로 자기주장의 근거를 말할 수 있어야 한다. ⇨ 한 가지 만을 선택해버리면 심한 압박을 받으며 압박상황에서 대부분의 수험생은 대처를 하지 못한다. 때로는 양립할 수 없는 두 가지 공직가치의 조화 또는 대안의 구축을 생각해야 한다.
② 재량권의 범위에서 포용적 모습 필요: 공무원에게는 창의적인 행정 실현과 급변하는 현실에 대응하기 위해 어느 정도 재량권이 부여되어 있다. 이를 활용하여 포용적 모습을 통한 공익 실현이 필요하다.
　　예 종합소득세 신고서는 직접 작성이 원칙이나 장애인, 65세 이상 어르신 등은 예외적으로 신고지원
③ 절차적 정당성 확보 필요: 자칫 자의적으로 판단하거나 해석하면 독선이나 특혜가 될 수 있으므로 반드시 상사에게 보고나 기록유지 등 절차적으로 정당성을 확보해야 한다.
　　예 메르스 사태 때 복지부 주무관이라고 가정할 때 발병병원을 공개하는 것이 옳다고 자신이 생각하더라도 자의적으로 발병병원을 공개할 경우는 생각하지 못한 대혼란이나 비밀유지 위반 등 실정법 위반소지가 있을 수 있어 상부에 보고 및 건의를 통해 공익적 판단을 실현토록 해야 하는 것이다.
④ 책임성 있는 모습을 보여 줘야 함: 자신이 담당주무관으로서 딜레마 상황의 문제해결을 위해 끝까지 책임을 다하는 모습을 보여주도록 노력해야 한다.
⑤ 창의적인 대안 제시: 양립할 수 없는 두 가지 상황을 어떻게 현명하게 해결할 것인지를 보여주는 것도 매우 중요하다.
⑥ 개선제안 또는 사후관리 필요: 만일 법 / 규정 / 절차가 문제가 되어 향후에도 비슷한 상황이 발생할 것으로 예측된다면 이를 어떻게 개선해 나갈지에 대한 제안이 필요하다.

```
MEMO


```

Case 1. 면접후기-상황형 과제

본인은 외국인 고용담당 주무관이다. 외국인 근로자가 늘어남에 따라 외국인 산재 사망사고가 늘어나고 있다는 언론보도가 나왔다. 상관은 외국인 고용제한 검토를 지시한 상황이다. 인권단체는 산업재해 사망사고가 발생한 사업장에 대해 외국인 고용을 제한해야 한다고 주장하고 있다. 사업주 및 ○○부처는 구인난 및 경영악화를 이유로 반대하는 상황이다. 이 상황에서 담당자로서 어떻게 대응하겠는가?

- **검토배경**
  - 외국인 노동자 사망사고 언론보도 ⇨ 외국인 노동자 고용 제한 검토에 대한 의견차이
    - 사고발생 사업장 고용 제한 (인권단체) vs 인력난 ⇨ 경영악화 이유 반대(○○부, 사업단체)
- **나의 판단**
  - 바로 고용제한을 하기보다 다른 해결책 ⇨ 사망사고 감소 방안 마련
    - 경영악화는 피해 규모가 큼 ⇨ 다른 방법으로 사망사고 줄일 수 있다 생각
- **대처방안**
  - (교육이수 확인) 외국인 노동자의 안전교육 이수 여부 확인
  - (교육자료 조사) 안전교육 이수를 하였더라도 그러한 교육자료가 외국인 입장에서 이해하기 쉬운 것인지 조사
  - (교육자료 개발) 다국어로 교육자료 제작 또는 그림 등을 통해 외국인 노동자가 이해하기 쉽고 조심할 수 있는 자료 개발(예 고용노동부 QR 안전교육) ⇨ 적용 전 의견수렴 필요
- **사후대처**
  - 추후 사망사고율 계속 주시 ⇨ 상황에 맞게 대처
    (감소시 교육체제 유지, 유지·증가시 고용제한 부분적 검토)

면접관 무슨 근거로 이렇게 판단했나요?

응시생 우선 저는 고용제한을 하여 경영악화가 된다면 기업 근로자들의 생계까지 영향을 미쳐 피해가 크다고 생각했습니다. 행정절차법 비례의 원칙 속 최소침해원칙에 나와 있듯이 동일 목표를 위해서라면 최소한의 피해가 가는 방법을 택해야 한다는 생각에서 바로 제한을 하기보다 교육을 하게 된다면 피해를 줄이면서도 사망사고를 감소시킬 수 있다고 생각하였습니다.

면접관 제한을 하지 않겠다는 입장인데 인권단체의 반발은 어떻게 할 것인가요?

응시생 우선 개발한 교육자료를 적용하기 전에 각 대표자들을 모아 의견수렴의 자리를 마련해야 한다고 생각합니다. 물론 반발이 있는 쪽은 인권단체 쪽이라 생각합니다. 그래서 저는 발생가능한 피해가 크다는 점과 저희가 해결책을 마련하였고 이것으로 사망사고 감소가 가능할 것이라는 말로 설득을 먼저 하겠습니다. 그리고 추후에 사망사고가 감소되지 않을 시 부분적으로 제한 검토하겠다는 약속을 드리며 반발을 최소화 시키겠습니다.

면접관 고용노동부 QR 안전교육이 무엇인가요? 핸드폰으로 찍으면 링크로 연결되고 자료가 뜨는 건가요?

응시생 고용노동부에서 진행하고 있는 것으로 안전교육을 받기 힘든 외국인 노동자들을 위해 팸플릿에 QR코드를 탑재해 휴대폰으로 편하게 볼 수 있도록 만든 것입니다.

면접관 사업장에는 어떤 제한을 할 수 있을까요?

응시생 제가 자세히 알지는 못하지만 요즘 중대재해처벌법이 개정되었다고 알고 있습니다. 이 법이 처벌보다는 예방이 목적이라 안전교육 관련 부분도 있을 것이라 생각합니다. 그래서 사업주에게 이러한 법에 대해 설명하며 교육을 하지 않을 시 어떤 불이익이 있을 수 있는지 알려주어 권리를 보장해주면서도 제한을 하겠습니다. (중대재해처벌법 얘기할 때 왼쪽 면접관님이 고개를 크게 끄덕이심)

면접관 교육자료를 만들려면 자료가 필요할 텐데 자료 수집할 때 부서의 협조가 없으면 어떻게 할 건가요?

응시생 우선 보도가 났다고 되어있어서 사망사고의 심각성에 대해서 설명하기는 쉬울 것 같습니다. 그리고 이러한 것을 예방하기 위해 교육자료를 만들어야 하는데 외국인 노동자의 사망사고율, 사고규모, 사고 종류 등의 자료가 필요하다고 말씀드리고 최대한 협조요청을 하겠습니다.

해설과 이해

(1) 문제의 핵심을 파악하는 것이 우선이다.
  1) 나는 외국인 고용담당 주무관
  2) 상관: 외국인 산재사망사고 발생 사업장에 대한 고용제한 검토 지시
  3) 인권단체: 산재사망사고 발생 사업장에 대한 외국인 고용 제한 주장
  4) 사업주: 구인난과 경영악화를 이유로 외국인 고용제한 반
  ➡ **산재사망사고를 어떻게 줄여나가면서 중소기업의 구인난과 경영악화를 막을 수 있을 것인가에 대한 해결책을 구체적으로 제시해야 한다.**

(2) 해결방안 예시
  1) 첫 번째로 현황파악이 중요
    − 관할지역 사업장에 외국인 고용현황 자료 요청
    − 고용노동부에서 산재사고 자료 접수
    − 외국인 근로자 산재사고 유형별 분류
    − 사업장별 위험도 및 유해 / 위험작업 분류(예 A~D 등급)
    − 산재사고 발생 사업장의 대책 및 이행 결과 취합
  2) 대책안 마련 ➡ 대책안은 예시용이므로 작성시에는 3~4개가 적당함
    − 산재 사망사고 사업장에 대해서는 안전점검 실시하고 개선을 조건으로 현재 외국인 고용유지(안전점검은 산업안전관리공단과 협조)
    − 산재 사망사고 미발생 고위험도 사업장에 대해서도 위와 같은 조건으로 안전점검 실시
    − 산재예방을 위한 시설투자 및 개선시 보조금 지급 또는 세금감면, 융자지원 검토
    − 외국인 근로자 고용 사업장 전체에 대해 안전교육 실시 후 결과보고 요청(필요하다면 안전점검 교육자료나 동영상 자료 제공−한글 / 외국어 번역본)
    − 산재사고 발생시 대응 매뉴얼 제공(외국인 근로자에게)
    − 외국인 고용업무 기관과 산재예방업무 기관 간 정보공유 시스템 구축
    − 5년 연속 무재해 외국인 고용 사업장에 대한 외국인력 채용시 가점 부여와 외국인 고용 사업주가 안전보건교육을 이수하는 경우 외국인력 배정 평가점수에 가점을 부여
    − 각국의 인기 유튜버나 유명인이 참여하는 산업안전보건 홍보 추진
  3) 공청회 개최
    − 기업담당자, 인권단체, 외국인 근로자 대표, 고용노동부 담당주무관, 산업안전관리공단 담당자 등
    − 대책안에 대한 발제 및 공유

　　　　　－산재예방을 위한 기업의 노력 대표 사례 발표

　　　　　－인권단체에서의 요구사항 발표

　　　4) 공청회에서의 의견을 취합하여 개선 대책안 마련 후 상관에 보고

　　　　　－기업에게는 산재예방이 일자리 공백을 채워주고 경영에 더 도움이 될 수 있음을 설득

　　　　　－인권단체에도 지속적인 모니터링을 요구

(3) 해결방안을 제시할 때에는 어떤 근거와 자료를 바탕으로 판단할 것인가와 문제점을 어떤 방식으로 해결할 것인가에 대해 합리적인 대안(방법)을 구체적으로 명시해야 한다. 그래야 상관을 설득할 수 있다. 프로세스에 대해 제시한 후에는 구체적으로 어떤 실효성있는 대안을 제시하느냐가 창의와 혁신 역량을 보여주는 방법이다.

기출과제 질문유형 모음[질문리스트 포함]

Q. 이러한 상황에서 제일 먼저 해야 할 것은 무엇인가?
　└[후속질문] 나의 판단 중 무엇이 제일 중요하며 우선시 되어야 하는가?

Q. 이 상황에서 관련된 관계자들은 누구누구인가?

Q. 필요한 자료는 무엇인가?
　└[후속질문] 여기서 외국인 고용을 제한하느냐 유지하느냐의 문제를 해결하기 위해서 가장 먼저 확인해야 할 문서나 자료는?
　└[후속질문] 자료를 안 보여주면 어떻게 할 것인가?
　└[후속질문] 자료조사도 하고, 여러 가지를 한다고 하였는데 그 과정에서 발생할 수 있는 어려움이 있다면? 예를 들어 기업이 자료 협조를 안 해주겠다고 하면 어떻게 할 것인가?
　└[후속질문] 그럼 필요한 자료 확보를 위해 어느 부처와 협업이 필요하겠는가?

Q. 이런 경우에는 원인도 중요한데 가장 먼저 파악해야 할 것은 사고현황 조사이다. 현황을 조사하는 것이 가장 기본이다. 그럼 본인이 쓴 해결방안은 고용을 유지하겠다는건가 제한하겠다는건가?

Q. 그렇다면 이 문제를 어떻게 해결할 수 있겠는가?
　└[후속질문] 그러면 사업주단체에서 제한이 너무 과도하다, 비용도 많이 든다라고 반발한다면?
　└[후속질문] 간담회를 개최했을 때 예상되는 어려움이 있는가?
　└[후속질문] 이러한 정책을 거부하는 사업주를 어떻게 설득하겠는가?
　└[후속질문] 인권단체 같은 경우에는 굉장히 힘이 세다. 구체적인 설득방안은 무엇인가?
　└[후속질문] 고용제한을 하지 않겠다는 입장인데 인권단체에서 반발하면 어떻게 할 것인가?
　└[후속질문] 사업장에는 어떤 제한을 할 수 있을 것인가?
　└[후속질문] 벌점을 주면 사업장에서 반발할 수도 있을 텐데 어떻게 설득할 것인가?
　└[후속질문] 교육자료를 만들려면 자료가 필요할 텐데 자료 수집할 때 관련부서에서 협조를 안 해준다면?
　└[후속질문] 사업주, 외국인 등 의견을 수렴하는 방법은 어떤 것이 있겠는가?
　└[후속질문] 그러면 이러한 상황에서 인권단체랑 사업주 사이의 의견차이가 너무 심하게 난다. 본인의 방안도 양쪽에서 다 반대를 한다면 어찌할 것인가?

Q. 그런데 이 정책에 대해 부정적인 보도가 나온다면 어떻게 하겠는가?
　└[후속질문] 언론에서 정정기사 자료를 안 내주겠다면?
　└[후속질문] 정정보도 이후에도 외국인 사망사고 보도가 계속된다면?

Q. 이렇게 문제해결을 하고 정부에서 산재예방 프로그램을 만들었다. 홍보를 한다면 어떤 방식으로 해야 효과적이겠는가?
　└[후속질문] 홍보 대상은 누가 되어야 하겠는가?

Case 2. 면접후기 – 상황형 과제

당신은 A지방청 주무관이다. B지역 인구감소와 인터넷을 통한 민원신청의 증가로 인해 대민업무가 줄어듦에 따라 불필요한 행정·예산 낭비를 줄이고 핵심업무 위주로 강화를 해야 하는 취지에서 B지역사무소 통폐합 검토를 지시받았다. 하지만 B지역 주민들은 이동거리가 한 시간이 소요될거라며 통폐합에 반대하고 있다. 최근 인근 지역에서도 통폐합 사례가 있었다. 담당 주무관으로서 이 상황에서 어떻게 대처할 것인가?

■ 상 황
  - B지역의 인구감소와 대면업무 감소로 A지방청으로의 통폐합 결정
  - B지역의 주민분들은 불편함을 호소하시며 반대
■ 해결방안
  - 주민분들을 대상으로 간담회를 열어 불편사항 청취
  - 일정기간 두고 통폐합 안내(문자, 〈안내〉게시)
  - 주민분들의 불편함 해소방안 마련
    ① 자주 가시는 공공시설이나 지하철역에 무인민원발급기 설치
    ② 이용이 어려우실 수 있으니 담당자 및 봉사자 배치
    ③ 거동이 불편하신분들 대상으로는 찾아가는 민원서비스 실시
■ 사후방안
  - 디지털 취약계층 대상 디지털 교육실시

면접관 이제 상황형으로 넘어갈게요. 어떤 상황이고 어떻게 대처할 건지 설명해 주세요.

응시생 우선 상황은 B지역의 인구가 감소하고 대면 민원 서비스 수요도 줄면서 지역사무소를 1시간 거리의 지역청에 통폐합하는데, 노인 분들 등 인터넷을 사용할 수 없는 분들이 있어서 반대가 있고 또 인근 지역에는 이미 통폐합이 된 지역이 있는 상황입니다. 그리고 원인은 두 가지 공직가치가 충돌하고 있는데 공익성과 효율성이라고 생각합니다. 저는 이런 경우엔 공익성이 더 우선되어야 한다고 생각했습니다. 국민들을 보호하는 게 공익성인데 특히 노인처럼 더 소외된 분들을 챙기는 게 국가의 일이라고 생각하기 때문입니다. 그래서 가능하면 지역사무소를 없애지 않는 쪽으로 보고드릴 것 같습니다. 그런데 또 효율성을 완전히 포기할 순 없기 때문에 만약 사정이 있어서 통폐합해야 한다면, 저는 우선 인터넷을 배우고 싶거나 배울 수 있는 노인분들에게 인터넷 교육을 지원하는 방안을 생각해봤습니다. 인구감소가 있는 지역이니 폐교나 또는 안 쓰는 학교 등이 있을 것 같습니다. 학교엔 컴퓨터가 여러 대씩 있으니 추가 비용을 들이지 않고도 교육을 지원할 수 있을 거라 생각합니다.

그런데 노인 분들 중엔 인터넷을 배우기 어렵거나 또 배우고 싶지 않은 분들이 계실 수 있습니다. 이런 분들을 위해선 가능한지 알아보고 지역청까지 셔틀버스를 운행하는 방안이 있습니다. 오전, 오후 크게 두 타임으로 배차하고 아무래도 이 분들이 사시는 곳이 지역청이 있는 곳보다 더 시골일테니 시내에 나와서 그 외에 볼일들도 있을 것 같습니다. 그런 일들을 한꺼번에 보실 수 있도록 셔틀버스 배차 간격을 좀 넓게 두고 대신 갈 곳이 없으신 분들을 위해서는 지역청 내에 작게 쉼터를 만들어서 편안히 쉬시다가 차량을 이용하시도록 하겠습니다. 그리고 마을 내에 이장님, 동장님 같은 분들이 계실텐데 그런 분들의 집이나 아니면 작은 시설 등을 빌려서 두고 대신 인터넷으로 일을 봐주시는 그런 것도 지원을 받으면 좋을 것 같습니다.

면접관 그러니까 우선 공익성이 중요하다고 생각해서 폐지하지 않고, 효율성도 포기할 수 없으니깐 여러 대안을 제시한다는 말씀이시죠?

응시생 네, 그렇습니다.

면접관 근데 만약에 마을 주민들이 엄청난 예산이 들어가는 걸 요구해요. 그럼 어떻게 하시겠어요?

응시생 (아까 발표 속에 답을 드린 것 같은데 물어보셔서 약간 당황했어요. 제 대답이 너무 길어서 잘 전달이 안 됐거나 다른 의도가 있는가 싶어서 조심조심 대답했습니다.) 일단은 솔직하게 그분들께 예산이 그만큼은 없어서 모든 걸 다 들어드릴 순 없다고 말씀드릴 것 같습니다. (왼쪽 면접관님 눈치를 봤는데 크게 공감 안 하시는 것 같아서 계속 말했어요ㅠㅠ) 그리고 만약에 예산이 너무 많이 든다 그러면 제가 말씀드린 것처럼 대안을 제시하되 모두 정부에서 지원하는 건 예산이 많이 들 수 있으니까 민간 시설이나 민간에 원래 있던 것들을 이용해서 예산을 줄이는 방향으로 대안을 또 제시하고 설득할 것 같습니다. (왼쪽 분이 드디어 고개를 끄덕이셨습니다.)

면접관 그런데 일을 하다보면 정말 반대를 하시는 분들 그러니까 반대를 위한 반대를 하는 그런 분들도 만나는데 그럴 때 어떻게 하시겠어요?

응시생 사실 저도 인권 활동을 하면서 반대를 위해 반대를 하는 분들을 많이 만났습니다. (이 부분에서 두 분 다 엄청 격하게 고개를 끄덕이셨어요. 특히 왼쪽 분은 면접 중 제일 집중하신다는 게 느껴졌습니다 ㅎㅎ) 저는 그럴 때 가장 중요한 부분이 그 분들을 도덕적으로 비판하지 않는 점이라고 느꼈습니다. (여기서도 두 분다 엄청 공감해주셨어요.) 제가 공익이라든지 제가 옳다는 데에 빠져서 그분들을 비난하게 되면 정말 끝에서 끝으로 가게 될 수 밖에 없고 그렇다고 가야할 지향점은 또 있기 때문에… 사실 그런 분들의 가치관까지 제가 바꿀 수는 없기 때문에 어느 정도 한계가 있다고 생각합니다. 그럴 땐 그냥 상황이 감정적으로 흘러가지 않도록 제가 부딪치지 않는 게 가장 최선이라고 생각합니다. 그분들 앞에서는요. 그분들이 감정적이실 수 있으니깐 저는 경청하면서 스펀지처럼 흡수하는 그런 역할을 하는 게 좋다고 생각합니다.

해설과 이해

(1) 문제의 핵심을 파악하는 것이 우선이다.
   1) B지역사무소 통폐합 검토 지시(인구감소 및 민원업무 인터넷 처리 증가로 비대면 업무 증가)
   2) B지역 주민 반대(통폐합시 한 시간 이동거리 소요 등 주민 불편)
(2) 해결방안 예시
   1) 통폐합 설명회 개최(행정의 효율성 증대, 인력 중복 해소, 경쟁력 강화)
   2) 타지역 통폐합 사례 검토(주민편의성, 갈등해소 벤치마킹)
   3) 행정서비스에 대한 접근 편의성 개선방안 마련(특정 요일에 출장 집중 민원처리, 무인민원발급기 설치, 찾아가는 민원서비스 시행, 지역사무소 내에 팩스, 인터넷 시설, 화상통신 시설 등 설치, 비대면 서비스에 대한 교육과 홍보 실시)
   4) 민원처리 편의를 위해 특정 요일에 셔틀버스 정기 운행 검토
   5) 통폐합에 따른 지역사무소를 주민 편의시설로 탈바꿈하여 주민들이 통폐합 효과를 체감토록 해야 함
   ➡ 행정의 효율성과 주민 편의성 제고라는 두가지 목표를 모두 달성토록 해야 한다.

Q. 이러한 상황에서 제일 먼저 해야 할 것은 무엇인가?

Q. 통폐합하겠다는 입장인데 어떻게 주민들을 설득할 건가?
  ㄴ[후속질문] 만약에 그렇게 했는데 주민들이 와서 시위하고 반대하면 어떻게 설득할 건가?

Q. 앞으로 이런 통폐합을 할 때 그냥 하면 안 될 것 같은데 어떻게 해야 할 것인가?
  ㄴ[후속질문] 주민이 통폐합을 반대하는 이유는 무엇이고, 어떤 대책이 있겠는가?

Q. 그렇다면 이 문제를 어떻게 해결할 수 있겠는가?
  ㄴ[후속질문] 대안 1, 2, 3 중에 우선순위를 매긴다면 어떻게 되겠는가?
  ㄴ[후속질문] 버스 대절이나 전자기기 사용 교육을 실시하는데 예산이 부족하다면 그 문제를 어떻게 해결할 건가?

Q. 만약 언론에서 이 지역만 특혜를 준다고 의도적으로 나쁘게 기사를 낸다면?
  ㄴ[후속질문] 언론에서 정정기사 자료를 안 내주겠다면?
  ㄴ[후속질문] 정정보도 이후에도 외국인 사망사고 보도가 계속된다면?

MEMO

Case 3. 면접후기-상황형 과제

본인은 A부처 공사용역 입찰업무 담당 주무관이다. OO시에서 지역센터를 건립하는데 최종적으로 B업체와 C업체가 후보자로 나서게 되었다. 그런데 B업체는 해당 지역업체로 그동안 지역경제에 도움을 준 업체지만 수주실적이 낮고 공사기한이 늘어날 것으로 예상되는 반면, C업체는 수주경험이 많고 공사기한 내에 끝낼 수 있을 것으로 예상되는 상황이다. 만약에 C업체를 선택시 지역경제 활성화를 바라는 지역주민들의 반발이 예상된다. 담당 주무관으로서 이 상황에서 어떻게 대처할 것인가?

(저는 B업체를 선정하면 같은 지역 업체로써 A / S같은 후 보수에 대응이 빠를 것이라고 썼습니다. 그리고 후속조치로 이런 시설 건립시 지역경제 활성화를 위해 지역 업체에 대해 가산점을 주는 제도를 추가하는 것을 썼습니다. 그리고 최종적으로 B업체를 선정하는 걸로 결정하여 제출했습니다.)

면접관 왜 B업체를 선정했나요?

응시생 저는 일단 제시문에서 건립하는 시설이 지역 센터라는 데에 초점을 맞췄습니다. 지역 센터의 특성상 지역 주민들의 복지를 위한 시설이라고 생각했기 때문에 같은 맥락으로 지역주민들의 편의를 생각하여 지역경제를 활성화하는 데 도움이 되는 B업체를 선정하는 것이 더 좋을 것 같다고 판단하였습니다.

면접관 B업체를 선정하는데 부실업체인지를 어떻게 알 수 있을까요? 만약 부실업체인 것을 알게되면 어떻게 할 것인가요?

응시생 저는 일단 B업체가 최종적으로 입후보된 업체이니만큼 그전에 그런 문제들은 사전에 파악해서 걸러진 후 최종후보로 올라온 것이라고 생각했습니다. 업체에 대해 부실 여부는 제가 알기론 DART라는 사이트에서 재무제표를 보면 업체에 대해 부실 여부 등은 알 수 있으므로 그렇게 확인이 가능할 것이라고 생각합니다.

면접관 다트가 무엇인가요?

응시생 인터넷에 다트치면 나오는데 아마 금감원에서 하는 걸로 알고 있습니다. 사이트에 들어가보면 기업마다 기업 재무제표를 공개하게 되어있습니다.

면접관 B업체는 수주경험도 별로 없지 않은가요?

응시생 수주경험 없다고 수주를 안주면 경험 있는 업체들만 계속 경험을 쌓고 경험 없는 업체들은 계속 경험을 쌓을 수 없게 될 텐데 신생업체라면 수주경험이 없는 것이 자연스러운 일일 것입니다. 그 부분에 대해서는 그렇게 문제가 될 것이라고 생각하지 않고 배려할 수 있는 부분이라고 생각합니다.

면접관 B업체를 선정해서 일을 진행하는데 일이 진행이 잘 안될 것 같으며 공사기일에 못 맞출 수도 있지 않겠나요? 또 자료를 주지 않으면 어떻게 할 건가요?

응시생 B업체는 아무래도 수주경험이 많이 없다는 것으로 보아 신생업체일 것이라고 추측이 됩니다. 신생업체는 아무래도 설계도면을 받거나 하는 커뮤니케이션에 문제가 좀 생길 수도 있을 것이라고 생각합니다. 그런 경우는 그냥 제가 직접 업체에 도면을 받으러 가서 어느 정도 진척상황인지를 체크를 자주하면 해결될 것이라고 생각합니다. 그리고 공사기일 같은 경우는 원래 공사를 하다보면 계획했던 것과는 다른 문제가 발생할 수 있으므로 시간이 길어지거나 하는 문제가 조금씩은 발생한다고 알고 있습니다. 최대한 업체의 편의를 봐주면서 다른 문제가 있지 않는 한 공사기일을 늘려주는 방향으로 가는 것이 좋을 것이라고 생각됩니다.

면접관 B업체로 선택했는데 처음에 말했던 공사비용보다 많이 추가가 되었습니다. 어떻게 할 것인가요?

응시생 제가 알기로는 이런 시설을 건립할 때 원래 기존에 제시한 금액보다 추가가 되는 경우가 생각보다 많은 걸로 알고 있습니다. 세부 항목에 대해 어떤 식으로 비용이 추가 되었는지에 대해 받아보고 추가가 되는 부분이 합당한 지를 따져 보아서 업체와 조율하는 것이 필요할 것이라고 생각합니다.

면접관 이런 식으로 공사비가 자꾸 늘어나는 것을 대비하기 위해서 앞으로 계약서에 어떤 말을 추가하면 좋을까요?

응시생 저는 일단 이런 공사를 진행할 때 공사 견적보다 대부분 좀 추가가 되는 것으로 알고 있습니다. 막상 뜯어보면 처음 생각과는 다른 문제가 발생할 수도 있고, 생각보다 그런 경우가 되게 많은 걸로 알고 있습니다. 그래서 견적금액에 몇 퍼센트 이상을 초과하지 않게, 몇 퍼센트 이상 넘어갈 시 다음 입찰에서 패널티를 적용을 한다던가하는 그런 항목도 괜찮을 것 같습니다.

면접관 B업체로 선정해서 공사를 진행했는데 B업체가 못 끝낼거 같다고 합니다. 이런 경우 어떻게 할건가요? 다른 업체로 바꾸는 게 나을까요?

응시생 저는 웬만하면 B업체가 마지막까지 끝낼 수 있게 도와주고 싶습니다. 아무래도 수주 경험도 별로 없고 신생업체이면 힘들 수도 있을 것입니다. 하지만 그렇다고 바로 다른 업체로 바꾸기 보다는 B업체가 마지막까지 끝낼 수 있게 공사기한도 웬만하면 맞춰서 늘려주고, 좀 능력이 부족하면 다른 업체를 찾아서 같이 할 수 있게 해서 마지막까지 잘할 수 있게 도와주고 싶습니다.

해설과 이해

(1) 문제의 핵심을 파악하는 것이 우선이다.
   1) 목적: 품질과 공사기간, 예산 범위 내에서의 지역센터 성공적 건립 및 지역경제 활성화
   2) B(지역업체)와 C(대기업)업체 선택 상황
(2) 예상 질문
   Q. 업체 선정 기준은?
   A. 목적이 지역센터의 성공적 건립이라면 건설공사 실적, 경영상태, 대외신인도, 기술력 등의 시공능력평가를 주요 기준으로 설정(시공능력평가는 전문용어이므로 몰라도 되나 공사실적 등은 유추해서 말할 수 있어야 함). 하지만 지역경제 활성화 목적이 요구되므로 지역업체에 가점부여 또는 지역경제 활성화 기여도를 추가할 수 있어야 함.
   Q. 업체 선정시 참고자료는 어떤 자료를 조사할 것인가?
   A. 업체의 경영실적자료(재무제표 등), 공사수주실적, 기술인력보유현황, 장비보유현황, 대외 신인도자료, 시공능력평가자료 등
   Q. 각 업체 선정시 문제점은?
   A. B업체 선정시 예상문제점은 공사경험이 적고, 공사기한이 늘어날 것으로 예상되며 예산 초과 가능성도 있음
   A. C업체 선정시 예상문제점은 지역경제활성화라는 목표 달성을 못하게 되어 지역 주민의 반발

(3) 해결방안 예시

조인트벤처(2인 이상이 이익을 목적으로 상호 출자하여 공동으로 하나의 특정한 사업을 실현하기로 하는 계약을 의미)를 통한 B업체와 C업체의 결합에 의해 목적 달성

- 즉, 입찰제안서를 만들 때 지역업체의 시공능력이 낮을 경우 외지업체와 지역업체의 조인트벤처 형식을 조건으로 설정
- 효과: C업체에서는 지역업체인 B업체와 결합하여 건설에 참여함으로써 자재, 인력조달의 현지화가 가능하고 B업체에서는 C업체와 함께 건설에 참여함으로써 기술이전, 학습효과, 건설실적을 쌓아 지역의 중요업체로 성장할 기회를 얻을 수 있다.
- 단점: B업체와 C업체의 갈등발생시 해결지연, 공사과정에서의 결정주체 설정문제, 계약과정의 복잡성, 하자보수의 주체설정 등

(4) 상황형 문제를 보면 담당자로서 C업체로 선정하면 아무런 문제없이 쉽게 결정할 수 있는 사안이다. 그러나 지역경제활성화를 바라는 주민의 염원을 절대 무시할 수 없기 때문에 상황에 대한 깊이 있는 이해가 반드시 필요하다.

(5) 따라서 두 개의 가치(지역센터 성공 건립과 지역경제활성화)를 모두 만족시킬 수 있는 방안을 찾아 제시해야 하는 것이다.

(6) 면접후기를 보면 일반적으로 효율성을 고려하여 C업체를 선택하고 지역경제활성화에 대해서는 B업체에는 다른 공사나 나중에 우선고려 또는 지역에서 공사자재 발주 등으로 이야기를 많이 했었다. 즉, 지역센터 건립에 가치를 두다보니 지역경제활성화는 부차적 가치로 생각하면서 주민반발에 대한 설득 근거가 빈약한 경우가 많았다.

기출과제 질문유형 모음[질문리스트 포함]

Q. 업체 선정시에 기준이 되는 것은 무엇인가?
  └[후속질문] 업체 평가항목은?
  └[후속질문] 업체 선정시 어떤 자료가 필요할까? 업체 선정시에 참고해야 할 것 같은 자료와 이 자료들을 어떻게 구할 것인지?
Q. 두 업체 중 각 업체 선택시 문제점은 무엇인가?
Q. 어느 업체를 선택할 것인가?
  └[후속질문] C업체 선택시 지역주민 반발은 어떻게 할 것인가?
  └[후속질문] C업체를 선정을 한다면 어떤 자료를 조사할 것인가? C업체에서 자료를 제공하지 않으면?
  └[후속질문] 부득이 C업체가 공사를 못하면 어떻게 하겠는가?
  └[후속질문] C업체를 선택해서 믿고 갔는데 기술에서 문제발생시 어떻게 하겠는가?
  └[후속질문] B업체 선택시 공사기간을 못맞춰 공사비가 늘어나면 어떻게 할 것인가?
  └[후속질문] 지역경제활성화를 위해 B업체를 선정하겠다고 했는데 B업체 공사수주실적이 저조한 것에 대해선 어떻게 할 것인가?
  └[후속질문] B업체를 선택했을 때 지역 상인은 찬성하지만 거주민은 더 나은 퀄리티를 원한다면?
  └[후속질문] B업체 지지자는 지역주민이고 C업체 지지자는 지역상인으로 다를 때 어떻게 대응할 것인가? (반대일 때도 물음)
  └[후속질문] B업체 선정시 C업체가 반발할텐데 해결방법은?
Q. 앞으로 이런 일이 발생할 때 계약서를 어떻게 작성하겠는가?

Case 4. 면접후기 – 상황형 과제

본인은 A부처 예술진흥사업 예산 담당 주무관이다. 전통문화예술 진흥을 위해 민속촌을 만들기 위해서 전문업체에 연구결과를 의뢰하였고 그 결과 사업성이 있다는 결과를 보내주어서 예산 100억을 배정하기로 했다. 그런데 현대예술진흥 관련부서와 이와 관련된 단체에서는 현대예술진흥 쪽에도 예산을 지급할 것을 요구하는 상황이다. A부서장도 현대예술 분야에 대하여 관심도가 높아지고 있고, 국민의 수요도 많으니 현대예술진흥 쪽에도 예산을 배정하여 각각 50억씩 나눠서 배정하라고 지시한 상황이다. 본인은 이 상황에서 어떻게 대처할 것인가?

1. 문제상황
   - 전통예술 민속촌 조성사업에 100억원 예산 소요 예상 VS 현대예술 침체 우려 반발+부서장 수정요구
2. 해결방안
   - 양 측에 서로의 입장을 전해 이해를 도움: 현대예술 측에 민속촌 조성사업의 필요성 설득. 전통예술단체 측에 현대예술 침체를 우려하는 목소리 전달
   - 공청회 개최: 전통예술단체 대표, 현대예술단체 대표, 양 측 전문가 참여. 양 측의 안건과 해결방안 사전 접수, 시민 설문조사, 유사한 사례를 조사한 후 공청회 실시
   - 단계적인 민속촌 조성사업이 가능한지 확인(예 3년 계획 ⇨ 1년차 50억, 2년차 30억, 3년차 20억=총 100억)
   - 단계적인 민속촌 조성사업이 불가능하다면, (즉, 한번에 100억을 모두 민속촌 조성사업에 투자해야하는 상황) 현대예술의 침체를 막을 방안 강구: 문화체육관광부와 협업하여 현대예술전시관 정부 차원에서 홍보도움, 현대미술관 이용료 정부 지원, 현대예술 측의 의견 반영하여 다음 예산 편성시 해당 분야에 지원

면접관 상급자를 어떻게 설득할 건가요?

응시생 객관적인 데이터가 중요하다고 생각합니다. 추진하는 해당분야 전문가 의견, 국민 선호도 설문조사 등 수치화, 공신력 있는 데이터로 보고서를 만들어서 설득하겠습니다. 그리고 상급자분은 저보다 경험도 많으시고 일처리의 노하우도 있으시니까 저와 다른 의견이라면 그러한 부분은 상관님 의견도 들어보겠습니다. 그리고 재설득하게 된다면 상관님께서 주신 의견의 내용을 조사하고 절충하고 수렴해나가면서 재설득을 해보겠습니다.

면접관 이해관계자 평가는 어떻게 할 것이며, 협의체는 어떻게 구성할 건가요? (정확한 질문이 기억이 안납니다.)

응시생 어느 한쪽으로 치우치지 않게 구성되어야 한다고 생각합니다. 협의체는 공정하고 중립적인 사람들로 비영리단체, 시민단체로 협의체를 구성해야 이해관계자들의 반발이 적다고 생각합니다.

면접관 사업을 진행하고 나면 사후평가라는 것을 해요. 그런데 예산이 들어갔는데 생각보다 수익이 안 날 수 있습니다. 그럴 때는 어떻게 할 건가요?

응시생 일단 예산을 투입해서 추진한 일이 성과가 안 나온다면 준비한 내부에서 실망도 하고 아쉬움이 있을 것 같습니다. 만약 100억 정도의 예산이 투입이 되었다면 저는 이런 사업은 단기로 끝나는 것이 아니라 중장기적인 사업이라고 생각합니다. (두분 다 뭘 적으심) 말씀대로 사후평가를 토대로 부족한 점을 검토해 개선하고 또 큰 규모의 예산이 들어갔다면 사업을 홍보하는 부분도 중요하다고 생각해서 홍보할 수 있는 방안을 찾아보겠습니다.

면접관 국민들에게 이 민속촌 관련하여 어떻게 홍보할 건가요?

응시생 저라면 SNS와 지자체 홈페이지를 통해서 먼저 다녀오신 분들의 후기 등을 광고 뒤에 짧은 소개영상이

나 댓글창으로 함께 홍보하겠습니다. 그럼 그걸 보시고 다른 분들은 참고도 하시기 좋고, 또 좋은 점이나 개선점 등은 나중에 사업을 보완할 때 고려할 수 있을 것 같습니다.

면접관 홍보방안을 말씀해주셨는데 지금처럼 비대면 상황에서 어떤 식의 홍보 콘텐츠를 제작하는 게 좋을까요?

응시생 저는 문제를 보고 한국관광공사에서 제작한 이날치&엠비규어스 댄스컴퍼니 홍보영상이 떠올랐습니다. 국악과 밴드음악을 믹스하고 재미있는 춤으로 우리나라를 소개하는 영상은 조회수도 높고 외국인에게도 인기가 많은 것으로 알고 있습니다. 이러한 것처럼 비대면 상황에 맞는 유튜브 등 채널을 통한 홍보를 짧은 분량으로 릴레이로 진행하면 많은 분들께서 재미있게 즐기실 수 있다고 생각합니다.

면접관 국민과 전문가가 설문조사할 때 생각이 다르게 나올 수도 있습니다. 그럴 경우 어떻게 할 건가요?

응시생 처음에는 각각 조사를 하겠지만 국민의 경우에는 결국은 국민을 대상으로 하는 사업이기 때문에 전문가분들의 의견을 추가해 객관적인 정보를 파악하시고 답하실 수 있도록 한번 더 설문조사를 진행하겠습니다.

해설과 이해

(1) 상 황
예술진흥사업을 위해 100억원의 예산이 편성됨. 민속촌 조성사업에 100억원 예산소요 vs 현대예술에도 예산 편성 요구. 어떻게 합리적으로 해결할 것인가?

(2) 핵심쟁점
1) 한정된 예산의 효율적 활용
2) 두 단체의 요구사항을 어떻게 합리적으로 수용할 것인가?
3) 예산활용에 대한 성과를 어떻게 도출해낼 것인가?

(3) 상황 이해 및 대책
1) 전통예술단체와 현대예술단체가 만나 서로의 입장을 이야기할 수 있는 자리를 만들고 민속촌 조성사업을 진행하되 서로 콜라보할 수 있는 방안을 찾아 원원한다면 예산을 공유하면서 민속촌 건립도 성공할 수 있지 않을까 싶다. 예를 들어 최근 유튜브에서 인기 있는 전통놀이나 춤을 현대화해서 인기를 얻은 예시를 들면서 새로운 시도를 해나가는 방식이다.
2) 즉, 전통예술과 현대예술을 분리하여 생각하기 보다는 창의 융합을 통해 새로운 콘텐츠를 만들 수 있어 이를 근거로 상대방을 설득해 가는 방식을 고려해볼 수 있겠다. 다만, 그 마당은 민속촌 내에서 콘텐츠를 만들고 공연을 하는 것으로 하면 서로 원원할 수 있을 것 같다.

기출과제 질문유형 모음[질문리스트 포함]

Q. 상관하고 본인의 의견이 다르면 어떻게 할 것인가?
Q. 설득의 자세 중 무엇이 중요한 것인가?
Q. 국민의 선호도와 전문기관의 의견이 다르다. 어떻게 해야겠는가?
Q. 전통 예술과 현대 예술의 상생 방안은?
Q. 예산의 배분과정에서 어떻게 갈등을 해결할 것인가? 어떤 과정을 거쳐 예산배분 결정을 할 것인가?
Q. 국민의 신뢰성을 높이기 위해 필요한 것은?
Q. 자료에 대해 신뢰하지 못한다면?
Q. 사업계획서를 작성하도록 한다고 했는데 어떤 내용을 적도록 해야하겠는가?

1. 직렬별 직무와 관련된 상황을 제시하면서 어떻게 해결할 것인가에 대한 문제해결역량을 평가한다.
2. 문제 파악이 가장 우선이다. 제시문을 꼼꼼히 읽어보고 상황을 이해해야 하며, 제시된 정보와 드러나지 않은 제시문의 배경까지 생각하면서 문제를 구조적으로 이해해야 한다.
   ⮕ 실제로 후기를 보면 문제를 제대로 이해하지 못해 압박을 받는 경우가 매우 많다.
3. 원인분석이 두 번째이다. 문제의 근본원인을 제시할 수 있어야 한다.
4. 구체적 해결방안 제시 ⇨ 해결방안은 합리적이고 공감할 수 있어야 하며, 다양한 해결방안을 생각해보고 창의적인 대안도 고민해보자.
   ⮕ 추상적이고 누구나 생각하는 일반적인 해결방안은 좋은 평가를 받지 못한다.
5. 설득방안 및 반대할 경우 대안 생각하기 ⇨ 해결방안에 대해 상관이나 관련 단체에서 반대할 경우 설득방안이나 대안을 마련해야 한다.
   ⮕ 개별 면접과제에는 기술하지 않지만 면접장에 들어가기 전까지 고민할 필요가 있다.
6. 직무상황형을 위해 정책을 공부할 필요는 없으며, 일반적인 상식수준에서 접근해서 풀어가야 한다.

Case 1. 면접후기-상황형 과제

본인은 A부처 기업지원정책 사업 담당 주무관으로서 수탁계약을 진행해야 한다. B라는 기업의 업무 담당자가 계약 협의를 위해 사전 면담을 요청해왔는데 알고 보니 그 업무 담당자는 A부처 전직 공무원이다. 사전 미팅을 업무적으로 할 수는 있지만 공정성의 문제가 발생할 수 있는데 어떻게 해결할 것인가?

- **상황**: 기업지원정책 대상인 B기업에서 사전 면담 요청이 들어왔고, B기업의 담당자는 퇴직 공무원임. 법령상 문제는 없으나 공정성 문제 우려됨.
- **나의 판단**: 다른 기업과의 형평성을 위해 사전 면담 거부
- **대처방안**
  ① 사실관계 조사-퇴직 공무원 관련 내부 규정이 있는지, 다른 지원 대상 기업이 있는지 조사
  ② 상사에게 보고-규정 관련 질의
  ③ B업체에 의견 전달-형평성을 근거로 면담이 불가능함을 통보, 다른 담당자와는 면담이 가능하다고 전달
  ④ 형평성 유지 노력-면담 진행시 다른 기업들에게도 연락, 사전 면담원할시 면담 진행
- **사후대처**
  ① 퇴직자가 관련될 시 사업 진행이 불가능함을 사전에 고지
  ② 해당 사례 매뉴얼화, 유사 사례 발생시 대응

면접관 판단기준으로 공정성을 써 주셨는데 공정성을 위해 조직에서 하고 있는 노력으로 아는 것이 있나요?

응시생 최근 시행된 '이해충돌방지법'에 대해 말씀드리겠습니다. 이전에 공직자가 직무 수행 중에 얻은 정보로 부동산 투기를 하는 등 논란이 된 바가 있습니다. 이를 방지하기 위해 이해충돌방지법을 제정하였는데, 여기에는 공직자의 신고 의무와 금지 및 제한 행위에 대해 규정되어 있습니다. 이를 통해 직무수행 중 발생할 수 있는 이해충돌을 방지하여 조금 더 공정한 직무수행을 보장할 수 있을 것으로 기대됩니다.

면접관 동료가 퇴직자에게 관련 정보를 달라고 한다면요?

응시생 저는 공정성을 이유로 거절할 것입니다. 이 경우 동료와의 갈등이 예상되는데, 그것을 극복하기 위해서 평소에 동료와 친분을 쌓고, 동료에게 공정성에 대하여 한 번 더 견지할 것입니다. 그럼에도 계속 정보를 요구한다면 상사에게 이야기하거나 부처의 윤리위원회에 제보하는 것을 고려하는 쪽으로 생각했습니다.

면접관 답변이 잘못되었다는 것이 아니라 현재 좋은 답변을 써주셨지만, 만약에 조직에서 "이건 아니다"라고 한다면 어떻게 대처하시겠습니까? 써 주신 부분 내에서 답변해 주셔도 괜찮습니다.

응시생 저는 그것을 수용하는 쪽으로 생각해 보겠습니다. 조직에서 상의하여 나온 결론이고, 조직 내의 상사는 저보다 전문성도 갖추고 있고, 경험도 더 많을 것입니다. 그렇기에 조직의 의견을 수용하겠다고 생각했습니다. 그러나 현저히 양속에 어긋나는 부분이 있거나 도덕적으로 문제가 있는 부분이 있다면 먼저 조직의 의견을 한번 더 들어본 뒤에 동료와 상의해보고 다시 한번 건의해보는 쪽으로 그렇게 생각했습니다.

면접관 B업체에 이미 정보를 제공한 상태에서 답변은 제공하지 않겠다고 써주셨지만, B업체와 면담했다 치고 다른 업체가 역차별이라고 반발한다면 어떻게 할 것인가요?

응시생 면담을 이미 한 상황이기에 일단 다른 업체가 반발하는 이유에 대해 확인하고 규정에 문제가 있다면 상사님과 상의해보고 규정을 변경하고자 노력하겠습니다. 그리고 다른 업체에도 면담을 제의해보고 수락한다면 면담을 진행할 것입니다.

면접관 이런 일의 재발을 막기 위해서 어떤 노력을 할 것입니까?

응시생 저는 퇴직하는 순간 퇴직 공무원의 준수 사항에 대해 다시 한번 교육하는 방안을 생각해 보겠습니다. 퇴직 공무원에게 본인의 의무에 대해 일깨워(당황해서 말을 더듬었습니다;;) 주기 위해 퇴직시 교육을 진행하는 방안을 생각해 보았습니다.

해설과 이해

(1) 문제의 핵심을 파악하는 것이 우선이다.
1) 나는 기업지원 담당 주무관
2) 계약 진행을 위해 B기업 담당자가 사전면담 요청
3) B기업 담당자는 A부처 전직 공무원
4) 사전미팅 업무적으로 가능하나 공정성 문제 발생 우려 상황

(2) 해결방안 예시
1) 우선 B기업 담당자인 전직 공무원이 사적이해관계자인지 여부를 확인해야 한다.
➡ 사적이해관계자란 가족 또는 퇴직 전 2년 이내에 같이 근무했던 사람인지 여부이다. 사적이해관계자인 경우는 신고하고 회피 신청해야 하며, 사적이해관계자가 아닌 경우에는 업무적 미팅은 가능하나 공정성 시비가 우려되므로 공정성을 확보할 수 있는 방안을 강구할 필요가 있다.
2) 공정성 확보 방안 예시: B기업에 담당자 변경 요청, 비대면 상담, 이메일을 통한 연락, 참여기업 전체 대상 미팅 및 정보제공 등

3) 정보제공은 모든 참여업체에 투명하게 진행하고 평가항목 및 절차, 평가결과에 대해서도 공개
4) 계획서 작성하여 상관에게 보고
5) 사후관리방안으로 퇴직자 접촉 절차 안내 매뉴얼 제작 배포, 관련 규정(이해충돌방지법, 퇴직자 사적접촉금지 등) 정리

➦ 이해충돌방지법상 공직자의 행위기준에 퇴직자 사적접촉 신고규정이 있다. 공직자는 직무관련자가 사적이해관계자임을 안 날로부터 14일 이내에 그 사실을 소속기관장에게 서면으로 신고하고 회피를 신청해야할 의무가 발생한다. 퇴직자 사적접촉 신고의무는 소속 기관의 퇴직자의 로비, 전관예우 등으로 인한 특혜 제공 등 공무원의 공정한 직무수행 저해 행위가 빈발함에 따라 전·현직 공무원 간 접촉과정을 투명하게 하여 퇴직자를 로비 수단으로 활용한 부패 통로를 차단하기 위함이다. 또한, 공무원이 퇴직자와의 부적절한 만남을 거절할 명분을 제공하여 맡은 직무를 공정하게 수행할 수 있는 공직환경 조성 필요에 따라 제정되었다.

기출과제 질문유형 모음[질문리스트 포함]

Q. 이 상황에서 충돌하는 공직가치는 무엇인가?
  └[후속질문] 이 상황에서 공정성과 충돌하는 공직가치는?
  └[후속질문] 그럼 효과성과 공정성을 조화할 방법은 무엇인가?
Q. 그렇다면 이 문제를 어떻게 해결할 수 있겠는가?
  └[후속질문] 미팅 말고 다른 방법은 없는가?
  └[후속질문] 상황을 미리 방지하려면 어떻게 해야 하겠는가?
  └[후속질문] 중립적인 입장의 타 부서 담당자 입회 아래 진행하겠다고 하였는데 이게 부처의 기밀 사항이 있을 수도 있고, 여러 문제가 발생할 수 있다. 그러면 어떻게 대응하겠는가?
  └[후속질문] 잘 봤는데 첫 번째 것은 사실 소극행정이다. 기업 측에서는 이러한 입장일 수도 있고, 만약에 이에 대해 민원을 제기한다면 어떻게 하겠는가?
  └[후속질문] 친한 사람이 정보를 좀 달라고 한다면?
  └[후속질문] 그러면 B업체에서는 자신들에게 불공정하게 했다고 불만을 제기할 것 같은데 어떻게 할 것인가?
  └[후속질문] 절차의 공정성을 어떻게 확보하겠는가?
  └[후속질문] 법령에 따르면 업무문제로 퇴직자를 만나는 것은 문제가 안되는데도 이렇게까지(담당자 교체 요청, 법령에 어긋나는지 다시 확인, 이해충돌방지법에 의거한 공직자윤리위원회에 신고) 하는 이유는?
  └[후속질문] 굳이 정보공개를 해야 하는 이유는?
  └[후속질문] 판단기준으로 공정성을 써 주었는데 공정성을 위해 조직에서 하고 있는 노력으로 아는 것이 있는가?
  └[후속질문] 귀하도 공직에 입직 후 시간이 지나 퇴직자가 될 수 있지 않은가? 퇴직 후 가정을 위해 돈을 벌어야 하는 상황의 귀하라면 이 상황에서 어떻게 할 것인가?
  └[후속질문] 퇴직자가 너무하다고 '절절하게' 호소하며 반발한다면?
  └[후속질문] 그런데 상사가 그 퇴직공직자랑 잘 알아서 좀 잘 봐주라고 한다면 어떻게 할 것인가?
  └[후속질문] 만약 경쟁업체에서 공정성 문제에 대해 반발한다면 어떻게 할 것인가?
  └[후속질문] 만약 B 기업을 전관예우 문제로 인해 선정하지 않았다. 이로 인해 B기업에서 역차별이라며 반발한다면 어떻게 할 것인가?
Q. 그런데 이런 일이 또 일어나면 안되지 않은가. 어떻게 하면 좋겠는가?
  └[후속질문] 사후대처 방안에 대해서도 답변해달라.

Case 2. 면접후기-상황형 과제

본인은 보호관찰소에서 치료명령대상자를 관리하는 담당자이다. A라는 치료명령대상자가 1년 동안 약물치료를 했는데 심리적 거부감과 어지러움증으로 약물치료를 거부하고 치료감호 중단 심사요구를 하고 있다. 상관은 재범우려와 형평성 문제로 반대하고 있다. 담당자로서 어떻게 대응할 것인가?

- 문제상황: 보호치료대상자 A가 약물 치료 중단을 요구하지만 치료를 중단할 경우 생기는 재범가능성과 형평성 문제 및 상관 설득 방안(대략 이런 식으로 적었던 거 같습니다.)
- 해결방안
  ① 보호치료대상자 A의 증상에 대한 자료 조사
    - A의 어지럼증 등 약물 부작용에 대해 전문가를 위촉하여 협조를 요청
  ② 약물 대체 방안 모색
    - 혹시 어지럼증을 조금 덜 느낄 수 있는 약물이 있는지 전문가에게 물어보고 만약 있다면 전문가나 상급자님께 그 약물을 써도 되는지 여쭤봄.
  ③ 심리적 거부감 해소 방안 모색
    - 약물 부작용 뿐만 아니라 심리적 거부감을 나타내고 있으므로 심리전문상담가에게 요청하여 심리치료를 하도록 함.
  ④ 재범가능성 및 형평성에 대해 대책 마련
    - 범죄심리전문가에게 재범가능성에 대해 협조 요청, A의 상태에 대해 객관적 자료를 제시해 형평성 문제 해결

면접관 상황형 해결방안을 보면 약물 치료를 중단하는 쪽도 아니고 중단 안 하는 쪽도 아니게 적었는데 어느 쪽인 것인가요?

응시생 네, 맞습니다. 일단은 제시문에 있는 것처럼 상급자님의 말씀대로 바로 치료중단을 한다면 재범가능성이 있고 형평성 문제가 있기 때문에 바로 치료를 중단하기 보다는 약물을 다른 것으로 대체할 수 있는지 방법을 알아보고 만약 대체할 수 있다면 대체하며, 재범가능성에 대해 조사하여 재범가능성이 낮다면 약물 치료를 서서히 중단해야 한다고 생각했습니다.

면접관 재범가능성을 어떻게 판단할 것인가요?

응시생 전문가들에게 여쭤보고 객관적 자료를 바탕으로 재범가능성을 판단할 거 같습니다.

면접관 본 제시문에서 가장 중요한 역량이 뭐라고 생각하나요?

응시생 저는 일단 공익성이라고 생각합니다. A의 기본권 문제도 중요하지만 만약 치료 중단을 해 버리면 재범가능성이 있어 공익이 침해될 수 있기 때문입니다.

면접관 (위의 질문과 다른 면접관님) A의 약물치료, 재범가능성, 형평성 중 가장 중요한 게 무엇이라고 생각하나요?

응시생 저는 공익성이 중요하다고 생각해 재범가능성도 중요하다고는 생각하지만 일단 A가 약물로 괴로움을 호소하고 있고 건강과 직결되는 문제기 때문에 일단은 일시적으로 A의 괴로움을 해소시키기 위해 노력한 후(좀 다르게 말했던 거 같은데 기억이 안 나요ㅠㅠ) 재범가능성에 대해 생각해 볼 거 같습니다. [약간 급한불부터 (A의 괴로움 해소) 끈다는 느낌으로 말했던 거 같습니다.]

면접관 상관과 의견이 다를 때는 어떻게 할 건가요?

응시생 일단 저보다 훨씬 경험이 많으시기 때문에 되도록 상급자님의 말씀을 따를 거 같지만 만약 제 의견이 정말 맞다고 생각된다면 제 의견이 맞다고 생각되는 이유를 객관적 자료를 통해 보고서 형식으로 작성하여 상관님께 보여드릴 거 같습니다.

MEMO

Case 2-1. 면접후기-상황형 과제

> - **문제 상황**
>   - 보호관찰 대상자의 인권 vs 상관의 이유 있는 반대
> - **해결방안**
>   ① 먼저, 대상자의 남은 치료 기간 확인 ⇨ 전문의에게 치료중단 여부 가능성 상담 후 상관 보고
>   ② if 치료 기간이 길게 남았을 경우, 정말 부작용이 있는지 확인, 전문의에게 약물 변경 요청 상담
>   다른 대상자들도 부작용을 겪는지 확인
>   ③ if 약을 바꿀 수 없다면 다른 심리치료 방법이 있는지, 해외사례나 국내 사례 찾아보기
>   ④ if 약을 바꾸고 싶은 게 아니라 중단하려고 반발
>   - 형평성을 들어 최대한 편의 봐주려는 것이라 설득
> - **사후 방안**
>   ① 계속해서 약 부작용 check
>   ② 심리치료를 다양하게 실시(대상자 학교 or 봉사활동)

면접관 대상자 인권과 상관의 이유 있는 반대. 요약을 잘하신 거 같아요. 해결방안에 대해 한번 말해보실래요?

응시생 네, 저는 먼저 대상자의 남은 치료 기간에 대해 알아보고 전문의와 상담하여 치료중단 여부에 대한 의견을 받아서 상관에게 보고서를 올리는 방법을 생각했습니다. 만약 치료 기간이 길게 남았다면 대상자가 정말 부작용을 겪고 있는지 확인하고 약을 바꿀 수 있는지 확인하겠습니다. 약을 바꿀 방법이 없다면 다른 심리치료 방법이 있는지 등을 해외사례나 국내 사례를 찾아보겠습니다. 그런데 약을 바꾸고 싶은 게 아니라 중단하려고 반발하는 것이라면 형평성을 이유로 들어 최대한 편의를 봐주려고 한다고 설득할 것이고, 사후 방안으로는 계속해서 약물 부작용을 확인하는 것과 약물치료를 원하지 않는다면 대상자만 모아놓은 학교에 보낸다거나 사람을 접촉하지 않는 봉사활동으로 대체하는 등의 다양한 방법으로 심리치료를 할 수 있게 하는 방안을 생각했습니다.

면접관 편의를 봐주려고 한다고 했는데 상관이 반대하면 어떻게 하려고요?

응시생 일단 정말 약 부작용이 있을 수도 있기 때문에 관련 전문의들의 도움을 받아 부작용이 사실이라면 의견을 받아 보고서를 작성해서 양해를 구할 것 같습니다.

면접관 상관은 계속 반대하는데 상관 말을 안 듣는 건가요?

응시생 아닙니다. 상관님이 무작정 반대하는 게 아니라 타당한 이유가 있기 때문에 듣지 않는다기보다는 상관님이 우려하는 것이 발생하지 않도록 대상자에게 상황을 설명하고 협조를 구하겠습니다.

면접관 상관의 뜻과 본인의 소신이 다르다면 어떻게 할 건가요?

응시생 흠, 좀 어려운 것 같습니다. 상관의 뜻이 불법적이지 않고 (도저히 더 이어나가기가 어려워서) 혹시 이 상황 말고 전체적으로 정리를 해도 될까요? (네~) 이런 상황이 관행이랑 연결될 수 있는 것 같은데요. 저는 관행을 따르게 되면 언젠가 문제가 생길 수도 있기 때문에 저 혼자라도 원칙대로 잘하면서 저의 신념을 주변에 말을 하고 다닌다면 좋은 문화를 형성시킬 수 있다고 생각합니다. (실제로는 더 좋게 답변했었던 것 같은데 잘 기억이 나지 않네요.ㅠㅠ)

면접관 피의자의 인권을 많이 생각하시는 거 같네요?

응시생 아닙니다. 저는 피의자들의 인권도 그렇지만 피해자를 더 우선시하는 편입니다. 사실 저는 이런 말을 해도 될지 모르겠지만 요즘 법이 범죄자들에게 유리한 추세로 가고 있는 것 같습니다. 범죄자는 누군가에게 피해를 준 사람인데 피해자의 억울함보다 범죄자의 인권이 더 중요하게 여겨지고 있는 점에서 안타까운 것 같다고 생각합니다.

해설과 이해

(1) 문제의 핵심을 파악하는 것이 우선이다.
  1) 나는 치료명령대상자 관리담당자
  2) A 치료명령대상자는 약물치료 중인데 심리적 거부감 / 어지러움증 호소하며 약물치료 거부 / 치료감호 중단 심사 요구
  3) 상관은 재범우려와 다른 치료대상자의 형평성 문제로 반대
     ➡ 치료명령대상자의 인권 및 건강 vs 재범우려 및 형평성 문제 제기
(2) 해결방안 예시
  1) 정신건강의학과 전문의의 진단과 감정 의뢰
     −부작용 검사 자료 확보
     −심리상담자료 확보
  2) 심리치료 프로그램 자료 확보
  3) 재범위험성 자료 확보(구체적으로 피의자 연령, 피의자 혼인관계, 최초 경찰 입건 연령, 성폭력범죄의 유형, 성폭력범죄의 횟수, 다른 폭력범죄의 횟수, 총 시설 수용기간, 수용기간 동안의 문제행동여부, 피해자 유형, 피해자의 나이, 피해자의 성별, 피해자의 수, 피해자와의 연령차이, 현저한 폭력사용 여부, 범행에 대한 책임 등) ⇨ 구체적인 내용은 몰라도 되며 대략적으로 제시하면 됨
  4) 판단에 필요한 자료 확보 후 상관에 보고
     −약물치료 중단이 불필요하다는 소견 접수시: A에게 전문의 소견내용을 설명하고 약물 변경 또는 단계별 약물 투여 방법 제시. 심리치료 병행(재범을 방지하고 사회복귀를 촉진한다는 목적을 다시한번 상기)
     −약물치료 임시 해제가 필요하다고 판단할 경우: 치료감호, 보호관찰, 전자발찌 부착 등 재범방지 대책과 결합하여 재범 방지 방법 강구 후 위원회에 상정하여 판단
  5) 향후 형평성 문제 제기에 대비하여 유사 사례에 대한 처리 절차 문서화하여 동료들과 공유
(3) 해결방안을 제시할 때에는 어떤 근거와 자료를 바탕으로 판단할 것인가와 문제점을 어떤 방식으로 해결할 것인가에 대해 합리적인 대안(방법)을 구체적으로 명시해야 한다. 그래야 상관을 설득할 수 있다.

> 성폭력범죄자에 대한 성충동 약물치료명령에 관한 규정이 치료명령 대상자의 신체의 자유 등 기본권을 침해하는지 여부(헌법재판소 2015.12.23, 2013헌가9)
> 성충동 약물치료는 성도착증 환자의 성적 환상이 충동 또는 실행으로 옮겨지는 과정의 핵심에 있는 남성호르몬의 생성 및 작용을 억제하는 것으로서 수단의 적절성이 인정된다. 또한 성충동 약물치료는 전문의의 감정을 거쳐 성도착증 환자로 인정되는 사람을 대상으로 청구되고 한정된 기간 동안 의사의 진단과 처방에 의하여 이루어지며 부작용 검사 및 치료가 함께 이루어지고 치료가 불필요한 경우의 가해제제도가 있으며 치료 중단시 남성호르몬의 생성과 작용의 회복이 가능하다는 점을 고려할 때, 심판대상조항들은 원칙적으로 침해의 최소성 및 법익균형성이 충족된다. 다만 불필요한 치료를 막을 수 있는

절차가 마련되어 있지 않은 점으로 인하여 과잉금지원칙에 위배되어 치료명령 피청구인의 신체의 자유 등 기본권을 침해한다.

기출과제 질문유형 모음[질문리스트 포함]

Q. 판단근거는 무엇인가?
└[후속질문] 판단자료는 어떤 것을 참고할 것인가?
└[후속질문] 그러면 이런 A의 상태를 진단하기 위해서 어떻게 하겠는가?
└[후속질문] 관련서적을 참조한다고 했는데 어떤 것이 있겠는가?

Q. 본 제시문에서 가장 중요한 역량이 뭐라고 생각하는가?

Q. A의 약물치료, 재범가능성, 형평성 중 가장 중요한 게 무엇이라고 생각하는가?

Q. 그러면 이 상황에서 지원자는 어떤 걸 중시하였는가?

Q. 그렇다면 이 문제를 어떻게 해결할 수 있겠는가?
└[후속질문] 만약에 치료를 중단하면 A에게 어떤 방식을 적용할 건가?
└[후속질문] 만약에 A가 정말 약물 치료를 받기 싫어서 거짓말로 치료중단을 요청한다면 어떻게 하겠는가?
└[후속질문] 만약 전문가들의 의견이 다 다르면 어떻게 할 것인가? 예를 들어 전문가 3명이 다 다르다면?
└[후속질문] 의사들이 혹시 소견서를 안 써준다며 협조를 안 한다고 하면 어떻게 요청할 것인가?
└[후속질문] 당사자 A가 진짜 약물로 인한 부작용이 있는지 없는지 확인해본다 하였는데 구체적으로 어떤 방법이 있겠는가?
└[후속질문] 당사자 A가 거짓말을 하는 것으로 판단됐을 때, 본래 받을 수 있었던 형사처벌을 받을수 있음을 경고한다고 하였는데 이에 대해서 민원을 제기하면 어떻게 할 것인가?
└[후속질문] 당사자 A가 거짓말로 증상을 말했을 때 본래 받을 수 있었던 형사처벌을 받게 될지도 모른다고 경고한다고 하였는데 어떤 방식으로 할 것인가?
└[후속질문] 여기 타 약물로 대체가 안될 시 건강을 이유로 들어 설득이라고 적어주었는데 어떻게 설득을 할 것인가?
└[후속질문] 재범가능성을 어떻게 판단할 것인지?
└[후속질문] 만약 재범가능성이나 이러한 일로 국민들의 여론이 좋지 않다면?
└[후속질문] 만약에 A에게 치료중단을 해준다면 다른 치료자들의 반발이 있을 텐데 어떻게 할 것인가?

Q. 해당 제시문에서 상사는 계속 복용하라고 명령하였는데 만약 본인의 생각과 상사의 생각이 다르다면 어떻게 대처할 것인가?
└[후속질문] 약물중단에 대해 상관이 반대한다면? 어떤 이유로 반대하겠는가?
└[후속질문] 그래도 상관이 반대한다면?

Q. 대상자가 치료약물에 대해 악의적으로 언론에 부정적 보도를 낸다면?
└[후속질문] 언론정정보도자료에 어떠한 자료가 필요하겠는가?
└[후속질문] 언론에서 악의적인 보도를 한다면? 뭐라고 낼 것 같은가?
└[후속질문] 언론에서 본인이 하겠다는 걸 반대하면서 논란이 되고 있다. 이때 어떻게 해결할 건가?
└[후속질문] 만약에 A의 약물치료를 중단했는데 그럼 다른 사람들이 반발을 하거나 문제제기할 수 도 있는데 이런 경우는 어떤 문제가 있겠는가? 또 언론에서 이걸 안좋게 보도하면 어떻게 하겠는가?

Case 3. 면접후기 - 상황형 과제

본인은 외국인체류 담당 주무관이다. 외국인 남자 A와 한국인 여자 B는 부부사이다. A는 2년 전 상습도박 범죄로 1년의 형을 살고 만기 출소했다. 후속조치로 강제퇴거 심사중이다. B는 두 명의 아이가 있고 한국에서 아이를 키우고 싶어 선처를 바라고 있다. 상급자 X는 엄정한 체류질서를 위해 A의 강제퇴거에 찬성하고 있다. 담당자로서 어떻게 대응할 것인가?

- ■ 나의 선택: 1년 실형 후 도박 유무에 따라 다른 대처 방안. 예외규정 마련 검토.
- ■ 대응 및 사후방안
  - 경찰, 보호관찰소의 협조로 1년 실형 후 도박 유무 판단
    - └ 도박 또 했을 시, 1회 경고 후 적발시 강제퇴거. 경고 후 그가 경제적 어려움 때문에 자포자기와 같은 심정으로 도박했다면 외국인근로자지원센터 취업 교육 등 프로그램 소개
    - └ 도박 안 했을 시에도 우선 경제력 파악. 경제 상황이 어렵다면 A에게 상단의 제도 소개 ⇨ 만약 A가 범죄 전적이 있어 취업이 당장 어렵다면 배우자 B에게 고용노동부 일자리지원제도 소개 ⇨ B가 취업해서 A가 아이 돌봐야 할 시, 여성가족부 산하 다문화가족지원센터 내 육아, 양육 프로그램 소개
  - 지속적인 모니터링 통해 A의 도박 유무 확인. 대신 사전에 또 적발되면 당장 강제퇴거라고 미리 경고
  - 살인·방화 등의 중범죄가 아니고, 경제 상황 어렵고(예 월 소득 50만원 이하), 국내에 부양가족 있을 시 강제퇴거 보류 등 예외 규정 마련 검토

면접관 이런 상황에 어떻게 대처할 것인지 말씀해 주세요.

응시생 (위에 쓴 답변 그대로 이야기하였습니다.)

면접관 혹시 이 상황형 과제를 언제 받으셨나요?

응시생 아까 과제 작성할 때 받았습니다.

면접관 근데 어떻게 이렇게 잘 알고 적었어요?

응시생 다행히 제가 공부한 것들과 연관 지을 수 있어서 활용하여 적었습니다.

면접관 9급이라 상관이 강제퇴거하라고 하면 따라야 해요. 그러면 어떻게 하실래요?

응시생 상관님이 그렇게 지시 내리신 이유가 있을 것이기에 강제퇴거 명령에 따를 것입니다. 하지만 남겨진 가족을 위해 강제퇴거 전 A에게 이별할 수 있는 충분한 시간을 주고, 배우자 B에게 일자리 지원제도를 바로 연계해 줄 것입니다. 그리고 B가 일을 하면 아이를 돌볼 사람이 없을 것입니다. 인천공항이 있는 영종도에는 출입국외국인지원센터라는 곳이 있습니다. (출입국관리직 면접관님이 고개 끄덕이며 "맞아요. 그런 제도 있어요."라고 하셨습니다.) 그 센터에서 난민신청자와 인정자에게 영·유아 보육 또한 지원하고 있습니다. 물론 난민은 아니지만 B의 자녀들이 해당 지원을 받을 수 있는 방안 또한 모색할 것입니다.

면접관 본인이 상황형에 쓴 방법들대로 다 했는데 결국엔 강제퇴거 하기로 결정이 났어요. 그런데 언론이 이 사연에 대해 보도했어요. 어떻게 대처하실 건가요?

응시생 강제퇴거 전 제가 취한 노력을 상세히 설명할 것입니다. 그리고 법과 원칙에 따라 강제퇴거를 하지만 남겨진 가족에게 지원할 제도들 또한 강조할 것입니다. 즉, 법과 원칙을 준수하되 인권도 중시하는 국가 이미지를 강조하겠습니다.

면접관 언론에서 해당 사건과 관련해서 인터뷰 신청이 들어왔어요. 요청에 응할 건가요?

응시생 응할 것입니다. 인터뷰에 응하지 않으면 또 안 응했다고 보도가 나갈 것이기 때문입니다. 오히려 본 인터뷰를 저희가 그들을 위해 지원했던 방법들을 어필할 수 있는 기회로 삼겠습니다.

면접관 실제로는 언론에 응하면 안돼요. 기관 내에는 언론을 담당하는 부서가 있어요. 해당 부서로만 얘기가 나가야 해요. 담당자와 해당 부서의 이야기가 달라 버리면 또 다른 문제가 생기거든요. 그래서 담당자는 인터뷰 요청이 들어오면 "저희는 법과 원칙에 따라 일을 처리하였습니다."라고만 얘기하고 바로 상관에게 보고만 하면 돼요. 이건 실무적으로 말씀드리는 거예요.

응시생 아, 네. 알겠습니다. 그렇게 처리하도록 하겠습니다.

MEMO

Case 3-1. 면접후기 - 상황형과제

Ⅰ. 사례요약

한국인 아내 B: 상습도박으로 징역 1년의 형기를 마친 외국인 남자 A의 선처 요청

상급자 X: 엄정한 체류질서의 유지를 위해 A의 강제퇴거

Ⅱ. 쟁 점

상습도박이 외국인 A의 강제추방 요건에 해당되어 강제추방이 가능한지

Ⅲ. 나의 대처: 외국인 A의 구제방안 탐색

(1) 강제추방의 요건 검토, A의 체류자격 확인

(2) 정상참작 사유가 있는지 확인

　　1) 판결문 분석

　　2) 납세이력 확인(국세청 협조)

　　3) 근무했던 회사 등에 근무평정 자료 요청

(3) 정상참작 사유가 있다면? - 상관게 설득

(4) 정상참작 사유 없다면? - 체류기간 단축 후 서약서, 사회봉사계획서 제출요구

면접관 구체적으로 어떻게 대처를 하겠다는 것인가요? 처벌을 하겠다는 것인가요, 안하겠다는 것인가요?

응시생 처벌은 하되 정상참작 사유를 고려해서 처벌은 최소화하고 외국인 A를 재사회화 하는 방향으로 생각했습니다.

면접관 대처방안 쓸 때 무엇을 가장 중요하게 생각했나요?

응시생 한 가정의 평온을 국가가 보장해줘야 한다는 것을 중점적으로 생각해보았습니다.

면접관 가정의 평온 보호. 그렇다면 충돌될 수 있는 다른 문제가 있을 텐데요?

응시생 다른 체류자와의 공정성 문제가 있을 수 있다고 생각했습니다.

면접관 정상참작 사유를 고려한다고 했는데 정상참작 사유가 없다면 어떻게 할 것인가요?

응시생 정상참작 사유가 없다면 체류기간을 단축하는 등의 보다 가벼운 처벌을 먼저 실시하고 다시는 관련 범죄를 저지르지 않겠다는 내용의 서약서, 그리고 사회봉사계획서를 제출받을 것입니다. 그런데 상습도박임에도 불구하고 징역 1년형을 받은 것을 보면, 법원에서 판단을 할 때 정상참작사유가 있었다고 생각이 듭니다. 그래서 관련 판결문을 우선 입수를 해서 분석을 상세하게 해보아야 할 것 같습니다.

면접관 상관이 자신의 의견에 반대한다면요?

응시생 제가 설득을 한 번 드렸는데도 반대를 하신다면 상관께서는 저보다 경험이 많으신 분이기에 상관의 의견을 존중하겠습니다.

면접관 상관이 그래도 자신의 생각을 강요한다면요?

응시생 상관께서 강요하시는 것이 제가 생각하기에는 상관께서 제게 따끔한 조언을 주시는 것으로 생각합니다. 상관께서 말씀하실 때 이유를 여쭤보고, 그 이유가 적법하다거나 정당하다고 생각이 들면 상관의 의견을 따르겠습니다.

면접관 인권단체에서는 외국인 인권 관련문제로 공무원의 대응에 반대의견을 보내는 경우가 많습니다. 이런 경우 어떻게 해결할 것인가요?

응시생 이번 사례의 경우, 다시는 범죄를 저지르지 않겠다는 서약서와 사회봉사 계획서를 외국인 A에게 제출을 받았기 때문에 이 자료들을 가지고 A에게 한 번 더 기회를 주는 것이 어떻겠느냐는 설득을 해볼 것 같습니다.

면접관 언론에서 이에 대해 부정적인 보도를 한다면요?

응시생 우선 기사의 내용에서 사실관계를 먼저 파악하고, 잘못된 부분이 있으면 정정보도 청구를 하겠습니다. 정정보도 청구를 했음에도 변함이 없거나 국민 여론이 좋지 않게 되면, SNS채널을 활용하여 "사실은 이렇습니다"라는 제목의 카드뉴스를 제작하고 배포하겠습니다. 그럼에도 해결의 실마리가 보이지 않는다면 언론중재위원회에 중재 요청을 하겠습니다.

해설과 이해

(1) 문제의 핵심을 파악하는 것이 우선이다.
   1) 나는 외국인 체류담당 주무관
   2) A는 상습도박 범죄로 실형을 받고 만기 출소(규정상 강제퇴거 대상자)
   3) A에게는 한국인 아내 B와 두 명의 아이가 있고 B는 선처호소
   4) 상급자 X는 엄정한 질서유지를 위해 강제퇴거 찬성입장
   ➡ 규정대로 강제퇴거 조치 한다고 하면 이런 상황형 문제는 필요 없을 것이다. 규정을 지키되 상황을 고려한 다른 처리방안이 있는지를 충분히 검토하여 상관을 설득하고 공익실현 자세가 되어 있는지를 보고자 함이 핵심이다.

(2) 해결방안 예시
   1) 규정검토
      - A의 체류자격 및 범죄이력 검토
      - 강제퇴거 기준에 대한 검토
      - 정상참작 사유에 대한 검토
      - 판결문 분석
   2) 선량한 풍속을 현저히 저해하고 도박장 개설이나 패거리 폭력사범 연계, 보이스 피싱 등 중범죄와 연계된 경우라면 당연 강제퇴거 조치
      - 강제퇴거 할 수 밖에 없는 상황이라면 가족 경제상황을 고려하여 생계 지원방안 검토
   3) 자국민들과 상습도박한 경우라면 A의 재범위험성, 개선의지, 가정환경 등을 고려하여 판단
      - 도박치유 프로그램 참여 및 서약서
      - B와 주변인의 선처 요청 탄원서
      - 가정환경 및 경제적 상황 조사 ➡ B가 강제퇴거시 생계유지 여부, 자녀 관계 등
      - 교정본부에서의 수용자 기록
      - 사후 모니터링 계획
   4) 강제퇴거 심사위원회에 상정하여 자료 보고 후 판단요청(독자적인 판단이 아님을 확인하기 위한 근거가 됨)
   5) 다른 유사 범죄 외국인과의 형평성과 법적 안정성을 위해 사건 처리 결과에 대해 모델링하여 교육자료로 활용
   6) 사례가 악용되지 않도록 판단 근거와 결과에 대해 언론에 공개

(3) 해결방안을 제시할 때에는 어떤 근거와 자료를 바탕으로 판단할 것인가와 문제점을 어떤 방식으로 해결할 것인가에 대해 합리적인 대안(방법)을 구체적으로 명시해야 한다. 그래야 상관을 설득할 수 있다. 공무원으로서 적극성, 책임성은 비록 힘들고 귀찮지만 이와 같이 국민 한 사람 한 사람을 배려하는 자세에서 확인될 수 있다.

　● 금고 이상의 형을 선고받은 외국인은 출입국관리법에 따른 강제퇴거 대상자이다(출입국관리법 제46조 제1항 제13호).

　　⇨ 금고 이상의 형이란 금고, 징역, 사형 등의 실형 및 집행유예를 말한다.

　　법에 의하면 금고 이상의 형벌을 받은 자는 강제퇴거를 '시킨다'가 아니고 '시킬 수 있다'라고 되어 있다(강행규정이 아니라 임의규정으로써 재량행위에 해당).

　　이 말은 강제퇴거가 의무적인 것이 아니라 권한 있는 관청의 재량이 발휘될 여지가 있다는 의미이다. 즉 강제퇴거 당할 수도 있고 그렇지 않을 수도 있다. 다만 현실을 보면 외국인이 국내에서 금고, 징역형 실형을 선고받으면 복역시킨 후 강제추방하고 집행유예를 받으면 바로 강제추방시킨다. <u>인도적인 사유가(결혼 등) 있는 경우 추방이 안되는 경우도 있다.</u>

　　추방이 되면 입국금지 조치가 내려진다. 입국금지 조치는 일반적으로 5년이며 입국금지 기간도 의무조항이 아니라서 권한 있는 기관의 재량에 의해 법위반 정도, 국가의 안전, 이익 등을 종합적으로 고려하여 탄력적으로 결정된다.

기출과제 질문유형 모음(질문리스트 포함)

Q. 배우자가 지속적으로 선처를 요구하는데 무엇을 해야 하는가?
　└[후속질문] 왜 그렇게 확인을 해야 하는가? 그냥 선처해주면 안되는가?
Q. 다른 사람들도 똑같이 선처를 요구하고 안 해주면 언론에 제보하려고 하면 어떻게 하겠는가?
Q. 부양해야 할 가족도 있는데 이 사람에게만 퇴거조치를 면제하는 것은 어떤가?
Q. 그러면 본인은 선처 입장인데 상사는 강제퇴거 입장이다. 어떻게 할 것인가?
　└[후속질문] 관련 시민단체가 강제퇴거 반대를 한다면 어떻게 할 것인가?
　└[후속질문] 범죄자에게 퇴거조치를 하는 이유는 무엇일까?
　└[후속질문] 그러면 만약에 도박이 아니라 중범죄를 저질렀다면 어떻게 해야하겠는가? 이렇게 하나하나 고려한다면 법적안정성이 깨질 위험이 있지 않겠는가?
　└[후속질문] 그러면 상사가 반대할 때는 어떤 자료들을 바탕으로 설득하는 게 좋겠는가?
　└[후속질문] 규정 중에 예외 규정이 있겠지만 그런데도 상관이 자신의 의견에 반대한다면?
Q. 그렇다면 이 문제를 어떻게 해결할 수 있겠는가?
　└[후속질문] 재범가능성을 어떻게 판단할 것인지?
　└[후속질문] 만약 재범가능성이나 이러한 일로 국민들의 여론이 좋지 않다면?
　└[후속질문] 보호관찰처분을 내리고 강제퇴거를 한시적 유예를 한다고 했는데 왜 그렇게 판단했는가?
Q. 언론에서 부정적 보도를 낸다면?
　└[후속질문] 언론에서 법대로 집행하라고 한다면 어떻게 하겠는가?
　└[후속질문] 언론이 맥락 없이 안 좋게 보도한다면? 그렇게 대처를 했는데 기자들이 실형을 선고받은 A를 강제퇴거 하지 않고 있다는 비난을 주제로 하는 언론보도를 냈을 경우, 본인은 어떻게 하겠는가?

Case 4. 면접후기 – 상황형 과제

본인은 A부처 정보시스템 구축 담당 주무관이다. 업무적체가 심해져 인력부족과 업무과부하로 직원들의 사기가 떨어진 상황이다. 상관은 직원 사기 진작을 위한 방안을 검토하라는 지시를 내렸다. 현재 A부처에서는 X시스템을 사용하고 있고, B부처는 Y시스템을 사용 중이다. 효율성이 검증된 B부처의 Y시스템 도입을 상관이 지시했다. A부처는 Y시스템은 성격이 다르고 인력이 부족하고, 적응기간이 필요하다는 등으로 Y시스템 도입을 반대하고 있는 상황이다. 담당자로서 어떻게 대응할 것인가?

- **문제상황**
- **해결방안**
  1. X, Y시스템 비교분석 진행(Y시스템 적용되는 업무, B부처 직원들의 평가, 전문가의 의견 등 이런 내용에 대해 썼습니다.)
  2. 효율성 제고를 위해 시스템 도입은 필요 그러나 이로 인해 발생되는 문제(일부 직원들의 반발)는 해결 ⇨ 테스팅 거친 후 보완 필요
  3. 시스템이 도입되어도 되는 업무부터 순차 도입
- **사후방안**: 다른 부처들을 위해 사례집 제작, 사기 증진을 위하여 콘테스트 진행, 추후 부작용 위해 B부처 전문가에게 자문하기

면접관 무슨 자료를 조사할 것인가요?

응시생 저는 일단 X, Y시스템에 대해 비교 분석이 필요하다고 생각합니다. 일단 A, B부처의 업무 성격이 다르다고 했으니 Y시스템이 현재 B부처의 어느 업무에서 사용되고 있는지 조사하겠습니다. 그리고 처음 도입됐을 때 효율성은 어떠했는지 B부처 직원들의 만족도 조사도 하겠습니다.

면접관 효율성을 어떻게 높일 것인가요? 적체를 해결한 것인가요? (시스템 교체 관련된 것 말고)

응시생 저는 업무의 적체가 생기는 이유를 생각해봤을 때, 직원들의 일하는 방식에 있어서 문제가 있을 수 있다고 생각합니다. 그래서 저는 비슷한 업무를 하는 다른 부처를 찾아서 그 부서가 일하는 방식을 알아보겠습니다. 그리고 그 부처의 일하는 방식을 가이드라인으로 만들어서 직원들에게 배부할 것 같습니다.

면접관 시스템 홍보하는 방안은요?

응시생 직원들의 사기를 증진시키는 방안으로 사후 방안에 써 둔 내용인데 저는 콘테스트를 열까합니다. Y시스템을 쓰고 업무에 어떻게 적용하고 어떠한 효과를 냈는지 후기를 제출하여 콘테스트를 열고 소정의 상품도 준다면 직원들에게 홍보가 되지 않을까 생각했습니다.

면접관 예산낭비라는 악의적인 보도에는 어떻게 할 것인가요?

응시생 이러한 악의적 보도는 국민들에게 잘못된 정보를 주어 신뢰를 잃어버릴 수 있기 때문에 저는 정정보도를 요청하겠습니다. 일단 X시스템을 썼을 때의 업무효율, Y시스템을 썼을 때 업무효율을 조사하고 이를 비교하는 객관적인 자료를 만들어서 언론에 제출하겠습니다.

면접관 불만을 어떻게 진정시킬 건가요? (반대하는 직원들에게 어떻게 할 것인가? 이런 질문이었는데 기억이 안 나요. 대답은 기억나는데 ㅠㅠ)

응시생 B부처의 시스템 전문가를 초빙해서 지금 저희가 있는 킨텍스 같은 곳에서 설명회를 열겠습니다. Y시스템의 사용 방법들을 직원들에게 알려준다면 직원들이 보다 쉽게 이해하고 적용할 수 있을 것이라고 생각합니다.

면접관 후속 조치로는 무엇이 있을까요?

응시생 일단 A, B부처의 업무 성격이 다르기 때문에 시스템 도입에 따른 부작용이 생길 수 있다고 예상했습니다. 그래서 B부처의 시스템 전문가에게 기술에 대한 자문이 필요할 것 같습니다.

면접관 사기를 증진시키는 방법에는 무엇이 있을까요? 시스템 관련해서가 아니라 그냥 전체적으로요. (앞에서 콘테스트 얘기를 해서 그거 빼고 말하라고 하셨어요.)

응시생 터무니 없는 얘기지만 직원들끼리 워크숍을 가는 것은 어떨까 생각해보았습니다. 이러한 행사를 하면서 직원 간의 의견 대화도 나누고 그런다면 팀워크도 다지고 사기가 증진될 것 같습니다. (대답이 뭔가 개운치는 않았던 것 같습니다;;)

해설과 이해

(1) 문제의 핵심을 파악하는 것이 우선이다.
  1) 나는 정보시스템 구축 담당자
  2) A부처 직원들은 인력부족과 업무과부하로 사기가 떨어진 상황
  3) 상관은 사기진작 방안 마련 지시: A부처 X시스템 사용 중. B부처 Y시스템은 효율성이 검증되어 Y시스템 도입 지시
  4) A부처 직원들은 Y시스템 도입시 적용과정이 필요하고 오히려 업무혼선을 우려하며 반대
  ➡ 새로운 변화를 시도하는 과정에서 직원들을 어떻게 설득하면서 업무효율화와 사기진작을 이루어 낼 수 있을 것인가에 대한 문제해결역량을 보고자 함이다.

(2) 해결방안 예시
  1) 첫 번째로 현황파악이 중요
    −X시스템과 Y시스템의 비교 분석(문제점 / 장단점 등)
    −Y시스템을 A부처 업무에 적용 가능성 및 업무효율화 정도 분석
    −A부처 업무에 대한 분석(예 핵심업무 / 부가업무 / 불필요 업무 등 구분. 시간이 많이 소요되는 업무 등은 전산화하여 업무부하 감소)
    −B부처에서의 Y시스템 도입 초기 문제해결 노하우 상담
  2) 대책안 마련(대책안은 예시용임)
    −Y시스템 단계별 적용방안 마련(1~3단계로 나누어 시행. 1단계는 부서 직원 중에서 1~2명의 대표를 선발해서 T / F 구성하여 업무 적용방안, 교육방안 마련. 2단계는 대표직원이 해당부서원을 교육하고 전파. 3단계는 적용과정에서의 문제점을 취합하고 개선하는 과정)
    −Time schedule 마련: 단계별 충분한 시간을 확보하도록 하여 적응시간 부여
    −Y시스템 교육계획 마련: 기존 X시스템과 공통되는 부분을 최대한 살리고, 쉽고 빠르게 적응할 수 있도록 실무적용 위주의 교육

－A부처 전 직원을 대상으로 Y시스템 도입 필요성에 대한 프리젠테이션 실시

   3) 성과평가: 단계별 우수자 / 우수 부서에 대해 선별 후 포상 실시(부서 간 경쟁을 유도함으로써 Y시스템이 조기에 도입될 수 있음)

   4) 교육 / 적용 단계에서 피드백 및 시스템 수정에 대해 즉각적인 커뮤니케이션 루트 확보

   5) Y시스템 적용 완료 후 직원들로부터 Y시스템 사용에 대한 평가 설문조사

(3) 해결방안을 제시할 때에는 직원들의 반발을 최소화하고 인력 / 예산 문제 등을 고려하여 체계적인 실행계획 방안을 제시함으로써 문제해결역량을 보여주는 것이 중요하다. 작성 사례에서와 같이 부서원 대표를 선발해서 T / F를 구성하여 업무를 분석하고 교육하고 그 부서원이 해당부서 전체를 책임지고 교육할 수 있는 방안 등이다. 목적이 업무효율화와 사기진작이므로 업무분장에 대한 분석과 불필요한 업무는 줄여주고 전산화하여 부하를 줄여주는 방안을 고려하는 것도 필요하다. 또한 새로운 시스템 적용에 불만이 많을 수 있기 때문에 신속하고 즉각적은 피드백 시스템을 마련하여 대응해야 직원반발을 줄이고 빠르게 적응 기간을 줄일 수 있다.

기출과제 질문유형 모음(질문리스트 포함)

Q. 무슨 자료를 조사할 것인가?

Q. 그렇다면 이 문제를 어떻게 해결할 수 있겠는가?

   └[후속질문] Y시스템 적용할 때 팀원들을 어떻게 설득할 것인가?

   └[후속질문] Y를 적용했는데 여전히 그 시스템을 따라오지 못하거나 싫어하는 팀원이 있다면 어떻게 이들의 효율성을 끌어올릴 것인가?

   └[후속질문] Y를 도입했는데 기대효과가 나지 않았다. 팀원들의 사기 또한 떨어졌는데 어떻게 할 것인가?

   └[후속질문] 만약에 정말 실패했다면 본인은 그 원인을 무엇이라고 판단할 것인가?

   └[후속질문] 이러한 상황에서 기존의 직원들이 반대하면 어떻게 할 것인가?

   └[후속질문] 그렇다면 시스템을 바꾸는데 직원들이 정말 힘들어 한다. 어떻게 할 것인가?

   └[후속질문] 구체적으로 어떤 점을 강조할 것인가?

   └[후속질문] 어떻게 홍보할 것인가?

   └[후속질문] 그러면 직원들의 부담을 줄이기 위하여 인센티브를 시행하려고 한다. 어떤 것들이 있겠는가?

Q. 시민단체 등에서는 세금낭비 등을 이유로 반발하고 있고, 언론에서는 부정적인 기사를 내고 있다. 어떻게 할 것인가?

MEMO

Case 5. 면접후기-상황형 과제

> 본인은 A부처 가축방역 담당주무관이다. B질병은 가축분뇨를 매개체로 하여 전염되는 질병이다보니 반출 및 이동이 금지되어있다. 축산업 관계자들은 가축분뇨 보관에 한계왔다며 규제 해제를 요청하고 있다. 또한 지역주민들도 악취 및 수질오염을 우려하여 규제를 반대한다. 담당자로서 어떻게 할 것인가?

- ■ 요약: 가축분뇨를 매개로한 전염병으로 이동이 금지 ⇨ BUT, 농가는 매일 나오는 분뇨 처리 힘듦 / 지역주민은 악취와 수질오염 심함을 이유로 지속적 민원 및 완화 요청
- ■ 해결방안
  1. 농림부 축산과 등 관련 부서에 협업 요청하여 전염병의 위험도 및 전염성의 정도 사실관계 확인 ⇨ 위험도가 낮다면 관련 규정에 따라 완화 조치
  2. 위험도가 높다면 ⇨ 완화조치시 인근지역에 피해 우려 ⇨ 전문가 및 민간업체 및 관련 부처와 협업하여 분뇨를 소독하여 퇴비로 쓸 방법 강구 ⇨ 자원의 재순환 촉구
  3. 관련 약품 만드는 시간이 필요시 ⇨ 문제원인은 분뇨처리공간의 부족 ⇨ 인근유휴지 활용해서 매립
  4. 소독 후 퇴비생성하여 인근 주민들에게 저렴한 가격만 받고 공급 ⇨ 배상금문제해결
- ■ 사후해결방안
  1. 혹시나 모르는 전염을 막기위해 방역조치를 강화
  2. 사후 유사상황시 대응방안 매뉴얼화
  3. 분뇨를 통한 메탄가스 신재생에너지 활용 ⇨ 기계는 병이 전염 × ⇨ 관련 연구소 및 민간업체에 저렴한 가격으로 팔거나 혹은 기부하여 배상금마련검토

면접관 이제 상황형으로 넘어갈게요. 기억나시죠? 요약해주세요.

응시생 네, 그 분뇨를 매개체로 하는 전염병으로 이동금지가 내려졌는데 농가에서는 매일나오는 분뇨를 감당할 공간이 없다고 하고, 인근 주민들은 분뇨로 인한 악취와 수질오염 등을 이유로 완화 및 민원을 지속적으로 제기하고 있는 상황입니다.

면접관 해결방안은요? (참고로 상황형 적을 때 창의적인 아이디어가 생각 안나서 일단 대충 적고 준비시간 동안 떠올라서 거기서 추가해서 말씀드렸습니다.)

응시생 네, 저는 일단 사실관계부터 확인하겠습니다. 우선 농림부 축산과 등의 관련 부처에 질의하여 해당 전염병의 전염성과 위험도를 체크하고 그 규칙에 따라 완화가 가능하다면 완화를 조치할 것 같습니다. 하지만 제가 제시문을 읽어봤을 때는 위험도가 큰 상황인 것으로 짐작했습니다. 하여 완화가 불가하다면 인근 주변지역 피해를 막기 위해 완화를 하지 않을 것입니다. 대신에 민간업체나 관련 전문가와 함께 분뇨를 소독하여 퇴비로 쓸 수 있는 방안을 물어보고 적용하겠습니다. 바로 된다면 좋겠지만 만약에 약물을 만드는데 시간이 일부 걸린다고 하는 상황이 올 경우 저는 일단 인근 유휴지를 활용해서 분뇨처리공간을 마련하고 매립하여 악취를 좀 줄이는 방안을 택할 거 같습니다. 이후 소독처리가 되고 퇴비가 된다면 농가나 지역주민들께 퇴비의 일부금액만 저렴히 받아서 배상금금액을 좀 낮추도록 하겠습니다. 사후 해결방안으로는 향후 유사 문제가 발생하지 않도록 대응방안 규칙을 제정하여 매뉴얼화를 우선 할 것이고, 두번째로는 제가 얼마전 신재생에너지에 대해 공부한 적이 있습니다. 그중에 가축의 분뇨로 발생되는 메탄가스는 전기와 함께 각광받는 에너지 자원이어서 해외의 경우 지원금액과 연구를 아끼지 않는다고 본적이 있는데요. 우리나라는 해외에 비해 투자도 낮고, 관련규제도 제대로 마련되지 않아 발전이 더뎌진다는 내용이었습니다. 기계에는 전염이 되지 않으니 가축분뇨를 연구

기관이나 민간기업에 신재생에너지사업일환으로 기부하거나 혹은 조금 저렴하게 되팔아 수익을 창출하며 신재생에너지사업의 발전과 주민 배상금마련을 하고 싶습니다.

면접관 언론이 부정적인 보도를 한다면 어떻게 할 건가요?

응시생 언론이 부정적인 보도를 한다면 사실관계를 확인한 후 오보에 대한 정정을 요청드리겠습니다. 하지만 정정이 되지 않아 국민들의 신뢰가 하락한다면 법적인 규제를 통한 제재 및 고소를 할 것입니다. 그러면서 한편으로 제 담당부처 SNS를 활용하여 언론보도가 사실이 아니라는 것을 알려서 신뢰도 회복을 복구할 노력을 할 것입니다.

면접관 이렇게 했는데도 주민들이 반발하면 어떻게 대처할 건가요? 막 집단 반발 시위를 한다면요.

응시생 우선 담당자인 제가 직접 가서 주민들의 의견을 들어볼 것 같습니다. 당신들의 요구를 무시하는 것이 아니라는 인상을 심어주고 그들이 얘기하는 요구사항에 대해 점검하고 도와줄 수 있는 부분을 도와주도록 하겠습니다. 우선적으로 앞서 말씀드린 해결방안인 퇴비를 저렴하게 공급하겠다는 말씀도 거기서 드릴 것 같습니다.

면접관 그렇게 했는데도 계속 반발하면요?

응시생 아, 제 생각엔 그렇게 하더라도 계속 반발하시는 거라면 퇴비의 선택권이 아니라 보상금을 더 받고 싶은 것으로 생각됩니다. 그렇다면 퇴비를 저렴하게 공급받을 사람과 안 받을 사람 신청을 받은 후에 배상금 규모를 구간별로 정해서 선택 안하신 분들은 온전히 배상금만 드리도록 하는 게 좋을 거 같습니다.

해설과 이해

(1) 문제의 핵심을 파악하는 것이 우선이다.
  1) 나는 가축방역담당 주무관
  2) 가축분뇨를 매개로 한 전염병 차단을 위해 가축분뇨의 반출 및 이동금지 중
  3) 축산관계자: 가축분뇨 보관에 한계로 규제 해제 요청
  4) 지역주민: 악취 및 수질오염 우려로 규제 해제 요청
  ➡ 전염병 확산을 차단하면서도 축산업자 및 지역주민의 민원을 해결할 수 있는 구체적인 대안을 제시할 수 있어야 한다.
(2) 해결방안 예시
  1) 첫 번째로 현황파악이 중요
    −분뇨매개 전염병 이동 제한 관련 규정
    −가축분뇨 보관 및 처리 상황(현장방문조사)
    −악취 및 수질 오염, 토양오염 관련 data(전문기관에 의뢰)
    −가축사육 두수 및 일 분뇨 발생량(축산부서에 자료 요청)
    −해당 지역 주변의 분뇨처리장 상황
  2) 대책안 마련(대책안은 예시용임)
    −주변의 분뇨처리장으로 이송하여 처리하는 방안 검토
      이동거리를 최소화하고 GPS 시스템을 활용하여 이동정보 추적, 권역별 이동 제한
    −주변에 분뇨처리장이 없을 경우는 새로운 분뇨처리장 입지 선정 후 설치 검토
    −가축분뇨자원화 시설 설치 지원 ⇨ 퇴비화에 따른 보조금 지급
    −전염병 예방을 위한 축산시설 현대화 사업 지원

　　　　　－악취저감시스템 도입 지원
　　　　　－타지역 개선사례 자료 수집
　　　　　－구체적인 실행계획을 마련할 때까지는 임시저장시설을 설치하거나 간이 자원화시설을 지원함으로써
　　　　　　시간 확보 필요
　　　3) 공청회 개최: 현황파악 자료와 대책안을 중심으로 가축분뇨관리 계획서를 만들어 축산관계자, 지역주민,
　　　　환경전문가, 공무원 참여
　　　4) 벤치마킹: 타지역 개선사례에 대해 관련자들이 방문하여 현장을 둘러보고 관계자 인터뷰를 진행
　　　5) 축산관계자, 환경전문가, 공무원, 컨설턴트, 기술자, 지역주민 등이 참여하는 협의체를 구성하여 세부
　　　　실행계획 최적화 방안 마련 후 공개
　　　　　－축산관계자 대상 컨설팅 및 교육
　　　　　－마을 주민 대상 설명회 개최
(3) 민원 문제 해결방안을 제시할 때에는 기술적용방안 / 인력 / 예산 문제 등을 고려하여 체계적인 실행계획방안
　을 제시함으로써 문제해결 역량을 보여주는 것이 중요하다. 작성 사례에서와 대표를 선발해서 협의체를 구성
　하여 구체적인 실행계획안을 마련하는 방법 등이다. 다만, 실행을 완료할 때까지는 상당한 시간이 소요되므
　로 임시적인 처리방안까지 제시하는 것이 좋다.

기출과제 질문유형 모음(질문리스트 포함)

Q. 무슨 자료를 조사할 것인가?
　└[후속질문] 자료는 어떻게 조사할 것인가? 데이터는 어떻게 얻을 것인가?
　└[후속질문] 자료를 구한다면 어디서 어떤 자료를 구하여 설득할 것인가?
Q. 상황형 답변을 잘 적어주었는데 이렇게 이해관계가 상충될 때 무엇을 우선시 하는가?
　└[후속질문] 건강을 우선에 둬야 한다면 주민을 설득해야 하는데 설득할 때 어떤 방향으로 해야겠는가?
Q. 그렇다면 이 문제를 어떻게 해결할 수 있겠는가?
　└[후속질문] 축산 농가와 지역 주민들의 반발을 해결하는 방안은 무엇이 있겠는가?
　└[후속질문] 간담회를 구성한다면 어떻게 구성할 것인가? 공청회를 연다면 누가 참여를 해야겠는가?
　└[후속질문] 협의체를 자세히 적어주었는데 [전문가(수질, 악취), 주무관, 주민, 환경부라고 적었습니다.] 이때 의견들
　　이 많을 텐데 무엇부터 들 것인가?
　└[후속질문] 정부의 정책 방향과 전문가의 의견이 다르다면?
　└[후속질문] 이해당사자(공무원, 지역 당사자, 축산업자)들이 어떤 의견을 갖고 있는지 알아보려면 어떻게 해야 겠는가?
　└[후속질문] 각 이익집단의 의견을 들을 때 유의해야 하는 점은?
　└[후속질문] 예산이 부족하거나 협업할 부서에서 협조를 안 해주면 어떻게 하겠는가?
　└[후속질문] 부처가 반대하면?
　└[후속질문] 주민요구가 엄청날 때는 어떻게 할 것인가?
　└[후속질문] 주민들이 계속 반대한다면 어떻게 대처할 것인가?
Q. 언론이 부정적인 보도를 한다면 어떻게 할 것인가?
　└[후속질문] 주민들이 지금 반대를 하고 있다. 그러면서 언론에 보도를 하여서 언론사에서 취재요청이 들어왔다. 그
　　러면 주무관으로서 어떻게 할 것인가?
　└[후속질문] 어떤 국민이 악의적으로 언론에 보도하고 언론에서는 팩트체크를 안하고 보도하였다. 이런 경우 어떻게
　　하겠는가?

Case 6. 면접후기-상황형 과제

A우체국에서 지역사랑상품권 할인이벤트를 일반창구에서 업무처리를 하면서 상품권 구매 수요가 급증했다. 일반창구를 이용하던 고객들은 대기시간이 늘어남에 따라 민원이 증가했다. 민원을 받아들여 상품권 판매 전용창구를 개설했는데 그러자 이번에는 상품권 구매고객들이 대기시간이 길어졌다고 민원을 제기한다. 담당자로서 어떻게 대응하겠는가?

1. 현재 상황
    상품권 고객이 대기가 너무 길다고 민원을 넣어 상품권 업무 전용창구를 만들었는데 이에 일반창구 고객이 대기가 길어졌다고 민원을 넣어 민원이 충돌하는 상황
2. 나의 대처 방안
    - 일반 창구 고객과 상품권 업무 고객의 방문 요일과 시간대 파악
    - 상품권 전용창구를 탄력적으로 운영
    - 상품권 구입 절차와 신청서를 우체국 내에 구비
     (창구에서 신청서를 작성하지 말고, 신청서를 작성하여 일의 속도 향상을 위해)
    - 고객들에게 우체국 혼잡 시간을 안내하여 권장 방문 시간 홍보
3. 사후 대처 방안
    - 상품권 5부제 실시
    - 일반창구 고객 예약 서비스 마련

면접관 일반 창구 고객과 상품권 고객의 방문 요일 및 시간 조사 방법은 무엇인가요?

응시생 제가 우체국을 방문했을 때, 우편 고객과 금융 고객의 대기표를 분류하여 번호표를 발급했습니다. 여기에 상품권 고객 항목을 추가하면 좋을 것 같습니다.

면접관 상품권은 연중 업무가 아니라 일시적인 업무인데 이로 인해 기계를 바꾸는 것은 안좋지 않을까요?

응시생 그렇다면 우체국 직원이 번거롭지만 간단하게 요일과 시간 엑셀 표를 작성하여 수기로 바를 정자를 표기하여 조사하는 방법도 있을 것 같습니다.

면접관 상품권 창구를 탄력적으로 운용한다고 하셨는데 어떤 식으로 한다는 건가요?

응시생 위에 진행한 조사 내용을 바탕으로 상품권 고객이 많은 시간에는 상품권 창구를 2개로 운영하고, 일반 창구 고객이 많은 시간에는 상품권 창구를 1개로 축소하는 방법을 생각했습니다.

면접관 우체국 내에 신청서를 구비한다는 게 무슨 말이죠?

응시생 제가 상품권을 구매했을 때, 바로 현금과 교환되는 것이 아니라 개인정보 등의 간단한 신청서를 작성하였습니다. 상품권 교환 절차와 신청서 작성 방법을 포스터로 만들고 신청서를 우체국 내에 구비하면 고객들이 이를 작성하고 창구에 올 수 있어서 창구에서 업무를 처리하는 시간이 줄어들 것 같아 생각했습니다.

면접관 우체국 혼잡 시간을 안내한다는 것은 어떤 거죠?

응시생 제가 우체국을 방문해보니 월요일은 우편 업무로 바쁘고, 월 말일은 금융 고객님이 많아서 혼잡했습니다. 그래서 해당 사항을 고객들에게 안내하고 이 시간을 피하고 다른 원하시는 시간에 방문하시면 빠른 업무처리가 가능하다고 안내하면 고객님들이 분산되지 않을까 생각했습니다.

면접관 상품권 5부제는 무슨 말이죠?

응시생 마스크 5부제를 적용해 보았습니다. 마스크 5부제는 처음에 국민들에게 많은 반발을 샀으나 나중에는 괜찮았고, 국민들이 이용하기 편하다는 평가도 나왔습니다. 이를 상품권 구매에 적용하면 고객들이 몰리는 것을 방지할 수 있을 거라 생각했습니다.

면접관 마스크는 필수품이지만 상품권은 아닌데 정작 필요한 고객들이 불편하지 않을까요?

응시생 그렇다면 마스크 5부제는 한 요일에 주민등록번호 끝자리 2개가 배당되었는데 상품권 구매의 경우는 3개나 4개를 배당하면 좀 더 편리할 것이라고 생각됩니다.

면접관 본인이 말한 것처럼 위의 방안을 적용했는데 내 앞에 민원 업무랑 다른 업무가 많이 쌓여 있다면 어떻게 할 것인가요?

응시생 당장 고객님이 대기하고 있는 상황이라고 파악된다면 제가 혼자 처리해야 하는 업무는 시간 외에 근무를 하더라도 미루고 고객 응대를 처리하고, 후에 제 업무를 최대한 빨리 끝내도록 노력할 것 같습니다.

면접관 고객이 너무 대기가 길다고 계속 상관을 찾으면 어떻게 할건가요?

응시생 고객님의 불만 사항을 경청하고, 이러한 상황이 된 배경을 설명드릴 것 같습니다. 최대한 제 선에서 해결하려고 노력하겠지만 만약 안 된다면 저보다 연륜이 있으신 선배님께 도움을 청할 것 같습니다. 선배님의 도움으로도 부족하다면 그때는 어쩔 수 없이 상관께 보고를 할 것 같습니다.

해설과 이해

(1) 문제의 핵심을 파악하는 것이 우선이다.
  1) 나는 창구 담당 주무관
  2) 지역사랑상품권 할인이벤트를 일반창구에서 진행하면서 일반창구 고객 민원 증가
  3) 상품권 전용창구 개설하자 상품권 구매 고객들이 시간 지연 불만 제기
  ➡ 대기시간 지연 등의 불만을 어떻게 탄력적이고 합리적으로 해결할 것인가에 대한 구체적인 방안을 제시하는 것이 필요하다.

(2) 해결방안 예시
  1) 이벤트 기간 동안은 창구를 구분하여 외부에 게시
    - 일반창구에서는 소포 업무를 담당
    - 상품권 전용창구 개설
    - 상품권 구매자가 많을 경우 금융창구에서 도움
    - 동선의 혼선을 방지하기 위해 안내 도우미 배치
  2) 상품권 구매자들을 위한 혼잡시간 및 이용 절차 안내문 게시
    - 온라인 사전예약 방법 안내
    - 대기시간에 구비서류 및 신청서 작성 안내
  3) 직원 교육 실시
    - 우체국 내 모든 직원들에게 상품권 처리 업무에 대한 교육을 실시하여 고객인원에 따른 탄력적 대응
    - 유사 사례에 대해 민원이 많은 경우는 대응 프로세스 사례를 만들어 직원들에게 공유
  4) 장기적으로는 우체국 앱이나 홈페이지를 통한 구매 방법을 개발하여 온 / 오프 병행으로 이용고객 분산

Q. 상황을 먼저 요약하고 그에 대한 대처를 설명해달라.

Q. 그렇다면 이 문제를 어떻게 해결할 수 있을 것인가?

ㄴ[후속질문] 상황형 과제에서 자판기 설치, 온라인 판매 등을 적어주었는데 이런 해결방안을 고민할 때, 가장 중점에 둔 사항은 무엇인가?

ㄴ[후속질문] 해결방안 중 상품권 판매 자판기를 적었는데 노인분들은 자판기 이용을 못할 수 있다면 어떻게 할 것인가?

ㄴ[후속질문] 해결방안 중 대기표 세분화가 있는데 정확히 어떻게 하는 것인가?

ㄴ[후속질문] 금융창구 우편창구 이용이 많은 것을 늘린다고 했는데 판단에 있어 무엇을 가장 중요시 할 것인가?

ㄴ[후속질문] 그러면 이렇게 기재한 대처대로 했을 때 어떤 문제점이 있겠는가?

Q. 민원인이 화가 많이 난 상황에서 상관과의 만남을 요청할 경우 어떻게 대처할 것인가?

ㄴ[후속질문] 그래도 민원인이 화를 내며 상관과의 만남을 요청하면?

ㄴ[후속질문] 민원업무 때문에 개인업무를 못하게 된다면?

ㄴ[후속질문] 상관이 본인에게 큰 실수도 아니고 작은 실수인데 공개사과하라면 어떻게 할 것인가?

ㄴ[후속질문] 최근에 우체국에서 특정 상품을 판매했다. 원래는 9시부터 판매인데 구매자들이 8시 30분에 와서 빨리 달라고 소리를 지른다. 어떻게 하겠는가?

ㄴ[후속질문] 우체국에서 민원을 해결하는 게 왜 중요한가?

ㄴ[후속질문] 경청을 굉장히 중요시 하는 것 같은데 아무래도 경청도 중요하지만 현직에서는 그것만으로는 어렵다. 물론 현직에 오면 잘하겠지만 만약에 자신에 대해서 반복적으로 민원이 들어와서 그게 인사고과에도 악영향을 끼치면 어떻게 할 것인가?

MEMO

Case 7. 면접후기 – 상황형 과제

A부처에서는 익명게시판을 운영중이다. 이곳에서는 '자유로운 출퇴근'처럼 다양한 아이디어가 제시되어서 조직생활의 질을 향상시키는 데 도움이 되고 있다. 하지만 이와 동시에 조직이나 타인에 대한 비방 등 익명성을 악용하는 글도 올라오고 있다. 당신은 담당 주무관으로서 어떻게 행동할 것인가?

- **상황**: 상황 2줄 설명 ~
- **해결 방안**
  - 무분별한 비난, 비방 방지 위해 모니터링
  - 칭찬 게시판 신설로 조직 내 긍정적인 분위기 형성
  - 조직 내 유의미한 건의 사항이 있을 시 익명으로 건의 가능하게끔 함(공식적인 건의 게시판을 제공하여 무분별한 비난을 줄일 수 있게)
  - 욕설이나 차별적 언어는 자동으로 삭제되도록 시스템화
    (더 썼던 것 같기도 한데 기억이 잘 안 나네요..ㅜㅜ)
- **사후 대처**: 이런 비난과 비방이 있다는 것은 조직 내 제도나 팀에 불만이 있을 경우가 있음 ⇨ 구성원들 간에 오해를 해결할 수 있는 대화의 장을 마련하고 주기적인 실태 조사로 조직 내 불이익이나 괴롭힘의 사항 등이 없는지 조사

면접관 이런 방안을 마련하는 데 가장 먼저 생각한 것은 무엇인가요?

응시생 일단은 무분별한 비난을 막기 위한 모니터링 제도는 시행이 되어야 한다고 생각했습니다. 또 유튜브 댓글을 보면 욕설이나 차별적 언어를 사용하면 바로 삭제가 되게 되는데 이처럼 욕설이나 차별적 언어를 사용하면 삭제가 되는 방향으로 먼저 생각해 봤습니다. (조금 마음에 걸리는게 지금 생각해보면 너무 강압적인 방법인 것 같기도 해서 걱정이네요ㅜㅜ)

면접관 상황을 해결하는 데 가장 중요하게 생각한 것은 뭔가요?

응시생 사후 방안에 적어드린 내용인데, 일단 이런 비난이나 비방글이 올라온다는 것은 조직 내에서 어떤 불만 사항이 있어서일 가능성이 있다고 생각했습니다. 그래서 구성원들의 이야기를 허심탄회하게 들어 볼 수 있는 자리를 마련한다던지 조직 내 어떤 불이익 같은 일이 없는지 확인해 보는 게 중요하다고 생각했습니다.

면접관 이런 해결 방안을 마련했는데 본인의 업무가 과중 된다면요?

응시생 일단 제가 마련한 제도들이 다 긍정적인 조직 분위기를 만들기 위한 시도임으로 처음에는 업무가 과중되어서 힘들 수도 있겠지만 이런 긍정적 조직문화가 형성되다 보면 나중에는 더 효율적인 운영이 가능할 것 같습니다. 그리고 이런 문화가 형성이 되면 제 업무가 과중되는 일이 있어도 동료들에게 협업 요청을 한다던지 하는 방향으로 해결할 것 같습니다.

면접관 본인이 생각하기에 이런 익명 게시판은 누가 가장 많이 사용할 것 같은가요?

응시생 제 생각에는 젊은 사원들이 많이 사용할 것 같습니다. 아무래도 문화가 다르다 보니 이런 건의 사항들이 많을 것 같은데 직접적으로 말하기 어려운 부분들이 있을 것 같습니다. 그래서 젊은 사원들이 많이 이용할 것 같습니다. (정확히 기억이 안나네요. 대충 이런 식이었던 것 같습니다.)

면접관 본인이 생각할 때 이런 익명게시판의 이로운 점은 무엇인가요?

응시생 건의 사항을 직접적으로 표현하기 어려울 수 있는데 제시문에도 나와 있지만 익명 게시판을 통해서 '눈치 안보고 퇴근하기' 등 직원 생활에서 개선될 수 있는 점을 자유롭게 말하고 또 이것을 통해 생활 환경이 개선되는 점이 장점이라고 생각합니다.

면접관 본인이 어떤 방안을 냈는데 조직의 의견과 다르다면 어떻게 할 건가요?

응시생 일단 조직의 의견에는 따라야 한다고 생각합니다. 하지만 저의 건의 사항이 정말 조직에 도움이 된다는 확신이 있으면 그런 부분은 건의해 볼 수 있어야 한다고 생각합니다.

면접관 이런 방안을 마련했는데 구성원이 반대하면요?

응시생 일단 어떤 부분에서 부족함을 느꼈는지 허심탄회하게 대화를 시도할 것 같습니다. 그래서 직원들의 의견을 좀 반영하고 수정할 부분은 수정을 해서 다시 한번 건의하고 싶습니다.

면접관 이런 방안을 마련했는데 상사가 반대한다면요? (비슷한 결의 질문이 두 번 나왔습니다.)

응시생 저의 정책에 확신이 있다면 상사께서 어떤 부분에서 부족하다고 느끼셨는지 확인을 해보고 그 부분을 수정하고 한 번쯤은 다시 건의해 볼 것 같습니다. (계속 다시 건의해 본다고 해서 좀 고집스럽게 보일까봐 한 번쯤은...이라고 했습니다ㅠㅠ)

해설과 이해

(1) 문제의 핵심을 파악하는 것이 우선이다.
   1) 나는 익명게시판 담당 주무관
   2) 다양한 아이디어 제시 등 긍정적 효과
   3) 조직이나 타인에 대한 비방 등 익명성을 악용한 사례 발생
   ➡ 익명게시판의 순기능을 유지하면서도 비방 등의 역기능을 어떻게 방지하고 필터링할 것인가에 대한 구체적인 방안을 제시해야 한다.

(2) 해결방안 예시
   1) 익명게시판 운영의 목적에 대한 공지
      - 조직이나 동료에 대한 불평 / 불만을 자유롭게 하시되 대안을 제시하는 것을 권고
      - 위안과 공감을 위한 치유 공간으로 활용
      - 타인을 특정하여 비방하거나 근거 없는 가짜뉴스 게시글은 삭제할 수 있음을 공지
      - 서로에 대한 존중 문화 캠페인 전개: 게시물 / 댓글을 올리기 전 한 번 더 생각
   2) 순기능 방향으로 유도를 위한 전환
      - 이 달의 우수제안상 투표 후 사내 정책에 반영 (공감을 많이 얻은 게시글 중에서 선택)
      - 불평불만에 대한 게시글에 대해서는 담당자가 주무부서의 의견을 들어 답글 게시
   3) 부작용 방지 대책
      - 악플, 부적절한 게시글 신고제도 시행: 일정량의 신고가 누적된 게시글에 대해서는 주의 처분 또는 해당 아이디에 대해 일정기간 글 게시 금지 조치
   4) 익명게시판의 순기능이 크기 때문에 익명성은 지속 유지

Q. 상황 먼저 요약하고 그에 대한 대처를 답변해달라.
Q. 그렇다면 이 문제를 어떻게 해결할 수 있겠는가?
   └[후속질문] 작성한 대안들 중 가장 우선시 되어야 하는 것은 무엇인가?
   └[후속질문] 솔직하지 못한데 익명게시판을 유지해야 하는 효용성이 무엇인가?
   └[후속질문] 익명게시판을 계속 유지할 이유가 따로 있는가?
   └[후속질문] 익명게시판인데 경고 조치 등을 할 수 있겠는가?

Case 8. 면접후기 – 상황형 과제

본인은 수용관리 담당 주무관이다. 사전에 접견을 예약하고 온 할머니가 접견시간 이후에 도착해서 접견 종료되었다고 안내했다. 규정상 업무시간 외에는 접견이 안 된다. 이에 할머니가 반발하면서 소란을 피우고 있는 상황이다. 어떻게 대응하겠는가?

- **상황**: 접견신청을 한 민원인 할머니가 접견가능시간 종료 후 방문. 접견을 요청하며 반발.
- **해결방안**
  ① 할머니를 진정시킨 후 따로 면담: 시간 안내 못받으셨는지, 멀리서 오셨는지, 손자 못본지 오래되셨는지, 다시 방문 어려우신지 등
  ② 반발을 하는 이유가 접견이므로 해당 부분에 대해 부분적으로 문제 해결: 접견시간 규정에 따라 직접 접견은 어려우므로 화상접견으로 가능한 방법으로 안내
- **사후대처**
  ① 민원인에게 스마트접견 제도 안내
  ② 접견인들에게 문자로 접견시간 재공지 및 스마트접견 제도 공지

면접관 사후 대처 방안에 스마트접견이라고 적어주셨는데 노인분들은 스마트접견을 잘 모르십니다. 스마트폰도 익숙하지 않으신데 이에 대해 어떻게 홍보할 건가요?

응시생 일단 이 제시문에서 민원인 분계는 화상접견 후 직접 스마트접견을 도와드리고 하는 법을 알려드리겠습니다. 그리고 노인분들을 위한 스마트접견 매뉴얼을 만들어 비치하고, 또 다른 민원인들에게도 방문하시는 경우에 직접 등록을 도와드리겠습니다. 그리고 가능하다면 지역구의 노인분들 협회(단어가 생각 안나서 엄청 버벅였습니다ㅜㅜ), 지역구의 노인분들을 방문하여 필요하신 분들에게 직접 등록을 도와드리고 알려드리겠습니다.

면접관 여기서 민원인이 이렇게 대처를 했는데도 계속해서 접견을 요청하면서 소장면담을 요청하면 어떻게 할 건가요?

응시생 일단 화상접견이라는 다른 대안을 준비해드렸고 규칙이 있기 때문에 화상접견으로 안내를 다시 드릴 것 같습니다. 그래도 요청하신다면 소장 면담까지는 어려운 사안이라고 생각되어 최대한 안내드린 방안으로 하실 수 있도록 설득드릴 것 같습니다.

면접관 아까 매뉴얼을 만드신다고 했는데 이게 내부용 매뉴얼인가요 아니면 노인민원인을 위한 홍보용인가요?
응시생 홍보용입니다.

면접관 그럼 그런 노인 홍보용 매뉴얼을 만든다고 할 때 가장 중요한 부분이 무엇인가요?

응시생 일단 노인분들이 보시기 때문에 큰 글씨로 직관적으로 나타나는 것이 중요하다고 생각합니다. 그리고 만약에 하시다가 모르실 수 있기 때문에 직접 도와드릴 수 있는 ARS를 준비하는 것도 좋을 것 같습니다. (말하면서도 제가 무슨 말을 하는건지 했습니다ㅜㅜ)

면접관 이 스마트접견을 홍보할 수 있는 방안에는 어떤 것이 있을까요?

응시생 일단 저희 자체 SNS와 홈페이지를 통해서 홍보하고 가능하다면 요즘 교정시설을 배경으로 한 드라마나 영화에 PPL의 방식으로 스마트접견을 하는 장면을 보여주고 홍보하는 방법이 있을 것 같습니다.

해설과 이해

(1) 문제의 핵심을 파악하는 것이 우선이다.
   1) 나는 수용관리 담당주무관
   2) 할머니가 접견시간 이후에 도착하여 접견 요청
   3) 규정상 업무시간 외에는 접견 불가
   ➡ 규정을 지키면서도 할머니에 대한 배려 방법을 찾아 대응할 수 있어야 한다. 또한 접견시간을 지키지 못한 이유에 대해서도 묻고 불합리한 점이 있다면 개선할 수 있는 구체적인 방안을 제시해야 한다.

(2) 해결방안 예시
   1) 접견시간에 늦은 이유에 대해 문의
      - 사전예약시에 접견 가능 시간을 공지받지 못했을 가능성
      - 충분한 공감
      - 만일 아주 불가피한 상황이라면 상관에게 보고하여 방법을 찾아보도록 함(전화통화 / 영상접견 등)
   2) 다음 날 접견 예약을 도와드리고 숙소를 잡아드림
   3) 시간 상황이 여의치 않을 경우는 화상접견 방법을 알려드림
   4) 사전예약시 문자로 확정고지 및 접견시간 공지
   5) 사전예약 방법을 안내할 때 접견시간 등 주의사항을 큰 글씨로 인쇄해서 안내

기출과제 질문유형 모음(질문리스트 포함)

Q. 상황 먼저 요약하고 그에 대한 대처를 답변해달라.
Q. 이 상황에서 문제되는 것은 무엇인가?
Q. 그렇다면 이 문제를 어떻게 해결할 수 있겠는가?
   └[후속질문] 맨 처음으로 어떻게 대처하겠는가?
   └[후속질문] 그럼에도 할머니가 진정이 안 되시고 계속 소란을 피운다면?
   └[후속질문] (멀리서 오셨다는 생각에 차까지 대접해 드리면서 설득해 보겠다를 해결방안을 두 번째에 썼음) 그럼 만약 할머니께서 끝까지 고집을 피우셔서 접견을 해야 한다면 어떻게 할 것인가?
   └[후속질문] 만약 민원인이 계속 소장나오라고 하면 어떻게 할 것인가?
   └[후속질문] 방금 말한 것이 재량권과 관련된 것 같은데 상사가 반대한다면?
   └[후속질문] 아까 할머니가 인터넷으로 사전신청을 했다고 했는데 이러한 신청 방법을 모르는 분들은 어떻게 하면 좋겠는가?
   └[후속질문] 사후 대처 방안은?

Case 9. 면접후기 – 상황형 과제

본인은 초과근무감축 실적을 평가하는 주무관이다. 정부에서는 일과 가정 양립을 위하여 초과근무를 자제하라고 하고, 초과근무 감축 실적을 업무평가에 반영한다고 한다. 하지만 일부 부서 구성원들은 과도한 업무량과 업무의 특수성 때문에 초과근무 감축에 어려움을 호소하고 있다. 이에 어떻게 대처하겠는가?

면접관 생각을 다양하게 하셨네요. 다음으로 상황형으로 넘어갈게요. 상황은 기억하시죠?

응시생 네, 기억하고 있습니다.

면접관 여기 대처내용을 보니 특수성, 업무량으로 인해서 초과근무가 불가피한 부서의 경우에는 기관실적 평가에서 제외하는 방안을 검토한다고 하셨는데 이 부분에 대해서 형평성의 문제가 있지 않을까요? 다른 부서에서는 '왜 우리는 제외안시켜주냐'라던가?

응시생 네, 면접관님의 말씀대로 타 부서의 형평성 등 문제가 발생할 수 있다고 생각을 합니다. 그러나 업무량이나 특수성을 고려한다면 이러한 내용 또한 모두 국민을 위해서 일하는 것이기 때문에 초과근무가 불가피한지를 철저하게 따져보고 이에 대한 대처방안이 도저히 없다고 판단되었을 때 제외부서 선정을 하는 것이 좋다고 생각을 하고 이러한 선정에 대한 근거를 명확히 해야한다고 생각합니다.

면접관 음, 그래요. 그러면 제외부서 기준에 대한 불만이나 타 부서의 불만을 그럼 공청회를 통해서 해결해보시겠다는 내용이신거 같은데 이게 공청회를 하면 오히려 더 다툼이 발생하지 않을까요? 문제가 물론 정답이 없고 어려운 사안이긴 하지만 아까 말씀대로 뭐 형평성에 대한 일이나 그런 것을 다루면 말이죠.

응시생 네, 면접관님의 말씀대로 공청회를 통해서도 문제해결을 하는 데 어려움이 발생할 수 있다고 생각을 합니다. 하지만 제가 본 공청회를 주최하는 이유는 기준을 명확히 하기 위해 최선을 다했지만 빈틈이 발생할 수 있고 형평성에서 이해차이로 갈등이 발생할 수 있기에 이러한 점을 해결하기 위해 모두의 의견을 수렴하기 위해서 이러한 자리를 마련하고자 하는 취지로 공청회 주최를 생각했습니다.

면접관 현 실무에서도 이런 유사한 문제로 실제로도 엄청난 어려움을 겪고 있어요. 그렇기 때문에 결코 쉬운 문제는 아니고요. 제가 보기에는 ~(제가 말하고 적은 내용에 대해서 말씀해주셨는데 정확하게 기억이 나지는 않지만 설명해주시는 내용이었습니다). 그러므로 내부 공청회까지는 주최하지 않아도 될 문제같아 보여요.

응시생 네, 알겠습니다. 감사합니다.

면접관 그럼 교정직 공무원은 이 문제에서 초과근무를 하는 부서라고 생각하시나요?

응시생 네, 제가 생각하기에는 교정직 공무원은 365일 24시간 동안 수용자들을 계호하는 업무를 통해 교정사고를 예방해야 하며 경찰, 소방과 같이 국민의 안전과도 관련된 업무를 수행하기에 초과근무가 필요한 부서라고 생각합니다.

면접관 (웃으시면서) 교정직 공무원은 현재 3교대와 같은 교대근무를 하고 있죠? 그렇기 때문에 초과근무를 하는 부서라고 보기에는 애매해요. 저희는 정해진 근무가 끝나면 교대를 하니까 말이죠. 일을 더 하는 것이 아니라요. 그렇죠?

응시생 그 부분에 대해서는 생각하지 못했던 것 같습니다. 감사합니다.

(1) 문제의 핵심을 파악하는 것이 우선이다.
  1) 나는 초과근무 실적평가 담당 주무관
  2) 초과근무 자제권고로 초과근무 감축 실적을 업무평가에 반영 중
  3) 일부부서는 과도한 업무량과 업무 특수성으로 초과근무 감축에 어려움 호소
  ➡ 부서의 특수성을 고려하면서도 평가의 공정성을 기할 수 있는 방법과 업무효율화 방안을 제시할 수 있어야 한다.

(2) 해결방안 예시
  1) 기초조사
    −각 부서별 전년도 평균 초과근무 시간
    −초과근무 사유 조사
    −부서별로 초과근무 감축 목표 및 방법 제시요청
    −초과근무 감축 목표 및 방법에 대한 적정성 검토 후 각 부서와 재협의
  2) 각 부서에서 제출한 목표 달성 정도에 따른 평가방법 제시
  3) 사후 대책
    −업무효율화 방안 마련 ⇨ 업무시스템화, 전산화
    −과부하 업무는 T / F를 만들어 간소화 대응방안 마련
    −개개인의 업무역량 강화 프로그램 제안

Q. 상황 먼저 요약하고 그에 대한 대처를 답변해달라.
Q. 과도한 업무량과 업무의 특수성이 있는 부서를 파악한다고 하였는데 어떻게 조사할 건가?
  ㄴ[후속질문] 자료를 조사할 때는 신뢰성이 중요한데 신뢰성 확보방안은?
Q. 그렇다면 이 문제를 어떻게 해결할 수 있겠는가?
  ㄴ[후속질문] 업무량이 많은 부서에서 반대한다면?
  ㄴ[후속질문] 반대로 업무량이 많은 부서의 반발 때문에 평가에서 제외할 경우 다른 부서에서 형평성 문제를 제기한다면?
  ㄴ[후속질문] 의견을 수렴할 수 있는 방법은?
  ㄴ[후속질문] 부서별로 목표를 정할 경우, 그 목표의 타당성을 어떻게 확보할 것인가?
  ㄴ[후속질문] 초과근무를 줄일 수 있는 방법을 제안해 본다면?

MEMO

5 **세무직**(직무상황형)

✎ Check point

1. 세무직 상황형은 세법 관련 용어나 제도에 대한 약간의 배경지식이 필요하다.
2. 특히 세무직은 지난 기출문제보다는 예상문제를 가지고 많은 연습을 해보아야 한다.

Case 1. 면접후기 – 상황형 과제

본인은 세무조사 담당 주무관이다. 탈루세액에 대해 제보가 들어와서 B업체에 대한 조사를 하는 중 일부 탈루정황이 포착되었다. 이에 상급자분께 보고를 드렸는데 상관이 기업의 사장과 친분이 있고 과세를 하지 말라고 지시했다. 이 상황에서 담당 주무관으로서 어떻게 대처하겠는가?

- **상황:** 조사관으로서 B업체를 세무조사하여 일부 탈루사실을 확인하였고, 이에 과세하려고 하자 B업체와 친분이 있는 상관이 과세하지 말라고 지시
- **대처 방안**
  ① 정확한 현황 조사(체납액 규모, 가산세 규모, 압류할 것은 있는지, 담보물 여부 등)하여 보고서를 만들어 상관 설득
  ② 지금은 묵인하더라도 추후 감사에 걸리면 처벌을 피할 수 없음을 명시하며 설득
  ③ 혹시 사적이해관계자와의 업무로 이해충돌방지법에 해당하지 않는지 찾아보기
  ④ 행동강령책임관과 상담할 수 있음을 알려드리고, 조세평등주의에 따라 행해야 한다고 설득
  ⑤ 최후의 수단으로 행동강령책임관과 상담
- **사후 대처:** 과세가 되었을 경우, B업체가 받을 수 있는 납부기한 연장, 분납, 신카납부 등 찾아보고 안내

`면접관` 정말 잘 써주셨네요, 그러면 현황조사에 어떤 점을 조사해야 할까요?

`응시생` 체납액 규모, 가산세 규모, 그리고 체납액 규모에 따른 압류할 것이 있는지, 담보물은 무엇을 받을 수 있을지 등에 대해 조사해 봐야할 것 같습니다. (애매한 듯 했습니다.;;)

`면접관` 혹시 이 상황에서 가장 먼저 고려해야 할 점은 무엇이 있을까요?

`응시생` 아무래도 조세평등주의가 아닐까 싶습니다. 만약 친분이 있다는 이유로 혜택을 주고, 친분이 없는 다른 국민들에게는 적법한 심사를 한다면 조세평등주의가 저해될 것입니다. 그러므로 조세평등주의에 따라 친분사실을 배제하고 조사를 해야할 것 같습니다.

`면접관` 상관을 어떻게 설득을 하는 게 좋을까요?

`응시생` 네, 답변드리겠습니다. 제 생각엔 상관님이 저에게 이 이야기를 해주셨을 때에는 모든 사람들이 있는 자리에서 한 것이 아니라 조용한 곳에서 불러서 이야기를 해주셨을 것 같습니다. 그러니 저도 상관님과 둘이 있을 때에 조용히 말씀드리겠습니다. 지금 묵과하더라도 나중에 분명히 감사가 있을 때, 우리 국세청의 검증시스템에서 걸리면 처벌을 받을 걸 조심스럽게 말씀드리겠습니다.

면접관 공정성에 대해 말씀해주셨는데, 공정성을 위해서는 어떻게 해야할까요?

응시생 네, 답변드리겠습니다. 우선 공정성이란 같은 상황에서 같은 세부담을 하는 것입니다. 이에 반해 형평성이란 더 높은 담세력을 지닌 사람이 더 높은 세부담을 지니는 것으로 알고 있습니다. 공정성을 위해서는 공정성과 형평성 모두가 조화로운 방안으로 해야할 것 같습니다. (어려워서 동문서답을 한 것 같습니다. 그래도 면접관분들이 고개 끄덕해주셨어요.)

면접관 만약 과세하지 말라는 걸 따르지 않아 상급자가 불이익을 주면 어떻게 하시겠어요?

응시생 네, 아무래도 이러한 경우 굉장히 당혹스러울 것 같습니다. 제가 행동강령책임관과 상담을 하게 되어 상급자분이 처벌을 받게 된다 하더라도 저와 계속 같이 일을 하실 수도 있으니까요. 그러나 우리 국세청은 이번 청렴도 평가에서 2등급이라는 상위등급을 최초로 받았고 심지어 국민들의 평가에서는 1등급을 받을만큼 우수합니다. 이러한 모습을 볼 때, 우리 국세청에서 그러한 일은 없을 것 같습니다.

면접관 과세를 하려고 보니까 일부자료가 애매한 걸 발견을 했는데 어떻게 하실 건가요?

응시생 제가 알고 있기로는 세무조사는 대게 20일 이내 하여야 하지만 이러한 상황에 있을 때에는 20일 단위로 연장이 가능한 것으로 알고 있습니다. 아직 세무결과 통지를 하지 않은 경우라면, 세무조사를 20일 연장하여 더 조사를 하도록 하겠습니다.

면접관 열심히 조사를 하고 있는데 생각보다 혼자 하기 힘든 경우에는 어떻게 하시겠어요?

응시생 최대한 법률과 규정을 살펴보고 공부하여 할 수 있도록 노력하겠지만 힘든 경우에는 비슷한 사례가 없는지 사례를 찾아보겠습니다. 그래도 힘들 때에는 동료나 상관분께 맛있는 커피를 가져가서 조언을 구해보도록 하겠습니다.

면접관 이렇게 열심히 했는데 어떻게 하다보니 납세자에게 유리한 결과가 나왔으면 어떻게 하시겠습니까?

응시생 적법한 절차를 통해서 납세자에게 유리한 결과가 나온 것이라면 그것은 납세자에게 편의를 도모하는 측면에서도 좋은 것이라고 생각합니다. 그러나 저는 세무공무원으로서 국민들에게 도움을 줄 수 있는 서비스적 측면도 있지만 악의적이고 고의적인 체납자분들에게는 칼을 뽑는 강한 모습도 있어야 한다고 생각합니다. 만약 납세자가 정말 악의적으로 고의적으로 체납을 했음에도 유리한 결과가 나온 것이라면 분명히 저희 시스템과 제도에 구멍이 있는 것으로 파악할 수 있으므로 이를 보정할 수 있도록 노력해야 할 것 같습니다.

MEMO

Case 1-1. 면접후기 - 상황형 과제

> ■ **상황:** 상관과 기업의 유착관계에서 발생하는 세무조사 실시 관련 갈등
> ■ **해결 방안**
> − 일단 정확히 어떤 친분관계가 있는지, 어떤 연유로 이런 일이 발생하였는지 자세한 사실관계 파악
> − 상관분의 입장도 자세히 경청해보기
> − 유사한 선례가 있는지 찾아보기
> − 재조사하기 전 처음에 했던 조사과정에서 누락된 탈루 내역이 있는지 확인하지 못한 다른 부분이 있는지 재검토
> − 상관분께 조사한 자료를 토대로 차분히 설득하며 부당지시 철회 요청
> ■ **사후 방안**
> − 부당지시가 계속 지속되었을 시 발생하는 문제점과 처벌에 대해 조직 내 직원들 상대로 사전교육 실시
> − 공정한 세무조사 실시를 위한 부서 내 캠페인 진행
> − 이를 보고서로 만들어 추후 참고

면접관 이건 친분관계가 아니라 (이 말 하시자마자 바로 "아, 네!"라고 했던 것 같습니다) 어떤 조사를 다시 하신다는 거죠?

응시생 네, 저는 제시문에서 처음에 세무조사를 했었던 상황으로 파악했었습니다. 그 세무조사 과정에서 탈루 내역 등 뭔가 더 누락된 게 있는지 관련 법령이나 유사한 선례를 찾아볼 것 같습니다.

면접관 조사한 자료를 가지고 상관을 설득해야겠죠?

응시생 네, 맞습니다.

면접관 어떻게 설득하실 건가요?

응시생 일단 해당 상황에서 벌어질 수 있는 문제점과 처벌에 대해 관련 법령이나 선례에 대해 조사하여 그 조사한 근거를 토대로 상관분께 개인적인 시간을 요청드린 후 그 요청에 응대를 하신다면 (이 부분에서 국세청 면접관님 살짝 웃으심) 그 자료를 토대로 최대한 차분하게 기분이 나쁘시지 않는 선에서 설득해드릴 것 같습니다.

면접관 실제로 국세청에선 공정성이나 청렴성이 어긋나는 사례들이 꽤 있어요. 이렇게 된다면 국민들은 어떤 생각을 가질 수가 있을까요?

응시생 아무래도 국세청에 대한 부정적인 인식을 심어줄 수 있다고 생각합니다. 다른 기관들도 물론 마찬가지겠지만 금전 관련 업무를 담당하고 있는 국세청인 만큼 더 공정해야 한다고 많은 분들께서 생각하실 것 같습니다. 제가 종합소득세 아르바이트를 진행하면서 느꼈던 건 세금이 몇 만원만 다른 사람들보다 더 나와도 유독 예민하게 반응하시는 분들이 많았었던 것 같습니다.

면접관 그럼 그 인식개선을 위해 본인은 어떤 노력을 할 수 있죠?

응시생 납세자분들이 부당하게 손해나 피해를 보시는 일이 없게끔 납세자 분들도 제 가족분이라 생각하고 최대한 꼼꼼하게 처리하도록 최선을 다할 것입니다.

면접관 현직에선 이런 애매한 일들이 많을 거예요. 상관도 계속 부당하게 지시를 하는 상황이라고 한다면 그럴 땐 어떻게 하실 건가요?

응시생 애매한 일들은 감사원 사전 컨설팅이라던가 관련 법령해석과에 문의를 드려보고 그래도 안된다면 저보다 경험이 풍부하신 선임분이나 부서장님께 자문을 구해보겠습니다.

해설과 이해

(1) 문제의 핵심을 파악하는 것이 우선이다.
  1) 나는 세무조사 담당 주무관
  2) B업체에 대한 탈세 제보 접수 후 조사해보니 일부 탈루 정황 포착
  3) 상관은 B업체 사장과 친분이 있고 과제를 하지 말라고 지시
  ➡ 탈세제보에 대한 객관적 증거물 확보 후 자료분석을 실시하고 명백한 탈세일 경우 세금 추가 납부 요청 및 불복시 납세자권리보호 절차 안내. 이를 근거로 상관를 설득해야 함. 만일 기업 사정을 고려할 만한 충분한 근거가 있고 실수에 의한 경우는 과세유예나 수정신고를 할 수 있는 기회를 주어야 함(세무조사 대상에 대한 중립성과 공정성 유지 필요)

(2) 해결방안 예시
  1) 탈루제보에 대한 사실 확인 및 자료 확보
    −탈루제보의 중요성 및 객관성
    −탈루세액 규모
    −악의 및 고의성 여부(가공, 위장거래, 허위 거래명세서 등)
    −기업 상황
  2) 일부 자료에 오류 및 탈루 혐의가 있는 경우
    −수정신고 안내 ➡ 자기 시정 기회 부여
    −과세 전 충분한 소명 기회 부여(과세 전 적부심사청구제도 등 활용)
  3) 악의 및 고의적 탈세일 경우
    −세무조사 건의 ➡ 상관이 거부할 경우 그 사유를 충분히 경청 ➡ 세무조사 사유에 해당하는지와 탈루세액 규모를 고려하여 재검토 ➡ 필요할 경우 납세자보호위원회에 해당 사안 심의 요청
  4) 상관에 대한 설득방안
    −사안이 심각하고 중대할 경우 객관적 자료를 제시하며 세무조사 및 과세의 필요성을 설득할 수 있어야 함. 부당한 지시 가능성도 있으므로 신중하게 재검토해 줄 것을 요청. 사후 감사 문제도 있음을 이유로 설득
    −상관의 과세중지 요청이 충분한 근거가 있을 경우는 그 사유에 해당하는 근거자료를 확보하여 평가하고 기록에 남겨야 하며, 탈세 제보자에게 그 사실을 통보해주어야 함.

(3) 세무조사 / 상관과의 관계 등이 얽혀 있는 문제 해결방안을 제시할 때에는 객관성과 합리성을 뒷받침할 수 있는 자료 확보와 이를 근거로 설득하려는 모습을 보여주는 것이 중요하다.
    처리 절차에 대한 공정성뿐만 아니라 업체에 이의방법을 알려주는 것도 필요하다. 문제처리의 모든 과정은 투명하게 진행해야 하며 기록을 남겨야 한다. 또한 탈세제보자에게는 그 처리 결과를 투명하게 알려주는 노력도 필요하다.
    ➡ 상사와 업체 사장의 친분관계는 고려대상이 아님을 확실히 주장할 수 있어야 한다.

Q. 여기서 유추한 공직가치는 무엇인가?
 └ [후속질문] 이 상황에서 충돌하는 공직가치는?
 └ [후속질문] 이 상황에서 공정성과 충돌하는 공직가치는? ⇨ 공정성 제고 방안
Q. 먼저 이 문제에 대해 본인의 솔직한 소감은?
Q. 상황 내용을 요약해 답변해달라.
Q. 그렇다면 이 문제를 어떻게 해결할 수 있겠는가?
 └ [후속질문] B업체의 사실관계를 파악한다고 하였는데 어떻게 할 것인가?
 └ [후속질문] 만약 상사가 친분때문에 그러는 것이라면?
 └ [후속질문] 상사를 어떻게 설득할 것인가?
  └ 그래도 완고하여 계속 과세하지 말라고 한다면?
  └ 상사가 이것 때문에 기분이 상해서 불이익을 준다면? 타지로 발령내거나 승진을 제한하는 등 불이익에 대해서는 어떻게 대처할 것인가?
 └ [후속질문] 보고서는 어떻게 작성할 것인가?
 └ [후속질문] 만약 탈루혐의 자료가 부족하다면?
 └ [후속질문] 그럼 친분이 있지 않고 탈세로 볼 혐의 50% 아닌 것으로 볼 여지가 50%라면 어떻게 할 것인가?
 └ [후속질문] 만약, 반대의 경우라면 어떻게 할 것인가? 상관의 지시가 옳고 내가 처분한 것이 틀렸다면?
 └ [후속질문] 과세를 하지 않았을 때의 문제점은 무엇이 있겠는가?
 └ [후속질문] 과세자료가 애매한 경우가 있을 텐데 그럴 때는 어떻게 할 것인가?
 └ [후속질문] 작성한 것을 보면 상황, 방안, 사후방안까지 적어주었다. 이에 어떻게 상사를 설득할 건지?
 └ [후속질문] 상관이 과세부과를 하지 말라는 것이 아니라 납세자에게 더 유리한 쪽으로 과세부과를 하자고 지시하는 것인데 그런 경우에는 어떻게 할 것인가?
 └ [후속질문] 해당 세무조사 자료가 불분명한 경우에는?
 └ [후속질문] 본인의 과세 처리로 납세자가 이득을 봤다면?
 └ [후속질문] 상사가 그래도 과세하지 말라고 한다면?
 └ [후속질문] 사장이 친분을 과시하면 본인은 어떻게 대처할 것인가?
 └ [후속질문] 상사 지시대로 하라며 동료들이 반발할 경우 어떻게 하겠는가?
 └ [후속질문] 상황 답지에 회피나 기피를 써줬는데 이건 무엇인가?
 └ [후속질문] 기업이 어렵다는 것을 파악하려면 어떤 자료가 필요하겠는가?
Q. 그런데 이런 일이 또 일어나면 안되니 어떻게 하는 것이 좋겠는가?
 └ [후속질문] 사후대처 방안에 대해 답변해달라.

MEMO

Case 2. 면접후기 - 상황형 과제

본인은 부가소득세과 담당 주무관이다. 민원인이 전임자가 부과하였던 소득세에 대해 불만을 토로하는 상황이다. 하지만 국세기본법상 경정청구 사유에 해당하지 않아 불가능한 상황임을 충분히 설명하였음에도 계속 항의함으로써 업무가 과중되고 다른 민원업무 처리가 지연되고 있는 상황이다. 어떻게 대응할 것인가?

- 문제 상황: 민원인 A에게 경정 청구 불가능 설명 그러나 지속적 제기. 업무는 과중.
- 해결 방안: 대전제-내 전임자가 과세를 한 처분이 정확한가에 대한 판단 ⇨ 옳다고 가정.
  1. 민원인 분의 지속적 항의 이유: 세법에 익숙지 않아 이해가 어려움 ⇨ 사례, 예시
  2-1. 해당 불가함을 받아들인 경우: 다른 이유로 납세를 할 수 없는지 알아보기
      ⇨ 자금 상황이라면 납부 유예, 분할 납부를 통한 납세 유도, 불복청구 절차 안내
  2-2. 해당 불가함을 못받아들인 경우: 다른 이유로 납세를 할 수 없는지 알아보기
      ⇨ 자금 상황이라면 납부 유예, 분할 납부를 통한 납세 유도, 불복청구 절차 안내
  3. 민원인의 지속적인 민원 제기
      ① 진심으로 억울해 하는 경우: 민원중재위원회, 고충민원처리센터 등 안내
      ② 악의적으로 지속적인 민원 제기 등: 경고 후 강경 대응 조치.
- 사후 방안
  1. 경정 청구시 미리 확인할 수 있는 시스템(예) 배너 창구에 작은 안내서 비치)
  2. 경정청구 외에 다른 불복청구 가능한 대안에 관한 알림 시스템 구축

면접관 잘 들었습니다. 그러면 이제 상황형 과제로 넘어가 보겠습니다. 이번 상황은 민원인이 지속적으로 불만을 제기하는 경우네요. 민원인을 대응할 때 가장 중요한 부분은 뭐라고 생각하나요?

응시생 네, 민원인 분들이 찾아오시는 경우에는 민원인 분들의 의견을 경청하는 자세가 가장 중요하다고 생각합니다. 왜냐하면 경청을 해야 민원에 맞는 도움을 저희가 드릴 수 있고 민원인 분의 억울함도 말하면서 풀어질 수 있기 때문입니다.

면접관 민원인 분들에 대한 경청이라... 굉장히 기본이 되는 자세네요. 그런데 본인이 실무에 가게 되면 일종의 악성민원이 있을텐데 어떻게 대응하시겠습니까?

응시생 네, 우선은 경청을 하겠습니다. 그런데 해당 악성 민원인 분이 진짜 억울해서 본인은 이를 수용할 수 없어서 하소연을 하기 위해 오신 것이면은 민원중재위원회 등을 통해 토론할 수 있게 해드리겠습니다. 다만 악의적이고 상습적인 경우라면은 경고를 한 후에 지속적인 행위에 대해 강경대응을 해야 한다고 생각합니다.

면접관 이 제시문에서는 본인의 전임자가 실수를 했다고 했는데... 제가 잘못 이해했나요?

응시생 아닙니다. 제가 잘못 확인했을 수도 있습니다.

면접관 이 부분이 전임자가 과세 처분을 하여 민원인이 납득을 못하고 지속적으로 항의하는 부분이군요. 전임자의 과세 처분이 잘된 경우와 잘못된 경우로 나누어 설명해주실 수 있나요?

응시생 네, 말씀드리겠습니다. 전임자 분의 과세 처분이 합당한 경우에는 해당 민원인에게 경정청구의 여지가 없어서 어쩔 수 없음을 알리겠습니다. 다만 아까 말씀드렸던 대로 민원인 분에게 분납 또는 납부유예를 권하거나 불복청구에 대한 안내를 해드리겠습니다. 또한 전임자 분의 과세 처분이 실수나... (이 부분에서 저도 모르게 실수나 고의라고 할 뻔 했습니다... 순간 식은 땀 흘렸어요.) 죄송합니다. 다시 이어서 말씀드리겠습니다. 실수로 밝혀진 경우에는 우선적으로 민원인 분에게 사과부터 해야 될 것 같습니다. 그 후에 민원인 분에게 불복청구를 할 수 있음을 알려드리겠습니다.

면접관 불복청구가 안된다면 어떻게 하시겠어요?

응시생 네? 다시 말씀해주실 수 있겠습니까?

면접관 아, 제 질문이 약간 어려울 수 있어요. 만약에 본인이 그렇게 불복청구를 권하려고 했는데 본인이 보기에 해당 사항은 불복청구를 해도 적용될 여지가 없을 것 같아요. 그때는 어떻게 하시겠어요?

응시생 잠시 생각해도 되겠습니까?

면접관 네, 괜찮습니다.

응시생 네, 말씀드리겠습니다. 불복청구에 대해 적용될 여지가 없을 것 같다는 판단은 제 판단이지만 불복청구를 인용할 것인지는 심사관이나 심판관 분들의 권한이라고 생각됩니다. 그렇기 때문에 그 분들은 저와 다른 결론을 내주실 수 있기 때문에 민원인 분에게 끝까지 불복청구를 권하겠습니다.

MEMO

Case 2-2. 면접후기 – 상황형 과제

■ **상황:** 전임자가 부가한 소득세에 대해 경정청구 사유가 해당하지 않지만 불만을 제기해 지속적인 항의로 다른 민원업무 처리가 지연되는 상황

■ **해결방안**

① 전임자가 과세한 소득세에 대해 사실관계 파악

② 민원인이 주장하는 부분에 대해 별도의 공간을 마련해 경청

③ 전임자가 정상적인 처분인 경우
⇨ 우선 민원인을 진정시킨다
⇨ 경정청구 관련 규정을 보여주며 정상적인 처분이라고 안내

④ 그래도 지속적으로 항의시
⇨ 다른 권리구제제도 안내

⑤ 그래도 지속적으로 항의시
⇨ 다른 권리구제를 안내해드렸음에도 항의시 다른 민원처리가 지연된다고 양해를 구함
⇨ 처벌받을 수 있다고 안내

면접관 신고 도우미 해봐서 악성민원인에 대해 알겠네요? 민원 응대할 때 어떤 부분이 가장 중요하다고 생각하나요?

응시생 네, 저는 공직가치로 뽑으면 민주성이라고 생각합니다. 세무서에는 다양한 납세자 분들이 방문하십니다. 그 분들의 의견에 대해 경청하고 공감해주는 자세가 가장 중요하다고 생각합니다.

면접관 그럼 악성민원인을 만났을 경우 어떻게 대응하실 건가요?

응시생 제시문에는 경정청구 사유에 해당하지 않는다고 말씀드렸는데도 계속 항의를 하시면 저는 다른 권리구제 제도 중 사후적 권리구제 제도인 불복청구에 대해 안내해드릴 것 같습니다.

면접관 불복청구... (고개 끄덕끄덕)

응시생 (면접관님께서 아무 말씀이 없으셔서 뭔가 답변을 잘못했나 싶어서 추가적으로 답변했습니다.) 저는 만약에 불복청구를 안내해드렸는데도 계속 항의를 하신다면 그 분이 영세사업자라고 하신다면 국선대리인제도를 안내해드릴 것 같습니다.

면접관 (여전히 말씀이 없으시고 고개만 끄덕끄덕)

응시생 그래도 계속 항의를 하신다면 최후의 수단으로 고충 처리하는 납세자보호담당관을 안내해줄 것 같습니다.

면접관 도우미 해봐서 알겠지만 악성민원인은 상관에게 보고해야 하거든요? 알죠? 그럼 그때 어떻게 보고하시겠어요?

응시생 죄송하지만 생각할 시간 좀 가져도 되겠습니까?

면접관 네, 괜찮습니다.

응시생 네, 면접관님 답변 드리겠습니다. 저는 우선 다른 권리구제도 안내해드렸는데도 지속적으로 항의한다고 내용을 적고 그 다음은 계속 항의를 하시면 처벌을 받을 수 있다고 안내한 부분을 적어 상관님께 보고 드리겠습니다.

면접관 도우미하면서 직접 보셨겠지만 악성민원인이 많아요. 그럴 때 매번 악성민원인 만나면 힘들텐데 괜찮겠어요?

응시생 네, 저는 비록 악성민원인을 많이 만나더라도 그것 또한 악성민원인을 대처하는 방법을 배울 수 있는 경험이라고 생각합니다. 그러면서 여행을 통해서 스트레스를 해소해보도록 하겠습니다.

면접관 악성민원인이 줄지 않는 이유는 무엇이라고 생각하나요?

응시생 악성민원인이 줄지 않는 이유는 저는 납세자들이 세무지식이 부족해서라고 생각합니다. 현재 국세청에서 많은 권리구제제도들이 시행 중이지만 아무리 좋은 권리구제제도를 민원인께 안내해드려도 민원인께서 세무적 지식이 부족하면 좋은 제도도 효과가 떨어진다고 생각합니다.

면접관 그럼 악성민원인을 줄일 수 있는 그런 방안 같은 게 있을까요?

응시생 네, 5월 종합소득세 신고 기간 때 세무서에 인력이 부족하지만 코로나19 선별진료소와 같이 찾아가는 세법교실 등을 운영한다면 납세자들에게 신고도 도와드리면서 책자 같은 것도 드리면 세무지식이 함양될 수 있다고 생각합니다.

해설과 이해

(1) 문제의 핵심을 파악하는 것이 우선이다.
  1) 나는 부가소득세 담당 주무관
  2) 전임자가 부과한 소득세에 대한 민원제기
  3) 경정청구 사유에 해당하지 않아 사유를 설명했음에도 계속 항의하여 업무과중 및 다른 민원업무 처리 지연
  ➡ 문제의 원인을 먼저 생각해 보아야 한다. 경정청구가 가능한 사례와 불가능한 경우를 몰라서 민원을 제기했을 수 있기 때문이다. 따라서 가능 / 불가능의 경우를 명확히 설명해줄 필요가 있다. 먼저 공감과 경청을 바탕으로 다시 한 번 충분히 설명하고 불복신청방법이나 권리구제절차에 대해 안내하는 등의 방법제시가 필요하다.

(2) 해결방안 예시
  1) 전임자의 업무처리 사실 확인 및 관련 규정과 근거 자료 확보
    - 소득세 산출 근거자료 제시 후 관련 규정을 보여주며 설명
    - 경정청구가 가능한 경우에 대해 설명해 주어야 함
    - 민원인이 납득하지 않는 이유 경청
    - 민원인의 주장에 대한 설명자료를 준비하여 제시
  2) 그럼에도 계속 항의할 경우 조세불복 절차를 알려주어야 함
    - 납세자보호위원회를 통한 이의제기
    - 사후불복청구제도: 이의신청, 심사청구(심판청구) / 행정소송 등
  3) 악의 및 고의적 민원제기 지속시
    - 정당한 요구는 언제나 수용하지만, 부당한 요구는 수용되지 않는다는 메시지 전달
    - 악성민원에 대해서는 전담팀을 구성하여 전문적으로 대응함으로써 업무과중 및 업무지연을 막을 수 있도록 시스템 마련
  4) 유사 사례에 대해 민원이 많을 경우는 대응 프로세스 사례를 만들어 직원들에게 공유
  ➡ 경정청구 ⇨ 국세 기본법 제45조의2에 의거 법인세, 소득세 신고 납부 시 자료의 불비, 세제혜택의 미적용 등으로 내야 할 세금보다 더 냈거나 잘못 낸 세금을 돌려받을 수 있는 제도. 법정신고기한 경과 후 5년 이내에 관할 세무서장에게 정상적으로 정정하여 결정 또는 경정하여 줄 것을 청구할 수 있다.

Q. 상황 내용을 요약해 답변해달라.

Q. 국세청도, 공무원도, 심지어 민원인도 악성민원이 끊임없다는 걸 알고 있다. 악성민원을 줄이기 위해 노력을 하는데도 불구하고 줄지 않는 이유는 무엇이라고 생각하는가?

Q. 본인이 실무에 가게 되면 일종의 악성민원이 있을텐데 어떻게 대응하겠는가?

Q. 악성민원과 관련된 제시문이었는데 일처리 과정에 대해서 왜 이렇게 생각했는가?

Q. 해당 상황에서 민원인을 응대할 때 가장 필요한 자세는 무엇이라고 생각하는가?

Q. 그렇다면 이 문제를 어떻게 해결할 수 있겠는가?

   └[후속질문] 본인은 이런 경우 어떤 절차가 선행되어야 한다고 생각하는가?

    └ 그 다음은 어떻게 해야하는가?

   └[후속질문] 그렇게 했는데도 민원을 제기하면?

   └[후속질문] 만일 전임자가 실수한 것이라면?

   └[후속질문] 그럼 민원인의 종류가 두 가지가 있을 것 같다. 한 가지는 본인도 어쩔 수 없다는 걸 알지만 호소하러 오는 사람, 한 가지는 이 처분에 대해 법적으로 부당함을 느끼는 사람. 각각 어떻게 대처하겠는가?

   └[후속질문] 이런 민원인에 대해 보고를 드릴 때 기입해야 하는 사항은 무엇인가?

   └[후속질문] 공무원이 조직적으로 민원인에 대응할 수 있는 방법은 무엇이 있겠는가?

   └[후속질문] 악성민원이 많아서 아마 스트레스도 많이 받을 건데 어떻게 해결할 것인가?

MEMO

Case 3. 면접후기 – 상황형 과제

본인은 A세무서 종합소득세 담당 주무관이다. 종합소득세 신고서는 직접 본인이 작성하는 것이 원칙이다. 하지만 납세자들이 대신 작성해 달라고 요청하거나 어르신이나 장애인이 왔을 때 대리작성을 해주는 경우가 있다. 국세청이 매년 해오던 현장 신고 지원을 대폭 축소하자 신고 대상자들의 불만이 터져 나오고 있다. 더욱이 신고 마지막 날은 사람들이 몰려서 신고를 포기할 것으로 예상된다. 담당 주무관으로서 이 상황에서 어떻게 대처할 것인가?

- **상황:** 종합소득세 신고서는 직접 작성이 원칙인데 납세자들이 대신 작성해달라고 불만을 표출하고 신고 마지막 날은 사람들이 몰려서 신고를 포기할 것으로 예상되는 상황
- **해결방안**
    ① 민원인에게 안내책자, 동영상 알려드리며 스스로 작성할 수 있도록 유도 / 홈택스, 손택스에 대해서도 알려드리기
    ② 계속해서 대리작성 요구시 자기작성창구로 안내 후 모르는 부분에 질문시 옆에서 도움드리기
    ③ 신고서 작성 후 틀린 부분 없나 확인하기
- **사후대처방안**
    ① 홈택스, 손택스 이용하여 신고시 세액공제 / 홈택스, 손택스 이용방법 교육(주민센터)
    ② 종합소득세 신고 5부제를 실시하여 납세자가 몰리는 상황을 방지

면접관 지금 홈택스, 손택스, 신고 5부제 작성한 것 보니까 국세청에 대해서도 잘 알고 있는 것 같아요.

응시생 면접 준비하면서 홈페이지에 들어가서 찾아보았습니다.

면접관 어떻게 이렇게 잘 썼나요? 혹시 이 문제에 대해 생각해 본 적 있나요?

응시생 최근 부가가치세 신고도움창구를 축소해 나간다는 기사를 본 적이 있습니다. 그 기사를 보면서 해결방안을 생각해 보았고 다행히 익숙한 내용이어서 잘 쓸 수 있었던 것 같습니다.

면접관 세무서에 방문한 민원인들 중 도움이 필요한 사람들은 누구라고 생각하나요?

응시생 저는 사회적 약자에 대한 배려가 필요하다고 생각합니다. 거동이 불편한 장애인은 거동이 편하도록 도와드리고 노년층 같은 경우에는 글자가 잘 보이지 않을 수도 있으니 신고서를 읽어드리면서 도움을 드려야 된다고 생각합니다.

면접관 대리작성이 안되는데 민원인이 계속 해달라고 하면 어떻게 할 건가요?

응시생 스스로 작성해야하는 원칙과 대리작성시 일어날 수 있는 문제를 설명드리고 설득할 것입니다.

면접관 그래도 계속 해달라고 하면 어떻게 할 것인가요?

응시생 (재차 설명하고 설득한다는 식으로 말한 것 같아요.)

면접관 만약 상관이 대리작성해달라고 하면 어떻게 할 것인가요?

응시생 일단 그자리에서 부당함을 이야기 하기 보다는 추후 불이익에 대해 생각해보고 제가 대리작성을 하게 될 시 저뿐만 아니라 상관님도 불이익을 당할 수 있음을 설명하고 설득할 것입니다.

면접관 대리작성시 발생할 문제는 뭐가 있을까요?

응시생 제가 대리작성을 하고 실수를 하게 되면 납세자께서 가산세를 내야하실 수도 있고 납세자께서 저에 대한 법적 조치가 이루어질 수도 있을 것 같습니다.

면접관 그래요. 이게 현실적인 거예요.

응시생 이 때부터 잘 웃어주시던 면접관분들께서 갑자기 얼굴이 굳어지시면서 질문리스트에서만 묻기 시작했습니다. 두 분 다 대놓고 상황형 과제를 옆으로 치우는거 보고, 올게 왔구나 싶었습니다.

Case 3-1. 면접후기 – 상황형 과제

(이때부터 잘 웃어주시던 면접관분들께서 갑자기 얼굴이 굳어지시면서 질문리스트에서만 묻기 시작하셨습니다. 두 분 다 대놓고 상황형 과제를 옆으로 치우시는 걸 보고 올게 왔구나 싶었습니다. ;)

면접관 해당 상황 설명 가능하신가요?

응시생 종합소득세 관련하여 원칙은 대리작성 금지이나 일부 납세자 분들께서 작성시간이 너무 길다며 대리 작성 부탁하시고, 종합소득세 신고 마지막 날에는 신고를 하려는 사람이 몰려 일부 납세자 분들은 신고를 포기하는 일도 생긴다는 내용입니다.

면접관 이러한 대리작성 관련한 사항은 어떻게 대처할 것인가요?

응시생 우선 대리작성은 원칙상 안 된다는 사실을 종합소득세 신고 안내문에 표기하여 먼저 알려야 한다고 생각합니다. 이후 홈택스 네비게이션 시스템 등 편하게 신고가능한 대안을 안내하겠습니다.

면접관 그럼 신고 마지막 날에 몰리는 것은요?

응시생 이 역시 종합소득세 신고 안내문에 마지막 날 이외 날에 오시면 좀 더 편하게 업무 보실 수 있다는 문구와 마지막 날에 몰릴 수 있으니 유의하시라는 문구를 표기하여야 한다고 생각합니다. 그리고 홈택스 네비게이션 시스템 등 신고 대안 안내하여 몰리는 것을 막고자 노력할 것입니다.

면접관 그래도 신고 마지막 날에 몰리는 것은 어쩔 수 없을 것이에요. 다른 대안 생각난 것 있나요?

응시생 홈택스 네비게이션 시스템에 대한 홍보를 강화하는 방법이 있습니다. 예를 들자면, 노령층 대상으로 하여 미스터트롯 출연진과 협업하여 홍보 영상을 찍어 이를 홍보에 활용함으로서 노령층 분들의 홈택스 이용률을 높이는 방안입니다.

면접관 (살짝 웃으시며) 하긴요. 노인 분들은 트로트가수 좋아하시니깐요.

응시생 네, 맞습니다.

면접관 그럼 대리작성 관해서 무작정 대리작성 해달라고 떼쓰는 분들은 어떻게 대처할 건가요?

응시생 대리작성이 왜 안되는지에 대한 이유를 말씀드리고, 정말 힘드시다고 하시면 저희가 일일이 설명을 드리면서 본인의 직접 작성을 도와드릴 것입니다.

면접관 그러면 "이거 소극행정이잖아!" 하면서 난리칠 게 뻔한데도요?

응시생 그래도 대리작성은 책임에 대한 문제이기 때문에 이를 계속 설명드리는 게 맞다고 생각합니다. (여기서 살짝 꼬였다는 생각이 들었습니다.)

면접관 그럼 눈이 안 보이는 사람이 와서 대리작성 해달라는 상황이 생겼어요. 어떡하겠어요?

응시생 그러면 눈이 안보이는 사실을 확인한 후에 우선 상관에게 해당 사실 보고드립니다. 이후 도와드릴 수 있는 방안을 마련해서 도와드릴 것입니다. (이때 좀 너무 억지 상황 아닌가? 하는 생각이 들었습니다.)

면접관 상관이 무조건 대리작성을 하라면서 지시를 내렸어요. 지원자는 어디에 우선순위를 두고 진행할 것인가요?

응시생 저는 노인이나 장애인 분들 처럼 작성이 어렵고 전자기기 사용이 서툴 가능성이 높은 분들을 우선으로 두고 시행할 것입니다. [이건 반대 대답(상관을 설득해서 원칙대로 대리작성 막는 방안을 검토)을 했어도 또 소극행정이라고 태클 들어올 것이 뻔해서 위 답변을 하였습니다.]

면접관 근데 젊은 사람들이 와서는 왜 노인들만 해주고 우리는 안해주냐며 형평성 문제 제기하면요?

응시생 그러면 저는 젊은 분들은 전자기기 사용이 아무래도 노인 분이나 장애인 분들보다는 좀 더 용이하실 것이라 생각이 듭니다. (여기서 두 분 다 끄덕끄덕) 그래서 우선순위를 정한 이유를 설명드리고 홈택스 사용 등 다른 신고방안을 안내할 것입니다.

면접관 종합소득세 신고때문에 동료들이 과부하가 걸린 상황이에요. 이 상황은 어떻게 하실건가요? (솔직히 이때 이미 면접시간 끝났다고 생각했습니다.)

응시생 각자 분업을 통해 상황해결에 주력하고자 노력할 것입니다.

해설과 이해

(1) 문제의 핵심을 파악하는 것이 우선이다.
  1) 종합소득세 신고서는 직접 작성이 원칙
  2) 대리 작성 요구하는 경우가 있고 어르신이나 장애인의 경우 대리작성 해주는 경우가 있음
  3) 종합소득세 신고 마지막 날은 신고자들이 많이 몰려 문제 발생
(2) 해결방안 예시
  1) 직접작성이 원칙이나 예외적인 경우 신고지원 대상자 선정
     예 장애인, 65세 이상 어르신, 일정소득 이하 취약계층 등. 다만 대리 작성시에는 사전에 서약서 등을 받아 대리작성으로 인한 법적 문제발생에 대처해야 함
  2) 홈택스 등 전자신고 방식에 대한 홍보 및 교육
  3) 마지막 날 인원이 많이 몰리는 상황에 대해 사전 고지
  4) 직접 작성하는 데 어려움을 호소하는 분들에게는 신고에 도움을 줄 수 있도록 신고도우미 배치
  5) PC 옆에 신고안내 책자를 만화 형식으로 쉽게 풀어서 만든 후 배치
  6) 홈택스 전자신고를 왜 어려워하는지에 대해 조사하여 누구라도 쉽게 신고할 수 있도록 교육영상 제작 배포
  7) 미리채움, 모두채움 서비스 확대를 통해 간편신고 지원 확대

Q. 상황 내용을 요약해달라.

Q. 이러한 대리작성 관련한 사항은 어떻게 대처할 것인가?

Q. 그렇다면 이 문제를 어떻게 해결할 수 있겠는가?

    └[후속질문] 응시자는 납세자가 대리작성을 해달라고 하면 무조건 거절해야 된다고 생각하는지 최소한의 범위에서 도와줘야 된다고 생각하는지 답변해달라.

      └ 어떤 방식으로 도와드려야겠는가?

    └[후속질문] 작성한 것을 보면 해줄건지 안 해줄건지 명확하지 않은데 둘 중에 하나를 고른다면?

    └[후속질문] 대리작성을 하지 않는 방법을 택했는가?

      └ 기다리는 민원인도 많고 어려워하는 분들은 어떻게 하겠는가?

      └ 민원인이 소극행정이라고 할 수도 있는데 이에 대해 민원을 제기하면 어떻게 하겠는가?

      └ 그래도 반발하거나 그러면?

      └ 근데 진짜 진상민원이고 상관을 불러오라고 한다면?

    └[후속질문] 상관이 대리신고를 하라고 하면 어떻게 하겠는가?

    └[후속질문] 그럼 세무사가 왜 우리 일을 대신해서 우리 일을 뺏냐고 하면 어떻게 할 것인가?

    └[후속질문] 기한 내에 끝내기 힘든 민원인 상황이라면 어떻게 대처하겠는가? 야근을 해도 마치지 못할 정도였다면?

    └[후속질문] 상관이 어쩔수 없이 대리작성 하라고 하면 누구를 대상으로 도움을 진행할 것 같은가?

    └[후속질문] 65세 이상 분들을 도와주신다고 하셨는데 그럼 64세가 오면 어떻게 할 것인가?

    └[후속질문] 대리작성을 했는데 본인이 실수를 해서 민원인이 반발하면?

    └[후속질문] 고령자 등 해준다 했는데 동료들이 일이 많다고 기준을 대폭 줄이자고 한다면?

    └[후속질문] 만약 대신 작성이 가능할 경우 그 대상 선정 기준을 어떻게 정해야 하는지?

    └[후속질문] 세무사 단체나 언론이 반발하면?

    └[후속질문] 어쨌든 원칙을 어긴 것인데 이에 대한 징계는 어떻게 생각하는가?

    └[후속질문] 동료가 대리작성 대상자가 너무 많다고 줄이자고 하면?

    └[후속질문] 대리작성을 해드리지 않고, 사회적 약자는 해드린다고 작성했는데, 왜 대리작성을 세무서에서 금지하는지 이유를 알고 있는가?

    └[후속질문] 노약자, 65세 이상, 장애인 등은 해드린다고 하였는데 그럼 그 기준을 바꿀 수 있다면 몇 세 정도로 하겠는가? 그리고 다른 기준은?

    └[후속질문] 대리작성법이 없어지고 대리작성이 가능해지는 경우, 지금처럼 대리작성이 금지되는 경우 어느 경우가 더 좋은 것 같은가? 응시자라면 어떻게 할 것인가?

    └[후속질문] 대리작성을 해드렸는데, 납세자가 세금을 더 부과해야 하는 상황이 되었고, 납세자는 그 잘못된 부분을 납부할 수 없다고 하시는 상황이고 무리하게 다른 부분도 요구하시는 상황에서 어떻게 할 것인가?

    └[후속질문] 소득세신고 마지막 날이고 이제 곧 퇴근인데 민원인이 엄청 많은 경우 상관이 그냥 빨리 대리신고 해주라고 한다. 누구 먼저 대리신고를 해줄 것인가?

    └[후속질문] 너무 원칙으로만 한다면 노약자분들이나 진짜로 도움이 필요한 분들에게는 어떻게 할 것인가?

    └[후속질문] 아까 적극행정을 많이 강조하였는데 대리신고를 해주는 것도 적극행정이 아닌가?

    └[후속질문] 세금신고는 직접 해야 하는데 이를 어떻게 알리는 정책이 필요한지?

Q. 언론사에서 대리작성을 요청하는 민원인분들을 부정적으로 보도하려는 의도로 인터뷰 요청을 할 경우 어떻게 할 것인가?

✔POINT 국가직 면접에서는 직무능력을 파악하는 상황형 과제의 경우 동일한 문제는 다시는 출제되지 않는다. 하지만 직무상황형 과제는 상황에 따라 해결방안이 달라질 수 있다. 그러므로 아래 주요 기출문제는 꼭 연습을 해 두길 바란다.

Case 01. 상황형 과제

본인은 행정혁신 담당 주무관이다. 지속가능한 발전과 ESG(환경, 사회, 지배구조) 경영을 위해서 페이퍼리스 정책을 도입하려 한다. 페이퍼리스 행정을 하면 환경보호, 업무효율성 증가, 행정비용감소가 기대된다. 하지만 서류 보고와 회의에 익숙한 직원이 업무의 불편함을 호소하며 반발하고 있고 정보 유출 위험으로 인해 보안이 우려되는 상황이다. 어떻게 이 문제를 대처할 것인가?

TIP 위의 문제를 10분 동안 생각한 후, 답변을 작성해 본 다음 아래 해설을 참고해 보길 권한다.

해설과 이해

(1) 문제의 핵심을 파악하는 것이 우선이다.
  1) 나는 ESG 담당 주무관
  2) 페이퍼리스 정책 도입 추진(즉, 전자결재시스템 도입)
  3) 서면 업무환경에 익숙한 구성원들 반발
  4) 보안에 취약한 문제로 반대
  ➡ 근본원인 및 중요 포인트 ⇨ 새로운 시스템을 도입하고자 할 경우 기존 환경에 익숙한 구성원들의 반대를 어떻게 합리적으로 해결하면서 제도를 안착시킬 수 있을 것인가에 대해 생각해야 한다.

(2) 해결방안 예시

    1) 페이퍼리스 정책의 필요성과 효과에 대한 보고서 작성
- 조직원들에게 보고서 공유하여 정책방향 이해를 구해야 함
- 페이퍼리스 정책에 대한 일정표를 작성해서 공유

    2) 전자결재시스템을 교육하고 익숙하게 될 때까지는 종이결재와 병행하여 시행
- 시범운영 기간 확보
- 기간을 정해 그 이후에는 전자결재로 간다고 선언
- 부서에서 IT 역량이 뛰어난 직원을 1명씩 선발하여 그 직원이 부서원들에게 교육

    3) 시범운영기간 문제점 파악 및 보완
- 전자결재에 필요한 양식 및 보고체계 표준화
- 전결규정 및 공유 부서 및 인원에 대한 규정 마련
- 시범운영기간 동안 이미 도입하여 운영중인 부처 벤치마킹

    4) 정보유출 방지방안 마련
- 문서에 대한 결재체계와 보안 등급 규정 마련
- 전체 공개 / 부분공개 / 비공개 등 구분

    5) 시범운영 기간이 끝난 후 구성원 전체를 대상으로 설문조사 후 문제점 보완
- 규정 개정
- 업무 전산화를 통한 업무부하 감소 반영

      ◑ 페이퍼리스 정책은 ESG를 위해서 뿐만 아니라 업무효율화를 위해서도 필요하므로 구성원들을 설득하여 동참을 이끌어 내야 한다. 업무효율화의 의미는 언제 어디서든 결재를 할 수 있고, 의사결정을 빠르게 할 수 있으며, 문서관리가 편리하고 의사결정에 대한 근거와 기록을 남길 수 있다. 다만, 시행과정에서의 문제점에 대해서는 지속적으로 개선해나가는 노력이 필요하다.

MEMO

Case 02. 상황형 과제

본인은 A부처 유통담당 주무관이다. 소상공인과의 상생을 위해 대형마트는 월 2회 의무휴업을 실시하고 있다. 이에 대해 소비자들은 불만을 제기하고 있으며 새벽배송, 심야배송 등으로 인해 영업규제에 대한 실효성에 의문을 제기하고 있다. 하지만 전통시장 상인들은 규제 유지를 주장한다. 어떻게 대응할 것인가?

TIP 위의 문제를 10분 동안 생각한 후, 답변을 작성해 본 다음 아래 해설을 참고해 보길 권한다.

해설과 이해

(1) 문제의 핵심을 파악하는 것이 우선이다.
 1) 나는 유통담당 주무관
 2) 대형마트 월 2회 의무휴업에 대해 소비자들은 불만 제기(영업규제 실효성 의문)
 3) 전통시장 상인들은 현재의 규제 유지 주장
 ➲ 근본원인 및 중요 포인트 ➪ 대형마트 규제의 목적이 달성되었는가에 대해 다시 한번 검토를 해보고 대형마트 규제를 통한 전통시장 살리기가 아닌 전통시장의 자체 경쟁력 강화 방안을 제시하는 것이 전략적이다.

(2) 해결방안 예시
 1) 대형마트 의무휴업 규제의 목적에 대한 검토
 ─의무휴업을 할 경우 전통시장으로의 유인 효과가 있을 것으로 기대했을 것임
 2) 대형마트 의무휴업에 대한 영향 검토
 ─의무휴업일 동안 전통시장 방문객 / 매출액 변화(신용카드 사용액 / 방문차량 등으로 확인)
 ─소비자들의 불편 및 불만 사항 조사(설문조사 또는 인터넷활용)
 ─소비패턴의 변화 조사(온라인 쇼핑 / 퀵배송 활용 등)

3) 공청회나 간담회 개최
- 전통시장 대표 / 대형마트 대표 / 경제전문가 / 중소상인 / 지자체 담당공무원
- 대형마트 의무휴업으로 인한 영향 보고서 공유
- 전통시장과 대형마트 상생방안 토론
4) 전통시장 살리기
- 특색있는 상품 개발 및 경쟁력 강화 방안 마련(백종원 예산시장-휴식과 즐거움의 장소)
- 온라인 배달 서비스(당일배송)
- 지역농산물과 연계한 가공품 / 상품 개발 지원
- 볼거리, 놀거리, 먹거리, 살거리 개발을 위한 컨설팅
    예 1인가구를 위한 밀키트 개발, 길거리 버스킹 지원, 문화체험 등
- 정부 및 지자체에서는 컨설팅 및 결제편의제공, 리모델링 보조금 지원
5) 전통시장 살리기 프로젝트와 병행을 전제로 의무휴업 자율화 추진

MEMO

Case 03. 상황형 과제

본인은 화장시설을 담당하는 A부처 주무관이다. 화장문화 정착을 위해 화장시설이 없는 도시에 화장시설을 설치하고자 하며, 최종적으로 B시와 C시 중 한 지역에 설치하여야 한다. 수도권에 위치한 B시는 유동인구가 많고 주민들의 이용이 많을 것으로 예상되지만 지가가 높아 설립비용이 매우 클 것으로 예상된다. 반면 비수도권인 C시는 설립비용은 적으나 이용하는 사람들이 없어 이용률이 매우 저조할 것으로 예상된다. 이러한 상황에서 당신은 담당 주무관으로서 어떻게 대응하겠는가?

TIP 위의 문제를 10분 동안 생각한 후, 답변을 작성해 본 다음 아래 해설을 참고해 보길 권한다.

해설과 이해

(1) 문제의 핵심을 파악하는 것이 우선이다.
   1) 나는 화장시설 담당 주무관
   2) 화장문화 정착을 위해 화장시설이 없는 도시에 화장시설 설치예정(B시 or C시)
   3) B시(교통, 접근성, 인구, 효율성), C시(예산절감, 이용률 저조 예상)
   ⊙ 중요 포인트: 국가 재정이 들어가는 사업에 대해서는 타당성 평가를 해야 한다. 타당성에는 경제성, 예산, 이용률, 접근성, 교통, 인프라, 주민수용성, 주민편의성, 유사시설 사례분석 등이 있다. 이와 같은 근거를 토대로 결정하고 결정 근거에 대해서는 공개를 하는 것이 좋다.

(2) 해결방안 예시
   1) 우선 지역선택에 있어 가장 중요한 것은 주민수용성(지역주민들이 극렬 반대할 경우 설득하지 않으면 방법이 없다.)
     −다음으로 예산, 장기수요 추정, 접근성, 교통, 주변 인프라(병원, 장례식장, 납골묘 등), 주민편의성, 환경성(교통영향, 소음분진, 악취 등 민원 발생여지 최소화) 등
     −지자체의 추진의지와 협조 또한 중요

2) 만일 B시 주민들이 수용한다면 B시를 선택하는 것이 타당
   −화장문화 정착을 위해서도 시민들의 이용이 중요하기 때문
   −B시 화장시설 주변 주민들을 위한 복지시설 설치
   −시설 설치시 이용의사 설문조사
3) C시에 대해서는 주변 시설을 활용할 수 있는 방안을 제시하고 이용시 할인 혜택을 검토
4) 타당성 보고서 작성하여 상관에게 보고(유사시설 사례분석 자료 포함)
5) B, C시 주민을 상대로 공청회 및 설명회 개최, 타당성 자료 보고 공개
6) B시에 설치시 주민들에게 이용혜택 부여

MEMO

Case 04. 상황형 과제

본인은 발달장애인 담당 주무관이다. 발달장애인 대상 의료서비스 제공을 위한 행동발달증진센터를 설립하고자 한다. B시는 이미 센터가 1개 있지만 발달장애인 수가 전국에서 가장 많아 대기인원이 많은 상황이다. C시는 상대적으로 발달장애인 수는 적지만 센터가 없어 원거리를 이동해서 의료서비스를 받아야 하는 상황이다. 예산 제약으로 1군데만 설치가 가능하다. 어디에 설치할 것인가?

TIP 위의 문제를 10분 동안 생각한 후, 답변을 작성해 본 다음 아래 해설을 참고해 보길 권한다.

해설과 이해

(1) 문제의 핵심을 파악하는 것이 우선이다.
  1) 나는 발달장애인 담당 주무관
  2) 행동발달증진센터 설치예정(B시 or C시)
  3) B시(센터 존재, 발달장애인 수가 많아 대기인원 많음), C시(발달장애인 수는 적으나 센터없어 원거리 이동해야 함)
  ➡ 중요 포인트 ▷ 행정의 본질적 가치인 공익성, 형평성의 관점에서 생각을 해보자. 물론 수단적 가치인 효율성에 대해서도 고려할 수 있지만 본질적으로는 공익성과 형평성의 가치가 더 중요하다고 생각된다.
(2) 해결방안 예시
  1) C시에 설립
    −이유: 공익성, 지역별 형평성
    −C시에는 센터가 없어 진료 사각지대 발생
    −지자체의 추진의지와 협조 중요

2) C시에 설립시 B시 발달장애인을 위한 지원방안
    −B시 기존센터에 전담의료인력 충원
    −C시 센터와 협력체계 구축으로 대기 시간 단축
3) 보고서 작성하여 상관에게 보고(유사 사례분석 자료 포함)
4) B, C시 주민을 상대로 공청회 및 설명회 개최, 타당성 자료 보고 공개
5) C시에 설치시 B시 장애인들에게 이용혜택 부여 (취약계층 진료비 감면, 예약, 숙박 등)
⊙ B시에 설립한다고 할 경우 명확한 근거를 제시해야 하며, C시 발달장애인을 위한 정책적 배려사항을 반드시 언급해야 한다.

MEMO

Case 05. 상황형 과제

본인은 A부처 지자체 평가 업무를 맡은 주무관이다. 현재 부서에서는 통합적 행정체제 구축, 투명성 확보로 국민신뢰 제고, 국민의 알 권리 보장을 위해 지자체별로 평가를 하고 평가내용을 공개하려고 한다. 하지만 일부 지자체에서는 지역의 특성을 반영하지 못한 평가지표와 순위공개로 인한 지자체 간의 서열화, 보여주기식 사업 진행으로 인한 비효율성을 이유로 공개를 반대하고 있다. 당신은 담당 주무관으로서 어떻게 할 것인가?

TIP 위의 문제를 10분 동안 생각한 후, 답변을 작성해 본 다음 아래 해설을 참고해 보길 권한다.

해설과 이해

(1) 문제의 핵심을 파악하는 것이 우선이다.
  1) 나는 지자체 평가 담당 주무관
  2) 자자체별로 평가를 하고 평가내용을 공개하려함
  3) 지자체에서는 획일적 평가기준, 보여주기 행정과 지역서열화를 이유로 평가 결과 비공개 주장
  ➡ 중요 포인트 ⇨ 정보공개제도는 헌법상 기본권인 국민의 알 권리를 구체적으로 실현하고 국민주권주의를 실질적으로 보장하는 민주주의의 핵심적인 장치 중의 하나이다. 따라서 그 취지와 평가항목, 평가과정, 평가주체, 평가결과의 활용 내용을 각 지자체에 명확하게 전달하고 설득해야 한다.

(2) 해결방안 예시
  1) 평가항목을 구분하여 공개 / 부분공개로 대상 설정
    - 전체 공개: 청렴도평가, 적극행정 평가 등
    - 부분공개: 지역 특성 고려 항목이 있는 경우로 관광산업 평가, 일자리 등
  2) 객관적 평가지표 설정 및 평가 실시 방안
    - 민간전문가로 구성된 평가단 구성
    - 평가지표 및 평가방안에 대해 전 지자체에 사전 공유 및 공개

3) 보여주기 행정 / 지역서열화 대책
  - 평가결과에 대해서는 상중하로 구분
  - 최우수 / 우수 지자체에 대해서는 포상 실시(공무원 포상 또는 인센티브 제공)
  - 최우수 / 우수 지자체 대상과 우수사례를 중심으로 언론에 보도자료 배포
4) 지자체와 협의를 지속하면서 공개 대상을 확대
  - 객관적 평가지표 개발
5) 지자체 평가의 효과에 대해 검증 연구

➡ 지자체 평가를 하는 목적을 잘 이해해야 한다. 평가를 통해 서열화를 하기 위한 것이 아니라 발전의 기회로 활용하고자 함이다. 따라서 평가지표 / 평가방법 및 절차 등에 대해 투명하게 공개하고 평가결과에 대해서는 우수사례를 중심으로 전 지자체가 공유하도록 함으로써 평가의 취지를 살려나가야 한다. 그렇게 함으로써 반대하는 지자체를 설득해낼 수 있다.

MEMO

Case 06. 상황형 과제

본인은 복무 담당 주무관이다. 5세 이하 아동을 양육 중인 근로자에게는 1일 2시간의 육아시간을 보장해주는 육아시간제도가 시행 중이다. A부처는 일·가정 양립 문화를 위해 육아시간 사용을 장려하고 있다. 그런데 육아시간 사용자가 증가함에 따라 전화 넘겨받기 등 업무 공백으로 육아시간 비사용자가 업무과중에 대한 불만을 제기하고 있다. 이 때 본인은 어떻게 할 것인가?

TIP 위의 문제를 10분 동안 생각한 후, 답변을 작성해 본 다음 아래 해설을 참고해 보길 권한다.

해설과 이해

(1) 문제의 핵심을 파악하는 것이 우선이다.
   1) 나는 복무 담당 주무관
   2) 일·가정 양립문화를 위해 육아시간제도 장려 중
   3) 육아시간 사용자 증가로 전화 넘겨받기 등 동료들의 업무과중 불만 제기
   ➡ 중요 포인트 ➡ 제도 시행 과정 중 발생하는 부작용에 대해 합리적이고 현실적인 대안을 제시할 수 있어야 한다. 그래야 제도의 안정적 안착을 확대해 나갈 수 있다.

(2) 해결방안 예시
   1) 육아시간제도 사용자 현황 파악
     -부서별 인원 대비 사용자 현황 파악
     -민원부서와 같이 업무량이 많은 부서의 경우는 순환 사용 권고(순환 사용자에 대해서는 특별휴가 배려)
   2) 대체 인력 확보
     -육아시간제도 사용자가 많은 부서의 경우 대체 인력 지원
   3) 비사용자에 대한 특별휴가 포상 실시
     -육아시간제도 이용자의 전체 시간을 산정하여 부서원들에게 휴가시간으로 활용하도록 배려
     -업무강도 등을 고려하여 일정비율로 계산(예 ×0.2시간)
   4) A부처 전체 조직원을 대상으로 제도의 취지, 포상계획에 대한 공지 및 교육 실시
   5) 육아시간제도 사용실적을 바탕으로 부서 포상 실시

Case 07. 상황형 과제

본인은 스마트화 지원 담당 주무관이다. 중소기업 스마트화 지원사업을 진행 중인데 중소기업에서는 구축비가 높다는 이유로 지원비율을 기존 50%에서 70%로 상향 요구하고 있다. 예산 부서에서는 예산이 부족하여 지원비율을 높일 경우 혜택 받는 중소기업의 수가 줄어든다며 반대하고 있다. 담당 주무관으로서 어떻게 대처할 것인가?

TIP 위의 문제를 10분 동안 생각한 후, 답변을 작성해 본 다음 아래 해설을 참고해 보길 권한다.

| |
| |
| |
| |
| |
| |
| |
| |
| |
| |
| |
| |
| |
| |

해설과 이해

- 50%로 했을 때의 장단점: 지원범위가 확대됨. 민간기업의 자부담이 높아짐
- 70%로 했을 때의 장단점: 스마트화 품질이 높아지고 민간기업의 자부담이 낮아짐. 대신 지원대상 업체수 감소.

(1) 해결방안 예시
- 스마트화 지원 업체 대상 간담회 개최(구축비 현황 및 50%에서 70% 상향 필요성 조사)
- 예산액 및 지원 가능 업체 수 조사
- 기존 지원업체를 대상으로 만족도, 선호도 및 지원액 상향 필요성 설문조사
- 최초 지원 범위를 50% 설정한 이유에 대해 조사
- 보다 많은 업체들에 혜택이 돌아가도록 현행 50%를 유지하되 설문조사와 간담회 결과를 바탕으로 매출 일정규모 이하의 업체에 대해서는 70% 상향 검토
- 매출 일정규모 이상 업체의 경우는 50%를 지원해주더라도 스마트화 지출 여력이 있을 것으로 판단(50%에 더하여 최대 지원액수를 제한하여 설정)
- 다만, 효과성도 고려해야 하므로 일자리 창출 기업에 70% 지원 인센티브를 주는 방안 검토
- 향후 예산 상황을 보며 70% 지원 대상의 매출 규모를 높여가는 전략

(2) 중소기업 스마트 지원사업은 빅데이터, 인공지능(AI) 등 첨단정보통신기술을 활용한 솔루션 구축을 지원하는 사업으로 디지털, 비대면 경제로의 신속한 전환을 촉진하고 생산성 제고, 고부가가치화를 위한 스마트공장 사업 등을 진행하고 있다. 국가 예산이 들어가는 사업이므로 공익성, 형평성, 효율성을 고려하면서 보다 넓게 지원되도록 합리적 판단과 기획이 필요하다.

(3) 스마트화 지원사업 업체 평가 기준
　－(현장평가) 전문가를 통해 사업 추진의지를 확인, 사업계획의 적정성, 기대효과
　－(서면평가) 전문가로 평가위원회를 구성하여 사업계획의 타당성 검토
　－(대면평가) 전문가로 평가위원회를 구성하여 지원 필요성, 사업계획의 적정성 평가
　➡ 선정되지 않은 업체에 대해서는 사전컨설팅을 제공하여 자격요건이나 보완사항에 대해 advice를 제공해 주는 것도 좋은 방법이다.

MEMO

Case 08. 상황형 과제

본인은 벤처창업 지원 담당자인데 청년창업 육성 및 일자리 창출을 위해 벤처창업지원센터를 설립하고자 한다. 그런데 B시는 비수도권 중소도시이며 현재 인구감소가 진행 중이어서 센터설립시 청년인구 유입 및 지역균형발전이 기대되는 상황이다. 그런데 교통 등 관련 인프라 구축이 미흡해 정책효율성이 낮을 것이라고 판단된다. 반면에 C시는 수도권 신도시이다. 인구 접근성과 인프라가 이미 구축되어 있어서 정책파급력이 높을 것이라 예상되지만 이미 타부처에서 유사사업을 진행 중이다. B시와 C시가 이 사업 유치에 관해 주민들의 갈등이 고조되는 상황이다. 이때 어떻게 하겠는가?

TIP 위의 문제를 10분 동안 생각한 후, 답변을 작성해 본 다음 아래 해설을 참고해 보길 권한다.

해설과 이해

(1) 문제의 핵심을 파악하는 것이 우선이다.
- B시: 비수도권 중소도시로 청년인구 유입 및 지역균형발전 기대. 인프라 미흡. 정책효율성 낮을 것으로 예상
- C시: 수도권 신도시. 인프라가 잘 갖춰져 있고 정책효과가 높을 것으로 기대. 타부처에서 유사사업 진행중

(2) 해결방안 예시
- 우리나라는 인구의 자연감소와 더불어 수도권 인구 및 인프라 집중 문제가 심각. 지역균형발전과 지속가능한 지역경제 활성화를 위해 비수도권으로의 벤처창업지원센터 설립 추진 필요
- 벤처창업지원센터 유치와 더불어 기업유치를 위한 종합적 대책 마련 필요(세제혜택, 행정 및 재정지원책, 연구기관 등과 네트워크 형성, 이전기업의 정착 및 판로개척 지원, 규제 특례 적용 등)
- 인프라 지원: 전 부처가 협업하여 청년의 선호와 요구를 고려하여 청년친화특구를 조성하고, 일자리, 주거공간, 문화시설 등을 동시에 종합적으로 제공하는 정책을 추진할 필요가 있음
- 지방자치단체 지원: 유휴공간을 활용하여 청년유입 및 정착을 위한 공간으로 활용하는 방안 등이 필요함
- 정책효율성을 높이기 위한 방안: 특정 분야 벤처 클러스터 조성
  예 바이오클러스터를 조성하여 산학연 연계 협력의 집적화 체계 마련. 인력양성과 공동 연구장비 활용 시스템 구축
- 수도권 신도시에는 타부처 유사사업의 진행을 홍보

CHAPTER 05 최근 3년간 출제된 상황형 과제 기출문제
(2023년 기출해설 포함)

> **POINT** 교재에는 최근 3년간 기출문제를 수록하였다. 이전에 출제된 내용 중 괜찮은 내용은 후기편을 통해서 보완하였다.

1 2021년 상황형 기출문제(국가직 9급)

구분	직렬	과제
1일차	일행	[오전조] 당신은 A부처 민원업무 담당 주무관이다. 해당 부처에서는 민원 수요 증가와 코로나19로 인한 비대면 시대에 발맞춰 전자서비스 확대를 위해 무인민원발급기를 설치하려고 한다. 주민 만족도를 높이고 시간단축과 업무효율성이 높아질 것으로 기대되지만 B사무소에서는 민원업무 부담이 낮은 편이고 수익비용 대비 효과가 낮고 설치시에는 별도의 안내가 필요하여 많은 시간소요가 예상된다며 반대하고 있다. 담당 주무관으로서 이 상황에서 어떻게 대처를 할 것인가?
		[오후조] 당신은 A지방청 주무관이다. B지역 인구감소와 인터넷을 통한 민원신청의 증가로 인해 대민업무가 줄어듦에 따라 불필요한 행정·예산 낭비를 줄이고 핵심업무 위주로 강화를 해야 하는 취지에서 B지역사무소 통폐합 검토를 지시받았다. 하지만 B지역 주민들은 이동거리가 한 시간이 소요될 거라며 통폐합에 반대하고 있다. 최근 인근 지역에서도 통폐합 사례가 있었다. 담당 주무관으로서 이 상황에서 어떻게 대처할 것인가?
2일차	교행 / 고용노동	[오전조] 당신은 A국립대학 학생식당 담당 주무관이다. 정부시책에 의해 위탁업체 소속 비정규직을 대학소속 정규직으로 전환하였다. 이들은 정규직 전환 후에 대학측에 정규직과 동일한 임금과 처우를 요구하고 있다. 대학측에서는 신입생 감소 등으로 예산확보에 어려움이 있기 때문에 부정적인 입장이다. 담당 주무관으로서 이 상황에 어떻게 대처할 것인가?
		[오후조] 당신은 실적 평가 담당 주무관이다. 부정 수급 적발 건수에 따라 재정지원을 하는데 대규모 산하기관에 비해 소규모 기관에서는 재정지원을 많이 받지 못해 정성평가로 재정지원을 해달라고 요구하고 있다. 그런데 대규모 산하기관에서는 기준을 갑자기 변경하는 것은 평가의 일관성에 문제가 있다고 반발하는 상황이다. 담당자로서 어떻게 대응할 것인가?
3일차	우정 / 경찰행정 / 직업상담	[오전조] 당신은 A부처 시설관리 담당 주무관이다. 국제행사를 위해 ○○산을 개발하면서 사전에 원상복구를 약속했다. 그런데 국제행사 이후에 환경단체는 원상복구를 요구하고 있고, A부처에서도 시설현상 유지시 관리비용 등으로 경제성이 낮을 것으로 예상하여 원상복구를 하고자 한다. 해당 지자체와 지역주민들은 관광수익 증대와 편의시설 확충 등을 이유로 개발단지 유지를 주장하고 있다. 이 상황에서 담당자로서 어떻게 할 것인가?
		[오후조] 당신은 A부처 물류 담당 주무관이다. 물류 분류속도를 높이고 업무 과중 문제를 해결하기 위해 자동화 물류시스템을 도입하려고 한다. 하지만 계약직 물류 직원들은 비용 대비 생산성이 낮고 대량 실직사태가 벌어진다며 일자리 대책이 선행되지 않는 자동화는 안 된다고 반대하고 있는 상황이다. 담당 주무관으로서 이 상황에서 어떻게 대처할 것인가?

4일차	기술직렬	[오전조] 당신은 A부처 공사용역 입찰업무 담당 주무관이다. ○○시에서 지역센터를 건립하는데 최종적으로 B업체와 C업체가 후보자로 나서게 되었다. 그런데 B업체는 해당 지역업체로 그동안 지역경제에 도움을 준 업체지만 수주실적이 낮고 공사기한이 늘어날 것으로 예상되는 반면, C업체는 수주경험이 많고 공사기한 내에 끝낼 수 있을 것으로 예상되어지는 상황이다. 만약에 C업체를 선택시 지역경제 활성화를 바라는 지역주민들의 반발이 예상된다. 담당 주무관으로서 이 상황에서 어떻게 대처할 것인가?
		[오후조] 당신은 청사 보안구역 출입관리 담당 주무관이다. 기존 수기명부 작성 방식에서 생체인식 시스템 도입으로 보안을 철저히 하고 빠른 출입으로 업무의 효율성을 높이고자 한다. 그런데 지금까지 보안사고가 없었는데 왜 굳이 도입하려고 하느냐며 예산낭비, 생체인식 시스템 생체 정보유출 등으로 인한 인권침해 등의 이유로 조직 내에서 반대하고 있는 상황이다. 담당 주무관으로서 이 상황에서 어떻게 대처할 것인가?
5일차	선거 / 통계 / 보호 / 출관 / 관세 / 검찰 / 마약수사 / 철도경찰	[오전조] 당신은 A부처 정보담당 주무관이다. 비영리 민간단체인 B업체는 영세하고 인력과 예산이 부족한 상황에서 공익사업 목적으로 데이터를 다뤄야 하는데 인력과 예산 부족으로 공공데이터를 발췌&재가공을 요청하고 있는 상황이다. 하지만 상사는 지금까지 선례가 없을 뿐더러 그렇게 해줘야 할 의무도 없으므로 반대하는 상황이다. 담당 주무관으로서 이 상황에서 어떻게 대처할 것인가?
		[오후조] 당신은 A부처 인사제도 개선 담당 주무관이다. A부처 직원들의 직무의 전문성 및 역량강화 교육(직무역량 강화 교육)을 위해 개인별로 의무 교육시간을 설정하여 달성 여부에 대해 부서 평가에 반영하고자 한다. 그런데 직원들은 직무나 직급별 고려 없이 일률적으로 교육시간을 부여하는 것에 대해 반대하며 교육콘텐츠 질적 저하를 우려하며 불만을 제기하고 있는 상황이다. 담당 주무관으로서 이 상황에서 어떻게 대처할 것인가?
6일차	교정직	[오전조] 당신은 A교도소 교정직 계호업무 담당 주무관이다. 심리 불안정으로 자살, 자해 위험이 있는 B수용자에게 구금시설 내 전자영상장비 계호를 실시하였는데 해당 수용자가 사생활 노출로 인한 스트레스를 호소하고 더군다나 폭력 성향까지 보이며 해제를 요구하고 있는 상황이다. 하지만 상관은 장기수형생활로 인한 정서적 불안으로 언제든 자살, 시설의 안전과 질서를 해하는 행위를 할 수 있다고 반대하는 상황이다. 담당 주무관으로서 이 상황에서 어떻게 대처할 것인가?
		[오후조] 당신은 B교도소 교정직 건축 담당 주무관이다. B교도소가 노후화 및 과밀수용 문제를 해소하고자 C지역으로 이전을 하려고 하는데 해당지역 주민들이 지역경제에 이익이 되지 않고, 치안불안과 혐오시설로 인식하여 격렬하게 반대하고 있는 상황이다. 담당 주무관으로서 이 상황에서 어떻게 대처할 것인가?
7일차	세무	[오전 / 오후 공통] 당신은 A세무서 종합소득세 담당 주무관이다. 종합소득세 신고서는 직접 본인이 작성하는 것이 원칙이다. 하지만 납세자들이 대신 작성해 달라고 요청하거나 어르신이나 장애인이 왔을 때 대리작성을 해주는 경우가 있다. 국세청이 매년 해오던 현장 신고 지원을 대폭 축소하자 신고 대상자들의 불만이 터져 나오고 있다. 더욱이 신고 마지막 날은 사람들이 몰려서 신고를 포기할 것으로 예상된다. 담당 주무관으로서 이 상황에서 어떻게 대처할 것인가?

MEMO

구 분	직 렬	과 제
1일차	일행 / 관세 / 통계	[오전조] 당신은 공익요원 관리담당자이다. 평소 성실하고 책임감이 있다고 인정받은 A공익요원이 허락받지 않은 아르바이트를 하다 적발되어 처벌을 받아야 하는 상황이다. A공익요원은 생계가 어려워서 했다고 주장하고 있다. 실제로 조사를 해보니 생계가 아주 곤란한 상황은 아니지만 어려움은 있는 것으로 조사되었다. 담당자로서 어떻게 대응할 것인가?
		[오후조] 당신은 A부처 기업 지원 정책 사업 담당 주무관이다. 수탁계약을 진행해야 한다. B라는 기업의 업무 담당자가 계약 협의를 위해 사전 면담을 요청해왔는데 알고 보니 그 업무 담당자는 A부처 전직 공무원이다. 사전 미팅을 업무적으로 할 수는 있지만 공정성의 문제가 발생할 수 있는데 어떻게 해결할 것인가?
2일차	보호 / 검찰 / 마약수사 / 출관 / 경찰행정	[오전조] 당신은 보호관찰소에서 치료명령대상자를 관리하는 담당자이다. A라는 치료명령대상자가 1년 동안 약물치료를 했는데 심리적 거부감과 어지러움증으로 약물치료를 거부하고 치료감호 중단 심사요구를 하고 있다. 상관은 재범우려와 형평성 문제로 반대하고 있다. 담당자로서 어떻게 대응할 것인가?
		[오후조] 당신은 외국인체류 담당 주무관이다. 외국인 남자 A와 한국인 여자 B는 부부사이다. A는 2년 전 상습도박 범죄로 1년의 형을 살고 만기 출소했다. 후속조치로 강제퇴거 심사 중이다. B는 두 명의 아이가 있고 한국에서 아이를 키우고 싶어 선처를 바라고 있다. 상급자 X는 엄정한 체류질서를 위해 A의 강제퇴거에 찬성하고 있다. 담당자로서 어떻게 대응할 것인가?
3일차	고용노동 / 직업상담 / 교육행정 / 선거행정	[오전조] 귀하는 장애인학교(특수학교) 설립 담당 주무관이다. 장애학생을 위한 학교가 대부분 도심에서 멀리 떨어져 있어 도심에 사는 학생들의 통학이 불편하다. 해결을 위해 도심 B지역에 부지를 확보하려고 추진 중이나 B지역주민들이 부동산 가격하락을 우려하며 반발하고 있다. 이 상황에서 담당 주무관으로서 어떻게 할 것인가?
		[오후조] 본인은 외국인 고용담당 주무관이다. 외국인 근로자가 늘어남에 따라 외국인 산재 사망사고가 늘어나고 있다는 언론보도가 나왔다. 상관은 외국인 고용제한 검토를 지시한 상황이다. 인권단체는 산업재해 사망사고가 발생한 사업장에 대해 외국인 고용을 제한해야 한다고 주장하고 있다. 사업주 및 ○○부처는 구인난 및 경영악화를 이유로 반대하는 상황이다. 이 상황에서 담당자로서 어떻게 대응하겠는가?
4일차	기술직렬	[오전조] 당신은 A부처 정보시스템 구축 담당 주무관이다. 업무적체가 심해져 인력부족과 업무과부하로 직원들의 사기가 떨어진 상황이다. 상관은 직원 사기 진작을 위한 방안을 검토하라는 지시를 내렸다. 현재 A부처에서는 X시스템을 사용하고 있고, B부처는 Y시스템을 사용 중이다. 효율성이 검증된 B부처의 Y시스템 도입을 상관이 지시했다. A부처는 Y시스템은 성격이 다르고 인력이 부족하고, 적응기간이 필요하다는 등으로 Y시스템 도입을 반대하고 있는 상황이다. 담당자로서 어떻게 대응할 것인가?
		[오후조] 당신은 A부처 가축방역 담당 주무관이다. B질병은 가축분뇨를 매개체로 하여 전염되는 질병이다보니 반출 및 이동이 금지되어있다. 축산업 관계자들은 가축분뇨 보관에 한계가 왔다며 규제 해제를 요청하고 있다. 또한 지역주민들도 악취 및 수질오염을 우려하여 규제를 반대한다. 담당자로서 어떻게 할 것인가?

5일차	세무	[오전조] 당신은 세무조사 담당 주무관이다. 탈루세액에 대해 제보가 들어와서 B업체에 대한 조사를 하는 중 일부 탈루정황이 포착되었다. 이에 상급자분께 보고를 드렸는데 상관이 기업의 사장과 친분이 있고 과세를 하지 말라고 지시했다. 이 상황에서 담당 주무관으로서 어떻게 대처하겠는가?
		[오후조] 귀하는 부가소득세과 담당 주무관이다. 민원인이 전임자가 부과하였던 소득세에 대해 불만을 토로하는 상황이다. 하지만 국세기본법상 경정청구 사유에 해당하지 않아 불가능한 상황임을 충분히 설명하였음에도 계속 항의함으로써 업무가 괴중되고 다른 민원업무 처리가 지연되고 있는 상황이다. 어떻게 대응할 것인가?
6일차	우정	[오전조] A우체국에서는 지역사랑상품권 할인이벤트를 일반창구에서 업무처리를 하면서 상품권 구매 수요가 급증했다. 일반창구를 이용하던 고객들은 대기시간이 늘어남에 따라 민원이 증가했다. 민원을 받아들여 상품권 판매 전용창구를 개설했는데 그러자 이번에는 상품권 구매고객들이 대기시간이 길어졌다고 민원을 제기한다. 담당자로서 어떻게 대응하겠는가?
		[오후조] A부처에서는 익명게시판을 운영 중이다. 이곳에서는 '자유로운 출퇴근'처럼 다양한 아이디어가 제시되어서 조직생활의 질을 향상시키는 데 도움이 되고 있다. 하지만 이와 동시에 조직이나 타인에 대한 비방 등 익명성을 악용하는 글도 올라오고 있다. 당신은 담당 주무관으로서 어떻게 행동할 것인가?
7일차	교정 / 철도경찰	[오전조] 당신은 수용관리 담당 주무관이다. 사전에 접견을 예약하고 온 할머니가 접견시간 이후에 도착해서 접견이 종료되었다고 안내했다. 규정상 업무시간 외에는 접견이 안 된다. 이에 할머니가 반발하면서 소란을 피우고 있는 상황이다. 어떻게 대응하겠는가?
		[오후조] 당신은 초과근무감축 실적을 평가하는 주무관이다. 정부에서는 일·가정 양립을 위하여 초과근무를 자제하라고 하고, 초과근무 감축 실적을 업무평가에 반영한다고 한다. 하지만 일부 부서 구성원들은 과도한 업무량과 업무의 특수성 때문에 초과근무 감축에 어려움을 호소하고 있다. 이에 어떻게 대처하겠는가?

MEMO

3　2023년 상황형 기출문제(국가직 9급)와 간단 해설

✎ Check point

1. 세무직을 제외하고, 9급 상황형 주제 또한 직렬과 관계없는(다른 직렬과 연관성 있는) 주제가 출제될 수 있기에 준비를 해야 한다.
  → 서두에 언급하였지만 가급적이면 예상문제 중심으로 실전연습을 하고, 기출문제를 연습할 때는 단, 한 문제를 풀더라도 제대로 해결하는 연습을 통하여 사고의 폭을 넓혀서 준비를 해야 한다.
2. 상황형 과제는 어떤 상황인가에 따라 해결방안이 다르고, 개인마다 생각의 차이가 있을 수 있으므로 단순히 출제되지도 않는 과거 기출문제에 대한 모범답안을 외워서 하는 준비방법은 실제 면접에서 어려움을 겪을 수밖에 없음을 꼭 기억해야 한다.
3. 해당 교재는 정형화된 해설로 교재용으로 만든 것이다. 그러므로 해설내용을 참고해서 자신만의 새로운 해결방안을 고민하길 바란다.

Case 1. 보호직 / 검찰직 / 경찰행정직

본인은 인사혁신처 인적자원 담당 주무관이다. 조직문화 쇄신을 위해 전 직원을 대상으로 갑질과 성추행 설문조사를 진행하려고 한다. 그런데 상관으로부터 설문조사 진행시 전수조사를 하라고 지시를 받았다. 하지만 직원들은 인적사항이 드러나 인사상의 불이익을 받을까 우려를 하며 설문조사를 거부하고 있다. 이때 담당자로서 어떻게 대응할 것인가?

TIP 위의 문제를 10분 동안 생각한 후, 답변을 작성해 본 다음 아래 해설을 참고해 보길 권한다.

간단 해설과 이해

(1) 문제의 핵심을 파악하는 것이 우선이다.
   1) 나는 조직관리 담당 주무관
   2) 조직문화 쇄신을 위해 갑질과 성추행 설문조사를 하고자 함
   3) 상관은 전수조사 지시
   4) 직원들은 인사상 불이익 우려로 설문조사 거부

(2) 해결방안 예시
   1) 설문조사의 목적(조직문화 혁신)과 활용방안, 개인신상 노출시 책임을 진다는 내용으로 홍보 및 설득
   2) 설문조사 방법 및 내용에 대한 의견수렴(익명성 보장 방안과 전원이 참석할 수 있는 안에 대해 투표)
      - 익명 단톡방 활용방법
      - 인터넷 커뮤니티 활용방법
      - 갑질, 성추행 사례에 대해 기술
   3) 최적의 안을 선정한 후 직원들에게 방법 공개 후 참여 독려
   4) 설문조사 결과에 대해 상관보고 및 부서 자체의 갑질, 성추행 기준을 정하고 사례집을 발간하여 전직원 대상 교육

Case 2. 일반행정직

본인은 공직문화 개선 담당 주무관이다. A부처 공직문화 담당 주무관으로서 MZ세대 공무원들의 의견을 수렴하기 위해 공직문화 개선단을 계획 중이다. 그런데 주요 참여 대상자인 MZ세대가 추가적인 업무 과중과 보수적인 공직문화의 특성상 적극적인 의견개진이 어렵고 공직문화 개선단의 활동 성과에 대한 낮은 기대감으로 참여에 미온적인 태도를 보이고 있다. 이 상황에서 어떻게 할 것인가?

TIP 위의 문제를 10분 동안 생각한 후, 답변을 작성해 본 다음 아래 해설을 참고해 보길 권한다.

간단 해설과 이해

(1) 문제의 핵심을 파악하는 것이 우선이다.
   1) 나는 공직문화 개선 담당 주무관
   2) 공직문화 개선을 위해 MZ세대의 의견수렴 필요
   3) MZ세대는 추가적 업무부담과 낮은 기대감으로 참여에 적극적이지 않음

(2) 해결방안 예시
   1) 의견수렴의 목적(공직문화 개선)과 어떻게 활용할 예정인지에 대해 사전에 명확한 설명 필요
   2) 조직의 의사결정 과정에 적극적 참여를 통해 공정한 보상 등 변혁을 이끌어낸 사례에 대해 홍보
   3) 추가적인 업부 부담을 줄이기 위한 방안 검토
      − 의견수렴 방법으로 대면조사 보다는 카톡 / 소셜 미디어 / 익명 토론방 등의 방법을 활용
      − 익명성을 보장함으로써 참여에 부담을 줄이는 방법 제시
   4) 의견수렴 결과에 대해 공개하고 좋은 아이디어는 조직차원에서 적극적 실행하는 자세 필요
   5) 공직문화 개선 토론회 자료로 활용함으로써 개선 노력을 가시적으로 보여줘야 함
   6) 효과가 좋을 경우 정기화 / 제도화하는 방안을 공지
   ➡ 핵심은 업무부담과 낮은 기대감을 해소할 수 있는 구체적인 안을 제시함으로써 공직문화 개선을 위한 의견 수렴 목적을 달성하는 것임

Case 3. 고용노동부 / 직업상담직

본인은 복지시설 담당 주무관이다. 복지시설을 설치하고자 하는데 인접지역인 A지역과 B지역 중 한 지역에 설치하여야 한다. A지역은 기존 복지시설이 있으나 복지 수요가 많아 수요 충족에 있어서 효과성이 기대되며, B지역은 A지역에 비해 실수요가 20% 정도이지만 복지시설이 없어 형평성을 위해 신규 복지시설 설치를 요구하고 있다. 이 상황에서 어떤 선택을 할 것인가?

TIP 위의 문제를 10분 동안 생각한 후, 답변을 작성해 본 다음 아래 해설을 참고해 보길 권한다.

간단 해설과 이해

(1) 문제의 핵심을 파악하는 것이 우선이다.

1) 나는 복지시설 담당 주무관

2) A와 B지역 중 한 곳에만 복지시설 설치

3) A지역은 복지수요가 많아 효과성이 기대됨. B지역은 실수요는 없지만 복지시설이 없어 형평성을 위해 복지시설 설치 요구(효과성과 형평성의 충돌상황)

▶ 행정의 본질적 가치인 공익성, 형평성의 관점에서 생각을 해보자. 물론 수단적 가치인 효율성에 대해서도 고려할 수 있지만 본질적으로는 공익성과 형평성의 가치가 더 중요하다고 생각된다. 또한 지역선택에 있어 가장 중요한 것은 주민수용성이다. ⇨ 지역주민들이 노인요양시설, 장애인 시설 등을 기피시설로 인식하고 극렬 반대할 경우 설득하지 않으면 방법이 없다.

▶ 다음으로 예산, 장기수요 추정, 접근성, 교통, 주변 인프라(병원, 장례식장, 납골묘 등), 주민편의성, 환경성(교통영향, 소음분진, 악취 등 민원 발생여지 최소화) 등을 고려해야 한다.

(2) 해결방안 예시
  1) B지역에 설치(주민수용성이 해결되었다는 전제)
    −이유: 공익성, 지역별 형평성
    −B지역에는 복지시설이 없어 복지 사각지대 발생
    −지자체의 추진의지와 협조 중요
  2) B지역에 설립시 A지역의 복지수요 충족방안 제시
    −A지역 기존센터에 복지전담인력 충원(사회복지사 등)
    −재가(在家)지원 위주의 복지지원방안 제시
  3) 보고서 작성하여 상관에게 보고(유사 사례분석 자료 포함)
  4) A, B지역 주민을 상대로 공청회 및 설명회 개최, 검토 자료 보고 공개
  5) B지역에 설치시 A지역 복지대상자들에게 이용혜택 부여(시설이용료 감면 등)
  ➡ 만일 A지역에 설립한다고 할 경우 명확한 근거를 제시해야 하며, B지역 주민들의 반대를 해결하기 위한 정책적 배려사항을 반드시 언급해야 한다.

면접관의 질문리스트 중심 **TIP** 면접의 질문의도 파악이 중요하다.

Q. 공무원에게 보다 엄격한 잣대(형벌 외의 추가적 조치)를 들이대는 형평성에 대해 어떻게 생각하는가?
Q. 형평성과 효과성 중 무엇이 중요하다고 생각하는가?
Q. 형평성과 효과성 이외에도 고려해야 할 중요 사항이 있는가? 왜 그렇게 생각하는지 구체적으로 답변해달라.
Q. 지원자가 이 문제를 해결하는 데 가장 중요하게 생각한 점은 무엇인가?
Q. 형평성을 강조한다면 발생할 문제점은 무엇인가? (B지역으로 써서 나온 질문)
Q. A지역과 B지역 의견 수렴은 어떻게 하면 좋겠는가?
Q. 건립 후 효과성을 확인하려면 어떤 방법으로 하는 것이 좋겠는가?

MEMO

Case 4. 우정사업본부 / 선거행정직

본인은 혁신업무 담당 주무관이다. 공직사회에서 일처리를 하는데 메일로 자료를 공유하는 방식이 비효율적이라는 지적이 있어 공동문서작업 프로그램을 도입하였다. 그런데 해당 프로그램 사용에 익숙하지 않아 불만을 제기하고 있고 더욱이 프로그램 사용시 오류 발생 및 부처 특성에 대한 반영 부족으로 인해 직원들은 기존방식을 고수하는 상황이다. 어떻게 대응할 것인가?

TIP 위의 문제를 10분 동안 생각한 후, 답변을 작성해 본 다음 아래 해설을 참고해 보길 권한다.

간단 해설과 이해

(1) 문제의 핵심을 파악하는 것이 우선이다.
   1) 나는 혁신업무 담당 주무관
   2) 메일로 자료공유하는 방식이 비효율적이라 공동문서작업 프로그램 도입
   3) 프로그램 사용 미숙, 오류발생, 부처 특성 반영 부족 등의 사유로 직원들은 불만 제기하며 기존방식 고수 중

(2) 해결방안 예시
   1) 불만사항 조사(신규 프로그램 문제점, 불편사항, 기존방식 고수 이유 등 조사)
   2) 불만사항 조사 과정에서 나타난 문제점에 대해 부처 특성에 맞게 프로그램 보완
   3) 전 직원대상 세미나 실시
     －기존 업무방식 문제점과 신규 프로그램 도입 필요성 및 장점
     －신규 프로그램에 대한 사용 문제점 및 개선방안 제시
     －신규 프로그램에 대한 교육 일정 등
   4) 신규 프로그램 도입을 통한 우수사례 및 공동작업 샘플 공유
   5) 부서별 신규프로그램 담당자를 지정하여 특별교육을 실시하고 그 담당자가 부서원들에게 활용교육 실시

6) 신규프로그램 활용률에 대한 평가를 실시하고 공지(부서별 성과평가시 반영)

7) 새로운 문제점에 대한 지속적인 follow up 및 feed back 실시

➡ 핵심은 신규 프로그램 도입에 대한 거부감을 해소하고 업무효율성 사례를 발굴하여 적응력을 높여가기 위한 구체적인 안을 제시할 수 있어야 한다.

면접관의 질문리스트 중심 **TIP** 면접의 질문의도 파악이 중요하다.

Q. 새 프로그램을 도입하고 오류가 계속되고, 직원들의 불만이 큰 상황인데 투입된 비용이나 시간이 많아 다시 철회하기도 어려운 상황이다. 이런 상황에서 둘 중 어떤 것을 선택하겠는가?

Q. 이유 없이 반대하는 사람이 있다면 어떻게 설득하겠는가?

Q. 그래도 계속 반대한다면?

Q. 변화를 싫어하는 상관이 기존업무 방식을 선호한다면 어떻게 하겠는가?

Q. 상황에 대한 업무의 어려움을 어떻게 대처할 것인가?

Q. 업무공유프로그램을 확인했다는 방법을 어떻게 알 것인가? 해당 방법이 저조하다면?

Q. 응시생이 생각하기에는 필요한 사업인데 상관과 부하직원 모두가 반대하는 상황이다. 어떻게 대처할 것인가?

MEMO

Case 5. 철도경찰직 / 마약수사직 / 출입국관리직

본인은 외국인 보호시설 담당 주무관이다. 보호시설에서 외국인 K씨가 규정에는 없지만 1인실을 요구하고 있다. 1인실은 구치소나 교도소를 다녀온 사람만 가능한데 K씨는 이에 해당되지 않는다. 이에 K씨는 식사도 하지 않고 같은 다인실을 쓰는 다른 외국인들도 위협하여 보호시설에 있는 다른 외국인들까지 불편을 호소하고 있다. 이로인해 외국인 보호시설 질서유지에도 어려움이 있는 상황이다. 담당 주무관으로서 어떻게 해결할 것인가?

TIP 위의 문제를 10분 동안 생각한 후, 답변을 작성해 본 다음 아래 해설을 참고해 보길 권한다.

간단 해설과 이해

(1) 문제의 핵심을 파악하는 것이 우선이다.
   1) 나는 외국인 보호시설 담당 주무관
   2) K는 1인실 요구(1인실 사용 요건에 해당하지 않음)
   3) K의 1인실 요구로 보호시설 질서유지에 어려운 상황

(2) 해결방안 예시
   1) K와 면담 실시(K의 불만사항 및 1인실 요구 이유에 대해 조사) / 같은 수용실의 외국인에 대해서도 K의 불만사항 원인조사
   2) 1인실 배정 요건에 대한 설명
   3) 자해나 위협 등 심각한 상황 발생이 우려될 경우는 일시적 분리조치 실시
   4) 심리상담 실시
   5) K에 대해 법을 위반한 인권침해나 권리침해 사실이 있을 경우는 시정조치함으로써 불만 해결
   6) 유사사례 발생에 대비하여 사례를 기록으로 보존
   ➡ 핵심은 규정에 맞게 대응하되 그 근본원인을 찾아 해결하려는 노력자세를 보여줘야 한다.

Case 6. 세무직

본인은 소득세 담당 주무관이다. 납세자 B는 세액감면 요건을 충족하여 환급세액이 발생하였는데 납세자 B는 이를 인지하지 못해 세금을 더 많이 납부하였다. 이후 이를 알게된 B씨는 세금 환급을 요청하였지만 경정청구 기한이 이미 지난 상황이다. 상관은 적극행정을 발휘해서 환급액을 지급하라고 한다. 담당 주무관으로서 어떻게 대응할 것인가?

TIP 위의 문제를 10분 동안 생각한 후, 답변을 작성해 본 다음 아래 해설을 참고해 보길 권한다.

간단 해설과 이해

(1) 문제의 핵심을 파악하는 것이 우선이다.
   1) 나는 소득세 담당 주무관
   2) 환급세액이 발생했는데 납세자가 이를 인지하지 못해 경정청구 기한이 지난 상황
   3) 상관은 적극행정을 통해 환급액을 지급하라고 지시

(2) 해결방안 예시
   1) 사실관계파악: 세액감면 요건을 인지하지 못한 원인, 경정청구기간이 경과한 이유, 추가적인 행정조치를 한 사실이 있는지 등
   2) 후발적 경정청구 사유에 해당하는지 사실관계 및 법률관계 파악
   3) 판례 및 선례조사: 행정기관의 실수로 문제가 있을 경우는 구제방법을 알려줘야 함
   4) 원칙: 경정청구 기간이 경과하였으므로 환급불가(근거를 가지고 상관 설득 필요)
      다만, 사실관계조사 과정에서 과세관청의 오류가 확인될 경우는 납세자보호담당관 / 고충민원 등 권리구제 절차 안내

5) 사실관계 조사를 통해 세액감면을 인지하지 못한 원인을 이해하고 이를 다른 납세자에게도 적용할 수 있는지를 파악하여 시스템적인 보완방안 마련

6) 세무 전산프로그램에 반영하거나 세금신고 통지문에 공지하여 유사 사례 발생 차단

7) 세무 교육용 사례로 타 세무관청에 전파

◉ 핵심은 세법의 명확한 적용과 그 근거를 제시할 수 있어야 하며 또한 사실관계를 파악하여 이와 같은 문제가 발생한 근본원인을 찾아 해결하려는 자세를 보여줘야 한다.

◉ '경정청구'란 세법에서 정해둔 방법대로 신고해야 할 금액보다 더 많이 신고했거나 결손 금액 또는 환급 세액을 적게 받은 경우에 활용할 수 있는 제도이다. 법정 신고 기한 경과 후 5년 이내에 정상적으로 정정하여 최종 세금을 결정 또는 경정할 사항을 청구할 수 있다.

◉ 후발적 경정청구제도의 취지는 납세의무 성립 후 일정한 후발적 사유의 발생으로 말미암아 과세표준 및 세액의 산정기초에 변동이 생긴 경우 납세자로 하여금 그 사실을 증명하여 감액을 청구할 수 있도록 함으로써 납세자의 권리구제를 확대하려는 데 있다.

MEMO

Case 7. 통계직 / 관세직

본인은 외국인 고용통계 담당 주무관이다. A지자체에서 관할지역 내 사업장의 외국인노동자 개인정보(전화번호나 사업자등록번호 등)를 제공해 줄 것을 요청하고 있다. 규정상 개인정보는 제공할 수 없는 상황이다. 상사는 정보제공에 반대는 하지만 일부 부서원들은 찬성하고 있다. 이 상황에서 어떻게 처리하겠는가?

TIP 위의 문제를 10분 동안 생각한 후, 답변을 작성해 본 다음 아래 해설을 참고해 보길 권한다.

간단 해설과 이해

(1) 문제의 핵심을 파악하는 것이 우선이다.
   1) 나는 외국인고용통계 담당 주무관
   2) 지자체에서 관할지역 내 외국인 노동자 개인정보 제공 요청
   3) 개인정보 제공은 규정상 불가. 상사는 반대. 일부 직원은 찬성
(2) 해결방안 예시
   1) 개인정보 제공 요청 사유에 대해 지자체에 문의
   2) 개인정보 제3자 제공에 대한 법적 근거 검토(허용가능 범위 및 사례 등)
   3) 사업장명 / 외국인근로자 수 / 국적 등 외국인노동자 현황 자료를 요청할 경우는 개인정보에 대해 블라인드 처리 후 제공
   4) 만일 외국인노동자 개인정보에 대한 자료를 요청할 경우 사용목적과 유출방지 대책을 요구하고 불충분할 경우 제공 거부 / 사용목적과 유출방지 대책이 합당할 경우는 부서장의 승인을 거쳐 제공 ⇨ 개인정보를 제공할 경우 개인정보 수집 및 이용에 대한 동의서를 받아야 함
   5) 모든 내용에 대해서는 공문을 통해 의사소통함으로써 나중에 감사문제에 대비
   6) 외국인노동자 개인정보 취급방침에 대한 매뉴얼 개정시 위 내용을 반영하여 검토
   ⊙ 핵심은 타기관과 업무협조 체계를 유지하기 위한 적극적인 자세를 가져야 하며 다만, 개인정보 제공의 경우 법적인 검토를 충분히 하고 요청 목적에 맞게 가공하여 제공하거나 취급시 대책을 요구함으로써 법적 목적과 지자체 행정 목적을 달성하도록 해야 한다.

Case 8. 교정직

본인은 교도작업 담당 주무관이다. A기업이 교도작업 하는데 최근 판매량이 증가되어서 수용자의 노동 시간을 늘려 달라는 요구를 하고 있다. 이에 상관은 A기업과의 우호적 관계 유지 및 교정행정 기여도를 위해서 그렇게 하라고 지시를 한 상황이다. 그런데 수용자들은 노동시간을 연장하는 부분에 불만을 가지고 있고 다른 기업들과의 형평성 문제가 발생할 우려로 반발하고 있다. 이 상황에서 담당 주무관으로서 어떻게 할 것인가?

TIP 위의 문제를 10분 동안 생각한 후, 답변을 작성해 본 다음 아래 해설을 참고해 보길 권한다.

간단 해설과 이해

(1) 문제의 핵심을 파악하는 것이 우선이다.
  1) 나는 교도작업 담당 주무관
  2) A기업의 상품 판매량이 증가되면서 수용자의 작업시간 연장 요청
  3) 상관은 A기업과 우호관계 유지 및 교정행정을 위해 연장 수용 지시
  4) 수용자들은 노동시간 연장에 불만 제기. 다른 기업과의 형평성 문제로 반발

(2) 해결방안 예시
  1) 교도작업 운영지침 검토(연장근무시간 허용 범위, 기업체 선정기준, 작업인원 등 검토)
  2) 작업에 따른 보상(포상, 작업성적, 작업장려금 등)을 제시하며 자발적 참여자 모집
  3) 효율적인 작업운영안을 만들어 소장에게 보고 ⇨ 수주량 / 작업설비 / 인원배분 / 작업량 / 기술지도 등
  4) A기업 제품이 판매가 잘되고 있기 때문에 집중근로제 등의 제도를 활용하여 단기적으로 성과 달성 노력
  5) 다른 기업의 제품에 대해서도 유사한 조건을 갖출 경우 동일하게 적용함으로써 형평성 문제 해결
  6) 사후 작업운영안에 대한 평가를 실시하고 문제점에 대한 보완
  ◉ 핵심은 교도작업을 원활하게 진행하고 수용자들의 불만도 같이 해결할 수 있는 안을 제시함으로써 문제해결 노력을 구체적으로 보여주어야 한다.

Case 9. 전산직

본인은 시스템 통합담당 주무관이다. 각 기관의 업무시스템을 통합하여 통합 업무시스템을 도입하려고 한다. 그런데 각 기관은 각각의 업무의 고유성 및 특수성이 있고 시스템 관리의 어려움과 책임소재 문제 등으로 인해 반대하고 있다. 이 상황에서 어떻게 하겠는가?

TIP 위의 문제를 10분 동안 생각한 후, 답변을 작성해 본 다음 아래 해설을 참고해 보길 권한다.

POINT 위의 문제는 실제로 기술직렬 연습문제로 제공하고 풀이로 다루어 준 주제가 거의 완벽하게 그대로 출제되었다. 이 문제 외에도 2023년 상황형 과제 대비 예상문제와 유사한 문제가 다수 출제되었기에 이를 잘 연습해 두길 바란다.

MEMO

Case 9-1. 연습문제

본인은 지역정보개발원, 공통업무 통합시스템 설계사업 구축담당 주무관이다. 정부가 지방공공기관(국가의 감독 아래 일반 사회의 여러 사람과 관계있는 일들을 처리하는 기관) 정보화시스템 효율성을 높이기 위해 표준 예산·회계 시스템 등 공통업무 통합시스템을 도입하고자 한다. 그런데 공통업무 통합시스템 도입시 기존 관계기관의 특수성, 인력 및 비용 등의 문제로 이에 대해 반발하고 있는 상황이다. 이 상황에서 담당 주무관으로서 어떻게 할 것인가?

TIP 위의 문제를 10분 동안 생각한 후, 답변을 작성해 본 다음 아래 해설을 참고해 보길 권한다.

간단 해설과 이해

(1) 문제의 핵심을 파악하는 것이 우선이다.
   1) 나는 업무시스템 통합 담당 주무관
   2) 각 기관의 업무시스템을 통합하려고 하나 각 기관에서는 업무의 특수성, 관리의 어려움, 책임소재 문제 등으로 반대

(2) 해결방안 예시
   1) 업무시스템 통합 필요성과 통합방안에 대한 설명회 개최
      －통합시스템 필요성 및 효과 설명
      －통합시스템 운영안 설명(먼저 공통업무에 대해 통합하여 운영 후 점차 확대)
      －기관별 고유성이나 특수성이 있는 업무의 경우는 통합시스템 내에서 구분하여 운영하는 안 검토
      －시스템 보안 및 관리방안에 대해 설명
      －시스템에 문제 발생시 책임 소재 및 해결방안 마련
   2) 공동업무에 대한 통합운영을 통해 통합시스템의 문제 발굴 및 수정
   3) 공동업무에 대한 통합시스템 만족도 조사 실시 후 문제가 없을 경우 확대
   4) 각 기관별 담당자를 선정하도록 하고 담당자와 주기적 회의를 통해 시스템의 안정성 및 효과 검증
     ➡ 핵심은 먼저 통합업무시스템 도입의 필요성에 대해 충분한 공감대를 형성해야 하며 단계적 운영을 통해 문제를 해결해 가면서 점차 확대함으로써 반발을 줄일 수 있다. 통합시스템 운영의 목적은 아마도 예산절감 / 원가절감 / 운영의 효율성 목적이 있을 것이다. 이를 잘 고려하여 목적을 달성할 수 있는 구체적인 방안을 제시해야 한다.

Case 10. 전기직

본인은 전기안전인증을 관리하고 있는 담당 주무관이다. 현재 전기안전인증 유효기간 안에 유통 및 판매가 이루어져야 한다는 제한이 있다. 이 규정 때문에 기업 측에서는 실제 소비자 사용기간이 이보다 길다며 인증유효기간을 늘려줄 것을 요구하고 있다. 하지만 소비자 단체 측에서는 소비자의 안전 문제로 반대하고 있다. 이 상황에서 어떻게 하겠는가?

TIP 위의 문제를 10분 동안 생각한 후, 답변을 작성해 본 다음 아래 해설을 참고해 보길 권한다.

간단 해설과 이해

(1) 문제의 핵심을 파악하는 것이 우선이다.
  1) 나는 전기안전인증 담당 주무관
  2) 전기안전인증 유효기간 내에 유통 및 판매 가능. 기업에서는 인증유효기간을 늘려줄 것을 요구. 소비자 단체에서는 안전문제로 반대

(2) 해결방안 예시
  1) 인증제도의 목적은 제품의 품질과 안전성을 검증하기 위함
    - 그러나 인증유효기간이 짧을 경우 유통제품 폐기, 유효기간 만료에 따른 재심사, 재시험 등 기업부담 문제가 발생
  2) 현재 전기안전제품의 유효기간에 대한 적정성 조사 필요
    - 기업요구사항 조사 / 소비자 단체의 우려사항 조사
    - 인증기관의 평가와 의견 수렴
    - 해외 사례 조사

3) 인증유효기간 연장으로 인한 문제점 및 대책 마련: 인증유효기간 연장으로 품질과 안전성에 문제가 있다면 연장해서는 안 되며 문제가 없다면 적정 연장기간 설정 및 필요한 추가보완대책 마련(부정한 인증행위 단속 강화 등)

4) 비교 분석 보고서 작성: 인증유효기간 현재 유지시 vs 인증유효기간 연장시(장단점 및 문제점 / 해결방안)

5) 비교분석 보고서를 공개함으로써 소비자 단체 설득

➡ 핵심은 품질과 안전성을 유지하면서도 적절한 유효기간을 검증하는 것이 필요하다. 전문기관에 의뢰하여 객관적인 조사를 실시하고 해외사례 등을 충분히 검토하여 효율적인 안을 만들고 그 결과를 공개함으로써 시민단체를 과학적으로 설득할 수 있는 구체적인 방안을 제시해야 한다.

MEMO

Case 11. 기계직 / 공업직

본인은 바이오산업단지 승인 담당 주무관이다. 이미 승인이 떨어진 상황이지만 막상 사업을 진행하려니 참여율이 절반 미만이라 사업성과 저조 및 지역활성화 문제 발생이 우려되고 있다. 이에 바이오와 관련 없는 다른 기업도 참여시키려 하지만 기존 바이오기업들이 지원 혜택 축소의 우려로 반대하고 있는 상황이다. 이 상황에서 어떻게 하겠는가?

TIP 위의 문제를 10분 동안 생각한 후, 답변을 작성해 본 다음 아래 해설을 참고해 보길 권한다.

간단 해설과 이해

(1) 문제의 핵심을 파악하는 것이 우선이다.
　　1) 나는 바이오산업단지 담당 주무관
　　2) 바이오산업단지 내에 입주 기업 성과가 저조한 상황. 지역경제 활성화에 문제 발생
　　3) 일반기업도 입주시키려 하지만 바이오 기업들이 지원혜택 축소를 우려하며 반대

(2) 해결방안 예시
　　1) 바이오산업단지 특성상 기반시설 및 인프라가 바이오산업에 특화되었을 것으로 예상
　　　　연구개발, 인적자원, 산업집적 등이 바이오산업에 맞춰져 있음
　　2) 현재 입주 기업 성과가 저조한 상황이므로
　　　　－입주 참여율이 저조한 원인 분석
　　　　－먼저 바이오와 연관된 식품, 농산품 가공, 화장품 기업에 대한 유치 전략 수립
　　　　－현재 입주기업 현황 data를 홍보하여 관련 산업의 기업 유치
　　　　－가능하다면 특화된 바이오 클러스터 구축 전략 수립하여 연관된 기업 유치
　　　　－테스트베드 조성을 통해 바이오 산업 및 인력양성 노력
　　　　－해외바이오 기업 투자 유치
　　3) 충분한 기간을 통해 바이오 연관 기업 유치 노력을 실시한 후 그래도 기업입주가 저조할 경우는 바이오 산업과 연관성을 평가하여 시너지 효과를 낼 수 있는 일반기업 유치도 고려
　　　　기존 입주기업에 대한 혜택 축소는 없음을 명시
　　➡ 핵심은 바이오산업단지 특성을 고려하여 관련된 기업 유치 전략에 대해 재점검하고 우선 바이오 연관기업 입주 노력을 충분히 한 후 일반기업에게도 기회를 주는 절차를 밟아가야 한다.

Case 12. 임업직 / 농업직

본인은 가축방역 담당 주무관이다. 아프리카 돼지열병이 발생하여 살처분한 돼지를 유일한 매립지인 B요양원 근처에 매립해야 되는 상황이다. 그런데 전염병 발생 우려 및 매립지 보상금 문제로 해당 지역주민이 격렬히 반대하고 있는 상황이다. 이 상황에서 어떻게 하겠는가?

TIP 위의 문제를 10분 동안 생각한 후, 답변을 작성해 본 다음 아래 해설을 참고해 보길 권한다.

간단 해설과 이해

(1) 문제의 핵심을 파악하는 것이 우선이다.
  1) 나는 가축방역 담당 주무관
  2) 아프리카돼지열병 발생으로 살처분한 돼지를 B요양원 근처에 매립해야 하는 상황
  3) 지역주민들은 전염병 우려 및 매립지 보상금 문제로 반발

(2) 해결방안 예시
  1) 살처분의 시급성, 바이러스 전파 문제, 유일한 매립지 상황을 고려하여 신속하게 매립 실시
  2) 아프리카돼지열병 발생 농장에 방역팀 파견 소독 및 역학조사 실시, 살처분은 가축방역관의 지도감독하에 실시
  3) 전염병 우려 문제에 대한 설명회 개최
    −방역전문가, 의료전문가 섭외
    −매립지 관리 상황 설명(필요하면 현장 설명회 개최)
    −악취 등에 대해서는 추가적인 조치 설명
  4) 전염병 우려 문제 해결을 위해 주변 요양원 입원 환자, 지역주민에 대한 건강진단, 임상 시험 실시
  5) 매립지 이전 검토(생활시설에서 멀리 떨어진 장소)
  6) 장기적으로 잘게 잘라 소각 후 기름 재활용하는 방안 등을 검토
  ➲ 핵심은 가축방역의 긴급성을 충분히 설명해야 하며 현재 침출수 등 충분히 잘 관리되고 있음을 보여주고 장기적으로는 예산을 확보하여 매립지 이전 또는 새로운 처분방안을 검토해야 한다.

✎ **Check point**

1. 아래 내용은 응시생의 기억에 의한 복원이므로 완벽하지는 않다. 상황형 과제 주제는 앞에서 정리된 주제와 같으므로 참고하면 된다.
2. 면접관이 작성한 내용 중 무엇에 관심을 갖는지, 질문리스트에는 어떤 것들이 있는지 파악해두면 된다.

(1) 1일차(2023. 6. 14.) 상황형 과제 면접후기

① 작성내용

> ■ 상 황
> • 조직문화 개선을 위한 갑질, 성폭력, 성희롱에 관한 실태조사를 직원 전수를 대상으로 실행하려 함.
> • 직원들이 신분 노출로 인한 인사불이익을 걱정하여 저조한 참여율을 보임
> ■ 문제 해결
> • 익명성 보장: 익명성이 보장되는 프로그램 활용 ⑩ 구글폼
>   결과 수집 과정의 투명화(영상 촬영 또는 직원의 참관 허용)
>   설문조사의 긍정적인 결과 설명(조직문화 개선, 철저한 처벌 설명)
> • 신분이 노출될 경우에도 불이익이 없음을 규정으로 명시화
> ■ 사후대처
> • 조사 결과에 대해 철저한 사후조치 실시
> • 신분이 노출되어 불이익을 받게 될 경우 이를 신고할 수 있는 방법 마련

② 질답과정

[면접관] 익명성을 위한 시스템은 신뢰가 중요한데 신뢰를 증진시킬 방안에는 무엇이 있을까요?

[응시생] 일단 익명성이 보장된 방법으로 설문조사가 이루어지도록 방식을 개선할 것 같습니다. 서면으로 된 설문조사의 경우 필체 등은 신분이 노출될 위험이 있기 때문에 구글폼을 이용하는 방식으로 시스템을 개선한 후 이를 알린다면 설문조사 시스템에 대해 신뢰가 생길 것이라고 생각합니다. 또한 이후에 결과를 수집하는 과정을 투명하게 공개하는 방안 또한 있을 것이라고 생각합니다. 결과를 수집하는 과정에서 익명성이 철저하게 보장되었음을 보여주기 위해 조사 과정을 영상으로 녹화하여 공개를 한다거나 직원들이 이 과정에 직접 참여한다면 신뢰도가 올라갈 수 있을 것이라고 생각합니다.

[면접관] 설문조사 외에 다른 방법이 있을까요?

[응시생] 저는 해당 부서에 한 명씩 담당자를 파견하는 방법이 있다고 생각합니다. 암행어사처럼 해당 부처에 가서 분위기를 살피고, 어떤 방식으로 업무지시가 이루어지고 있는지 그 과정에서 갑질이나 성희롱 등이 없는지 분위기를 살피는 방식으로 조사를 하는 방법이 있을 것이라고 생각합니다. 그럼 설문조사로 드러나지 않았던 사실을 추가로 알아낼 수 있지 않을까 생각했습니다.

`면접관` 본인의 잘못으로 신분이 노출되어 불이익을 받는 경우가 발생한다면 어떻게 대처하겠습니까?

`응시생` 저는 먼저 해당 신분 노출이 추가적으로 이루어지지 않도록 조치를 취하는 부분이 가장 중요하다고 생각합니다. 또한 이로인해 불이익이 이루어지지는 않았는지를 조사하고, 불이익이 이루어졌다면 해당 사실을 인사부서에 알리거나 위원회를 통해 해당 인사조치에 대해 재조사를 하는 방식으로 사후조치를 할 것 같습니다. 또한 이는 저의 실수로 발생한 일이기 때문에 해당 직원에게 가서 사과를 한 후, 저의 조치에 맞는 처벌을 받는 것이 필요하다고 생각합니다.

`면접관` 동료가 이런 일을 당하는 것을 목격한다면 어떻게 대처할 것인가요?

`응시생` 저는 먼저 동료의 마음을 달래줄 것 같습니다. 위로를 하며 동료를 진정시킨 후에는 어떻게 대처하고 싶은지를 물어볼 것 같습니다. 만약 동료가 그냥 지나가기를 원한다면 그 의견을 존중해 줄 것이고, 이 일을 개선하고 싶다는 의지를 보인다면 함께 증거를 수집하는 것을 도와줄 것 같습니다. 또한 그 과정에서 상사분과 커피를 마시거나 밥을 함께 먹으면서 해당 행동에 대해 인지하고 계셨는지를 물어볼 것 같습니다. 해당 행동이 잘못된 부분이 있었는지를 알지 못하셨다면 그 부분에 대해서는 그 행동은 문제가 될 수도 있음을 조심스럽게 말씀드리며 개선이 이루어지도록 제안을 해볼 것 같습니다. 그럼에도 불구하고 지속적으로 갑질이나 성희롱을 하신다면 동료와 함께 상사께 해당 부분에 대해 정식으로 의견을 제시하고 개선을 요구할 것 같습니다.

`면접관` 상사에게 이야기해도 개선이 되지 않는다면요?

`응시생` 저는 공무원 조직에 행동강령책임관이 계시다고 알고 있습니다. 제가 상사께 이야기를 하여 개선이 된다면 좋겠지만 그렇지 않다면 행동강령책임관님께 해당 사실에 대해 이야기를 하고 상담을 요청해 볼 것 같습니다.

`면접관` 철저한 사후조치가 필요하다고 적었는데 어떻게 사후조치를 할 건가요?

`응시생` 저는 범죄가 되는 부분에 대해서는 철저한 처벌을 받도록 할 것 같습니다. 하지만 갑질이나 성희롱 같은 경우 범죄까지 해당하지는 않지만 조직문화를 흐리는 경우도 있다고 생각합니다. 그럴 때에는 피해자와 가해자를 분리하는 것이 중요하다고 생각합니다. 때문에 부처 이동과 같은 사후조치를 취하되 그 과정에서 피해자에게 2차 가해가 가해지지 않도록 피해자를 철저하게 보호하는 방식으로 조치가 이루어지도록 하는 것 또한 중요하다고 생각합니다.

`면접관` 마지막으로 이야기하고 싶은 경험이나 미흡했던 부분에 대해 보완하고 싶은 것이 있으면 말씀해 주세요.

`응시생` 저는 마지막으로 작성한 경험들 중 법률구조공단에서 자원봉사를 했던 경험을 이야기 하고 싶습니다. 제가 해당 자원봉사를 할 당시에 예약이 원칙임에도 불구하고 비예약자분들이 방문하시는 경우가 많았습니다. 이분들을 담당하시는 상담자분도 계시긴 했지만 저는 이분들이 예약으로 전환하여 더 많은 서비스를 이용할 수 있도록 하는 부분이 필요하다고 생각했습니다. 그래서 인터넷을 검색하여 예약 방법들을 정리하여 매뉴얼을 만들어서 비예약자분들에게 보여드렸고, 예약을 하시도록 유도했습니다. 그 결과 많은 분들이 예약으로 전환하시면서 더 길게 상담을 하며 서비스를 받으실 수 있게 되었습니다. 저는 이처럼 단순히 민원인을 안내하는 업

무에 그치지 않고 추가적으로 시스템을 개선해보려 노력했다는 점에서 해당 경험이 저의 적극성을 보여주는 사례라고 생각합니다. 제가 검찰 공무원이 된다면 적극적으로 국민들을 위해 일하는 공무원이 되도록 하겠다는 저의 의지를 말씀드리고 싶었습니다. 감사합니다.

MEMO

(2) 2일차(2023. 6. 15.) 상황형 과제 면접후기

① 작성내용

■ 상 황
  • '공직문화개선단'을 추진 중 ⇨ MZ공무원들의 의견을 듣기 위해
  • 여러 문제를 이유로 주 참여층인 MZ세대 공무원의 참여가 미온적인 상황
■ 나의 대처방안
  유사한 사례가 있는지 확인 후 해결방안 강구에 참고 & 공직문화 개선단에 대한 설문조사 진행
  ⇨ 개선단에 대한 솔직한 의견 들어보기 위해 관련된 실제적인 조사를 진행해 볼 필요
    1) 적극적 의견 개진을 위해 개선단에 참여하는 공무원 비공개, 업무 내용에 대해 비밀유지 약속
       (업무내용 데이터를 익명화, 암호화한 것을 확인시켜 주기)
    2) 업무부담 ⇩ & 성과기대 ⇧ 위해
      ① 성과를 확인할 수 있는 기준 마련 ⑩ 만족도조사, 신고센터 건수
      ② 성과 달성시 인센티브 확실하고 정확하게 제공해 주기
      ③ 업무성과와 인센티브 투명하게 공개해 자발적 참여유도 ⇨ 기간제 업무 가능
■ 사후대처
  성과 기준에 대한 제도화 필요 / 유사한 사례를 위해 과정 및 절차 매뉴얼화하기

② 질답과정

면접관 세대차이라는 것에 대해 응시자분은 개인적으로 무엇이라고 생각하시나요?

응시생 기성세대분들은 조직의 발전과 이익을 최우선으로 생각하는 데에 반해 요즘 젊은 세대들은 개인의 발전과 이익을 최우선으로 생각하기 때문에 그러한 간극에서 세대차이가 발생한다고 생각합니다.

면접관 세대차이를 느껴본 적이 있나요?

응시생 네, 제가 과거 사기업에서 일했을 때 야근과 관련해서 세대차이를 느낀 적이 있습니다. 저희 팀장님 같은 경우는 저희 팀이 맡은 업무에 대해서 야근을 해서라도 최대한 빨리 끝내기를 원하셨는데 다른 젊은 직원들은 야근을 하는 것이 오히려 업무를 하는 데에 효율적이지 않다고 생각하는 분들이 많았습니다. 이런 세대차이를 경험한 적이 있습니다.

면접관 응시자분도 그런 부분에서 세대차이를 느끼셨나요? (웃으면서 질문하셨습니다.)

응시생 네, 저도 아무래도 그런 부분에서 세대차이를 느낄 수밖에 없었던 것 같습니다.

면접관 요즘 MZ세대들이 중요하게 생각하는 건 무엇인가요? 개인적으로 말씀해 주시면 됩니다.

응시생 젊은 세대들은 개인의 이익을 중요시하고 워라밸을 굉장히 높은 가치로 생각하는 경향이 있는 것 같습니다.

면접관 세대 갈등이 일어나는 것을 어떻게 해결할 수 있을까요?

응시생 저는 무엇보다 소통과 이해가 궁극적으로 중요하다고 생각합니다. 제도적으로는 소통의 날을 지정하고 점심회식을 하는 등의 방법과 필요하다면 역할 바꾸기를 통해 소통을 할 수 있는 자리를 많이 마련한다면 나중에는 해결할 수 있지 않을까 생각해 보았습니다.

면접관 소통의 날을 뭐 한 달에 한 번 지정하면 될까요? (웃으면서 질문하셨습니다.)

응시생 네, 그런식으로 정기적으로 만들 수 있을 것 같습니다.

면접관 근데 참여하기 싫어하는 사람이 많을 것 같은데요? (이 질문도 웃으면서 해주셨습니다.)

응시생 네, 물론 저도 어른분들은 '젊은 애들이랑은 얘기하기 싫어!' 라던지 젊은 세대는 '아, 어른들이랑은 얘기하기 싫어!' 하는 등의 문제가 있을 거라고 생각합니다. 그렇기 때문에 초기에는 제도적인 부분을 통해서 어쩔 수 없이 좀 강제적인 부분으로 만들 수밖에 없다고 생각했습니다. 이렇게 초기에 좀 강제적으로 소통의 자리를 가지다 보면 나중에는 그러한 것들이 자연스러워지지 않을까 생각해 보았습니다.

면접관 수고하셨습니다. 좋은 결과 있길 기대할께요.

응시생 감사합니다.

MEMO

(3) 3일차(2023. 6. 16.) 상황형 과제 면접후기

① 작성내용

■ 문제상황
기존의 메일자료 공유방식에서 문서공동작성방식을 도입하는 데 직원들의 반발
■ 대처방향
문서공동작성 방식을 도입하되 절충안 필요
■ 해결방안
1. 점층적 도입
   1) 문서공동작성방식의 이득이 큰 부서부터 점층적 도입
   2) 새로운 프로그램에 적응이 빠른 부서부터 우선적 도입
2. 부서별 특성에 맞춘 프로그램 적용
   경찰과 같은 현장직의 경우에는 보다 빠르게 정보만 공유할 수 있는 어플리케이션, 무전기 등을 개발하여 보급
■ 후속조치
문서공동작성 프로그램 교육실시, 가이드라인 작성

② 질답과정

[면접관] 제시한 답안 중에서 가장 중요한 해결방안은 무엇인가요?

[응시생] 점층적 도입이 가장 중요하다고 생각합니다. 그저 빠르게 모든 부서에 도입한다면 오류나 직원들의 반발, 적응문제 등으로 인해 비효율이 발생할 것이기 때문입니다.

[면접관] 왜 굳이 부서를 선별해서 도입해야 하나요?

[응시생] 부서별로 고려 없이 모든 부서에 일률적으로 도입한다면 분명 부작용이 발생할 것이라고 생각합니다. 따라서 적응 기간을 주고 천천히 도입하여 문제점을 최소화해야 한다고 생각합니다.

[면접관] 점층적 적용을 했는데도 프로그램 오류 등으로 인해서 비효율이 발생한다면요?

[응시생] 네, 분명 그런 문제가 있을 수 있다고 생각합니다. 따라서 프로그램 오류에 대해서 직원들에게 교육을 실시하고 이후 생기는 비효율에 대해서 따로 전담하는 팀을 만들어서 대처하도록 하겠습니다.

[면접관] 가이드라인과 교육책자에는 어떤 내용이 들어가야 할까요?

[응시생] 일단은 프로그램의 사용방법에 대해서 기재하고 프로그램 작동시 오류가 생겼을 때 어떻게 대처해야 할지에 대한 방법 등이 들어가야 한다고 생각합니다.

[면접관] 나는 필요한 업무라고 생각하는데 상관과 하급자가 모두 반발한다면요?

[응시생] 일단은 이 업무가 필요한 이유에 대해서 자료를 만들어 상관과 부하직원에게 보여준 후 설득할 것 같습니다. 그리고 사업에 대해서 조사하여 문제가 되는 부분은 일부 수정하고 점차적으로 적용하는 등의 방법을 통해서 절충하는 방법을 찾을 것 같습니다.

(4) 4일차(2023. 6. 17.) 상황형 과제 면접후기

① 작성내용

(상황요약 간단히 작성하였습니다.)
- 대처방안
  - 사실관계 확인
    - 어떤 종류의 세액감면인지(법령검토)
    - 경정청구기한이 얼마나 지난 것인지
    - 후발적 경정청구사유에는 해당하지 않는지
  - 상관분을 설득: 청구기한이 지난 건을 한 번 환급해주기 시작하면 다른 오래된 것까지 모두 해줘야 할 수도 있으므로 그러한 문제점을 말씀드리며 조심스럽게 설득 시도
  - 납세자분을 설득: 법률과 원칙을 자세히 설명드리며 환급이 불가함을 안내
  - 해당 경정청구가 들어온 사업연도 외 다른 사업연도를 검토 ⇨ 세액감면이 적용되지 않은 연도가 있다면 알려드림(다른 혜택 안내)

② 질답과정

면접관 자, 상황형 과제의 상황은 이렇습니다. (상황 요약해주심) 이에 대한 대처방법을 들어볼까요?

응시생 네, 저는 일단 사실관계를 파악해 보겠습니다. 먼저 어떤 종류의 세액감면을 적용받고자 하시는지 법률을 검토하겠습니다. 그다음 경정청구기한에서 얼마나 지난 것인지 후발적 경정청구사유에는 해당사항이 없는지 알아보겠습니다. 모두 알아봤는데도 그 어떤 경정청구요건을 구비하지 못하고 환급이 불가하다면 상관분을 설득하겠습니다. 제가 검토한 여러 자료를 토대로 말씀드리고 기한이 지난 부분에 대한 환급을 한번 해주기 시작하면 10년, 20년 전의 것도 가져와서 환급을 해 달라고 하시는 분들이 생길 것이며, 결론적으로 국세행정에 엄청난 혼란을 초래할 수 있다는 부분을 조심스럽게 말씀드려보겠습니다. 그리고 납세자분께도 법률조항을 꼼꼼히 안내드리며 불가한 사유를 설명드리겠습니다.

면접관 그런데 여기 밑에 '경정청구를 한 해당 사업연도 외에 다른 사업연도를 검토하여 환급검토(혜택안내)'라고 되어 있는데 이건 받을 걸 받는 건데 혜택인가요?

응시생 납세자분께서 아예 모르고 계신 부분이었는데 제가 알려드렸다면 혜택으로 느끼실 수 있을 것 같습니다. 저는 예전 회사생활을 할 때, 어떤 한 사업연도의 신고가 잘못된 것을 발견하였을 때 그 연도만 해결하려 하지 않고 다른 연도는 틀리지 않았을까 하여 전기를 쭉 타고 올라가 본다던지 차기, 차차기를 넘어가며 쭉 검토하는 습관을 가지고 있었습니다. 그래서 납세자분께서 미처 다른 연도에도 감면을 적용받지 못한 부분이 있으시다면 제가 먼저 그 부분을 찾아내어 말씀드리며 "선생님, 다른 연도의 이 부분은 환급이 가능할 것 같으신데 경정청구에 넣어주시면 신속하게 환급받으실 수 있도록 도와드리겠습니다."하고 안내드릴 것 같습니다.

면접관 그런데 사실 덜 내야 되는 게 맞잖아요? 그게 맞는 건데 우리가 환급을 못 해 주는 것을 납세자가 받아들일까요?

응시생 네, 맞습니다. 실제로는 그게 맞지만 아무래도 안 되는 것을 해드렸다가 감당할 수 없는 문제가 생길 수도 있기 때문에 그냥 "안돼요."라고 말씀드리지 않고 납득하실 수 있도록 근거자료를 차근차근 설명드려 보겠습니다.

면접관 나는 잘 설명해드렸다고 생각했는데 국민신문고에 글이 올라온 거예요. 담당 직원의 대처도 엉망이었다면서요. 그러면 어떻게 하시겠어요?

응시생 아, 매우 친절하게 꼼꼼하게 설명을 드렸는데도 그런 글이 올라온다면 사실 조금 억울할 것 같기도 합니다. 단지 원하는 방향으로 해결되지 않았다는 이유만으로 그렇게 말씀하셔서 제가 좀 억울한 부분이 있다면 적극적으로 소명할 것인데 그럼에도 불구하고 납세분께서 저의 서비스가 불만족스러웠다고 말씀해 주시는 부분이 있으셨다면 제가 정말로 부족하지는 않았는지 다시 돌아보고 반성하겠습니다.

면접관 만약에 그 민원인이 찾아와서 서장님 나오라고 하면 어떻게 하시겠어요?

응시생 서장님께서는 이 해당 건에 대해 잘 모르시고 제가 담당자이니 저와 말씀하시는 것이 더 해결이 빠르실 것이라고 잘 설명드리겠습니다.

면접관 그런데도 막 큰소리로 불만하시면 그래도 잘 들어줄 것인가요?

응시생 네, 그래도 어쩔 수 없을 것 같습니다. 끝까지 들어드리려고 노력할 것입니다. 다만, 집기를 부순다거나 폭언, 폭행을 동반하는 민원으로까지 번진다면 좀 엄정하게 대응할 것 같습니다.

면접관 마지막으로 하나만 더 물어볼게요. 아, 마지막이 될지는 모르겠지만 경정청구에 대해서는 잘 아실 거고 수정신고는 어떤 장점이 있죠?

응시생 수정신고란 과소신고 한 부분에 대해 납세자가 추가납부를 위해 수정하여 신고하는 것을 말합니다. 자진하여 수정신고를 할 시 장점은 가산세가 일부 면제된다는 점입니다. 또한 나중에 세무서에 걸려서 속된 말로 때려맞느니(여기서 긴장하니 표현이 생각 안 나서 너무 저급한 표현을 쓴 것이 아닌지 매우 걱정이 됩니다.ㅜㅜ) 자진하여 신고함으로써 납부불성실가산세도 아낄 수 있다는 장점이 있습니다.

면접관 네, 잘 들었습니다. 수고하셨습니다.

응시생 혹시 저는 마지막 한 마디 안 하나요?

면접관 네, 하셔도 됩니다.

응시생 너무 오랫동안 꿈꿔왔던 자리라 지금 사실 (얼떨떨이라고 말하고 싶었는데 표현이 생각이 안 나서 말을 더듬었습니다.) 얼얼한데요. 한 때는 '공무원은 아무나 하나'라는 생각으로 제 꿈을 외면해 보려고도 해 봤습니다. 그치만 외면할수록 국세청 조직에 대한 애정과 동경이 커졌고 노력한 결과 오늘의 자리에 오게 된 것 같습니다. 오늘 저의 첫인상이 어떠셨는지 모르겠지만 앞으로 조직에서 뵙게 된다면 보면 볼수록 더 진국 같은 모습 보여드리겠습니다. 긴 시간 고생 많으셨습니다.

MEMO

(5) 5일차(2023. 6. 18.) **상황형 과제 면접후기**

① 상황형 과제 내용

> 귀하는 K교도소의 교도작업 담당 주무관입니다. A기업이 제품 판매량 증가로 인해 교도 작업시간 증가를 요청한 상황입니다. 상사는 A기업의 교도 행정 기여도와 기업 간의 우호적인 관계를 이유로 수용하도록 지시했습니다. 그러니 이를 받아들이면 교도작업 참여 기업 간에 공정성이 문제가 될 수 있고, 수용자의 불만이 제기될 우려가 있습니다. 이 상황에서 귀하는 어떻게 대처하시겠습니까?

② 질답과정

면접관 왜 이런 노동 시간 연장을 해주는 방향으로 방안을 썼나요?

응시생 작업의 경우 직용노무 위탁 도급이 있는 것으로 알고 있습니다. (이거 말하니까 인사혁신처분이 무엇을 적으셨습니다.) 이러한 민간 기업과의 계약을 할 때 노동 시간을 연장하는 것이 합의된 채로 계약을 체결한 것이 아니기 때문에 A기업의 요구를 들어주어야 할 의무는 없다고 생각합니다. 하지만 담당 주무관으로서 적극행정을 발휘하여 상관의 지시에 따르도록 하는 것이 맞다고 생각했습니다. (인사혁신처분이 고개를 끄덕이셨습니다.)

면접관 상관의 지시를 따라야 하는 이유는 뭘까요?

응시생 상관께서 저보다 더 오래 일을 하셨고 그만큼 경험이 많으시기 때문에 일을 처리할 때 상관님의 의사를 존중해야 공익을 실현하는 데에 있어 더욱 효과적으로 업무를 수행할 수 있을 거라 생각하기 때문입니다.

면접관 수용자들이 작업을 더 하는 것을 싫어할텐데 어떻게 설득할 건가요?

응시생 우선 개인 노동 시간이 1일 2시간 연장되는 것으로 알고 있습니다. 수용자 중에 연장 근무를 희망하는 사람을 조사하여 그 분들로 일단 연장 작업을 실시해 보겠습니다. 연장 근무를 하면 작업장려금을 더 받을 수 있으니 이 점을 장점으로 소개해 보겠습니다.

면접관 연장 근무를 해서 작업장려금을 받는 것이 액수가 적어서 하기 싫다고 그러면요? 또 인권침해라고 하면 어떻게 할 건가요?

응시생 연장 근무를 원하는 수용자들에 한해 실시하는 것이니 강요를 해서는 안 된다고 생각합니다. 또한 작업장려금이 적어서 메리트가 적다고 생각하는 수용자가 있다면 가족만남의 날 행사 참가 사유에 '수용 질서에 창의적인 제안을 하였을 때, 모범적인 수용생활을 하였을 때' 등의 사유가 있으니 이러한 연장 근무를 하였을 경우 모범적인 수용생활을 하였다는 것으로 좋은 평가를 받을 수 있다는 점을 안내하여 연장 근무에 적극 참여하도록 유도하여 보겠습니다.

면접관 아~ 수용자들을 꾀어보겠다는 건가요? (살짝 웃으심)

응시생 네, 맞습니다. ㅎㅎ (따라서 웃었지만.. 솔직히 안 웃겼습니다.ㅜㅜ 설득한다는 건데 왜 꾀어본다고 하셨을까요. 저도 너무 긴장했습니다;;)

면접관 다른 기업들의 형평성은요?

응시생 다른 기업들도 작업시간을 늘려달라는 요구가 있는지 조사해서 수용자 노동 인력수, 숙련도, 판매량 증가 등을 조사해서 연장 근무가 더 시급한 기업 순서대로 지원하여 보겠습니다. 그래도 불공평하다고 생각할 경우 다음번 기업 선정할 때 우선순위를 줄 수 있는 방법이 있는지 알아볼 것 같습니다.

면접관 어떤 교도관이 되고 싶은가요?

응시생 제가 생각하기에 교도관이 자신의 직무에 책임을 진다는 것은 국민과 사회 모두의 안전을 책임지는 것이라고 생각합니다. 저는 저에게 맡겨진 책임감을 가지고 제복공무원으로서의 긍지를 가지고 근무하는 교도관이 되고 싶습니다.

면접관 네, 고생 많으셨습니다.

응시생 감사합니다. (끝나고 웃으면서 "감사합니다." 90도 인사, 나갈 때 한번 더 인사드렸습니다.)

> **MEMO**
>
>

(6) 6일차(2023. 6. 19.) 상황형 과제 면접후기

① 작성내용

> - **상황**: B요양시설 인근 아프리카돼지열병 발생, 즉각 살처분 계획, 주민분들 돼지 매립시 전염병 발생 우려, 위생, 매립지 보상 불만 등 이유로 매립 반대
> - **나의 대처**
>   - 다른 지자체 또는 해외에서 비슷한 상황에서 성공적으로 해결한 사례 조사해보고 참고
>   - 방역전문가 섭외하여 돼지 매립시 전염병 발생 정도 파악
>   - B요양시설의 지자체와 협의하여 추가적으로 보상해 줄 수 있는지 확인
>   - 간담회 열어 전문가 소견, 지자체 회의결과, 위생 계획에 대해 주민분들께 설명드리며 설득
> - **판단근거**: 아프리카돼지열병에 전염된 돼지 치사율 높음, 즉각 살처분 중요성
> - **사후관리**
>   - 아프리카돼지열병 주원인인 맷돼지 차단 등 차단방역 강화, 전염병 발생원인 조사
>   - 전염병 예방은 방역 수칙 준수가 중요하기 때문에 방역시설 점검 및 방역수칙 준수 점검 및 교육
>   - 이후 사례를 남기기 위해 관련 내용, 처리 과정 문서화하여 작성해 둠

TIP [합격자의 한 마디] 스티마쌤과의 마지막 모의면접에서 '가축 분뇨 매개 전염병'에 대한 상황을 풀었고, 이후 관련 자료들을 찾아보았는데 축산 방역 문제가 나와서 기뻤던 기억이 납니다. 이에 과제를 작성할 때도 비교적 자세히 쓸 수 있었고 개인 자료를 볼 시간에 답변을 좀 더 보완할 수 있었습니다.

② 질답과정

면접관 상황을 요약해서 말씀해 주세요.

응시생 B요양시설 인근 아프리카돼지열병이 발병하여 즉각 살처분 계획인데 지역주민들이 이를 매립 시 전염병 우려, 위생, 매립지 보상 등의 불만으로 반발하고 있는 상황입니다.

면접관 어떻게 하기로 했으며 이 문제를 해결하는 데 가장 중요하게 생각했던 것은 무엇인가요?

응시생 간담회에 주민분들, 방역전문가, 해당 지자체 예산 담당 주무관, 우리 부처 위생과 직원들을 초대하여 설득할 생각입니다. 또한 폐열 등 미사용 에너지를 활용해 온실 난방비를 절감한 상황에 대해 들었는데 이를 지자체에도 적용 가능한지 살펴보고 절감한 난방비를 주민에게 지원이 가능한지 알아보고 설득할 것입니다.

면접관 어떤 자료를 찾아봐야 할까요?

응시생 타 지자체 또는 해외사례에서 비슷한 상황에 성공적으로 방역한 사례를 조사하고, 전문가의 소견, 해당 지자체 예산 현황 등을 찾아봐야 할 것 같습니다.

면접관 민원인이 무리한 요구를 한다면요?

응시생 합당하다면 무리한 요구라도 적극행정의 일환으로 알아보겠습니다. 합당하지 않으면 다른 지자체에선 어떻게 했는지 확인한 후 상관 또는 선배께 여쭤보겠습니다.

면접관 사후관리는 어떻게 해야할까요?

응시생 질병전염은 방역 수칙 준수를 따르는 것과 방역시설 현황이 중요하다고 생각합니다. 이에 잘 따르는지 보고 교육하겠습니다. 그리고 ASF 발병원인도 알아야 한다고 생각합니다. 그러므로 축산물이력제나 축산농가 트럭에 부착된 GPS를 활용해 원인을 찾아보겠습니다.

면접관 본인의 경력을 공직에 어떻게 활용할 건가요?

응시생 업무적으로 그리고 인성적으로 말씀드리겠습니다. 우선 업무적으로는 이전 경력이 도움이 많이 될 것 같습니다. 식품분석을 하며 꼼꼼함, 원칙준수 등 품질관리원으로서 직업가치를 함양하였고 공문작성, 개정법률 모니터링 등 행정업무 경험도 실무에 도움이 될 것 같습니다. 또한 민원인을 응대한 경험으로 잘 적응하겠습니다. 다음으로 저는 평소에 공익 실천을 위해 많은 노력을 하였습니다. 예를 들어 계단에서 무거운 짐을 드신 어르신들 도와드리기, 평행주차된 차를 미는 어르신들 도와드리기 등 이런 경험을 바탕으로 업무에 전문성을 발휘하고 공익성의 마음가짐을 항상 유지하며 국민께 봉사하는 공무원이 되겠습니다. 감사합니다.

MEMO

2024
스티마 면접
국가직 9급

개인신상 관련 질문 및 기타 질문

CHAPTER
01 개인신상 관련 질문

✅ **POINT** 경험형 과제 후속질문에 대한 것으로 가볍게 준비하면 된다.

1 대학교 전공과 관련한 질문

(1) 전공이 무엇이며 전공이 합격한 직렬 또는 업무를 수행하는 데 어떤 도움이 되는가?

(2) 전공이 응시한 직렬하고 다른데 다른 경쟁자와 차별화될 수 있는 자신만의 강점은 무엇인가?

TIP 경험형 과제에서 '과거에 합격한 직렬을 위해서 어떤 노력을 했는가?'라는 내용으로 활용할 수 있어야 한다. 직렬과 관련된 실습이나 조별과제, 실무경험, 인턴경험 등에 관해 준비를 해 둘 필요가 있다.

MEMO

2 수험생활 및 학창시절 관련 질문(가볍게 하는 질문)

(1) 공무원 준비는 얼마나 했는가?

(2) 수험생활 중 가장 힘들었던 경험은 무엇이고 어떻게 극복하였는가?

(3) 아르바이트나 단체생활 경험은 있는가? 그중 가장 기억에 남는 일은 무엇이며 가장 후회스러운 경험은 무엇인가?

MEMO

3   직장생활 관련 질문

(1) 직장을 그만둔 이유는 무엇인가?

(2) 직장에 다니면서 조직의 성과를 위하여 본인이 노력한 경험은 무엇인가?

(3) 직장상사와 갈등은 없었는가? 그때 어떻게 대처하였는가?

(4) 공무원 조직은 사기업 못지않게 위계질서가 강하다. 나이 어린 상관과 의견충돌이 있을 수 있는데 잘 지낼 수 있겠는가?

TIP 현실적인 이유에 대해서는 진솔하고 솔직하게 이야기하는 것이 좋다. 주의할 점은 다녔던 직장에 대하여 부정적인 이야기는 피해야 한다. 예를 들어 상관과 갈등이 심해서, 회사의 미래가 없어서, 급여가 적어서, 적성에 맞지 않아서 등의 이야기는 하지 않는 것이 좋다. 면접관은 회사 일도 잘한 사람이 공직생활도 잘 할 것이라고 생각할 수 있으므로 이를 상기하며 면접에 임해야 한다.

> MEMO
>
>
>
>

4   기혼자 관련 질문

(1) 우리나라 복지는 잘되어 있다고 생각하는가?

(2) 일과 가정에 동시에 잘하기는 힘들 텐데 일과 가정이 충돌할 때는 어떻게 하겠는가?

> MEMO
>
>
>
>

5   부모님과의 관계

(1) 최근에 아버지와 술을 마신 적이 있는가? 있다면 언제였으며 무슨 일로 마셨는가?

(2) 보통 부모님과 소통할 때 무슨 이야기를 하는가?

(3) 힘든 일이나 어려운 일이 있으면 누구랑 먼저 상의하는가?

> MEMO
>
>
>
>

6 친구와의 관계

(1) 친구 및 지인들은 본인을 어떻게 평가하는가?

(2) 친구는 많은 편인가?

(3) 친구들과 의견에 있어서 갈등이나 충돌이 발생할 때 양보하는 편인가? 자기주장을 고집하는 편인가?

(4) 친구나 지인들은 평소 공무원에 대해 어떻게 이야기 하였는가?

TIP 평소의 인관관계를 묻는 질문이다. 공무원은 민원인, 직무관련자, 동료나 선배, 상관, 다른 부처 등 다양한 사람들과 만나서 소통을 하며 일처리를 한다. 즉, 혼자서 하는 일이 아니기 때문에 인간관계가 상당이 중요하다. 그러므로 경험이나 사례를 통하여 자신의 인간관계를 잘 부각시켜야 한다. 단순히 '적극적이라고 말한다.'가 아니라 본인이 친구들을 위해서 적극적으로 행동했던 것을 언급하며 이렇게 경험과 사례를 통하여 어필하라는 것이다.

TIP 면접관들이 평소 공무원에 대한 생각을 묻는 것은 일반적으로 국민인식이 공무원에 대한 편견을 갖고 있다고 생각하기 때문이다. 설령 응시생 또한 그러한 편견이 있었을지라도 본인이 면접준비 과정에서 공무원의 역할에 대해 고민한 흔적을 말하고, 그러한 점을 친구에게 자주 말하면서 '공무원에 대한 이미지를 바꾸려고 노력했다.'라는 취지의 답변이 괜찮다.

MEMO

7 사소한 질문이라도 긍정적인 마인드 부각시키기

(1) 식사는 했는가?

(2) 지금 긴장되는가? 평소에 긴장하면 어떻게 푸는가?

(3) 1번으로 면접을 보는데 괜찮은가?

(4) 면접순서 기다리기 힘들진 않았는가?

MEMO

8　스트레스를 해소하는 방법

(1) 공직사회는 스트레스 강도가 다르다. 평소 스트레스는 어떻게 푸는가? 그렇게 해서 스트레스가 풀리는가?

(2) 공무원은 친절의 의무가 있다. 공무원은 아무리 화가 나더라도 친절해야만 한다고 생각하는가?

TIP 공무원의 친절과 같은 물음에 수동적이고, 뻔한 답변은 진정성이 없어 보인다. 그러므로 친절에 대한 답변은 예를 들면 '공무원으로서 친절은 당연하다고 생각한다. 하지만 악성민원인들 즉, 행정력 낭비에 영향을 주는 민원인들한테는 강함도 필요하다고 생각한다. 또한 공무원의 친절도 향상도 중요하지만 민원인들의 시민의식도 함께 높아져야 한다고 생각한다.'고 답변하는 것이 바람직하다.

MEMO

9　돌발성 질문

(1) 충과 효 중에 무엇이 더 중요하다고 생각하는가?

(2) 일과 가정 중에 하나만을 선택해야 한다면?

(3) 본인은 면접을 잘 보고 있다고 생각하는가?

(4) 법과 원칙 그리고 융통성 중에 무엇이 더 중요하다고 생각하는가?

(5) 합격자 발표 후 기관이나 관공서를 방문한 적이 있는가?

MEMO

---

10 '마지막으로 하고 싶은 말' 준비해 두기

예시 01 개인사는 진정성과 간절함이 드러나야 한다.

저는 4년 7개월의 긴 수험생활 동안 눈물도 많이 흘렸고 좌절도 여러 번 겪었습니다. 하지만 그럴수록 제 꿈에 대한 간절함과 절실함이 더욱 커졌습니다. 이런 과정에서 어려움을 극복할 수 있는 긍정적인 사고를 배울 수가 있었고 제자신이 정신적으로 더 성숙할 수 있는 계기가 되었던 것 같습니다. 기나긴 수험생활 동안 부모님의 헌신적인 뒷바라지가 없었다면 아마 제 꿈을 펼치는 데 어려움이 많았을 것이라고 생각합니다. 그런 부모님께 이제는 합격이란 영광을 안겨드리고 싶고 또 내복이라도 사드릴 수 있는 아들로 거듭나고 싶습니다. 저는 이길 아닌 다른 길은 생각해 보지 못할 만큼 어쩌면 무모한 사람일 수도 있습니다. 하지만 그렇기에 이 길을 천직이라 여기고 어떠한 어려움이 닥치더라도 지금껏 그래왔듯이 초심을 잃지 않고 이겨낼 자신이 있습니다. 긴 수험생활을 마칠 수만 있다면 또한 그렇게나 꿈꿨던 제 꿈을 펼칠 수만 있다면 국가와 국민에게 감사하는 마음가짐으로 뼛속까지 공무원이고 싶습니다. 열심히 하겠습니다. 감사합니다.

예시 02 튀는 것이 아닌 돋보이는 이야기가 나와야 한다.

면접관님들께서는 오늘 점심은 맛있게 드셨습니까? 저도 오늘 면접을 위해 이른 점심을 먹고 나왔는데 본래 점심이란 단어는 불교에서 유래되었다고 합니다. '마음의 점을 찍다'라는 의미로 오전에 한 일을 되돌아보고 남은 하루를 더 의미있게 살라는 뜻을 지니고 있습니다. 저도 점심의 의미처럼 제자신에 대해 항상 반성하고 자기개발을 하면서 시민들께 봉사하겠다는 초심을 잃지 않는 한결같은 공무원이 되고 싶습니다. 또 제가 언뜻 보기에도 공무원처럼 생겼기 때문에 이 둥글둥글한 얼굴을 바탕으로 편안하게 적극적으로 다가가는 친화력으로 국민들께 친구같은 공무원이 되는 모습을 꼭 보여드리겠습니다.

예시 03 자신의 소소한 경험이지만 공익성이 드러난 이야기를 해야 한다.

공무원을 처음 꿈꾸게 된 것은 학교를 다니면서 기초지식을 바탕으로 많은 경험과 자원봉사를 하면서였습니다. 학교 주변에서 한 꼬마를 만났던 기억이 납니다. 늦은 시간에 집으로 돌아가지 않고 학교를 서성이기에 다가가 "꼬마야 왜 집에 가지 않고 서성이고 있니?"라고 물었는데 "집에 가도 아무도 없어."라는 아이의 대답이 돌아왔습니다. 그때 많은 것을 느꼈습니다. '아이가 왜 이 시간에 집으로 가고 있지 않은 것인가? 이 시각에도 이러한 아이들이 우리나라에 얼마나 많이 있을까?'를 생각하게 되었고 그 아이들을 위해서 내가 무엇을 할 수 있을지 고민하며 아이들을 돕고자 생각하게 되었습니다. 그래서 공무원을 준비하게 된 것입니다. 그 마음을 잃지 않도록 저는 일주일에 한 번씩은 거르지 않고 봉사활동을 하고 있습니다. 이에 초심을 잃지 않는 공무원이 되고 싶습니다.

예시 04 진정성 있는 마무리가 중요하다.

진솔한 마음을 보여드리고자 노력했는데 떨려서 어땠을지 모르겠습니다. 이제 긴 공시생 과정이 끝이라 생각하니 후련하지만 한편으로는 면접을 준비하며 배운 공직가치들을 떠올리니 마음이 무겁기도 합니다. 공무원이 된다면 항상 맡은 자리에서 최선을 다하고 양심에 따라 행동하겠습니다. 제 이야기를 끝까지 들어주셔서 감사합니다.

예시 05 각오를 표현한 마무리(교정직 예시)

필기 체력시험을 준비하면서 공무원으로서의 기본역량을 갖출 순 있었으나 공직자가 무엇인지는 정확히 알 수 없었습니다. 그러나 면접을 준비하는 과정에서 '공직가치가 무엇이고 교정직 공무원이 무엇이며 훌륭한 교정직 공무원이 되기 위해서는 내가 무엇을 해야 하는지'에 대해 알 수 있는 뜻깊은 시간을 가질 수 있었습니다. 이러한 저의 경험은 제가 교정직 공무원이 된 이후로도 저의 기억 속에 남아 제 삶의 이정표가 되어 절 이끌어 줄 것이라고 생각합니다. 지금까지 지원자 ○○○이었습니다. 감사합니다.

CHAPTER 02 질문리스트 관련 기출 및 예상질문
(5분발표 및 경험형 과제)

✔ POINT

1. 5분발표, 경험형 과제의 핵심질문이 될 수 있으며 면접관 질문리스트 속 예상질문까지 고려하여 정리를 해 보았다. 그러므로 응시생이 작성한 경험형 과제와 연결지어 답변을 고민해 보길 바란다.
2. 5분발표에서도 공직가치에 대한 다양한 질문에 대해서는 기본적으로 준비를 해야 한다. 기타 질문도 최근에는 질문리스트의 비중이 상당히 높아지고 있으므로 이 점도 고려하여 정리를 하였으니 문제풀이 연습을 통해 응용력이 생길 수 있도록 준비해 두길 바란다.

문제 01. 공직에 들어가면 생각보다 업무가 다양하고 생소한 업무를 많이 접하게 된다. 그런데 어느 날 자신에게 잘 모르는 업무가 주어졌다. 이 상황에서 어떻게 할 것인가?

MEMO

문제 02. 공직에 입직하여 일을 시작하였는데 만약에 어떤 일(정책)을 추진하는 데 있어서 조직이 추구하는 방향과 본인이 생각하는 방향이 다르다. 이 상황에서 어떻게 할 것인가?

MEMO

✔ PLUS

1. 여기서 면접관이 듣고자 하는 것은 '조직이 추구하는 방향에 무조건 따라야 한다.'는 답변이 아님을 기억해야 한다.
2. 면접관은 응시생 본인이 생각하는 방향이 조직 전체가 추구하는 방향에 옳고 도움이 된다는 확신이 든다면 조직의 의견을 따르되 본인의 좋은 의견을 적극 반영하여 우리 조직이 더 나은 방향으로 나아가도록 노력하겠다는 마음가짐을 듣고 싶어 하는 의도가 있음을 기억했으면 좋겠다.

문제 03. 세대 간의 갈등(MZ세대와 기성세대의 갈등)

1. 세대차이에서 오는 갈등에는 무엇이 있겠는가? 공직생활에서 상관과의 갈등이 발생하면 어떻게 할 것인가?
2. 어떤 업무를 추진하는데 상관과 본인의 의견이 다르다. 그런데 상관은 자신의 의견에 따라 일을 하라고 한다. 하지만 아무리 생각해도 본인이 생각한 방안이 훨씬 더 나은 방안이다. 이 상황에서 어떻게 할 것인가?

> **MEMO**
>
>
>
>

문제 04. 동료 중 한 명이 공무원 조직에 대해 자꾸 불만을 이야기하고 주변 사람들에게 좋지 않은 이야기를 하고 있다. 이 상황에서 본인은 어떻게 할 것인가?

> **MEMO**
>
>
>
>

문제 05. 응시생이 생각하는 혁신이란 무엇인가? 그리고 하루가 다르게 급변하는 현대사회에서 발 빠르게 변화하지 않으면 살아남기 힘들다. 더불어 공무원 사회에서의 행정도 혁신적 사고를 통한 고객과 시민서비스 제공이 중요한 요소로 자리잡고 있다. 이를 위해서는 자기개발을 통하여 해당 분야의 전문가로 거듭나야 하는데 현실에 안주하면서 사회적 태만에 빠지는 경우가 공직생활에서도 발생한다. 이에 대한 해결방안에는 무엇이 있겠는가?

> **MEMO**
>
>
>
>

문제 06. 공무원은 오후 6시가 업무종료시간이므로 일반적으로 중대한 업무가 아니면 다음 날 일처리를 해야 하는 규정이 있다. 그런데 업무종료시간이 지난 후 민원인 한 분이 급한 일처리를 해 달라고 찾아왔다. 이 상황에서 본인이라면 어떻게 할 것인가?

> **MEMO**
>
>
>
>

문제 07. 공직생활을 하는 것에 있어 응시생이 생각하는 가장 중요한 공직가치 3가지는 무엇인가? 그중 가장 중요하다고 생각하는 한 가지를 꼽는다면 무엇이며 그 이유는 무엇인가?

> MEMO

문제 08. 공직생활(공무원)의 장점(좋은 점)은 무엇이고, 단점(개선할 점)은 무엇이라고 생각하는가? 본인이 말한 단점(개선할 점)에 대한 해결방안에는 어떤 것이 있겠는가?

> MEMO

문제 09. 헌법 제7조 제1항 '공무원은 국민 전체에 대한 봉사자이며, 국민에 대하여 책임을 진다'의 의미는 무엇이며, 공무원에게 신분보장을 통해 안정성을 확보해 주는 이유는 무엇이겠는가?

> MEMO

문제 10. 적극행정에 대해 알고 있는 사례에 대해 답변해보라. 그리고 최근 공직생활에서 적극행정을 강조하는 이유는 무엇이고, 적극행정의 장점과 단점은 무엇인가? 단점에 대한 해결방안과 적극행정 활성화방안에 대해서도 답변해달라.

> MEMO

문제 11. 갑질을 직접적으로 겪어보았거나 혹은 누군가가 갑질을 당하는 것을 본 적이 있는가? 그때 본인은 어떻게 대처를 하였는가? 그리고 공직사회에서의 발생할 수 있는 갑질의 유형에 대하여 말해보고, 각각의 해결방안에 대해 말해보라.

> **MEMO**
>
>
>
>
>
>

문제 12. 부당한 대우나 부당한 지시를 받았을 때 어떻게 대처했는지 답변해달라. 만약 공직에 입직하여 상관으로부터 부당한 지시(공정한 직무수행을 해치는 지시)를 받게 되면 어떻게 할 것인가?

> **MEMO**
>
>
>
>
>
>

문제 13. 공무원의 3대비위(음주운전, 성범죄, 금품수수 및 향응)는 해마다 처벌이 강화되고 있다. 이처럼 일반인과 비교할 때 공무원에 보다 높은 도덕성, 청렴성을 요구하는 이유는 무엇이라고 생각하는가? 즉, 공직윤리가 점점 더 강화되는 이유가 무엇이겠는가?

> **MEMO**
>
>
>
>
>
>

문제 14. 공무원은 전문성(직무수행능력)이 중요하다. 이를 위해 특별히 노력한 것이 있는가? 또한 공무원에게 있어 자기개발이 왜 필요한지와 함께 본인이 공무원이 되면 자기개발을 위해 특별히 계획하고자 한 것이 있는가?

> **MEMO**
>
>
>
>
>
>

문제 15. (기술직렬 필수) 4차산업의 발달로 사회적·경제적·문화적으로 우리 사회에 많은 변화가 생기고 있다. 4차산업 발달에 따른 공무원의 역할에 대해 답변해달라.

> **MEMO**
>
>

문제 16. 조직(단체)에서 긍정적으로 평가 받은 일 한 가지와 반대로 부정적으로 평가를 받은 일 한 가지에 대해 답변해달라.

> **MEMO**
>
>

문제 17. 최근 워라밸이 중요해진 이유는 무엇이라고 생각하며 구성원의 워라밸에 대한 생각의 변화로 인해 공직사회에 미칠 긍정적인 영향과 부정적인 영향에 대해 답변해달라.

> **MEMO**
>
>

문제 18. A민원인이 찾아왔는데 현행 법과 원칙으로는 도와줄 수 없다. 그런데 사정을 들어보니 상당히 딱한 사정이다. 이런 상황에서 어떻게 할 것인가?

> **MEMO**
>
>

문제 19. 우리가 면접을 6명째 보고 있다. 그런데 모두 말도 잘하고 경험들도 다양하다. 다른 경쟁자들과 비교할 때 자신이 뽑혀야 하는 이유에 대해 말해보라.

MEMO

문제 20. 응시자의 강점은 무엇이고, 강점이 공직생활을 하는 데 어떤 도움이 될지 그리고 본인의 단점은 무엇이고 극복하기 위해 무슨 노력을 했는지 답변해달라.

MEMO

문제 21. 사기업에 취업하지 않고 공무원을 지원한 진짜 이유는 무엇인가? 혹은 직장을 그만두고 공무원을 하고자 하는 이유는 무엇인가?

MEMO

문제 22. 공직에 들어오면 가고 싶은 부서나 하고 싶은 업무가 있는가? 있다면 그 일이 왜 하고 싶은가?

MEMO

문제 23. 요즘 젊은이들은 대외활동 등을 많이 한다. 응시생은 이러한 대외활동 경험 중에 가장 기억에 남는 활동은 무엇이었는가? 그러한 대외활동 경험이 공직생활을 하는 데 어떻게 도움이 되겠는가?

> **MEMO**
>
>

문제 24. 조직 혹은 단체생활을 하다 보면 마음이 안 맞는 사람들이 존재하는데 그런 사람들을 본인이 달래거나 설득하여 잘 이끌고 간 경험이 있는가?

> **MEMO**
>
>

문제 25. 어떤 일을 수행하면서 실패했던 경험에 대해 답변해달라. 그리고 그때 본인은 어떻게 했는가?

> **MEMO**
>
>

문제 26. 본인이 팀장이라면 신입 공무원에게 바라는 3가지 덕목은 무엇이며, 그 이유에 대해 답변해달라.

> **MEMO**
>
>

문제 27. 공무원이 되면 이것만큼은 절대 하지 않겠다는 것 2가지만 답변해달라.

> **MEMO**
>
>

CHAPTER 03 조직생활 관련 질문

✔ POINT

1. 조직생활은 공무원 면접에서 매우 중요한 부분이다. 내용을 잘 이해하면 경험형 및 상황형 과제를 해결하는 데도 많은 도움이 된다.
2. 상사와의 관계, 동료와의 관계, 관행, 조직문화 개선 등에 대해 자주 질문하므로 기출질문을 살펴보고 답변을 준비해야 한다.

1 조직이란 무엇인가?

TIP 조직의 중요성 ⇨ 사기업뿐만 아니라 국가직, 지방직 면접에서도 조직생활과 관련된 질문을 많이 한다. 조직의 중요성에 대해 다시 한번 생각해본다면 답변하는 데 어려움이 없을 것이라 생각한다. 이에 아래 내용을 참고하여 자신의 생각을 말할 수 있어야 한다.

1. 조직과 관련한 내용 정리

(1) "손을 잡지 않고 살아남은 생명체는 없다."고 한다. 이 말은 경쟁에서 이기기 위해 또한 생존을 위해 우리가 협력해야 한다는 것이다. 이것이 인류가 지금까지 생존하고 발전해 온 이유이다. 협력에서 가장 좋은 방법이 조직을 구성하는 것이기 때문이다.

(2) 세상의 변화 속에서 국가 간 경쟁이 심화되고, 고객(민원인)의 욕구 또한 다양화되고 있어 이를 해결할 수 있는 경쟁력을 갖추기 위해 유연하고 효율적인 조직화가 필요하다.

(3) 조직화란 조직 구성의 기본 요소인 실현가능한 현실적 목표와 필요한 조직의 형성 그리고 구성원이 수행해야 하는 직무에 관한 범위와 이에 대한 책임과 권한의 한계를 규정하고 효율적인 직무수행을 위한 부서화를 통해 업무적 연관성을 체계적으로 전개할 수 있는 구조를 만드는 전략적 과정이라고 할 수 있다.

(4) 개인이 조직에 참여했을 때 개인의 욕구(의식주, 자아실현 등) 충족에 대한 기대감은 높아지고 시간과 비용 대비 효율성이 높아진다.

(5) 조직을 통한 협동적 노력으로 개인이 할 수 없는 일을 달성할 수 있다. 개개인은 모두 다양한 능력을 가지고 있다. 그 개개인의 능력이 조직에서 발휘되면 시너지 효과가 발생하며 개개인이 조직에 기여한 것 이상의 효과를 얻을 수 있다. 조직이 이렇게 목표달성을 위한 효율적인 수단이라는 것은 우리 주변에서도 쉽게 감지할 수 있다.

(6) 개인은 조직을 통해 상호작용 기회를 높일 수 있다. 개인은 조직 속에서 서로 미워도 하고 좋아도 하고 경쟁도 하고 협동도 하며 또한 불만을 느끼거나 만족을 얻기도 한다. 이와 같이 조직 속에 있는 개인들은 어떤 형태로든지 상호작용을 하면서 조직을 통해 생활의 안정과 삶의 보람을 추구하는 등 자기의 목표를 달성하려고 한다. 이러한 상호작용이 바로 조직의 기능을 발휘할 수 있도록 하는 과정인 것이다.

(7) 조직은 목적을 지향한다. 공무원 조직은 공익추구, 시민안전을 목적으로 한다. 헌법 제7조 제1항은 '공무원은 국민 전체에 대한 봉사자이며, 국민에 대하여 책임을 진다.'고 하며 공무원의 역할과 의무를 규정한 내용이다. 공무원 조직은 봉사자로서의 역할과 국민에 대한 책임의무를 능률적이고 효과적으로 달성하기 위해 일을 한다.

(8) 따라서 공무원 조직의 구성원인 공무원 모두는 조직의 목표를 이해하고 목표를 달성하기 위해 협력하며 전문성을 발휘해야 한다. 그 과정에서 필요한 것이 바로 공직가치이다. 공직가치는 공무원이 공익을 실현하기 위해 반드시 갖추어야 할 자세를 말한다. 공익이란 최대다수의 최대행복으로 정의되기도 하지만 반드시 사회적 약자에 대한 배려가 존중되어야 한다.

(9) 공무원들이 공무를 수행하는 현장에서는 수많은 가치들이 충돌하는 경우가 발생한다. 그때 중심이 되어야 하는 것이 바로 공직가치이며, 이것이 조직의 목표이다. 조직의 방향과 개인의 신념 충돌, 조직 내부에서의 갈등, 상사와의 갈등, 조직원과의 관계 등을 원만하게 풀어가는 것이 필요한 이유도 바로 조직의 목표달성과 관련이 있다.

(10) 결론적으로 조직은 개인이 할 수 없는 일을 해낼 수 있는 힘을 가지고 있고 조직이 추구하는 목표가 있다. 조직 구성원인 개개인은 조직이 추구하는 방향에 맞추어 조직의 목적을 나의 일의 의미로 공감할 수 있어야 한다.

(11) 만일 조직이 추구하는 목적이 국민에 봉사하는 것이 아니고 조직의 이익만을 추구할 때는 조직 내부에서 조직원들과 공감대를 얻어가며 꾸준히 개선하기 위해 노력해야 한다.

TIP 면접에서 조직 관련 질문을 받는다면 조직의 중요성, 협력의 필요성, 관계 형성의 중요성에 대해 이해하고 있다는 것을 분명하게 말할 수 있어야 한다. 또한 관련된 경험에 대해서도 답변할 준비가 되어야 후속질문(갈등해결경험, 협력경험, 희생경험 등)에 대비가 가능하다. 이에 조직 관련 질문에 대해 간단한 경험과 함께 30~40초 분량으로 답변을 정리해 보길 바란다.

2. 조직생활 관련 질문 중 기본이자 자주하는 질문

POINT 남들과 차별화시킬 수 있는 답변을 준비해야 한다.

(1) 만약 자신의 소신과 조직이 추구하는 방향이 충돌한다면 어떻게 할 것인가?

(2) 본인은 개인의 선택을 중요시 하는가 조직의 선택을 중요시 하는가?

(3) 조직의 역량과 개인의 역량 중 무엇이 더 우선시 되어야 하는가?

(4) 개인의 일과 팀의 협업 중 무엇이 더 중요한가? 그 이유는 무엇인가?

(5) 개인의 의견과 조직의 의견에 갈등이 생기면 어떤 것을 더 중요시 할 것인가?

MEMO

POINT 국가직·지방직 면접에서 관행에 대해 심심찮게 질문을 한다. 이에 대해 한 번도 생각해보지 않았다면 답변하기 어려운 질문이다. 아래 내용을 참고해서 자신의 생각을 말할 수 있어야 한다.

1. 관행과 관련한 내용 정리

(1) 비록 위법하지는 않지만 문제가 있는 관행이라면 개선하려고 노력해야 한다. 예를 들어 검찰직에서 구속 후 수사를 하는데 밤샘수사를 하는 것이 관행화되었다고 가정하겠다. (물론 이 관행도 지금은 개선되어 사라졌지만 예전의 상황을 가정한 것이다.) 이것은 법에 규정되어 있지 않으므로 위법은 아니다. 그런데 인권적 측면에서 볼 때 매우 불합리하다. 수사를 하는 검찰입장에서는 이 관행이 업무를 하는데 매우 효율적이라고 생각한다. 즉, 기관의 입장과 국민의 기본권에 대한 입장이 충돌하는 상황이 발생하고 있다. 법에서는 이런 세부적인 사항에 대해 규정되어 있지 않다.

(2) 위와 같은 상황에서 개인적으로 보기에 국민의 기본권을 존중하고 불합리한 점은 개선하고 싶지만 아무리 건의를 해도 상사는 기존 관행이 일처리를 하기에 편하다고 한다. 왜냐면 그렇게 배웠고 그렇게 하는 게 익숙하기 때문이다.

(3) 이런 경우 조직 내에서 불합리를 외치고 개선을 요구한다고 해서 바로 바꾸기는 매우 어렵다. 조직 내에서 불합리함을 인식하면서 조직원들과 공유하고 천천히 공감대를 넓혀가며 개선하려는 노력을 꾸준히 해야 비로소 바뀔 수 있다. 즉, 조직 내에서 '개선을 위한 설득 노력을 꾸준히 해야 한다. 조금씩이라도 변화를 위해 노력해야 한다.'는 것이 결론이다.

(4) 조직 내에서 통용되는 관행은 또 다른 면이 있다. 즉, 관행의 정의는 '오래전부터 해 오는 대로 함. 또는 관례에 따라서 함.'이다. 예전에는 그 방식이 편하고 효율적으로 작동하고 있었을 것이다. 그런데 시대가 변하면서 그 관행이 시대의 흐름을 반영하지 못한 경우이다.

(5) 현재 조직 내에서 이루어지고 있는 관행이 '현재에도 적용될 수 있는 방식인가?'를 생각해봐야 한다. 지금도 그 방식이 효율적이라면 그 방식은 조직 내에서 훌륭한 역할을 하고 있다고 보아야 한다. ⇨ 이 경우는 제도화를 통해 공식화하고 투명화하는 것이 필요하다. 그래야 국민에 대한 공정성, 신뢰성을 높일 수 있다.

(6) 시대의 변화를 반영하지 못하고 조직에는 편리하나 오히려 국민에게 불편함을 초래한다면 그러한 관행을 고치기 위해 노력해야 한다. ⇨ 불합리한 규제, 과도한 서류제출 요구 관행 등이 그런 식으로 표출된 것이라고 볼 수 있다.

(7) 법도 현실을 반영하기에는 늦지만 그래도 끊임없이 개정이 이루어지는 것과 마찬가지로 생각하면 된다.

(8) 결론적으로 조직 내에서 통용되는 관행은 조직원들에게 익숙해져 있어 이를 바꾸는 것은 매우 어렵다. 그래도 그 관행이 현실을 반영하지 못하고 국민의 불편을 초래하거나 국민에게 부당한 것이라면 꾸준히 개선하려는 노력이 지속되어야 하며, 조직 내에서 조직원들의 공감대를 얻고 조금씩 바꿔나가도록 해야 한다. 이것이 핵심이다.

2. 관행과 관련하여 자주하는 질문

(1) 만약 조직이 모두 따르고 있는 관행이 있고, 이게 본인의 의견과 다르면 어떻게 할 것인가?

(2) 공무원 조직이 연공서열 중심이고, 성과제가 잘 반영되지 않는 것에 대해 왜 그렇다고 생각하는가? 이를 어떻게 개선할 수 있겠는가?

(3) (지원부처) 조직과 관련하여 개선하고 싶은 점이 있다면 무엇인가?

(4) 지원자가 생각한 창의적인 아이디어를 실현하고 싶은데 조직에서는 마음에 들어하지 않는다면 어떻게 할 것인가? 이미 조직 내 오랫동안 가지고 온 관행이 있으며 그것을 바꾸기는 쉽지 않을 경우에는 어떻게 하겠는가?

> **MEMO**
>
>
>
>

3 고객 지향성 관련 질문

(1) 공무원에게 고객이란 누구인가?

(2) 내부고객과 외부고객 중 누구를 우선시 해야겠는가?

> **✓PLUS**
>
> 1. 고객은 내부고객과 외부고객으로 구분할 수 있다.
> 2. 외부고객은 국민, 시민, 외국인, 시민단체, 외국정부, 국제기구 등이다.
> 3. 내부고객은 동료, 상사, 다른 부서 직원, 산하기관, 타기관, 공기업, 정부부처를 모두 포함한 공무원이다.
> 4. 본인 이외의 모든 상대는 고객이라는 마인드로 업무를 해야 하며 외부고객이 우선이 되어야 한다. 따라서 민원업무는 가장 우선순위로 해결해야 하는 업무이다.
> 5. 내부고객에 대해서는 긴급성, 중요도, 상사의 지시 등을 고려하여 업무 순서를 정하면 된다.
> 6. 행정의 목적은 고객(주민) 만족이다.
> 7. 내부고객(공무원)의 만족은 고객만족을 위한 필요조건임에도 경시되는 경향이 있다. 내부고객의 만족은 조직의 성과를 이루는 데 큰 영향을 미친다. 따라서 외부고객과 내부고객을 동일하게 바라보는 시각이 필요하다.
> 8. 따라서 내부고객인 타부서의 업무협조에 대해서도 신속하게 처리해주어야 한다.

4 MZ세대 관련 내용

1. MZ세대의 정의

   (1) MZ세대는 밀레니얼(Millennial) 세대와 Z세대(Generation Z)를 합쳐 부르는 말이다. 이는 1981 ~2010년에 출생한 세대를 지칭한다.

   (2) 밀레니얼 세대는 대체로 1980~1995년(또는 1985~1996년) 사이 출생, Z세대는 1996~2010년대(또는 1997~2005년) 초반 출생자이다.

   (3) 통계청에 따르면 국내 MZ세대(1980~2005년생)는 전체 인구의 33.7%를 차지하고 있다.

2. MZ세대의 특성

(1) 디지털 세대

PC와 스마트폰, 각종 IT 기기와 프로그램을 다루는 데 능숙하다.

(2) 개인주의 성향

자신만의 개성을 중시하고 재미를 추구하며, 자유롭게 생각하고 사생활을 존중받기를 원하는 성향이 있다.

(3) 수평적 관계 지향

① 온라인에서 맺은 수평적 관계에 익숙한 영향으로 한국식 조직문화에 거부감을 느낀다.
② 다양한 만남을 추구하는 세대로 온라인, SNS에서 관계망을 형성한다.

(4) 공정한 보상과 워라밸을 중시

① 평가기준을 명확하게 제시해 줄 것을 요구하며 공정한 평가에 순응한다.
② 기성세대가 회사를 위해 희생할 수 있다는 반면 MZ세대에게 회사는 같이 성장해 나가는 파트너이지 자신을 희생해서까지 함께해야 하는 대상이 아니라고 생각한다.
③ 정시퇴근과 퇴근 후 업무를 거부하는 등 워라밸을 중시한다.

(5) 소비의 특징

집단보다는 개인의 행복을, 소유보다는 공유(랜탈이나 중고시장 이용)를, 상품보다는 경험을 중시한다.

3. MZ세대 vs 기성세대(꼰대문화) 갈등

(1) 20~30대 직원과 40대 이상 상사와의 세대갈등

① '꼰대'란 은어사용: 2030세대는 답답한 기성세대를 '꼰대'라고 칭한다. ⇨ 꼰대란 권위적인 사고를 가진 어른이나 선생님을 비하하는 은어
② 정시퇴근 갈등: 윗세대는 정시퇴근에 대해 '일에 대한 책임감 부족'이라 주장했지만 MZ세대는 '야근을 당연시하는 것은 부적절하다'고 반박한다.
③ 일에 대한 가치관 갈등: 윗세대는 맡겨진 일이 먼저이며 '의무' 중심의 가치관으로 일하지만 MZ세대는 근로계약서상 근무시간을 중요시하기 때문에 '권리' 중심으로 생각한다.
④ 업무지시: 윗세대는 "알아서 해보라"라는 식인 반면 MZ세대는 "일의 이유와 방식부터 알아야 한다"라는 말로 반박한다.
⑤ 회식: 윗세대는 "소통에 필요한 과정"이라고 주장하는 반면 MZ세대는 "장소 예약부터 상사 얘기까지 의전의 연속"이라고 주장한다. ⇨ 집단주의 성향 vs 개인주의 성향

(2) 꼰대문화

① 필요 이상으로 체면치레와 허례허식을 중시하며, 주류층 대접을 받고 싶어하는 것을 나타낸다.
② 의견을 이야기하라고 하지만 결국 정답은 본인의 의견이다.

③ '라떼는'이라는 표현을 사용한다. ⇨ 내가 ~했을 때＝라떼는

④ 개인 약속을 이유로 회식에 불참하는 것을 이해하지 못한다.

⑤ 조직문화를 중시한다.

⑥ 예절을 중시한다.

4. MZ세대와 관련하여 자주하는 질문

(1) 기성세대와 MZ세대 갈등에 대해 어떻게 생각하는가?

(2) 요즘 MZ세대들은 워라밸을 중요시한다. 본인도 MZ세대라 잘 알 텐데 MZ세대인 동료들이 적극적으로 이런 문제에 잘 나서지 않는다면 본인이 MZ세대로서 어떻게 하겠는가?

(3) MZ세대의 긍정적인 면과 부정적인 면은 무엇인가?

(4) 조직에 들어와서 MZ세대로서 할 수 있는 역할이 무엇인가?

(5) 기성세대는 회식을 좋아하고 MZ세대는 참여하기조차 싫어한다면 어떻게 하겠는가?

(6) MZ세대와 선배공무원의 소통법은 무엇이겠는가?

(7) MZ세대의 면직율이 높은데 원인이 무엇이라고 생각하는가? 본인이 조직에 들어와 이 문제에 봉착하면 어떻게 할 것인가?

(8) MZ세대 특성을 정책에 어떻게 활용할 수 있겠는가?

> **MEMO**
>
>

---

5 공직문화 혁신

인사혁신처에서는 '공직문화혁신 기본계획'이라는 것을 발표하였다.

> **(1) 공정한 평가·보상 체계 구축**
> ① 인재상 중심 평가: 인재상을 중심으로 성과평가 요소 개선, 연공서열식 평가 및 승진 완화
> ② 성과급 공정성 제고: 연공서열 탈피, 단위 부서별 동료 평가 등을 통해 성과평가의 공정성과 객관성 제고
> ③ 직무, 성과 중심 보상 강화: 보수체계에 직무 가치 반영 확대
>
> **(2) 유연하고 효율적인 근무환경 조성**
> ① 근무혁신: 불필요한 야근 줄이기, 업무집중도 향상, 똑똑한 회의, 유연한 근무 등
> ② 근무장소, 시간 유연화: 원격근무 가능한 장소, 시간 등을 유연하게 확대하고 출장·유연근무 등 다른 복무제도와 연계하여 활용
> ③ 자율근무제 시범도입: 모든 직원이 정해진 근무시간 외 나머지는 유연근무를 자율적으로 사용
> ④ 연가 사용 목표제: 부처별 연가 사용 목표를 설정하고 그 결과를 공개

MEMO

6 언론 대응

언론에서 부정적인 보도를 한다면 어떻게 대응할 건인가에 대해 정리해 둘 필요가 있다.

(1) 언론의 특징

언론은 정치현상이나 정부활동을 매우 부정적으로 다루는 경향이 있다.

➡ 특히 언론의 정파성은 다양한 사건과 대상에 대해 편향적 시각을 갖는 경우가 많다.

(2) 언론 대응

① 보도자료를 통해 공식 대응

② 부정확한 기사에 대해서는 정정보도 요청("사실은 이렇습니다" 등의 지원부처 정정보도 사례를 참고)

③ 언론 인터뷰는 기관 내 언론 담당부서를 통해 실시(언론 인터뷰에 필요한 자료 준비는 사건 및 대상 담당자가 상관의 보고를 득하여 전달)

④ 직접적인 인터뷰는 피해야 함 ⇨ 개인의 의견을 피력할 경우 특정집단의 반발이나 정책의 신뢰성이 손상될 수 있음

MEMO

7 조직생활 관련 자주하는 질문 유형

문제 01. 동료 중 업무처리가 미숙하여 이에 대한 보조가 필요한 상황이며 상사는 본인에게 이에 대한 보조를 부탁하였다. 그런데 본인의 업무도 현재 많이 밀려 있는 상태이다. 이 경우 어떻게 할 것인가?

MEMO

문제 02. 동료 또는 선배가 본인의 일을 자신한테 떠넘기면 어떻게 할 것인가? 더불어 그와 비슷한 경험이 있다면 그 경우 본인은 어떻게 대처하였는가?

MEMO

문제 03. 권위적인 상관(꼰대같은 상관)이 일주일의 기간이 있어야 해결할 일을 3일 안에 처리하라고 하였다. 이때 본인은 어떻게 할 것인가?

MEMO

문제 04. 공직에 들어가면 생각보다 업무가 다양하고 생소한 업무를 많이 접하게 된다. 그런데 어느 날 본인에게 잘 모르는 업무가 주어졌다. 이 경우 어떻게 할 것인가?

MEMO

문제 05. 공직에 입문하면 나중에 업무를 맡게 되고 일을 하다보면 능력 있는 직원에게 일을 많이 시키는 경우가 많고, 능력 없는 직원은 일을 시키지 않는 경우도 종종 있다. 만약 본인에게 일을 많이 주고, 다른 동료에게는 일을 많이 주지 않는다면 어떻게 할 것인가?

MEMO

문제 06. 상관이 당신에게 일을 맡겼다. 그런데 원래 그 일은 당신의 일이 아니라 함께 일하고 있는 동료가 오랫동안 추진해 왔던 일이다. 이 상황에서 어떻게 할 것인가?

MEMO

✅ PLUS

공무원도 조직생활이다. 동료를 어떻게 배려할 것인지를 함께 알아보는 질문이라고 생각하면 된다. 그러므로 이 두 가지 관점에서 답변을 준비해야 한다. 가장 중요한 것은 동료가 중요시하던 일이니 동료와 대화를 통하여 이 문제로 생길 수 있는 갈등상황을 해소한 다음 일을 처리하는 것이 순서이다. 그리고 일 처리과정에서 동료한테 도움도 받고 나중에 그 일이 완수되면 동료의 공으로 돌린다는 마음가짐이 중요하다.

문제 07. A프로젝트를 수행하는데 함께 하는 동료가 실수를 하였다. 누가 생각해도 동료의 잘못이 명백하며 이 사실은 주위 동료들도 다 알고 있다. 그런데 상관은 함께 일한 나를 혼낸다. 그 상황에서 기분은 어땠을 것 같으며 어떻게 대처할 것인가?

MEMO

✅ PLUS

[스티마쌤의 답변 예시] 단순하게 생각하면 제 마음이 상할 수 있을 것 같습니다(진정성). 하지만 공직생활과 일반 사기업의 차이점에서 생각할 때 저에게 야단을 치는 것은 당연하다고 생각합니다. 제가 이번에 면접준비를 하면서 공무원의 일은 혼자서 하는 일이 아니라 공익실현이 우선이기 때문에 모든 일을 개인별, 부서별, 부처별, 지자체, 민간업체와 함께 일하는 것임을 알게 되었습니다. 즉, 동료가 실수를 하게된 상황에서 저의 책임도 크다고 생각을 하였습니다. 어쩌면 상관님께서는 함께 일을 함에도 동료의 일을 적극적으로 도와주지 않았기 때문에 저에게 야단을 치신 것이 아닌가 생각을 하였습니다. 곧 동료를 배려할 줄 아는 것이 공무원의 조직생활이고, 책임감이 아닐까 생각합니다. 그러므로 저는 기꺼이 야단을 맞고 동료가 다시는 실수를 반복하지 않도록 도와주는 노력하는 공무원이 될 것입니다.

문제 08. 전임자로부터 업무에 대하여 인수인계를 받고 검토 중에 전임자의 잘못으로 인하여 주민(또는 업체)에게 피해를 입혔다는 사실을 알게 되었다. 이 경우 본인은 어떻게 할 것인가? (이 사실이 밝혀지면 전임자는 징계를 받을 수 있는 상황이며, 조직에도 좋지 않은 영향을 미친다. 더욱이 상관은 이 사실을 덮는 것이 좋겠다고 말하고 있다.)

> **MEMO**
>

문제 09. 동료 중 한 명이 공무원 조직에 대해 자꾸 불만을 이야기하고 주변 사람들에게 좋지 않게 이야기를 하고 있다. 이 경우 본인은 어떻게 할 것인가?

> **MEMO**
>

문제 10. 집단의 구성원이 증가해도 집단의 직무수행능력은 증가하지 않는 경우가 있다. 그 이유는 무엇이라고 생각하며 이에 대한 해결방안은 무엇인가?

> **MEMO**
>

⚘ PLUS

1. 링겔만 효과의 개념으로 이는 한 집단의 구성원이 늘어도 그에 비례해 집단의 역량은 증가하지 않는 현상이다. 집단에 참여하는 개인이 늘어날수록 성과에 대한 1인당 공헌도는 오히려 떨어진다는 의미이다. 시너지효과의 반대개념이라고 보아도 된다. 즉, 이런 링겔만 효과는 무임승차나 사회적 태만이 그 원인이라고 할 수 있다.
2. 해결방안은 한마디로 말하면 적극행정이라고 할 수 있다. 세부적으로는 개인의 기여도와 성과를 측정해 포상을 주는 인센티브 시스템 도입, 책임범위를 명확히 정하는 방법, 사명감(주인의식)을 심어주는 방안 등이 있다.

문제 11. 집단지성은 여러 사람들의 협력과 협동을 통해 이루어지는 지능의 네트워크라고 할 수 있다. 집단지성을 발휘한 경험과 그때 본인은 무엇을 가장 중시했는가?

> **MEMO**
>
>
>
>
>
>
>

✅ PLUS

1. 다수결은 여러 의견이 난립하여 대화와 토론으로 의견이 모아지지 않을 경우 소수가 지지하는 의견을 묵살하고 다수의 견해를 채택한다는 일도양단식의 획일적 선택이다.
2. 반면 집단지성에서는 소수의 이론이나 견해라도 얼마든지 유효성을 가질 수 있으며 의견이 묻히지 않는다. 서로 대립하는 견해들일지라도 누적시키고 응용하고 한데 모아 큰 정보(Big Data)로 활용하면 된다. 지식은 그것을 지지하는 사람이 소수이더라도 공유를 통해 융화하고 새로운 지식으로 탈바꿈하기 때문이다. 집단지성에서 소수의 견해는 하나의 이론을 더욱 풍성하게 하고 비판적으로 고찰하게끔 하는 좋은 활력소가 된다.

문제 12. 최근 우리 사회에서 사회적 가치란 단어가 등장하고 있다. 공직사회에서도 현재의 제도와 계획으로는 다가오는 변화에 대응할 수 없기 때문에 과거와는 다른 문제들을 해결하는 데 있어 '사회적 가치가 매우 중요하다'고 할 수 있다. 공무원으로서 사회적 가치의 실천방안에 대하여 답변해달라.

TIP 위 질문은 5분발표에서의 출제 가능성을 염두에 두고 답변을 준비해 두도록 한다.

> **MEMO**
>
>
>
>
>
>
>

✅ PLUS

1. 사회적 가치란 사회·경제·환경·문화 등 모든 영역에서 공공 이익과 공동체 발전에 기여할 수 있는 핵심가치다. 개인의 이익보다는 사회구조에 의해 직접 다뤄지는 권리와 자유, 권한, 기회 등이 해당된다.
2. 공공부문이 선도적으로 이를 실현하기 위해 기관별로 전담 부서를 설치하고 공무원 채용과 승진, 재정사업, 공공조달 등에서 사회적 가치를 중요한 요소로 반영한다는 것이 핵심이다. 공공기관은 사회적 기업제품 우선구매, 비정규직의 정규직 전환, 지역인재 채용, 에너지 절약, 지역경제 활성화 등을 통해 사회적 가치를 실현할 수 있다.
3. 우리 사회가 갈수록 복잡하고 다양해지므로 더욱이 공공과 시장 경제에서 사회적 가치를 추구하는 공동체 기반의 사회적 경제 생태계 조성에 적극 나서야 한다.

문제 13. 도덕적 해이는 법과 제도적 허점을 이용하여 자기 책임을 소홀히 하거나 집단적인 이기주의를 나타내는 상태나 행위를 말한다. 공직사회에서 도덕적 해이가 발생할 경우 어떠한 문제가 생기겠는가?

> **MEMO**
>
>
>
>
>
>

문제 14. '사일로 효과'란 조직의 부서들이 서로 다른 부서와 담을 쌓고 내부 이익만을 추구하는 현상을 일컫는 말이다. 공직사회에서도 이와 같은 현상이 발생하는데 이를 해결할 수 있는 방안은 무엇인가?

> **MEMO**
>
>
>
>
>
>
>

⊘ PLUS

조직 내에서 사일로 효과가 나타나는 주된 원인으로는 '경쟁 과열'이 꼽힌다. 조직의 수익성을 극대화하기 위해 제한적인 보상을 제시하면서 성과를 내라고 압박하게 되면 서로 간의 경쟁이 과도해지면서 생기게 된다. 이를 극복하기 위해서는 조직이 공동으로 공유할 수 있는 목표를 제시하는 것이 중요하다. 부서들이 서로 공동의 이해관계를 가지고 있다면 경쟁보다는 협력을 추구할 수 있게 될 것이다.

문제 15. 일을 하다 보면 상사와 동료, 다른 부서들과 함께 하게 된다. 본인은 일을 할 때 만나는 이들과 어떻게 지낼 것인가? (본인은 이제 막 입직한 막내이며, 함께 일하는 이들은 상사, 동료, 다른 부서의 동료 이렇게 셋이다.)

> **MEMO**
>
>
>
>
>
>
>

문제 16. 사람에게는 크게 세 가지의 역량이 있는 것 같다. 첫째 플래닝 역량, 둘째 집행 역량, 셋째 관계 역량이 그것이다. 본인은 이 중 어떤 역량이 가장 자신있는가? 그리고 본인에게 강점이 있는 그 역량이 공직생활을 하는 데 어떻게 도움이 되겠는가?

> **MEMO**

문제 17. 단체나 조직에 중요한 행사가 있는데 교통사고를 당해 쓰러진 사람을 목격하였다. 인근에는 병원도 없는 상황이고 주변에는 도와줄 사람도 없다. 이 상황에서 본인은 어떻게 대처할 것인가? (단, 본인이 행사에 참여하지 못하면 행사는 취소되거나 연기될 수 있는 상황이다.)

> **MEMO**

문제 18. 최근 또는 학창시절에 공적인 일과 사적인 일(조직의 이익 vs 개인의 이익)이 충돌했을 경우 어떻게 하였는가?

> **MEMO**

문제 19. 아르바이트 혹은 직장생활 경험 중 협업하여 성과를 내 본 경험이 있는가?

> **MEMO**

CHAPTER

04 민원인 응대방안

✎ **Check point**

1. 나중에 현직에 들어가면 유형별 민원인 응대 매뉴얼이 있다. 하지만 실제로는 매뉴얼 대로 하기 힘든 것이 공무원의 민원업무이다. 그러므로 법과 원칙에 따라 대응하는 것이 기본이지만 너무 법과 원칙만을 내세우면서 일처리를 하게 되면 민원인과 잦은 마찰을 빚게 된다.
2. 민원인 응대방안에 대해 세무직렬은 반드시 정리해 두어야 하며, 기타 직렬도 스티마쌤이 강조하고 해설해 주는 부분은 정리해 두어야 한다.

1 고질민원의 원인

(1) 초기 대응 실패가 고질민원을 만든다.

무엇이든지 첫 단추를 잘못 꿰면 잘 풀리지 않게 된다. 고질 악성민원의 경우 더더욱 그렇다. 의사소통이 제대로 되지 않으면서 오는 불통이 단순 일회성 민원을 고질 악성민원으로 만든다. '공무원들이 어떻게 초기 대응을 하는가?'가 그만큼 중요하다. 고질 악성민원이 자칫 장기화되면 민원을 해결하는 과정에 공무원들의 부패와 비리가 연결될 수 있기 때문에 초기에 민원을 해결하는 것이 중요하다.

(2) 잘못된 학습효과가 고질민원을 만든다.

우리 사회는 '떼쓰고 드러누우면 해결된다'고 생각하는 경향이 짙다. 과거에는 실제로 그런 경우 문제해결이 되는 경우가 있었다. 그렇기 때문에 '관청에 가서 계속 민원을 넣고 떠들면 언젠가는 해결되겠지' 하는 막연한 기대감이 잘못된 학습효과를 갖게 되고, 그런 학습이 고질민원을 발생시킨다.

(3) 처리기관에 따라 동일 또는 유사한 민원의 처리결과가 다르게 나타나는 것에 대한 불만으로 고질민원이 발생할 수 있다.

TIP 상이한 처리결과에 대해 의문을 제기하면 상황을 신속히 파악한 후에 민원담당자가 충분한 설명을 해주어야 한다.

2 고질민원 대응

(1) 기본적으로 법과 원칙에 따라 대응해야 한다.

(2) 적극적인 행정을 펼쳐야 한다. 즉, 공무원들이 재량권 행사의 여지가 있다면 적극적인 행정을 해야 한다. 나중에 감사원의 감사가 두려워 해결해 줄 수 있는 민원도 문제로 만들기 싫다고 생각하여 처리해주지 않는 경우가 있다.

(3) 고질민원인도 국민의 한 사람으로 존중하는 입장을 견지하면서 처리해야 하며, 전담팀을 구성하여 최소의 인원으로 최대의 효과를 창출하도록 시스템을 만들어 대응하는 것이 효율적이다.

✅ PLUS

1. 민원인의 권리와 의무
  ① 권리: 민원인은 행정기관에 민원을 신청하고 신속, 공정, 친절, 적법한 응답을 받을 권리가 있다.
  ② 의무: 민원인은 민원을 처리하는 담당자의 적법한 민원처리를 위한 요청에 협조하여야 하고, 행정기관에 부당한 요구를 하거나 다른 민원인에 대한 민원처리를 지연시키는 등의 공무를 방해하는 행위를 해서는 안 된다.

2. 민원인들에 대한 공무원들의 자세
  ① 먼저 담당 공무원들은 민원인들의 민원 내용을 경청해야 한다.
    ㉠ 민원인들이 관청에 민원을 가져올 때는 밤낮으로 잠도 못자고 억울해서 가져오는 경우이다.
    ㉡ 일단 억울한 내용과 하소연을 잘 들어주는 것만으로도 민원인의 민원은 절반 정도 해소될 수 있다.
    ㉢ 하지만 공무원들이 바쁘다는 이유로 민원인들의 두서없는 설명에 시큰둥하거나 싸늘하게 반응하게 되면 민원인들은 평소 관(官)에 가졌던 부정적인 선입견을 주입해 '관청도 같은 편이다.' 내지는 '관청이 있는 자, 가진 자들의 편에 서 있다.'는 생각을 할 수 있다. 오히려 민원을 해소하려다 부정적인 인식까지 합쳐지게 되면 문제가 더 악화될 수 있다.
  ② 법과 규칙에 대해 납득할 수 있도록 설명해야 한다.
    우선 민원인의 감정 해소에 일차적으로 중점을 둔 뒤 두 번째로 민원인의 민원을 해결하기 위해서는 법과 규칙에 따라야 한다는 점을 강조해야 한다. 관청이 해주고 싶어도 법을 어기가면서는 할 수 없다는 점, 재량권을 행사해도 법의 취지에 맞아야 한다는 점을 충분히 납득시켜야 한다.

---

3 민원인의 유형별 대처방법

(1) 민원인 응대 5단계(고성민원발생)

> ① 고성내용 파악
> ② 감내: 이 장소는 여러 사람이 사용하는 곳이므로 소란을 피우시면 곤란합니다.
> ③ 진정(안정): 감정을 가라앉히고 선생님의 문제를 차분하게 말씀해 주십시오. ⇨ 격앙된 감정 안정화 및 이성적인 판단 유도
> ④ 수용: 저희들의 의견을 수용해 주셔서 감사합니다. 하지만 고성도 범법행위이고 처벌받을 수 있습니다.
>   ⇨ 고성도 업무방해 등 범법행위임을 주지
> ⑤ 귀가조치: 선생님의 요구가 법과 제도로 해결할 수 있는 것이라면 최선을 다해 도와드리겠습니다. 안심하고 집으로 돌아가십시오. ⇨ 정당한 요구는 언제나 수용하지만 부당한 요구는 수용되지 않는다는 메시지 전달

(2) 고성을 지르는 민원인
  ① 단순 고성의 경우에는 주로 감내와 설득으로 해결한다.
  ② 민원인의 고성으로 주변인(민원실의 다른 민원인이나 기관 내의 다른 공무원들)들이 놀라지 않도록 하는 우선 조치를 취해야 한다.
    ➋ 주변분들에게 가벼운 목례를 함으로써 큰 문제가 일어나지 않을 것임을 표시
  ③ 설득과 경고 중 설득에 무게중심을 가지고 고성민원인이 진정할 수 있도록 짧은 시간(2~3분 이내)이라도 여유를 두고 주의를 주고 일반 민원인들의 보호 및 원활한 상담을 위해 격리를 할 필요가 있다.

(3) 기물을 파손하는 민원인

기물파손 상황이 발생할 경우 즉각적으로 안전요원 호출을 하거나 상관의 조언을 구하여 안전한 환경하에서 민원인을 진정시키고, 기물파손과 같은 폭력적 행위는 엄중한 주의 경고 및 단호한 대처에 무게중심을 두어야 한다. 긴박한 상황으로 인해 민원인에게 '원칙 없는 답변' 등을 할 경우 민원인은 기대감을 갖고 그 기대감이 실현되지 못할 경우 더욱 과격해질 수 있으므로 신중한 답변이 필요하다.

(4) 기관장 등 관리자 상담을 요구하는 민원인

① 관리자와 상담을 원하는 경우 탈권위적 열린 자세가 중요하다.
② 민원인이 관리자와 상담을 원할 경우 민원인에게 관리자 상담은 언제든 가능하다는 것을 알려주고 관리자 상담사례 등을 들려주면 민원인의 이해도가 높아질 것이다.
③ 민원인이 분명한 사유 없이 관리자 상담을 원할 경우 문서 등 간접적인 면담방법 등은 경우에 따라서 이용할 필요가 있다.

(5) 조롱하는 민원인

① 점심시간을 넘긴 지 불과 1~2분이 지난 상황에서 담당 공무원이 자리에 늦게 왔다며 다짜고짜 화를 내며 '구청장 나와라', '근무 태도가 엉망이다', '내가 낸 세금으로 월급 받는데 이따위로 대접하냐' 등의 조롱을 하는 경우도 있다.
② 이런 경우 민원인이 흥분하지 않도록 주의해야 한다.
③ 선배 및 상사의 적절한 개입도 필요하다.
④ 내부 직원이 잘못을 인지한 것만으로도 민원인의 감정이 누그러질 수 있기 때문에 민원인의 조롱이 과도할 경우 선배 및 상사가 해당 공무원의 잘못을 인정하면서 민원인을 진정시키는 것도 하나의 방법이다.

(6) 공갈·협박하는 민원인

① 공갈·협박이 발생한 경우 즉각적으로 경고와 중지가 이뤄져야 한다.
② 공갈·협박의 경우 즉각적인 주의조치가 취해져야 하며 신속하게 경고단계까지 이르고 상담을 종료하도록 해야 한다.
③ 공갈·협박의 경우 내용이 중요한 요소이다.
   ● 은밀한 협박 혹은 공공연한 협박 등 형식은 중요하지 않다.
④ 개인차원의 응대가 무리일 경우 즉시 기관차원의 응대로 전환해야 한다.
⑤ 담당 공무원이 여성이거나 혹은 심신이 다소 약하여 보통의 경우에 비해 공갈·협박에 민감할 경우 즉각적인 상담종료 및 상사에게 도움을 요청하고 법적조치를 받도록 하여야 한다.

(7) 애걸하는 민원인

① 민원인의 기대감을 높이는 언행 등에 유의해야 한다.
② 민원인의 애걸이 있을 경우 평상심을 갖는 것이 중요하며, 동점심에 의해 법과 원칙에 위배되는 판단과 처분을 할 경우에는 민원해결의 원칙과 일관성이 무너져 또 다른 피해자를 야기시킬 수 있다.

③ 설득과 설명에 응대의 무게중심을 두고(들어주는 것에서부터 민원인의 마음을 달래주는 것) 내용에 따라 민간자원이나 도와줄 수 있는 다른 방법이 있는지 확인하면 된다.

(8) 경상해를 가하는 민원인

① 폭력성 징후가 있을 경우 즉각적으로 안전요원 호출 ⇨ 상해 등은 이전에 민원으로 불만이 고조되어 있어 상해행위를 하는 데 시간이 짧은 특성이 있다.

② 추가적인 폭력상황이 발생할 수 있는 가능성 대비 ⇨ 추가 및 후속 폭력이 발생하지 않도록 안전요원 등은 일정시간 이상 현장보호 조치 등을 할 필요가 있으며 현장기록 등을 남겨놓도록 해야 한다.

➲ 맞고소 등 진실관계 규명이 왜곡될 소지가 크다.

▮4▮ 민원인 응대에 관해 자주하는 질문(상황형)

(1) (상황형) 본인이 담당하는 업무 관련 업체 혹은 개인사업자가 상관과 밖에서 만나는 것을 목격하였다. 이 경우 어떻게 하겠는가?

(2) (상황형) 전화민원 응대시 본인이 잘 모르는 업무인데 해당 담당자가 부재중인 경우 어떻게 대처하겠는가?

(3) (상황형) 업무가 종료되었다. 그러나 민원인이 찾아와서 일처리를 부탁한다. 어떻게 할 것인가? (공무원은 분명 법정시간을 준수해야 할 의무가 있으며 더욱이 본인은 개인적인 약속까지 잡혀있는 상황이다.)

(4) 민원인 A는 민원처리 결과에 불만을 제기하며 동일한 민원을 10회 이상 반복적으로 민원 게시판에 게시하고 있다. 상관은 전임자가 처리하여 결론지은 사항으로 민원처리 여부에 대해 인사평가에 불이익을 주지 않을 테니 무시하라고 한다. 본인은 이 상황에서 어떻게 할 것인가?

> **≪ PLUS**
>
> **악성민원 대처방법 생각해보기**
> 아래 내용을 바탕으로 악성민원인 대처방안에 대해 본인만의 좋은 답변을 만들어 보길 바란다.
> 1. 최근들어 일반행정기관은 물론 사회봉사단체 등에 이르기까지 사회 전반의 분야에서 절차와 규정에 따라 적정히 행정처리를 하였음에도 자신의 기대와 다르다는 이유로 반복하여 이의를 제기함은 물론 폭언, 협박, 기물파손, 고소고발, 장기시위 등의 행태를 보이는 특별민원(악성, 고질민원)이 사회문제로 부각되고 있다.
> 2. 그럼에도 '특별민원인이 어떠한 주장과 행태를 보이건 분명한 것은 특별민원인들도 국민의 한 사람으로서 국가의 보호와 서비스를 받아야 할 대상이며 다만, 일반 국민에 비하여 좀 더 따뜻한 관심과 배려가 필요한 민원'이라는 것이다. 이를 바탕으로 내 가족의 일이라는 역지사지의 마음으로 접근할 때 비로소 문제해결의 실마리를 찾을 수 있다. 물론 특별민원으로 인해 담당 공무원은 심한 스트레스를 받고 있으며, 행정낭비요인 또한 만만치 않다. 따라서 특별민원에 해당하는 요건을 정하여 이에 해당하는 특별민원에 대해서는 적정처리 매뉴얼을 만들고(이미 국민권익위에서 공공부문 특별민원 대응 매뉴얼을 만들어 배포하였다) 매뉴얼에 따라 대응하되 혼자서 처리하지 말고 되도록 '민원처리위원회'나 주민과 전문가가 참여하는 '민원조정위원회'에 상정하여 합리적 해결방안을 찾도록 하는 것이 좋다.
> 3. 특별민원인에 대한 법적 대응은 특별민원인이 공무원을 괴롭힐 목적으로 고질민원을 제기하는 악의성이 명확할 경우 공무원을 보호하기 위해서라도 노조 차원에서 형사고발, 손해배상청구, 공무집행방해, 언론보도 등 강력한 대응을 하는 것도 한 가지 방법이다. 또한 법적 수인한도를 넘는 행태(폭력행사, 폭언, 업무방해 등)를 보일 경우 법적 대응도 적극 고려해야 한다.

2024
스티마 면접
국가직 9급

12

5분발표 후기 및
사례로 이해하기

CHAPTER

01 면접진행방식 및 5분발표 기출문제

✔**POINT**

1. 2019~2023년에는 다양한 사례를 통해 '어떤 공직가치를 찾고 어떻게 실천할 것인가'에 대한 주제가 제시되었다.
2. 따라서 제시문을 잘 읽고 핵심 공직가치를 명확히 제시함은 물론 면접준비 과정에서 준비한 자신의 경험과 사례를 잘 활용해야 한다.
3. 5분발표는 공직가치를 바로 이해하고 경험형 과제가 준비되면 자연스럽게 준비가 되므로 급히 서둘러 준비하지 않아도 된다. 즉, 경험형 과제 준비가 우선임을 꼭 기억해야 한다.

1 면접진행방식

(1) 면접시간 및 절차

과제검토(10분) ⇨ 5분발표(5분 내외) ⇨ 5분발표 후속질의·응답

(2) 진행방식

① 5분발표 과제는 응시순서에 따라 면접시험장 이동 직전 별도의 장소로 이동하여 검토한다(10분).
② 개별면접과제 및 5분발표는 자료를 보거나 참고하여 작성할 수 없다.
③ 5분발표는 타 시험실에 방해(소음)가 되지 않도록 본인 좌석에 착석하여 발표한다.
④ 5분발표 질문지는 본인이 소지하고 발표에 활용한다.
⑤ 5분발표가 끝난 후 면접위원은 발표내용에 대한 추가질문을 할 수 있다.
⑥ 면접이 종료되면 시험실에서 퇴실하여 5분발표 질문지를 반납한다.

(3) 과제 제시 형식

① 과제분량: A4 용지 1/2 페이지 내외이다. ⇨ 하단에 공란을 두어 메모 가능
② 과제형식: 과제는 주제와 관련된 간단한 제시문 형태로 주어진다.

(4) 5분발표 형식

면접위원 앞에서 5분 내외(실제로는 5분 이내 권장)로 주제와 관련된 자신의 의견을 과거의 경험이나 여러 실제 사례 등을 곁들여 자유롭게 발표하면 된다.

2 국가직 9급 5분발표 기출문제(2022년)

✔ POINT 2023년 5분발표 기출문제 복원은 교재 제5편에 정리가 되어 있다.

구 분	직 렬	주제(제시문에서 공직가치를 찾고 공직자의 자세 발표)
1일차	일행· 관세· 통계	**[부패공직자 징계 사례]** 부처감사 업무를 하는데 B시청 팀장과 시청공무원의 근무수당 허위기재와 초과 출장수당 부정 수령이 적발되었다. 그리하여 전수조사를 했더니 120명이 적발되어 추가 징계조치를 취했다. **[법조문]** (프랑스 인권선언 제3조) 모든 주권의 원리는 본질적으로 국민에게 있다. 어떠한 단체나 어떠한 개인도 국민으로부터 명시적으로 유래하지 않은 권위를 행사할 수 없다. (헌법 제7조 제1항) 공무원은 국민 전체에 대한 봉사자이며, 국민에 대하여 책임을 진다.
2일차	보호· 검찰· 마약수사· 출관· 경찰행정	**[정책 및 제도 - 보호관찰위원제도]** A부처에서는 보호관찰위원제도를 만들어 전문성을 갖춘 민간위원을 참여시키고 국가에서 상담 자격을 갖춘 민간인원을 계속 발굴하여 민간자원봉사자로 참여를 유도시켜 범죄예방 활동을 적극 추진하고 있다. **[사회이슈 - 외국인 증가로 인한 갈등]** 현재 전세계 인구의 3.5%는 본인의 출신과 다른 지역에 거주 중이고 한국에도 약 4% 인구는 외국에서 왔다. 외국인 증가로 국내 체류 외국인이 140만명에서 220만명으로 증가했다. 이로 인해 내국인과의 소득 차이, 거주환경 문제, 언어 및 문화 충돌, 사회통합 저해 문제 등이 대두되고 있다.
3일차	고용노동· 직업상담· 교육행정· 선거행정	**[정책 및 제도 - 구인정보 가이드라인]** 현재 구직사이트에는 많은 채용정보가 공고되고 있으나 대다수 채용공고에서 구체적 임금조건이 빠져 있다. 설문조사에 따르면 75.8%가 임금조건이 공개되지 않는 경험을 했고 이중 85%는 불충분한 임금조건 공개에 대해 '문제가 있다'고 답했다. 이에 ○○부처에서는 투명한 정보제공을 통해 구직자의 알권리 보장을 위한 구인정보 가이드라인 제정 등 다양한 대응방안을 마련 중이다. **[적극행정 사례]** 외국인 근로자 수 증가로 인한 민원업무가 증가하고 있다. 이를 해결하기 위해 A시에서는 사전 예약 방문시 중국어, 베트남어 등 해당 언어가 가능한 공무원 2명이 민원대응을 하고 있으며, 민원실에는 4개 국어로 만들어진 민원서류를 배치했다.
4일차	기술직렬	**[신기술 도입 행정혁신 사례]** 드론기술은 사물인터넷, AI(인공지능), 자율주행 등과 더불어 4차산업혁명을 대표하는 기술이다. A부처에서는 산불진화를 위해 4차산업혁명 기술인 드론을 활용하여 화재진압에 사용하고 있다. 정부에서는 앞으로도 사람이 갈 수 없는 위험한 곳의 탐색 등에 드론 기술을 적극적으로 활용할 계획이다. **[국민참여 행정혁신 사례]** A공단에서는 국민이 참여하는 교통안전 공익제보단을 운영하고 있다. 5천명의 국민이 참여정책단을 구성하여 교통법규 위반 제보시 포상금을 2배로 지급하는 정책을 시행하였다. 이는 국민의 자발적 참여로 교통법규 준수에 대한 긍정적인 인식개선에 기여하고 있다.

5일차	세무	**[적극행정 사례]** 보조금 지급 과정에서 A기업에 필요한 서류가 누락되었고 장려금을 필요 목적에 사용하지 않고 다른 곳에 사용했음에도 불구하고 사실관계를 파악하지 않고 예산을 증액시켰다. 담당 주무관으로서 이 문제 해결을 위해 5년간 자료 검색 후 상관에게 예산 삭감 필요성에 대해 보고하였다. **[정보공개 사례]** A부처는 최근 정책연구에 대한 연구 부정 방지와 연구의 품질 개선을 위해 정책연구 편람과정을 전면 개정하였다. 논문을 모방하거나 하는 것을 처벌한다. 그러나 연구자는 연구 결과에 대해 기밀이 아닌 경우 국민에게 모두 공개하여야 하며, 공개하지 않을 경우 그 이유를 상세히 설명해야 한다.
6일차	우정	**[정책 및 제도 - 개인방송 가이드라인]** 개인방송을 하는 공무원이 증가함에 따라 A부처에서는 다음과 같은 복무지침을 마련하여 안내했다. 가. 준수사항 　직무상 알게 된 비밀 누설 금지 / 직무 내외를 불문하고 공무원으로서 품위 유지 / 정당이나 그 밖의 정치단체의 결성 및 가입 관련 행위, 선거에서 특정 정당 또는 특정인을 지지·반대하기 위한 행위 금지 / 직무 능률을 떨어뜨리거나 공무에 부당한 영향을 끼치거나 국가의 이익과 상반되는 이익을 취득하거나 정부에 불명예스러운 영향을 끼칠 우려가 있는 행위 금지 나. 겸직허가 신청기준 　소속기관의 장은 준수사항을 위반하지 않고 담당 직무수행에 지장이 없는 경우 겸직허가를 할 수 있다. **[적극행정]** A부처에서는 예방접종을 확인하기 위해 전자인증서 방식을 도입하였으나 장애인 등 전자접수시스템을 사용하기 어려운 이들은 다중이용시설 이용에 어려움이 있을 수 있다는 지적을 받아들여 종이 인증서 등 다른 인증 수단을 도입하여 예방접종 사항을 파악하는 제도를 시행하였다. 이에 A부처 관계자는 "앞으로도 이러한 전자인증서 시스템을 이용하기 어려운 취약계층을 위해 다른 인증방식을 더 활용하겠다."라고 밝혔다.
7일차	교정· 철도경찰	**[갑질 사례]** A노조에서는 ○○도청 국장이 부하직원들에게 잦은 욕설과 폭언으로 인격을 모독하며 갑질을 했다고 밝혔다. 또한 B부처에서도 C업체에 대해 갑질로 폭언, 비용 대납, 과도한 업무지시를 하였다. **[고전]** 명종 때 경복궁에는 원인 모를 큰 불이 났다. 경복궁은 조선 왕실의 정궁이기 때문에 곧 복구공사에 착수하였고, 복구공사가 거의 끝날 무렵이었다. 영의정은 공사의 총 감독관인 예조판서와 함께 공사한 것을 둘러보러 갔다. 그들이 현장을 찬찬히 둘러보던 중 외각(外閣)의 창호(窓戶)를 보니 모두 비단으로 치장되어 있었다. 외각은 관청건물에 해당하기 때문에 색색으로 치장하는 것은 허용되지 않았다. 화려하게 치장할 수 있는 건물은 오직 임금이 거처하는 생활공간이었다. 예조판서는 크게 노하여 담당 관리를 잡아다가 꾸짖었다. 그런데 그 담당관리는 영의정의 사위였다. 아무리 큰 잘못을 했다해도 자신이 보는 앞에서 사위를 질타하는 것은 충분히 감정이 상할 만한 일이었다. 주위에 있던 사람들도 그 모양을 숨죽이며 지켜보고만 있었다. 하지만 영의정은 예조판서의 기개를 높이 사서 듣고도 못들은 척하며 사위가 혼나는 것을 보고만 있었다.

구 분	직 렬	주제(제시문에서 공직가치를 찾고 공직자의 자세 발표)
1일차	일행	**[정책 및 제도 - 정책실명제]** 「행정업무의 운영 및 혁신에 관한 규정」 제63조(정책의 실명 관리) ① 행정기관의 장은 주요 정책의 결정이나 집행과 관련되는 다음 각 호의 사항을 종합적으로 기록·관리하여야 한다. 　1. 주요 정책의 결정과 집행 과정에 참여한 관련자의 소속, 직급 또는 직위, 성명과 그 의견 　2. 주요 정책의 결정이나 집행과 관련된 각종 계획서, 보고서, 회의·공청회·세미나 관련 자료 및 그 토의내용 ② 행정기관의 장은 주요 정책의 결정을 위하여 회의·공청회·세미나 등을 개최하는 경우에는 일시, 참석자, 발언내용, 결정사항, 표결내용 등을 처리과의 직원으로 하여금 기록하게 하여야 한다. ③ 행정기관이 언론기관에 보도자료를 제공하는 경우에는 그 보도자료에 담당부서·담당자·연락처 등을 함께 적어야 한다. **[적극행정 사례]** 전임 주무관이 규정을 일률적으로 적용하여 영세업자들이 관련 법령을 몰라서 과도하게 세금을 많이 내고 있었다. 이 문제를 해결하기 위해 A주무관은 분할납부가 가능하도록 하였고 필요 규정을 알기 쉽도록 안내 책자를 만들어 배포하였다.
2일차	교육행정· 고용노동	**[적극행정 사례]** 최근 부동산 정책으로 인해 법이 개정되어 국민들의 관심이 많다. 이에 A부처 담당 공무원은 B부처(국세청)와 협의하여 개정법률에 대한 100문 100답을 제작 배포하여 국민들의 세금 관련 이해도를 높여 국민 만족도 향상에 기여하였다. **[정책 및 제도 - 국민제안제]** A부처에서는 항만개발사업을 추진해서 국민여가시설을 만드는 데에 국민제안을 실시하려고 한다. 국민제안을 실시하면 다양한 의견을 적극적으로 수렴해서 사업에 반영할 수 있다. 그래서 A부처는 국민제안을 실시하여 본 사안에 대해서 적극적으로 국민들의 의견을 들어서 반영하려고 한다.
3일차	우정· 경찰행정· 직업상담	**[고전]** 자송(自訟)은 자신의 잘못에 대해 스스로 깊이 뉘우치고 자신을 책망함을 뜻한다. 이러한 자송이 없는 사회는 희망이 없는 사회이다. 업무에 잘못이 발생하였을 때 남 탓을 하고, 회피하는 모습을 보이면서 잘못을 인정하지 않을 경우 조직뿐만 아니라 사회적으로도 문제가 된다. 이러한 모습이 지금의 우리 사회 모습과 유사하다. **[고전 - 격물치지 성의정심 수신제가치국평천하]** 사물에 대하여 이치를 통찰해(격물) 지식을 확고히 하며(치지) 자신의 뜻을 성실하게 하여(성의) 마음을 바르게 하고(정심) 자신을 닦아야(수신) 집안을 가지런하게 할 수 있고(제가) 집안을 가지런히 해야 나라를 다스릴 수 있고(치국) 천하를 평안하게 할 수 있다(평천하).

4일차	기술직렬	**[세대갈등해결 사례]** 공무원 조직에 30대 이하가 40%로 많아지면서 조직 내 세대 간 갈등이 심화되고 있다. 이를 완화하는 것이 중점 과제이다. A부처에서는 '6급 계장과 9급 막내'라는 영상시리즈를 만들어 세대 간 공감을 얻었다. **[행정혁신 사례]** IoT, AI, 빅데이터 등 4차산업 신기술을 행정에 도입하여 행정혁신을 하고 있다. 코로나19 비대면 사회 가속화에 따라 이와 같은 변화는 계속될 전망이다.
5일차	선거· 통계· 보호· 출관· 관세· 검찰· 마약수사· 철도경찰	**[투명성, 알권리 사례]** 미국에서 공직자 뇌물수수 혐의에 연루된 공무원에 대하여 실명까지 언론에 공개했는데 해당 공무원이 개인정보침해 등을 이유로 소송을 제기했다. 법원에서는 국민의 알권리 보장을 위해서 기각했다. **[정책 및 제도 - 공직자의 이해충돌방지법]** **제1조(목적)** 이 법은 공직자의 직무수행과 관련한 사적 이익추구를 금지함으로써 공직자의 직무수행 중 발생할 수 있는 이해충돌을 방지하여 공정한 직무수행을 보장하고 공공기관에 대한 국민의 신뢰를 확보하는 것을 목적으로 한다. **제4조(공직자의 의무)** ② 공직자는 직무수행과 관련하여 공평무사하게 처신하고 직무관련자를 우대하거나 차별하여서는 아니 된다.
6일차	교정	**[정책 및 제도 - 상피제]** 교육청에서는 자녀가 재학 또는 입학 예정인 학교에 근무하지 않는 것을 원칙으로 한다는 상피제도를 시행하고 있다. 지난해 전국을 떠들썩하게 했던 ○○여고 시험문제 정답유출 사건이 발생하면서 상피제가 확산되고 있으며, 대학에서도 교수가 부모일 경우 수업을 듣지 못하게 하거나 들더라도 투명하게 공개하도록 하는 의견수렴을 하고 있다. **[고전]** 조선의 관료들은 '사불삼거(四不三拒)'를 불문율로 삼았다. 재임 중에 절대로 하지 말아야 할 네 가지(四不)는 부업을 하지 않고, 땅을 사지 않고, 집을 늘리지 않고, 재임지의 명산물을 먹지 않는 것이다. 꼭 거절해야 할 세 가지(三拒)는 윗사람의 부당한 요구, 청을 들어준 것에 대한 답례, 경조사의 부조이다.
7일차	세무	**[정책 및 제도 - 피해보상제도]** 지자체에서 행정오류나 민원처리가 지연됐을 때 보상을 해주는 행정실수 피해보상제도를 실시하고 있다. 매달 조사를 해서 피해를 입은 민원인에게 안내문과 함께 문화상품권 만원을 등기로 보내드리고 있다.

CHAPTER 02 5분발표 사례로 이해하기(2023년)

CASE 01 직무사례형(1일차)

아래의 제시문을 읽고 유추할 수 있는 공직가치를 설명하고 그 공직가치를 실천하기 위한 방안에 대해 자유롭게 발표해 주십시오.

> 노숙인을 담당하는 A기관과 주취자를 담당하는 B기관이 서로 업무를 떠넘기다 '직무유기'로 맞고발하는 볼썽사나운 일이 벌어졌다. A기관에서는 주취자는 B기관 담당이라고 하고 B기관은 노숙인은 A기관 담당이라며 서로 실랑이를 벌였다. 주취자와 노숙인을 구분할 기준은 마땅치 않고 정해진 가이드 라인이 없어서 어려움을 겪고 있다.

TIP 공직가치를 실천하기 위한 방안＝공직자로서의 자세라고 이해하면 된다.

1 5분발표

지금부터 5분발표 시작하겠습니다. 먼저 상황을 요약해서 말씀드리겠습니다. (상황요약)
다음으로는 해당 사례에서 제가 도출한 공직가치를 말씀드리겠습니다.

첫번째로 서로 업무를 떠넘겼다는 부분에서 책임성이 결여되었다고 생각하여 책임성을 도출하였습니다. 두번째로 주어진 업무에 소극적으로 임하고 적극적으로 주취자 노인의 보호에 나서지 않았다는 점에서 적극성이 결여되었다고 생각되어 적극성을 도출하였습니다.

다음으로는 제가 도출한 공직가치에 대한 설명과 해당 공직가치에 대해서 공직자로서 가져야할 태도에 대해서 말씀드리겠습니다.

첫번째로 책임성이란 일정한 전문성을 유지하며 맡은 업무를 소신있게 처리하는 것을 말합니다. 검찰 수사관에게 책임성은 실체적 진실을 발견하기 위해서 필수적이기에 가장 중요한 공직가치라고 생각합니다.

책임성과 관련된 검찰의 사례에 대해서 말씀드리겠습니다. 대검찰청 인권보호 우수사례를 보면 이종사촌 살인사건 누명을 해결한 사례가 있습니다. 피의자의 의견을 경청하고, 적극적인 보완수사를 통해 법의학 자문과 부검감정서를 검토하여 피의자의 억울한 누명을 해결한 사례입니다. 검찰 수사관의 책임성이 실체적 진실을 발견한 사례라고 생각합니다.

책임성과 관련된 저의 경험에 대해 말씀드리겠습니다. 저는 카페 아르바이트 경험이 있습니다. 해당 카페는 마감시간이 짧게 책정되어 알바생들이 겉에 보이는 홀만 청소하고, 주방 내부와 커피 머신은 청소하지 않는 것이 관습화 되어 있는 곳이었습니다. 저는 아르바이트생이였지만 위생 문제는 중요하다고 판단하여 임금을 받지 못하더라도 자발적으로 야근을 하며 주방 내부 청소와 커피 머신 소독을 진행하였습니다. 이러한 노력이 2달 동안 계속된 후에는 사장님과 매니저님께 정식으로 건의를 드렸고, 마감시간을 기존 15분에서 1시간으로 책정받을 수 있었습니다.

책임감을 가지고 남의 일이 아닌 나의 일이라는 생각으로 실체적 진실을 발견하기 위해서 끊임없이 노력하는 검찰 수사관이 되도록 노력하겠습니다.

두번째로 적극성에 대해서 말씀드리겠습니다. 적극성이란 맡은 업무를 소극적으로 처리하는 것이 아니라 적극적으로 효율적인 방안을 고민해 보고 업무에 임하여 공익을 증진시키는 것을 말합니다.

적극성과 검찰의 사례에 대해서 말씀드리겠습니다. 최근 검찰은 국내 가상화폐 추적시스템, 일명 김치코인 추적시스템을 독자적으로 개발하였습니다. 기존의 미국의 가상화폐 자금추적 시스템을 이용했을 시에는 비트코인, 이더리움과 같은 가상화폐에는 효율적이었으나 테라, 루나와 같은 국내의 가상화폐에는 효과적이지 못했습니다. 따라서 독자적인 김치코인 추적시스템을 개발함으로써 국내의 가상화폐 자금추적에도 수사의 효율성을 확보하였습니다. 해당 사례는 검찰이 적극성을 발휘하여 결과적으로 공익을 증진시킨 사례라고 생각합니다.

적극성과 관련한 저의 경험에 대해서 말씀드리겠습니다. 저는 고등학교 시절 밴드부 활동을 했습니다. 기존 밴드부는 1년에 한 번 있는 학교 내 축제 행사에서만 공연을 했습니다. 저는 적극성을 발휘하여 청소년 연관 단체인 YMCA, YWCA와 연계하여 학외 공연을 계획하였고, 많은 공연을 경험할 수 있었습니다.

이러한 적극성을 바탕으로 수사에 임할 때, 다양한 관점에서 사건을 바라보고 효율적인 수사 방법을 항상 고민하는 검찰 수사관이 되도록 노력하겠습니다.

마지막으로 공직가치를 바탕으로 예비 공직자로서의 저의 다짐을 말씀드리겠습니다. 공직가치를 통해서 공직자의 마음가짐과 앞으로 나아가야 할 방향의 지침을 얻었다고 생각합니다. 사소한 업무부터 중요한 업무까지 책임감을 중심으로 올바른 마음가짐을 가진 검찰수사관이 되겠습니다. 이상으로 5분발표를 마치겠습니다.

2 질의응답

✔ POINT 질문과정은 응시생의 기억에 의해 복원이 가능한 것만을 수록하였다.

Q. 적극성과 충돌되는 공직가치는 무엇인가요?
A. 준법정신이라고 생각합니다. 적극성을 발휘하다 보면 기존의 관습이나 관례와는 다르게 새로운 방안으로 문제를 해결하는 경우가 있을 수 있습니다. 따라서 빠르게 변화하는 사회상황에서 새로운 방안을 실행할 때 기존의 법령과 어긋나는 부분이 발생할 수 있다고 생각하여 적극성과 준법정신이 충돌할 수 있다고 생각합니다.

Q. 해당 사례는 책임성의 결여로 발생하였다고 했는데 책임성을 회복할 수 있는 방안이 있을까요?
A. 검찰 수사관에게 있어 책임성은 실체적 진실을 발견하기 위해서는 필수적인 요소라고 생각합니다. 따라서 사명감을 느낄 수 있고, 책임감의 중요성을 강조하는 내용으로 교육을 실시하는 방안이 있을 것 같습니다. 또한 제가 직접 책임감 있는 모습을 솔선수범하여 보인다면 모범이 되어 선한 영향력을 줄 수 있다고 생각합니다.

Q. 해당 사례는 A와 B 두 부처가 서로 업무를 떠넘기는 상황인데 더 잘못한 부처는 어디라고 생각하세요?
A. 두 부처 모두 책임성과 적극성이 결여되었다고 생각합니다. 한 부처만이라도 책임성을 발휘하였다면 해당 문제는 일어나지 않았을 것입니다.

Q. 그렇다면 문제를 해결하기 위해서 어떻게 해야 할까요?

A. 두 부처 모두 책임성을 가지게끔 하는 것이 근본적인 해결방안일 것 같습니다. 또한 둘의 업무분장을 명확히 하고, 의사소통 과정을 원활히 하여 협업 능력을 향상시킨다면 문제를 해결할 수 있을 것 같습니다.

Q. 가장 중요하다고 생각하는 공직가치는 무엇인가요?

A. 책임감입니다. 검찰 수사관에게 책임감은 너무나도 중요한 가치라고 생각합니다. 강제처분이나 구속과 같이 인권을 침해할 수도 있는 업무를 맡고 있기 때문에 남의 일이 아닌 자신의 일이라고 생각하고 업무에 임해야 한다고 생각합니다. 또한 실체적 진실을 발견하기 위해서는 단순한 업무처리가 아닌 책임감을 가지고 철저한 수사를 통해야만 한다고 생각합니다.

MEMO

아래의 제시문을 읽고 유추할 수 있는 공직가치를 설명하고 그 공직가치를 실천하기 위한 방안에 대해 자유롭게 발표해 주십시오.

> 부정부패 신고 등 공익을 위해 내부고발자 보호제도가 있다.
> 내부고발 신고제도는 내부고발 신고를 외부에 공개함으로써 공익을 증진하는 제도이다.
> 내부고발자 보호제도는 「부패방지법」과 「공익신고자보호법」에 규정되어 있다.

TIP 공직가치를 실천하기 위한 방안＝공직자로서의 자세라고 이해하면 된다.

1　5분발표

안녕하십니까. 행정직 지원자 ○○○입니다. 5분발표 시작하겠습니다.

저는 제시문 ~부분에서 청렴성을 ~부분에서 공익성을 도출해 냈습니다.

제가 생각하는 청렴성이라는 것은 부당한 이득을 취하지 않는 것입니다. 청렴하지 못한 공무원에 대한 국민들의 신뢰도는 낮아질 수밖에 없고 이런 상황에서 어떤 정책을 펼쳐도 그 정책은 미미할 수밖에 없으므로 청렴성은 굉장히 중요한 공직가치입니다.

최근 이와 관련된 안타까운 사례 하나를 먼저 말씀드리겠습니다. 선거관리위원회 공직자의 자녀가 위원장에게 신고 절차 없이 선거관리위원회에 취직을 하여 국민분들께서 염려를 표하시고 신뢰도가 낮아진 안타까운 일이 있었습니다.

청렴성과 관련된 제 경험이 있는데 저는 체육관 지도자로 활동할 때 지도자는 체육지도력을 판매해야지 관련 물품에서 지나친 차익을 남기면 안 된다고 생각해서 붕대를 1,000원 원가에 들여와서 그 가격 그대로 공급하였습니다.

대학 중용에는 '신독'이라는 말이 있습니다.
(아직 발표 중이었는데 "신독?" 이렇게 물어보셨던 것 같아요. 면접관님께서 나이가 좀 지긋하셨습니다. 그래서 곧바로 설명을 이어 나갔습니다.)

한자로 '삼갈 신'에 '홀로 독'자를 사용합니다. 이는 혼자 있을 때도 삼가고 꺼리는 자세를 말합니다. 저는 이것이 청렴성을 나타내는 말이라고 생각합니다.
(공무원 3대 비위를 이때 언급했어야 하는데 오후 3시 넘어가면서부터 대기할 때 이미 정신이 없었습니다. ㅠㅠ)

다음으론 공익성입니다. 제가 생각하는 공익은 안중근의사님의 말씀을 빌어 '견리사의' 즉, '이익을 보았을 때 의를 생각하는 것'입니다.

관련된 저의 경험을 말씀드리겠습니다. 저는 세월호 의인 김홍경씨가 어렵게 암투병을 하고 계시다는 얘기에 크지는 않지만 제가 일하면서 번 돈의 일부를 기부했습니다. 하지만 제 생각에 언론도 국민의 알 권리라는 공익을 위해 일하는 곳인데 언론에 대한 아쉬움이 있었던 경험이었습니다. 5월 11일 김홍경씨에 대한 보도가 있고 5월 19일 김동수씨가 정말로 아이들을 구조한 영웅이라는 사실이 밝혀졌는데 이에 대한 정정보도가 언론에서는 전혀 없었습니다. 그래서 언론에 관한 것도 생각하게 되는 그런 경험이었습니다. 저는 공직에 입직하면 청렴성과 공익성을 실천하는 공무원이 되겠습니다.

2 질의응답

Q. 부당한 지시를 받으면 어떻게 하시겠어요?
A. 처음엔 앞에서는 일단 수긍하고 물러나겠습니다. 상관께서 부당한 지시인지 모르고 그러셨을 수도 있기 때문에 메일이나 메신저를 통해 그 지시를 수행하게 되었을 경우에 발생할 수 있는 문제점에 대해 보고드리겠습니다. 그리고 그 후에도 부당한 지시를 하신다면…
(갑자기 아무 생각도 나지 않아 답변을 멈췄더니 면접관님께서 친절하게도 "천천히 생각하셔도 돼요. 제가 말을 바꿔서 여쭤볼게요."하셨습니다.ㅜㅜ)

Q. 본인이 체육관 코치라고 가정해볼게요. 체육관 대표는 따로 있습니다. 그런데 그 대표가 운동용품을 엄청 비싸게 팔라는 거에요. 이럴 때 어떻게 하시겠어요? (질문을 구체적 상황형으로 전환해주셨습니다.)
A. 운동용품을 턱없이 비싸게 팔게 되면 언젠가 반드시 관원분들께서 그 사실을 아시게 될 것이고 그렇다면 어떤 운동 방법에 대해 지도한다고 해도 관원분들은 믿지 않으실 겁니다. 결국 체육관을 떠나는 일까지 벌어질 것입니다.
("이걸 국민분들께 적용시켜본다면"이란 멘트를 했어야 했는데 생각이 안났습니다.ㅜㅜ)

Q. 공익성을 가지고 있는 제도들에는 무엇이 있을까요?
A. 각 기관의 부패·공익 신고제도가 별도로 마련되어 있습니다.

Q. 내부고발이 잘 이루어지지 않는 이유가 무엇일까요?
A. 익명으로 신고를 한다고 해도 공공연히 누가 했는지 알게 되고 이로 인해 불이익을 받기 때문인 것 같습니다.

Q. 내부고발을 잘 이루어지게 하려면 어떻게 해야 할까요?
A. 저는 내부고발을 하기 전에 내부에서 최대한 해결하는 것이 맞다고 생각합니다.(이때 무엇을 적으셨습니다.) 하지만 그럼에도 부당하기 때문에 공익적 목적에서 그런 고발을 하였다면 나름대로 그 사람이 생각하고 있는 정의가 있다고 보기 때문에 그런 면에서 존중하는 자세가 필요할 것이라고 생각합니다.

MEMO

아래의 제시문을 읽고 유추할 수 있는 공직가치를 설명하고 그 공직가치를 실천하기 위한 방안에 대해 자유롭게 발표해 주십시오.

> A부서에서는 '역지사지 소통의 날'을 지정하고 칸막이가 있는 공간에서 음성변조 마이크로 목소리를 변조하여 성별, 나이 등에 상관없이 아이디어를 공유하는 자리를 마련하는 등 부서에서 수립한 정책에 대해 다양한 관점에서 의견을 공유하였다.

TIP 공직가치를 실천하기 위한 방안 = 공직자로서의 자세라고 이해하면 된다.

1 5분발표

안녕하십니까. 이번에 출입국관리직에 지원한 ○○○입니다. 지금까지 제가 준비한 것을 최선을 다해서 보여 드리도록 하겠습니다. 5분발표 시작하도록 하겠습니다.

저는 제시문을 읽고 A부서에서 '역지사지 소통의 날'을 운영하여 직원들의 아이디어를 공유할 수 있는 자리를 마련했다는 점에서 민주성을 유추했습니다. 그리고 이를 통해 다양한 관점에서 의견을 공유할 수 있도록 했다는 점에서 다양성을 유추했습니다.

먼저 민주성에 대해 말씀드리겠습니다. 민주성이란 무엇보다도 국민들의 의견을 듣기 위해 열린 자세를 가지는 것이라고 생각합니다. 나아가 실질적으로 정책에 국민의 의견을 반영하여 행복하게 살 수 있는 나라와 제도를 만들어 내기 위해 노력하는 것이라고 생각합니다.

저희 출입국외국인정책본부에서 민주성을 반영한 사례를 말씀드리겠습니다.

저희 본부에서는 재한외국인 및 국민을 대상으로 '사회통합 이민자 멘토단'을 모집하여 운영하고 있습니다. 이는 여러 국가 출신 이민자로 구성된 멘토단이 서로 한국사회 적응 경험과 노하우를 공유하고 내외국인 간 상호 소통을 돕는 활동을 하는 것입니다. 그동안 외국인등록증의 영문표기에서 외국인을 'Alein'으로 표시하여 외계인, 이방인이라는 뜻으로 외국인에 대한 배타적인 인식을 심어줄 수 있다는 우려가 있었습니다. 그런데 이민자 멘토단이 실제 개선을 건의하여 Alein 표기 대신 Residence card로 명칭이 변경된 사례가 있습니다. 이는 실제 재한외국인들이 생각하는 불편함을 건의하여 직접 정책결정 과정에 참여하고 법무부가 정책에 반영한 소통 사례입니다. 저는 이것이 민주성이라는 공직가치를 잘 반영했다고 생각합니다.

다음으로 민주성과 관련된 저의 경험을 말씀드리겠습니다.

저는 고등학교 2학년 때 다른 반 친구들과 함께 '교육 나눔 동아리'라는 자율 동아리를 만들어 활동했습니다. 동아리 활동 중 가장 기억에 남았던 것이 실제 제가 다니던 학교의 4개의 반 학생들을 대상으로 설문조사를 실시하여 학생들이 선호하는 교육법에 대해 조사했던 것이었습니다. 설문조사를 통해 교육을 배우는 대상은 결국 학생이며 학생들의 선호도를 반영할 수 있는 방향의 교육을 하는 것이 바람직하다고 생각했습니다. 이처럼 공무원도 나라의 주인인 국민들이 정말로 필요로 하는 것이 무엇인지 파악하고 국민들이 겪는 어려운 점들에 공감하는 자세를 가지는 것이 필요하다고 생각합니다.

다음으로 다양성에 대해 말씀드리겠습니다.

다양성이란 세상에는 자신과 다른 사람들이 많이 존재하고 그들과 자신의 차이점을 이해하고 존중하기 위해 노력하는 자세라고 생각합니다. 저는 대학교 3학년 때 저와 또래인 일본인 학생 친구와 1 대 1로 한국어를 가르쳐주는 활동을 한 경험이 있습니다. 처음에는 서로 알아가는 시간을 갖기 위해 간단히 자기소개를 했습니다. 이후 여러 번 한국어 수업을 같이 하면서 한국과 일본에서 서로 좋아하는 음식이나 k-pop 이야기도 나누었습니다. 그리고 일본인 친구가 사는 오키나와 지역의 전통 축제도 처음 알게 되었습니다. 이렇게 외국인 친구를 상대로 한국어 교육을 하면서 한국어와 한국문화를 알려주는 것뿐만 아니라 저 역시도 새로운 일본문화를 접하고 교류할 수 있는 소중한 경험이었습니다. 이 경험을 통해 일본뿐만 아니라 더 다양한 나라의 사람들과 소통하고 그들의 문화와 우리나라의 문화의 차이점을 이해하면서 우리나라에 체류하는 다양한 외국인들이 한국사회에 잘 적응할 수 있도록 도와주고 싶다고 다짐했습니다.

앞서 말씀드린 민주성과 다양성 두 공직가치 외에도 이번에 공무원 면접을 준비하면서 다양한 공직가치를 공부하고 생각하는 시간을 가질 수 있었습니다.

제가 앞으로 출입국관리직 공무원이 된다면 올바른 공직관을 가지고 저희 출입국관련 서비스를 이용하시는 많은 내외국인분들을 기쁘게 해드리고 싶습니다. 이상 5분발표 마치도록 하겠습니다. 감사합니다.

2 질의응답

Q. 아까 민주성을 이야기해주시면서 국민들의 의견을 듣겠다고 하셨고 외국인등록증 명칭 변경 이야기를 해주셨잖아요. 그런데 국민과 외국인 사례가 무슨 연관이 있는 거죠?

A. 네, 민주성에 대해서는 국민들의 의견을 듣는 것이라고 생각합니다. 그런데 저희 출입국외국인정책본부에서는 주로 외국인분들을 상대하고 있습니다. 저는 우리나라에 체류하시는 외국인분들도 결국 국민분들과 동등하게 대우하고 도움을 드리는 것이 맞다고 생각합니다. 외국인분들의 의견을 듣고 필요한 것이 무엇인지 파악하는 것이 필요하다고 생각합니다.

Q. 제시문에 나와 있는 소통의 날 말고도 조직 내 소통 및 화합할 수 있는 다른 방안은 무엇이 있을까요?

A. 소통의 날과 비슷할 수는 있지만 저는 윗세대 분들과 젊은 세대가 서로의 문화를 함께 체험해 볼 수 있는 날을 만드는 것이 어떨까 생각해 봤습니다. 한 달에 한 번이라도 윗세대분들은 젊은 세대의 문화를, 젊은 세대는 윗세대분들의 문화나 새로운 것들을 경험해 보면 서로에 대한 이해도도 올라가고 더 화합이 잘 될 것이라고 생각합니다. 또 기존의 멘토-멘티를 반대로 한 리버스 멘토링을 활성화 해보는 것도 좋을 것 같습니다.

Q. 리버스 멘토링을 할 때 상관이 별로 맘에 들어하지 않는다면요?

A. 네, 물론 상관분께서는 저희보다 경험이 많으시고 젊은 세대가 멘토가 되어 가르치려고 하는 상황이 마음에 안 드실 수 있다고 생각합니다. 하지만 이런 리버스 멘토링을 통해 서로의 차이점도 이해하고 몰랐던 문화에 대해서도 배우게 된다면 결국 더 수평적이고 행복한 조직사회가 만들어질 수 있는 등의 긍정적인 점을 들어 상관분께 말씀드려보겠습니다.
(5분발표 질문이 더 있었던 것 같은데 여기까지 밖에 생각이 안 납니다.ㅠㅠ)

MEMO

아래의 제시문을 읽고 유추할 수 있는 공직가치를 설명하고 그 공직가치를 실천하기 위한 방안에 대해 자유롭게 발표해 주십시오.

> 정부는 세계화 추세에 따라 국제사회의 발전에 이바지하고 우리나라 내부의 문제를 해결하기 위해 국가 지속가능발전목표(K-SDGs: Korean Sustainable Development Goals)를 수립하였다. 또한 K-SDGs 달성에 필요한 세부 목표와 세부 지표를 제시하였다.
> 아울러 성과지표 기준으로는 'A. 국민의견 취합 및 정보공개, B. 사회적 약자 관련 정책수립'을 제시하였다.

TIP 공직가치를 실천하기 위한 방안＝공직자로서의 자세라고 이해하면 된다.

1　5분발표

안녕하십니까. 세무직렬 지원자 ○○○입니다. 우선 이 자리에 오기까지 굉장히 오랜 시간이 걸렸지만 끝까지 노력하여 오게 되어 영광입니다. 열심히 준비한 만큼 최선을 다해 발표하겠습니다.
(면접관 두 분이 다 너무 아빠 미소를 지어주셨습니다. 작게나마 고생 많았다고 하셨습니다.)

우선 저는 다양한 국민 의견을 취합하였다는 문맥에서 민주성을, 사회적 약자 관련하여 정책을 수립했다는 문맥에서 다양성을 도출하였습니다.

먼저 민주성이란 나이와 직책과는 무관하게 자신의 주장을 자유롭게 피력하고 타인의 의견도 존중할 줄 알면서 올바른 방향으로 토론을 해 나가는 것이라고 생각합니다.

민주성을 발휘한 저의 경험으로는 군대에서 통신선 재가설 임무를 받았을 때입니다. 저는 그 당시 분대장이었고 상병이었기에 많은 경험을 하였습니다. 후임들은 이등병과 일병으로 어찌보면 저의 경험과 노하우로 독단적으로 모든 일을 마음대로 끝낼 수 있었습니다. 하지만 저는 후임들의 새로운 시각이 궁금하였고 직접 현장 답사를 다녀오면서 많은 이야기를 나누곤 했습니다. 이러한 이야기들을 토대로 가설을 실시하였고 다른 포대보다 빠르고 통신선 상태도 양호한 상태로 임무를 완료하였습니다. 그 결과 통신간부가 없이 병사들끼리 이뤄낸 성과라고 대대장님과 포대장님이 통신분과 전인원에게 휴가를 주셨습니다. 또한 폭력과 욕설이 난무하던 군대에서 많은 대화를 하고 후임들의 의견이 반영되는 것을 부러워한 타분과 후임들이 저를 모범선임병으로 뽑아 주었습니다. 다양한 의견을 개진한 결과 좋은 아이디어를 얻을 수 있었고 임무도 빠르게 끝내고 포상휴가 또한 받게 되었습니다. 이러한 경험이 민주성을 경험한 것이라고 생각합니다.

다음으로는 다양성에 대해 말씀드리겠습니다. 저는 다양성이란 문화, 인종, 성별, 장애 여부를 불문하고 함께 공존하며 살아가는 것이라고 생각합니다. 국세청에서는 이러한 다양성을 위하여 많은 노력을 기울이고 있습니다.

그중 하나로는 장애인에 대한 존중과 관심이라고 생각합니다. 코로나19가 창궐하면서 장애인분들과의 디지털 격차는 압도적으로 차이가 나고 있습니다. 이에 국세청에서는 장애인 단체와 MOU를 체결하고 그 분들의 애로사항을 듣기 위하여 노력하고 있습니다. 하나의 예시로는 시각장애인분들을 위하여 점자 전자서비스를 작년 1월부터 시행 중에 있습니다. 또한 청각장애인분들을 위하여 수어영상과 손말이음센터를 통한 서비스를 제공하고 있습니다. 점자전자서비스는 시각장애인용 단말기를 이용하여 홈택스에서 읽을 수 있고 프린트로 출력하여 사용할 수 있습니다. 청각장애인분들을 위한 손말이음센터는 청각장애인분들의 궁금증이나 건의사항을 수어로 바꾸어 국세청에 질의하고 국세청에서는 답하는 형식입니다.

이와 같은 노력에도 국세청에서는 아직 부족한 부분이 많다는 것을 인식하고 더욱 도움을 드리기 위하여 노력하겠다는 기사를 보았습니다. 또한 다문화 가정이 증가하면서 정부에서 많은 노력을 하고 있는데 그중 국세청에서는 아직 한국어에 미숙하신 분들을 위하여 통역서비스를 제공하고 있습니다. 이러한 노력들은 다양성이라는 공직가치를 지키기 위한 국세청의 노력이라고 생각됩니다.

김창기 국세청장님이 올해 신년사로 '이신위본'이라는 말씀을 하셨습니다. '믿음으로 근본을 쌓는다'는 것입니다. 저는 아직 실무경험도 없고 많이 부족하다는 것을 알고 있습니다. 하지만 국민들이 가장 믿고 맡길 수 있는 공무원이 되도록 노력하겠습니다. 경청해 주셔서 감사합니다.

2 질의응답

Q. (국세청 면접관님이 활짝 웃으시면서 계속 질문해주셨습니다.) 국세청장님 말씀까지 저보다 더 기관을 사랑하는 것 같은데요? 청장님 말씀을 준비하신 분은 처음 봤습니다. 잘하셨네요. 청장님 말씀도 믿음이고 사진도 아주 믿음이 가고 좋네요.

A. 감사합니다.

Q. 군대 내 선임병 위치에서 마음대로 할 수 있었지만 이야기를 들어줬다고 했는데 그 이유가 무엇인가요?

A. 사실 저는 자대를 배치받고 버스에서 내리자마자 선임병의 이름을 모른다고 맞은 경험이 있습니다. 그러한 경험을 할 때면 '후임이 오면 나는 절대 그러지 않겠다'는 다짐을 하였고 저라는 사람 자체가 이야기를 하고 들어주는 것에 대해 굉장히 좋아하는 성격입니다. 누구나 오기 싫은 군대에 온 이상 '나를 만났을 때는 이 장소가 재미가 있었으면 좋겠다'라는 생각을 하였고 그러다 보니 이야기를 듣고 의견을 따른 것 같습니다.

Q. 군대에서 그러기 쉽지 않은데 (웃으시면서) 참 웃는 게 예쁜 면접자네요. (참고로 저는 남자입니다.) 그러한 행동이 결과도 좋았네요?

A. 네, 맞습니다. 민주성을 따지다 보면 자칫하면 시간이 오래 걸려 효율성을 잃을 수 있다고 생각합니다. 하지만 저는 이러한 경험을 통하여 민주성으로 잘 다져진 계획은 효율성도 얻을 수 있다는 것을 배웠습니다. (이후 잘 들었다고 해주시면서 경험형 과제로 넘어갔습니다.)

MEMO

아래의 제시문을 읽고 유추할 수 있는 공직가치를 설명하고 그 공직가치를 실천하기 위한 방안에 대해 자유롭게 발표해 주십시오.

> 「보호소년 등의 처우에 관한 법률」
> 제2조(처우의 기본원칙) ① 소년원장 또는 소년분류심사원장(이하 "원장"이라 한다)은 보호소년 등을 처우할 때에 인권보호를 우선적으로 고려하여야 하며, 그들의 심신 발달 과정에 알맞은 환경을 조성하고 안정되고 규율있는 생활 속에서 보호소년 등의 성장 가능성을 최대한으로 신장시킴으로써 사회적응력을 길러 건전한 청소년으로서 사회에 복귀할 수 있도록 하여야 한다.

TIP 공직가치를 실천하기 위한 방안=공직자로서의 자세라고 이해하면 된다.

1 5분발표

이러한 보호소년 관련 제시문에서 저는 적극성과 책임성을 유추하였습니다.

우선 적극성은 능동적이며 의욕적으로 하는 것을 의미합니다. 기관의 사례로는 김길호 교감님의 사례가 있습니다. 김길호 교감님은 징벌수용동의 수용자들에게 적극 상담으로 심리적 안정감에 기여를 하셨고 미결수용동에 근무를 하셨을 때는 미결수 특성상 재판에 대한 애로사항 등에 대해 상담해 주시고 재판 등을 수시로 안내해 수용자들의 심리적 안정감에도 기여해 주셨습니다.

교정행정에서도 이런 적극성을 볼 수 있었습니다. 교정행정은 방문객에게 일일이 손검사를 하던 것에서 이제는 엑스레이를 도입하였고 서울 구치소에서는 전동기를 타고 다니며 위급상황에 신속하게 대처하고 있습니다. 안전교육 및 기기점검도 교도관분들이 적극적으로 배우며 실제로 도움이 된다고 체감한다는 인터뷰를 보았습니다. 이렇듯 변화하는 교정행정에서 새로운 것을 배우고자 하는 모습도 중요함을 볼 수 있었습니다.

저의 사례로는 예전에 겨울 저녁에 정류장에서 쓰러져있던 아저씨를 본 적이 있었습니다. 사람들이 다 지나쳐 가고 있었고 추운 겨울 저녁에 그 아저씨가 걱정이 되어 119에 신고를 하였습니다. 제가 신고를 하는 걸 보고 다른 사람들도 다가와서 아저씨를 도와드렸습니다. 이처럼 무언가를 할 때 내가 먼저 적극적으로 나선다면 다른 사람들도 같이 나오는 것을 느꼈던 순간이었습니다.

다음으로 책임감입니다. 책임감이란 자신이 맡은 일을 회피하지 않고 묵묵히 해내는 것입니다. 기관의 사례로는 박영규 교감님에게서 볼 수 있었습니다. 박영규 교감님은 명심보감을 활용한 인문학 강의를 하시며 수용자들에게 심리적으로 안정감을 주셨습니다.

책임감에 대한 다른 의미로 볼 수 있는 것으로는 스탠포드 실험에서였습니다. 가짜 교도소를 만들어 교도관과 죄수 역할을 설정한 것인데 시간이 지나면서 점점 가혹행위를 하였습니다. 이 실험에서 말하고자 하는 바는 바람직하지 못한 상황에 개인적 책임감을 유지해야 한다는 것이었습니다.

제 사례로는 예전에 학생회 활동을 할 때 학우 몇 명이서 비정상적인 행동을 하려는 것을 보았고 이것을 제지한 적이 있었습니다. 이처럼 바람직하지 못한 분위기에 휩쓸리지 않고 지키는 것 또한 책임감의 일부분임을 느낄 수 있었습니다.

➡ 응시생의 기억나는 부분으로만 구성된 것임을 참고하기 바란다.

2 질의응답

Q. 학생회 때 비정상적인 일이 무엇이었는지 구체적으로 말씀해주세요.
A. 학생회 후원을 받기 위해 서류 쪽으로 위법하게 하려는 일이었습니다.

Q. 어떻게 해결했나요?
A. 전화를 걸어서 그런 일은 하면 안 되는 것 같다고 제 생각을 말하였습니다.
   (이때 면접관님께서 "공론화하지 않고 1대1로 해결하셨다는거죠?"라고 말씀하셨습니다.)

Q. 책임감에 대해 말씀하셨는데 그것이 어떻게 발휘될 것 같나요?
A. 교도관은 단순히 시간이 되면 문을 열고닫고 그런 일을 하는 것인 줄 알았는데 영상을 보니 교도관분들은
   그 안의 수용자들과 끊임없이 소통하고 계셨습니다. 그것을 보고 '교도소 안은 또다른 사회구나'하고 느꼈습
   니다. 특히 야간근무 때 거실 하나하나 자세히 살펴보시는 것을 보고 책임감이 있어야 하는 일임을 알게 되었
   습니다. 제가 총무를 할 때 생소하고 잘 몰라서 이전 총무 선배님한테 이것저것 조언을 들었고 무사히 잘
   해낸 경험이 있습니다. 이런 경험들이 책임감을 발휘하는 것에 도움이 될 것이라 생각합니다.

➲ 응시생의 기억나는 부분으로만 구성된 것임을 참고하기 바란다.

MEMO

아래의 제시문을 읽고 유추할 수 있는 공직가치를 설명하고 그 공직가치를 실천하기 위한 방안에 대해 자유롭게 발표해 주십시오.

> 외국인 노동자 A가 화재가 발생한 상황에서 소화설비를 이용하여 진압하였다. 그런데 그 소화설비에는 안내문이 한국어로만 되어 있어 외국인이 사용하기에 제약이 있었다. 따라서 B부서에서는 안내문을 5개 국어로 바꾸도록 하고 또 QR코드도 부착하여 쉽게 안내받도록 하였다.

TIP 공직가치를 실천하기 위한 방안 = 공직자로서의 자세라고 이해하면 된다.

1 　5분발표

안녕하십니까. 지금부터 5분발표 시작하겠습니다.

저는 주어진 제시문을 읽고 책임성과 민주성을 유추했습니다.

책임성을 유추한 이유는 B 주무관이 맡은 일에 최선을 다했기 때문입니다. 제가 생각하는 책임성은 맡은 일에 최선을 다하는 자세라고 생각합니다.

책임성에 대한 사례를 말씀드리겠습니다. 원래 해상, 해양 국립공원 내 야영장은 설치가 안되었습니다. 하지만 국민들의 캠핑 수요가 늘어나자 환경부는 해상, 해양 국립공원 내 야영장을 여름철에 한해 설치하도록 적극행정을 했습니다. 하지만 사람들이 많아지면 환경오염과 안전사고가 증가할 수 있습니다. 따라서 환경부는 국립공원공단과 지자체와 협력하여 정기점검을 실시했습니다. 이는 국민의 편의를 위해 최선을 다하는 자세라고 생각했습니다.

다음으로 제 경험을 말씀드리겠습니다. 저는 카페에서 아르바이트를 4년 동안 했습니다. 어느 날 한 직원이 카페에 연락 없이 나오지 않았고, 점장님께 일을 그만두겠다고 통보했습니다. 그 당시 카페는 바쁜 시기여서 다른 직원들도 과로로 일하는 분위기여서 좋지 않았습니다. 저는 손님응대만 하고 있었는데 이러한 분위기를 보고 안 되겠다 싶어 그만 둔 직원의 일을 대신하겠다고 했습니다. 이에 설거지, 디저트 굽기, 메뉴 플레이팅 등을 했습니다. 비록 퇴근 시간이 한 두시간 늦어졌지만 제가 나서서 일을 하니 일하는 분위기도 좋아지고 점장님도 미안하지만 고맙다고 하셨습니다.

그 다음으로 민주성에 대해 말씀드리겠습니다. 민주성을 유추한 이유는 외국인 노동자의 의견을 듣고 조치를 취했기 때문입니다. 제가 생각하는 민주성이란 국민의 의견을 듣는 자세라고 생각합니다.

민주성에 대한 사례를 말씀드리겠습니다. 신고리 5, 6호기 원전 공론화 과정입니다. 신고리 5, 6호기 원전 건설 중단 찬성과 반대가 대립이 심했습니다. 이를 보고 정부는 공론화위원회를 열었습니다. 그리고 국민들에게 원전에 대한 정보를 공개했고, 공론회가 진행되는 것을 온라인으로 생중계했습니다. 심화 토론을 한 결과는 원전 건설 중단을 하지 않는 쪽으로 나왔습니다. 대신 원전 건설 중단하자는 의견을 반영하여 시민들의 안전을 위해 내진설계 강화, 원전 수 감축 등을 받아들였습니다. 이는 민주적으로 좋게 해결한 사례라고 볼 수 있습니다.

다음으로 민주성에 대한 경험을 말씀드리겠습니다. 졸업논문 주제 선정시 갈등이 있었습니다. 저는 미세먼지에 대해서 작성하자고 했고, 팀원은 폐수처리 과정에 대해 작성하자고 했습니다. 둘 다 이유가 타당해서 결론이 나지 않았습니다. 저는 차라리 공정한 기준을 놓고 투표를 진행하자고 했습니다. 그 기준은 둘 중 어떤 것이 프로그램을 돌리는 데 더 수월한지에 대한 것이었습니다. 이를 통해 비록 제 의견이 받아들여지지 않았지만 상대방의 의견을 경청하고 받아들이는 자세가 중요하다고 생각했습니다.

저는 국민의 의견을 정책에 반영하여 책임성 있게 일하는 공무원이 되겠습니다. 이상 5분 발표 마치겠습니다. 감사합니다.

2 질의응답

Q. 화공직에서 책임성과 민주성이 중요한 이유는 무엇인가요?
A. 저는 탄소중립에 대해 관심이 있습니다. 탄소중립을 실현하기 위해선 국민들이 실천해야 한다고 생각합니다. 따라서 정책을 만들 때 국민들의 의견이 중요하여 민주성과 책임성이 중요하다고 생각했습니다.

Q. 내 생각이 조직의 생각과 충돌하면 어떻게 하실 건가요?
A. 저는 먼저 어떤 점이 다른지 살펴보겠습니다. 그리고 조직에 제 생각을 다시 한 번 설득하겠습니다. 만약 그래도 안 된다면 조직의 의견에 따르겠습니다. (이 때 느낌이 좀 좋지는 않았습니다.;;;)

Q. 개인의 역량과 조직의 역량 중 어떤 것이 중요한가요?
A. 저는 둘 다 무시할 수 없다고 생각합니다. 개인의 우수한 역량이 모여 조직이 되고, 조직의 역량으론 개인이 해결할 수 없는 일을 해결할 수 있기 때문입니다.

MEMO

CHAPTER

03 직렬별 5분발표 우수사례로 바른 면접 준비하기

✏️ Check point

기출후기 활용방법 ★ ★ ★

1. 5분발표 또한 직렬 공통으로 직렬별로 주제방향이 다르게 출제되는 것이 아니다. 그리고 발표내용은 절대 남의 후기를 따라할 수 없다. 발표내용에는 응시생의 경험과 면접준비과정에서의 노력이 들어가기 때문이다. 그렇기 때문에 5분발표는 똑같은 주제가 출제되지 않더라도 기출문제를 가지고 연습해도 상관이 없다.
2. 5분발표는 경험형 과제가 어느 정도 완성되는 시점에서 연습을 하는 것이 효과적이다.
3. 개인적으로 하건 면접스터디를 통하건 발표한 내용 및 면접관의 질문리스트를 바탕으로 연습을 해야한다. 이는 면접관의 성향에 따라 질문이 달라지기 때문이다. 최근에는 질문리스트를 중심으로 3~4개 정도의 질문이 이루어지는 경향이 두드러지게 나타나고 있다. 더불어 공직가치를 바로 이해하면 어떤 후속질문에도 대비가 가능하다.
4. 5분발표 면접후기를 읽어볼 때는 면접관이 어떤 내용에 관심을 가지고 질문을 하는지를 생각해야 한다.

CASE 01 부패공무원 징계 사례에서 찾을 수 있는 공직가치

아래 내용에서 찾을 수 있는 공직가치와 그 실천방안에 대해 자유롭게 발표해 주십시오.

> 부처감사 업무를 하는데 B시청의 팀장과 시청공무원의 근무수당 허위기재와 초과 출장수당 부정수령이 적발되었다. 그리하여 전수조사를 했더니 120명이 추가 적발되어 추가 징계조치를 취하였다.

1 5분발표(일행직)

안녕하십니까. 일반행정직 지원자 ○○○입니다. 지금부터 5분발표 시작하겠습니다.

저는 제시문에서 청렴성의 가치를 뽑았습니다. 청렴성이란 좁게는 부정부패를 일컫고 넓게는 국민에게 떳떳한 공무원이 되는 것을 말합니다.

제가 사기업에서 근무했을 때의 일입니다. 1년 이상 근무해야 받을 수 있는 체력단련비가 있었는데 이는 1년에 한 번 지급되었던 복지제도입니다. 제가 근무한 지 11개월 되었을 때, 당시 팀장님께서 조건과 기간 차이도 얼마 나지 않고, 근무 태도가 성실했으니 예외적으로 체력단련비를 받을 수 있도록 해주신다고 하셨습니다. 하지만 저는 이것이 조직에 나쁜 선례를 만들게 되는 일이 될까 우려되어 '말씀은 너무 감사하지만 받지 않겠다. 무리해서 예외적으로 주지 않으셔도 된다'며 정중하게 거절한 일이 있었습니다. 이처럼 청렴성은 예외적인 선례가 없도록 관리하는 게 중요하다고 생각합니다.

이를 위해서는 투명하고 공정한 제도가 중요하다고 생각합니다. 현재 국가에서는 제도적으로 「부패방지법」, 「이해충돌방지법」 등을 제정하여 청렴성을 관리합니다. 경기도에서는 퇴직자를 만나서 발생하는 비리를 막기 위해 퇴직자를 만나면 징계를 줘서 전관예우에 의한 부패를 방지합니다.

한편, 청렴함을 유지하기 위해서는 개인적인 자정 노력도 중요할 것입니다. 저는 나이 차이가 있는 동생이 있습니다. 어릴 때부터 동생에게 지각하지 말기, 늦잠자지 말기, 무단횡단 하지 말 것 등을 생활학습 시켰습니다. 동생에게 당당한 언니가 되겠다는 마음에 저도 덩달아 조심하는 것이 굳혀졌습니다. 이처럼 공무원 개인적으로도 청렴함이 무엇인지 생각할 수 있도록 조직에서 꾸준히 상기시키고 지키려는 노력이 필요하다고 생각합니다.

제가 지원한 산림청에서도 분기별로 찾아가는 청렴 교육을 실시하고 있습니다. 또한 산을 찾는 등산객들에게 청렴한 생활을 하자고 현수막도 걸어 놓습니다.

노벨경제학상을 받은 로버트 루카스라는 학자는 '합리적 기대'에 대해 이야기한 적이 있습니다. 수용자·국민은 합리적으로 판단하고 기대할 줄 안다는 것입니다. 저도 국민이 합리적인 존재라고 생각합니다. 국민이 항상 공무원을 바라보고 있다는 것을 명심하고 합리적으로 판단 내린다는 것을 잊지 않아야 할 것입니다. 국민이 공무원을 보고 청렴하다고 판단해야 공정사회 구현을 위한 공무원의 노력이 빛을 발할 것이라 생각합니다.

2 질의응답

면접관 청렴함이 공무원에게 왜 중요하다고 생각하시나요?

응시생 청렴성은 국민의 신뢰와 직결되기 때문에 공무원에게 중요하다고 생각합니다. 국민이 공무원을 신뢰할 수 있어야 공무원과 국가가 정책을 만들어도 국민의 지지를 받을 수 있을 것이라고 생각합니다. (긴장을 많이 해서 적어놓은 것보다 더 중언부언했던 것 같아요;; 그래도 면접관님 두 분 모두 끄덕끄덕하면서 들어주셔서 분위기는 나쁘지 않았었습니다.)

면접관 일반행정직 업무를 수행할 때 청렴성이 왜 필요하다고 생각하시나요?

응시생 물론 공무원은 국민의 봉사자이지만 인허가 업무처럼 국민에게 특혜를 주기도 하는 존재라고 생각합니다. 따라서 청렴함이 강조된다고 생각합니다.

면접관 왜 공무원의 청렴성에 관한 문제가 발생할까요?

응시생 저는 전체 공무원 중에서도 비리행위를 저지르는 사람들은 극히 일부분이라고 생각합니다. 하지만 그러한 일부가 사라지지 않고 계속해서 문제가 되는 것은 비리행위에 눈을 감는 방관자가 있기 때문이라고 생각합니다. 공무원 조직의 특성상 상급자의 비위행위가 발생했을 때 하급자가 이를 고발하는 것은 매우 어려울 것이라 생각합니다. 따라서 감사원의 조사나 전수조사, 시민단체의 감시 등 외부권력에 의한 감사가 이뤄져야 한다고 생각합니다. 아울러 공무원직급별 청렴교육을 통해 각 책임에 걸맞는 청렴의식을 교육하여 비리행위의 유혹에 빠지지 않도록 하는 것도 중요하다고 생각합니다.

면접관 청렴성을 키우기 위해 무슨 노력을 하였나요?

응시생 (살면서 지금까지 통틀어인지 공무원으로서의 청렴성을 키우기 위해 노력한 것인지 명확하게 질문하지 않으셔서 후자로 답변했습니다.) 공무원은 보다 엄격한 청렴성이 요구될 것입니다. 때문에 면접준비 과정 중 공무원헌장, 갑질사례집 등을 읽고 공부하는 시간을 가졌습니다.

면접관 상관이나 동료가 비리를 저지르면 어떻게 할 것인가요?

응시생 우선 당사자에게 문제에 대해 인지하고 있는지 이야기해 보겠습니다. 제가 정확하게 알고 있는 것이 아닐 수 있으니 바로 신고하지는 않을 것이고 최대한 재발하지 않도록 설득을 먼저 하는 노력을 하겠습니다.

면접관 그런 이야기를 했음에도 비리행위가 계속된다면 어떻게 할 것인가요? 예를 들어 사례와 같은 추가수당 문제라던지요.

응시생 (질문이 조금 더 길었는데요. 예로 조직적인 비리행위를 들어주셔서 그것에 맞춰 대답했습니다.) 개인 으로서 문제를 제기하고 "나는 참여하지 않겠다"고 거부하는 것 정도로는 조직의 문제해결에 큰 도움 이 되지 않을 것이라 생각합니다. 이때 가장 중요한 것은 문제제기라고 생각합니다. 친한 동료나 다른 안면 있는 직원들에게 얘기해서 "이건 문제가 되지 않을까?"라는 식으로 꾸준히 이야기해 조직의 문제 의식을 높여나갈 것입니다.

3 피드백 – 제시문에서 찾을 수 있는 대표 공직가치

① 청렴성: 근무수당 허위 기재 / 초과출장수당 부정수령
② 도덕성: 사회적 관습과 규칙에 어긋난 행동
③ 책임성: 전수조사를 통해 추가 징계. 성실의무 및 복종의무 위반(부당수령)
④ 공정성: 전수조사를 통한 공평하고 올바른 일처리로 국민신뢰 확보

TIP 공직가치를 제시할 때에는 어떤 구절에서 해당 공직가치를 유추했는지를 명시하는 것이 좋다.

4 제시문과 관련된 면접질문(질문리스트)

Q. 제시문과 같은 부패가 왜 일어나는 것인가?
 └[후속질문] 그것을 어떻게 해결할 것인가?
 └[후속질문] 제시문에서 사적이익을 취하는 공무원에게 어떤 공직가치가 필요한가?
Q. 윤리의무를 위반하는 친구를 좋은 방향으로 이끈 경험이 있는가?
Q. 제시문처럼 본인이 규정에 맞지 않는 일을 했다던가 아니면 규정에 맞지 않는 누군가의 부탁을 거절했던 경험이 있는가?
Q. 왜 지원한 부서에서 청렴성과 책임성이 중요하다고 생각하는가?
 └[후속질문] 책임성이나 공정성을 발휘한 경험이 있는가?
 └[후속질문] 국민들이 생각하기에 공무원들은 당연히 청렴해야 하는데 이런 청렴캠페인이 국민들에게 어떤 도움이 되겠는가?
 └[후속질문] 그렇다면 청렴하지 않은 일을 해결할 방법은 무엇인가?
 └[후속질문] 강력한 처벌이나 교육 등의 방법도 필요하다고 생각하는가?
 └[후속질문] 평소에 청렴성을 지키기 위해 노력한 일이 있는가?
 └[후속질문] 공직자의 책임성을 향상시킬 수 있는 방안은 무엇인가?
Q. 공직 전체가 부정부패를 저지르는 관행이 있다. 이런 경우 어떻게 할 것인가?
Q. 위 제시문과 관련해서 뉴스에 아직도 보도 중인데 '공무원들의 청렴'이라는 것이 왜 해결되지 않는 것 같은가?
Q. 동료가 부패를 저지르고 있다. 그런 경우 어떻게 대응할 것인가?
Q. 공익성과 적극성을 유추했는데 정부가 이를 실현해야 하는 이유는 무엇인가?

CASE 02 법조문에서 찾을 수 있는 공직가치

아래 내용에서 찾을 수 있는 공직가치와 그 실천방안에 대해 자유롭게 발표해 주십시오.

> 「프랑스 인권선언」
> 제3조 모든 주권의 원리는 본질적으로 국민에게 있다. 어떠한 단체나 어떠한 개인도 국민으로부터 명시적으로 유래
> 하지 않은 권위를 행사할 수 없다.
> 「헌법」
> 제7조 ① 공무원은 국민 전체에 대한 봉사자이며, 국민에 대하여 책임을 진다.

1   5분발표

안녕하십니까. 응시번호 ○○○○번 ○○○입니다.
먼저 꿈에만 그리던 이 자리에서 면접관님들을 뵙게 되어 정말 영광입니다.

최선을 다해 발표하도록 하겠습니다. 5분발표 시작하겠습니다.

제가 제시문에서 유추할 수 있었던 공직가치는 민주성과 책임성입니다. 모든 주권의 원리는 본질적으로 국민에게 있다는 점에서 민주성을 유추할 수 있었고 공무원은 국민 전체에 대한 봉사자이며 국민에 대하여 책임을 진다는 부분에서 책임성을 유추할 수 있었습니다.

먼저 민주성에 대해서 말씀드리겠습니다. 제가 생각하는 공직가치로써의 민주성이란 국민이 자유롭게 참여하고 의견을 이야기할 수 있는 공개행정을 실천하는 것입니다. 현대사회에서는 다양한 이해관계가 존재하기 때문에 한가지 방식만 고집한다면 문제를 해결할 수 없습니다. 서로 소통하는 과정에서 예상치 못했던 새로운 부분을 발견할 수 있고 또한 다양한 이해관계인들과의 토론을 통해 다양성까지 함양할 수 있는 공직가치라고 생각합니다.

민주성을 발휘한 저의 경험은 제가 군대에서 또래상담병이라는 직책을 맡았었습니다. 어느 날 취사병 후임두 명이 저에게 상담을 신청해 경위를 들어보니 두 명이서 대대원 100명의 식사를 감당해야 하는 상황이고, 몸이 힘들다보니 서로 예민해져 서로에게 불만이 많이 쌓여있는 상태였습니다. 그래서 삼자대면을 통해 찾아낸 방안이 취사지원병제도를 만들어 일반대대원 중 2명 정도를 주마다 돌아가며 취사지원으로 차출하고, 그 취사지원병에게는 취사병과 동일하게 그날 작업열외 및 근무취침보장 등의 혜택을 주는 방안으로 정한후 먼저 대대원들에게 찬반투표를 거쳤고 압도적으로 찬성이 많아서 바로 행정보급관님께 건의드려 취사지원병제도를 신설한 경험이 있습니다. 그 결과 취사병들의 업무만족도 또한 나아졌으며 식사의 질 또한 높아졌습니다. 이렇게 민주적 토론과 민주적 절차를 통해 결과적으로 공익을 실현할 수 있었던 경험이 있습니다.

다음으로 책임성에 대해서 말씀드리겠습니다. 제가 생각하는 공무원으로서의 책임성이란 자신의 일에 애정을 가지고 주어진 일을 끝까지 포기하지 않는 마음가짐이라고 생각합니다. 국민의 봉사자인 공무원의 책임성의 부재는 개인의 도덕적 문제만이 아니라 제도적인 문제도 있다고 생각합니다. 적극행정을 실천하더라도 만약 사고가 발생했을 시 책임을 져야 하는 부담감이 돌아오는 기대이익보다 더 크기 때문에 책임성이 제고되기 어렵다고 생각합니다. 물론 현재 책임의 부담을 경감하기 위해 시행되고 있는 적극행정면책제도가 있지만 홍보가 미흡해 공무원들이 제도의 존재를 잘 알지 못하는 점, 면책조건이 너무 까다로운 점, 해석기준이 너무 모호하다는 점 때문에 실효성이 없다고 합니다. 이를 개선하여 공무원들의 적극행정 실천을 장려할 수 있도록 제도를 개선해야 한다고 생각합니다.

다음으로 책임성과 관련된 저의 경험을 말씀드리겠습니다. 농장아르바이트 시절 농장에 화재가 나서 모심는 파레트가 다 타서 늘어 붙은 적이 있었는데 그것을 처리하려면 잘 깨지지 않아 힘도 많이 들고 잿가루도 날려 모두 하기 싫어했었습니다. 하지만 저는 신입의 패기로 제가 하겠다고 자원하여 그 일을 도맡았습니다. 제 일이라는 사명감과 책임감을 가지고 이틀 동안 혼자서 다 처리한 경험이 있습니다. 이후 작업반장님께서 보너스까지 챙겨주시며 책임감이 뛰어나다며 칭찬해주셨던 경험이 있습니다.

앞서 말씀드린 민주성과 책임성뿐만 아니라 면접을 공부하며 배운 공직가치들을 가슴에 새기고 앞에 계신 면접관님들처럼 경청하는 자세를 가진 국민에 봉사자가 될 수 있는 공무원이 되겠습니다. 이상 5분발표 마치겠습니다.

2 질의응답

면접관 민주성과 상충되는 공직가치는 무엇일까요?

응시생 효율성의 공직가치가 충돌된다고 생각합니다. 민주성을 실현하기 위해 민주적 절차를 진행한다면 그러한 절차 과정에서 경제적, 시간적 손실이 발생할 수 있기 때문입니다.

면접관 그에 대한 본인의 생각은 어떤가요?

응시생 저는 그럼에도 불구하고 민주성의 공직가치를 지켜야 한다고 생각합니다. 국민의 봉사자인 공무원이 효율성을 지키기 위하여 국민의 의견을 듣지 않는다는 것은 있을 수 없는 일이기 때문입니다. 하지만 효율성 또한 무시되어서는 안 된다고 생각합니다. 국민들, 이해관계인들과 효율성 또한 지킬 수 있는 방안을 민주적 절차를 통해 서로 합의하에 최대한 제고될 수 있는 방향으로 나아가야 한다고 생각합니다.

면접관 실무를 진행하다가 … 공직가치들이 충돌한다면요? (질문이 잘 기억이 안납니다.)

응시생 공직가치들이 충돌할 때 공무원의 자의적 판단으로 한가지의 공직가치를 선택하는 것은 옳지 않다고 생각합니다. 공무원이 자의적 판단으로 실무를 수행한다면 결국 피해를 받는 이해관계인이 생길 것이고 이는 곧 형평성이 훼손될 수 있기 때문입니다. 그렇기 때문에 부서, 국민, 동료 등 다양한 이해관계인들과의 민주적 토론과 공정한 합의를 거쳐 합리적인 방법으로 공직가치 충돌상황을 해결해 나가야 한다고 생각합니다.

면접관 민주성과 책임성을 뽑아주셨는데 또 다른 공직가치에 관련된 경험이 있나요?

응시생 미약하지만 전문성을 발휘한 경험에 대해 말씀드리겠습니다. 제가 이마트 카트 아르바이트를 한 적이 있습니다. 카트 아르바이트 특성상 쇼핑카트를 들고 차, 손님 등 사이를 지나다니고 에스컬레이터를 오르내리다 보니 에스컬레이터의 파손위험도 있어 상당히 안전에 민감합니다. 그래서 팀장님께서 7~10개 정도의 최대한 적은 수의 카트만 가지고 다니도록 유도하셨는데 바쁜 시간에는 적은 수의 카트만 끌고 다닌다면 카트가 너무 많이 쌓여 카트수급이 불가능했습니다. 그래서 저는 비교적 바쁘지 않은 아침 시간에 혼자 사람이 없는 옥상에서 카트를 20개 이상씩 들고 연습하여 결국 20개 이상도 안전하게 운행할 수 있게 되어 카트업무를 빠르게 처리할 수 있었고 이를 본 팀장님께서 저에게 신뢰가 생기셔서 새로운 신입이 온 뒤 저에게 신입 카트교육을 시키셨습니다. 미약하지만 제가 아르바이트를 하며 나름 전문성을 발휘한 경험이라고 생각합니다.

3 **피드백-제시문에서 찾을 수 있는 대표 공직가치**

① 민주성: "주권의 원리는 국민에게 있다"에서 국민주권주의
② 책임성: "국민에 대해 책임을 진다"
③ 공익성, 다양성, 공정성: 공무원은 국민 전체에 대한 봉사자로서 공익을 실현해야 하며 공정하게 직무수행하
는 것이 필요. 또한 다양한 배경을 가진 구성원들을 위한 정책을 개발하여 책임을 져야 하는 위치

4 **제시문과 관련된 면접질문**(질문리스트)

Q. 민주성을 제시했는데 민주성이 중요한 이유는 무엇인가?
  └[후속질문] 국민의견을 청취할 수 있는 방법으로는 무엇이 있는가?
  └[후속질문] 지원부처에서 국민의 의견을 듣기 위해 시행하고 있는 제도는 무엇인가?
  └[후속질문] 민주성의 사례가 될 만한 정책이나 제도 떠오르는 것이 있는가?
  └[후속질문] 민주성과 상충되는 공직가치는?
  └[후속질문] 앞으로 지원부처에 가서 민주성과 책임성을 어떻게 실천할 수 있겠는가?
  └[후속질문] 민주성에서 소통과 참여를 중요시 했는데 정책시행시 자신의 의견이 반영되지 않은 집단이 반발하면 어떻
    게 해결할 것인가?
  └[후속질문] 국민참여가 많아지면 어떤 문제가 발생하겠는가?
Q. 책임성을 제시했는데 책임성이 필요한 이유는 무엇인가?
  └[후속질문] 책임성이나 공정성 이외에 지원부처에 필요한 공직가치는 무엇인가?
  └[후속질문] 책임성에 대해 ○○○제도에 대해 답변해 주었는데 공무원이 책임성을 발휘하지 못하는 즉, 방해요인은
    무엇인가?
  └[후속질문] 공직자에게 공정성과 책임성이 중요한 이유는 무엇인가?
  └[후속질문] 책임성과 관련된 정책 중 아는 것이 있는가?
Q. 공정성을 실현하기 위한 지원조직의 노력에 대해 알고 있는가?
  └[후속질문] 책임성이나 공정성과 충돌되는 공직가치는 무엇인가?
  └[후속질문] 책임성과 공정성을 실천하기 위해 평소에 어떤 노력을 하는가?

아래 내용에서 찾을 수 있는 공직가치와 그 실천방안에 대해 자유롭게 발표해 주십시오.

A부처에서는 보호관찰위원제도를 만들어 전문성을 갖춘 민간위원을 참여시키고 국가에서 상담자격을 갖춘 민간인원을 계속 발굴하여 민간자원봉사자로 참여를 유도시켜 범죄예방 활동을 적극 추진하고 있다.

➡ 보호관찰위원제도는 보다 안전하고 정의로운 사회를 만들기 위해 지역사회에서 보호관찰소와 함께 활동하는 자원봉사자제도이다. 보호관찰위원은 지역사회 곳곳에서 보호관찰 대상자 멘토링, 장학사업, 사회봉사명령 집행지원 등의 활동을 하며 사랑과 봉사를 실천하고 있다.

1 5분발표

5분발표 시작하겠습니다. 해당 제시문은 민간자원봉사자들과 협력을 통해 지역사회 범죄 예방을 위한 보호관찰위원제도를 설명하고 있습니다. 저는 민간의 전문적 상담을 통해 전문성, 이 제도를 적극적으로 지원하겠다는 장관님의 말씀에서 적극성, 마지막으로 이 제도는 국민의 이익을 위함이기 때문에 공익성을 유추하였습니다.

먼저 전문성에 대해 말씀드리겠습니다. 정보매체의 발달로 인해 국민의 의식수준 또한 높아졌고 국민의 이익을 위해 일하는 공무원으로서 전문성은 기본 소양이라고 생각합니다. 저는 인사혁신처에서 제시한 2021년 공직지원가이드에서 형사정책이 도움이 된다고 보았고 제가 학과 전공 과목인 형사정책 시간에 셉테드에 대해 배웠습니다. 셉테드는 범죄예방환경개선 사업으로 지속적으로 선제적 범죄 예방을 하는 사업입니다. 이론과 실제와의 연계가 흥미로웠습니다. 저는 보호직 공무원이 된 이후에도 형사정책, 범죄예방정책학 등 전공을 공부하고 상담 자격증을 따려고 노력하겠습니다.

다음 적극성에 대해 말씀드리겠습니다. 적극성은 전문성과 창의성을 가지고 주도적으로 업무를 수행하는 것이라고 생각합니다. 저는 학급 일에 적극적으로 나서기 위해 매년 반장을 해왔고 가장 궁극적인 목표는 반에 소외되는 학생이 없도록 하는 것이었습니다. 반에 가장 외진 곳에는 도움반 친구들이 있었고 처음에는 어색했지만 서로 대화하며 공감하였고 특히 그 친구들이 스스로 충분히 할 수 있는 일이 있다는 것을 알게 되었습니다. 나중에는 점심시간에 다같이 농구를 할 정도로 친해져 반장과 도움반 친구가 아닌 친한 친구로 남을 수 있었습니다. 적극성에 대한 다른 사례로 2021 우수 인권 공무원으로 선정되신 장상진 보호관찰관님을 말씀드리고 싶습니다. 장상진 보호관찰관님께서는 자살우려·상습 가출 이력이 있는 소년 보호관찰 대상자들에 기존의 시스템 점검에 그치지 않고 적극적으로 대상자의 심리상태와 근황을 확인하는 상담형 콜코칭으로 대상자의 교화를 도왔습니다. 또한 대상자의 학업과 생업을 고려해 차별화된 외출 제한 명령 감독 시스템을 제안하는 등 인권 친화적인 업무 수행 및 제도 개선에 힘쓰셨습니다.

마지막으로 공익성에 대해 말씀드리겠습니다. 공익성은 개인의 이익, 집단의 이익이 아닌 공공의 이익, 즉 공무원으로서 국민의 이익을 뜻하고 공무원의 업무를 하는 동안 충돌할 수 있는 가치에 대해 중요한 기준이 되는 공직가치라고 생각합니다. 공익성에 대한 사례로 법무부와 2010년부터 10여년 간 이어진 농협중앙회와의 협력을 예로 들고 싶습니다. 귀촌현상으로 농가의 일손이 부족해진 상황에서 법무부는 사회봉사명령대상자들을 투입하여 일석 삼조의 효과를 보았습니다. 시설 수용을 대체해 예산을 절감하고 농가의 일손을 도왔으며 특히 사회봉사명령대상자들 중 의무 사회봉사 이후에도 자발적으로 봉사활동을 하는 대상자들이 늘고 있다는 것입니다. 대상자의 교화뿐만 아니라 지역사회에도 좋은 영향을 주는 법무부의 모습이라고 생각합니다.

끝으로 저는 앞서 말씀드렸던 세 가지 공직가치 뿐만 아니라 나머지 공직가치도 지키는 공무원이 되도록 노력하겠습니다. 감사합니다.

2 질의응답

면접관 발표해주신 공직가치 중 가장 중요하게 생각하는 공직가치를 말씀해주시고 그 가치를 위해 한 노력까지 말씀해주세요.

응시생 다른 공직가치도 중요하다고 생각하지만 공익성이 가장 중요하다고 생각합니다. 적극성, 전문성 등 나머지 공직가치를 지키는 것이 바로 국민의 이익을 위함이라고 생각합니다. 또한 범죄예방정책국 설립목적에 대상자의 교화와 비행소년들이 성인이 되었을 때 범죄를 저지르지 않도록 교화하고 사회의 질서 유지와 국민의 안전을 위한다는 점이 공익성을 추구하는 것이라고 생각하여 공익성이 가장 중요하다고 생각합니다. 저는 지하철 불법 촬영 현행범을 체포한 적이 있습니다. 이태원 할로윈 축제가 끝나고 전철로 귀가하는 도중 한 여성분의 도와달라는 소리를 들었고 개찰구로 도망가려는 남성을 붙잡았고 휴대폰에는 여성의 신체 사진이 찍혀있어 경찰에 인계한 적이 있습니다. 저는 머리보다는 마음이 시켜서 몸이 먼저 움직였고 이것은 누구의 이익이 아닌 공공의 이익을 위해 했다고 생각합니다. (이게 맞는 답인지는 모르겠지만 끄덕끄덕해주셨고 잘 넘어갔습니다.)

면접관 이 제도를 시행할 시 생길 수 있는 문제점에 대해 말씀해주세요.

응시생 저는 민관유착과 공직자로서의 자세가 문제가 된다고 생각합니다. 민간에서 연결된 업체와의 관계가 공직에서 문제가 될 수 있다고 생각하고 민간에서의 가치와 공직자로서의 가치가 다르다고 생각합니다. 공직자는 국민의 이익을 위해 일해야 한다고 생각합니다. 따라서 이런 문제점을 방지하기 위해 지속적인 교육과 모니터링이 필요하다고 생각합니다.

면접관 자원봉사를 뽑을 때 선정 기준이 무엇일까요?

응시생 아무래도 범법자를 대해야 하기 때문에 범죄이력이 있는지 확인할 것이고 민간에서 어떤 기관에서 일했는지 확인할 것 같습니다. (뒤에 더 이야기했는데 기억이 안 납니다;;)

3 피드백 – 제시문에서 찾을 수 있는 대표 공직가치

① 민주성: 민간위원 참여
② 전문성: 전문성을 갖춘 민간위원 참여 / 상담자격을 갖춘 민간위원 발굴
③ 적극성, 공익성: 제도를 만들어 민간자원봉사자의 참여를 통한 범죄예방 추진

Q. 발표해 준 공직가치 중 가장 중요하게 생각하는 공직가치와 그 가치를 위해 한 노력까지 답변해달라.

Q. 민주성을 제시했는데 민주성이 중요한 이유는 무엇인가?

└[후속질문] 민주성과 적극성이라는 공직가치를 답변하였는데 민주성이라는 공직가치를 이 제시문에서 연관해서 이야기해 볼 수 있겠는가?

└[후속질문] 민주성, 적극성 외에 다른 중요한 공직가치가 있는가?

└[후속질문] 민주성을 추구하게 되면 어떤 문제점이 있겠는가?

└[후속질문] 민주성과 상충되는 공직가치는?

└[후속질문] 민주성이라는 공직가치가 어떻게 보면 국민참여제도와 같이 시민들이 참여하고 그 의견을 듣는 것인데 그러면 답변한 것처럼 효율성이 낮아질 수 있다. 이를 어떻게 방지할 수 있겠는가?

└[후속질문] 민주성과 적극성 모두 어찌 보면 갈등이라는 문제가 생기는데 해결방법은?

└[후속질문] 민주성을 발휘해서 본인이 남을 도운 경험이 있는가?

└[후속질문] 국민참여가 많아지면 어떤 문제가 발생하겠는가?

Q. 보호관찰위원회 구성은 누구로 하면 좋겠는가?

└[후속질문] 이렇게 구성원이 다양하면 다양한 이야기가 나올 텐데 어떻게 기준을 세울 것인가?

└[후속질문] 제시문을 보면 민간자원봉사자와 보호관찰자 간 갈등이 생길 수도 있는데 이럴 때 어떻게 해결하겠는가?

└[후속질문] 그렇다면 이렇게 전문성을 갖춘 민간자원봉사자들이라고 하더라도 전문가가 아닌 일반 국민들을 모아서 제도를 시행하다보면 문제점이 또 있을 것 같은데 본인의 생각은 어떠한가?

Q. 이런 민주적인 제도를 한다면 아무래도 사람들의 의견이랑 본인의 의견이 180도 다를 수 있다. 그러면 어떤 의견을 선택할 것인가?

CASE 04 사회이슈에서 찾을 수 있는 공직가치

아래 내용에서 찾을 수 있는 공직가치와 그 실천방안에 대해 자유롭게 발표해 주십시오.

현재 전 세계 인구의 3.5%는 본인의 출신과 다른 지역에 거주 중이고 한국에도 약 4% 인구는 외국에서 왔다. 외국인 증가로 국내 체류 외국인이 140만 명에서 220만 명으로 증가했다. 이로 인해 내국인과의 소득 차이, 거주환경 문제, 언어 및 문화 충돌, 사회통합 저해 문제 등이 대두되고 있다.

1 5분발표

안녕하십니까. 검찰직에 지원한 응시번호 ○○○○번 ○○○입니다. 시작하기에 앞서 늦은 시간까지 계시는 면접관님들에게 감사드립니다. 그럼 5분발표 시작하겠습니다.

저는 제시문에서 세계 각지에서 외국인들이 출생지와 다른 곳에 거주하는 비율이 늘어난다는 점과 우리나라에서도 체류외국인이 해마다 증가한다는 점에서 다양성을 유추하였습니다.

제가 생각하는 다양성이란 교육, 문화, 종교 등 다른 계층이 어우러져 살아가는 것이라고 생각합니다. 이와 관련하여 검찰에서 범죄피해자를 대상으로 피해자보호제도를 여러 방면으로 실시하고 있습니다. 요즘에는 외국인도 일정 요건이 충족되면 지원을 받을 수 있습니다. 이렇게 검찰에서는 시대 상황에 맞춰 다양성을 실현하고 있습니다.

다음으로는 다양성에 대한 저의 경험을 말씀드리겠습니다. 저는 대학생 때 다문화센터에서 봉사활동을 장기간에 걸쳐 한 적이 있습니다. 그곳에서 동남아, 주변 아시아 국가 등 각국의 아이들을 보살피면서 여러 각국의 문화 등을 알게 되었고 봉사활동 중 다문화행사를 보조하는 업무를 하였을 때 한국의 문화와 각 나라별 문화를 혼용할 수 있는 방안을 생각하여 담당자에게 건의한 적이 있습니다. 제가 검찰에 들어가면 이러한 경험을 바탕으로 다양성을 존중하며 업무를 처리하겠습니다.

다음으로 제시문에서 교육, 문화 등에서 차이가 발생하고 이로 인해 갈등이 발생한다는 점에서 형평성 내지 공정성을 유추하였습니다. 저는 공정성에 대하여 대한민국 영역 내에서는 누구든 대한민국의 법의 적용을 받지만 대상에 따라 적용범위 등이 달라질 수 있다고 생각합니다.

이와 관련된 사례로 대검찰청 우수사례로 선정된 수원지방검찰청 평택지청의 사례를 말씀드리고자 합니다. 해당 사건은 40대 여성이 거주하는 집에 방화를 하여 현주건조물방화죄로 구속이 된 사건으로 평택지청에서는 피의자가 정신질환이 있는 점(원래는 지적장애인데 잘못 말하였습니다.;;), 아이들이 처벌을 원치 않는 점 등을 고려하여 구속취소 결정 후 기소유예를 하였고 이 과정에서 여러 방면으로 지원을 하였다고 합니다.

다음으로는 제 경험에 대해 말씀드리겠습니다. 저는 학습지가 없어졌다는 신고를 받고 출동하니 70대 할머니가 학습지를 가져다 고물상에 팔아 넘겼다는 피해자의 말을 듣고 해당 할머니를 찾아 즉결심판을 청구한 적이 있습니다. 최초 피해자가 처벌을 주장하여 비교적 처벌이 약하고 신속하게 진행되는 즉결심판을 청구하였다가 피해자가 마음이 바뀌어 처벌불원의사를 표명하여 곧장 경찰서 담당자에게 전달하였고 경미범죄심사위원회를 개최하여 결국 훈방이 되었습니다. 이러한 점에서 저는 공정성을 발휘하였다고 생각했습니다.

검찰에 입직하여서도 이러한 공정성을 갖춘 자세로 업무를 수행하겠습니다.

이상 5분발표를 마치겠습니다. 감사합니다.

(참고로 나중에 알아보니 즉결심판에서 경미범죄심사위원회를 개최하려면 피해자 처벌의사가 없고 고령자, 소년 등의 요건이 필요합니다.)

2 질의응답

면접관 발표자분께서는 사례에서 중요한 공직가치를 다양성과 공정성으로 꼽았는데 다양성이 왜 중요하다고 생각하나요?

응시생 우리나라는 현재 저출산, 고령화 문제를 겪고 있습니다. 제시문에서도 외국인체류 비율이 점차 증가한다고 설명했듯이 앞으로도 계속 다문화가정, 혼혈자녀 등이 인구수의 일정비율을 차지할 것입니다. 이에 따라 여러 나라의 문화가 유입되어 다양한 가치가 혼합되기 때문에 다양성이 날이 갈수록 중요해진다고 생각합니다.

면접관 이러한 현상이 지속되면 발생하는 문제점에는 어떤 것들이 있을까요?

응시생 우선 문화적 갈등 이외 각종 범죄나 사회적 문제가 야기될 수 있습니다. 제가 아는 사례로는 외국인 유학생들은 유학 비자를 받아 입국을 하고 교내외 취업이 해당 비자로는 불가능한 것으로 알고 있습니다. 그러나 유학생들이 불법취업을 하다 적발되는 사례가 많으며 이외에도 불법체류자들 등이 제조업 등에 불법취업하여 적발되는 사례가 많습니다.

면접관 이러한 상황 속에서 중요한 것이 무엇이라고 생각하나요?

응시생 (공직가치에 대해 물으시는 줄 알고 답변하였습니다.) 우선 외국인이 늘어남에 따라 내국인과 외국인들을 조화시킬 수 있는 정책이 뒷받침되어야 한다고 생각합니다. 이러한 정책을 수립함에 있어 필요한 것이 민주성이라고 생각합니다. 현재 우리나라에서는 일정 조건에 해당하는 외국인에게 투표권을 주고 각종 정책으로 외국인들을 지원하는 정책이 있습니다. 날이 갈수록 이러한 현상이 확대될 것이기에 적절한 소통을 통해 민주성을 실현해나가며 적절한 정책이 실현되어야 한다고 생각합니다. 그리고 민주성에 대한 제 경험을 말씀드리고자 합니다. 저는 교통부서에 근무 당시 퇴근길에 교차로에서 교통안전근무를 수 개월 동안 하였습니다. 해당 근무 도중 '차들이 너무 막힌다. 신호가 짧다'는 이야기를 많이 들었고 정식으로 저희 부서에 민원도 접수되어 제가 근무 중 느낀 점과 신호기 조작을 매번 다르게 적용하여 최적의 결과를 찾아 보고서 작성 후 계장님께 보고하여 신호 주기 등을 바꾸어 교통소통이 더 원활하게 만든 사례가 있습니다.

3 **피드백 – 제시문에서 찾을 수 있는 대표 공직가치**

① 다양성: 종교, 인종, 지역 등 다양한 배경을 가진 외국인 증가
② 책임성, 적극성, 공정성, 공익성: 외국인 증가로 인한 사회갈등 문제 해결 노력 필요
③ 민주성: 외국인과 시민의 의견을 듣고 사회통합 노력 필요

4 **제시문과 관련된 면접질문**(질문리스트)

Q. 해당 지문 중 가장 중요하다고 생각한 공직가치와 해당 공직가치와 관련해서 면접 준비 기간에 한 노력에 대해 답변해달라.

Q. 외국인이 증가하고 있는데 예상되는 문제는 무엇인가?
└[후속질문] 불법체류자 문제는 어떻게 생각하는가?
└[후속질문] 주위에 안타까운 상황인 불법체류자 지인이 있다면 어떻게 할 것인가?
└[후속질문] 외국인이 갈수록 늘어나고 있다. 외국인의 범죄가 많이 늘어나는 이유는 무엇이라고 생각하는가?
└[후속질문] 지원자의 말처럼 다문화를 위한 정책을 하면 우리나라에 어떠한 이점이 있겠는가?
└[후속질문] 현재 우리나라에서 하고 있는 다문화 정책의 개선점이 있다면?
└[후속질문] 그렇게 하면 우리나라 국민들이 형평성에 어긋난다고 반발하지 않겠는가?
└[후속질문] 외국인을 위해 도움이 된다던지 사회에 도움을 준 적이 있는가?
└[후속질문] 외국인 지원 정책을 할 때, 생길 수 있는 갈등이 무엇이라고 생각하는가?

Q. 글로벌시대에 공무원으로서 다양성은 왜 중요한가?
└[후속질문] 우리 사회에서 다양성이 실현됨으로써 어떤 이익을 얻을 수 있겠는가?
└[후속질문] 이렇게 다양성을 중시하면 충돌하는 공직가치에는 무엇이 있으며 이를 어떻게 해결할 수 있겠는가?
└[후속질문] 다양성과 민주성을 유추하였는데 이 공직가치가 중요한 이유는 무엇인가?
└[후속질문] 그렇다면 이 공직가치와 관련된 본인의 노력이나 경험이 있는가?

Q. 공정성과 공익성의 차이는 무엇인가?

아래 내용에서 찾을 수 있는 공직가치와 그 실천방안에 대해 자유롭게 발표해 주십시오.

현재 구직사이트에는 많은 채용정보가 공고되고 있으나 대다수 채용공고에서 구체적 임금조건이 빠져 있다. 설문조사에 따르면 75.8%가 임금조건이 공개되지 않는 경험을 했고 이 중 85%는 불충분한 임금조건 공개에 대해 '문제가 있다'고 답했다. 이에 △△부처에서는 투명한 정보제공을 통해 구직자의 알권리 보장을 위해 구인정보 가이드라인을 제정하는 등 다양한 대응방안을 마련 중이다.

1 5분발표

안녕하십니까. 저는 이번 고용노동직렬에 지원하게 된 ○○○이라고 합니다. 지금부터 5분발표를 시작하도록 하겠습니다.

먼저 제가 주어진 제시문에서 찾을 수 있는 공직가치는 투명성과 책임성입니다. 지원자의 알권리를 고려한다는 점에서 투명성을 △△부처가 알권리를 보장하기 위한 대응마련을 한다는 점에서 책임성을 찾게 되었습니다.

제가 생각하는 투명성이란 공무원 조직에서 나무의 뿌리 부분이라고 생각합니다. 나무의 뿌리에 해당하는 투명성의 공직가치가 제대로 형성되어 있지 않는다면 나무의 줄기나 열매 부분에 해당하는 다른 공직가치가 형성되기 어렵다고 생각합니다.

예컨대 공무원이 일정 기간 내에 업무를 처리하지 못할 상황이 발생할 경우 민원인에게 처리 과정이 어렵고 기간이 얼마나 더 소요됨을 투명하게 이야기하지 않는다면 민원인의 불만이 높아지고 처리결과도 상대적으로 불만족으로 이어지게 되며 국민의 불신을 사게 될 수 있습니다.

그래서 저는 투명성을 실현시키기 위한 공무원의 자세로서 민원이나 사건을 접수받을 때 이메일, 메시지 등을 통해 처리과정 및 기간을 안내하고 처리과정에서 어려움이 발생되었을 경우에 투명하게 처리의 어려움을 공개하고 민원인에게 양해를 구하는 절차를 상세히 기술한다면 국민들에게 투명하고 신뢰받는 공무원으로 거듭날 수 있을 것 같다고 생각하였습니다.

다음으로 책임성에 대해 말씀드리겠습니다. 제가 생각하는 책임성이란 맡은 업무에 대한 결과뿐만 아니라 업무를 처리함에 있어서 전문성과 융통성을 발휘하는 과정을 통해 국민께 도움을 드리는 것이라고 생각합니다.

고용노동부의 경우 타 직렬보다 공무원이 가지고 있는 재량권이 넓어 법률과 원칙 내에서 자신의 역량을 발휘할 수 있는 적극행정의 기회가 될 수 있다고 생각합니다. 그러나 반대로 역량을 발휘하지 못한다면 소극행정으로 이어질 수 있고 나아가 이는 곧 국민의 신뢰 감소로 이어질 수 있다고 생각합니다.

그래서 저는 책임성을 실현시키기 위한 공무원의 자세로서 역량을 발전시킬 수 있는 시스템 구축이 필요하다고 생각합니다. 제가 생각한 시스템 구축방안 중 하나로 적극행정 브레인스토밍을 생각해봤습니다. 현재도 고용노동부는 부서와 직책에 관계없이 정책에 대해 브레인스토밍을 하고 이에 대한 방안 등을 모색하는 것으로 알고 있습니다. 다만, 지청의 경우에는 지청별로 사정이 달라 이를 똑같이 시행하지는 못하는 것으로 알고 있습니다. 따라서 지청의 경우 단위별로 다르게 브레인스토밍을 진행하면 어떨까 생각하였습니다. 예컨대 3개월의 널널한 기간을 주고 지청별이나 부서별 주제를 하나 정하여 그에 대한 의견을 자유롭게 서면으로 제출하는 형식입니다. 이를 통해 적극행정에 대한 부담감도 덜고 창의적 해결방안도 도출되어 책임성을 실현시킬 수 있다고 생각합니다.

앞서 말씀드렸듯이 투명성과 책임성의 공직가치는 우리 고용노동부 공무원으로서 함양해야할 핵심 공직가치로 해당 공직가치들이 부족할 경우 국민들에게 큰 피해를 주고 우리 고용노동부에도 정체성을 훼손시키는 결과를 가져다줍니다. 따라서 해당 공직가치를 실현할 수 있도록 노력하겠습니다. 이상으로 5분발표 마치겠습니다. 감사합니다.

2 질의응답

면접관 공직가치가 공무원에게 중요한 이유가 뭐라고 생각하세요?

응시생 저는 일반 사기업의 경우 이윤창출을 주요 목적으로 하지만 공무원의 경우 국민의 생활에 밀접하게 연관되어 있기 때문에 공직가치가 중요하다고 생각합니다.

면접관 공직가치를 실천하기 위한 방안이 무엇이 있을까요?

응시생 (너무 질문이 추상적이고 예측하지 못해서 당황하였습니다.) 잠시 생각 좀 해봐도 되겠습니까? (이후) 답변드리겠습니다. 국민의 입장에서 생각하고 고민하여 행동하는 자세가 필요하다고 생각합니다.

면접관 반발하는 기업이라던가 그런 경우 설득방안이 있을까요?

응시생 대부분의 공기업들은 임금이나 복지부분을 포함하여 사내규칙을 공개하고 있습니다. 따라서 사기업의 경우에도 공기업이 이러한 방향성을 가지고 있다고 말씀드리고 공개될 경우 우수한 인력이 유입되어 기업경쟁력을 갖출 수 있을 것 같다고 말씀드리고 싶습니다.

면접관 그런데 여기 제시문에서는 알권리를 보장하자는 입장인데 이렇게 되면 어떤 문제가 발생할 수 있을까요?

응시생 아무래도 개인정보보호 문제가 발생할 것 같습니다. 「개인정보보호법」에 따르면 어느 부분이 공개되고 어느 부분이 비공개될지 나와 있는데 그러한 부분을 중점으로 비공개 정보를 가려내고 공개되는 정보 중에서도 블라인드 처리식으로 하여 개인정보문제를 최소화하여야 한다고 생각합니다.

면접관 투명성에 대해서도 이야기 하셨는데 투명성에 대해 실천방안이 있나요?

응시생 (5분발표 할 때 말씀드린 내용인데 못 들으신 것 같아서 비슷한 뉘앙스로 대답하였습니다.) 어떤 업무 처리 기한이 규정 기한보다 넘어가게 되면 민원인에게 솔직하게 말씀드리고 언제까지 하겠다는 확답을 드린 다음 처리과정을 공문 등으로 상세히 알려야 한다고 생각합니다.

면접관 구체적으로 어떻게 할 것인지 말씀주세요.

응시생 예컨대 제가 실무에서 경험했던 사례를 토대로 말씀드리면 진정서 처리기한이 50일로 알고 있습니다. 그런데 근로감독관의 경우 업무량이 많거나 어려움이 있어서 진정서 처리기한 내에 처리를 못하는 경우가 발생할 수 있습니다. 이럴 경우 민원인에게 처리기한 내 처리를 하지 못한 어려운 이유 등을 상세히 공문이나 문자 메시지 등으로 통보하고 진정인에게 언제까지 처리하겠다는 확답과 처리 과정에서 어떻게 처리를 하고 있다는 등의 상세한 방안을 마련할 것 같습니다.

3 **피드백 – 제시문에서 찾을 수 있는 대표 공직가치**

(1) 대표 공직가치
   ① 투명성: 투명한 정보제공을 통해 구직자의 알권리 보장
   ② 책임성, 적극성, 공익성, 전문성, 창의성: 구인정보 가이드라인을 제정
   ③ 민주성: 설문조사를 통해 구인정보 제공에 대한 문제점을 찾아냄
(2) 임금조건 공개시 장단점
   ① 장점: 입사 후 임금 불만족에 따른 퇴사자 감소, 임금협상이 수월, 투명한 채용정보 공개로 긍정적 이미지 형성
   ② 단점: 높은 임금 회사로 지원자 쏠림현상, 민감 내부정보(성과주의 연봉제 채택 기업이 많아 채용과정에서 이를 공개하는 것은 불합리)
(3) 고용노동부에서는 임금조건 공개에 대해 당장 법제화는 어렵다고 판단하고 채용 이후 근로조건이 바뀌는 등 불합리한 경우에 대해서는 시정토록 가이드라인을 제공 중

4 **제시문과 관련된 면접질문**(질문리스트)

Q. 투명성 확보가 왜 중요한가?
   ┗[후속질문] 국민에게 알권리가 왜 필요한가?
   ┗[후속질문] 투명성 때문에 알권리를 중시하다 보면 생길 수 있는 문제점은?
   ┗[후속질문] 투명성을 어떻게 국민에게 시행할 것인가?
   ┗[후속질문] 가이드라인을 만들지 않으면 발생하는 문제점은?
Q. 공직가치에 적극성, 책임성을 들어주었는데 사실 그런 역량들은 민간기업에서도 충분히 발휘할 수 있고 또 요구하는 가치이다. 그런데 공직에서 강조되어야 하는 이유는 무엇이라고 생각하는가?
   ┗[후속질문] 해당 공직가치를 발휘한 경험이 있는가?
Q. 사기업보다 공직사회에서 민주성이 중요한 이유는 무엇이겠는가?
   ┗[후속질문] 민주성과 관련해서 네이버 리뷰를 답변해주었는데 정책에 관해서도 민주성을 반영할 방법에는 무엇이 있겠는가?
Q. 제시문을 보면 부처에서는 기업에 투명하게 정보공개를 하라고 요구하는 것인데 기업입장에서는 이것이 싫을 수도 있다. 어떻게 생각하는가?
   ┗[후속질문] 사실 기업도 보면 국민 중 하나이다. 그러므로 복지수준이나 그런 것들을 공개하는 것을 싫어할 텐데 어떻게 생각하는가?
   ┗[후속질문] 지원자 말대로 필수로 공개하게 해서 모든 기업이 임금을 다 밝히게 되면 발생하는 문제점은 무엇이겠는가?
   ┗[후속질문] 임금조건 공개에 대해 기업에서 반대한다면 어떻게 할 것인가?
   ┗[후속질문] 국민의 알권리를 위해 공개를 해야 하는데 어떻게 기업을 설득할 수 있겠는가?
   ┗[후속질문] 하나가 아니라 굉장히 많은 기업들이 있을 텐데 정책적으로 설득하는 방법에는 무엇이 있겠는가?
   ┗[후속질문] 정책수립 과정에서 반대 의견을 수렴하는 방법은?

아래 내용에서 찾을 수 있는 공직가치와 그 실천방안에 대해 자유롭게 발표해 주십시오.

> 외국인 근로자 수 증가로 인한 민원업무가 증가하고 있다. 이를 해결하기 위해 A시에서는 사전예약 방문시 중국어, 베트남어 등 해당 언어가 가능한 공무원 2명이 민원대응을 하고 있으며, 민원실에는 4개 국어로 만들어진 민원서류를 배치했다.

1   5분발표

저는 우선 사례문의 번역시스템 마련은 대표적인 적극행정의 모습이라 생각했습니다. (오른쪽 면접관님이 고개들어 보시고서는 끄덕끄덕 하셨습니다. 저는 여기서 한 템포 쉬고 눈을 마주치려 노력했습니다.) 그리고 이 적극행정 사례에서 저는 '다양성'과 '전문성을 바탕으로 한 책임성'을 유추해 낼 수 있었습니다.

우선 늘어나는 외국인근로자분들의 불편을 먼저 알고 개선하려는 노력에서 다양성을 유추했는데 저는 다양성이란 다름의 가치를 열린 자세로 이해하는 것이라 생각합니다. 또 무엇보다도 저는 각 정책에 있어 사회의 사각지대에 놓이게 되는 분들이 있다고 생각하는데 그런 소수자분들까지도 함께 동행하려는 공무원의 자세를 의미한다고 생각합니다.

그런 의미에서 저는 선거행정에서 다양성의 의미가 굉장히 크다고 생각합니다. 사실 평소 소수자 분들은 본인의 목소리를 내기 어려운 경우가 많은데 '1인 1표'라는 동등한 목소리를 낼 수 있는 가장 좋은 길이 투표라 생각하기 때문입니다. 그래서 저는 선거관리위원회에서도 소수자 투표권보호를 위해 다양한 노력을 하고 있는 것으로 알고 있습니다.

또 두번째로는 '책임성'을 유추해 내었는데 공무원에게 책임성이란 제가 맡은 업무의 보이는 부분이 있고 관심을 가진다면 미처 몰랐던 보이지 않았던 부분도 있을 텐데 거기까지 생각하고 국민의 불편을 해소해 드리려는 자세를 말한다고 생각합니다.

저는 이번 코로나를 겪으면서 제가 직접 공무원의 책임성을 느낀 적이 있습니다. 지난 총선 때 코로나가 터지고 갑작스러운 투표에도 저희 선거관리위원회가 선제적이고 혁신적 프로세스를 마련하여 저를 포함한 국민분들이 감염 없이 무사히 선거를 치를 수 있었습니다. 이때 역대 최고 총선 투표율이 나온 점에서 굉장히 저도 놀랐고 이를 외국에서도 배우러 오고 교육요청에 화상교육도 해 준 것으로 알고 있어 자부심을 느꼈습니다. (오른쪽 면접관님이 끄덕끄덕 해주셨습니다.) 또 제가 사실 필기시험 3일을 앞두고 코로나에 걸리게 되어서 매우 불안하고 두려웠습니다. 그런데 인사혁신처에서 시험을 치르기까지 모두 개별 연락을 주시고 세종 컨벤션센터까지 개방을 해주셔서 무사히 시험을 치를 수 있었습니다. (왼쪽 면접관님 끄덕끄덕) 특히 방호복을 입으시고 저희 수험생들이 다 확진자임에도 들어오셔서 일일이 감독을 해주시는 모습에 공무원의 책임감이란 이런 것이구나 직접 느낀 계기가 되었습니다.

(끄덕여 주셔서 한 템포 쉬고 답변 이어갔습니다.)

그리고 제가 이런 책임감을 가지고 행동했던 경험을 말씀드리고 싶습니다. 저는 지방에서 바다수영팀에 소속되어 있는데 처음 바다수영을 오시는 분들이 무섭고 두렵다고 많이들 말씀을 하십니다. 그래서 제가 총무님께 '꼬리만들기팀'을 제안했습니다. 이는 베테랑인 팀원과 함께 체력이 힘들거나 처음 오신 분들을 이끌고 무사히 완주를 하는 팀인데 이를 성공적으로 이끈 경험이 있습니다. 저는 우리 사회도 이와 같다고 생각합니다. 거대한 민주주의라는 바다에서 저와 국민 유권자분들이 함께 앞으로 나아가고 완주하시는 것에 제가 꼬리가 되어 한 분 한 분 빠짐없이 모시고 가는 공무원이 되고 싶습니다. 감사합니다.

2 질의응답

면접관 이 사례는 적극행정이 잘 된 사례라 생각이 되어서 저희가 가지고 온 게 맞아요. 그래서 이 정책을 A시에서 시작한 건데 저희가 전국적으로 확대실시를 해보고 싶어요. 그때 생길 수 있는 문제점이나 혹은 신경을 써야 할 부분이 있을까요?

응시생 네, 저는 우선 A시에 대해서 생각을 해보면 글에서 유추해 보건데 외국인 근로자가 매우 많고 점점 늘고 있다는 점에서 '경기'지역이 아닐까 싶습니다. 이에 수도권과 달리 지방에는 통역이 가능한 인력이 부족할 수도 있다는 생각이 듭니다.

면접관 그렇다면 그 문제는 어떻게 해결이 가능할까요?

응시생 요즘 지역의 거점 국립대학들이 사실상 지방 기피로 인해서 활성화가 어렵다고 알고 있습니다. 그래서 저는 국립대학에서 외국어를 전공하는 학생들을 자원봉사의 형태나 민간협력 형태로 도움을 받으면 양쪽 모두에게 도움이 될 수 있을 거라 생각합니다.

면접관 그럼 이걸 공무원 내부인력으로만 하긴 너무 힘드니 민간이나 대학의 인력을 같이 써본다는 거네요?

응시생 네, 그렇습니다. 그렇게 한다면 양쪽 모두에게 좋을 것 같습니다.

면접관 다양성과 책임성을 공직가치로 말씀하셨는데 다양성과 책임성이 실현된다면 어떤 점에서 실제적으로 도움이 될까요?

응시생 저는 각 정책마다 사각지대에 놓인 분들이 다르다고 생각합니다. (면접관님이 끄덕끄덕해주심) 어느 분야인지에 따라 여성이, 노인이, 장애인이, 아동청소년이 되는데 그래서 저는 자신이 맡은 업무의 소수자분들을 모두 두루 살피고 문제를 해결하는 자세가 결국 책임감 있는 정책으로 사회통합에 기여할 수 있다고 생각합니다.

면접관 그러면 적극행정에 대해 사실 아직까지 모든 공무원들이 원하거나 참여하지는 않고 있고 또 부담스럽게 생각하는 분들도 계시거든요? 그럴 때 혹시 본인이 어떤 정책을 하고 싶은데 그게 적극행정이라서 다른 팀원이나 상사가 불편해한다면 어떻게 하시겠어요?

응시생 사실 저는 그런 분들의 심정을 이해합니다. 저도 지금은 이렇게 적극적인 편인데 어릴 때는 내성적인 편이어서 발표하는 것도 팀활동도 어려워했었습니다. (면접관님이 끄덕끄덕해주심) 그래서 저는 꼭 외적으로 외향성을 드러내고 팀활동을 해야만 적극행정이 아니기에 내향적인 분들은 또 그분들만의 노하우로 만들 수 있는 방법이 있다고 생각합니다. 예를 들어 본인의 노하우가 담긴 사례집을 만들어서 동료들에게 배포한다거나 개별업무로도 가능하다고 생각해봤습니다.

면접관 어찌됐든 본인이 적극행정 정책 하나를 하고 싶은데 동료나 상사가 부담을 느끼고 반대한다면요?

응시생 아, 네. 그렇다면 저는 우선 제가 하고자 하는 정책의 청사진부터 제대로 만든 뒤 그 과정에서 부담스러워하는 팀원들이 개인적으로 할 수 있는 업무를 찾고 그 부분을 부탁하고 상사분께도 그런 계획을 우선 만든 뒤 보여드리며 설득을 한번 해보겠습니다.

3 | 피드백 – 제시문에서 찾을 수 있는 대표 공직가치

① 적극성: 적극행정 사례
② 책임성, 공익성, 전문성, 창의성: 적극행정 사례에는 거의 대부분 이와 같은 공직가치가 동반된다.
③ 다양성: 외국인 근로자를 위한 민원업무 처리

4 | 제시문과 관련된 면접질문(질문리스트)

Q. 적극성이 중요한 이유는 무엇이며 적극성을 발휘한 경험이 있는가?
  ﹂[후속질문] 적극성과 상충되는 공직가치는? (제7편 적극행정 내용 참고 ⇨ 적극행정을 할 경우 규정의 적극적 해석과 적용을 해야 하는 경우가 발생하므로 공정성과 충돌할 수 있음)
  ﹂[후속질문] 지원한 직렬에 들어온다면 해보고 싶은 적극행정이 있는가?
  ﹂[후속질문] 적극행정을 할 때 협조가 어려울 수 있는데 어떻게 해결할 것인가?
  ﹂[후속질문] 적극행정이 가진 문제점들도 있는데 구체적으로 어떤 문제가 있겠는가?
  ﹂[후속질문] 적극행정의 단점은 무엇인가?
  ﹂[후속질문] 상사가 적극행정을 막는다면 어떻게 할 것인가?
Q. 적극성, 전문성 외 도출할 수 있는 가치는 무엇인가?
  ﹂[후속질문] 다양성과 책임성을 어떠한 방법으로 실현할 것인가?
  ﹂[후속질문] 다양성과 책임성을 발휘했을 때의 효과는?
  ﹂[후속질문] 책임성이 중요한 이유는?
  ﹂[후속질문] 책임성 관련 경험을 답변해달라.
Q. 외국인 민원 통역 서비스를 할 때 고려해야 할 중요한 사항은 무엇인가?
  ﹂[후속질문] 고려해야 할 다른 시설 등도 있을텐데 왜 인력이어야 하는가?
  ﹂[후속질문] 외국어 사용 가능한 공무원들을 충원할 경우 일이 더 많아질 것이다. 업무 증대로 관련 공무원들이 싫어한다면?
  ﹂[후속질문] 상사가 외국인은 우리 시민이 아니고 우리나라 국민인 맹인 점자나 수어 등에 예산을 투입해야 한다고 반대한다면?
  ﹂[후속질문] 외국어 담당으로 채용한 직원이 외국인이 없을 때 놀고 있는 모습에 옆에 있는 직원들이 불만을 표한다. 그래서 외국어 담당에게 일하라고 했더니 본인은 외국인 담당으로 채용된 것이라 안하는 거라고 답변한다면 어떻게 할 것인가?
  ﹂[후속질문] 이러한 좋은 서비스에 대해 홍보를 해야 한다면 홍보방안으로 생각한 것이 있는가?
  ﹂[후속질문] 외국인 근로자 고용을 위해 일하는 목적이 무엇이겠는가?

아래 내용에서 찾을 수 있는 공직가치와 그 실천방안에 대해 자유롭게 발표해 주십시오.

드론 기술은 사물인터넷, AI(인공지능), 자율주행 등과 더불어 4차산업혁명을 대표하는 기술이다. A부처에서는 산불진화를 위해 4차산업혁명 기술인 드론을 활용하여 화재진압에 사용하고 있다. 정부에서는 앞으로도 사람이 갈 수 없는 위험한 곳의 탐색 등에 드론 기술을 적극적으로 활용할 계획이다.

1 5분발표

안녕하십니까? 시설조경직에 지원한 ○○○입니다. 지금부터 5분발표 시작하겠습니다.

저는 제시문에서 산불피해를 예방하고자 적극적으로 노력하고 있다는 점에서 적극성이라는 공직가치를 찾았습니다.

제가 생각하는 적극성이란 현재 상황에 안주하지 않고 솔선수범하여 문제상황을 능동적으로 발견하고 해결하고자 노력하는 것입니다. 실제로 정부에서는 이러한 적극성 실천의 일환으로 적극행정을 강조하고 있습니다. 어떻게 보면 제시문도 적극행정의 일환이라고 생각합니다. 하지만 현직에서는 법적 책임, 과중한 업무의 부담 등의 이유로 실천에 곤란을 겪고 있다고 들었습니다. 그래서 적극행정을 활성화할 수 있는 방안을 생각해보았습니다.

인사혁신처에서 운영하고 있는 적극행정 사례집을 본 적이 있는데 '도전하다'라는 카테고리가 기억에 남습니다. 성과를 달성하지는 못했지만 국민을 위해 실패를 두려워하지 않고 도전을 한 경우의 사례를 수록해둔 것이었습니다. 저는 이것을 보고 무엇보다 공무원들에게 실패를 두려워하지 않는 자세를 심어주는 것이 중요하다고 생각했습니다. 이렇게 실패를 바라보는 변화된 시선 즉, 결과보다 과정을 중요시 했을 때 공무원들로 하여금 더 많은 참여율을 불러일으킬 수 있을 것입니다.

제시문과 비슷하게 국민들에게 안전함과 편리함을 제공하기 위해 4차산업혁명 기술을 사용한 제 직렬의 사례에 대해 말씀드리겠습니다. 자율주행 순찰 로봇은 인공지능, 사물인터넷 등 다양한 ict 기술이 결합된 서비스로 현재 서울시 공원 내에서 긴급 상황 발생, 범죄예방 등을 위해 순찰 및 방역 업무를 하고 있습니다. 이러한 로봇은 보행안전법상 차에 해당되기 때문에 보도에서는 운행이 불가했었습니다. 하지만 규제 샌드박스는 자율주행 순찰 로봇의 실효성을 증명하고 공원 내 로봇 서비스의 상용화를 위해 공원과 둘레길에서의 사용을 허가해주었습니다.

제시문에서 산불피해에 대해 … 사용했다는 점에서 창의성이라는 공직가치를 찾았습니다. (제시문이 기억이 안납니다.ㅠㅠ 어쨌든 신기술을 사용했다는 말이었습니다.) 제가 생각하는 창의성이란 갈등 해결을 위해 다방면의 해결책을 고안하는 적극적인 태도라고 생각합니다. 창의성이라고 하면 보통 기존의 생각에서 아예 벗어나 새롭고 독창적인 것을 창출하는 능력을 떠올리게 됩니다. 하지만 공직사회에서의 창의성은 새롭고 독창적이기만 해서는 안 되고 사회적인 맥락 안에서 어려움을 겪고 있는 국민들에게 도움이 되었을 때, 그리고 적절하게 실현됐을 때 그 가치가 더 커진다고 생각합니다. 그래서 저는 창의성을 제고시키기 위한 실천방안으로 시뮬레이션을 제안하고 싶습니다. 떠올리는 해결책이 어떠한 식으로 작용하는지 시뮬레이션을 한다면 그 과정 속에서 해결책의 부족한 점을 발견할 수도 있고 결국 보다 더 창의적인 해결책으로 발전할 수 있습니다.

이와 관련하여 제가 창의성을 발휘하여 도움을 드렸던 경험을 말씀드리며 발표를 마치겠습니다. 학원 아르바이트를 그만 두고 다음 근무자 분께 인수인계를 해야 하는 상황이었습니다. 보통의 경우라면 일주일 동안 같이 근무하며 일을 가르쳐 드렸겠지만 다음 근무자분께서 개인적인 사정으로 이틀 정도 나오시지 못했고 결국 일을 완벽하게 다 알려드리지 못했습니다. 그래서 저는 걱정되는 마음에 제가 처음 일을 시작했을 때 잘 몰라서 헤맸던 점, 어려웠던 점 등을 떠올리며 한글 파일에 하나하나 작성하여 남겨두었습니다. 제가 만들어 둔 가이드라인 문서가 다행히도 도움이 되었는지 다음 근무자분께 고맙다는 연락을 받았습니다. 그리고 최근에 원장님께서 하루만 일을 도와줄 수 있겠냐는 부탁에 학원에 간 적이 있었는데 제가 제작했던 문서에 근무자분들이 내용을 계속해서 추가해 사용하고 있는 것을 보았습니다. 단순히 걱정되는 마음에서 적극적으로 하게 된 행동이 다른 사람들에게 유익했고 계속해서 이용되고 있는 것을 보니 정말 뿌듯했습니다.

이상으로 5표발표 마치겠습니다. 들어주셔서 감사합니다.

(마지막 정리 멘트를 제대로 하지 못한 것이 아쉬웠습니다;;;)

2 질의응답

면접관 적극행정에 대해 말씀해주셨는데 실제로 이뤄진 경우가 있나요?

응시생 네, 제가 지원하는 업무가 적극행정으로 선정된 사례를 말씀드리겠습니다. 회동수원지는 상수원보호구역으로 지정되어 출입이 자유롭지 못했습니다. 이러한 이유로 회동수원지는 주민지원사업으로 선정되었습니다. 하지만 상수도사업본부의 반발로 공사는 중단됐습니다. 상수도사업본부는 탐방객 증가로 쓰레기, 수질오염이 예상되어 수원지의 보호를 요구하였는데 이는 숲길의 조성으로 이용객 편의를 도모하고자 했던 금정구청의 입장과 대립되었습니다. 그러나 금정구 공원녹지과는 포기하지 않고 상수도사업본부를 지속적으로 설득했습니다. 또한 휴게 공간을 최소화하고 지속적으로 환경정비를 약속하는 중재안도 제안했는데요. 결국 이러한 공원녹지과와의 적극적인 중재는 한 때 부산의 DMZ라고 불리기도 했던 회동수원지를 지금은 많은 주민들에게 사랑받고 있는 힐링 생태 탐방로로 재탄생 시켰습니다.

면접관 코로나 시대에 필요한 공직가치는 무엇이라고 생각하나요?

응시생 저는 다양성이라고 생각합니다. 제 직렬과 관련하여 말씀드리자면 코로나로 인해 외부활동이 어려우신 분들이 많았습니다. 그래서 이러한 분들을 비롯해 세대, 인종, 계층 어느 하나 치우침 없이 모든 사람들이 공정하게 녹색 공간을 누려야 한다고 생각했습니다. 그래서 저는 다양성이 중요하다고 생각합니다. (진짜 제가 말하고도 부끄러웠던 답변이었습니다.ㅠㅠ)

면접관 전문성 함양을 위해 어떤 노력을 했나요?

응시생 저는 뚜렷한 현직 경험도 없고 스스로 전문성이 부족하다고 생각했습니다. 사실 대학생 때도 비슷한 역량의 한계를 느꼈던 적이 있었는데 그때 저는 월간 환경과 조경이라는 잡지를 구독하며 다양한 칼럼과 사례를 접하려고 노력했습니다. 그래서 이번 면접 준비 과정 속에서도 국토교통부 홈페이지도 자주 방문하고 기사도 많이 읽으려고 했습니다. 저는 아직 많이 부족하지만 이 부족한 부분을 채우기 위해 항상 노력할 것이고 앞으로 전문성을 기르기 위해 필요한 것이라면 열심히 도전하고 배워나가겠습니다.

면접관 사기업에 비해 공공기관에서 기술 도입이 늦은 이유는 무엇이라고 생각하나요?

응시생 4차산업혁명 기술은 우리 사회에서 새로운 변화와 흐름이지 않습니까? 그러다 보니 이러한 흐름에 맞춰 요구하는 전문지식이 필요하곤 한데 공무원분들은 국민과 국가를 위한 일을 하다 보니 일이 정말 많다고 알고 있습니다. 그렇기 때문에 이러한 새로운 전문지식을 습득하기에 어려움이 있지 않나 생각합니다.

면접관 창의성을 어떻게 현직에서 발휘할 수 있을까요?

응시생 그럼 혹시 제가 정책 제안에 쓴 내용을 말씀드려도 될까요? (면접관님이 "네~ 간단하게 말씀해주세요."라고 하셨습니다.) 네, 먼저 이름에 대해서 설명을 드리자면 Eco는 환경 상태와 관련된 접두사, 그리고 울림을 의미하는 중의적 단어입니다. 녹지 공간이 탄소 흡수원으로서 역할을 다할 수 있다는 것을 시민들에게 효과적으로 알릴 수 있음과 동시에 가로 숲길을 선사해 줄 수 있는 프로젝트입니다. 일상 속에서 탄소 절감에 도움이 되는 작은 행동을 하는 사진을 SNS에 게시하고 이러한 포스팅의 개수가 목표치에 달성되면 도시 숲과 공원 녹지를 잇는 축에 수목이나 태양광 핸드폰 충전장치가 달린 스마트 벤치 등의 조경시설물이 조성되는 방식입니다. 이러한 선형의 공간에 탄소중립에 대한 시민들의 이해가 울려 퍼진다면 가로 숲길, 즉 색다른 형태의 시민 주도 도시林이 탄생될 수 있습니다.

3 │ 피드백 – 제시문에서 찾을 수 있는 대표 공직가치

① 적극성: 적극행정 사례
② 책임성, 공익성, 전문성, 창의성: 적극행정 사례에는 거의 대부분 이와 같은 공직가치가 동반된다.
③ 효율성: 드론이라는 신기술을 적용하여 효과적인 산불진압

4 │ 제시문과 관련된 면접질문(질문리스트)

Q. 일상생활에서 이러한 공직가치를 함양하기 위해 활동을 한 적이 있는가?
Q. 적극성이 중요한 이유는 무엇이며 적극성을 발휘한 경험이 있는가?
  ㄴ[후속질문] 적극행정 장려방안은 무엇인가?
  ㄴ[후속질문] 지원한 직렬에 들어온다면 해보고 싶은 적극행정이 있는가?
  ㄴ[후속질문] 상사가 적극행정을 막는다면 어떻게 할 것인가?
Q. 적극성과 전문성 외 도출할 수 있는 가치는 무엇인가?
  ㄴ[후속질문] 책임성과 공익성에 대해 답변했는데 이것을 왜 강조하고 싶은지 답변해달라.
  ㄴ[후속질문] 만약 공무원이 이러한 공직가치를 갖고 있지 않다면 어떻게 되겠는가?
  ㄴ[후속질문] 책임성과 창의성이 중요한 이유는?
  ㄴ[후속질문] 책임성과 창의성에 관련된 경험을 답변해달라.
Q. 4차산업혁명 기술을 어떻게 적용할 수 있겠는가?

아래 내용에서 찾을 수 있는 공직가치와 그 실천방안에 대해 자유롭게 발표해 주십시오.

A부처는 최근 정책연구에 대한 연구 부정 방지와 연구의 품질 개선을 위해 정책연구 편람과정을 전면 개정하였다. 논문을 모방하거나 그런 것들은 처벌한다. 연구자가 연구 결과에 대해 기밀이 아닌 경우 국민에게 모두 공개하여야 하며, 공개하지 않을 경우 그 이유를 상세히 설명해야 한다.

1 5분발표

안녕하십니까. 저는 이번 국가 세무직렬에 지원한 ○○○입니다. 지금부터 5분발표 시작하도록 하겠습니다. 먼저 제시문 요약을 하겠습니다. A부처가 정책연구에 대한 연구 부정 방지와 품질 개선을 위해 정책연구 편람과정을 전면 개정한 사례입니다. 저는 해당 제시문을 읽고 책임성과 투명성에 대해 유추하였습니다.

먼저 책임성에 대해 말씀드리겠습니다. 책임성이란 맡은 업무를 정확히 처리하고 좀 더 나은 개선책을 찾아 해결하려고 하는 자세입니다. 해당 제시문에서는 연구과정에서 부정행위 적발시 제재를 가함으로써 공직에 있는 자에게 더 높은 책임을 묻고 있습니다. 국세 공무원은 국민의 과세권을 대상으로 업무를 하기 때문에 특히 책임성이 중요하게 요구됩니다. 세법과 규정을 정확하게 준수하여 업무처리를 해야 합니다.

저 역시 책임성과 규정을 정확히 준수하여 업무를 처리한 경험이 있습니다. 제가 비영리단체에서 근무하였을 때, 정부예산을 지원받는 사업을 하였는데 해당 사업에 정확히 지출하였는지, 적격한 증빙을 갖추었는지 일일이 확인하여 약 500건이 넘는 지출에 대해 인정받았습니다. 당시 팀장님과 저 둘이서 증빙을 확인하는 작업이 조금 버겁기도 했지만 정부예산을 받는 만큼 높은 책임감을 가지고 임했던 경험이었습니다. 국세공무원은 더 높은 책임감을 가지고 있어야 합니다. 제가 국세공무원이 된다면 세법 지식을 정확히 습득하여 규정에 맞는 일처리를 하도록 노력할 것입니다.

다음으로 투명성에 대해 말씀드리겠습니다. 투명성이란 국민에게 정보를 공개하고 국민의 알권리를 실현하려는 자세입니다. 해당 제시문에서 연구결과에 대해 국민에게 공개하고, 공개하지 않을 시 그 이유와 타당성을 조사해야 한다는 점에서, 투명성을 실천하려 한다고 생각합니다.

저 역시 작게나마 투명성을 실천하려 노력한 사례가 있습니다. 저는 공공기관 청렴도에 대한 설문조사 아르바이트를 한 적이 있습니다. 공공기관 방문시 만족도, 개선사항, 비위제보 등에 대해 전화로 여쭤보는 업무였습니다. 당시 많은 분들께서 만족한다고 하셨지만 제보를 하시는 분들께서는 종종 "이렇게 말해도 바뀌지 않을 거라고 생각한다"라며 냉소적인 태도를 보이셨습니다. 저는 이 점을 안타깝게 생각하여 담당자분께 해당 제보자와 앞으로 제보하시는 분들의 사례를 특별관리하는 것이 어떨지 제안드린 바 있습니다. 물론 전수조사같은 대대적인 방법은 힘들었지만 해당 공공기관 블로그에서부터 작게 시작하면 어떨까 하셨습니다. 결과적으로 만족도 설문조사에 대한 평가와 심각한 건에 대한 조사과정과 사후방안에 대해 블로그에 개재하면서 투명성을 높이려고 시도한 바 있습니다.

이처럼 공직자에게 중요한 책임성과 투명성을 항시 내재화하여 국민들께서 국세청에 대한 신뢰도를 높이실 수 있도록 노력하겠습니다. 이상으로 5분발표 마치겠습니다.

2 질의응답

면접관 잘 들었습니다. 뽑아주신 두 가지 중에서 세무직 공무원에게 무엇이 더 중요한가요?

응시생 책임성과 투명성 두 가지 중에서 우선순위를 뽑자면 책임성입니다. 왜냐하면 세무직 공무원은 국민의 세금을 다루기 때문에 1원이라도 실수를 할 경우 민감하게 받아들이실 것이고 세금이 큰 금액일 경우, 국세공무원이 실수했을 때 소송이 들어오거나 행정처분을 받는 등 불이익이 가해지기 때문입니다. 따라서 정확한 법령을 숙지한 후에 규정대로 처리하는 것이 중요하다고 생각합니다.

면접관 해당 제시문에서 편람과정을 전면 개정한 이유는 무엇인가요?

응시생 (5분발표 자료를 보며) 연구부정 방지와 연구품질 개선을 위해서 전면 개정하였습니다.

면접관 국세청에서 해당 가치를 실현하기 위해 잘하고 있는 정책에 대해 알고 있나요?

응시생 네, 국세청에서는 책임성과 투명성을 실현하기 위해 여러 가지 노력을 하고 있습니다. 먼저 책임성에 대해 말씀드리자면 국세청 기조가 납세행정 편의를 위한 것으로 바뀌고 있고, 전자납부시스템을 대대적으로 개편하여 세무서에 직접 찾아오셔서 납부를 하시는 개인이 44% 가까이 줄었다고 합니다. 저는 국세청이 책임을 다하여 납세행정을 쉽게 만들었다고 생각합니다. 또한 투명성을 실현한 사례로는 현재 국세청 홈페이지에는 부동산세금 100문100답, 납세자들을 위한 절세가이드 등을 배포하여 납세자들이 정보를 열람할 수 있도록 하고 있습니다.

면접관 투명성에 대해서 국세청과 공무원이 정보공개를 많이 하고 있음에도 불구하고, 국민들의 인식은 여전히 부족하다고 느낍니다. 왜 그렇다고 생각합니까?

응시생 네, 국민들께서 원하는 정보를 어디서 얻을 수 있는지를 모르셔서 적재적소에 정보를 얻지 못하기 때문이고, 또 공무원들 내부적으로만 알고 있는 정보를 이용하여 이익을 본 사례가 (이때 약간 갸우뚱하시는 것 같았습니다.) 극단적이긴 하지만 언론에서 한번 보도되어 크게 이슈가 되었기 때문에 국민들의 인식이 부정적일 수 있다고 생각합니다. 잘하는 정책도 많지만 한번 잘못하게 되어 이슈가 되면 그 인식이 더 빨리 자리잡는 것 같습니다. (여기서 방향을 약간 잘못 잡은 것 같습니다;;;)

면접관 알다시피 국세청에는 정말 많은 과세자료가 있어요. 민감한 자료도 있고요. 투명성이 많이 요구되고 있긴 하지만 개인정보도 중요하게 생각하기 때문에 자료공개가 완전히 투명하게 되고 있지는 않아요. 청문회에서도 탈세기업 자료 공개하라고 해도 민감한 정보들이 있으니까 완전히는 못하거든요. 본인이 생각하기에 투명성과 개인정보보호 중 어떤 것에 중점을 둬야 할까요?

응시생 (고민) 제가 생각하기에 아직까지 우리나라 실정상 국민들의 개인정보보호 요구가 강하고 유출에 따른 우려가 크기 때문에 완전히 투명하게 공개하기는 어려울 것 같습니다. 그래서 개인정보와 민감한 정보는 최대한 유출하지 않는 선에서 과세자료를 공개해야 할 것 같습니다. 하지만 탈세기업, 고액상습체납자 등 악성으로 세금을 내지 않는 자들에게는 좀 더 엄벌 차원에서 개인정보까지 공개하여 체납액을 받는 방향으로 가야할 것 같습니다. (면접관님들이 끄덕이셨습니다.)

면접관 그럼 정보공개를 할 때 어느 선까지 해야 할까요?

응시생 앞서 말씀드린 것처럼 개인정보와 민감할 수 있는 정보는 최대한 제외해야 합니다. 그리고 정보공개를 할 때, 관련 부처에서 전문가들이 '어느 선까지 공개해도 좋겠다'라고 판단을 내리면 그 기준을 검토해 보고 합의를 해야할 것 같습니다.

3 피드백 – 제시문에서 찾을 수 있는 대표 공직가치

① 투명성: 연구결과에 대해 국민에게 공개
② 청렴성: 연구 부정, 논문 모방 발생
③ 책임성, 공익성, 전문성, 공정성, 적극성: 연구품질 개선을 위해 정책연구 편람과정 전면 개정

4 제시문과 관련된 면접질문(질문리스트)

Q. 청렴성과 투명성을 답변해주었는데 이 두 가지가 우리 세무공직자에게 왜 필요하겠는가?
 └[후속질문] 우리 국세청이 지난해에 투명성 평가를 종합 2등급을 받았다고 답변해주었는데 본인이 생각하기에 우리 국세청의 청렴도는 몇이라고 생각하는가?
 └[후속질문] 본인이 생각하기에 투명성과 개인정보보호 중 어떤 것에 중점을 두어야 겠는가?
Q. 이 제시문에서 왜 청렴성과 적극성을 유추했는가?
 └[후속질문] 지금 공직사회에 고질적인 문제들이 여러 가지 있다. 그런 부분에 대해서 본인의 생각은 어떠한가?
 └[후속질문] 뽑아준 두 가지 중에서 세무직 공무원에게 무엇이 더 중요한가?
Q. 책임성과 공익성에 대해 답변해주었는데 이것이 국세공무원에게 왜 중요한가?
 └[후속질문] 국세청에서 책임성과 공익성을 발휘하고 있는 부분은 무엇이라고 생각하는가?
 └[후속질문] 제시한 공직가치 외에 국세공무원에게 필요한 다른 공직가치가 있다면?
Q. 어떤 정책을 만들어 낼 때 공개할 수 없는 부분이 많은데 지원자는 그런 경우 공개를 하는 범위와 절차 같은 것에 대한 기준을 어떻게 정해야 한다고 생각하는가?

아래 내용에서 찾을 수 있는 공직가치와 그 실천방안에 대해 자유롭게 발표해 주십시오.

개인방송을 하는 공무원이 증가함에 따라 A부처에서는 다음과 같은 복무지침을 마련하여 안내했다.
가. 준수사항
　　직무상 알게 된 비밀 누설 금지 / 직무 내외를 불문하고 공무원으로서 품위 유지 / 정당이나 그 밖의 정치단체의 결성 및 가입 관련 행위, 선거에서 특정 정당 또는 특정인을 지지·반대하기 위한 행위 금지 / 직무 능률을 떨어뜨리거나 공무에 부당한 영향을 끼치거나 국가의 이익과 상반되는 이익을 취득하거나 정부에 불명예스러운 영향을 끼칠 우려가 있는 행위 금지
나. 겸직허가 신청기준
　　소속기관의 장은 준수사항을 위반하지 않고 담당 직무수행에 지장이 없는 경우 겸직허가를 할 수 있다.

1 ｜ 5분발표

안녕하십니까? 수험번호 ○○○○번 ○○○입니다. 최선을 다해서 발표하겠습니다.

저는 먼저 A부처가 변화하는 사회의 흐름을 읽고 공무원 개인방송 규정집을 배포한 부분에서 적극성을 유추하였고, 이는 공직자가 본받아야 할 자세라고 생각합니다. 두 번째로 유추한 공직가치는 책임성입니다. 지침의 1항은 공무원으로서의 품위유지 등의 조항이 쓰여 있는데, 이는 개인방송을 하더라도 본업이 공무원임을 잊지 말고 공직자의 자세를 유지해야 하는 점에서 책임성을 유추했습니다.

먼저 적극성에 대해서 말씀드리겠습니다. 적극성은 적극적인 자세로 주어진 상황을 해결하고 국민에게 더욱더 도움이 되고자 노력하는 자세라고 생각합니다. 이에 관련된 우정사업본부 사례를 말씀드리겠습니다. 작년에 우체국에서 돌아가신 할머니 행세를 하여 현금 12억을 인출하려는 시도가 있었습니다. 해당 일당은 돌아가신 할머니의 신분증, 휴대폰을 가지고 있었습니다. 해당 직원은 전화로 본인인증 절차까지 하였으나 아무리 보아도 평소 알던 고객님과 얼굴이 달라 이를 상관님께 보고하고 경찰서에 신고하여 범죄 행위를 막았습니다. 제가 듣기로는 노인 분들은 신분증 사진과 현재 모습이 달라 본인확인이 어렵다고 들었습니다. 절차적인 부분은 모두 진행했으나 평소 고객에게 관심을 가지고 기억한 점, 상관께 보고하고 경찰에 신고한 모습에서 적극성을 유추할 수 있었다고 생각합니다.

제가 적극성을 발휘한 경험을 말씀드리겠습니다. 저는 빅데이터 연계전공을 이수하면서 빅데이터 분석 공모전 참가 수업을 들었습니다. 대부분의 학생들이 이공계여서 저는 아는 학우들이 없었지만 제 장점을 설명하면서 팀원을 적극적으로 꾸렸고, 다른 팀원들이 조장을 부담스러워해서 제가 조장을 맡아서 공모전을 이끌어 수상한 경험이 있습니다.

두 번째 공직가치 책임성에 대해서 말씀드리겠습니다. 책임성이란 공무원이 법률을 준수하고, 본인이 맡은 업무에 소명의식을 가지고 책임감 있게 업무를 처리하는 것이라고 생각합니다. 이와 관련된 사례를 말씀드리겠습니다. 올해, 일요일이라 우표를 구할 수 없어 편지에 현금 천원을 동봉하여 해당 편지를 우체통에 넣은 국민이 있었습니다. 이를 발견한 우체국 직원은 우표를 붙이고 거스름돈과 영수증을 편지에 동봉하여 발송하였고, 이에 감동받은 국민이 이를 인터넷에 올려 해당 공무원이 선행상을 받은 사례가 있습니다. 해당

직원은 인터뷰에서 '우표 한 장은 430원으로 거스름돈을 돌려드리는 일은 당연하다. 해야 할 일을 했을 뿐인데 부끄럽다.'라고 말씀하셨습니다. 저는 책임감은 작은 일이라도 책임감 있고 국민에게 떳떳하게 일처리를 하는 것이라고 생각했습니다. (이때 면접관님이 시계를 보시는 것 같아서 서둘러 마무리 했습니다.)

제가 책임감을 발휘했던 사례는 인턴 때 개인 사정으로 선배가 업무를 못하게 되어 제가 적극적으로 해당 업무를 처리한 경험이 있습니다. 저희가 저희 학교를 대표한다고 생각했기 때문에 업무에 차질이 있어서는 안 된다고 생각했습니다. 우체국의 상징인 제제는 희망찬 모습으로 국민에게 행복을 전달한다고 합니다. 저도 책임성과 적극성을 지니고 국민에게 제제처럼 다가갈 수 있는 공무원이 되도록 노력하겠습니다. 발표 들어주셔서 감사합니다. (이때 손목시계 봤을 때 35분에 가까운 것 같았습니다.)

2 질의응답

면접관 적극성과 책임성 둘 중에 뭐가 더 중요할까요?

응시생 저는 책임성이라고 생각합니다. 먼저 본인이 맡은 업무를 잘 파악하고 책임감 있게 해당 업무를 숙지한 후에 국민에게 더욱더 도움이 되는 방향으로 나아가도록 적극성을 발휘해야 한다고 생각하기 때문입니다.

면접관 적극성과 관련해서 노력한 점이 있으신가요?

응시생 아르바이트를 할 때 항상 적극적으로 일을 처리하려고 했습니다. 경험과제에 쓴 영화관 아르바이트 포인트 카드 발급 1등, 매점 상품 판매 프로모션 1등은 1등을 하면 3,000점의 포인트를 받을 수 있습니다. 사실 현금 3,000원과 같은 가치입니다. 다른 직원들은 차라리 일을 더 하는 것이 낫다며 열심히 참여하지 않았지만 저는 보상을 떠나서 제가 고객들에게 카드를 발급하고 상품을 판매했을 때 뿌듯함이 좋아서 적극적으로 업무에 참여했던 경험이 있습니다.

면접관 만약 본인이 규정을 지키고 개인방송을 하는데 상관이 이를 반대한다면요?

응시생 저는 먼저 상관님께 면담을 요청하거나 티타임을 요청하여 어떤 부분에서 반대하는지 이야기를 나눌 것 같습니다. 그리고 상관님께서 말씀하신 내용을 반영하여 개인방송을 해볼 것 같습니다. 만약 상관님께서 그래도 싫어하신다면 저는 상관님이 저보다 공직기간이 길고 공직가치가 더 올바르신 분이라고 생각하여 이유가 있을 것이라 생각하고 개인방송을 일시 중단하고 새로운 해결 방법을 찾아볼 것 같습니다.

면접관 동료가 규정을 어기면서 개인방송을 한다면요?

응시생 저는 동료가 기분 나쁘지 않게 규정을 지키라고 말할 것 같습니다. '이러한 부분은 나중에 제재 처분을 받을 수 있다. 지금이라도 규정을 지키면서 방송하는 것이 추후 개인방송을 더 유지할 수 있지 않겠냐고 말할 것 같습니다.

면접관 그런데 만약 동료가 개인의 자유가 더 중요하다고 계속 규정을 어긴다면 어떻게 하실 건가요?

응시생 저는 동료에게 강력하게 한 번 더 말하고, 그래도 계속 규정을 어긴다면 규정대로 처분을 받아야 된다고 생각합니다. 공직사회는 개인이 규정을 어겼을 때 본인만 피해를 받는 것이 아니라 이로 인해 전체적으로 국민에 대한 신뢰도가 낮아지고 공무원사회 전체에 피해를 끼친다고 생각하기 때문입니다.

3 피드백 – 제시문에서 찾을 수 있는 대표 공직가치

① 청렴성, 도덕성: 개인방송을 하는 공무원은 겸직허가를 받아야 하며 품위유지 등의 복무지침을 준수해야 함
② 공정성, 투명성: 복무지침 마련으로 공정성, 투명성 확보
③ 책임성, 적극성: 개인방송을 하는 공무원을 위한 복무지침 마련

4 제시문과 관련된 면접질문(질문리스트)

Q. 여러 공직가치들이 있는데 많은 공직가치 중에서 도덕성과 책임성을 선택한 이유는 무엇인가?
Q. 적극성은 어느 부분에서 유추했는가?
　ㄴ[후속질문] 우체국의 적극행정 사례에 대해 알고 있는 것이 있는가?
Q. 개인방송을 하는 것에 긍정적인 면과 부정적인 면에는 무엇이 있으며 기관의 역할은 무엇이라고 생각하는가?
　ㄴ[후속질문] 지원자가 개인방송 등 겸직을 하는데 기관의 기준이 사적 영역을 침범하는 상황이 벌어졌다. 어떻게 대처하겠는가?
　ㄴ[후속질문] 인터넷 개인방송을 하는데 상관이 반대한다면 어떻게 설득할 것인가?
　ㄴ[후속질문] 공무원의 유튜브 활동을 제한하면 무슨 문제가 있겠는가?
　ㄴ[후속질문] 공무원이 유튜브를 하게 되면 어떠한 영향이 있겠는가?
　ㄴ[후속질문] 그러면 그런 긍정적 효과를 위해 국가에서 어떤 지원이 필요하다고 생각하는가?
　ㄴ[후속질문] 만약 사적이익 추구를 하지 않는다면 유튜브 운영이 괜찮은가? 상관이 반대하면 어떻게 하겠는가?
　ㄴ[후속질문] 공무원의 의무가 중요한가? 표현의 자유가 중요한가?

아래 내용에서 찾을 수 있는 공직가치와 그 실천방안에 대해 자유롭게 발표해 주십시오.

A노조에서는 ○○도청 국장이 부하 직원들에게 잦은 욕설과 폭언과 인격모독을 하며 갑질을 했다고 밝혔다. ○○도청 국장에게 막말을 듣지 않은 부하직원이 없을 정도라고 한다. 또한 B부처에서는 C업체에 대해 갑질로 폭언, 비용 대납, 과도한 업무지시를 하였다.

1 5분발표

저는 제시문을 읽고 갑질을 근절할 수 있는 근본적인 방법이 무엇일까 생각했습니다. 그래서 민주성과 책임감을 뽑았습니다.

제가 생각하는 민주성이란 국민과 소통하며 가장 좋은 해결책을 찾는 것이라 생각합니다. 저희 교정본부에서도 민간단체 세움과 소통하여 아동 친화적 가족 접견실을 2022년 현재 47개소에서 운영하고 있습니다. 따뜻한 가정집 같은 분위기에서 아동이 부모와 만날 수 있는 권리를 실질적으로 보장해주고 있습니다. 조금 아쉬운 점은 각 소당 아동 친화적 접견실이 하나밖에 없어서 하루에 2가족만 가능하며 예약도 2달에 한 번으로 많이 부족하다는 것입니다. 수용자분들의 가족관계를 조사하여 늘릴 필요가 있는 소에 접견실을 늘리면 좋겠다고 생각하였습니다. 저희 교정시설에는 야근이 있기 때문에 당직실이나 숙직실이 있습니다. 이를 조금만 개조하여 낮에는 아동 친화적 접견실로 사용하면 어떨까 생각해 보았습니다.

저 또한 면접 준비를 하며 출소자분들과 수용자 가족분들이 활동하는 오크나무라는 카페에 가입하여 소통하였습니다. 이와 관련하여 한 가지 부탁드리고 싶은 것이 있습니다. 아이가 아주 어릴 때 교정시설에 수용되어 가족사진이 없는 분들이 계신데 아이가 커가면서 어린이집이나 유치원에서 가족사진이 필요할 때가 많아 속상해하셨습니다. 아동친화적 접견실을 담당하는 교도관님께서 폴라로이드 사진기를 갖고 계시다가 꼭 필요한 경우에 사진을 찍어드리면 좋을 것 같습니다.

두 번째로 책임감에 대해 말씀드리겠습니다. 제가 생각하는 책임감이란 주어진 문제를 해결해내는 능력 즉, 적극행정의 자세입니다.

저희 교정본부의 사례로는 코로나로 인하여 접견이 어려워짐에 따라 수용자분들의 불안을 조금이나마 해소해 드리기 위해 해남교도소에서 행복 브릿지 영상편지를 실시하였습니다. 수용자분들이 가족분들의 얼굴을 보고는 못 하는 말, 편지로는 다 전해지지 않는 마음을 담은 영상편지를 가족분들께 보냄으로써 자칫 소원해질 수 있는 관계를 회복하는 데 많은 도움을 주었습니다. 또 군산교도소에서는 장애인보호단체와 연계하여 장애인 수용자의 가석방을 도왔습니다. 뿐만아니라 홍성교도소에서는 비대면 신체징후측정기를 도입하여 교정시설 내 사망사고를 보다 빠르게 대처할 수 있게 도왔습니다.

책임감과 관련한 저의 사례로는 호텔에서 근무할 당시 돌잔치 행사를 할 때였는데 돌잔치를 하시는 부모님과 아이가 있는 부모님들이 가방에서 직접 가지고 오신 이유식을 꺼내 직원분들께 전자레인지에 돌려 달란 부탁을 하시는 것을 보고 조리팀장님께 간을 하나도 하지 않는 죽 종류를 추가해드리면 손님분들 그리고 직원분들께 도움이 될 것 같다 말씀드렸고 그 결과 손님분들과 직원분들 모두가 만족하였던 경험이 있습니다. 이상 5분발표를 마치겠습니다.

2 **질의응답**

면접관 상사가 갑질을 한다면 어떻게 할 건가요?

응시생 제가 음악학원에서 근무할 당시 갑질은 아니지만 원장님과 의견차이가 있었던 적이 있습니다. 저희 반 아이의 콩쿨곡 문제였는데 원장님께서는 아이들의 수준별로 다 같은 곡을 주셨습니다. 그중에서도 한 아이가 테크닉이나 성격상 그 곡을 연주함에 어려움이 있을 것이라 생각되어 두 번이나 원장님께 제 생각을 말씀드렸고 결국 허락해주셔서 아이와 열심히 노력한 결과 학년 대상을 탔던 경험이 있습니다.

면접관 상사의 부당한 대우를 받은 적이 있나요?

응시생 제가 겪은 일은 아니고 함께 근무하는 동료에게 청소하라고 의자를 발로 찬다던가 도가 지나치는 언행을 하신 적이 종종 있었습니다. (말해놓고 상사 욕하는 느낌이 들어 아차 했습니다.;;) 그 동료에게 원장님께 직접 찾아가서 이러한 점이 마음이 상한다고 조심스럽게 말씀드려 보는 것이 어떻겠냐고 조언해 주었습니다. 그래야 원장님께서도 조금 더 조심할 수 있을 것이라고 생각했습니다.

면접관 그 후에는요?

응시생 동료가 속상해하는 것 같아 일을 마친 뒤 같이 밥도 먹고 차도 마시고 위로해 주었습니다.

면접관 아, 감정적으로요?

응시생 네. (답변을 하며 멘붕이었습니다.)

면접관 제시문을 통해 다른 공직가치들도 다 중요한데 왜 민주성과 책임감을 뽑았나요?

응시생 이유는 제가 갑질에 대한 통계표를 본 적이 있는데 갑질을 하는 당사자가 본인이 갑질을 하고 있다는 사실을 모르고 있는 수치가 가장 높았고 다음으로는 소통 방식의 문제가 높았습니다. 그렇기 때문에 교육 등을 통해 서로 소통하고 또 그 문제를 해결하기 위한 노력이 필요하다고 생각했습니다. 갑질을 하는 사람, 당하는 사람 모두 갑질을 근절하기 위해 책임감을 가져야 한다고 생각해서 뽑았습니다.

면접관 그럼 왜 교정직 공무원에게 있어 민주성과 책임감이 중요한가요?

응시생 민주성이 중요한 이유는 수용자분들과 소통하여 힘든 점 등을 해결해 주어야 교정교화를 보다 더 빠르게 할 수 있다고 생각하였습니다. 책임감이 중요한 이유는 수용자 4분 중 1분이 정신적 질환이 있는 것으로 알고 있습니다. 하물며 사람은 자신의 작은 습관도 고치기가 매우 힘듭니다. 정신적으로 아픈 수용자분들을 교정교화하기 위해 책임감을 가지고 끊임없이 노력해야 한다고 생각합니다.

3 **피드백 – 제시문에서 찾을 수 있는 대표 공직가치**

> ① 청렴성, 도덕성: 갑질(직위를 이용한 부당한 요구나 처우)
> ② 공정성: 직무권한 등을 이용한 부당행위
> ③ 책임성, 민주성: 갑질은 책임감 있는 자세가 아니며, 조직원들의 의견을 듣고 소통하는 자세 부족

4 제시문과 관련된 면접질문(질문리스트)

Q. 교정직 공무원에게 중요한 공직가치는 무엇인가?

Q. 민주성과 책임성을 뽑았는데 그 이유에 대해 구체적으로 설명해달라.

ㄴ[후속질문] 책임성에 대한 구체적 설명이 부족한데 좀 더 자세히 설명해달라.

ㄴ[후속질문] 민주성과 책임성이 교정직 공무원에게 왜 필요하겠는가?

ㄴ[후속질문] 지원한 직렬에서 민주성이 적용된 정책이나 사례 아는 게 있는가?

ㄴ[후속질문] 민주성이나 책임성을 발휘한 경험은?

Q. 동료가 갑질을 당하고 있는 것을 목격했을 때 어떻게 하겠는가?

ㄴ[후속질문] 그 이후에 또다시 동료에게 갑질을 한 것을 목격한다면?

ㄴ[후속질문] 최근 갑질문화가 많이 생겨나는데 이러한 갑질문화가 생겨나면 문제가 무엇이라고 생각하는가?

ㄴ[후속질문] 그럼 본인은 이러한 갑질문화를 어떻게 해결할 것인가?

ㄴ[후속질문] 제시문의 상황처럼 갑질이 일어나는 것을 방지하기 위해서는 어떻게 해야겠는가?

ㄴ[후속질문] 갑질이 근절된다면 기대되는 효과에는 무엇이 있겠는가?

ㄴ[후속질문] 본인이 갑질을 당하면 어떻게 할 것인가?

2024
스티마 면접
국가직 9급

CHAPTER
01 상황형 과제 연습문제 17선

✔ **POINT** 아래 수록한 연습문제들을 실제 모의면접용으로 활용해 보길 바란다.

CASE 01 직무상황형

본인은 A기관 복지담당 주무관이다. 치매, 중풍 등 중증 노인성 질환자의 돌봄서비스를 제공하는 공공 요양시설인 실버케어센터를 도심 B지역에 건립하고자 설계용역을 추진하고 있다. 그런데 B지역 주변 아파트 주민들은 현재 주간보호시설과 요양원이 주변에 충분히 많고 도심 한복판에 해당시설을 설치하면 교통혼잡도가 높아지고 노인성 질환자의 치료를 위해서는 차량소음이 적고 자연이 함께하는 넓은 부지에 시설을 제대로 갖춰 건립하는 것이 타당하다며 반대하고 있다. 이 경우 해결방안을 제시하시오.

CASE 02 조직생활

본인은 A부처 인사조직 담당 주무관이다. A부처에서는 새로운 사회현안에 대응하기 위해 임시 TF(Task Force) 조직을 운영하고자 한다. 그런데 K부서에서는 인원이 차출될 경우 업무부담 및 신규인원이 오더라도 기존 업무에 지장을 초래한다며 인원차출에 반대하고 있다. 이 상황에서 담당자로서 어떻게 대응할 것인지 구체적으로 기술하십시오.

CASE 03 국민의 알권리 보장 vs 행정 효율 및 보안을 지키기 위한 방안

본인은 A기관 홍보 담당 주무관이다. 한정되어 있는 예산으로 모든 언론사에 광고를 줄 수 없다 보니 광고를 받지 못했거나 타사에 비해 적은 광고료를 받은 K언론사에서는 '각 언론사에 지급한 광고료'에 대한 정보공개 청구를 하였다. 그런데 그 후 민간단체에 집행된 보조금 내역, 홍보담당부서의 출장비 내역 등 국민 알권리 보장과 행정의 투명성 보장을 이유로 정보공개 청구가 계속 이어지고 있다. 이에 행정업무가 마비될 상황이다. 이 상황에서 담당자로서 어떻게 대응할 것인지 구체적으로 기술하십시오.

직무상황형

본인은 A부처 청년자산형성 담당 주무관이다. 해당 정책은 만 19~34세 청년의 중장기 재산형성을 돕기 위해 일정액을 저축하면 정부에서 가입자 소득에 따라 장려금을 지원하는 방식이다. 하지만 시민단체에서는 소득, 연령 등 가입조건을 충족시킨 후 소득이 없더라도 부모님이 대신 적금납입액을 내는 방식으로 재산 증여수단이 될 수 있고 해당 연령층 외 계층에는 형평성 논란이 될 수 있다며 반대하고 있다. 이 상황에서 담당자로서 어떻게 대응할 것인지 구체적으로 기술하십시오.

직무상황형

본인은 수입물품 안전성 검사 담당 주무관이다. A사는 어린이 완구를 수입하면서 안전성 검사를 받지 않아 검찰에 고발조치 되었다. 안전성 검사 규제강화로 같은 종류의 완구라도 크기나 모양, 색상이 다르면 별도의 안전 검사를 받아야 했기 때문이다. 그런데 완구협회에서는 안전성 검사 품목 및 대상이 늘어나 검사비용이 과다하게 소요되고 있어 기업운영에 어려움을 호소하고 있다. 이 상황에서 담당자로서 어떤 조치를 할 것인지 구체적으로 기술하십시오.

직무상황형 – 악성민원인 대응방안

본인은 A부처 민원 대응 담당 주무관이다. 민원인의 폭언과 폭행으로부터 직원을 보호하기 위해 민원 담당자에게 '웨어러블 카메라'를 도입하고자 한다. 그러나 시민단체에서는 민원인의 초상권 및 인권침해 가능성이 있고 녹화하는 쪽에서 유리한 내용만 활용할 수 있다며 반대하고 있다. 이 상황에서 담당자로서 어떻게 할 것인지 구체적으로 기술하십시오.

| |
| |
| |
| |
| |
| |
| |
| |
| |
| |
| |
| |
| |

직무상황형

본인은 A부처 성범죄 출소자 보호관찰 담당 주무관이다. 성범죄자의 만기 출소 후에 거주지 주변 주민들은 성범죄자의 재범 우려를 이유로 학교 또는 아동청소년 시설이 인접한 곳에는 거주 제한을 요구하고 있다. 그러나 성범죄 출소자에 대한 별도의 제한 기준이 없고 거주지 제한시 경제활동이 불가능해 사회적 고립 문제가 발생할 수 있다. 이 상황에서 담당자로서 어떻게 할 것인지 구체적으로 기술하십시오.

| |
| |
| |
| |
| |
| |
| |
| |
| |
| |
| |
| |

CASE 08 　직무상황형

본인은 와인 페스티벌 담당 주무관이다. 국내 농가에서 와인을 만들어 출품하고 수출로 이어지는 등 지역특화축제로 자리 잡아 국비보조금도 받았다. 그러나 지자체에서는 축제 개최가 지역경제 활성화에 파급효과가 적어 경제성이 떨어지고 지역 이미지와도 어울리지 않는다며 폐지를 검토하고 있다. 반면 지역관광단체에서는 폐지할 경우 그동안 축적된 노하우가 사라지고 개최권이 타 도시로 넘어갈 것이라며 신중한 검토를 요구하고 있다. 이 상황에서 담당자로서 어떻게 할 것인지 구체적으로 기술하십시오.

CASE 09 　직무상황형

본인은 철도안전관리 담당 주무관이다. 지하철을 무료로 이용할 수 있는 만 65세 이상 어르신들이 대중교통을 이용해 물품을 배달하는 서비스인 이른바 '실버 택배'가 활기를 띠고 있다. 일반 택배보다 요금이 저렴해 소상공인과 영세 상인들에게 큰 도움이 되고 있으나 지하철을 이용하는 승객들에게 불편함을 유발할 뿐 아니라 출퇴근 시간 등 혼잡 시간대에는 안전 문제를 일으킬 소지가 있다. 철도안전관리 차원에서 '실버 택배' 관련하여 담당자로서 어떻게 할 것인지 구체적으로 기술하십시오.

직무상황형 – 교정직

본인은 교정행정 담당 주무관이다. 마약류 범죄 등 범죄 특성상 적발이 어려운 일부 범죄에 대해 범죄사실을 자백하는 경우 형을 감해주는 등 인센티브를 제공하는 제도가 운영 중이다. 이러한 제도를 악용하여 일부 수형자가 허위자백을 하여 수사력을 낭비하게 할 뿐 아니라 교도소 내 교화에도 악영향을 주고 있다. 그러나 자백에 대한 인센티브 제도를 폐지한다면 마약류 범죄 등의 검거가 매우 어려운 것이 현실이다. 이러한 상황에서 교정행정 담당 주무관으로서 어떻게 할 것인지 구체적으로 기술하십시오.

CASE 11 직무상황형 – 선택형

본인은 A기관 환경미화 청사 관리 담당 주무관이다. 기존에는 X업체와 계약을 해왔고 그동안 특별한 문제가 발생한 적은 없었지만 X업체는 비용이 다소 높은 편이었다. X업체와 재계약을 앞두고 X업체와 Y업체가 적격업체로 선정이 되었다. Y업체는 신생기업이나 장애인을 법정 비율 이상 고용하였고 낮은 단가로 서비스를 제공하는 업체이다. 본인은 예산 현황과 사회적 가치를 고려하여 Y업체 선정을 원하지만 상관은 서비스 품질과 업무 지속성을 근거로 X업체 선정을 지시하였다. 이 상황에서 담당자로서 어떻게 대응할 것인지 구체적으로 기술하십시오.

본인은 A부처 정보관리 담당 주무관이다. 최근 통신업 대기업들이 하청업체에 대해 갑질을 한 문제가 사회적 문제로 제기되고 있다. 그래서 A부처에서는 중소기업의 육성을 위해 대기업을 정보관리 시스템 신규업체 입찰 대상에서 제외할 것에 대한 논의를 진행하고 있다. 그런데 정보관리를 담당하는 타 부서는 정보관리 시스템의 품질 문제, 대기업의 반발 등 사후대처 등의 문제로 반발하고 있는 상황이다. 이 상황에서 담당자로서 어떻게 대응할 것인지 구체적으로 기술하십시오.

본인은 ○○업무 담당 팀장이다. 전체 팀원은 당신을 포함하여 4명이며, K상관은 프로젝트가 성공적으로 완료된 후 프로젝트 기여도에 따른 성과평가를 하여 승진심사에 반영하겠다고 하며 당신에게 팀 기여도 평가를 맡긴 상황이다. 그러나 팀원 A는 프로젝트 수행기간 중 어머니가 갑자기 쓰러지셔서 병간호를 하느라 실제로 프로젝트 수행에는 거의 참여하지 못했다. 나머지 팀원 두 명 중 한 명은 A의 상황을 감안해 동일한 기여도를 부여하자고 제안했으나 다른 한 명은 A는 팀 프로젝트 성공에 기여를 거의 하지 못한 상황이므로 사실대로 평가해야 한다고 한다. 이 상황에서 팀장으로서 어떻게 할 것인지 구체적으로 기술하십시오.

본인은 A부처 인허가 담당 주무관이다. 설계용역의 준공 및 시설공사 착공을 한 ○○시 지역에 공공하수 처리시설 증설사업을 진행하려는 상황이다. 하수도정비 기본계획의 단계별 사업으로 기본설계 후 주민설명회 및 의견청취를 하는 과정에서 기존 처리장의 악취, 해양방류에 따른 해녀들의 고충, 증설공사에 따른 어장피해 등 지역주민들의 극심한 반대로 다수의 민원이 발생하여 사업추진에 애로가 발생하였다. 설상가상으로 언론에서도 이 문제에 대하여 대대적으로 보도하고 있는 상황이다. 이 상황에서 담당 주무관으로서 어떻게 할 것인지 구체적으로 기술하십시오.

본인은 종합소득세 담당 주무관이다. 개인납세자 A는 「소득세법」에 따라 5월까지 종합소득세를 신고·납부하였는데 이후 기간에 자신의 소득이 과소신고 되었음을 알게 되었다고 주장하며 가산세 부과 면제를 주장하고 있다. 이 상황에서 담당자로서 어떻게 할 것인지 구체적으로 기술하십시오.

CASE 16 | 직무상황형 - 세무직

본인은 종합소득세 담당 주무관이다. 민원인 A는 甲사에서 일용근무소득 부인을 주장하며 종합소득세 신고를 할 수 없다고 주장하고 있다. 이에 甲사에 조사결과 실제 근로내역 및 지급내역을 확인하였다. 그럼에도 A는 소득이 사실과 다르게 기재되어 있다고 확인을 요청하고 있다. 이 상황에서 담당자로서 어떻게 할 것인지 구체적으로 기술하십시오.

CASE 17 | 직무상황형 - 세무직

본인은 세무서 납세자보호 담당 주무관이다. 민원인 A는 '거래처 甲이 부도를 맞아 거래대금을 받지 못하게 되자 거래대금을 조금이라도 회수하지 않을까'하는 기대로 세무서에 甲의 임차인 정보 등 과세정보 자료를 요청하고 있다. 이 상황에서 담당자로서 어떻게 할 것인지 구체적으로 기술하십시오.

CHAPTER

02 5분발표 연습문제 10선

CASE 01 **사회이슈**(정책이슈)

5분발표 질문지

응시번호: 성명:

내용 작성시 주의사항

- 발표준비시간은 10분이며 5분 이내로 발표하십시오. 발표 후 5분 정도 질문이 있게 됩니다.
- 발표를 위해 질문지 여백에 메모는 가능하며 면접시 참조하여 발표할 수 있습니다.
- 질문지는 면접 완료 후 반드시 반납하여 주시기 바랍니다.

다음의 제시문을 읽고 유추할 수 있는 공직가치를 설명하고 그 공직가치를 실천하기 위한 노력에 대해 자유롭게 발표해 주십시오.

타인과 의미 있는 교류 없이 사실상 사회에서 '고립'된 청년이 100명 중 5명에 달한다는 연구결과가 나왔다. 이 비율을 2021년 전체 청년 인구(1천77만6천 명)에 적용해보면 고립 청년의 수는 53만8천 명에 달한다. 고립된 청년이 사회적 관계를 형성하지 못하는 시기를 지속한다면 고립된 장년·중년·노인으로 남은 생애를 살 가능성이 높아진다. 이에 A시에서는 고립·은둔 청년 실태조사를 실시하고 발굴부터 사회복귀까지 원스톱으로 지원하는 종합대책을 발표했다.

MEMO

5분발표 질문지

응시번호: 성명:

┤ 내용 작성시 주의사항 ├

- 발표준비시간은 10분이며 5분 이내로 발표하십시오. 발표 후 5분 정도 질문이 있게 됩니다.
- 발표를 위해 질문지 여백에 메모는 가능하며 면접시 참조하여 발표할 수 있습니다.
- 질문지는 면접 완료 후 반드시 반납하여 주시기 바랍니다.

다음의 제시문을 읽고 유추할 수 있는 공직가치를 설명하고 그 공직가치를 실천하기 위한 노력에 대해 자유롭게 발표해 주십시오.

A청에서는 지능형 사이버범죄 신고도우미 챗봇인 '폴봇'서비스를 개시했다. 폴봇은 빅데이터·인공지능 기술을 통해 사이버범죄 신고시스템 이용자의 신고접수를 지원하고 모바일 신고 편의성을 높인 서비스다. A청에서는 이용자의 의견을 수렴 및 반영하고 학습능력을 높여 피해유형별 진술서를 다양화하는 등 민원 편의성 향상을 위해 이를 계속 발전시켜 나갈 계획이다.

MEMO

5분발표 질문지

응시번호: 성명:

┤ 내용 작성시 주의사항 ├

- 발표준비시간은 10분이며 5분 이내로 발표하십시오. 발표 후 5분 정도 질문이 있게 됩니다.
- 발표를 위해 질문지 여백에 메모는 가능하며 면접시 참조하여 발표할 수 있습니다.
- 질문지는 면접 완료 후 반드시 반납하여 주시기 바랍니다.

다음의 제시문을 읽고 유추할 수 있는 공직가치를 설명하고 그 공직가치를 실천하기 위한 노력에 대해 자유롭게 발표해 주십시오.

친환경 자동차가 충전구역 내에 일정 시간이 초과했음에도 계속 주차하고 있는 경우 불법주차가 된다. 최근 친환경 자동차가 꾸준히 증가하면서 법을 개정하여 불법주차에 대한 단속을 강화하였으나 일원화 된 신고 창구가 없어 민원인의 불편·불만이 가중되어 왔다. 이를 해소하기 위해 A부처에서는 친환경 자동차 충전구역에 불법주차 등을 신고할 수 있도록 안전신문고 앱(APP)에 전용 신고창구를 개설하여 국민이 참여하는 안전신고 활성화에 노력하고 있다.

MEMO

5분발표 질문지

응시번호:　　　　　　　　　　　**성명:**

┤ 내용 작성시 주의사항 ├

- 발표준비시간은 10분이며 5분 이내로 발표하십시오. 발표 후 5분 정도 질문이 있게 됩니다.
- 발표를 위해 질문지 여백에 메모는 가능하며 면접시 참조하여 발표할 수 있습니다.
- 질문지는 면접 완료 후 반드시 반납하여 주시기 바랍니다.

다음의 제시문을 읽고 유추할 수 있는 공직가치를 설명하고 그 공직가치를 실천하기 위한 노력에 대해 자유롭게 발표해 주십시오.

A위원회에서는 행정기관 내 비공무원 직원을 채용할 때 공통되고 체계적인 기준이 없어 채용비리 사건이 지속적으로 발생함에 따라 비공무원 공정채용 정착을 위한 방안을 마련해 각 기관에 제도개선을 권고했다. 또한 A위원회는 최근 채용비리통합신고센터를 신설하고 현재 공무원과 공직유관단체에서 적용하고 있는 공정채용 절차를 체계화해 '공정채용 기준'과 '채용비리 피해자 구제 절차'를 마련했다. 아울러 이를 행정기관 내 비공무원 채용시 적용할 수 있도록 했다.

MEMO

5분발표 질문지

응시번호:　　　　　　　　　　　**성명:**

─┤ 내용 작성시 주의사항 ├─

- 발표준비시간은 10분이며 5분 이내로 발표하십시오. 발표 후 5분 정도 질문이 있게 됩니다.
- 발표를 위해 질문지 여백에 메모는 가능하며 면접시 참조하여 발표할 수 있습니다.
- 질문지는 면접 완료 후 반드시 반납하여 주시기 바랍니다.

다음의 제시문을 읽고 유추할 수 있는 공직가치를 설명하고 그 공직가치를 실천하기 위한 노력에 대해 자유롭게 발표해 주십시오.

> A구에서는 도시재생뉴딜사업의 일환으로 진행되는 문화의 거리 연장 조성사업에 대한 갈등을 해소하기 위해 지역사회 구성원들과 시나리오 공동토론(워크숍)을 진행하여 상권활성화와 안전한 통행로 확보, 깨끗한 보행환경을 위한 합의를 도출했다. 이는 학부모, 상인회 등 이해관계가 서로 다른 지역주민이 토론을 통해 적합한 보도폭을 확정하여 정책 수용도를 높이고, 공론문화 조성의 기틀을 마련하였다는 점에서 높은 평가를 받았다.

MEMO

5분발표 질문지

응시번호: 성명:

┤ 내용 작성시 주의사항 ├

- 발표준비시간은 10분이며 5분 이내로 발표하십시오. 발표 후 5분 정도 질문이 있게 됩니다.
- 발표를 위해 질문지 여백에 메모는 가능하며 면접시 참조하여 발표할 수 있습니다.
- 질문지는 면접 완료 후 반드시 반납하여 주시기 바랍니다.

다음의 제시문을 읽고 유추할 수 있는 공직가치를 설명하고 그 공직가치를 실천하기 위한 노력에 대해 자유롭게 발표해 주십시오.

이 이야기는 황희 정승이 젊었을 때 일화 중 하나이다. 황희는 어느 날 친구 집으로 가는 길에 더워서 들판에서 잠시 쉬게 되었다. 들판에서는 농부들이 소를 몰며 논을 갈고 있었다. 한 노인은 소 2마리와 함께 일을 하고 있었다. 한 마리는 누렁이였고, 한 마리는 검정이였다.
그것을 보고 있다가 황희는 농부에게 말을 걸었다.
"어르신네, 그 두 마리 소 중에서 어느 소가 일을 더 잘합니까?"
농부는 황희에게 가까이 다가와 옷소매를 잡아당겨 소들이 보이지 않는 곳으로 데리고 가더니 귀에 대고 속삭였다.
"누렁소는 말을 잘 듣는데 검정소가 꾀를 부려 탈이라오. 누렁소가 일을 더 잘한다오."
황희는 한바탕 웃고 나서 농부에게 다시 물었다.
"그런데 어느 소가 일을 잘하는 게 무슨 큰 비밀이라고 여기까지 오셔서 귀에 속삭입니까?"
농부는 대답했다. "아무리 말 못하는 짐승이지만 자기를 욕하고 흉을 보면 좋아하겠소?"
농부의 말을 듣고, 황희는 큰 깨달음을 얻었다.

MEMO

5분발표 질문지

응시번호:　　　　　　　　　　　　**성명:**

───┤ 내용 작성시 주의사항 ├───

- 발표준비시간은 10분이며 5분 이내로 발표하십시오. 발표 후 5분 정도 질문이 있게 됩니다.
- 발표를 위해 질문지 여백에 메모는 가능하며 면접시 참조하여 발표할 수 있습니다.
- 질문지는 면접 완료 후 반드시 반납하여 주시기 바랍니다.

다음의 제시문을 읽고 유추할 수 있는 공직가치를 설명하고 그 공직가치를 실천하기 위한 노력에 대해 자유롭게 발표해 주십시오.

A부처에서는 지역 인구감소 및 지방소멸 대응을 위해 인구감소지역 89개를 최초로 지정·고시하고, 본격적인 인구감소 대응 대책을 추진한다. 우선 지자체는 지역 여건 및 현황 분석을 통해 지방소멸대응기금 등을 활용한 지역 맞춤형 전략을 수립·추진하게 된다. A부처는 이를 지원하기 위해 지역의 계획수립·사업추진·성과분석 등 사업 전반에 주민이 참여하는 컨설팅, 빅데이터 분석 등을 제공할 예정이다.

MEMO

응시번호: 성명:

───────┤ 내용 작성시 주의사항 ├───────

- ■ 발표준비시간은 10분이며 5분 이내로 발표하십시오. 발표 후 5분 정도 질문이 있게 됩니다.
- ■ 발표를 위해 질문지 여백에 메모는 가능하며 면접시 참조하여 발표할 수 있습니다.
- ■ 질문지는 면접 완료 후 반드시 반납하여 주시기 바랍니다.

다음의 제시문을 읽고 충돌하는 공직가치를 설명하고 그 공직가치의 조화 방안에 대해 자유롭게 발표해 주십시오.

독립몰수제는 범죄자 사망 등으로 재판 진행이 불가한 사건 또는 최종 유죄판결이 나오지 않은 사건에 대해 범죄수익을 몰수할 수 있도록 하는 제도이다. 조사와 수사, 재판까지 오랜 시간이 소요되는데 범죄수익이 정당한 재산이 돼 상속되거나 범죄수익을 비자금 등으로 숨기는 사례를 사전에 막을 수 있다는 것이다.

현행법상 몰수 제도하에서는 '범인의 사망, 소재 불명, 공소시효 도과 등으로 범인을 기소할 수 없으면 몰수가 불가능하다'며 몰수 대상임이 명백한 재산이라도 범인이 도망가 기소할 수 없다면 범죄이득도 환수하지 못해 불법재산이 매년 증가하고 있다.

다만 독립몰수제를 도입하려면 풀어야 할 숙제가 많다. 해당 재산이 범죄수익인지 모르고 제3자가 소유하고 있었다면 이를 어떻게 보호할 수 있을지, 피고인에게 유죄가 확정되기 전까지는 무죄로 봐야 한다는 '무죄추정원칙'과 독립몰수제를 어떻게 양립시킬지 하는 문제 등이다.

MEMO

5분발표 질문지

응시번호: 성명:

─────┤ 내용 작성시 주의사항 ├─────

- 발표준비시간은 10분이며 5분 이내로 발표하십시오. 발표 후 5분 정도 질문이 있게 됩니다.
- 발표를 위해 질문지 여백에 메모는 가능하며 면접시 참조하여 발표할 수 있습니다.
- 질문지는 면접 완료 후 반드시 반납하여 주시기 바랍니다.

다음의 제시문을 읽고 충돌하는 공직가치를 설명하고 그 공직가치의 조화 방안에 대해 자유롭게 발표해 주십시오.

저출산 문제를 해결하기 위해 정부가 여러 임신·출산 지원정책을 내놓고 있지만 정작 수요자인 국민은 들어본 적조차 없는 정책이 태반인 것으로 나타났다. A연구원의 '임신·출산 지원정책 모니터링 및 과제' 보고서에 따르면 임신·출산 정책 인지도를 조사한 결과 대부분 세부 정책의 인지도가 30% 미만이었다. 그나마 인지도가 높은 것은 난임 부부 시술비 지원 사업이지만 이 또한 인지도는 40.4%에 그쳤다.

MEMO

5분발표 질문지

응시번호: **성명:**

┤ 내용 작성시 주의사항 ├

- 발표준비시간은 10분이며 5분 이내로 발표하십시오. 발표 후 5분 정도 질문이 있게 됩니다.
- 발표를 위해 질문지 여백에 메모는 가능하며 면접시 참조하여 발표할 수 있습니다.
- 질문지는 면접 완료 후 반드시 반납하여 주시기 바랍니다.

다음의 제시문을 읽고 충돌하는 공직가치를 설명하고 그 공직가치의 조화 방안에 대해 자유롭게 발표해 주십시오.

A부처에서는 다양한 국민의 목소리를 청취하는 범정부 국민 참여 디지털 플랫폼을 운영하고 있다. 한해 동안 접수된 민원은 1,700만여 건에 달한다. 이에 A부처에서는 범정부 국민소통 플랫폼에 AI, 메타버스, 클라우드 등 디지털 신기술을 접목하여 국민의 민원을 보다 효율적으로 해결할 계획이다.

MEMO

PART

부록 합격생들의 후기

에필로그 스티마쌤과 학습하고 국가직 면접을 본 수강생들이 면접을 보고 최종합격한 후 들려주는 진솔한 이야기들입니다.

➡ 스티마쌤 Daum 카페 "최종합격 강의소감" 게시판에서 훨씬 더 많은 내용을 확인하실 수 있습니다.

① 기계직 / 1배수 밖

1. 스티마선생님 강의를 들으면서 특히 1 : 1 코칭하면서 부족한 점을 많이 채웠습니다. 면접준비를 어떤 방향으로 해야할지 경험형 과제는 어떤 식으로 적는 것인지 아무것도 몰랐던 제게 하나하나 차근차근 단계를 짚어주는 느낌이었습니다.
2. 교재는 처음엔 답이 나와있지 않은 후기들이라 이게 뭔가 싶었습니다. 근데 준비하면서 답을 보는 것보단 이런저런 생각하는 방법을 익히고 공직자로서의 올바른 생각의 방향을 잡는 데 직접 생각해 보는 것이 훨씬 더 중요한 것을 알았습니다. 경험형 과제에도 교재에 나와 있는 공직가치를 보고 제 경험에 맞춰서 적을 수 있었습니다.
즉답모의면접이 정말 도움이 많이 됐습니다. 질문에 당황하고 긴장할 때가 있었지만 그 또한 실전에서의 상황에서도 당황하고 긴장하는 중에도 대답을 어떻게 할 것인지에 대해 연습할 수 있는 좋은 경험이었습니다.
3. 특히 이번에 카톡으로 상황형 문답했던 것이 많이 도움이 됐습니다. 허를 찌르는 질문들도 있었고 여러 방면으로 생각해 보는 좋은 계기가 되었습니다. 아쉬웠던 점은 모의면접에 마지막에 사람들이 너무 갑자기 와버려서 그전부터 현장강의를 참석하며 준비한 사람들이 마지막 피드백을 하기 힘들었던 것이 아쉬웠습니다.ㅜㅜ

② 일반행정 / 1배수 안

1. 저는 아쉽게도 현장강의를 못 들었고 인강으로 들었습니다. 공직가치부터 5분발표, 경험형 과제, 상황형 과제에 있어 선생님의 자세한 가르침 덕분에 인강으로도 충분히 면접공부를 잘할 수 있었습니다.
2. 교재에서도 전체적인 면접흐름들과 직렬별로의 주요 내용들을 정리해 주신 것이 너무 좋았습니다. 경험형 샘플들을 보며 제 경험형의 방향을 잡을 수 있었고 상황형의 경우에도 예시문제들을 통해 생각해 볼 수 있는 시간이 돼서 좋았습니다.
3. 진짜 선생님 그리고 연구소님 덕분에 최종합격의 자리까지 올 수 있었습니다. 많은 학생들이 있음에도 한 명 한 명의 제자들까지 섬세하게 신경써 주시려는 모습에서 너무 감동받았고 감사했습니다. 면접보면서 진짜 선생님 강의 듣길 잘했다는 생각을 수도 없이 했던 것 같습니다! 진짜 저희와 함께 몇 달을 같이 해주셔서 감사합니다.ㅠㅠ
4. 합격문자를 받고 이걸 쓰고 있는 지금까지도 안 믿길정도로 너무 좋네요! 특히 주변분들이 너무 좋아해 주셔서 더 좋습니다.ㅎㅎ 선생님의 가르침대로 앞으로 좋은 공무원이 되도록 하겠습니다! 그리고 앞으로 공무원이 되실 후배분들도 선생님의 가르침대로 따라가시면 반드시 좋은 면접 보시고 최종합격 하실 거라고 생각합니다!

③ 우정사업본부 / 1배수 밖

1. 매번 현장강의에 참여할 때마다 선생님께서는 제자들을 진심으로 사랑하시는 참스승이라고 느꼈습니다. 단 한 명이라도 떨어지는 일 없도록 쉬지도 않으시면서 봐주셨고, 특히 경험형 과제를 정말 꼼꼼하게 봐 주셨습니다. 그래서인지 제가 면접 볼 때도 경험형 과제에서 질문을 많이 받아서 쉽게 답변할 수 있었습니다. 또 선생님께서 가르쳐주신 대로 5분발표 때 정책제안을 했더니 좋은 평가를 받았습니다. 상황형 역시 선생님 덕분에 잘 볼 수 있었습니다. 실전코칭 때 선생님께서 꼬리질문을 해주시는데 그 방향으로 계속 생각하다보니 사고의 폭이 넓어져서 제시문을 보는 눈이 달라졌던 것 같습니다. 상황형 풀이에 도움주신 연구소 선생님, 현직분들께도 감사드립니다!
2. 물론 강의들으면서 교재를 보면 훨씬 좋지만 교재 자체에도 설명이 잘 되어 있어서 강의 따라가는 데 큰 어려움이 없었습니다. 그리고 즉답모의면접은 꼭 해보시길 추천합니다! 남들이 하는 걸 보는 것도 도움이 되지만 직접 스티마쌤한테 코칭받아보니 실전에서 덜 떨렸던 것 같습니다.
3. 아.. 선생님 진짜 너무 감사합니다ㅠㅠ 이번에 운좋게 필기를 합격했는데 점수가 낮아서 이제 공시를 떠나야하나.. 이런 생각까지 했습니다ㅠㅠ 하지만 선생님께서 방향 잘 잡아주시고 열심히 했으니간 될 거라고 면접 전날까지 다독여주셔서 합격할 수 있었던 것 같습니다. 선생님 진심으로 감사드립니다!!
4. 윗분 말씀처럼 이 글을 쓰고 있는 지금 이 순간에도 안 믿길 정도로 진짜 너무너무 행복합니다. 그동안 힘들었던 게 거짓말처럼 다 녹아내리고 특히 부모님께서 너무 좋아하시니 효도한 것 같아 뿌듯합니다. 후배님들! 지금은 앞이 캄캄할지라도 열심히 주어진 일에 최선을 다하면 꼭 다시 일어설 기회가 옵니다! 끝까지 포기하지 마시고! 선생님을 믿고 따라와 주시면 반드시 합격하실 겁니다!!

④ 검찰 / 1배수 밖

1. 선생님은 강의를 통해 자연스레 공무원의 자세를 내재시켜 주십니다. 이 점이 면접에서 유리하게 작용한 게 아닐까 싶습니다.
2. 모의면접은 꼭 받아보세요! 처음 모의면접 받을 때는 진짜 면접이 아닌데도 정말 마이크 잡은 손이 덜덜 떨렸는데 두 세번 해보다 보니 제 이야기를 할 수 있게 된 것 같습니다. 선생님께서 세심히 코칭해 주셔서 전략을 세우고 나아가야 할 방향을 잡는 것에 도움이 됩니다. 5분발표에서 선생님께 칭찬을 들었었는데 해당 내용에 확신을 가지고 면접을 본 것이 크게 작용한 것 같습니다.
3. 필기합격 발표 나기 전에 선생님께 상담을 받았었는데 이렇게 최종 합격소감을 쓰게 되네요ㅠㅠ 선생님 말씀대로 정말 필기도 합격했고 최종 합격도 했습니다!!!! 감사합니다!!!
4. 모두에게 같은 말을 듣고자 면접이 실시되지는 않을 것이라 생각합니다. 면접장에서 수 백명의 대기자들을 보면서 선생님 말씀대로 내 이야기를 하는 것이 중요하다는 것을 느꼈습니다. 선생님은 열린 방식으로 개인의 특성을 잡아주시니 커리큘럼을 잘 따라서 틀에 박히지 않은 면접준비를 하셨으면 좋겠습니다.

⑤ 세무직(장애) / 1배수 안

1. 처음에 국가직 면접이 저에게는 엄청난 부담이었고 접근하는 것이 굉장히 어려웠습니다. 무료강의를 듣고서 면접에 대한 방향과 스터디 활용을 어떻게 할지에 대해 듣고나서 면접에 대한 가닥이 잡히고 무엇보다 적극행정, 공직가치에 대해 잘 알게 되었습니다.
2. 교재는 무조건 답을 알려주기보다는 저 스스로가 생각할 수 있게 만들어져 있어서 다양한 생각과 경험을 스스로 생각하면서 면접에 녹여낼 수 있었습니다.
   즉답모의면접을 통해서는 다른 분의 면접내용을 듣고 저 스스로의 부족한 부분을 피드백하여 보완할 수 있었습니다.
3. 스터디가 무산되면서 갈팡질팡하고 있었는데 그때 스티마쌤께서 전화를 주셔서 스터디를 다시 신청하라고 하시고 제 장애가 면접에 영향이 갈지에 대한 고민을 자세히 들어주셨습니다. 또한 격려도 해주셨고요. 그래서 저도 자신감을 갖고 면접에 임해서 2관왕까지 할 수 있게 되었습니다.
4. 저는 스터디가 가장 도움이 많이 되었습니다. 국가직 스터디는 2개를 했었는데 모두 적극적으로 임하셔서 다들 합격해서 동료로 만나게 되었습니다. 상황형을 스터디원들과 함께 풀고 의논하면서 최적의 의견을 얻으셨으면 좋을 것 같습니다.

⑥ 세무직 / 1배수 밖

➡ 사실 국가직 시험을 치고 채점하지 않고 공단기 입력도 안 하고 나중에 합격 후 채점을 매겼는데 필기 커트라인과 고작 3.1점 차이였습니다.

> 1. 사실 면접에 대해 아무것도 모르고 있는 상태에서 '공무원 면접이 바로 이거다!'라는 걸 알게 되었습니다. 인강 위주로 들었고 실강은 딱 한 번 들었습니다. 만들어 주신 수강생 전용방으로 스터디는 매주 했습니다. 제일 강조한 공직가치 그리고 말 잘하는 사람이 아니고 함께 일하고 싶은 사람을 뽑는다는 것을 배웠습니다.
>
> 2. 비전공자라 전공부분을 걱정했는데 2권 정도만 알면 된다고 하셔서 그 부분만 보았습니다. 그리고 실강 때 즉답모의면접에 참여했었는데 사실 실강 때는 선생님께서 라이브 인강소리 끄시고 피드백 해주셨습니다. 이렇게 면접준비하면 안 된다고... 그 당시 세무직면접이 2주 정도 남은 상태여서 아직 충분하다고 다시 해야 한다고 제일 중요한 개성이 드러나지 않는다고 하셔서 그때부터 스터디원 도움도 받아서 경험형부터 모두 수정 들어갔습니다.
>
> 3. 스터디원이랑 같이 실강을 갔는데 쓴소리 듣고 진짜 '어쩌지? 어떻게 다시 하지?' 막연함부터 시작해서 면접 당일 날 근처 카페에서 연구소 선생님 만나서 마지막 피드백 받았던 순간까지 진짜 마지막엔 연구소 선생님이 면접 잘 보실거 같다고 말씀해주셨는데ㅠㅠ 결국은 자신감 얻어서 면접봤습니다.
>
> 4. 사실 필기 때부터 붙을 거란 기대도 없었지만 붙고 나니 욕심이 생겼습니다. 그리고 커트라인과 차이가 안 나서 불안하지만 또 그만큼 더 간절해졌던 것 같습니다. 면접장에서도 면접관님께서 마지막으로 하고 싶은 말을 물으셨는데 그동안 선생님 말씀처럼 정말 같이 일하고 싶은 사람이 될 수 있음을 보여주는 것과 제 간절함의 진정성을 보여드렸습니다. 저로 인해 또 누군가는 떨어지고 제가 감히 면접노하우에 대해 말씀드릴 수는 없기에 조심스럽지만 결국은 자신감을 얻어서 '믿고 내 이야기를 하자.' 그리고 '진정성을 보여주자.' 이것이 커트라인 점수인 저를 면접관님께 보여드렸던 것 같습니다. 오늘 발표 나기 전까지 다시는 느끼고 싶지 않은 불안감 그리고 합격한 순간의 정말 기쁨을 절대 잊지 않겠습니다. 감사합니다. 스티마선생님, 연구소 선생님 그리고 스터디원들, 수강생카톡방에 있던 모든 분들 감사드립니다. 잊지 않겠습니다.

1. 스티마선생님에 대한 강의평

수험생활 동안 강사의 일방적인 수업만 듣다가 쌍방향 면접 수업을 들으니 처음엔 적응하기 힘들기도 하였습니다. 하지만 1단계, 2단계, 3단계, 4단계 듣다보니 스티마선생님 강의가 바람직한 방향이었음을 알게 되었습니다. 다양한 직렬, 다양한 생각을 가진 수험생분들의 답변을 들으면서 '아, 저렇게 생각할 수도 있겠구나'라고 깨닫는 일도 있었고, 제 생각을 조금만 더해서 더 멋진 답변을 만들 수도 있었습니다.

전반적으로 딱딱한 이론보다는 사례를 말씀해 주시니까 이해도 잘되고 재미도 있었습니다. 특히 공직가치는 선생님 강의를 들으니 자연스럽게 체화되는 것 같았습니다. 시사상식도 다른 직렬에 대한 상식도 넓힐 수 있고, 무엇보다 국가직 면접을 대비하는데 가장 적합한 강의였습니다! 1, 2단계로 탄탄히 기초를 쌓고 실전코칭으로 자신만의 이야기를 만들면서 국가직 면접에 큰 도움이 되었습니다.

2. 교재평가 및 즉답모의면접의 중요성

저는 강의 의존형이라 교재를 보는 것보다 강의를 더 열심히 들었습니다. 교재는 직렬 관련 이슈와 면접수기부분 보았던 게 도움이 많이 되었습니다!

즉답모의면접은 국가직 면접 준비하시는 분이라면 한번은 해보시길 강력히 추천드립니다. 즉답모의면접에 2~3번 정도 참여하였는데 선생님께서 어떠한 점이 좋고 어떠한 부분을 고치면 좋겠다고 말씀해 주셔서 저만의 경험형 과제를 만들어가는 데 도움이 되었습니다. 그 과정에서 정책제안에 대해 많은 것을 생각하게 되었고, 실제 5분발표에서 한 정책제안이 참신하고 좋았다는 면접관님의 평도 받았습니다! 즉답모의면접은 자신이 나아가고 있는 방향을 점검하고, 정책제안이나 경험을 더 발전시킬 수 있는 발판이라고 생각합니다.

3. 스티마선생님께 개인적으로 하고 싶은 말

선생님 진심으로 감사드립니다. 면접준비하면서 마음고생 심했었는데 도와주시고 격려해 주셔서 감사합니다. 선생님만 믿고 가길 정말 잘한거 같아요ㅠㅠ 선생님께서 정도 많으신 거 같고 인간미 넘치셔서 정말 좋았습니다.ㅎㅎ 수업하실 때 끼니를 안 챙겨드셔서 정말 걱정 많이 했습니다.ㅠㅠ 야식 많이 드시지 마시고, 조금이라도 중간에 드시면서 수업하셨으면 좋겠어요!! 건강하시고 계속 수험생분들께 선한 영향력 주시길 응원합니다!

4. 최종 합격소감 및 후배들에게 전달하고 싶은 면접노하우

수험생활 시작할 때 이게 되겠나.. 했는데 어느샌가 최종합격하게 되네요. 신기하고 얼떨떨합니다.ㅎㅎ 준비하시는 분들도 스티마선생님 믿고 그냥 따라가시면 된다고 생각합니다. 수업 중간중간에 면접 꿀팁과 스킬도 알려주시는데 저는 적절히 활용해서 면접관님들께 좋은 인상을 주었습니다. 강의 들으시면서 '내가 이 상황이라면 나는 이렇게 하겠다!'라는 거 많이 생각하면 도움이 될 거라 생각합니다! 감사합니다.

⑧ 전산직 / 1배수 밖

1. 스티마선생님에 대한 강의평

   처음엔 면접 준비라는 게 뭔지 추상적이었는데 수업을 듣다보니 면접 준비는 공무원이라면 어떻게 사고 해야 하는지를 익히는 과정이라는 것을 배웠습니다. 선생님은 단순히 이론에 대한 강의를 일방향적으로 진행하시는 게 아니라 계속해서 학생들과 질문을 주고 받으시면서 진행해주셔서 사고 확장에 매우 도움이 되었습니다.

2. 교재평가 및 즉답모의면접의 중요성

   ① 교재는 정리가 정말 잘 되어 있어요. 개념설명과 예시를 보면 어떤 식으로 발표해야 하는지 방향이 잡혀요. 예시를 통해서 얘기를 풀어가는 하나의 방식을 보여주고, 그걸 토대로 이리저리 고민해보며 저만의 얘기를 풀어가는 방법을 찾았습니다. 선생님께서 늘 강조하시는 나만의 이야기를 나만의 방법으로 풀어가는 방식을 익혀야 면접장에서 어떤 질문을 받아도 당황하지 않고 질문의 요지에 맞는 대답을 할 수 있습니다. 추가로 예시와 함께 그 예시에 대한 피드백도 함께 설명되어 있어서 어떤 부분에 포인트를 맞춰야 할지 더 잘 파악할 수 있었어요.

   ② 발표에 대한 두려움이 있으신 분들은 꼭 실전모의면접에 참여하시길 추천드립니다. 면접장에 들어가기 전에 그 두려움을 이겨내야 합니다. 많은 수강생들 앞에서 마이크를 잡고 실전연습을 하는 일이 매우 어렵고 긴장되지만 일단 한번 부딪혀보면 그다음 나아가야 할 방향이 보입니다. 몇 번 반복해서 선생님 피드백 받고 다듬다 보면 진짜 나만의 이야기를 할 수 있게 돼서 조금 더 편안하게 발표할 수 있습니다. 저는 스스로 말재료 준비가 덜 되었다고 생각해서 계속해서 실전연습을 미루다가 면접 3주가량 남은 시점에 처음으로 선생님과 즉답모의면접에 참여했는데 참여 전에 준비했던 것과 비교해서 몇 배는 빠르게 진행할 수 있었습니다. 실전연습을 많이 해보시려면 스티마 선생님 수업을 듣는 것을 강추드립니다.

3. 스티마선생님께 개인적으로 하고 싶은 말

   면접 전날까지 전화로 격려해주시고 당일 날도 연구소 선생님께 피드백 받을 수 있게 전달해주셔서 너무 감사했습니다. 지방직 면접에서 떨어지고 국가직도 안정권 점수가 아니라 선생님께 많이 매달렸는데 신경 많이 써주셔서 정말 감사합니다. 자신감이 많이 부족했는데 선생님께서 내용은 좋고 조금 더 자신있게 말하라고 피드백 주시고 면접 당일 연구원님도 경험형 과제 잘 작성했다고 해주셔서 자신감 조금 장착하고 면접 들어갔습니다. 이렇게 많은 수강생들을 매순간 진심을 다해서 지도해 주시는 모습이 감동이었고 그래서 저도 더 열심히 준비할 수 있었습니다. 선생님 정말 감사드립니다!

⑨ 일반행정직 / 1배수 밖

1. 스티마선생님에 대한 강의평

    먼저 선생님의 강의를 한 마디로 표현하자면 쉬운 수업 아닙니다. 단순히 넋 놓고 들으며 면접을 준비해야지 하는 그런 분들에게는 전혀 맞지 않아요. 왜냐하면 그만큼 수업의 강도도 세고 수업에 담겨있는 내용도 많기 때문에 가벼운 마음으로 한번 강의 들어봐야지 하는 분에게는 수업이 전혀 맞지가 않습니다. 대신 본인이 '커트라인이다' 혹은 '이 면접은 내 인생에 다시 안 올 기회다'라는 분들에게는 적합한 강의라고 생각됩니다. 진짜 공무원이 하고 싶은 분들은 스티마 선생님의 강의를 꼭 들으시길 바랍니다.

2. 교재평가 및 즉답모의면접의 중요성

    면접 기간 두 달 동안 수강생 본인이 조사도 했지만 그렇다고 모든 분야에 대한 정보를 습득하기란 참 어렵잖아요. 이를 보완하기 위해 선생님의 교재도 많이 참고를 했습니다. 진짜 책에 없는 내용이 없어요. 그러다 보니 뭘 봐야하나 고민하시는 분들도 있으실 텐데 그 점은 선생님께서 잘 걸러주시니 수업만 잘 들으신다면 문제될 게 없다고 저는 생각합니다.

    즉답모의면접 같은 경우에는 제가 실강에 참여해 보지 못해 뭐라 할 말은 없습니다. 대신 면접 당일 날 저는 오후조라 오전에 선생님과 짧게나마 뵙고 경험형 점검을 받았는데요. 그 덕분에 실 면접장에서는 떨림이 좀 덜하고 자신감이 좀 생겨 면접을 수월하게 볼 수 있었던 것 같습니다.

3. 스티마선생님께 개인적으로 하고 싶은 말

    참 감사합니다. 사실 면접 날 선생님께도 솔직하게 말했지만 전 커트라인이라 크게 기대를 안 했거든요. 더군다나 경험형 과제 실전코칭을 받아본 적이 없어 제 경험형에 대한 불신도 있었고요. 근데 면접 당일 선생님께서 '너 우수 맞겠다'라고 말씀해 주신 것이 큰 힘이 돼서 면접을 잘 볼 수 있었던 것 같습니다. 정말 감사합니다. 정말 진짜로요!

4. 최종 합격소감 및 후배들에게 전달하고 싶은 면접노하우 등

    저 같은 경우에는 면접 보기 이틀 남겨두고 대본을 작성했습니다. 다들 선생님 수강생이라면 선생님께 경험형 과제 검토 요청을 하고 후속질문을 받잖아요. 그럼 그 후속질문 아래에 어떻게 답을 할 것인지 키워드 등을 적어 나만의 대본을 만드는 겁니다. 그러면 면접장에서 좀 덜 떨리고 최대한 질문에 맞춰 답변하게 되더라고요.

⑩ 농업직 / 1배수 밖 커트라인

1. 실제로 도움되는 팁들을 많이 주셔서 그대로 적용한 것이 많아요. 어떤 포인트로 면접준비를 해야 하는지 가장 잘 짚어주셨던 것 같아서 감사합니다. (면접준비 기간 활동을 적극적으로 만들 것 등) 처음 공직가치 익히는 부분이 시간이 많이 필요하고 어려운 부분이었는데 결국 면접의 핵심이고 가장 중요한 부분이라는 선생님 말씀에 동감합니다.
2. 교재에 수록되어 있는 기출은 한 번씩 꼭 연습해 보면 좋겠고 나중에 프린트로 주신 연습 문제정도만 하더라도 면접준비에는 충분할 것 같습니다. 기술직인데 교재에 농정 과제 등 요약이 되어 있어서 자료 수집할 때 방향 정하기 좋았습니다. 특히 모의 면접은 꼭 한번 참여하면 정말 도움 많이 됩니다. 지방에서 올라온 분들 충분히 배려해 주시니 한번은 꼭 참여하시길 바래요.

3. 자신감 주셔서 감사하고, 면접 방향을 어떻게 이끌어갈지 팁 주신대로 당일 면접관님 상황 보고 판단했어요. 그게 잘 맞아들어간 것 같습니다.

4. 커트라인 일수록 포기는 금물! 면접을 위한 준비와 노력을 현실적이고 세부적으로 어필하시면 좋을 것 같아요. 저같은 커트라인분들도 자신감을 잃지 마세요.

⑪ 토목직 / 1배수 밖

1. 스티마선생님에 대한 강의평

수동적인 자세보다 능동적인 자세를 필요로 하는 강의라고 생각해요. '면접이니까 대충 스킬만 공부해야지' 이런 자세를 가진 분들이라면 힘겨우실거에요. 하지만 선생님을 믿고 그대로 따른다면 본인도 놀랄 결과 얻게 되실 겁니다!

그리고 면접을 위한 공부보다 앞으로의 삶을 위해 공직가치를 심어주시는 강의임을 진행될수록 몸소 느꼈습니다. 스티마선생님을 만나지 않았더라면... 정말 상상도 하기 싫습니다.ㅠㅠ

2. 교재평가 및 즉답모의면접의 중요성

저는 지방에 사는 학생이라 실강은 참여하지 못했습니다. (강의 볼 때마다 실강 너무 가고 싶었어요ㅠㅠ) 그래서 저는 스터디에 많이 의존했습니다. 강의에서 진행되는 즉답모의면접 보고 스터디에서 그대로 적용해서 연습했습니다. 스터디하면 4시간은 기본이었습니다. 하고 나면 '선생님은 어떻게 강의를 진행하시지?' 싶을 정도로 힘겨운데 정말 도움이 많이 됩니다! (스티마 선생님 제자분들과 하는 것 추천입니다.)

3. 스티마선생님께 개인적으로 하고 싶은 말

선생님! 우선 목이 안 좋으시단 소식에 걱정이 됩니다. 학생들을 위한 강의 너무 감사드려요! 정말 간절했고 그래서 선생님을 믿었습니다!!! 선생님의 가르침에 따라 좋은 공무원 되겠습니다.

이 말 꼭 전하고 싶었는데 전할 수 있어서 너무 행복하고 기뻐요!!

(아! 선생님과 함께 끝까지 힘써주신 매니저님과 연구소 선생님도 정말 감사합니다.)

4. 최종합격소감 및 후배들에게 전달하고 싶은 면접노하우 등

아직도 믿기지가 않아요. 정말 바라왔는데...

단톡방에서 도움을 주신 많은 분들 정말 감사합니다. 또 합격 축하드립니다!!

면접 노하우는 선생님을 믿고 열심히 하는 것입니다!! 정말이에요!!

면접 준비과정에서 항상 불안하고 잘하고 있는 건지 의심될 거에요. 하지만 그럴 때 흔들리지마시고 선생님과 자신을 믿으셨으면 좋겠습니다!

그리고 경험형, 상황형 답변 등은 직접 스크립트로 작성해 보시면서 '내가 스티마선생님이라면? 면접관이라면?' 이렇게 생각하시면서 후속질문을 만들어 보는 것도 생각에 큰 도움이 돼요. 진실함과 자신감이 가장 큰 무기입니다!

⑫ 세무직 / 1배수 안

1. 안녕하세요. 스티마쌤 수강생입니다. 오늘 국가직 최종합격을 했습니다. 면접 경험이 별로 없어서 저는 필기 준비할 때보다 더 심리적 부담감을 갖고 있었습니다. 근데 쌤 강의를 들으면서 스터디도 하다보니 점점 부담감이 사라졌습니다. 선생님께서 말씀하신 방향대로 잘 따라가고 스터디에서 모의면접도 진행하면서 준비하다보니 어느새 면접날짜까지 다가왔고 다행히 잘 대답하고 면접관님께 칭찬도 받았습니다. 상황형 과제는 쌤께서 주신 연습문제랑 거의 똑같이 나와서 너무 기뻤습니다.

2. 저는 교재도 너무 마음에 들었습니다. 교재만 잘 봐도 혼자서 준비할 수 있을 정도로 잘 되어 있었습니다. 하지만 즉답모의면접도 중요하기 때문에 꼭 수강하는 것을 추천드립니다. 저는 직접 모의면접에 참여하지는 못했지만 다른 분들이 발표하시는 것을 보고 많은 도움을 얻었습니다.

3. 쌤 정말 감사합니다. 남들은 공무원 면접은 그냥 형식적인 것 아니냐고 하지만 저는 면접 경험이 없어서 정말 불안했거든요.ㅠㅠ 저희 부모님은 돈 더 들더라도 학원을 다니는 게 낫지 않겠냐고 하셨지만 저는 스티마쌤 강의 듣고 합격한 사람도 많다고 하면서 수강했습니다. 저는 면접 준비하면서 쌤 강의 선택한 것이 최고의 선택이었다고 생각합니다. 정말 감사드립니다.

4. 아직도 합격했다는 사실이 얼떨떨하기도 하고 너무 행복합니다. 사실 저는 강의를 선택할 때 원래 공단기 프리패스로 수강을 하고 있어서 고민 없이 공단기에 계신 스티마쌤 강의를 결제를 했는데 다른 스터디원들이 타 강사 강의를 듣는다고 하길래 강의를 선택한 이유를 물어보니까 책이 좋길래 듣는다고 했습니다. 제가 봤을 때도 타 강사님 책이 깔끔하게 구성되어 있긴 하던데 내용은 스티마쌤 책이 훨씬 알찼습니다. 어떤 분은 스티마쌤 들을 걸 하면서 후회도 하였습니다. 미래 면접자분들도 그러한 것에 휘둘리지 말고 꼭 스티마쌤 선택하셨으면 좋겠습니다.

⑬ 세무직 / 1배수 밖

1. 선생님, 안녕하세요. 인강 수강생입니다. 처음에 오픈특강 듣자마자 선생님 인강 바로 결제했습니다. 면접은 난생 처음이라 감도 안왔지만 선생님만 믿고 따라가면 되겠다 싶었습니다. 비록 인강에서만 뵈었어도 선생님의 열정과 강의력은 대단했습니다. 면접준비 뿐만 아니라 그냥 삶의 자세를 배울 수 있었습니다. 감사합니다.

2. 교재를 통해서는 기출문제나 연습문제를 통해 감을 잡고 연습할 수 있었고 제가 비전공이라 여러 방면에서 도움이 정말 많이 됐습니다.

3. 즉답모의면접은 저도 처음엔 꼭 해야하나 싶었는데 해보니 알겠더라구요. 꼭 해야합니다. 저도 모르게 긴장해서 톤도 올라가고 말도 빨라지고 그러한 저도 알지 못하는 점을 파악할 수 있고 이런 점들은 개선하면서 자신감도 생기고 등 얻는 것들이 정말 많았어요. 자신감을 얻고 싶다면 필수인 것 같습니다.

4. 아직도 사실 실감은 안나지만 무엇보다 부모님께서 가장 좋아하셔서 너무 기쁘고 저 또한 인생에 대한 자신감도 생겨서 너무 행복합니다. 무엇이든 노력하면 되는 것 같아요.

5. 노하우라고 한다면 압박면접에 대비하는 것도 물론 중요하지만 일단은 기본적인 질문에 성의있고 개성이 드러나게 대답하는 게 정말 중요한 것 같습니다. 후회 없이 최선을 다하는 게 무엇보다 중요하다고 생각합니다. 후회만큼 무서운 것은 없더라구요.ㅠㅠ 무엇보다 선생님의 피드백을 받은 것이 정말 중요했습니다. 이메일로 받은 선생님의 질문지에서 다 나왔어요. 5분발표도 경험형도 상황형도 그냥 다 선생님만 믿으면 됩니다. 또한 선생님 인강 듣는 수강생들로 스터디를 구성했었는데 도움 정말 많이 되었습니다. 선생님!! 정말 감사합니다.

⑭ 경행직 / 1배수 밖

공무원 면접은 처음이지만 면접 탈락 경험이 있어서 걱정이 많았는데 선생님 강의 들으면서 하나하나 준비하다 보니 결국 합격한 것 같습니다.
교재, 강의, 라이브, 실전코칭, 카톡코칭, 스터디매칭 등 약 2달간(제가 면접 준비한 기간으로 실제 강의기간은 훨씬 더 깁니다) 정말 다양한 방법으로 저희들을 위해 잠도 못 주무시고, 밥도 못 먹으시면서 최선을 다해주신 선생님께 다시 한번 감사드립니다.
공무원 면접이 처음이시거나 탈락 경험이 있으신 분들은 무조건 선생님 강의 추천드려요!! 사기업에서 면접 100% 합격하신 분도 선생님 강의 들으셔야 합니다. 사기업이랑 공무원 면접은 방향 자체가 달라요!! 저도 처음에 수업 들으면서 강의 안 들었으면 큰일났겠다고 생각했거든요!! 실전코칭 안가고 교재 보면서 강의만 들어도 어느 정도 준비가 돼요!! 물론 실전코칭 받으시면 훨씬 좋습니다!! 뭔가 찬양글이 되는 거 같아서 걱정이긴 한데 실제로 저는 제가 합격한 데 선생님 역할이 8할 이상이라고 생각해서..^^;;
그냥 마지막으로 한마디 하겠습니다. 면접은 스티마쌤입니다.

⑮ 우정사업본부 / 0.9배수

면접 준비기간은 한 달입니다. 저는 이런 면접이 처음이어서 필기를 준비하던 때보다도 훨씬 스트레스 받고 힘들어했는데 그마저도 계속 하다보니 뭐가 되긴 되더라구요. 처음엔 강의 뭘 끊어야 좋을지도 몰라서 우왕좌왕했고 여러 개 끊을 생각도 해봤었는데 하나 끊어서 제대로 하는 게 중요합니다. 그리고 제 선택이 스티마쌤이어서 다행이라고 생각했어요. 저는 처음 현강 참여한 날 계획에도 없이 즉석으로 앞에 불려나가 실전코칭을 받았는데 그때 좀 혼이 나가지고 수업 끝나고 엄청 울기도 했었어요. 지금 생각하면 추억인데ㅎㅎ 근데 그게 또 계기가 되어서 이를 갈고 준비해서 재발표하고 재재발표하고.. 결국 마지막 점검 때는 좋은 소리 듣고 면접장에 들어갈 수 있었습니다. 집이 멀어서 자주 눈도장을 찍지는 못했지만 그렇게 현장에서 실전코칭을 받아볼 수 있다는 것이 굉장한 메리트라고 생각해요. 마지막으로 저는 원체 걱정이 많아서 적당히 설렁설렁 준비하는 것보다는 혹시 모를 가능성까지 대비해서 빡세게 준비하는 스티마쌤 수업과 성향이 맞아 훨씬 좋았던 것 같아요. 면접 도움 많이 받았습니다. 교재도 저희 스터디원 중에 타 강사 수강생이 '스티마쌤 교재가 좋은 것 같다.'라고 직접 말하기도 했어요. 저도 좋다고 느꼈고요. 아무튼 직렬에 대해 확실하게 공부하고 가시면 직렬 면접관이 정말 좋아하실 거에요. 혹시나 면탈하게 된다면 준비기간 동안 대충 보낸 시간들이 얼마나 후회되겠어요. 일년에 한 번 있는 기회인데 스티마쌤과 함께 열심히 열심히 준비하시길 바랍니다.

⑯ 직업상담직 / 1배수 안

1. 저는 인터넷 강의로만 들어서 선생님께 실천코칭을 받은 적은 없습니다. 그렇지만 공직가치에 대해 항상 끊임없이 이야기해 주셨고 진정한 공직자가 되도록 해주셨습니다. 또한 1단계부터 4단계까지 세세하게 설명해 주시려는 점도 감명깊었습니다.

2. 국가직의 경우 교재가 두꺼운편이지만 필요한 부분이 모두 있는 것이라고 생각했습니다. 또한 즉답모의면접을 정말로 추천드리고 싶습니다. 강의를 들으며 다른 사람 생각과 선생님의 질문에서 면접의 노하우를 모두 배울 수 있었습니다. 그리고 저의 생각과 비교하며 저의 생각을 더 발전시킬 수 있는 점에서 매우 중요하다고 생각하였습니다.

3. 선생님이 말씀하신 공직가치를 새기며 멋진 공직자가 되도록 하겠습니다. 짧고 굵은 기간동안 선생님의 열정을 다한 모습에 감동을 받았습니다. 덕분에 무사히 면접 잘 치르고 합격하였습니다. 감사합니다!

4. 앞으로 합격하실 예비 공무원분들께 면접 공부는 스티마 선생님만 믿고 따라가시길 바랍니다.^^ 선생님을 믿고 최선을 다하신다면 좋은 결과 있을 것이라고 생각합니다. 힘든 싸움이겠지만 포기하지 마세요!!! 항상 응원하겠습니다. 파이팅!!!

⑰ 교정직(여) / 1배수 안

1. 스티마 선생님 수업을 들으면서 국가직 면접의 방향성을 잡을 수 있어서 도움이 많이 됐습니다. 특히나 공직가치, 경험형을 작성함에 있어 많은 도움을 받았습니다. 물론 상황형 또한 창의적인 해답을 찾으려고 노력하게 됐습니다. 혼자 준비했더라면 면접준비가 정말 많이 힘들었을 듯 합니다.

2. 온라인 수강생이었던 제가 선생님께 직접 피드백 받기는 현실적으로 어려웠습니다만 경험형을 준비할 때 메일로 개개인 피드백을 해주셨던 것이 가장 기억에 남습니다.
경험형의 경우 정답이 없을뿐더러 개개인마다 개성이 드러나는 것이다 보니 제 것이 괜찮게 작성된 것인지에 대한 판단이 어려웠습니다.
정말 다행스럽게도 정말 감사하게도 메일로 피드백 받을 수 있는 기회가 생겼고 좋은 피드백을 받을 수 있어서 자신감을 가질 수 있었습니다.

3. 무엇보다도 선생님의 제자를 향한 애정과 최대한 많은 제자들이 좋은 결과를 얻을 수 있도록 몸을 아끼지 않는 모습에 감명받았습니다.
스티마 선생님 강의를 결제한 것은 정말 후회되지 않는 선택입니다. 특별한 경험도 없고 정말 공부만 해서 면접준비가 막막했던 일개 공시생이 선생님 덕분에 합격하게 되었습니다. 다시 한번 감사드립니다.

⑱ 일반행정직 / 1배수 밖

제가 면접 강의로 스티마선생님을 선택한 것은 정말 신의 한 수라고 생각합니다.

비록 현강은 가지 않고 인강과 스터디만으로 준비했지만 스티마선생님의 열정과 제자를 위한 마음은 인강 너머로까지 전달이 되었습니다.

그저 강의만 하시는 것이 아닌 좋은 공무원이란 무엇인지, 어떻게 하면 좋은 공무원의 자세를 갖출 수 있는지 끊임없는 질문을 통해 가르쳐주셨다고 생각합니다.

저는 필기합격 커트라인과 4점 정도 차이가 나고 공단기 합격예측 기준으로 1배수 밖이라 합격을 장담할 수 없었는데 다행히도 최종합격을 할 수 있었습니다.

보통을 받은 것인지 우수를 받은 것인지는 알 수 없지만 스티마선생님의 가르침대로 최대한 진솔하고 구체적으로 저만의 이야기를 하려고 노력한 결과인 것 같습니다.

스티마선생님 정말 감사합니다.

선생님의 가르침과 초심을 잃지 않는 '좋은' 공무원이 되겠습니다.

언제나 건강하시고 행복하시기를 바라겠습니다!

이 글을 보고 계신 미래의 필기합격자님들! 스티마선생님을 믿고 전진하십시오!!

(저는 스티마선생님의 교재도 너무 좋았습니다!!)

커트라인이라고 포기하지 마세요. 노력은 배신하지 않습니다. 파이팅!!!

⑲ 고용노동직 / 1배수 안

1. 처음부터 스티마선생님은 공직가치, 공무원의 마음가짐, 자세에 대해 알려주셨습니다. 그래서 단순히 공무원이 되겠다가 아니라 어떤 공무원이 될 것인가에 대해 많은 생각을 할 수 있었고 그 덕분에 진정성 있게 면접에 임할 수 있었던 거 같습니다. 선생님 강의는 짜여진 답을 외우는 것이 아니라서 처음에는 힘들었지만 그 덕분에 최종합격할 수 있었던 것 같습니다.

2. 교재는 선생님이 중요하다고 강조하는 부분만 봤고 모의면접은 참여를 못하고 인강 들으면서 나라면 어떻게 할까를 많이 생각해보았던 것 같습니다.

3. 스티마선생님 정말 감사드립니다. 제가 지방에 살아서 실강참여도 못 하고 직장 다녀서 혼자 면접준비를 했습니다. 그래서 정말 힘들었는데요. 선생님 덕분에 합격할 수 있었던 것 같습니다. 감사드립니다!!

4. 저에게도 이런 합격수기를 남기는 날이 오다니 꿈만 같습니다. 스티마선생님, 스티마연구소 선생님, 같이 면접준비를 하셨던 수강생분들께 정말 감사드립니다. 스티마선생님 강의는 조금은 힘들 수도 있지만 그만큼 많은 것을 배울 수 있었습니다. 진정성 있게 면접준비를 하신다면 꼭 좋은 공무원이 될 것이라 생각합니다. 단톡방도 정말 큰 힘이 되었습니다!

⑳ 세무직 / 1배수 안

1. 스티마선생님에 대한 강의평
   무료로 제공하는 오픈강의들 들어보시면 아시겠지만 스티마선생님이 제일 믿음이 가고 진짜 학생을 위하는 마음을 느낄 수 있으실 겁니다. 스티마선생님의 현직 제자님들을 통한 정보제공, 열정적인 선생님의 강의를 들어서 제가 합격할 수 있었던 것 같습니다.

2. 교재평가 및 즉답모의면접의 중요성
   교재는 체계적으로 잘 정리가 되었다고 생각합니다. 교재 중간중간 팁으로 제공되는 멘트와 예시들을 보면서 자신의 생각을 정리할 수 있어서 좋았습니다. 저는 즉답모의평가를 실제로 참여하지는 못했지만 보는 것만으로도 도움이 되었습니다. 선생님의 질문 하나하나를 듣고 저 상황에서 나라면 어떻게 대답했을지 동영상 강의보면서 일시정지하고 혼자 대답하는 연습 많이 했습니다. 그래도 직접 참여해 보는 것이 훨씬 도움이 되겠죠?ㅎㅎ 저는 참여하지 못했지만 여유가 되신다면 한번 참여해 보시는 것도 좋은 경험이 될 것 같습니다!!

3. 스티마선생님께 개인적으로 하고 싶은 말
   진심으로 정말 감사합니다. 하고 싶은 말을 생각해보니 바로 떠오르는 말이 그냥 고맙습니다라는 것밖에 생각이 안나네요. 분명 현명한 사람들은 선생님의 진가를 알아보실 겁니다. (이미 검증되어 있지만요..) 선생님의 제자분들을 향한 열정과 책임감, 행동력은 저에게 선한 영향력으로 다가왔고 저 또한 공무원으로서 선생님처럼 파이팅 넘치는 조직원이 되도록 노력하겠습니다! 다시 한번 감사하다는 말씀드리고 싶습니다. 감사합니다!!

4. 최종합격소감 및 후배들에게 전달하고 싶은 면접노하우 등
   후배님들에게 전달하고 싶은 면접노하우 말씀드리고 마무리 하겠습니다. 저는 내성적이고 자신의 생각을 말로 잘 표현하지 못하는 사람입니다. 그래도 꾸준히 말하는 연습하고 스터디원분들과 열정적으로 피드백 주고받고 하다보면 말하는 실력도 늘뿐더러 면접에 대해 자신감이 생길 것이라고 확신합니다. 예전에 제가 좋아하는 광고 문구가 하나 있는데 "아무것도 하지 않으면 아무 일도 일어나지 않는다"입니다. 두려워하지 마시고 한번 두드려보세요. 생각보다 별거 아니더라고요. ^^

㉑ 토목직 / 1배수 안

1. 면접준비를 인강＋스터디로 진행했는데 강의를 들으면서 느끼는 점이 굉장히 많았습니다. 우선 여태까지 내가 겪은 경험들을 한 번에 정리할 수 있었던 기회가 됐던 것 같고 올바른 공직자의 자세를 배울 수 있었던 것 같습니다. 오픈특강만 들어도 알겠지만 선생님께서 얼마나 열정적이시고 학생들을 위하시는지 알게 될 것이고 선생님의 열정을 따라간다면 합격하는 데 있어서 큰 걸림돌은 없을 것이라 생각합니다.
2. 교재의 경우 직렬별로 후기, 기본적인 전공지식 등 정말 다양하게 준비가 돼 있어서 면접준비하는 데 상당히 도움을 많이 받았던 것 같습니다. 또 저는 지방직 공무원도 병행해서 면접강의를 들었는데 지방직 교재의 경우 지역별 기출문제, 지역현안 등 필수적으로 공부해야 하는 부분 또한 있어서 면접 때 강의 교재에 있던 내용을 질문받았고 결국 국가직, 지방직 공무원 2관왕을 하게 되었습니다.

즉답 모의 면접의 경우 직접적으로 참여하지는 않아 좀 후회됐지만 선생님께서 다른 수강생들께 질문하시는 내용을 위주로 공부하다 보니 면접장에서 그 질문들과 똑같은 질문을 받았습니다.

3. 선생님께 감사하다는 말씀을 드리고 싶습니다. 면접준비기간에 실강을 참여하지 못한 부분이 굉장히 아쉽고 죄송스럽다는 말씀 또한 드리고 싶습니다. 앞으로 공직에 가서도 선생님의 열정을 본받아 올바른 공직자가 되도록 노력하겠습니다!

4. 사실 공무원 면접이든 사기업 면접이든 본인의 이야기가 가장 중요하다고 생각합니다. 그런데 공무원 면접은 여기에 올바른 공직관을 더하면 되는 것입니다. 그런데 본인의 이야기를 남들에게 제대로 전달하기가 굉장히 어려운 것이 현실입니다. 그렇기 때문에 본인의 이력을 문서파일이나 공책에 한번 쭉 작성해보시고 거기에 선생님 강의를 더한다면 공무원 면접 어려울 것이 없다고 생각합니다.

저도 코로나로 일자리를 잃었습니다. 그래서 공무원 준비를 하게 되었는데 필기시험 합격 후에 스티마 선생님을 만나 공직의 길을 걸을 수 있게 되었고 세상을 바라보는 시각 또한 바뀔 수 있는 기회가 됐던 것 같습니다.

앞으로 공무원 시험을 합격하기 위해 공부하시는 수험생 여러분들께 조금만 더 힘내시라는 말씀을 드리고 싶습니다. 모두 파이팅입니다!

㉒ 세무직 / 1배수 밖(필기 커트라인과 0.3점 차이)

1. 대부분 사람들이 최종합격까지는 어려울 것이라고 말하는 상황에서 스티마 선생님께서 오픈강의에서 우수받을 수 있다는 말씀을 많이 해주셔서 그 말씀에 용기를 얻어 선생님 강의를 들었고 노쇼를 바라는 것이 아니라 정말 우수를 받기 위해서 노력하였습니다.

2. 지방에 살고 있어서 실전코칭에 참여하지는 못하였지만 라이브도 해주시고 강의에 다 올려주셨기 때문에 현장에 있는 것과 같이 긴장감을 느끼며 선생님 질문에 혼자 중얼중얼 대답을 해보며 마치 제가 실전코칭을 받는 듯한 느낌을 받았습니다. 또한 실전코칭에서 스티마 선생님이 던지는 질문들이 면접에서도 적중을 많이 하였기에 준비된 대답을 할 수 있어 면접을 보면서 자신감을 잃지 않을 수 있었습니다.

3. 직렬별 강의를 들을 때 기출되었던 문제와 중요한 내용, 예상질문 등을 말씀해 주시고 책에도 잘 정리되어 있어서 그 부분을 우선적으로 공부한 다음 시간이 될 때 나머지 부분들을 읽어보는 방식으로 하여 면접 준비 시간을 효율적으로 이용할 수 있었습니다. 또한 시험 전 단톡에서 상황별 문제풀이도 큰 도움이 되었습니다.

4. 마지막으로 스티마 선생님께서는 단순히 면접강의가 아닌 정말 공직자로서의 자세를 가르쳐주셨기 때문에 면접뿐만 아니라 앞으로 공직생활을 하는 데에도 많은 도움이 되었습니다. 선생님과 함께 준비하면서 선생님께서 강조하신 것처럼 창의적이고 구체적인 답변을 생각해 내는 것이 시간도 오래 걸리고 고민이 많이 되기도 하였지만 그것이 결국 제가 좋은 결과를 얻을 수 있었던 이유이지 않나 생각해봅니다. 스티마 선생님을 선택한 것이 올해 가장 잘한 선택이라 생각합니다. 감사합니다.

㉓ 면접에서의 두려움이 컸던 경우

저는 사실 작년에 공·사기업에서 면접을 5번이나 떨어졌고 마지막 면접이 누구나 들으면 욕설이 나올법한 압박면접이었기 때문에 면접에 대한 두려움이 상당히 큰 상태였습니다.

또한 면접관이었던 부모님께서도 커트라인이면 떨어질 가능성도 높고 제 특성상 말을 조리있게 잘하는 성격이 아니었기 때문에 학원은 다니되 지방직 준비를 하라고 권하고 계셨습니다. (지금 생각했을 때 2개 병행은 참 힘들었겠네요;; 그래도 병행하시는 분들 계십니다! 정말 대단하신 거 같습니다!)

다들 아시겠지만 지방직은 제게 가망이 없었고, 면접이란 것이 기회가 잘 오는 것이 아니어서 저도 모르게 욕심이 생겨 선생님께 "부모님도 제 점수를 보시고선 포기하셨는데 저 정말 열심히 할테니 선생님만은 저를 포기하지 말아주셨으면 좋겠습니다"라고 말씀드렸습니다.

제 예상으로는 "그래, 우리 열심히 할 수 있는 데까지 해보자"라고 하실 줄 알았습니다. (∵ 성과량 중요)

하지만 예상과는 다르게 스티마 선생님께서 버럭 화를 내시면서 "내가 너를 왜 포기하나! 우수받게 할 거야! …… 알겠냐! 다음 수업 때부터 꼭 나와라. 그럼 이만 끊는다."

(대략 10분가량 혼났습니다. 그때 혼나서 다행이지 사실 선생님 전화받기 전에 환불하고 그냥 다음 시험공부할까 생각했었습니다. 지금도 그때 생각하면 울컥합니다.ㅠㅠ 저 고3 때도 선생님이 이렇게 관심 안 가져주셨습니다.ㅠㅠ)

제가 좀 어리숙한 편인데 정말 수강생분들이 가족같이 잘 챙겨주십니다! 모든 수강생분들이 경쟁자라고 생각들 하지 않으시고 저 수업 빠지는 날엔 필기도 열심히 하셔서 보여주시고 왜 안 오냐고 언제 오냐고 카카오톡으로 안부를 물어주십니다. 저는 학원 내에서 직렬 스터디도 구해서 개별질문도 대비해 놓고 식사도 학원분들과 같이 하고 좋았습니다. 마치 혼자 벽보고 공부만 하다가 놀이동산에 놀러간 느낌이었습니다. 대학생활하는 것과 비슷하였습니다.

선생님 또한 수업에 빠지면 얘가 슬럼프에 빠지는 것이 아닌가 걱정이 되시는지 아침저녁으로 전화나 카카오톡으로 자주 상담해주십니다. 이러한 마음이 진심이라고 느낀 게 선생님께서 항상 밥 먹었냐고 모든 수강생분들을 걱정해주시고 챙겨주십니다. (이것이 가장 큰 차별화라고 느꼈습니다. 저는 학원 내 스터디 말고도 카페에서 구한 다른 강사분들 수강생과의 스터디를 진행한 경험이 있는데 다들 저희 학원 수강생끼리 친한 거 같다고 부러워 하셨습니다!)

선생님께서 20년 동안 면접 강의를 하셔서 그런지 수강생들의 특성을 파악하셔서 그에 맞게 조언을 잘 해주십니다! (이것 또한 빅데이터라고 생각합니다.)

❤ 후배님들을 위한 Tip

수강생분들은 아시겠지만 선생님은 늘 창의적인 것을 추구하십니다!

저는 일부러 PT에서 추진배경 및 현황을 각각 한 줄씩만 쓰고 문제점 3개, 나머지 칸을 전부 해결방안으로 몰빵하였습니다. (공직자가 몰빵이라는 단어 쓰면 안 되는거 아는데 좋은 표현이 생각이 안납니다. 죄송합니다.ㅠㅠ) 줄이 끝났음에도 단·장기 추진계획까지 쓰고 요약식이긴 하였지만 PT 종이가 꽉 차도록 적었습니다!

그랬더니 가운데 면접관께서 남들하고 다르게 창의적이고 기발한 생각을 많이 적었다고 칭찬하셨고 다른 면접관분들께서도 웃으시면서 끄덕여주셨습니다! (저 원래 제 칭찬하는 거 별로 안 좋아하는데 꼭 해결방안이 중요하다고 언급드리고 싶었습니다!!)

㉔ 면접에서 '우수'를 받을 수 있었던 방법

❀ 실전코칭 수업 최대한 참석하기 - 매일 타임별 15명한테서 나오는 아이디어

일단 참관하게 되면 하루에 약 15~20명의 학생들이 참석하는데 개인발표 등에서 나오는 좋은 아이디어들이 나로부터 다른 사람으로부터 선생님으로부터 또 추가됩니다. 이런 좋은 생각들이 눈덩이처럼 커져서 결국 실전코칭 참여 3주 후 이것이 결정적인 경쟁력이 되지 않을까 싶습니다. 혼자했다면 정말 어려운 일이었을 겁니다. 쉬운 주제는 창의력이 갖춰지고 어려운 문제는 구체적인 해결방안을 얻게 되었습니다. 스티마 선생님을 믿고 지방에서 인강으로만 과정을 그대로 따랐고 다른 자료는 보지 않았습니다. (스티마 선생님 교재와 인쇄물로도 충분하다고 생각합니다.) 스터디도 구하기보단 노트북 카메라로 개인발표 연습을 했습니다.

제가 굳이 스터디를 구하거나 다른 자료는 보지 않아도 되겠다고 생각한 이유는 스티마 선생님 강의덕분입니다. 선생님이 강조하시는 말씀들 중 두 가지, 공직가치를 함양한 좋은 공무원과 자신의 생각이 있는 공무원이 면접에 정말 핵심이라고 생각합니다. 저는 이 두 가지를 선생님께서 알려주신 방법대로 중점적으로 준비했습니다.

면접시 궁금한 사항

◎ 스티마쌤 까페 http://cafe.daum.net/stima를 통하여 질문하시길 바랍니다.
   ① "본인이 생각하는 답변은 이러하다. 스티마선생님 점검해 주세요."라고 질문을 하셔야 합니다.
   ② 비밀댓글로 질문을 올리실 때 가급적이면 상담내용과 연락처를 꼭 남겨주세요. 급한 상담은 스티마쌤이
      직접 전화를 드리겠습니다.

◎ 2024 국가직 면접정보를 제공하기 위해 오픈 단톡방을 개설하였습니다.
   ① 카카오톡을 통해 '스티마'를 검색 후 입실하시면 됩니다. 비번은 없습니다.
   ② 링크 https://open.kakao.com/o/grX5lqeg

면접후기 평가 및 상담

제 메일 stima_gongdangi@naver.com으로 보내주시면 됩니다.
보내주신 후기는 면접을 잘 보았는지에 대하여 평가를 해 드리겠습니다(합격가능성 여부 판단).